刑事检察实战
典型疑难问题破解思路

董 斌/著

中国检察出版社

图书在版编目（CIP）数据

刑事检察实战典型疑难问题破解思路／董斌著.—北京：中国检察出版社，2020.5

ISBN 978－7－5102－2381－5

Ⅰ.①刑… Ⅱ.①董… Ⅲ.①刑事诉讼－研究－中国 Ⅳ.①D925.204

中国版本图书馆 CIP 数据核字（2019）第 300877 号

刑事检察实战典型疑难问题破解思路
董　斌　著

出版发行：	中国检察出版社
社　　址：	北京市石景山区香山南路 109 号（100144）
网　　址：	中国检察出版社（www.zgjccbs.com）
编辑电话：	（010）86423706
发行电话：	（010）86423726　86423727　86423728
	（010）86423730　68650016
经　　销：	新华书店
印　　刷：	北京宝昌彩色印刷有限公司
开　　本：	710 mm×960 mm　16 开
印　　张：	38
字　　数：	696 千字
版　　次：	2020 年 5 月第一版　2020 年 5 月第一次印刷
书　　号：	ISBN 978－7－5102－2381－5
定　　价：	135.00 元

检察版图书，版权所有，侵权必究

如遇图书印装质量问题本社负责调换

作者简介

董斌，男，1972年3月出生，湖北省天门市人，出生地福建省霞浦县，厦门大学法律硕士。现任福建省人民检察院检委会委员、刑事检察第三部主任。担任福建省法学会刑法学研究会理事、福建省司法厅律师惩戒委员会委员、福建省公安厅特邀监督员、福建省青年法律协会副会长、厦门大学法学院硕士研究生导师、厦门大学法学院疑难问题研究中心专家成员、华侨大学法学院兼职教授、厦门大学嘉庚学院法学院兼职教授，被评为首届全国检察理论研究人才、福建省"十佳"优秀公诉人，入选教育部和中央政法委开展的高等学校与法律实务部门人员互聘"双千计划"，入选"福建省法学法律人才库"。

先后在霞浦县人民检察院公诉科、宁德市人民检察院公诉处、福建省人民检察院公诉和反贪、刑事检察部门工作，担任过福建省人民检察院反贪局副局长、公诉二处处长兼未检办主任，在公诉、反贪办案一线工作25年。在20年公诉工作期间，主办过南平"3·23"郑民生故意杀人案、寿宁缪步黄等32人特大拐卖妇女案等数十起在全国有影响力的重特大案件。在5年的反贪工作期间，参与组织侦办了多起中管、省管干部案件。

著有专著2本，负责或参与出版书籍2本。主持申报的"刑事审判监督政策研究"课题被最高人民检察院批准立项并被列为"2017年度最高人民检察院检察理论研究重点课题"。发表在国家级及省级刊物的文章或论文50多篇。受邀在最高人民检察院及省内高校和纪委、监委、公安、检察系统授课40多场。曾经荣获最高人民检察院个人一等功、省检察院二等功各一次，省检察院三等功三次。

法律的生命不在于逻辑，而在于经验

我记得十多年前，有一位友人对我说过这样一段话："如果在工作中失去激情，对你而言该是一件痛苦的事吧。所以，我恳请，不要让官场的习气磨灭你最初的激情。诚如那句名言——不要因为走得太远而忘了当初为什么出发。"

这几年授课数十场，我常常用一句话作为结尾："法律的生命不在于逻辑，而在于经验。"这句话是美国法学家霍姆斯在《普通法》一书中的句子。霍姆斯认为的"经验"，要求司法官们根据社会生活的不断变化，赋予法律新的生命。可以说经验是司法官从事司法活动的依据，司法官对案件的判断和决定在很大程度上是以"经验"为基础作出的。成为一名司法官，在没有经验可谈的时候，从事的工作是以借鉴其他人的社会经验和法律逻辑为起点的，崇尚推理与思辨；经过一段时间司法实践的积累与历练，逐渐有了一点点经验，从办案经历中归纳、总结出自己的一些思考、判断；如果再形成文字、著书立说，这时的经验就上升为理性认识，经验提升为理论，并得以丰富。我们平常说的要有政治智慧和法律智慧，实质上也是指经验。

正是基于对经验与逻辑的理解，我从事一线办案工作的 25 年，也是笔耕不辍的 25 年，不断将自己的所见所思所为所悟总结提升，形成文字，最后出书，分享经验与快乐。25 年的检察工作，也唯有用这一句话才能概括。

25 年的检察实践，我整理独创了不少自己的工作理念，如检察官要有司法前瞻性；公诉人的角色转换，在审查起诉的不同诉讼阶段要分别扮演辩护人、侦查员、法官、公诉人角色，才能更好地保障检察官客观公正义务的履行；询问证人不必局限三个地点；不属于单位犯罪的单位行为下的个人如何追究刑事责任；判断"不正当利益"的核心是在人事、经济领域，是否违背公平竞争原则，是否损害他人利益；影响力受贿的立法建议；探索聚合式审判监督模式，提出"离开办案的监督将是无源之水、无本之木"的重点课题观点；挪用公款案件中，谋取个人利益并不排除同时也为单位谋取到利益；公诉人如何在法庭上纠正违法庭审行为；检察机关对监察机关移送案件如何追诉漏罪漏犯；等等。我在2017年5月参加高检院公诉厅举办的"司改背景下刑事公诉面临的新问题、新挑战及对策研讨会"上所作的发言，提出要构建以抗诉为中心的刑事审判监督的新格局，就应当树立一些新的抗诉理念，不以法院是否改判作为衡量抗诉质量高低的标准。树立有错必纠原则，只要认为法院判决确有错误，即使在法定刑内量刑，也要抗诉，上级检察院应尽可能地予以支持。作为非终结环节的检察机关，对于有争议的抗诉案件，尽量不要做出终结性的不予支持抗诉的决定。我对于一些热点问题也有思考，比如2018年以来的正当防卫案件等。这些观点和论述，我都做了整理，并在本书中有所体现。这些观点，有的若干年后与司法解释的内容相吻合，有的若干年后仍然可以指导疑难案件的办理，还有的为读者提供了一个思考问题的新的维度。

　　本书分为七个部分，包括刑法总则适用疑难问题、刑事诉讼程序疑难问题、刑事证据适用疑难问题、普通犯罪检察疑难问题、重大犯罪检察疑难问题、经济犯罪检察疑难问题、职务犯罪检察疑难问题。这样编排的初衷源于三个方面的考虑：一是基于一些综合性的问题，包括实体和程序方面的，宜单独阐述。之所以将证据问题单列，主要考虑到刑事诉讼的核心问题是证据，证据不仅是程序问题，也涉及实体问题，是贯彻于刑事诉讼全过程的。二是我的工作经历。在机构改革之前，我在福建省院公诉二处工作，与公诉一处按照地区分工分别管辖不同地区的公诉案件。同时公诉二处还负责全省的未成年人检察工作，2018年监察体制改革后，增加负责全省职务犯罪检察工作。基于这样的安排，我有幸接触到了机构改革后现有所有的刑事检察工作，也能比较全面接触到刑事检察工作的疑难问题。三是考虑到现有检察机关的机构设置。高检院于2019年1

月公布了检察机关职能配置和内设机构设置。其中刑事检察工作中，第一检察厅负责由第二、三、四检察厅承办案件以外的刑事案件；第二检察厅负责危害国家安全、公共安全犯罪，故意杀人、抢劫、毒品等犯罪案件；第三检察厅负责职务犯罪案件；第四检察厅负责破坏社会主义市场经济秩序犯罪案件。据此，我将相关问题分别归入这四个机构管辖案件类型当中，分别冠以普通、重大、经济、职务犯罪检察疑难问题，以便查阅阅读。

经与出版社编辑商量后，本书的体例采取【疑难问题】【破解思路】【举案释疑】三部分。所举案例基本上是我办理或参与研究的案例，还针对部分指导性案例和热点案例进行评论，提出自己的意见，具有一定的时效性、权威性、可读性。

本书取名《刑事检察实战典型疑难问题破解思路》，是为了与我10年前的第一本著作《公诉实战典型疑难问题法律适用精解》相呼应，二者相得益彰。10年来，我坚持日志，日程月累，在办案中收集提炼了大量的第一手素材，萌生了与中国检察出版社合作，再次出版一本检察实务类著作的想法。感谢出版社编辑同志们的支持和鼓励，感谢其间耐心的沟通和细心的编辑，本书最终得以顺利出版。

本书的完成，也得益于25年的笔耕不辍。组织和同事们曾评价我："勤于思考，善于总结。"这八个字一直是我努力的方向，鞭策着我前行。这些年，我把在办案过程中积累的经验，转化为研究成果不断刊登发表。成果有书籍4本，国家级重点课题3个，文章若干。本书是由一个个我所主办或遇到的案例和历年来发表的文章积累而成，对自己而言也是个纪念，完整记录了自己的研究历程。

由于水平有限，时间仓促，书中难免有一些问题论证得不够到位、不够透彻、不够全面、不够具体，甚至不够准确。疏漏之处，敬请读者批评指正。

董 斌

2020 年 5 月 5 日

于福建省人民检察院办公大楼 2102

目 录

Part 1 刑法总则适用疑难问题

1. 从旧兼从轻原则在行贿犯罪中如何应用 ………………………… 3
2. 正当防卫边界如何厘清 …………………………………………… 8
3. 挑拨性防卫是否构成正当防卫 …………………………………… 15
4. 追究个人单位犯罪的刑事责任，是否必须一并追究单位的
   刑事责任 …………………………………………………………… 18
5. 村委会能否构成单位犯罪的主体 ………………………………… 23
6. 单位行贿与个人行贿如何判定 …………………………………… 29
7. 宣告刑对累犯认定有何影响 ……………………………………… 34
8. "罪行尚未被司法机关发觉"如何认定 ………………………… 38
9. 报警后继续行凶，能否认定为自动投案 ………………………… 44
10. 亲属报案与送亲属投案如何界分 ………………………………… 52
11. 立功线索来源不合理能否认定立功 ……………………………… 57
12. 如何准确适用缓刑 ………………………………………………… 61
13. 如何理解追诉期限的延长 ………………………………………… 68
14. 诉讼时效终止时间如何计算 ……………………………………… 73
15. 违法所得及其孳息如何认定及追缴 ……………………………… 76

16. 户籍登记不实的情况下，如何考查被告人实际年龄 …………… 80

Part 2　刑事诉讼程序疑难问题

1. 审查起诉阶段检察官角色如何定位 …………………………… 89
2. 检察官出庭有何需要注意的常见问题 …………………………… 92
3. 检察官如何处理好与各类出庭人员的关系 …………………… 101
4. 询问证人的地点如何选择与适用 ……………………………… 110
5. 精神病鉴定如何提起和决定 …………………………………… 112
6. 同步录音录像对案件定罪量刑有何功能 ……………………… 120
7. 技术侦查与秘密侦查措施如何适用 …………………………… 126
8. 如何理解"不得强迫自证其罪" ……………………………… 131
9. 办理民刑交叉案件应注意哪些问题 …………………………… 133
10. 如何寻找证人 …………………………………………………… 137
11. 如何界定被害人提供的证人 …………………………………… 140
12. 如何正确对待被告人以被刑讯逼供为由而翻供 ……………… 142
13. 检察官如何进行庭前准备 ……………………………………… 145
14. 律师刑事辩护权利与权益如何保障和规范 …………………… 151
15. 如何把握缺席审判制度 ………………………………………… 156
16. 如何防止冤假错案 ……………………………………………… 159
17. 如何提高侦查人员出庭作证的能力 …………………………… 163
18. 对人大代表、政协委员如何采取强制措施 …………………… 166
19. 如何更好应对庭审实质化的要求 ……………………………… 167
20. 检察机关侦查权如何设置和运作 ……………………………… 172
21. 监察机关管辖的罪名有哪些 …………………………………… 176
22. 检察机关如何进行"提前介入" ……………………………… 178

23. 在案件管辖方面，如何进行监检衔接 …………………… 181

24. 在刑事强制措施方面，如何进行监检衔接 ……………… 185

25. 审查起诉阶段，怎样实现监检衔接 ……………………… 189

Part 3　刑事证据适用疑难问题

1. 诉讼之灵魂——证据 ……………………………………… 197

2. 客观性证据如何收集与审查 ……………………………… 200

3. 电子数据如何取证 ………………………………………… 205

4. 如何装订案卷 ……………………………………………… 207

5. 证据的关联性如何审查 …………………………………… 209

6. 非法证据如何界定及排除 ………………………………… 216

7. 讯问笔录有何注意点 ……………………………………… 221

8. 如何进行"阳光下的讯问" ………………………………… 224

9. 笔录制作有何经验 ………………………………………… 229

10. 检察官如何提高甄别、收集证据能力 …………………… 234

11. 检察官如何对证据进行分析论证 ………………………… 242

12. 如何理解"证据确实、充分" ……………………………… 255

13. 如何审查卷宗材料并找出案件中存在的问题 …………… 260

Part 4　普通犯罪检察疑难问题

1. 多次强奸是否构成"情节恶劣" …………………………… 271

2. 非法拘禁而后勒索他人是否属于牵连犯罪 ……………… 277

3. 行政裁决不合法是否必然导致国家工作人员失去执行
公务的合法性 ……………………………………………… 281

4. 针对不特定人的伤害行为如何定性 ……………………… 285

5. 窝藏、包庇罪"情节严重"的情形怎样认定 ……………… 288

6. 窝藏包庇的对象最终认定不构成犯罪，而行为人自认为
   其已经构成犯罪而予以窝藏包庇的，是否构成犯罪 ………… 292

7. 如何理解和认定组织、运送他人偷越国（边）境罪的
   "组织行为" ………………………………………………… 295

8. 如何正确认识"套路贷" ……………………………………… 299

9. 出质人将质押给他人的车盗走或骗走如何定性 …………… 308

10. 银行卡申领人通过补卡方式取走已出卖给他人的银行卡
    内款项的行为如何定性 ……………………………………… 312

11. 利用木马程序链接等隐蔽技术手段窃取他人财物如何定性 …… 316

Part 5 重大犯罪检察疑难问题

1. 参加间谍组织或者接受间谍组织及其代理人的任务并进行
   窃取等提供国家秘密、情报的行为是定一罪还是数罪 ………… 323

2. 抢夺公共交通工具方向盘的行为如何定性 ………………… 327

3. 如何正确认定在道路上醉酒驾驶机动车的行为 …………… 330

4. 交通肇事后逃跑是否一律认定逃逸 ………………………… 335

5. 冲关撞死设卡检查人员如何定性 …………………………… 339

6. 抢劫致人死亡案件如何定性 ………………………………… 344

7. 故意杀人过程中临时起意劫取财物如何认定 ……………… 347

8. 证据关联性原则在故意杀人案件中如何应用 ……………… 352

9. 毒品数量如何认定 …………………………………………… 359

10. 代购毒品如何定性 …………………………………………… 362

11. 如何应对"幽灵抗辩" ……………………………………… 365

12. 如何理解"被查获的毒品数量" …………………………… 371

13. 特情引诱对毒品犯罪量刑的影响如何 ……………………… 373

14. 毒品犯罪遗漏罪行如何追诉 ········· 378

15. 协助抓获同案犯如何认定 ········· 382

16. 毒品上诉案件,二审法院能否增加认定一审法院没有认定的事实 ········· 392

Part 6 经济犯罪检察疑难问题

1. 恶意透支话费行为如何定性 ········· 401

2. 诈骗租赁汽车案件如何定性 ········· 406

3. 非法经营罪"其他严重扰乱市场秩序的非法经营行为"如何界定 ········· 409

4. 销售未经检疫的生猪及其生猪产品构成何罪 ········· 416

5. 担保人能否单独构成骗取贷款罪 ········· 421

6. 信用卡诈骗中,以后次诈骗财物归还前次诈骗财物的,如何计算诈骗数额 ········· 427

7. 购买假冒香烟尚未销售是否认定非法经营罪未遂 ········· 433

8. 生产伪劣产品"尚未销售即被查获"情形下如何适用罪名 ····· 436

Part 7 职务犯罪检察疑难问题

1. 如何认定"保护伞" ········· 443

2. 如何客观看待贪污罪、受贿罪数额标准的上提 ········· 446

3. 如何理解贪污罪中"其他较重情节" ········· 448

4. 如何理解受贿罪中"其他较重情节" ········· 450

5. 贪污罪、受贿罪终身监禁如何适用 ········· 453

6. "挪用公款数额巨大不退还"如何理解 ········· 455

7. 行贿犯罪免除刑罚的底线在哪 ········· 458

8. 贿赂犯罪中的"财物"应如何理解 ········· 463

9. 受贿犯罪中"为他人谋取利益"是否包括同时为本人
   谋取利益 …………………………………………………… 467
10. 多次受贿数额如何计算 …………………………………… 473
11. 感情投资类受贿案件犯罪数额如何认定 ………………… 475
12. "谋取不正当利益"如何界定 ……………………………… 477
13. 如何理解"利用本人职权或者地位形成的便利条件"
    中"地位"的含义 …………………………………………… 482
14. 对贪污罪主体"国家工作人员"如何把握 ………………… 490
15. 如何认定私分国有资产罪 ………………………………… 492
16. 如何认定收受干股及合作开办公司等新型贿赂犯罪 …… 495
17. 低价买房如何认定受贿数额 ……………………………… 500
18. 赃款的去向是否影响贪污罪、受贿罪的定罪 …………… 507
19. 如何理解挪用公款罪中"挪用公款归个人使用" ………… 513
20. 如何理解挪用资金罪中"归个人使用"以及"谋取
    个人利益" ………………………………………………… 519
21. 入了单位"小金库"的钱款是否属于公款 ………………… 524
22. 如何认定徇私枉法罪中的"枉法" ………………………… 529
23. 受贿犯罪同时构成渎职犯罪如何处理 …………………… 534

附　录

1. 新形势下刑事审判监督政策研究
   ——检察机关刑事审判监督的聚合式改革探索 ………… 541
2. 庭前会议功能成效、存在问题与对策建议 ……………… 551
3. 构建刑事诉讼四类证人出庭保障机制的实务思考
   ——对福建省刑事案件证人出庭作证数据的实证分析 … 557
4. "两高"《关于办理贪污贿赂刑事案件适用法律若干
   问题的解释》之我见 ……………………………………… 569

5. 《刑法修正案（七）》第 13 条的不足 …………………………… 573
6. 《监察法》导读 …………………………… 576
7. 监检衔接的实质是监察程序与刑事诉讼程序的衔接 ………… 578
8. 不认罪案件的证据审查 …………………………… 580
9. 无罪案件中涉及证据的问题 …………………………… 584
10. 性侵未成年人案件侦办难点及破解思路 …………………… 587

Part 1

刑法总则适用疑难问题

1 从旧兼从轻原则在行贿犯罪中如何应用

 疑难问题

从旧兼从轻原则的适用，对于实体法的适用一般没有异议，主要的难点在于涉及实体法与程序法交织的情形。本篇以行贿罪为例来说明这个问题。2015年11月1日《刑法修正案（九）》（以下简称新刑法）施行前实施的行贿犯罪，2016年4月18日"两高"发布施行的《关于办理贪污贿赂刑事案件适用法律若干问题的解释》（以下简称新解释）之后还未处理完毕的案件，是适用新刑法之前的刑法（以下简称旧刑法）和2013年1月1日起施行的《关于办理行贿刑事案件具体应用法律若干问题的解释》（以下简称旧解释），还是适用旧刑法新解释或者新刑法新解释？法律适用不同，直接决定行贿罪是否可以并处罚金。

2015年8月29日，第十二届全国人大常委会第十六次会议通过的新刑法第45条规定，将《刑法》第390条修改为：对犯行贿罪的，处5年以下有期徒刑或者拘役，并处罚金；因行贿谋取不正当利益，情节严重的，或者使国家利益遭受重大损失的，处5年以上10年以下有期徒刑，并处罚金；情节特别严重的，或者使国家利益遭受特别重大损失的，处10年以上有期徒刑或者无期徒刑，并处罚金或者没收财产。行贿人在被追诉前主动交待行贿行为的，可以从轻或者减轻处罚。其中，犯罪较轻的，对侦破重大案件起关键作用的，或者有重大立功表现的，可以减轻或者免除处罚。

而旧刑法规定：对犯行贿罪的，处5年以下有期徒刑或者拘役；因行贿谋取不正当利益，情节严重的，或者使国家利益遭受重大损失的，处5年以上10年以下有期徒刑；情节特别严重的，处10年以上有期徒刑或者无期徒刑，可以并处没收财产。行贿人在被追诉前主动交待行贿行为的，可以减轻处罚或者免除处罚。

相比较修正前的刑法规定，新刑法对行贿罪增设了罚金刑并规定了更加严格的从宽处罚适用条件，提高了减轻或者免除处罚的门槛，显然单纯从法条来看，新刑法规定的行贿罪更重。

2016年的新解释将行贿罪的数额标准大幅提升，分为三个标准：3万元以上一档；100万元以上不满500万元的，属于情节严重；500万元以上的属于情节特别严重。根据旧解释：1万元以上一档；20万元以上不满100万元的，属于情节严重；100万元以上的属于情节特别严重。新旧两部司法解释相比，2016年的新解释显然更轻。

那么，对行贿行为发生在新刑法前，而处理在新解释后的案件，就存在一个是否应当适用罚金刑的问题。**在旧刑法比新刑法轻，而旧解释比新解释重的情况下，如何适用从旧兼从轻原则？是否可以将新旧刑法与新旧司法解释拆分开来适用？**司法机关分歧较大。我们发现各地在办案当中，此类案件处理比较混乱。有的同一家法院对同一类行贿罪同案不同判，有的是不同地区法院之间同案不同判，而且此类现象还比较严重。地方检察机关内部也有不同意见，有的对法院判处罚金的案件抗诉，有的对法院不判处罚金的案件抗诉。各地标准不一，判决结果也不一。针对这个问题，我们做了一个调研，结果发现，普遍存在此类案件的错判。本着双赢多赢共赢的目标，检察机关对该同一类案件，向法院发了检察建议书，并附上相关的调研报告，建议法院自行纠正。法院已明确表示同意检察机关的观点并接受检察建议书的内容。

破解思路

笔者认为，按照从旧兼从轻的原则，只要对被告人有利的，就应当适用相应的规定，显然旧刑法和新解释对被告人有利，那么就应当适用旧刑法，不并处罚金，而在数额上适用新解释的规定。具体分析如下：

一、从旧兼从轻原则，不仅对刑法条文适用，对司法解释亦适用

此类情况属于从旧兼从轻原则的适用对象，争议焦点是根据从旧兼从轻的原则，对被告人行贿行为是应当适用旧刑法还是新刑法，且对行贿罪如何定罪处罚，也有新旧两部司法解释。

就刑法条文而言，新刑法增设了罚金刑，并对行贿人减轻或者免除处罚规定了更为严格的适用条件，相对于新刑法而言，旧刑法显属"轻法"，故应当

优先适用"轻法"。

就司法解释而言，新解释提高了行贿罪的入刑起点和情节严重的数额标准，相对于旧解释而言，新解释亦属"轻法"，故应当优先适用"新解释"。

二、应遵从司法解释的"交叉适用规则"

此类情况涉及的是新旧刑法和新旧司法解释的交叉选择适用问题。最高人民法院、最高人民检察院《关于适用刑事司法解释时间效力问题的规定》第3条规定："对于新的司法解释实施前发生的行为，行为时已有相关司法解释，依照行为时的司法解释办理，但适用新的司法解释对犯罪嫌疑人、被告人有利的，适用新的司法解释。"从该条可以看出，司法解释是可以选择适用的，即"交叉适用规则"。其实质在于，不能整体机械性适用新刑法则适用新的司法解释，适用旧刑法则适用旧的司法解释，而是要从"从旧兼从轻"原则出发，综合考量新旧刑法条文和新旧司法解释，既可能存在新刑法旧解释的交叉适用，亦可能存在旧刑法新解释的交叉适用。实践中，有的司法机关在适用法律方面采用的是"不正当的完整适用"，认为应整体选择旧刑法和旧解释或者整体选择新刑法和新解释，否定司法解释的交叉适用规则。

三、实务界的声音

司法实务界对此类案件的权威看法也赞同适用旧刑法新解释。根据最高人民法院裴显鼎法官、苗有水法官等人所写的文章《关于办理贪污贿赂刑事案件适用法律若干问题的解释的理解与适用》，明确提出了"对于2015年10月31日以前实施的行贿罪，一般适用旧刑法新解释"，同时该文章发表在《刑事审判参考》上，某种程度上代表了最高人民法院对此类案件的意见。同时，最高人民检察院公诉厅郭竹梅所著的《受贿罪司法适用研究》一书亦认可裴显鼎等人对2016年新解释的理解与适用，认为"在适用过程中，对刑法条文应坚持从旧兼从轻的原则，优先适用旧刑法。但新的司法解释提高了行贿犯罪的定罪量刑数额标准，则应当适用新解释，按照新的标准确定法定刑档次"。

四、要注意贪污、受贿与行贿犯罪在适用新旧刑法及新旧司法解释上的区别

新刑法对贪污、受贿和行贿犯罪等均增加规定了罚金刑，但情况是不同的。对贪污、受贿犯罪，是整个定罪量刑模式和体系的调整，是由计赃论罪到数额加情节的定罪量刑模式的改变，法定刑起点和档次均发生了改变，在量刑上无法进行新旧刑法和新旧司法解释交叉适用，即新解释和旧刑法在法定刑档

次上无法对应起来。裴显鼎等人也认为"对于2015年10月31日以前实施的贪污罪、受贿罪，一般适用新刑法新解释。其中，修正前刑法未规定罚金刑但修正后刑法规定了罚金刑的，应当按照本解释确定的判罚标准一并适用修正后刑法有关罚金刑的规定"。

新刑法对行贿罪的修改，不改变定罪量刑模式，只是增加了罚金刑。对行贿罪增加罚金刑，是加大对行贿犯罪的经济制裁力度，是对行贿罪刑罚种类的完善。司法解释仅是对现行刑法如何具体适用所作的解释，新解释不仅有对新刑法关于罚金刑的解释，也有对旧刑法原有条文的解释。故应适用旧刑法新解释。

因此，笔者认为行为发生在2015年11月1日新刑法实施前，处理在2016年4月18日新解释开始实施后的行贿犯罪，应当适用旧刑法和新解释对其定罪量刑。除非判处免刑，否则对于此类行贿罪不能判处罚金。

 **举案释疑**

案例　姚某行贿案

基本案情

被告人姚某为了争取到某卫生院的保洁服务项目，通过采取不正当竞争手段，分别于2012年春节前夕、2013年春节前夕向该县卫生院工作人员柯某、许某贿送人民币合计7万元。

处理结果

某县检察院以姚某犯行贿罪，于2017年3月3日向法院提起公诉。某县法院于同年4月14日作出一审判决，以行贿罪判处姚某有期徒刑7个月，缓刑1年，并处罚金人民币10万元。一审宣判后，姚某未上诉，该判决生效。上级检察院认为该案一审判决对姚某判处罚金属于适用法律错误，于2018年6月20日向某中院提出抗诉。中院采纳检察机关抗诉意见，以行贿罪改判姚某有期徒刑7个月，缓刑1年，该判决于2018年9月29日生效。

争议焦点

对于发生在新旧刑法、新旧司法解释交替之时的行贿犯罪，如何适用从旧兼从轻原则以及新旧刑法和新旧司法解释能否交叉适用。

实务评析

根据之前的阐述，办理此类犯罪要明确以下几个观点：

1. 对于 2015 年 10 月 31 日之前实施的行贿犯罪，由于新刑法提高了从轻减轻的门槛并且增加了罚金刑，一般应当适用旧刑法，不判处罚金。

2. 2016 年 4 月 18 日开始实施的新解释，考虑到行贿罪新旧刑法对基础刑没有进行修改，那么新解释有关行贿罪的主刑量刑标准可以溯及新刑法之前的行贿罪。

3. 新旧刑法和新旧司法解释，可以交叉适用。本案就适用交叉规则，适用旧刑法新解释，对新刑法之前的行贿罪不判处罚金。

因此，一审法院对此类行贿罪判处罚金是错误的，检察机关抗诉正确，二审法院也采纳了检察机关的意见，对被告人量刑时，就主刑部分采用了新解释，在适用附加刑方面适用旧刑法，作出不判处罚金的改判是正确的。

2 正当防卫边界如何厘清

 疑难问题

2018年以来，相信大家对"正当防卫"这个词并不会陌生。"昆山反杀案""涞源反杀案"、赵某正当防卫案等足以载入刑法历史的典型案例，激活了正当防卫的应用。

司法实践中，对于"必要限度""行凶""正在进行"等情节的认定，很难把握。2018年12月，高检院发布了第12批指导性案例，将"昆山反杀案"等4个案例予以公布。这4个案例，分别对"防卫措施没有明显超过必要限度，属于正当防卫""防卫行为的强度不具有必要性并致不法侵害人重伤、死亡，明显超过必要限度，属于防卫过当""对于犯罪故意的具体内容虽不确定，但足以严重危及人身安全的暴力侵害行为，应当认定为行凶，行使特殊防卫权""其他严重危及人身安全的暴力犯罪的认定"4种情形进行了法理解释。高检院这次系统地整理研究涉及正当防卫的案例并作为指导性案例发布，对于全国检察机关办理正当防卫案件具有重要的指导意义。

接下来的2019年，检察机关连续处理了"涞源反杀案"、赵某正当防卫案两件社会舆论非常关注的正当防卫案件，对两起正当防卫案件均适用《刑事诉讼法》第177条第1款的规定，认定犯罪嫌疑人没有犯罪事实，作了不起诉决定。两起案件的处理，可以称为教科书式的执法，经过新媒体的发布和宣传，起到了很好的效果。**这两件案件涉及"防卫是否超过必要限度"以及"是否可以采取特殊防卫权"的问题**。涞源县检察院认为，根据审查认定的事实并根据高检院第12批指导性案例以及近期处理的正当防卫相关案件所体现的精神，"涞源反杀案"中王某甲、赵某某以及其女儿王某乙的行为属于特殊正当防卫，对被害人王某丙的暴力侵害行为可以采取无限防卫，不负刑事责任，对王某甲一家三人作出了绝对不起诉的处理意见。在赵某正当防卫案中，福州市检察院纠正了区检察院之前对赵某相对不起诉的决定,作出绝对不起诉决定。

司法实践中,同一个案件事实,公安机关、检察机关、审判机关的办案人员会得出不同的意见,有的认为没有防卫性质,有的认为属于正当防卫,有的认为属于防卫过当。可见,**对于正当防卫的正确认定依然是刑事法律的疑难问题。**

 破解思路

《刑法》第20条规定,正当防卫是为了使国家、公共利益、本人或者他人的人身、财产和其他权利免受正在进行的不法侵害,而采取的制止不法侵害的行为,对不法侵害人造成损害的,属于正当防卫,不负刑事责任。防卫过当是指正当防卫明显超过必要限度造成重大损害的行为,应当负刑事责任。《刑法》第20条第3款规定,对正在进行行凶、杀人、抢劫、强奸、绑架以及其他严重危及人身安全的暴力犯罪,可以行使特殊防卫权,属于正当防卫。区分防卫是正当还是过当,最难的就在于要确认防卫是否超过必要限度当中"限度"的理解。另外,认定特殊防卫权当中"行凶"的问题也是难点。

一、办理正当防卫案件要注意的问题

正当防卫案件往往容易引起舆情,司法人员在办理此类案件时,特别要注意以下两个问题:

其一,是否有防卫的行为。我国《刑法》第20条规定的正当防卫有两种情形,一种是为了保护自己,还有一种是为了保护他人和国家、集体,这后一种的正当防卫属于见义勇为性质。司法工作人员在办理涉及正当防卫案件时,对于后一种情形的正当防卫尤其要予以高度重视。因为,这类案件关乎到中华民族见义勇为的传统美德是否得到彰显。在当下社会,出现了不少冷漠的社会人,见死不救者有之,落井下石者有之,常常有"让英雄流血又流泪"的事件发生,老百姓希望更多的见义勇为的人士站出来,为社会添一些温暖和正能量。这类案件一旦没有把握好处理好,很可能就会触碰大家敏感的神经,容易引发舆情,造成不良影响。

其二,行为人是否有过错。笔者在组织处室同志学习高检院正当防卫问题的指导性案例时,就提出一个观点,除了根据刑法来审查判断正当防卫问题之外,还需要考量行为人是否有过错这一要素。也就是,在办理正当防卫性质案

件时，不仅要考量法理问题，还要特别重视情理问题。高检院提出一个理念，法不能向不法让步，笔者很赞同。笔者也有一个观点，法对见义勇为的人应当多一些宽容和善待，对不法或施暴人要多一些严厉和严格。通俗的说法是，在法律允许的框架内，让好人占一点便宜，让坏人吃一点亏，也是可以接受的。这里的"好人"指见义勇为或无辜的人，"坏人"指本身有违法的或不法施暴他人的人。

如果行为人本身有过错，那么即使可以认定有防卫的性质，在量刑上的幅度也不应该过大。比如行为人欠被害人钱，被害人使用暴力挟持他要求还钱，行为人持刀将被害人捅伤。尽管被害人先使用了暴力，行为人有防卫的性质。但行为人欠钱在先，有过错在先。对这类犯罪，即使认定为防卫过当，减轻处罚的幅度也不宜过大。要充分考虑事情的起因，以及被告人欠钱不还的过错。

反之，如果行为人完全没有过错，防卫的行为是对方强加的，是被迫的，或者为了制止犯罪而采取的见义勇为措施的，对这样的行为，司法人员应当尽量从弘扬正气的角度，从有利于无错方的角度，尽可能地考虑是否可以认定正当防卫。即使认定防卫过当，也应当在量刑上考虑，从宽幅度尽可能大一些，有条件适用缓刑或者不起诉的，要尽量适用。法律要回应民众的呼声，这是一种正能量的、人性化的执法理念，也是一种导向。只有符合社会大众普遍良知的执法，所办的案件才能做到政治效果、法律效果、社会效果的统一。

高检院指导性案例当中的朱某某故意伤害（防卫过当）案，一审法院认定朱某某的行为不具有防卫性质，不属于防卫过当，判处有期徒刑15年。经上诉，河北省检察院认为朱某某的行为属于防卫过当，应当减轻或者免除处罚，河北省高院采纳检察机关意见，改判朱某某有期徒刑7年。笔者认为，还是判得太重。被告人是一个50多岁的老人，在晚上11点多，面对经常到其家中骚扰的曾经的女婿，在报警后，看到对方爬上墙向其扔瓦片，翻墙入室又撕扯被告人，被告人出于自卫持刀刺了被害人一刀致其死亡。笔者认为本案足以认定防卫的性质，如果不是考虑双方还是亲戚关系，认定正当防卫也未尝不可，即使退一步认定防卫过当，量刑也不应该判处7年，判3缓4或缓5才比较恰当。毕竟，对于朱某某来说，他是无辜的，法律对好人还是应当再多一些宽容和善待。

二、正确认定正当防卫要分析的因素

（一）严格依照刑法条文的规定来判断

正当防卫的文章和论文很多，有一些传统的分析，不再赘述。这里要和大家分享的是笔者本人的实务经验。

笔者认为要从以下几个方面进行考量：**要考量行为的目的**，是出于斗殴的目的，还是防卫或制止不法侵害的目的；**要考量不法侵害是否是正在进行的**，对已经停止的不法侵害不能再行使防卫权；**要考量采取的措施是否是必要的**，对方已经停止侵害或者失去了抵抗能力，再实施的防卫行为已经多余，这类的行为也属于明显超出必要限度的。比如，高检院指导性案例当中的陈某正当防卫案（检例第45号），行为人陈某在寡不敌众的情况下，为了突围逃避侵害，持随身携带的水果刀乱挥乱刺后逃脱，致多人重伤，该行为就不属于明显超过必要限度。公安机关认为陈某构成故意伤害罪，提请批准逮捕，检察机关经审查认为陈某的行为属于正当防卫，不负刑事责任，决定不批准逮捕。当然，前提是行为人没有过错，被害人是前行为的加害方。再比如双方赤手空拳，如果对方已经受伤倒地不起，这时候，行为人本来可以脱离侵害，离开现场，反而再次上前再踹一脚，显然这是防卫过当的行为。

（二）特殊防卫要考量对方是否正在进行行凶、杀人等严重危及人身安全的暴力犯罪

这里特别要注意"行凶"的认定，因为要认定特殊防卫，前提是对方正在进行行凶、杀人、抢劫、强奸、绑架以及其他严重危及人身安全的暴力犯罪。一般性的故意伤害行为，看似行凶，但还要考虑严重程度。当然也不能简单地认为有持械的都是行凶，没有持械的拳打脚踢就不是行凶，要知道赤手空拳有时也会打死人的。所以，对行凶的判断难度很大。

笔者认为可以从以下三个方面判断：

一是"行凶"既然与杀人、抢劫、强奸、绑架等严重危及人身安全的暴力犯罪并列，说明行为的程度也必须与此相当。《刑法》第17条第2款规定已满14周岁不满16周岁的人，犯故意杀人、故意伤害致人重伤或者死亡、强奸、抢劫、贩卖毒品、放火、爆炸、投毒罪的，应当负刑事责任。结合这条款，笔者认为《刑法》第20条第3款的"行凶"，应当属于故意伤害致人重伤或死亡的情形。行凶的程度必须属于暴力犯罪。

二是考虑到如果已经被伤害重伤或者死亡，无法再进行防卫的问题，我们不能对防卫者提出过于苛刻的要求，不能要求防卫者一定要等对方把自己打残了才能进行防卫，这显然不符合正当防卫的精神。所以只要对方表现出的行为，有造成重伤或死亡的可能性，而且这种威胁足以严重危及人身安全，比如对方拿着枪支或者马刀、匕首对着你冲过来，这种危险笔者觉得可以认定对方正在行凶，可以适用特殊防卫权。如果对方赤手空拳冲过来，你拿匕首或持枪把他捅刺或开枪致死，显然防卫过当。这些判断，需要依赖我们长期的司法实践，经验积累和法律素养，进行综合评判。

三是要排除基于事出有因的家庭和民间纠纷，聚众斗殴的双方行为，这类行为一般不宜适用特殊防卫。

举案释疑

案例1 赵某正当防卫案

基本案情

2018年12月26日23时许，李某与邹某酒后一同乘车到达邹某位于福州市某公寓4楼的暂住处。二人在邹某暂住处发生争吵，李某被邹某关在门外，便酒后滋事，用力踢踹邹某暂住处防盗门，强行进入房间与邹某发生肢体冲突，引来邻居围观。此时，暂住在该楼5楼的赵某，听到叫喊声，下楼查看，见李某把邹某摁在墙上并殴打其头部。为制止李某的伤害行为，赵某从背后拉拽李某，致其摔倒在地。起身后，李某又要殴打赵某，并进行言语威胁，赵某随即将李某推倒在地，并朝倒地的李某腹部踩了一脚。后赵某拿起房间内的凳子欲砸向李某，被邹某拦下，随后赵某被其女友劝离现场。经法医鉴定，李某腹部横结肠破裂，伤情属于重伤二级。邹某伤情属于轻微伤。

处理结果

2019年2月20日，公安局以赵某涉嫌过失致人重伤罪向检察院移送起诉。2月21日，区检察院以防卫过当作出相对不起诉决定。3月1日，在最高人民检察院的指导下，福建省检察院指令市检察院对该案进行了审查，经审查认为，赵某的行为属于正当防卫，不应当追究刑事责任，原认定防卫过当属适用法律错误，依法决定予以撤销，依照《刑事诉讼法》第177条第1款规定，并参照最高人民检察院2018年12月印发的第12批指导性案例，对赵某作出绝对不起诉决定。

争议焦点

赵某案的焦点问题是防卫是否超过必要的限度。尽管公安机关从立案、移送批捕、审查起诉阶段，均没有认定赵某防卫的性质，但检察机关还是确认了赵某见义勇为的行为，只是认定其防卫超出必要的限度，认定防卫过当。而后上级院予以纠正，进而认定防卫没有超出必要的限度。因此，主要的分歧还在于赵某防卫是否超出必要的限度。

实务评析

本案的关键是要考察赵某将李某推倒在地后朝其腹部踩一脚是否必要和合适。赵某听到争吵声以及踢门声,下楼发现李某正在把邹某摁在墙上并殴打其头部。这个时候,赵某为制止李某的伤害行为,从背后拉拽李某,致其摔倒在地。起身后,李某又要殴打赵某,并进行言语威胁,赵某随即将李某推倒在地,并朝倒地的李某腹部踩了一脚。这一脚是必要的还是多余的,在案件审理过程中,检察机关内部也有争论。有的认为,在李某已经倒地的情况下,对赵某已经没有威胁了,赵某没有必要再踹李某一脚。

笔者认为,**如果赵某在李某倒地后,停顿一段时间,间隔一段时间,而后再踹一脚**,显然,确实属于没有必要,防卫超出明显的限度;如果赵某是在推倒李某后就踩一脚,是连续的动作,那么就不应该认定超出必要的限度。这就是本案的关键。但是,案发地点现场没有监控,只有双方的言辞证据以及在场几个目击证人的证言。按照赵某的辩解踹脚是连续的行为,在场证人很难确认赵某的行为是否连续,因为实际上也就是那么几秒的时间。

那么,在实际处理此案时,笔者认为应当把握两个理念:**一个是便宜被告人的刑事理念**;另一个是法应当让好人得一点便宜,让坏人吃一点亏的理念。如本案在证据难以确认的情况下,从有利于被告人的刑事理念出发,应当作出有利于赵某的判断。同时,还要考虑赵某是出于见义勇为的目的,是为了制止不法侵害的发生,双方也都是徒手,赵某没有携带器械,就一脚造成李某重伤的结果,很难认定超出必要的限度。这里体现第二个理念,法对好人应当更为宽容和善待,让好人得一点便宜,让坏人吃一点亏,也符合社会公序良俗和朴素良知。检察机关最终纠正相对不起诉决定,改变为绝对不起诉的决定是正确的。

案例2 盛某正当防卫案

基本案情

盛某系山东省莱州市人,在网上结识传销人员郭某(已被判刑)。2018年7月30日,郭某以谈恋爱为名将盛某骗至某县,根据传销组织安排,郭某等人接站后将盛某诱骗至传销窝点。盛某进入室内先在客厅休息,郭某、唐某(已被判刑)、成某等传销人员多次欲将其骗入卧室,意图通过采取"洗脑"、恐吓、体罚、殴打等"抖新人"措施威逼其加入传销组织,盛某发觉情况异常予以拒绝。后在多次口头请求离开被拒并遭唐某等人逼近时,拿出随身携带的水果刀警告,同时提出愿交付随身携带的钱财以求离开,但仍遭拒绝。之后，事先躲藏的传销人员邓某、郭某、刘某（均已被判刑）等人也先后来到客厅。成某等人陆续向盛某逼近，盛某被逼后退，当成某上前意图夺刀时，盛某持刀挥刺，划伤成某右手腕及左颈，刺中成某的左侧胸部，致心脏破裂，盛某丢弃随身行李趁乱逃离现场。

当日，传销人员将成某送医院治疗。同年8月4日，成某出院后，未遵医嘱继续进行康复治疗。8月11日，成某某在传销窝点突发昏迷经送医院抢救无效死亡。经法医鉴定：成某系左胸部遭受锐器刺戳作用致心脏破裂，在愈合过程中继续出血，最终引起心包填塞而死亡。

处理结果

盛某故意伤害一案，公安局于2018年8月12日接受报案并立案侦查。2018年8月13日，盛某在山东归案并被刑事拘留，同月27日经检察机关批准依法执行逮捕。2018年10月24日，案件移送某县检察院审查起诉。该院于同年11月20日将案件报送上一级检察院审查决定。2019年3月22日，某市检察院对涉嫌故意伤害罪的盛某作出不起诉决定。

实务评析

笔者完全赞同检察机关的认定。盛某被骗到传销窝点，多名传销人员多次欲将其骗入卧室未果，盛某拿出随身携带的水果刀警告并要求离开，传销人员拒绝并向其逼近。**盛某此时身处封闭的空间，人身自由和安全正在遭受众多不法传销人员侵害。为逃离现场，免受正在进行的严重人身侵害，其被迫使用随身携带的水果刀挥刺传销人员的行为，符合《中华人民共和国刑法》第20条第1款之规定**，为了使国家、公共利益、本人或者他人的人身、财产和其他权利免受正在进行的不法侵害，而采取的制止不法侵害的行为，对不法侵害人造成损害的，属于正当防卫，不负刑事责任。

传销犯罪具有严重的社会危害性，广大人民群众深恶痛绝。传销犯罪往往伴随对公民人身健康和生命的严重侵害，各地发生了不少对被传销人员胁迫参与传销的恶性案件。**检察机关对依法反抗传销的人员，依法作出正当防卫的确认，有助于打击传销犯罪活动以及伴随于传销活动中的非法拘禁、故意伤害等犯罪**。法律赋予合法公民同违法犯罪活动做斗争的武器，必然会震慑犯罪分子，同时也极大鼓舞公民同违法犯罪做斗争的勇气，达到弘扬正气、震慑犯罪、填补公权力保护的隙缝、营造安全和谐的社会环境的目的。

3 挑拨性防卫是否构成正当防卫

 疑难问题

正当防卫是法律赋予公民个人的一种自卫权利，是抗衡犯罪的一种积极措施。在司法实践中，往往有一些被告人挑衅被害人向自己进攻继而伤害被害人的情况，这种行为被理论界称为"挑拨防卫"。

挑拨防卫与正当防卫是有区别的。**挑拨防卫在刑法理论中是一种非常特殊的行为，表象上与正当防卫有相似之处。我国学者一般认为，所谓挑拨防卫，就是故意挑起他人对自己的进攻，然后借口正当防卫对他人加以侵害的行为。**

多数学者认为挑拨者的挑拨行为都是在故意的主观罪过形态下所实施的，也就是说挑拨者在实施挑拨行为时已经认识到，自己的挑拨行为会招致相对人对自己的侵害，而仍希望这种结果发生。其主观目的不是保护国家、公共利益、本人或者他人的人身、财产和其他利益免受正在进行的不法侵害，而在于蓄意侵害对方，即存在防卫目的的违法性。因此，他的这种行为不应该"看作是正当防卫，这无非是权利的滥用（权利滥用说），是缺乏防卫意思的行为，即使外观上似乎可以看成防卫行为，也不能阻却违法"。但是国外有些学者认为："在故意的挑拨中也不是绝对禁止行使正当防卫权，在故意地招来侵害产生了远远超过其当初预期程度的严重侵害时，也可以考虑正当防卫。"

另外，**在司法实践中也会有一些过失行为、无目的的一般故意行为引起他人的攻击行为，是否可以实施正当防卫的问题。**我国一些学者认为，不能剥夺挑拨者正当防卫的权利。如苏惠渔认为："如果行为人在主观上仅是挑逗他人，并没有借口正当防卫对他人实施不法侵害的意图，或者由于行为人的无意行为引起了他人的侵害行为，则不能以侵害者的不法侵害行为是由被侵害者所挑起的为由，而剥夺其实行正当防卫的权利。"我国台湾地区一些学者也有相同观点，如韩忠谟认为："防卫者之挑拨，情形不一，未可一概而论，若防者预期不法侵害之到来，而以挑拨行为造成正当防卫之状态，借此为口实，以达某种犯罪之目的者，则防卫者意在侵害他人，而非防卫自己之被人侵害，当然不成立正当防卫，至若防卫者不由此意思，虽侵害之动机，系于防卫者之挑拨，仍应许其为正当防卫，盖防卫者之挑拨，虽属不当，但被挑拨者之侵害行为系出私自复仇，亦非法律所许也。"可见，对于挑拨行为是否成立正当防卫，司法实务和法学界都有不同的声音。

 破解思路

笔者认为，为了使国家、公共利益、本人或者他人的人身、财产和其他权利免受正在进行的不法侵害，而采取的制止不法侵害的行为，对不法侵害人造成损害的，属于正当防卫，不负刑事责任。正当防卫者应当是出于防卫的目的，免受的不法侵害应当是正在进行的，对于本来可以避免，但**出于泄愤、报复的目的，带着挑衅引来对方的侵害行为，这种行为显然没有正当性，也就缺乏了合法性。**

当然，对这种具有挑拨行为的正当防卫案件，必须认真分析挑拨者的挑拨行为以及主观罪过状态，同时还必须分析被挑拨者是在什么样的主观罪过形态下采取攻击行为的，以此综合判断是否构成正当防卫。但是，现实当中具体案情千差万别，特别是被告人与被害人双方都有向对方实施不法侵害的意图和行为，且互殴的情况下，正当防卫的认定显得尤为困难。

 举案释疑

案例 郭某故意伤害案

基本案情

被告人郭某，男，1978年出生，系某饮料公司职员。

2006年8月28日晚11时许，被告人郭某与被害人陈某在某娱乐城包厢外酒后发生口角、扭打被劝开。而后被告人郭某从家中携带水果刀继续寻找被害人，在该娱乐城附近路段找到被害人。被害人持砍刀向其冲过来，被告人郭某持刀将被害人陈某刺伤，并夺过被害人的砍刀继续追砍被害人陈某，致其头部、项部、背部、胸部、臂部等多处受伤。被害人陈某的伤情经法医鉴定为轻伤。

处理结果

一审法院认为,被告人郭某非法损害他人身体健康,致人轻伤,其行为已构成故意伤害罪,起诉指控罪名成立。鉴于郭某案发后投案,有自首情节,已赔偿被害人经济损失并取得被害人谅解,从轻判处郭某有期徒刑6个月,缓刑1年。

争议焦点

被告人郭某携带凶器挑衅的行为是否构成正当防卫。

实务评析

被告人郭某辩解自己是正当防卫,但综观全案,被告人在包厢外被被害人殴打后,应该是明知被害人有酒后随意打他人的形势(从被告人回家拿刀出来可以看出,被告人已经感觉到这种危险,并明知可能出现的后果),既然有这种担心就应该避开才对,但被告人还携带刀具主动上前要理论一番。本案证据也显示是被告人先发现了被害人,并向被害人走去,被害人当时还没有发现被告人,从这一点可以看出被告人当时挑衅的心态。另外当被害人持砍刀冲向被告人时,被告人夺下其砍刀,并持随身携带的水果刀刺伤被害人陈某,被害人在前面跑,被告人持砍刀在后面追砍。被告人仅是手拇指在抓住被害人刀时划伤,而被害人身上的伤达6处,被告人的力量已经达到可以制止侵害的状态,但是,仍持水果刀伤害被害人多刀,还用夺下来的砍刀进行追砍。

结合本案的案情和现有的挑拨防卫的观点,笔者认为,**被告人郭某的行为属于典型的挑拨防卫**,从其主观上可以认定是为了报复被害人,采取的手段是携带水果刀,用言语刺激被害人,在被害人持砍刀冲过来时将其刺伤,而后追砍被害人。**被告人郭某伤害被害人陈某不是为了正当防卫,而是出于报复目的,其行为缺乏正当防卫的前提,也就缺乏了合法性。**另外,郭某的挑拨行为是有备而来的,这与一般的言语挑拨的情形也不太一样。因此,郭某的行为显然不属于正当防卫。笔者认为,被告人与被害人双方都有向对方实施不法侵害的意图和行为,属互殴的性质。一审法院没有采纳被告人的辩解,判决被告人构成故意伤害罪是正确的。

4 追究个人单位犯罪的刑事责任，是否必须一并追究单位的刑事责任

 疑难问题

《刑法》第31条规定："单位犯罪的，对单位判处罚金，并对其直接负责的主管人员和其他直接责任人员判处刑罚。本法分则和其他法律另有规定的，依照规定。"

可见，刑法对单位犯罪在绝大部分情况下采取两罚制。对单位是判处罚金，对直接负责的主管人员和直接责任人员是判处刑罚，这里的刑罚包括自由刑与罚金刑，主要是自由刑。刑法在某些情况下规定了单位犯罪的单罚制，即只处罚自然人而不处罚单位。但是，如果在刑法分则没有规定只处罚个人，不处罚单位的情况下，对一般的单位犯罪是否可以只追究个人，不追究单位呢？换句话说，单位犯罪的案件，是否一定要以追究单位为前提？没有追究单位，能否追究单位直接负责的主管人员和其他直接责任人员个人的单位犯罪的刑事责任？这是司法实践中困扰我们的疑难问题。

 破解思路

笔者认为，对于单位犯罪，可以只追究个人，不一定要以追究单位为前提，可以适用单位犯罪的条款对单位直接负责的主管人员和其他直接责任人员个人追究刑事责任。具体理由如下：

一、现有刑事法律没有对于单位犯罪必须单位、个人一并追究的规定，相反，有只追究个人、不追究单位的规定

《刑法》第396条私分国有资产罪规定："国家机关、国有公司、企业、

事业单位、人民团体，违反国家规定，以单位名义将国有资产集体私分给个人，数额较大的，对其直接负责的主管人员和其他直接责任人员，处三年以下有期徒刑或者拘役，并处或者单处罚金；数额巨大的，处三年以上七年以下有期徒刑，并处罚金。"这里规定的犯罪主体是国家机关、国有公司、企业、事业单位、人民团体，但此单位犯罪只处罚直接负责的主管人员和其他直接责任人员，而不处罚单位。

二、对于单位已经撤销、注销、吊销营业执照或者破产的，对单位犯罪直接负责的主管人员和其他直接责任人员应当继续审理，一般也只追究个人的单位犯罪的责任

这是有法律依据的。2002年高检院《关于涉嫌犯罪单位被撤销、注销、吊销营业执照或者宣告破产的应如何进行追诉问题的批复》规定，涉嫌犯罪单位被撤销、注销、吊销营业执照或者宣告破产的，应当根据刑法关于单位犯罪的相关规定，对实施犯罪行为的该单位直接负责的主管人员和其他直接责任人员追究刑事责任，对该单位不再追诉。

三、个人以单位名义实施的犯罪，收益归个人的，认定自然人犯罪

对于个人以单位的名义实施的犯罪行为，如果收益归单位，而单位的班子成员没有集体参与研究，也不知情，笔者认为可以认定单位犯罪情节轻微，不需要追究单位的刑事责任。主要理由是单位也是被蒙蔽的，是受害者。在这种情况下，应当认定为单位犯罪追究个人的刑事责任。

四、相关立法解释、司法解释提供了依据

2014年4月24日，全国人民代表大会常务委员会根据司法实践中遇到的情况，讨论了《刑法》第30条的含义及公司、企业、事业单位、机关、团体等单位实施刑法规定的危害社会的行为，法律未规定追究单位的刑事责任的，如何适用刑法有关规定的问题，并做了如下解释：公司、企业、事业单位、机关、团体等单位实施刑法规定的危害社会的行为，刑法分则和其他法律未规定追究单位的刑事责任的，对组织、策划、实施该危害社会行为的人依法追究刑事责任。该解释进一步明确了单位实施了法律没有规定单位犯罪的，追究个人的刑事责任。

1999年6月25日，最高人民法院颁布了《关于审理单位犯罪案件具体应用法律有关问题的解释》规定：《刑法》第30条规定的"公司、企业、事业

单位",既包括国有、集体所有的公司、企业、事业单位,也包括依法设立的合资经营、合作经营企业和具有法人资格的独资、私营等公司、企业、事业单位。个人为进行违法犯罪活动而设立的公司、企业、事业单位实施犯罪的,或者公司、企业、事业单位设立后,以实施犯罪为主要活动的,不以单位犯罪论处。盗用单位名义实施犯罪,违法所得由实施犯罪的个人私分的,依照刑法有关自然人犯罪的规定定罪处罚。

综上所述,笔者认为单位犯罪,不必然追究单位,关键看单位的主观故意和犯罪情节。司法实践中,可以只追究单位直接负责的主管人员和其他直接责任人员个人单位犯罪的刑事责任,这是有充分的法理和实务依据的。

 举案释疑

案例 陈某受贿案

基本案情

被告人陈某,案发前系某市政协原副主席。因涉嫌受贿罪,于2015年7月31日被刑事拘留,同年8月13日经检察机关决定逮捕,次日由公安机关执行逮捕。检察机关经依法审查查明:2003年至2015年间,被告人陈某在担任某市建设局局长、市政协副主席兼某市高速公路城区连接线开发建设有限公司(以下简称连接线公司)法人代表、董事长、总经理期间,利用职务便利,在工程借款、拨付工程进度款、采购设备等方面为他人谋取利益,索取和收受他人赠送的折合人民币233.7204万元的款物。其间,被告人陈某作为连接线公司直接负责的主管人员,在工程借款、拨付工程款等方面为他人谋取利益,向他人索要折合人民币31.7万元的款物。

处理结果

检察机关认为,被告人陈某身为国家工作人员,利用职务上的便利,为他人谋取利益,多次索取和收受他人贿赂折合共计人民币233.7204万元,其行为已触犯《刑法》第385条、第386条、第383条第1款第3项、第2款之规定,犯罪事实清楚、证据确实充分,应以受贿罪追究其刑事责任。同时,被告人陈某作为连接线公司单位直接负责的主管人员,以单位的名义,为了单位的利益,向他人索取款物共计人民币31.7万元,其行为已触犯《刑法》第387条第1款、第30条、第31条、第69条之规定,犯罪事实清楚、证据确实充分，应以单位受贿罪追究其刑事责任，并实行数罪并罚。被告人陈某到案后如实供述司法机关未掌握的受贿部分同种罪行，系坦白；同时，如实供述未掌握的单位犯罪罪行，可视为自首，根据《刑法》第67条第2款、第3款的规定，可以从轻或者减轻处罚。

某市检察院于2016年7月20日将该案移送某市中级法院提起公诉。**法院经审理认为**，被告人陈某身为国家工作人员，利用职务便利，非法收受并向他人索取款物，为他人谋取利益，其行为已构成受贿罪。其身为连接线公司的法人代表、董事长、总经理，向他人索取款物31.7万元用于单位发放福利等开支，为他人谋取利益，其行为已构成单位受贿罪。其一人犯数罪，应数罪并罚。其到案后主动供述办案机关未掌握的大部分受贿犯罪事实，系坦白，依法可以从轻处罚。其还主动供述办案机关尚未掌握的单位受贿犯罪事实，系自首，依法可免除处罚。根据《刑法》第385条第1款、第383条第1款第2项、第387条、第64条、第67条、第37条的规定，可以从轻或者减轻处罚。一审法院于2018年7月2日作出判决：被告人犯受贿罪，判处有期徒刑6年6个月，并处罚金人民币50万元。犯单位受贿罪，免予刑事处罚。决定执行有期徒刑6年6个月，并处罚金人民币50万元。被告人陈某不服提出上诉，二审法院驳回上诉，维持原判。

实务评析

检察机关没有追究连接线公司单位犯罪刑事责任，主要考虑以下几个方面：

1. 本案涉嫌单位犯罪的事实无需通过重新立案即可查明。立案是对犯罪嫌疑人进行侦查及采取侦查措施的启动条件，并不作为定性定罪的依据。司法实践中，常常出现立案罪名与批捕、起诉、审判罪名不一致的情况。连接线公司涉嫌单位受贿是在侦查陈某受贿案过程中发现的，所有涉嫌单位受贿的犯罪事实都是由作为连接线公司直接负责的主管人员陈某个人决定的，相应刑事责任应由陈某承担，未发现其他需要承担刑事责任的人员。通过对陈某立案并采取相应的侦查措施，即可完成对涉嫌单位受贿犯罪的侦查。

2. 连接线公司是市属国有企业，承担了高速公路城区连接线际周边土地开发等市重点建设项目的投资、建设、经营和管理工作。不对连接线公司立案，可减少对重点民生项目的影响，有助于保障该公司各项工作正常开展。

3. 本案涉及的单位犯罪，都是陈某个人以单位名义实施的，没有与连接线公司其他班子成员共同研究，所得款物大部分由陈某支配、使用，连接线公司单位主观恶性小。

从这个案例，不难发现，检察机关在起诉陈某单位受贿一节犯罪事实时，并没有起诉连接线公司这个单位，一、二审法院均认可检察机关的认定并作了同样的认定，认定陈某构成单位受贿罪。检法两家引用的也是《刑法》第387条单位受贿的条款。可见，**司法实务当中，对于单位犯罪并不以追究单位为前提，可以单独追究个人单位犯罪的刑事责任**，尽管这个单位还存在，并没有被撤销、注销、吊销营业执照或宣布破产。

5 村委会能否构成单位犯罪的主体

疑难问题

村委会的兴起与发展，引起了诸多学科学者对农村基层组织、农村社区文化的关注，比如政治学、社会学、经济学、文化学、人类学、法学乃至哲学。但是，刑法学关于村委会的研究至今见诸文字的甚少。特别是**村委会的刑法地位问题**，更是在司法实践中，给正确认定犯罪和处罚犯罪带来了不少的困难。还有对于**单位能否作为共同犯罪主体的问题**，刑法学界也存在着争论。

破解思路

一、村委会能否成为单位犯罪的主体

（一）村委会的性质

根据《村民委员会组织法》的规定，村民委员会是村民自我管理、自我教育、自我服务的基层群众性自治组织。村民委员会依照法律规定，管理本村属于村民集体所有的土地和其他财产。

（二）我国刑法关于单位犯罪主体的规定

我国刑法中的犯罪主体分为自然人犯罪主体及单位犯罪主体。村委会作为基层群众性自治组织当然不可能如自然人犯罪主体一样具备刑事责任能力，那么，村委会是否能够成为单位犯罪主体呢？根据我国《刑法》第30条的规定，单位犯罪是指公司、企业、事业单位、机关、团体实施的危害社会的行为，法律规定为单位犯罪的，依法应当负刑事责任的行为。可见，**其主体已被列举为公司、企业、事业单位、机关和团体，这里所指的团体包括社会团体和**

人民团体。尽管《中华人民共和国刑法释义》一书中，对"团体"解释为：为了一定的宗旨自愿组成进行某种社会活动的合法组织，在我国主要包括工会、妇联、青年团以及各种其他的专业团体。这种说法被各种学术著作或教材所普遍接受，也成为学习刑法关于"团体"一词的普及读本。**但从目前来看，确实理论界和司法实务界很少有人明确将村委会纳入刑法中的"团体"当中**。①

（三）笔者观点

单位犯罪的主体具有双重性：一是单位犯罪的形式主体即单位组织本身；二是单位犯罪的行为主体即单位犯罪行为的具体自然人实施者，包括直接负责的主管人员和其他直接责任人员。单位刑事责任的确立，就意味着个人责任的减轻。

村委会作为村民自治组织并不属于《刑法》第30条列举范围之内，也就是说，**在我国现行刑事法律规范中，村委会并不具备单位犯罪主体的资格**，因而其所实施的危害社会的行为未有相关刑事法律规范予以规制，也难以承担相应的刑事责任。

我们考查现有法律规定：《刑法》第271条第1款、第272条第1款均表述为"公司、企业或者其他单位的……"，显然两法条中的"其他单位"包括了村委会，超出了《刑法》第30条单位犯罪主体列举为"公司、企业、事业单位、机关、团体"的规定范围。因此，将村民委员会排除在单位犯罪的范围之外是立法上的疏漏，而1999年7月3日实施的《关于审理单位犯罪案件具体应用法律有关问题的解释》中对此也没有作出规定。

二、关于单位能否作为共同犯罪主体的问题

刑法学界存在着争论，其中具有代表性的是肯定说与否定说。

肯定说认为，我国《刑法》中关于"共同犯罪是指二人以上共同故意犯罪"的规定中的"人"既包括自然人，也包括单位，有单位参与的共同故意犯罪应当认定为共同犯罪，从而肯定单位可以作为共同犯罪的主体。

否定说认为，对于单位参与共同故意犯罪的不应以共同犯罪论处，应当负刑事责任的，按照参与单位及个人所犯之罪分别处罚为宜，因为许多情况下，单位与个人、单位与单位共同故意犯罪所触犯的罪名并不完全相同，在操作上

---

① 程勇、高淑鹏：《单位犯罪主体范围的界定》，载《山东省农业管理干部学院学报》2007年第1期。

也不便按共同犯罪认定。

还有的观点认为:"在承认单位可以成为共同犯罪主体的同时我们必须看到,单位的刑事责任能力与自然人的刑事责任能力是不同的。自然人的刑事责任能力,是根据其刑事责任年龄、精神及生理状况等因素来确定的,而单位的刑事责任能力,则是根据其犯罪能力和承担刑事责任的能力由法律拟定的,归根结底是刑法所确立的单位可以实施的犯罪的范围来确定的。因此,单位与自然人可以形成共同犯罪关系,但应限定于刑法所规定的单位可以构成犯罪的范围之内。"①

举案释疑

案例　黄某偷税案

基本案情

犯罪嫌疑人黄某,男,1959年出生,汉族,高中文化,1989年至2000年1月任某村党支部书记。

某村矿山开采队(以下简称开采队)于1994年1月1日成立,1997年12月后,法定代表人更改为张某。1994年4月8日,时任某村党支部书记的犯罪嫌疑人黄某主持召开了该村党支部会议,经集体研究决定开采队的事务由村委会决定,开采队设立"两套账",以分设内外账隐瞒、少报或申报虚假实际收入的方式偷税,以增加村集体的收入。犯罪嫌疑人黄某和张某共同聘请钱某担任外账会计进行虚假纳税申报。从1994年至1999年,开采队的所有收入都开收款收据入内账,对内核算;收入中客户有需要开正式发票的部分,另开正式发票,该部分收入入外账,进行纳税申报,由出纳对票据进行分类后分别交内外账会计做账。外账会计根据正式发票做账,并由此填写纳税申报表交出纳到税务机关申报并缴纳税款。1994年到1999年间,犯罪嫌疑人黄某与张某共同对开采队事务进行管理。1997年12月后,两人一起负责财务收支审批,对虚假纳税申报表进行审批。从1994年到1999年,开采队共偷逃税款242万余元,偷税百分比达45.6%。

---

① 樊永生:《受贿罪共同犯罪若干问题浅析》,载中国论文下载中心。

处理结果

本案由某县检察院起诉到法院，某县法院审查后，向上级法院请示，上级法院书面答复认为，犯罪嫌疑人黄某不符合单位犯罪追究对象的主体资格。某县法院经审委会研究，建议检察机关撤回起诉。某县检察院也启动了向上级检察院请示的程序。

争议焦点

1. 村委会是否构成单位犯罪的主体。
2. 村委会成立单位犯罪是否具有必要性和合理性。
3. 单位与个人能否构成共同犯罪。

意见分歧

该案在研究过程中，产生了分歧，分歧点在于犯罪嫌疑人黄某没有在开采队任职，只是作为村集体的企业所属村的村支书，要不要承担相应的单位犯罪主管人员或者直接责任人员责任的问题。因此，本案形成三种意见。

第一种意见认为，对犯罪嫌疑人黄某应当以偷税罪予以追究。理由是：开采队的出资资金来源于村财产，村集体是开采队的出资人，出资人的收益也显示开采队的利润归村委会。开采队的管理人也是村两委，重大问题都是由村两委决定后，由开采队的管理人员去执行。因此，开采队与村两委之间并非没有联系。追究本案的单位犯罪的主管人员和直接责任人员，不仅要追究开采队法定代表人和会计等直接负责人员的刑事责任，更应当追究开采队幕后出资人和决策人员的责任，而黄某是村党支部书记，参与决定设立两套账进行偷税，并对虚假纳税申报表等财务收支进行审批，理应承担单位犯罪的主管人员的刑事责任。

第二种意见认为，犯罪嫌疑人黄某不是本案单位犯罪的主体，不构成偷税罪。理由是：开采队的出资和收益都是村委会，那么，追究犯罪的实质，按犯罪的形式和内容的关系，犯罪的实施形式载体是开采队，但犯罪意图、结果等实质的内容则是村委会，更应当追究的是村委会，开采队只是犯罪的直接责任单位和人员，而村委会不能构成单位犯罪的主体。因此，犯罪嫌疑人黄某不应作为村委会的主管人员承担偷税罪的刑事责任。

第三种意见认为，开采队这一单位与黄某个人构成共同偷税犯罪。

实务评析

1. 笔者认为，村民委员会作为单位犯罪主体是必要的，也是合理的，理由如下：

其一，我国《刑法》没有采用法人犯罪的概念，《刑法》中规定"单位"

外延远大于法人。根据《村民委员会组织法》的规定,村民委员会是村民自我管理、自我教育、自我服务的基层群众自治性组织。村民委员会符合民法中"法人"的条件,也符合单位犯罪的条件和特征。

其二,不将村民委员会列为单位犯罪主体,违反罪刑相适应原则。我国《刑法》第5条规定:"刑罚的轻重,应当与犯罪分子所犯罪行和承担的刑事责任相适应。"罪刑相适应原则表明,单位刑事责任的确定,就意味着个人责任的减轻,相比较而言,单位构成犯罪的数额、标准一般比自然人构成犯罪的数额、标准要高。如果上述案件由村委会负责人承担比自然人来承担则轻得多,相反如由自然人来承担单位犯罪,则就显得更为不公平。

其三,将村民委员会排除在单位犯罪之外将会导致逻辑上的错误。随着我国市场经济的不断发展,农村村民集体经济的不断发展和壮大,村办、村集体所有、村下属的公司、企业也不断增加,依据最高人民法院《关于审理单位犯罪案件具体适用法律有关问题的解释》第1条的精神,依法设立的合资经营、合作经营企业和具有法人资格的独资、私营等公司、企业、事业单位都可以成为单位犯罪的主体。本案中作为法人的开采队能够成为单位犯罪的主体,而作为该"单位"的上级村委会按《刑法》总则第30条的规定却不是"单位",显然从逻辑上说不通。

2. 笔者认为,单位与个人构成共同犯罪,不以单位犯罪是否能够单独构成该犯罪为前提条件。理由是:

其一,个人可以与单位形成意思联络,可以实施共同行为,而且单位是拟制的人格,也有自由意志,也有刑事责任能力,故可以构成共同犯罪。

其二,《刑法》已经明确将单位作为一种不同于自然人的独立犯罪主体类型加以规定,那么就是说立法上是承认单位具有刑事责任能力的。单位在实施犯罪行为后,具有刑事可罚性。因此,单位与自然人在共同犯罪故意支配下,实施了犯罪行为,具有了犯罪的意思联络,完全可以构成共同犯罪。

其三,虽然我国《刑法》总则尚未明确规定单位与自然人、单位与单位可以构成共同犯罪,但在《刑法》分则以及一些司法解释当中,早已规定单位可以成为共同犯罪的主体。比如,我国现行《刑法》第350条第2款规定"明知他人制造毒品而为其提供前款规定的物品的,以制造毒品罪的共犯论处",第3款规定"单位犯前两款罪的,对单位判处罚金,并对其直接负责的主管人员和其他直接责任人员,依照前两款的规定处罚"。这就明确规定了单位与自然人可以构成制造毒品罪共犯,该条款虽然是对制造毒品罪作出的,但无疑是现行《刑法》对单位与自然人可以构成共同犯罪的明确承认。还有,根据最高人民法院2001年9月18日《关于如何认定挪用公款归个人使用有关问题的解释》第 1 条、第 2 条的规定,"国家工作人员利用职务上的便利,以个人名义将公款借给其他自然人或者不具有法人资格的私营独资企业、私营合伙企业等使用的",或者,"国家工作人员利用职务上的便利为谋取个人利益,以个人名义将公款借给其他单位使用的",均属于挪用公款归个人使用,均可以构成挪用公款罪。这样,即便使用人是不具有法人资格的私营独资企业、私营合伙企业或者其他具有法人资格的单位,如果其与挪用人存在共谋,指使或者参与策划取得挪用款时,在同时具备挪用公款罪之其他构成条件的情况下,就有可能构成自然人与单位共同实施的挪用公款罪。对于这类较为特殊的共同挪用公款犯罪,也仍然应当按照《刑法》总则有关共同犯罪的规定处理。

3. 笔者认为,**本案中的偷税行为是经村委会集体研究,为了村集体利益以村委会名义作出的决定,其违法所得也归村集体所有,此犯罪行为完全符合单位犯罪的条件和特征**。且《刑法》明确规定单位也可成为偷税罪的犯罪主体,因此,将本该是单位犯罪的以自然人犯罪来处理,仅让直接负责的主管人员个人来承担偷税罪的刑事责任,判处与自然人犯罪同等的刑罚,有失公平,违反了罪刑相适应的刑法原则。基于上述分析,考虑到黄某在本案当中确实是为了集体的利益,而且所作出的决定又是经集体研究的,收益也归集体,如果要追究其个人犯罪,显得罪刑不相适应,因此,在具体办案过程中,可以建议法院酌情从轻处理。结合本案,**在村民委员会是否构成单位犯罪存在争议的情况下,我们也可以撇开村委会,而只认定开采队这一单位与黄某个人构成共同偷税犯罪,但在对黄某量刑时适用单位犯罪的量刑幅度。**

根据 2014 年第十二届全国人大常委会第八次会议通过的关于《刑法》第 30 条的解释,村委会即使不构成单位犯罪的主体,村委会人员实施了非单位犯罪行为,也可追究实施、策划、组织人员的刑事责任。按照人大常委会的解释,本案处理起来也就简单了许多,即只要追究开采队和黄某个人的犯罪行为,但对量刑的处理上,人大常委会的解释没有明确。笔者认为还是应当酌情从轻处理。

6 单位行贿与个人行贿如何判定

 疑难问题

根据我国现行《刑法》第389条、第393条的规定,行贿犯罪的主体包括自然人(个人)和单位。个人为谋取不正当利益,给予国家工作人员以财物的,或者在经济往来中违反国家规定,给予国家工作人员以各种名义的回扣、手续费的,是行贿罪;单位实施上述行为则构成单位行贿罪。

司法实践中,对于形式上具有法人资格的独资、私营公司而实质上是没有员工,单打独斗,行为人既是董事长又是总经理也是业务员,一人出资,一人经营,收益归一人所有的公司进行行贿的,是认定个人行贿还是单位行贿存在一定的难度。根据《刑法》第390条、第393条和"两高"《关于办理贪污贿赂刑事案件适用法律若干问题的解释》,行贿罪的追诉标准一般为行贿数额在3万元以上,而单位行贿罪一般为20万元以上。行贿罪最高法定刑为无期徒刑,而单位行贿罪最高法定刑为5年。显然,个人行贿罪与单位行贿罪在追诉标准、定罪数额以及量刑上都存在着巨大的差异,因此,正确界定个人行贿与单位行贿犯罪,有着重要的现实意义。

 破解思路

根据最高人民法院《关于审理单位犯罪案件具体应用法律有关问题的解释》的规定,"刑法第30条规定的公司、企业、事业单位,既包括国有、集体所有的公司、企业、事业单位,也包括依法设立的合资经营、合作经营企业和具有法人资格的独资、私营等公司、企业、事业单位"。显然,个人成立公司,必须具有法人资格,而且笔者理解还是要依法设立的,不仅从形式要件上要符合法律规定,而且从实质上也要符合法律规定。只有同时具备这些条件,才能适用单位犯罪的规定。

另外,根据《个人独资企业法》,所谓个人独资企业,是指由一个自然人投资,财产为投资人个人所有,投资人以其个人财产对企业债务承担无限责任的经营实体。可见,《个人独资企业法》只规定了投资、收益和责任三个方面,没有规定说经营场所和经营人员等问题。但是,笔者认为,**个人独资企业还是必须要有一定的公司成立的要件的,如招募一些人员,有场所,有正常的业务。如果是由企业主即出资人自己经营管理和决策的,不能成为单位犯罪的主体。**如果是个人独资公司、企业,且公司没有员工、没有组织的,显然也不符合单位的特征。

个人独资企业成立单位行贿犯罪还是个人行贿犯罪,还要考查是否具有以下特征:

其一,行贿故意是否体现了单位意志。单位属于一种特殊的整体,其成员对所发生的整体事件有着共同的意识,单位犯罪意志就是由其决策机关形成的,经过一定决策程序,并按决策程序在决策机关的策划、授意、批准、默认或指挥下实施犯罪。

其二,行贿行为谋取的利益是否归属于单位。利益应先行直接归于单位名下,由单位先行取得对利益的支配权。至于行贿行为是否以单位名义进行,并不是认定单位行贿罪的必要条件。

 举案释疑

案例　韩某行贿案

基本案情

被告人韩某,男,汉族,1952年出生,大专文化,系福建省某爆破工程有限公司总经理。

2003年4月,福建省公安厅下达《福建省民用爆炸物品管理实施细则》,要求对民爆从业人员进行培训,并要求对涉爆工程进行爆破施工设计。被告人韩某分别到A县、B县、C县、D区联系开展爆破"四员"人员(爆破员、安全员、押运员、保管员)的培训及爆破工程设计业务。

2003年年初,被告人韩某来到A县,与公安局治安大队大队长张某(另案处理)洽谈承揽该县"四员"人员培训和爆破工程设计业务,并与张某约定以爆破工程设计费的1/7加上余下6/7的15%作为提成,"四员"人员的培训费每人150元提成。而后,张某将"四员"人员培训指定给被告人韩某的公司,同时还召集相关涉爆工程业主开会,并由被告人韩某讲解收取设计费的标准。从2003年至案发时,被告人韩某以现金方式支付给张某416000元的提成款,其中上缴县公安局财务376000元,余下的40000元被张某隐瞒处理。

2003年4月,被告人韩某与其公司职员宋某找到B县公安局治安大队大队长叶某(另案处理),让他帮助介绍并承揽爆破"四员"人员培训及爆破工程设计的业务,并承诺按业务量的一定比例给其提成。2003年至案发时,叶某将"四员"人员培训指定给被告人韩某的公司,累计培训人员472人,并帮助介绍联系承接爆破工程设计项目13个。被告人韩某以现金方式多次交给叶某提成款共计228600元。B县公安局分管副局长林某(另案处理)分得110600元,叶某分得118000元。

2003年年底,被告人韩某找到某市D区治安大队枪爆中队中队长黄某(另案处理),要求黄某将辖区民爆"四员"人员培训及爆破工程设计业务让其公司做,并与黄某、大队长陈某约定"四员"人员培训费每人按100—130元、爆破工程设计费按5%—10%给大队提成(实际是按培训费150元/人,爆破工程设计按15%的比例给提成款)。2003年至案发时,被告人韩某先后15次以汇款或现金的方式交给黄某的提成款共计201400元,黄某先后上交大队73490元的提成款作为大队小金库收入,剩余的127910元提成款被黄某陆续用于支付购房款和个人日常生活开支。

2003年年底,被告人韩某到C县,找到县公安局治安大队大队长黄某甲(另案处理),洽谈承接"四员"人员培训和爆破工程设计业务,并承诺如果大队给予他在C县开展业务上的支持,爆破设计按设计费的15%提成,"四员"人员培训按每人150元提成。而后,大队将"四员"人员培训指定给被告人韩某的公司并帮助组织召集"四员"人员,还帮助被告人韩某介绍联系爆破工程。黄某甲等人先后从被告人韩某处领到提成款157030元,其中提成款76030元交给治安大队,余款81000元被黄某甲收受用于个人投资和生活开支。

综上所述,被告人韩某先后支付提成款累计1003030元。其中,支付给各县公安局治安大队的有525520元,支付个人的有477510元。

处理结果

检察机关认定韩某向叶某行贿构成行贿罪,其余三节事实构成对单位行贿罪,向某县人民法院提起公诉,某县人民法院认定韩某实施的上述四节的犯罪事实均属于对单位行贿罪，判处其有期徒刑 2 年。

争议焦点

1. 韩某是单位犯罪还是个人犯罪。
2. 韩某行贿应认定为单位行贿罪还是行贿罪。
3. 韩某是否谋取了不正当利益。

实务评析

1. 本案是单位犯罪还是个人犯罪

涉案的爆破公司是否属于单位，决定了对韩某的量刑轻重。辩护人认为韩某的公司不仅有工商部门核发的法人登记，而且还有公安部门审批的设计施工许可证，公司的注册资金 618 万元，还有固定的工作人员 6 名，应当认定单位犯罪。

检察机关和法院均认为本案系自然人犯罪，不属于单位犯罪。

笔者的观点是： 韩某属于自然人犯罪。理由是：本案涉案的爆破公司是欠缺实质要件而成立的公司，是一人投资、一人经营、一人所有，虽然该公司从形式上取得了工商部门核发的法人资格，但实际上并不完全具备法人成立的条件。比如公司发起人形式上虽有 5 人，但实际只有韩某一人出资，不符合股份有限公司设立的条件；公司固定人员只有 6 名，没有专职的财务人员，没有设立董事、监事等股份公司所要求的组织机构，而且公司的日常运营并没有按照公司法的规定进行，都是由韩某一人在操作，本案中所有的提成款都是韩某个人以现金或通过个人账户汇款支付的，被告人韩某也从未向他们索取票据。可见，韩某的福建省某爆破工程有限公司不是单位犯罪主体，本案应当由韩某个人承担法律责任。

2. 关于本案的定性

关于韩某向叶某行贿（第 2 起）是属于向单位行贿还是向个人行贿问题，检法两家意见不一，检察机关认定韩某构成行贿罪，法院认定韩某构成对单位行贿罪。

笔者的观点是： 韩某向叶某行贿应认定为行贿罪。理由是：我国刑法对于行贿罪和对单位行贿罪的罪状作了明确规定，行贿罪的对象要求行贿人给国家工作人员赠送财物，对单位行贿罪的对象要求行贿人主观上是给国家机关等单位赠送财物，因此，认定行贿罪还是对单位行贿罪，主要考察行贿人的主观上是送个人还是送单位。结合本案，笔者认为本案定性的关键主要看证据如何体现，如果被告人韩某与治安大队直接负责人约定提成款是给治安大队的，主观上双方明确体现给单位的，客观上也给了，那么该款就是公款，是国家所有的公款，因此应定对单位行贿罪；如果治安大队直接负责人对此有向被告人韩某提出提成款也要分个人，那么被告人韩某主观上明知提成款中有一部分包含了给个人提成的钱，客观上给予，对对方放入个人腰包的钱，定行贿罪。被告人韩某供述其到 B 县与治安大队大队长叶某谈提成款，叶某提出个人要提成款，其想反正统一给他们，这样结算也方便，至于他们是拿给个人还是单位，由他们决定。可见，在本节中，韩某主观上是给个人行贿的，因而认定行贿罪。另三起，由于韩某明确说给单位，客观上实施了对单位行贿的行为，构成对单位行贿罪。

3. 关于谋取不正当利益问题

辩护人认为韩某未谋取不正当利益，其培训的行为对社会有利。检法均认为韩某谋取了不正当利益。

笔者认为，韩某谋取了不正当利益。行贿罪或对单位行贿罪的犯罪构成要件之一是行为人必须谋取了不正当利益。本案被告人韩某不仅为谋取不正当利益而行贿，而且还谋取到了不正当利益，该证据充分。这一点有被告人韩某的供述以及各治安大队直接责任人的证言等证据印证。因为只要是省厅公布的 8 家公司之一，到市局治安支队枪爆大队备案，均可与施工单位自行业务往来，属自由竞争形式。因此，被告人韩某通过承诺并兑现提成款，从而使得治安大队直接责任人在收受提成款前后帮助该公司介绍爆破设计单位、组织"四员"培训甚至指定就由该公司进行培训，垄断了"四员"培训这一业务，该公司与其他有资质公司之间明显形成了不正当竞争，严重损害了其他公司的合法利益，也违反了《反不正当竞争法》等相关法规的规定。事实上，2003 年至 2005 年，韩某也因此在涉案的 4 个县、区取得了丰厚的利益回报。根据 2012 年 12 月 26 日"两高"颁布的《关于办理行贿刑事案件具体应用法律若干问题的解释》第 12 条的规定，行贿犯罪中的"谋取不正当利益"，是指行贿人谋取的利益违反法律、法规、规章、政策规定，或者要求国家工作人员违反法律、法规、规章、政策、行业规范的规定，为自己提供帮助或者方便条件。违背公平、公正原则，在经济、组织人事管理等活动中，谋取竞争优势的，应当认定为谋取不正当利益。韩某的行为涉及不正当竞争，属于在经济活动中谋取竞争优势的情形，应当认定为谋取不正当利益，构成行贿罪。

7 宣告刑对累犯认定有何影响

 疑难问题

累犯是指受过一定的刑罚处罚，刑罚执行完毕或者赦免以后，在一定的时间内又犯被判处一定刑罚之罪的犯罪分子。在我国刑法中，累犯分为一般累犯和特殊累犯两种。我国《刑法》第65条规定了一般累犯，是指被判处有期徒刑以上刑罚的犯罪分子，在刑罚执行完毕或者赦免以后，5年内又犯应当判处有期徒刑以上刑罚之罪的情形。司法实践中，对于累犯具备的其他条件，如前后罪必须都是故意犯罪，前罪所判处的刑罚和后罪应当判处的刑罚都是有期徒刑以上的刑罚，累犯发生在刑罚执行完毕或者赦免以后5年内这些条件，没有争议。但是，对于后罪必须判处有期徒刑以上刑罚，是指根据被告人的罪行应当判处有期徒刑以上刑罚即法定刑来决定累犯的认定，还是根据法官最终判处的刑罚即宣告刑来反推累犯是否能够成立呢？司法实践中存在争议。这类案例在基层检察院公诉案件中时有出现。

 破解思路

一、笔者认为，后罪的这种"应当判处有期徒刑以上刑罚"应当是法定刑，而不是宣告刑

也就是说被告人犯罪的社会危害性已经达到有期徒刑以上刑罚，且有可能被判处有期徒刑，法官在判决的时候应当考察被告人5年内重新犯罪的情节。

刑法理论界对这个问题也有不同的观点。周振想主编的《中国新刑法释论与罪案》一书认为：后罪"应当判处有期徒刑以上刑罚"是指实际应当判

处有期徒刑以上刑罚。王作富主编的世纪法学系列教材《刑法》认为：前罪被判处有期徒刑以上刑罚是已然的，后罪应当判处有期徒刑以上刑罚则是未然的，但未然的刑罚并不是不可知的刑罚，根据犯罪人的犯罪事实、犯罪性质、犯罪情节和对社会的危害程度，审判人员完全可以对犯罪人应当判处的刑罚作出判断。需要注意的一点是，"应当判处有期徒刑以上刑罚"是指后罪的社会危害性已经达到了应当判处有期徒刑以上刑罚的程度。《陈兴良刑法学教科书之规范刑法学》认为："应当判处有期徒刑以上刑罚"是指根据犯罪的法益侵害程度以及其他各种量刑情节，某一犯罪实际有可能被判处有期徒刑以上刑罚。

笔者认为，后罪的这种"应当判处有期徒刑以上刑罚"是未然的较为妥当，如果以法官的判决来认定是否构成累犯，法官认为是累犯，判处后罪有期徒刑就可以认定累犯；法官认为不构成累犯，判决拘役、管制，就可以不认定累犯，笔者认为这不符合《刑法》总则的精神。《刑法》第61条规定："对于犯罪分子决定刑罚的时候，应当根据犯罪的事实、犯罪的性质、情节和对于社会的危害程度，依照本法的有关规定判处。"也就是说，在"宣告刑"前，首先应当考虑的是犯罪的情节，即要界定其是否具有"累犯"的情节，而认定"累犯"的先决条件是后罪应当"判处有期徒刑以上刑罚"。这就带来了逻辑上的矛盾。另外，"宣告刑"应当理解为宣布并公开告知的刑罚，既然已经是宣告刑，"从重"也就无从谈起。

笔者认为，累犯应当从重处罚，是基于犯罪分子在刑罚执行完毕或者赦免后的特定时间内再次故意犯罪，说明其主观恶性相当深，人身危害性相当大，对社会的危害性相当严重，对于这样的犯罪分子，教育和改造他们要花费更多的时间，因此，刑罚才规定对于累犯应当从重处罚，这是处理累犯的一个基本原则。然而，对于这样的规定，却由法官来任意地决定是否构成累犯，是否适用从重处罚，显然不合适。

二、关于认定累犯如何确定刑罚执行完毕以后"五年以内"起始日期

2018年12月28日最高人民检察院发布公告，对关于认定累犯如何确定刑罚执行完毕以后"五年以内"起始日期作出批复。这个批复的背景，是北京检察机关在办理一起盗窃案件时，就认定累犯刑罚执行完毕以后"五年以内"起始日期存在不同意见：

一种意见认为，刑罚执行完毕以后"五年以内"的起始日期，应当从刑罚执行完毕的次日起计算。实践中，在刑期最后一日释放的，释放后第二日为

刑罚执行完毕以后"五年以内"的起始日期。另一种意见认为，刑罚执行完毕，应当是指刑满释放当日，累犯"五年以内"的起始日期应从释放当日计算。

经研究，高检院认为：《刑法》第65条第1款规定，被判处有期徒刑以上刑罚的犯罪分子，刑罚执行完毕以后，在5年以内再犯应当判处有期徒刑以上刑罚之罪的，是累犯。该款规定的"刑罚执行完毕"，是指刑罚执行到期应予释放之日。**认定累犯，确定刑罚执行完毕以后"五年以内"的起始日期，应当从刑满释放之日起计算。**

笔者认为该批复符合司法规律。**首先与刑法总则其他有关规定相一致**。我国《刑法》第65条第2款规定，"前款规定的期限，对于被假释的犯罪分子，从假释期满之日起计算"。有期徒刑的假释考验期限为没有执行完毕的刑期，对被假释的犯罪分子，从假释期满之日起计算累犯刑罚执行完毕以后"五年以内"的起始日期。那么参照假释规定，对《刑法》第65条第1款规定的被判处有期徒刑以上刑罚的罪犯，也应从释放之日起计算累犯刑罚执行完毕以后"五年以内"的起始日期。**其次也与刑法预防性措施当中关于职业禁止规定相一致**。《刑法》第37条之一第1款规定，因利用职业便利实施犯罪，或者实施违背职业要求的特定义务的犯罪被判处刑罚的，人民法院可以根据犯罪情况和预防再犯罪的需要，禁止其自刑罚执行完毕之日或者假释之日起从事相关职业，期限为3年至5年。

 **举案释疑**

案例　曾某故意伤害案

基本案情

被告人曾某，男，41岁，农民。2003年2月23日因犯盗伐林木罪被判处有期徒刑1年6个月，并处罚金5000元，2004年6月14日刑满释放。2008年6月14日上午7时许，被害人黄某发现其与被告人曾某相邻的农田进了很多水，遂到曾家指责曾某，两人发生口角，被害人黄某一气之下，用手去推曾某，曾某用厨房里的一把菜刀朝黄某左手臂砍了一刀，黄某又拿起凳子欲打曾某被劝开，经法医鉴定，被害人黄某的伤情属轻伤。案发后，双方达成赔偿协议，被害人黄某谅解了被告人曾某。

处理结果

检察机关起诉指控被告人曾某犯故意伤害罪，且构成累犯，应当从重处罚。一审法院认为被告人曾某因民事纠纷与被害人发生争执，并用菜刀砍伤被害人致轻伤，构成故意伤害罪。鉴于本案系邻里之间因民事纠纷引发，被害人先引起事端并动手打了被告人，对本案的发生负有过错责任，案发后双方达成了赔偿协议，被害人对被告人的行为予以谅解并请求对被告人从轻处罚，判处曾某犯故意伤害罪，拘役3个月。

争议焦点

在认定累犯上，是根据被告人的罪行还是根据法官最后的判决。

实务评析

对本案的判决，我们可以做如下假设，如果一审法院判处被告人曾某有期徒刑6个月以上刑罚，则被告人曾某不仅构成累犯要在有期徒刑6个月以上3年以下幅度从重处罚，而且还不能判处缓刑，被告人曾某持刀行凶致人轻伤，且具有法定从重情节，即使按照判决书表述被害人有过错，双方达成谅解赔偿协议等情节，也只是属于酌定情节，本案法定和酌定情节相互部分抵消之后，被告人曾某的刑期一般也应当在1年有期徒刑以上量刑，而且是实体刑。而拘役3个月的判决，排除了被告人构成累犯的可能。

笔者认为，**累犯应当从重处罚，是基于犯罪分子在刑罚执行完毕或者赦免后的特定时间内再次故意犯罪，只要后罪可能判处有期徒刑以上刑罚就可以认定为累犯，从而予以从重处罚**，这是处理累犯的一个基本原则。由法官对后罪的宣告刑来任意地决定，来反推是否构成累犯，是否适用从重处罚，显然是不合适的。

8 "罪行尚未被司法机关发觉"如何认定

 疑难问题

在自首的认定上，有一些疑难点。其中，对于如何认定自动投案，仅因被怀疑，一经盘问就交代犯罪事实的，能否认定为自首的问题，一直困扰着司法实务者。现有司法解释，对此问题也做了一些规定。最高人民法院于《关于处理自首和立功具体应用法律若干问题的解释》当中对自动投案做了具体的规定：自动投案是指犯罪事实或者犯罪嫌疑人尚未受到讯问、未被采取强制措施时，主动、直接向公安机关、人民检察院或者人民法院投案。其中，罪行尚未被司法机关发觉，仅因形迹可疑，被有关组织或者司法机关盘问、教育后，主动交代自己的罪行的，应当视为自动投案。由于 1998 年最高人民法院的司法解释还不能很好解决司法实际问题，最高人民法院于 2010 年 12 月 22 日下发了《关于处理自首和立功若干具体问题的意见》，该意见进一步提出"自动投案包括在司法机关未确定犯罪嫌疑人，尚在一般性排查询问时主动交代自己罪行的"。该意见还规定：罪行未被有关部门、司法机关发觉，仅因形迹可疑被盘问、教育后，主动交代了犯罪事实的，应当视为自动投案，但有关部门、司法机关在其身上、随身携带的物品、驾乘的交通工具等处发现与犯罪有关的物品的，不能认定为自动投案。

但是，在司法实践中，对于如何理解"罪行未被发觉"，比如罪犯已经上网通缉，但异地司法机关没有发现，或者已经确认了罪行和罪犯，但案发地有关部门和司法机关没有上网追逃，那么能否认定为"罪行未被有关部门、司法机关发觉"等问题，仍然存在争议。还有关于二审期间的自首问题也值得研究。

破解思路

一、关于"罪行尚未被司法机关发觉"

笔者认为所谓"罪行尚未被司法机关发觉",应当包含以下几种情况:一是司法机关还没有发现罪行;二是罪行已经发现,但不知道犯罪的具体人是谁;三是虽然案发地的司法机关已经能够确认犯罪人,但还没有上网追逃,异地的司法机关还不知道发生了什么犯罪以及被盘问的人是否是罪犯。笔者认为这几种情形应当属于"罪行尚未被发觉",可以认定自动投案。

以下两种情形不能认定为自动投案:

一是案发地的司法机关已经能够确认犯罪人并且已经上网追逃了,异地的司法机关只要把犯罪嫌疑人的身份信息输入就能确认身份以及在逃情况。在这种情况下,司法机关仅因形迹可疑盘问了犯罪嫌疑人,犯罪嫌疑人就主动交代自己的罪行的,不应当认定为自动投案。因为,即使犯罪嫌疑人不主动交代,他也已经是"瓮中之鳖"。

二是有关部门、司法机关在其身上、随身携带的物品、驾乘的交通工具等处发现与犯罪有关的物品的,也不能认定为自动投案。

二、关于二审期间的自首认定

二审期间的自首认定应严格遵循依法原则和上诉不加刑原则。依法原则要求严格依照刑法及有关司法解释的规定认定自首。因此,被告人一审阶段始终翻供,二审期间又如实供述的,二审法院不能再认定为自首(最高人民法院《关于处理自首和立功具体应用法律若干问题的解释》第1条规定:"犯罪嫌疑人自动投案并如实供述自己的罪行后又翻供的,不能认定自首,但在一审判决前又能如实供述的,应当认定为自首。"说明是否认定如实供述以一审判决为节点)。反之,被告人一审阶段符合自动投案、如实供述条件而被认定为自首,即便在二审期间翻供的,二审法院也不能改变对自首的认定。因为一审判决认定被告人自首符合法律规定,而二审期间受上诉不得加重对被告人刑罚的规定限制,故改变对自首的认定没有实际意义。

举案释疑

案例1 姜某、施某抢劫案

基本案情

被告人姜某，男，1993年出生。因涉嫌犯抢劫罪、故意杀人罪，于2016年3月16日被公安机关刑事拘留，同年4月22日被逮捕。

被告人施某，男，1991年出生。曾因犯盗窃罪、掩饰、隐瞒犯罪所得罪于2011年9月1日被法院判处有期徒刑1年，2012年3月31日刑满释放。因涉嫌犯抢劫罪、故意杀人罪，于2016年3月16日被公安机关刑事拘留，同年4月22日被逮捕。

2016年3月7日晚8时许，报案人陈某甲报警称，其堂妹陈某乙于2016年3月6日晚上11时许，酒后返回家中（平时无人居住），3月7日下午发现其堂妹下落不明。2016年3月11日，公安侦查人员经过现场勘查和调查走访，初步判定失踪人员陈某乙已遇害。3月12日，公安机关进行立案侦查，在杨某的摩托车上发现被害人血迹，经调查排除了杨某的嫌疑，通过对有前科人员排查，发现前科人员姜某和施某案发后通话频繁，之后姜某又停用该手机号有重大嫌疑。2016年3月15日，公安机关将姜某和施某列为嫌疑对象，于当晚21时30分电话通知姜某到该局指定的办公场所接受审查。经审讯，姜某供述了其伙同施某抢劫杀害陈某乙并抛尸的犯罪事实，21时50分许，侦查人员抓获施某，经审讯，其对伙同姜某杀害陈某并抛尸的犯罪事实供认不讳，并经姜某的指认，在附近海域打捞到被害人尸体。

经审理查明：2016年3月6日晚，被告人姜某得知被害人陈某乙打麻将赢钱，即找到被告人施某商议潜入陈某乙住处行窃。当晚11时许，姜某、施某二人撬门未果，姜某看见陈某乙已在回家路上，遂与施某决定强行劫取陈某乙的财物并进行了分工。随后，被害人陈某乙回到家门口，姜某遂脱下上衣蒙住陈某乙的头部，施某抢走其手机和钱包并藏匿到自己家中。其间，被害人陈某乙拼命挣扎，姜某为制止其强烈反抗及呼救，用手扼住陈某乙颈部直至其丧失反应，尔后，见陈某乙尚能动弹，又持砖块砸陈某乙头部。施某返回后与姜某商定将陈某乙抬离现场，确认陈某乙已死亡后，二人用助力车将陈某乙运往后山部队废弃的瞭望口洞内藏匿。事后姜某分得赃款2400元，施某分得赃款2000元。次日，姜某、施某二人用砂石封堵洞口以掩盖罪行。同月11日凌晨，二人又将陈某乙的尸体从洞内挖出，绑上石块抛入海里。经鉴定，陈某乙不排除因暴力作用于颈部引起机械性窒息导致死亡。

处理结果

检察机关于 2017 年 1 月 22 日，以被告人姜某、施某犯抢劫罪、故意杀人罪，向某中院提起公诉。2017 年 7 月 12 日法院作出一审判决：姜某犯抢劫罪，处死刑；施某犯抢劫罪，处无期徒刑。二人均不服一审判决，在法定期限内提出上诉。因关于尸体打捞方面的证据不明确，二审法院将该案发回重审。

分歧意见

一种意见认为：姜某的罪行已经被侦查人员发现，不能认定被告人自首。理由是侦查人员对岛上刑满释放人员进行排查，第一次电话通知姜某到指定地点接受调查时，姜某并未交代犯罪事实。侦查人员经过排查将施某和姜某列为嫌疑对象后，并再次电话通知姜某到指定场所，姜某才供述了其伙同施某抢劫杀害陈某乙并抛尸的犯罪事实，此时侦查机关已掌握相关线索，姜某不属于自动投案，不能认定自首。一审法院持此观点。

另一种意见认为：姜某的行为构成自首。上诉人提出，其第二次被公安机关传唤时，公安机关并未掌握其犯罪线索，其行为构成自首。二审阶段，检察机关承办人也认为姜某的行为构成自首。

实务评析

公安机关出具的到案经过和侦查人员的证言证实：2016 年 3 月 11 日，侦查人员经过现场查勘和调查走访初步判定陈某乙已遇害，遂决定立案侦查。同月 13 日，侦查人员经调查走访及化验鉴定，在可疑人员杨某的助力车上提取到陈某乙的血迹，经审查发现杨某的供述与现场勘验及提取的证据不符，初步判断杨某并非本案的犯罪嫌疑人。侦查人员同时对岛上刑满释放人员进行排查，电话通知姜某到指定地点接受询问，姜某并未交代犯罪事实。由于发现施某和姜某在案发当晚及案发后的通讯联系、手机轨迹可疑，同月 15 日，侦查人员经过排查将施某和姜某列为嫌疑对象，并再次电话通知姜某到指定场所接受讯问，姜某供述了其伙同施某抢劫杀害陈某乙并抛尸的犯罪事实。同日侦查人员经布控在岛上一店门口抓获施某。同月 17 日，打捞队和死者家属在施某和姜某指认的抛尸地点即海崖边的海底打捞到死者陈某乙的尸体。

本案的犯罪事实清楚，证据确实充分。证据经庭审举证、质证，来源合法，并能相互印证形成证据链，足以证明上述事实。但在姜某是否构成自首问题上，存在争议。

笔者认为，侦查机关出具的工作说明证实 2016 年 3 月 15 日，经过排查，将姜某和施某列为嫌疑对象，于当晚 9 时 30 分许，电话通知姜某到该局指定的办公场所接受审查，经审讯，姜某供述了其伙同施某抢劫杀害陈某并抛尸的犯罪事实，9 时 50 分许，侦查人员抓获施某，经审讯，其对伙同姜某杀害陈某并抛尸的犯罪事实供认不讳。公安机关出具的说明证实姜某在接到公安机关电话通知后，即自行前往派出所接受调查，并供述了犯罪事实，虽然其不具备主动性，但其并没有逃避侦查，且在较短的时间内如实供述罪行。而且，公安机关根据摩托车上的被害人的血迹以及被害人失踪的情况，判断被害人遇害，但是，当时还没有足够的证据证实被害人已经遇害。同时，摩托车上被害人的血迹与被告人姜某也没有关联，摩托车并不是姜某的。**公安机关只是根据被告人姜某和施某在被害人失踪当晚频繁通话这个可疑迹象，以及两人系有前科人员，怀疑姜某等人有作案嫌疑，也只是怀疑。**经排查询问，姜某就主动交代了犯罪事实，之后还找到被害人尸体。因此，**姜某的行为完全符合最高法《关于处理自首和立功若干具体问题的意见》第 1 条的规定，属于"在司法机关未确定犯罪嫌疑人，尚在一般性排查询问时主动交代自己罪行的"的情形**，一审法院未认定姜某自首确有错误。依法应当认定姜某构成自动投案，其也如实供述犯罪事实，没有翻供，应当认定姜某构成自首。

案例 2　吴某故意杀人案

基本案情

上诉人吴某，男，1982 年出生。因涉嫌故意杀人罪，于 2016 年 4 月 22 日被公安机关刑事拘留，同月 30 日被执行逮捕。

2016 年 4 月 15 日 23 时许，报案人称，在某公厕 2 楼发现一名女性浑身是血躺在公厕蹲位内。公安人员立即出警调查，发现该名女性头部多处受击打致颅骨骨折，随身物品也被拿走，经审查后，于次日立案。侦查人员通过调取监控等侦查手段，发现在案发时间段内，车牌号为闽 C×××××号二轮摩托车在案发现场出现并停留，该车驾驶人可能为本案知情人或嫌疑人。2016 年 4 月 21 日 23 时 40 分左右，侦查人员拨打该车车主吴某的电话，对方称在某厂门口等待。4 月 22 日 0 时许，侦查人员将等候在某厂门口的吴某抓获，在对其进行人身安全检查时，发现其随身携带的驾驶证夹页内藏有一张手机 SIM 卡、一张手机储存卡。经审讯，吴某对其持铁锤对被害人肖某头部实施击打，事后拿走其背包、手机的犯罪事实供认不讳，至此，案件告破。

经审理查明：2016 年 4 月 15 日 23 时许，被告人吴某驾驶二轮摩托车途径东街公厕，因误入二楼女厕被被害人肖某责骂，遂怀恨在心，萌生杀人泄愤的想法，下楼从摩托车上取出随车携带的一把铁锤，持铁锤进入二楼女厕 1 号蹲坑内击打被害人肖某的头部数下，致肖某严重受伤昏迷。随后，被告人吴某取走肖某的挎包及一部手机（经鉴定，价值人民币 309 元）等物品后离开现场。2016 年 4 月 20 日，肖某经抢救无效死亡。经法医学鉴定，被害人肖某系被他人锤击头部致颅脑损伤死亡。

处理结果

检察机关于 2016 年 9 月 26 日以吴某涉嫌故意杀人罪向某中级人民法院提起公诉。2016 年 11 月 18 日某中院作出一审判决：被告人吴某犯故意杀人罪，判处死刑，剥夺政治权利终身。吴某在法定期间以原判认定事实错误，量刑畸重为由提出上诉。二审法院认为上诉人吴某误入女厕受被害人责骂而心怀怨愤，为泄愤故意非法剥夺他人生命，致一人死亡，其行为已构成故意杀人罪。原判认定事实清楚，证据确实充分，定罪准确。鉴于二审期间其亲属代为赔偿 30 万元并取得被害人亲属的谅解，且归案后能如实供述犯罪事实，判处死刑可不立即执行，故改判死缓。

争议焦点

吴某接到公安人员电话后，主动告知所处位置，并在原地等待，没有逃跑，等待公安人员到来，之后交代犯罪事实，是否构成自动投案？

实务评析

笔者认为，**吴某的行为不构成自首**。2016 年 4 月 22 日零时许，公安机关以了解某事件为由电话联系了吴某，并将吴某带到公安局办案中心，被告人吴某接受调查时极力否认于 2016 年 4 月 15 日当晚在案发现场停留。公安人员对其进行人身安全检查，并从其携带的驾驶证夹页中发现手机 SIM 卡、手机储存卡各一张，经序列号比对，发现该手机 SIM 卡系被害人肖某所使用。公安机关遂对被告人吴某进行控制审查。从以上两份书证看，公安机关并非仅因上诉人吴某形迹可疑就将其带到公安机关，而是掌握了其曾在案发现场停留的证据，有重大嫌疑。上诉人吴某虽经侦查机关通知到案接受调查，但否认案发当晚有在现场停留，后公安机关对其进行人身安全检查时发现了被害人生前所使用的 SIM 卡，上诉人才供述犯罪事实，故**其主观上既没有自动投案的意愿，客观上也未在到达侦查机关后第一时间如实供述自己的罪行**，其归案后的第一份笔录供认了杀害被害人肖某的犯罪事实，但是在公安机关已掌握其犯罪事实后的如实供述，不符合自首的条件，故依法不能认定为自首，该上诉理由不能成立。

9 报警后继续行凶，能否认定为自动投案

疑难问题

报警后又继续实施犯罪，能否认定自首，笔者在第一本专著当中就提到这个疑难问题。过了将近十年后，笔者还是遇到了此类问题，而且争议还比较大。这也说明了在司法实践中，疑难问题不会随着时间的推移必然转变成非疑难。有的疑难问题一直是疑难问题，需要司法实务者在办案中不断地梳理和破解，也需要法律理论工作者不断地质疑和论证。法不辩不明。当然，笔者认为更需要立法机关和司法机关不断完善法律，这才是疑难问题最终解决方案。理想状态下，遇到层出不穷的疑难问题，立法机关和司法机关不断修正、补充，最终堵塞漏洞，办案人员在办案时都能有法可依，那么对于规范司法，公平办案，是大有益处的。当然，我们知道一般情况下法律都是滞后的，法律也不可能解决当下所有的疑难问题，还需要发挥司法实务者个人的政治智慧和法律智慧，需要具备司法前瞻性，需要司法实务者根据个人的法律素养和经验，提出解决疑难问题的方法和思路，最终在实务碰撞中，推动立法的完善。这是笔者对疑难问题的杂想。

破解思路

根据《刑法》第67条的规定，自首的成立需具备两个条件，即自动投案和如实供述自己的罪行，该条规定，明确了自首的定义，并将自首分为一般自首和"准自首"两种情况，前者由第1款加以规定，后者规定在第2款。根据最高人民法院《关于处理自首和立功具体应用法律若干问题的解释》（以下简称《解释》）的规定，**自动投案**，是指犯罪事实或者犯罪嫌疑人未被司法机

关发觉，或者虽被发觉，但犯罪嫌疑人尚未受到讯问、未被采取强制措施时，主动、直接向公安机关、人民检察院、人民法院投案。另外，该《解释》还规定了几种视为自动投案的情形。

如何认定自动投案，周振想在其主编的《中国新刑法释论与罪案》一书中提出："可以从以下几个方面来理解和把握自动投案这一条件：第一，**自动投案的时间必须是在尚未归案之前**。第二，**自动投案的对象可以是有关机关和个人**。第三，**投案之后承认自己实施了犯罪行为，不需进一步交代犯罪的具体情况**，详细交代犯罪的事实，是投案之后要实施的行为。第四，**自愿置于所投机关的控制之下，并静候供述犯罪的具体事实**。只有上述四个方面同时具备时，才符合自首成立的第一个条件——自动投案。如果某人犯罪之后，只用电话或者书信告知了有关机关，但既不投案于该机关，也不告知自己的处所；或者虽然到该机关去了，但并不承认自己实施了犯罪；或者虽然投案，并且承认实施了犯罪，但在等候交代犯罪具体情况时思想出现了反复，逃脱了，这些情形均不构成自动投案，当然也就更谈不上自首了。"

尽管目前最高人民法院对自首法律适用问题作了司法解释，但实践中对于几种特殊情形能否认定为自动投案，还是存在不同的看法。比如犯罪嫌疑人自动投案后逃跑，后又自动投案的该如何认定？关于这个问题，法学家赵秉志和肖中华有过一次精彩的对话。赵秉志认为，如果犯罪嫌疑人逃跑后再次自动投案，又自愿受控，理应视为自动投案，只要其如实供述自己的罪行，就应认定为自首。作这样的处理，符合自首制度的设立宗旨，有利于最大限度地促使犯罪嫌疑人悔过自新。肖中华认为，这样一来，要求自动投案必须在"归案之前"进行不是形同虚设吗？而且，对于有逃跑行为的犯罪嫌疑人也认定为自首，是否会导致刑罚不公？因为自动投案而没有逃跑的犯罪嫌疑人也不过同样是自首。赵秉志答复，这种担心似无必要。犯罪嫌疑人在第一次自动投案后逃跑，实际上应视为没有归案，即使起初有强制措施，此时的拘束力也已丧失，与未采取强制措施没有什么区别。我们注意到，司法解释甚至规定，在被通缉、追捕过程中自动投案的，也应当视为自动投案。既然如此，上述情况认定为自动投案当属自然。至于是否会造成刑罚不公，并非是否认定为自首本身所能导致的。对于有逃跑行为和没有逃跑行为的自首犯，在是否从宽处罚和如何从宽处罚的处理中可以作出区别对待。

笔者认为，**自动投案的时间除了在尚未归案之前外，还应当在犯罪行为结束之后**，而如果在犯罪行为还没结束，比如犯罪嫌疑人犯罪时打电话报警，而后继续实施犯罪，或者犯罪嫌疑人委托他人投案，而自己还在继续实施犯罪，显然都不符合自首的条件。

举案释疑

案例 1　李某故意杀人案

基本案情

被告人李某，男，1985年出生，某省税务高等专科学校学生。因涉嫌犯故意杀人罪于2005年1月26日被逮捕。某市检察院以被告人李某犯故意杀人罪，向某市中级人民法院提起公诉。

被告人李某在上高中时与同班女生龙某确立了恋爱关系。2004年12月，龙某向李某提出分手，并和另一高中同学恋爱，李某不同意分手，多次到龙某就读的某经济管理干部学院（以下简称经济学院）对龙某进行纠缠，多次打电话到龙某宿舍对龙某实施威胁。当李某意识到和龙某的关系已无法挽回后，产生和龙某同归于尽的念头。2005年1月10日中午，李某在其就读的某省税务高等专科学校附近的超市内购得1把水果刀。当晚，李某打电话给龙某，提出和龙某见最后一面，称以后不再进行纠缠，龙某表示同意。第二天下午3时许，李某携带水果刀来到经济学院，和龙某在该学院图书馆4楼的走廊见面。两人交谈至当日下午6时40分许，李某见龙某仍决意要和其分手，提出吻别，李某亲吻龙某后用右手卡住龙某的脖子，用左手持水果刀朝龙某的头部、面部连刺数刀，被害人龙某被刺后坐到地上流血不止。李某见状停止了行凶，责怪龙某太绝情。龙某要求李某打电话报警并送其去医院治疗，同时表示要与李某和好。李某认为龙某还在欺骗他，便再次用水果刀朝龙某头部、面部等处一顿乱刺，最后因用力过度刺中龙某下颌部导致刀柄断裂才住手。后李某用龙某的手机拨打了110报警电话，称自己在经济学院图书馆用水果刀刺了人，想自首。李某打报警电话后起意咬龙某的阴部，脱下龙某的裤子，后又转念抠掉龙某的一只眼球。长沙市公安局民警接到110指挥中心的指令赶到经济学院，因不知道李某的具体位置，就打电话进行询问。李某接到民警打来的电话将自己的具体位置告诉民警后，用右手卡住龙某的颈部，用左手手指将龙某的右眼球抠出，随后，民警赶到现场将李某抓获，将龙某送往医院进行治疗。龙某经抢救脱险，其损伤经法医鉴定为重伤并构成五级残疾。

处理结果

某市中级人民法院认为：被告人李某因不能正确处理恋爱纠纷，行凶致人重伤，其行为已构成故意伤害罪，检察机关指控李某犯故意杀人罪的定性不妥。李某在实施犯罪过程中打电话主动向公安机关投案后虽未终止其犯罪行为，但李某主动投案的行为符合自首条件，应认定为自首。李某采取极其残忍的手段致龙某伤残、毁容，其犯罪行为给龙某身心造成了巨大伤害，在社会上造成极坏影响，且毫无悔罪表现，虽有自首情节，但不予以从轻处罚。经司法精神病鉴定，李某作案时有完全刑事责任能力。依照《刑法》第234条第2款、第57条、第87条的规定，判决如下：被告人李某犯故意伤害罪，判处死刑，剥夺政治权利终身。

一审宣判后，**被告人李某及其辩护人上诉提出**："李某的行为构成故意杀人罪，有自首和故意杀人未遂的法定从轻情节，要求从轻处罚。"**检察人员提出**："李某在作案过程中犯意在不断变化，前阶段有明确的杀人故意和杀人行为，据此认为某市人民检察院指控李某的行为构成故意杀人罪并无明显不当；但李某在行凶致刀柄断裂时，明知龙某并没有死亡的情况下，没有再实施剥夺生命的犯罪行为，打电话报警，后阶段对龙某实施了用手指挖掉右眼球的伤害行为，据此对某市中级人民法院认定李某的行为构成故意伤害罪亦表示支持。李某作案动机极其卑劣，犯罪手段极为残忍，后果特别严重，社会影响极坏。李某在作案过程中打电话报警自首，并等候民警的到来，虽在形式上符合自首，但因李某在报警后又实施了严重的犯罪行为，据此对李某即使认定自首，也不宜从轻处罚。李某以特别残忍的手段造成他人严重残疾，某市中级人民法院对李某适用死刑于法有据，罪刑相当，但鉴于龙某的伤残后果还不是严重残疾中特别严重的，客观上李某报警的行为使龙某得到了及时的救治，避免了更为严重的后果发生，如果李某能竭尽所能赔偿，并取得被害人的谅解，可予李某从宽处罚。"

某省高级人民法院经公开审理认为，上诉人李某因龙某不同意与其保持恋爱关系，遂持刀行凶并用手指抠掉龙某的右眼球，致龙某重伤构成严重残疾，其行为已构成故意伤害罪。李某及其辩护人上诉提出"李某的行为构成故意杀人罪"的理由和意见，经查，虽然李某多次供述其主观上是要杀害龙某，但李某在持刀行凶过程中其主观犯意不坚定、不确定，应依据客观上发生的犯罪后果认定为故意伤害罪。故提出是故意杀人罪的理由和意见不能成立。辩护人还提出"李某有自首和未遂的法定从轻情节"的辩护意见，经查，虽然李某在用水果刀刺伤龙某后能主动拨打110电话报警，并在随后接到公安人员的电话时能将自己的具体位置告知公安人员，使公安人员得以及时赶到现场将李某抓获。但李某在报警后没有停止其犯罪行为，而是继续实施更为严重的犯罪行为并导致主要犯罪结果的发生，不符合自动投案的时间限制，在犯罪之后自动投案，故李某的归案不能认定为自首。原审认定李某有自首情节不当，应予纠正；故意伤害犯罪是结果犯，不存在未遂形态，故提出构成犯罪未遂的意见不能成立。李某以特别残忍的手段致人严重残疾，犯罪情节特别恶劣，对李某依法应适用死刑。鉴于李某犯罪系因恋爱纠纷引起，归案后能坦白认罪，有一定的悔罪表现，客观上其打电话报警的行为使被害人得到了及时的救治，避免了更为严重的犯罪后果发生，且李某的亲属在二审期间能积极代为赔偿，据此对李某适用死刑，可不必立即执行。故李某及其辩护人提出"要求从轻处罚"的理由和意见成立，本院予以采纳。原审判决认定的犯罪事实清楚，证据确实、充分，定罪准确，审判程序合法，依照《刑法》第234第2款、第48条第1款、第57条第1款的规定，判决如下：

1. 驳回上诉人李某的部分上诉，维持某市中级人民法院（2005）长中刑一初字第133号刑事附带民事判决中对李某的定罪部分，撤销该判决中对李某的量刑部分。

2. 上诉人李某犯故意伤害罪，判处死刑，缓期2年执行，剥夺政治权利终身。

争议焦点

1. 本案应如何定性。
2. 报警后又继续实施了犯罪行为，能否认定为自首。

实务评析

笔者认为，**本案中被告人报警后又继续实施犯罪行为，不构成自首。**

1. 关于本案的定性

本案被告人的犯罪目的有一个转变的过程，刚开始是为了杀人的目的，且准备了水果刀，但真正实施的时候，这种杀人的目的不是非常明显，反而有种折磨被害人的故意，对被害人是否死亡持放任的故意，因此，如果假设被害人龙某死亡，那么本案起码定间接故意杀人罪，甚至定直接故意杀人罪也是可以的。但实际案情是龙某没死。因此，我们要全面来判断被告人李某的行为。主观方面的故意内容往往要通过客观行为来判断。

本案中李某实施了四次的伤害行为，第一次：卡住被害人脖子，持刀捅刺被害人头部；第二次：认为被害人欺骗她，再次持刀捅刺被害人的下颌部致刀柄脱落；第三次：打电话报警后欲咬被害人的阴部，且脱下被害人的裤子，后又改变想法抠被害人眼球；第四次：在接到公安人员电话后，实施了抠被害人眼球的行为。从这四个阶段分析，应该说，被告人李某的行为是非常残忍的，但还不是致命的。首先从本案的结果看，被害人的伤情是重伤且五级伤残。另外，被告人如果非要致被害人于死地，是有条件的。**在完全有可能剥夺被害人**

生命的情况下，被告人李某采取的是慢性折磨的方式来伤害被害人，可见其主观上的目的已经发生了改变。另外，本案还有一个细节，就是被告人李某在报警后，声称自己用刀刺了被害人，也没说杀了人，可见，在被告人的潜意识当中，也没有要杀人的故意。因此，**本案应当认定为故意伤害罪**。

一审公诉机关认定故意杀人罪，法院改变定性为故意伤害罪，被告人及辩护人的上诉理由和辩护意见称应定故意杀人罪，二审法院维持故意伤害罪的定性。应当说辩护人和被告人的理由是从辩护策略上考虑的。显然故意杀人罪比故意伤害罪重，故意杀人罪的量刑是从死刑开始递减的，而故意伤害罪是从有期徒刑开始递增到死刑的。而本案，如果定故意杀人罪，就可以认定未遂，是法定的从轻情节，因此，辩护人和被告人选择了故意杀人罪的定性。

2. 报警后继续实施犯罪行为能否认定自动投案

被告人李某在实施了前面两个阶段行为后，打电话报警，应当说如果这时候李某停止犯罪行为，可以认定自首，因为其将自己的位置和犯罪行为告诉公安机关，应当属于自动投案的行为。但是被告人在随后的时间内，脱被害人的裤子打算咬被害人的阴部，放弃后又打算抠被害人的眼球。在接到公安人员电话确认位置后，再次实施了将被害人眼球抠出的行为。被告人实施的四次伤害行为是属于继续的整体的故意伤害的行为，在报警后，被告人没有停止犯罪，仍然继续犯罪。根据《刑法》第67条的规定，"犯罪以后自动投案，如实供述自己的罪行的，是自首"，显然只有犯罪后的自动投案行为才能认定为自动投案。而**被告人犯罪过程中自动投案不属于《刑法》第67条当中的自动投案，因此不能认定被告人李某的行为属于自动投案，也就不能认定被告人自首**。

在司法实践中，对此类问题还是有争议和不同看法，需要立法和司法机关进一步明确。

案例2　陈某故意杀人案

基本案情

上诉人陈某，男，1964年出生。因犯抢劫罪、盗窃罪于2006年12月12日被某市人民法院判处有期徒刑4年6个月，并处罚金2000元，2010年5月27日刑满释放。因涉嫌犯故意杀人罪于2017年8月20日被公安机关刑事拘留，同年9月1日经检察机关批准逮捕。

被害人林某，女，1971年出生，因本案于2017年8月19日死亡。

经审理查明，被告人陈某与被害人林某系男女朋友关系，二人因感情问题多次发生争吵。2017年8月19日19时许，陈某酒后打电话约林某一同散步，二人在某市城北街道某某路33号一楼过道处见面并发生争吵。之后陈某便到其电动车后箱内取来一把剪刀塞在后腰带处，一把斧头包裹在遮阳伞中拿在手上返回某某路33号一楼过道处与林某再次发生争吵。陈某持剪刀连续捅刺林某胸部、手臂等处致被害人林某倒地，又持斧头多次砍砸林某头部、躯干、下肢等处。其间，陈某用手机报警后，又多次持斧头砍砸林某。侦查人员到达现场后抓获陈某。林某经抢救无效死亡。经某市公安局物证鉴定室鉴定，林某头面部多处裂创、颅骨外板、内板多处骨折、外伤性蛛网膜下腔出血、脑挫伤、左肺裂伤、心包破裂、左右心室破裂，系因锐器损伤致心脏破裂导致死亡。

处理结果

2017年8月19日19时44分某市公安局接到群众报警，其间，被告人陈某也两次打110报警称杀人了，要求公安去抓他。19时56分许，公安人员赶到现场，控制了陈某，并展开相关的侦查工作。某市公安局侦查终结后，于2017年11月1日将本案向检察机关移送审查起诉。检察机关于2018年2月7日以被告人陈某犯故意杀人罪向某市中院提起公诉。中院经审理后，于2018年7月30日作出一审判决：被告人陈某犯故意杀人罪，判处死刑，剥夺政治权利终身。一审宣判后，陈某不服，于法定期限内提出上诉。

争议焦点

被告人陈某是否构成自首。

实务评析

1. 一种意见认为被告人陈某构成自首。理由如下：

从被告人归案后的供述看，被告人在前期的供述基本符合作案的过程，供述了在楼梯口处发生争执后，其拿出剪刀向被害人身上捅刺。后期的供述提出辩解称其在准备拿剪刀时，被害人有来夺剪刀，剪刀被被告人拿到后就朝被害人身上捅刺。在一审庭审时被告人供称剪刀是先被害人拔去的，但承认其用剪刀捅刺被害人，后用斧头砍砸被害人。因此，可以认定被告人对其主要犯罪事实还是供认的，其所提的辩解对认定其杀人的行为性质并无影响，虽然在庭审时其供称打110后没有再多次用斧头砸打被害人，而是在敲地板与事实不符，但被害人致死的原因主要还是被告人用剪刀捅刺造成心脏破裂而死亡的，还是应认定其有如实供述。一审公诉、审判机关以被告人没有如实供述主动持剪刀捅刺林某胸部造成致命伤及报警后继续加害被害人的犯罪行为，不能认定为如实供述不妥。从现有证据看，应当认定被告人陈某的行为构成自首，但被告人在报警后，仍多次持斧头砍砸被害人，手段残忍，主观恶性大，应不予从轻处罚。

2. 一种意见认为本案被告人陈某报警后没有停止侵害，不构成自首。

从在案证据看，首先，被告人在行凶当时确有于 19 时 46 分、54 分拨打 110 报警，并在警察到现场后没有反抗，符合自动投案的认定要求。一审公诉机关和审判机关都没有认定被告人陈某自首，主要理由是认为自动投案要求被告人在实施犯罪行为后，主动将自己置于司法机关的控制之下，所谓有效将自己置于司法机关控制之下是指行为人主观上认为自己的行为触犯法律，停止犯罪行为，自觉自愿地接受公安机关等部门的处理。但监控视频及证人证言均证实被告人陈某在砍打被害人林某时虽有报警，但报警后并未停止行凶行为，而是继续实施犯罪，进一步扩大其犯罪后果，显然不属于有效将自己置于司法机关的控制之下，且其人身危险性并未因打电话报警而减少，因此，其不构成自动投案。

笔者同意第二种意见，自动投案要求被告人在实施犯罪行为后，主动将自己置于司法机关的控制之下，所谓有效将自己置于司法机关控制之下是指行为人主观上认为自己的行为触犯法律，停止犯罪行为，自觉自愿地接受公安机关等部门的处理。**被告人陈某报警后继续行凶进一步扩大其犯罪后果，陈某的报警后继续施暴的行为，不符合自动投案的内涵，不构成自首。**

10 亲属报案与送亲属投案如何界分

疑难问题

《刑法》第 67 条规定:"犯罪以后自动投案,如实供述自己的罪行的,是自首。"对于自动投案的认定,最高人民法院《关于处理自首和立功具体应用法律若干问题的解释》(以下简称《解释》)第 1 条规定:"并非出于犯罪嫌疑人主动,而是经亲友规劝、陪同投案的;公安机关通知犯罪嫌疑人的亲友,或者亲友主动报案后,将犯罪嫌疑人送去投案的,也应当视为自动投案。"实务中,对于那些并非出于主动,甚至在某种程度上带有一定的被迫性,在亲友的规劝、陪同下,或者由亲友主动送交投案的,均应认为具有"自动性",不能因为犯罪分子本人并不自愿悔罪,而投案又是迫于亲友的压力所为,就否定其自动投案的性质。认定是否构成"自动投案",必须明确什么情况下可以认定为具有"主动性"或"自动性"。

【破解思路】

关于这个问题,赵秉志与肖中华有一段对话。

肖中华认为:"自动性"的认定存在一个演绎的问题,也就是说不能拘泥于犯罪分子本人投案的自动性;亲友陪同犯罪分子投案、送交投案的自动性,也可视为犯罪分子投案的自动性。以司法成本为考察点,这是没有疑问的。但像这样的演绎,是否会导致自首制度设立宗旨的"异化"呢?也就是说,犯罪分子本人并非主动投案也认定为自动投案,是否会远离自首的本意呢?

赵秉志回应:这涉及一个合理限制的问题。由于不能无视自首制度应有的觉悟功能,我们当然也不能因为存在犯罪分子亲友的主动送交等行为,就把犯罪分子任何非主动的归案都认定为自动投案。比如，亲友在对犯罪分子规劝无效之后将其强行扭送公安机关归案，而犯罪分子在扭送过程中又反抗或逃跑的，就不宜认定为自动投案而视其成立自首。

肖中华提问：实践中，有的亲友事先并没有对犯罪分子规劝、教育，但揣测该犯罪分子不愿自动投案，从而在报案后直接强行将其捆绑或押送归案的，可否认定为自动投案呢？

赵秉志回应：这种情况要具体分析。关键是看犯罪分子本人在被押送归案过程中及在投案后对归案的态度表现。如果犯罪分子并无明显的抗拒投案行为，认定为自动投案为妥。《解释》第1条规定，"亲友主动报案后，将犯罪嫌疑人送去投案的，也应认定为自动投案"。上述情况就属于这里规定的情形。

笔者比较认同赵秉志的观点。笔者认为，**应当立足现有的司法解释来进行判断。自动投案必须体现犯罪嫌疑人投案的主动性和自愿性**。关键是如何理解"主动性"和"自愿性"。《解释》提出了两种视为自动投案的情形。

第一种情形：并非出于犯罪嫌疑人主动，而是经亲友规劝、陪同投案的。这一种情形比较好理解和判断，尽管刚开始犯罪嫌疑人没有主动，但在经亲友规劝后或者陪同下，接受了投案的建议，实际上，分为两个阶段，前面一个阶段是被动的，后面一个阶段即去投案的阶段，他已经从之前的被动转变为主动，是主动的。

第二种情形：公安机关通知犯罪嫌疑人的亲友，或者亲友主动报案后，将犯罪嫌疑人送去投案的，也应当视为自动投案。这一种情形重点要考察在亲友送犯罪嫌疑人去投案的时候，犯罪嫌疑人有无反抗或者放弃逃跑，也就是说本来完全可以逃跑，但没有逃跑，最后还是选择消极被动地跟亲友去投案。如果犯罪嫌疑人没有反抗，有条件逃跑却没有逃跑，即使表示出不太愿意和主动，也应当视为自动投案。除非犯罪嫌疑人抵触激烈，被亲友捆绑去或者侦查人员已经开始抓捕逃跑无望的，这种情形笔者认为不应当认定为自动投案，因为，这种情况下，完全违背犯罪嫌疑人本人的自愿和意愿，如果认定自首，给予从轻或减轻处罚，也起不到教育的目的。这一点，最高人民法院于2010年12月22日颁布《关于处理自首和立功若干具体问题的意见》规定：**犯罪嫌疑人被亲友采用捆绑等手段送到司法机关，或者在亲友带领侦查人员前来抓捕时无拒捕行为，并如实供述犯罪事实的，虽然不能认定为自动投案，但可以参照法律对自首的有关规定酌情从轻处罚**。

 **举案释疑**

案例 胡某故意杀人、抢劫、强奸案

基本案情

被告人胡某，男，1974年出生，初中文化，个体商贩。

2007年4月27日傍晚，被告人胡某到被害人邱某经营的食杂店与邱某等人玩扑克牌，得知邱某的丈夫当晚不在家，即起盗抢被害人邱某家财物的念头。当晚9时许，被告人胡某回家取一把水果刀、一副白手套带在身上，返回被害人邱某家新楼房二楼，因卧室门被锁住无法进入，即在卧室对面客厅等候被害人邱某。次日凌晨0时30分，被害人邱某关了食杂店上二楼打开卧室门锁正要进入时，被告人胡某从后面卡住被害人邱某的脖子，掏出随身携带的水果刀，威胁邱某交出钱财，被认出时即用水果刀往邱某颈部捅刺了数刀致其倒地后，又持刀往其颈部、面部等处捅刺多刀，接着又用事先从客厅带出的小毛毯紧紧捂住被害人邱某的口鼻，欲捂死邱某。此时，正在睡觉的年仅7岁的被害人邱某之子张某被惊醒后从卧室走出来向被告人胡某哀求，被告人胡某又扑向张某，捂住其口鼻，用被害人邱某脸上的小毛毯缠绕被害人张某的脖子、头脸部，使其脸部朝地，用膝盖按住被害人张某的后脑直至死亡。而后被告人胡某进入卧室，搜出人民币100余元，从被害人邱某身上搜出小灵通一部和人民币10元时，见被害人邱某仍有轻微呼吸，即奸淫了被害人邱某。之后，被告人胡某拔下卧室门上的钥匙，进入食杂店劫走人民币100余元和香烟一条后逃离现场，潜逃至外地。

当晚6时，被告人胡某给女友柯某打电话说被害人邱某和张某母子两人系其所杀，并让柯某打电话询问其父该怎么办。被告人胡某的父亲就让柯某打电话叫其回来投案。被告人胡某表示同意。同时，被告人胡某的父亲又让家人到公安机关报警，公安机关根据胡某的家人提供的电话号码，立即赶赴外地，于2007年4月29日凌晨在外地某宾馆将已经从另一家宾馆转移过来的被告人胡某抓获。经法医鉴定，被害人邱某、胡某分别系头、面、颈部多处刺创致创伤性休克和口鼻部被捂致机械性窒息死亡。

处理结果

本案被告人胡某故意杀人、抢劫、强奸的犯罪事实清楚，证据确实充分，被告人对此亦无异议。检察机关以上述三罪起诉后，一审判决：被告人胡某犯抢劫罪，判处死刑，剥夺政治权利终身，并处没收个人全部财产；犯故意杀人罪，判处死刑，剥夺政治权利终身；犯强奸罪判处有期徒刑5年。数罪并罚，决定执行死刑，剥夺政治权利终身，并处没收个人全部财产。一审判决后，被告人不服提出上诉，二审法院经开庭审理，裁定驳回上诉，维持原判。

争议焦点

被告人胡某的行为是否构成自首。

意见分歧

被告人胡某的上诉理由认为案发当天晚上6时许，在公安机关尚未掌握和确定具体犯罪嫌疑人的情况下，被告人打电话给女朋友，告诉是自己作案的，表示要回去自首。

一审法院认为，案发后被告人胡某的亲属能主动报警并由公安机关将被告人胡某抓获归案，被告人胡某到案后能如实供认其犯罪事实，依法可以认定被告人胡某自首。

二审期间，检察机关认为被告人胡某的行为不构成自首。

实务评析

笔者认为，**检察机关的意见是正确的，被告人胡某的行为不构成自首。**理由如下：

1. 根据被告人胡某的供述，其与女友打电话，告诉说案子是其所为后，家属动员其投案自首，其虽表示第二天回去，但打完电话后，害怕已被公安机关监控，即匆忙退房转移到另一家宾馆。被告人胡某转移宾馆的事实得到了相关证据的印证。被告人胡某虽辩解换宾馆的原因是怕被抓，被抓了就不是自首，该辩解不能成立。因为如果被告人胡某想去投案，可以打个电话给当地的110就可以解决问题，或者就待在原宾馆，才能说明其投案的诚意。但是，**被告人胡某换了宾馆，只能说明其为了逃避公安机关抓捕。**

2. 被告人亲属向公安机关报案的行为，确实为破获本案起到了关键的作用，但并非是胡某委托他人自首，其行为并不符合《解释》规定的"视为自动投案的"的任一情形。该《解释》第1条规定："并非出于犯罪嫌疑人的主动，而是经亲友规劝、陪同投案的；公安机关通知犯罪嫌疑人的亲友，或者亲友主动报案后，将犯罪嫌疑人送去投案的，也应当视为自动投案。"而对于亲友报案后，犯罪嫌疑人逃避抓捕，没有有效地置于公安机关的控制之下的行为，显然不能认定为自动投案。我们应当区分，亲友报案不等于亲友送去投案。**本案只是属于亲友报案，并没有送被告人去投案，因此，不属于投案自首。**

3. 作为一种导向，我们也不能鼓励将胡某这种方式认定为投案。实践中，有些犯罪嫌疑人会主动要求投案，但是又逃避抓捕，一旦落网，就说自己正在投案途中，以此来规避法律。笔者认为，**如果犯罪嫌疑人表示要投案的，必须自愿完全置于公安机关的控制下，而且不可逆转也无法反悔**，比如表示投案，并报警告诉藏匿地点或者就近投案的，才能认定投案。

11 立功线索来源不合理能否认定立功

疑难问题

《刑法》第68条规定，犯罪分子有揭发他人犯罪行为，查证属实的，或者提供重要线索，从而得以侦破其他案件等立功或重大立功表现的，可以从轻或者减轻、免除处罚。因为立功属于法定从轻、减轻情节，只要能够认定有立功行为，就可以得以从轻处罚。司法实践中，就出现了一些犯罪嫌疑人为了逃避处罚而假立功的现象。常见的有购买立功线索，通过向同监人犯索取或购买，或向有查禁犯罪职责的国家工作人员购买，而后传递给犯罪嫌疑人，由犯罪嫌疑人提供；还有一种现象比较常见，即制造假案，通过亲友诱惑他人犯罪，而后传递给犯罪嫌疑人再由其检举揭发，从而达到使犯罪嫌疑人符合立功条件的目的。**如何判断犯罪嫌疑人提供的线索是否合法，难点是线索来源是否合法的举证责任由谁承担，是由犯罪嫌疑人一方提供来源的合法性证据，还是由办案单位来证实来源是否合法，假如没有证据确认来源不合法，是否就应当采纳犯罪嫌疑人的线索来源的说法。**对此问题，控辩审三方往往多有争议和分歧。

破解思路

一、现有法律规定

在立功线索（材料）的来源的规范上，主要是"两高"《关于办理职务犯罪案件认定自首、立功等量刑情节若干问题的意见》第2条以及最高法《关于处理自首和立功若干具体问题的意见》第4条作出了具体规定。

1. 2009年3月12日"两高"《关于办理职务犯罪案件认定自首、立功等量刑情节若干问题的意见》第2条规定，据以立功的线索、材料来源有下列情形之一的，不能认定为立功：（1）本人通过非法手段或者非法途径获取的；（2）本人因原担任的查禁犯罪等职务获取的；（3）他人违反监管规定向犯罪分子提供的；（4）负有查禁犯罪活动职责的国家机关工作人员或者其他国家工作人员利用职务便利提供的。

2. 2010年12月22日最高法《关于处理自首和立功若干具体问题的意见》第4条，关于立功线索来源的具体认定：犯罪分子通过贿买、暴力、胁迫等非法手段，或者被羁押后与律师、亲友会见过程中违反监管规定，获取他人犯罪线索并"检举揭发"的，不能认定为有立功表现。犯罪分子将本人以往查办犯罪职务活动中掌握的，或者从负有查办犯罪、监管职责的国家工作人员处获取的他人犯罪线索予以检举揭发的，不能认定为有立功表现。犯罪分子亲友为使犯罪分子"立功"，向司法机关提供他人犯罪线索、协助抓捕犯罪嫌疑人的，不能认定犯罪分子有立功表现。

二、实务分析

立功线索（材料）来源清楚应当是确认行为人检举、揭发行为构成立功的必要条件。也就是说，首先要审查行为人立功线索的来源应当具有正当性，其来源应当清楚且符合常理。其次行为人的**立功线索来源应当不具有上述司法解释或者规范性文件规定的不属于立功的情形。**只有从上述两方面综合起来判断，才能准确认定行为人检举揭发行为是否构成立功。假如一概以司法机关无法证实行为人线索来源非法为由，放松对行为人立功线索来源清楚这一要件的审查，将那些行为人立功线索来源确实可疑的案件也认定为立功，那将导致立功范围的不当扩大，违背了立功制度设立的初衷。

按照这种思路，在立功线索来源合法与否的证明责任上，从诉讼规律的角度，按照"谁主张，谁举证"的举证责任分配原则，证明责任应当由最有条件接触相关证据或者要求改变现状的一方当事人承担。因此，**被告人首先应当能够合理说明立功线索的合法来源，并得到相关证据的支持**，才能推定其立功线索来源的合法性，在此基础上，**司法机关通过审查和判断来认定该来源是否合法和合理**，如果司法机关不能证明犯罪人获取线索的来源是非法的，亦推定其来源合法。

举案释疑

案例　沈某受贿案

基本案情

原审被告人沈某,男,1977年出生,系某医院党支部委员、副书记。因涉嫌受贿罪,于2016年5月12日被检察机关决定刑事拘留,同月25日,某市人民检察院决定变更强制措施为取保候审,同年11月24日,经某市人民法院决定逮捕。

经审理查明:

1. 2010年至2013年间,被告人沈某在担任某医院公共卫生科科长兼防疫组组长期间,利用职务上的便利,非法收受某医药有限公司区域业务员林某等人贿送的疫苗回扣款共计人民币108014元,并将收受的疫苗回扣款分给防疫组成员张某、吕某各16000元、21048元。

2. 2015年至2016年间,被告人沈某在担任某医院党支部副书记期间,利用负责疫苗采购等职务上的便利,非法收受某医药有限公司区域业务员林某等人贿送的疫苗回扣款人民币58060元。其中,沈某向赵某、林某分别索取15810元、11805元。

处理结果

一审判决将沈某分给张某、吕某款项从沈某受贿数额中扣除,并没有认定沈某具有向林某索贿的情节,同时认定沈某构成立功。法院认为:某县公安局于2016年5月25日对黄某涉嫌强奸犯罪立案侦查,于同年7月4日对黄某上网追逃。2016年7月5日,沈某向公安机关举报一名叫黄某的逃犯,并带领该派出所民警到黄某家中指认黄某住处,后派出所民警抓获黄某。

经二审提出抗诉,某市中级人民法院于2018年4月16日对沈某犯受贿罪一案作出判决,采纳支持抗诉意见,但仍然认为沈某构成立功,并将沈某一审刑期由1年6个月改为2年。某市人民检察院于2018年4月20日收到该判决,经审查认为二审判决认定沈某具有立功情节错误。

意见分歧

是否认定沈某具有立功情节,检法两家意见不一。

上下级检察机关意见均认为:由于线索来源不清,起诉书认定沈某不构成立功情节。

一、二审法院均认为：沈某举报及协助抓捕的行为与黄某被抓获具有因果关系，其行为对公安机关侦破犯罪、节约司法资源起到实质性作用，目前没有证据证实其线索来源非法，可认定其具有立功情节，故不采纳检察机关意见。

实务评析

从现有证据来看，难以认定沈某立功线索来源清楚。虽然沈某有到现场协助抓捕的行为，但因为其线索来源可疑，所以即便其有带公安机关去抓捕，其行为也不应认定具有立功表现。具体理由如下：

1. 在本案中，沈某辩称线索系散步时听说所得，但无法为线索来源的合法性提供合理说明或相关材料，从而完成对其立功行为认定的初步举证责任。

2. 从生活经验看，沈某平时生活的区域与其检举对象所在地区不一，其检举的黄某是在2016年7月4日才被警方登记上网追逃，第二天即7月5日沈某便向警方提供线索，而在这之前，沈某在公安机关并未形成任何报案笔录，因此，沈某线索渠道来源是否正当，亦值得怀疑。

3. 在无法确认沈某提供线索的合理性的情况下，特别是无法排除制造假案的可能性的情况下，应当属于立功存疑，无法认定。

12 如何准确适用缓刑

 疑难问题

缓刑制度起源于英国,由英国法官希尔所创,1870年北美波士顿州颁布缓刑法,1889年布鲁塞尔国际刑法会议决定将缓刑作为一切犯罪行刑的制度,自此各国相继效仿。我国1979年《刑法》,对缓刑制度予以确认。现行《刑法》进一步调整了适用缓刑的条件,确立了缓刑期间应当遵守的事项,进一步明确了公安机关的考察职能,完善了撤销缓刑的条件,从而更加体现了我国缓刑制度的特色。

我国《刑法》第72条已明确规定,对于被判处拘役、3年以下有期徒刑的犯罪分子,在一定条件下,规定一定的考验期,暂缓其刑罚的执行,在考验期限内,被判刑的犯罪分子如果没有犯新罪、发现有漏罪或者严重违反监督管理规定,原判刑罚就不再执行。缓刑不是一个独立的刑种,而是一项刑罚执行的制度,它的基本特点是:既对一定的犯罪分子判处了某种特点的刑罚,同时又决定不予执行;虽不执行,却又在一定时期内保持执行原判刑罚的可能性。所以缓刑是对原判刑罚有条件的不执行。

缓刑是我国刑法中一项重要的刑罚执行制度,它是宽严相济刑事政策的重要表现,是与轻微犯罪作斗争的一个行之有效的办法。正确适用缓刑,可以有效地避免短期自由刑的弊端,感化教育犯罪人,避免许多罪犯因受狱内不良影响,再度陷入犯罪泥潭。但是如何正确适用缓刑,难度较大。刑法对适用缓刑的条款规定仍然比较原则,弹性过大,造成实际适用中随意、臆断和失衡。

司法实践中,缓刑的适用主要存在以下问题:**一是各类犯罪缓刑适用率不平衡**,部分个罪适用率偏高,比如过失犯罪、贪污贿赂犯罪、交通肇事罪、盗伐林木罪等罪;部分个罪适用率偏低,比如普通侵财犯罪、故意伤害罪等。**二是各地适用缓刑的情况不平衡。三是现有缓刑规定操作性不强**,《刑法》《刑事诉讼法》关于缓刑的规定过于原则抽象,对缓刑具体适用条件、情形,没有明确综合评判的依据。

 破解思路

一、法律规定

根据《刑法》第72条规定,适用缓刑必须符合以下三个条件:(1)适用缓刑的前提条件,必须是判处拘役、3年以下有期徒刑。也就是说,适用缓刑的对象只能局限于罪行较轻的犯罪分子。(2)犯罪分子不属于累犯和犯罪集团的首要分子,累犯屡教不改,犯罪集团的首要分子在犯罪中起组织、策划、指挥作用,两者都主观恶性较深,人身危害性较大,不易改造。(3)根据犯罪分子的犯罪情节和悔罪表现,认为没有再犯罪的威胁,宣告缓刑对所居住社区没有重大不良影响。这是适用缓刑的根本条件。

笔者认为,**缓刑只适用被判处拘役或者3年以下有期徒刑的犯罪分子,但这并不意味着所有被判处这种特定刑罚的犯罪分子,都应当宣告缓刑**。适用缓刑的实质条件,必须是犯罪情节不很严重,主观恶性不深,并且具有悔罪表现。确实不致再危害社会是宣告缓刑所期待的重要目标的宗旨,同时,确实不致再危害社会,实际上是指罪犯不存在再犯罪的趋势或再犯罪的可能性。认定罪犯是否确实不致再危害社会,仅仅是一个可能性的预测。

二、关于"确实不致再危害社会"的认定

有学者认为:认定犯罪分子将来确实不致再危害社会,主要根据两方面,一是犯罪情节,二是悔罪表现。笔者认为,司法实践中,可以根据犯罪的动机和目的、犯罪的手段、犯罪当时的环境和条件、犯罪造成的损害结果、犯罪侵犯的对象、犯罪分子的一贯表现及犯罪后的态度、是否赔偿等酌定情节以及监管、帮教条件,综合考虑决定是否适用缓刑。

三、在缓刑考验期内重新犯罪,能否继续适用缓刑

根据《刑法》第72条、第77条规定,在缓刑考验期内犯新罪,依法应当撤销缓刑,数罪并罚,且依法不能再适用缓刑。

四、关于缓刑适用的总体情形,要把握一个度

如何正确适用缓刑,是摆在司法工作者面前一个非常严肃的问题。现有法

律的规定比较宽泛,具体到执法,往往需要执法者的法律素养和职业良知以及敏锐的判断力。

法学界对缓刑的适用也有不少评判,有的认为:过多判处缓刑,势必造成对犯罪的打击不力,有损于法律的严肃性,也有碍预防犯罪的效果。有的认为:一味强调从轻处罚尽量判缓刑,则无异于放虎归山,使其继续危害社会。要把握好原则、掌握好尺度。目前,我国刑法只对累犯和犯罪集团的首要分子不适用缓刑作出禁止性规定,对未成年人、怀孕的妇女和已满75岁周岁的人,并且符合犯罪情节较轻,有悔罪表现,没有再犯罪的威胁,宣告缓刑对所居住社区没有重大不良影响的,应当宣告缓刑。除此之外,对哪些具体犯罪类型及情节可以适用缓刑没有明确的标准。

笔者认为,**立法机关或司法机关可以在将来明确规定原则上应当适用缓刑的犯罪类型或罪犯类型**,比如交通肇事等过失犯罪、轻伤害犯罪且已对被害人进行赔偿的、犯罪中止危害不大的等,这才是解决问题的根本。在这样的一个规定中,对于一般可以适用缓刑的情形和一般不适用缓刑的情形进行规定,比如在现有刑法规定的基础上再罗列一些可以适用缓刑情形:(1)未成年人、已满75周岁的人、孕妇、哺乳期妇女、残疾人、精神病人;(2)犯罪预备、中止,过失犯罪,防卫过当,避险过当;(3)已经赔偿或者取得被害方谅解、情节较轻的侵犯人身权利犯罪等。**另规定对于一些犯罪,一般不适用缓刑**,除了累犯和犯罪集团首要分子之外,可以增加规定故意伤害致人死亡、抢劫、故意杀人、强奸等八类暴力型犯罪,故意犯数罪的。**通过这样的原则性规定,可以避免出现缓刑适用大起大落**,使得缓刑的适用标准有可操作的依据,体现缓刑适用"当宽从宽,当严从严,宽严相济,罚当其罪"的指导原则,最大限度地发挥缓刑在刑罚中的积极作用、遏制不利影响。

 举案释疑

案例1 侯某等4人故意伤害案

基本案情

被告人侯某,男,1974年出生,汉族,初中文化,农民。

被告人陈某,男,1941年出生,汉族,小学文化,农民。

被告人王某,男,1970年出生,汉族,小学文化,农民。

被告人黄某，男，1975年出生，汉族，小学文化，农民。

2006年6月19日凌晨3时许，被告人侯某、陈某、王某、黄某在某村村后山晒木片场，持木棍殴打涉嫌盗窃木片的被害人林某，致其受伤后经抢救无效死亡。经法医鉴定，被害人林某因脾脏破裂大出血致急性失血性休克死亡。2006年9月19日，四被告人先后到公安机关投案自首。案发后，四被告人已赔偿被害人家属人民币20万元。

处理结果

一审法院认为被告人侯某、陈某、王某、黄某的行为已构成故意伤害罪，在共同犯罪中均起主要作用，均是主犯，应当按照其所参与的全部犯罪处罚。四被告人案发后能自动投案，如实供述自己的罪行，均是自首，依法可以减轻处罚。被害人林某的偷盗行为是引发本案的重要前因，具有过错，四被告人积极赔偿被害人经济损失并取得谅解，均可酌情从轻处罚。根据四被告人的犯罪情节、悔罪表现，对其适用缓刑不致再危害社会，可以宣告缓刑，以故意伤害罪判处侯某、陈某、王某三人有期徒刑3年，缓刑5年；判处黄某有期徒刑3年，缓刑4年。

公诉机关认为四被告人共同持械殴打被害人致死的后果严重，有较大的主观恶性和社会危害性，不具备适用缓刑的条件。对四被告人判处有期徒刑3年并适用缓刑属重罪轻判，量刑明显不当，适用缓刑错误，而后提出抗诉。

二审法院经开庭审理后认为，被告人侯某、陈某、王某、黄某犯故意伤害罪的事实清楚，证据确实、充分，二审查明的事实和证据与一审相同。四被告人在共同犯罪中均起主要作用，均是主犯，均应按照其所参与的全部犯罪处罚。四被告人有自首情节，依法可以减轻处罚。鉴于被害人的偷盗行为是引发本案的重要前因，被害人具有一定过错，且案发后，四被告人能积极赔偿被害人经济损失并取得谅解，可酌情从轻处罚。根据四被告人的犯罪情节和悔罪表现，对其适用缓刑不致再危害社会，可以宣告缓刑，裁定驳回抗诉，维持原判。

争议焦点

在有自首、积极赔偿、被害人有过错的情况下故意伤害致人死亡能否适用缓刑。

实务评析

检法两家对被告人侯某等四人的犯罪事实的认定一致，均认定四被告人在抓盗窃过程中故意伤害他人身体，致一人死亡，均已构成故意伤害罪，均是主犯。分歧在于对被告人侯某等四人是否能够适用缓刑。

笔者认为，如何在多种影响定罪量刑因素混杂的情况下，正确量刑，是摆在司法机关面前的一个难题。**关键是要找准量刑基准点，把握好量刑幅度，一个幅度一个幅度地提或降，而不能没有尺度地量刑。**本案四被告人持械殴打他人致死，在被害人有过错的情况下，根据司法实践和现有法律规定，一般应当判处无期徒刑或者死缓。如果被告人投案，并积极赔偿被害人的损失，可以适用减轻处罚的规定，也应该参照无期徒刑或死缓的量刑基础上的减轻，那么一般也应当判处10年有期徒刑以上处罚。如果属于共同犯罪中的从犯，才有可能判处10年有期徒刑以下处罚。而本案，四被告人的犯罪作用相当，均系主犯，而一审法院仅判处有期徒刑3年缓刑5年，显然量刑畸轻，检察机关抗诉有理。

案例2 郑某赌博案

基本案情

被告人郑某，女，1973年出生。2009年10月26日因犯敲诈勒索罪被某市人民法院判处有期徒刑1年6个月，缓刑2年（缓刑考验期自2009年11月9日起至2011年11月8日止）。因本案于2012年3月5日被公安机关取保候审，2013年3月5日解除取保候审，同日变更为监视居住。

2009年12月至2010年1月28日，林某（已判刑）等人合伙开设赌场，江某（已判刑）等人在该赌场内充当庄家，以"八面豆"形式聚众赌博，参赌人员达20人以上。被告人郑某在赌场内充当"保利"，帮庄家收钱、付钱，从中获利1500元。郑某于2012年2月27日自动到龙海市公安局投案。另查明，被告人在审判期间已怀孕。

处理结果

检察机关于2013年4月9日以郑某涉嫌赌博罪向法院提起公诉。一审法院于2013年5月8日以赌博罪判处郑某有期徒刑9个月，并处罚金15000元；撤销郑某原犯敲诈勒索罪，判处有期徒刑1年6个月，缓刑2年的缓刑判决；决定执行有期徒刑2年，缓刑2年6个月，并处罚金15000元。宣判后，检察机关提出抗诉。某市中级人民法院于2013年8月26日裁定发回重审。一审法院于2013年11月13日以赌博罪判处郑某有期徒刑9个月，并处罚金15000元；撤销郑某原犯敲诈勒索罪，判处有期徒刑1年6个月，缓刑2年的缓刑判决；决定执行有期徒刑2年，缓刑2年6个月，并处罚金15000元。宣判后，检察机关提出抗诉。2014年4月3日某市中级人民法院撤销一审判决；撤销郑某原犯敲诈勒索罪，判处有期徒刑1年6个月；以赌博罪判处郑某某有期徒刑6个月，并处罚金15000元，加上之前犯敲诈勒索罪被判处有期徒刑1年6个月，决定执行1年8个月，并处罚金15000元。

分歧意见

本案经过一次发回重审，两次抗诉，最终二审法院改判，主要分歧点在于：在缓刑考验期内重新犯罪，能否继续适用缓刑。

一审法院坚持认为，郑某在缓刑考验期内重新犯罪，依法应当撤销缓刑，数罪并罚，但因郑某系审判期间怀孕的妇女，经审前社会调查，郑某所在的社区愿意对其实施社区矫正，对郑某可适用缓刑。

检察机关认为，根据《刑法》第72条规定、第77条规定，郑某在缓刑考验期内再次故意犯罪，再犯危险性大，依法应当撤销缓刑，数罪并罚，即便是审判期间怀孕的妇女，也不再适用缓刑，但可以由法院决定暂予监外执行。

某市中级人民法院认为，郑某曾因故意犯罪被判处缓刑，在缓刑考验期内犯新罪，证明其并未真诚悔罪，仍继续危害社会，不符合缓刑适用条件，依法应当依法撤销缓刑，数罪并罚，且依法不能再适用缓刑。对于是否暂予监外执行的问题，依法应由交付执行的人民法院，即一审人民法院作出是否暂予监外执行的决定，据此改判。

实务评析

1. 本案的主要依据

根据我国《刑法》第72条第1款规定："对于被判处拘役、三年以下有期徒刑的犯罪分子，同时符合下列条件的，可以宣告缓刑，对其中不满十八周岁的人、怀孕的妇女和已满七十五周岁的人，应当宣告缓刑：（一）犯罪情节较轻；（二）有悔罪表现；（三）没有再犯罪的危险；（四）宣告缓刑对所居住社区没有重大不良影响。"

《刑法》第77条第1款规定："被宣告缓刑的犯罪分子，在缓刑考验期限内犯新罪或者发现判决宣告以前还有其他罪没有判决的，应当撤销缓刑，对新犯的罪或者新发现的罪作出判决，把前罪和后罪所判处的刑罚，依照第六十九条的规定，决定执行的刑罚。"

2. 检察机关抗诉有理，二审法院改判正确

本案一审法院的两次判决都坚持对原审被告人适用缓刑，检察机关也不屈不挠，坚持抗诉，认为在缓刑考验期内再次故意犯罪，依法应当撤销缓刑，数罪并罚，即便是审判期间怀孕的妇女，也不再适用缓刑，但可以由法院决定暂予监外执行。

笔者认为，抗诉和改判的决定是正确的。《刑法》第77条第1款规定，

被宣告缓刑的犯罪分子,在缓刑考验期限内犯新罪或者发现判决宣告以前还有其他罪没有判决的,应当撤销缓刑,既然都要撤销缓刑,怎么还能继续适用缓刑呢?显然不能。如果可以,那么《刑法》第77条第1款就不应该这样表述,而是应当这样表述:"被宣告缓刑的犯罪分子,在缓刑考验期限内犯新罪或者发现判决宣告以前还有其他罪没有判决的,应当撤销原判决,对新犯的罪或者新发现的罪作出判决,把前罪和后罪所判处的刑罚,依照本法第69条的规定,决定执行的刑罚。"

还有一个理由,《刑法》第72条第1款规定可以宣告缓刑的条件之一是没有再犯罪的危险;而被告人之前就已经犯罪了,在缓刑考验期限内又犯新罪,显然具有再犯罪的威胁,因此,也就不能再次适用缓刑了。

3. 同一个案件两次抗诉成功,抗诉效果佳

实践中同一个案件多次提出抗诉的情况比较少见,检察机关对法院的两次一审判决均提出抗诉,两次抗诉均获上级院和二审法院的采纳,体现了较高的抗诉水平,最终,原审被告人被判处实刑,而且还厘清了缓刑期内再犯新罪是否适用缓刑的法律问题,在个案与类案的意义上都取得了很好的抗诉效果。

13 如何理解追诉期限的延长

 疑难问题

近年来,随着科学技术在刑事办案当中的广泛使用,越来越多的在逃犯时隔多年后被抓获,案件是否超过诉讼时效问题尤其突出。司法实践中,对于追诉时效属于实体问题还是程序问题;是适用"从旧兼从轻原则",还是"从新原则";如何理解最高人民法院《关于适用刑法时间效力规定若干问题的解释》(以下简称《解释》)当中"超过追诉时效"的时间节点等问题,控辩审三方往往分歧较大。

 破解思路

一、"追诉时效"的相关法律规定

(一)刑法修订前后关于追诉时效延长的规定

1979年《刑法》(以下简称旧刑法)第77条规定:"在人民法院、人民检察院、公安机关采取强制措施以后,逃避侦查或者审判的,不受追诉期限的限制。"

1997年修订的《刑法》(以下简称修订后刑法)第88条规定:"在人民检察院、公安机关、国家安全机关立案侦查或者在人民法院受理案件以后,逃避侦查或者审判的,不受追诉期限的限制。被害人在追诉期限内提出控告,人民法院、人民检察院、公安机关应当立案而不予立案的,不受追诉期限的限制。"

这种追诉时效暂时停止进行的情况,在刑法理论上称为追诉期限的延长。

比较修订后刑法和旧刑法的规定,可以发现修订后刑法的规定对犯罪嫌疑人的追诉更为严重,主要体现在:一是修订后刑法规定不受追诉期限限制的起始时间为"人民检察院、公安机关、国家安全机关立案侦查或者在人民法院受理案件以后"。二是修订后刑法增加了被害人在追诉期限内提出控告,司法机关应当立案而不予立案的规定。这里应当注意两点,一是应当包括司法机关在被害人控告后立案了,而被害人继续保持控告,提出要求破案的情形;二是适用这一款的规定,不受逃避侦查或者审判的限制。

(二)相关司法解释中"超过追诉时效"的节点时间

1. 《解释》第1条规定:"对于行为人1997年9月30日以前实施的犯罪行为,在人民检察院、公安机关、国家安全机关立案侦查或者在人民法院受理案件以后,行为人逃避侦查或者审判,超过追诉期限或者被害人在追诉期限内提出控告,人民法院、人民检察院、公安机关应当立案而不予立案,超过追诉期限的,是否追究行为人的刑事责任,适用修订前的刑法第七十七条的规定。"

2. 全国人大法工委2014年作出的《对刑事追诉期限制度有关规定如何理解适用的答复意见》(法工办发〔2014〕277号)认为:"对1997年前发生的行为,被害人及其家属在1997年后刑法规定的时效内提出控告,应当适用刑法第八十八条第二款的规定,不受追诉期限的限制。"

3. 最高人民法院研究室2019年《关于如何理解和适用1997年刑法第十二条第一款规定有关问题征求意见的复函》(法研〔2019〕52号),明确1997年刑法施行以前实施的犯罪行为,1997年刑法施行以后仍在追诉时效期限内,具有"在人民检察院、公安机关、国家安全机关立案侦查或者在人民法院受理案件以后,逃避侦查或者审判"或者"被害人在追诉期限内提出控告,人民法院、人民检察院、公安机关应当立案而不予立案"情形的,适用1997年刑法第88条的规定,不受追诉期限的限制。1997年刑法施行以前实施的犯罪行为,1997年刑法施行时已超过追诉期限的,是否追究行为人的刑事责任,应当适用1979年刑法第77条的规定。

结合上述法律规定,以及一直以来笔者对这个问题的思考,梳理出以下观点:

1. 关于追诉时效的法律适用原则问题。根据《解释》第1条规定精神,追诉时效的法律适用原则为"从旧兼从轻原则",即追诉时效也应当适用"从旧兼从轻原则",这一点必须予以明确和把握。

2. 关于"超过追诉期限"的时间节点问题。厘清"超过追诉期限"的时间节点问题,对司法办案很重要。笔者认为,应以修订后刑法生效的1997年

10月1日为节点,案件已经超过追诉期限的,适用1979年刑法的规定办理;如果修订后刑法生效后,案件还没有超过追诉期限的,则适用修订后刑法的规定办理。也就是说,该司法解释也是符合"从旧兼从轻原则"的。修订后刑法生效后,如果1997年9月30日以前实施的犯罪行为已经超过追诉期限的,那么按照旧刑法的规定适用比较严格的追诉条件。如果修订后刑法1997年10月1日生效后,案件没有超过追诉时效的,那么应当按照修订后刑法办理。

二、追诉时效问题的实质

追诉时效既是实体问题也是程序问题。追诉时效虽然规定在刑法条文中,但不是纯粹的实体问题,《刑事诉讼法》第16条也有追诉时效的相关规定。据此,笔者认为追诉时效既是实体问题,也是程序问题。正是追诉时效的这一特点,导致了司法实践中的法律适用存在较大分歧。

可从两个层面分析:

1. 犯罪嫌疑人是否构成犯罪、构成何种犯罪,属于实体法范畴,适用"从旧兼从轻原则"。

2. 对犯罪嫌疑人立案、侦查、移送审查起诉以至于审判,则属于纯粹程序法范畴,适用"从新原则",即适用《解释》规定,而《解释》也符合"从旧兼从轻原则",因此两者是一致的,并不矛盾。

 举案释疑

案例 江某故意伤害案

基本案情

被告人江某,男,1973年出生,农民。

1992年7月18日晚8时,被告人江某因琐事与被害人陈某发生争吵扭打,被告人江某见对方人多,即跑到附近西瓜摊上拿起一把西瓜刀抵抗,被害人陈某等人见状后即跑离,江某持刀追赶,追上陈某后朝其左手腕关节部砍了一刀,而后逃离现场。经法医鉴定,被害人陈某的伤情为重伤,七级伤残。十多年来,被害人陈某不间断地向公安机关控告,要求公安机关尽快将被告人抓捕归案。2004年1月18日被告人被抓获。此前,公安机关始终没有对该案进行立案,也没有对被告人采取强制措施。

处理结果

检察机关指控被告人江某犯故意伤害罪，向法院提起公诉，一审法院以故意伤害罪判处被告人江某有期徒刑7年。被告人不服提出上诉，某市中级人民法院认为"本案的被害人陈某在法定追诉期限内未对江某提出控告，案发后司法机关也未对江某采取强制措施，不存在诉讼时效中断的情形，根据1979年《刑法》第76条第2项的规定，原审被告人江某的犯罪行为已超过法定追诉期限，不再追诉"，判处江某无罪。

争议焦点

《刑法》修订前实施的犯罪行为，被害人未间断控告，而公安机关一直未立案，在《刑法》修订后，被害人在诉讼时效期限内继续控告，最终被告人被抓获，但已经超过法定时效年限，是否适用诉讼时效延长的规定。

实务评析

二审法院判决书认定被害人在追诉期限内提出控告的依据不足，以此作为本案已经超过诉讼时效的认定依据之一。但是如果被害人在追诉期限内提出控告，是否就能够适用诉讼时效延长的规定呢？

最高人民法院1997年9月25日颁布的《关于适用刑法时间效力规定若干问题的解释》第1条规定："对于行为人1997年9月30日以前实施的犯罪行为，在人民检察院、公安机关、国家安全机关立案侦查或者在人民法院受理案件以后，行为人逃避侦查或者审判，超过追诉期限或者被害人在追诉期限内提出控告，人民法院、人民检察院、公安机关应当立案而不予立案，超过追诉期限的，是否追究行为人的刑事责任，适用修订前的刑法第七十七条的规定。"根据该司法解释，得出了两种截然不同的意见。

一种意见认为：被告人江某的犯罪行为根据修订前的刑法应判处3年以上7年以下有期徒刑，因此，追诉期限是10年。本案发生在1992年，案发后司法机关未对江某采取强制措施，尽管被害人陈某在1997年10月1日之后的法定追诉期内对江某提出控告，但根据从旧兼从轻和有利于被告人原则，还是应当适用修订前的对被告人有利的旧法。同时最高法的司法解释也规定被害人在追诉期限内提出控告，人民法院、人民检察院、公安机关应当立案而不予立案，超过追诉期限的，是否追究行为人的刑事责任，适用修订前的《刑法》第77条"在人民法院、人民检察院、公安机关采取强制措施以后，逃避侦查或审判的，不受追诉期限的限制"的规定，该规定的前提是采取强制措施以后，而没有规定被害人提出控告的情形，因此**应认定江某的犯罪行为超过法定追诉期限，不再追诉**。

另一种意见认为：行为人 1997 年 9 月 30 日以前实施的犯罪行为，只要被害人在追诉期限内提出控告，而且刑法 1997 年 10 月 1 日生效时，案件没有过追诉时效的，则不受诉讼时效限制。因此，**被告人江某需被追诉。**

笔者同意第二种意见。理由是：

1. 被告人江某的犯罪行为根据修订前的刑法应判处 3 年以上 7 年以下有期徒刑，因此，追诉期限是 10 年。本案发生在 1992 年，正常的追诉期限是 2002 年。本案发生后，被害人不间断地向司法机关控告，而且 1997 年 10 月 1 日《刑法》修订后，本案还未过追诉期限。此时，被害人仍然继续向有关机关控告。

2. 根据《刑法》第 88 条的规定，被害人在追诉期限内提出控告，人民法院、检察院、公安机关应当立案而不予立案的，不受追诉期限的限制，因此，1997 年 10 月 1 日后，修订的《刑法》已经规定，被害人在追诉期限内控告而公安机关未予立案，不应再由被害人承担不利后果，此时，应当保护被害人的合法权益，不受追诉时效的限制。

3. 本案应当适用修订后刑法第 88 条第 1 款规定，即司法机关立案以后逃避侦查或者审判的情形。那么，焦点问题就是犯罪嫌疑人有无逃避侦查或者审判的行为，如果有，则不受追诉期限的限制；如果没有，则超过 20 年追诉期限，检察机关认为必须追诉的，应当按照刑法规定报请最高人民检察院核准。根据在案证据，本案被害人认识犯罪嫌疑人，犯罪嫌疑人行凶后即逃离本地，可以认定为逃避侦查情形。

综上分析，笔者认为本案没有超过追诉期限，根据刑法和刑诉法规定，可以正常起诉、审判。

14 诉讼时效终止时间如何计算

疑难问题

《刑法》第 89 条有明确的规定,"追诉期限从犯罪之日起计算;犯罪行为有连续或者继续状态的,从犯罪行为终了之日起计算"。这里只明确了计算追诉期限的起始时间,但是没有明确终了时间。那么,**一个案件在侦查阶段没有超过诉讼时效,但是在审查起诉阶段超过诉讼时效怎么办?或者是在侦查阶段和审查起诉阶段均没有超过诉讼时效,那在审判阶段超过诉讼时效怎么办?** 对于这个问题,司法实践中争议很大。特别是 2016 年"两高"出台《关于办理贪污贿赂刑事案件适用法律若干问题的解释》后,这个问题更为突出。

破解思路

1982 年 8 月 19 日最高人民检察院印发《关于贪污罪追诉时效问题的复函》(〔1982〕高检经函字第 5 号),其中规定"检察机关决定立案时未过追诉期限的贪污犯罪,在立案以后的侦查、起诉或者判处时超过追诉期限的,不得认为是超过追诉时效的犯罪,应当继续依法追究"。

1981 年 11 月最高人民法院《关于执行刑法中若干问题的初步经验总结》中也提到"根据刑法第七十八条的规定,追诉期限应当从犯罪构成之日起计算;如果犯罪行为有连续或者继续状态的,从犯罪行为终了之日起计算。在法定追诉期限内,自诉案件从自诉之日,公诉案件从采取强制措施之日都视为已被追诉,此后的侦查、起诉、审判时间不再受追诉期限的限制。"

最新的法律根据是 2017 年 2 月 13 日最高人民法院《关于被告人林少钦受贿请示一案的答复》。该答复认为:追诉时效是依照法律规定对犯罪分子追究刑事责任的期限，在追诉时效期限内，司法机关应当依法追究犯罪分子刑事责任。对于法院正在审理的贪污贿赂案件，应当依据司法机关立案侦查时的法律规定认定追诉时效。依据立案侦查时的法律规定未过时效，且已经进入诉讼程序的案件，在新的法律规定生效后应当继续审理。

该批复表面上看是依据何时的法律规定认定追诉时效，实际上就是关于追诉时效终止时间的计算问题。换言之，**只要在立案侦查阶段没超过诉讼时效，即使在审判阶段超过诉讼时效，依然要追究刑事责任**。该批复的观点明确了不仅以立案时间为准，而且还是**依据旧的、当时的法律规定来界定是否超过诉讼时效期限**。

 举案释疑

案例　王某受贿案

基本案情

被告人王某 2006 年受贿 16 万元，2014 年被移送司法机关立案侦查，2015 年被提起公诉，2015 年 11 月开庭审理，2016 年"两高"司法解释出台后，仍未审理完毕。

争议焦点

这个受贿案件，按旧标准没有过追诉时效，但是按照新标准过了追诉时效，怎么处理？立案时间是否超过诉讼时效期限，是依据新的法律规定还是旧的法律规定？或者以起诉、审判时限来判断是否超过诉讼时效期限？

实务评析

第一种观点认为，是否超过追诉时效的判断应以刑事立案时间为准，也就是以 2014 年被移送司法机关刑事立案为时间点计算。只要那个时候没有超过的，就应当认为没有超过追诉时效。也就是说立案时，**按照当时的法律规定没有超过追诉时效的，就属于没有超过**。

第二种观点认为，该案例已经过了追诉时效。如果对该案定罪量刑的时候适用新的司法解释，而在计算追诉时效期限是援引以前的量刑标准，就会形成适用法律和司法解释不统一的局面，是不妥当的。因此，按照从旧兼从轻的原则，适用《刑法修正案（九）》生效后的刑法，则受贿 16 万属于数额较大，法定最高刑为 3 年，经过 5 年就超过追诉时效。本案行为终了之日在 2006 年，即 2011 年之后就不再追诉了。也就是说**按照新的法律规定来认定最后立案时间**。

第三种观点则认为,"**追诉期限应从犯罪之日计算到审判之日为止,只有在审判之日还没有超过追诉期限的,才能追诉;如果在审判之日超过了追诉期限,则不能追究被告人**"(张明楷教授即持这种观点)。

第四种提出折中的观点,认为以提起公诉作为时效终止的截止时间。

笔者认为:被告人 2006 年受贿 16 万元,法定最高刑为死刑,追诉时效为 20 年。那么他在 2014 年被司法机关立案侦查,2015 年被提起公诉,2015 年 11 月开庭审理,"两高"司法解释出台后,仍未审理完毕,**按照 2014 年立案时的法律规定,没有超过追诉期限,因此,仍然应当继续审理,但在量刑时应当适用新的法律规定**。

15 违法所得及其孳息如何认定及追缴

疑难问题

在办理涉财型犯罪案件当中,常常会遇到罚没财物的实际问题。**对涉案财物如何区分哪些属于违法所得及其孳息?** 在对具体案件进行判决和作出结论的时候,司法机关必须予以明确,这直接关系到追赃的问题。

破解思路

一、法律规定

《刑法》第64条规定:犯罪分子违法所得的一切财物,应当予以追缴或者责令退赔;被害人的合法财产,应当及时返还。

"两高"于2016年4月18日通过施行的《关于办理贪污贿赂刑事案件适用法律若干问题的解释》第18条规定:贪污贿赂犯罪分子违法所得的一切财物,应当依照《刑法》第64条的规定予以追缴或者责令退赔,对被害人的合法财产应当及时返还。对尚未追缴到案或者尚未足额退赔的违法所得,应当继续追缴或者责令退赔。

2010年5月9日最高人民检察院《人民检察院扣押、冻结款物工作规定》第2条、第3条规定:犯罪嫌疑人、被告人实施违法犯罪行为所取得的财物及其孳息属于违法所得。违法所得的一切财物,应当予以追缴或者责令退赔。对被害人的合法财产,应当依法及时返还。违禁品和供犯罪所用的财物,应当予以扣押、冻结,并依法处理。

2015年3月6日《人民检察院刑事诉讼涉案财物管理规定》第2条、第3

条规定：本规定所称人民检察院刑事诉讼涉案财物，是指人民检察院在刑事诉讼过程中查封、扣押、冻结的与案件有关的财物及其孳息以及从其他办案机关接收的财物及其孳息，包括犯罪嫌疑人的违法所得及其孳息、供犯罪所用的财物、非法持有的违禁品以及其他与案件有关的财物及其孳息。违法所得的一切财物，应当予以追缴或者责令退赔。对被害人的合法财产，应当依照有关规定返还。违禁品和供犯罪所用的财物，应当予以查封、扣押、冻结，并依法处理。

2017年1月5日起施行的最高人民法院、最高人民检察院《关于适用犯罪嫌疑人、被告人逃匿、死亡案件违法所得没收程序若干问题的规定》第6条规定：通过实施犯罪直接或者间接产生、获得的任何财产，应当认定为《刑事诉讼法》第280条第1款规定的"违法所得"。违法所得已经部分或者全部转变、转化为其他财产的，转变、转化后的财产应当视为前款规定的"违法所得"。来自违法所得转变、转化后的财产收益，或者来自已经与违法所得相混合财产中违法所得相应部分的收益，应当视为第1款规定的"违法所得"。这是目前最权威的，也最明确和可操作性的规定。对解决司法实践中的争议很有指导意义。

二、贪污贿赂犯罪中相关问题分析

（一）违法所得的追缴

为有效剥夺贪污贿赂犯罪分子的违法所得，尽可能挽回经济损失，根据2017年1月5日起施行的"两高"《关于适用犯罪嫌疑人、被告人逃匿、死亡案件违法所得没收程序若干问题的规定》第6条的规定，应追缴的违法所得包括通过实施犯罪直接或间接收益。也就是说，**犯罪取得的任何财产，以及财产之后产生的收益和孳息，都属于违法所得，应当予以追缴。**

（二）罚金刑的判罚标准

《刑法修正案（九）》增加了贪污罪和相关贿赂犯罪的罚金刑规定，为加大对腐败犯罪的经济处罚力度，提高腐败犯罪的经济成本，剥夺腐败分子再犯罪的物质基础，充分发挥刑事立法和司法的预防犯罪功能提供了重要的法律依据。罚金刑判罚标准的设定，既要体现立法意图，确保罚金刑充分有效，又要立足实际，避免无法执行而损及司法的严肃性。

1. 为确保罚金刑适用的有效性和严肃性，《关于办理贪污贿赂刑事案件适用法律若干问题的解释》第19条依托主刑的不同，分层次对贪污、受贿罪规定了较其他犯罪更重的罚金刑判罚标准：

（1）对贪污罪、受贿罪判处 3 年有期徒刑以下刑罚的，应当并处 10 万元以上 50 万元以下的罚金；

（2）判处 3 年以上 10 年以下有期徒刑的，应当并处 20 万元以上犯罪数额 2 倍以下的罚金或者没收财产；

（3）判处 10 年以上有期徒刑或者无期徒刑的，应当并处 50 万元以上犯罪数额 2 倍以下的罚金或者没收财产。

同时明确，对刑法规定并处罚金的其他贪污贿赂犯罪，应当在 10 万元以上犯罪数额 2 倍以下判处罚金。

2. 适用本规定时需要注意两点：

（1）第 2 款规定中的"其他贪污贿赂犯罪"，应当理解为除贪污罪、受贿罪之外规定在刑法分则第八章中的其他贪污贿赂犯罪，而不包括非国家工作人员职务犯罪。

（2）贪污贿赂犯罪的罚金刑最低判罚标准为 10 万元，除适用《刑法》第 37 条的规定免予刑事处罚之外，不得减至 10 万元以下判处罚金。

3. 司法实践中，有时会遇到对于办案单位扣押的非涉案的其他财物，如何处理的问题。笔者认为，**对于扣押的与案件无关的犯罪嫌疑人的其他财物，不能作为违法所得予以追缴，可以用于罚金刑或没收财产的执行财物。**

举案释疑

案例　陈某受贿案

基本案情

被告人陈某利用职便收受他人贿赂 1300 多万元，委托亲属炒股，获得了近 2 个多亿的权益，侦查机关予以扣押。

处理结果

检察机关认为该笔 2 个多亿的收益属于违法所得，应当予以追缴。一审法院予以确认，并判决在案扣押的受贿款物及其孳息，予以追缴，上缴国库。被告人不上诉，该案已终审。

争议焦点

利用违法所得产生的炒股收益，能否认定为违法所得予以追缴。

实务评析

涉案被扣押账户内的股票收益，更多来源于使用受贿款购买股票后的获利收入，对此是否可以认定为受贿款并予以追缴，存在不同理解。

笔者在指导该案时提出，根据2017年1月5日起施行的"两高"《关于适用犯罪嫌疑人、被告人逃匿、死亡案件违法所得没收程序若干问题的规定》第6条的规定，没收违法所得程序中的"违法所得"，包括通过实施犯罪直接或者间接产生、获得的任何财产，同时来自违法所得转变、转化后的财产收益，或者来自已经与违法所得相混合财产中违法所得相应部分的收益，应当视为"违法所得"。因此，**应追缴的违法所得包括间接收益**。本案中，**被告人陈某将受贿来的钱用于炒股，再将炒股收益用于炒股，显然符合上述法律规定，属于违法所得转变、转化后的收益，属于违法所得，应当予以追缴。**

16 户籍登记不实的情况下，如何考查被告人实际年龄

疑难问题

刑事责任年龄是认定行为人是否构成犯罪，是否需要负刑事责任，以及是否可以从轻、减轻处罚的重要依据。司法实践中，**在户籍登记不实的情况下，如何考查被告人实际年龄**，如何最终确认被告人的年龄，程序如何，效力如何，这些疑难问题需要厘清。

破解思路

刑事责任年龄是指法律规定的行为人对自己犯罪应负刑事责任所必须达到的年龄。达到刑事责任年龄是成为犯罪主体的必要条件之一。没有达到刑事责任年龄的人，不能成为犯罪的主体。犯罪是人的意识和意志的行为，而人的辨认和控制自己行为的能力，是受年龄制约的。随着年龄的增大，人体的个体意识才逐渐成熟。出生的婴儿对世界毫无所知，年龄幼小的儿童，辨别是非和自我控制能力较差，还不能真正了解自己行为的性质和意义。因此，即使他们实施了危害社会的行为，也不应作为犯罪加以惩罚。随着年龄的增长，机体和心理机能的发育，知识的不断增长，生活经验逐渐丰富，才有正确理解和分析判断自己行为意义的能力，到了少年时期，这种能力已逐步具有。因此，少年犯罪，就可以加以惩罚，但还不是应当一律加以惩罚，总之，只有达到一定年龄的人，才能要求他们对自己实施的危害社会的行为承担刑事责任。"一定年龄"就是开始负刑事责任的年龄。

我国《刑法》第17条规定：（1）已满16周岁的人犯罪，应当负刑事责任，称为完全刑事责任年龄；（2）已满14周岁不满16周岁的人，只有在犯

故意杀人、故意伤害致人重伤或者死亡、强奸、抢劫、贩卖毒品、放火、爆炸、投毒罪的,才应当负刑事责任,称不完全刑事责任年龄;(3)不满14周岁的人实施任何危害社会的行为,都不负刑事责任;(4)已满14周岁不满18周岁的人犯罪,应当从轻或者减轻处罚。

特别是在审理未成年人刑事案件中,未成年被告人的年龄不仅涉及应否依法为其指定辩护律师以及案件应否公开审理等重大程序性问题,而且关系到被告人有无刑事责任、刑事责任大小以及对其适用何种刑罚等重大实体问题。因此,查证并准确认定被告人的年龄,是办理每一个刑事案件,特别是未成年人刑事案件不能回避的问题。最高人民法院《关于审理未成年人刑事案件具体应用法律若干问题的解释》就有关未成年人刑事责任年龄的认定问题作出了规定。基于刑事责任年龄对被告人的重大影响,司法实践中,控辩双方对此问题往往比较重视,特别是当一些被告人的年龄出现了不同的证据,采纳不同的证据就会得出是否未成年的结论的时候,控辩双方的争论会更加激烈。

 举案释疑

案例　郭某故意杀人、盗窃案

基本案情

被告人郭某,男,1979年4月29日出生,初中文化,无业。

被告人郭某群,男,1957年出生,小学文化,个体经营户。

被告人林某,男,1954年出生,大专文化,个体经营户。

被告人郭某和被害人郑某在与女同学的交往中发生矛盾,同案人陈某(已判刑)也曾经被郑某殴打过而怀恨在心,二人遂密谋报复郑某。1993年8月27日晚8时许,被告人郭某与同案人陈某经策划后,让林某将被害人郑某诱骗到某市城北的一条小弄,陈某持刀刺被害人郑某一刀,郑某被刺后欲逃离,被告人郭某追上后抓住郑某,陈某又朝其背、胸部连刺数刀,致郑某肺裂伤、血气胸、开放性大出血引起休克而死亡。

案发后,被告人郭某的叔叔郭某群、父亲、姑父林某等人在家中一起议论时,林某提出经向律师咨询获知法律规定未满14周岁的人犯罪不负刑事责任。被告人郭某群即提出原先因郭某要上重点中学时找过户籍民警潘某(已因徇私枉法罪被判刑),出生日期改成1980年4月29日。经商议后决定由林某带郭某向公安机关投案，由郭某群找潘某出具郭某系1980年4月29日出生的证明，全家人统一口径。而后，被告人郭某群带礼品找到民警潘某，许诺会给好处，潘某向刑警队出具"郭某系1980年4月29日出生"的户口证明。郭某群又到其原户口所在地村委会更改了户口底册，又通过公安人员安排在看守所与郭某见面统一口径。之后，被告人被取保候审。事后，经公安、检察等机关查证，认为郭某的出生日期系1979年4月29日，应负刑事责任。某市人民检察院遂于1994年12月17日批准逮捕郭某。在此期间，郭某群、林某等人均明知公安机关要抓捕郭某，仍给郭某提供食宿帮助其躲避追捕，致使被告人郭某长期逃匿。

2002年5月23日晚9时许，郭某将被害人余某带到林某为其提供藏匿的房间嫖宿，因口角引起争执，被告人郭某持铁棍连打被害人余某头部数棍致其当场死亡，而后将尸体拖进卫生间，取走余某手指上的金戒指一枚，人民币200元和手机一部，总价值人民币1822.9元。次日，被告人郭某用杀猪刀将被害人余某的尸体肢解成12块，分别用塑料袋和纸箱包装后，抛弃于附近的山上和溪中。

处理结果

某市人民检察院指控被告人郭某构成故意杀人罪和盗窃罪，郭某群、林某分别构成包庇罪和窝藏罪，且情节严重，向某市中级人民法院提起公诉。某市中级人民法院以故意杀人罪、盗窃罪数罪并罚判处郭某死刑，剥夺政治权利终身，并处罚金2000元；认定郭某群犯包庇罪，且情节严重，判处有期徒刑3年；林某犯窝藏罪，且情节严重，判处有期徒刑3年缓刑4年。被告人不服提出上诉，经某省高级人民法院审理，改判郭某群有期徒刑3年缓刑4年，其余驳回上诉，维持原判。

争议焦点

1. 在已知户籍登记不实的情况下，如何考查被告人或者犯罪嫌疑人的实际年龄。

2. 对族谱的年代鉴定是否具有科学性，如何采信。

意见分歧

郭某在1993年犯罪时是否已达到法定年龄，是本案认定林某等人窝藏、包庇犯罪的关键。**检察机关认为：**现有证据可以证实，1993年8月27日，郭某伙同他人杀人时，已满14周岁。认定郭某年龄是1979年4月29日的依据有：

其一，相关的书证，包括人口普查表、已改动过的保存于村委会的常住人口登记表、郭某的学籍卡的书证均可证实郭某是1979年4月29日出生的。

其二，证人郭某群等人也证实，郭某的出生日期有改动过，其中，郭某群还证实郭某的出生日期是1979年4月29日。

其三，原案公安局的承办人证实，该案预审时也发现公安局出具的郭某的出生日期为1980年4月29日的内容失实。

辩护人认为：被告人郭某1993年8月27日犯罪时未满14周岁。 同时，辩护人向法庭提供了族谱，并要求对族谱的真伪进行鉴定。

一审开庭阶段，法院接受了辩护人的建议，对犯罪嫌疑人家属提供的族谱进行鉴定，族谱记载的年龄显示郭某犯罪时未满14周岁。如族谱上记载的出生年月属实，那么对于当年窝藏、包庇他的亲属们，是否构成窝藏、包庇罪情节严重会有影响，甚至是否构成窝藏、包庇罪也会有争议。而法院认为有必要对族谱进行鉴定，法官在辩护人的陪同下到某刑事学院检验中心对族谱申请鉴定，结论是族谱上记载被告人年龄的那一页与其他页属于同一年份。也就是排除了记载被告人年龄的那一页是伪造的可能性。**法院据此采纳了辩护人的意见，认为郭某在第一起的杀人犯罪时未满14周岁，不负刑事责任。**

实务评析

1. 如何认定被告人的年龄

司法实践中，认定被告人的年龄，主要从以下几方面进行：

第一，书证。书证包括户籍证明、出生证、学籍卡、人口普查登记表等，这些都可以作为认定被告人年龄的依据。

第二，鉴定结论。司法实践中有时这些书证不能准确反映被告人的真实年龄，有的案件虽经多方收集证据，但由于种种复杂的原因，根据收集的证据仍无法准确认定被告人年龄。如在广大的农村，婴儿出生往往没有出生证明，一些被告人系违反计划生育政策超生，没有进行过户籍登记；有些父母为了孩子参军、入学的方便，将孩子的年龄作相应的更改；有的父母为孩子申报户口时未按规定报公历的出生日期，而是申报农历的出生日期；一些被告人属于《刑事诉讼法》第82条规定的"不讲真实姓名、住址，身份不明的"情况，检察机关以其自报的姓名和年龄起诉到法院的；等等。这些都给年龄认定带来困难。

随着现代先进科学技术的进步，根据一个人生长发育的特定规律，对一个人的年龄作出准确认定成为可能。**常见的鉴定有骨龄的鉴定、牙齿的鉴定等。** 目前很多司法机关采取为被告人进行骨龄鉴定的做法。对于骨龄鉴定结论能够确定被告人年龄的，骨龄鉴定结论就可以作为重要依据。但是，**有时骨龄鉴定结论只能测度出一个年龄区间，不能确定被告人的具体年龄，在这种情况下，**

骨龄鉴定结论就只能作为辅助性的参考证据材料。最高人民检察院《关于"骨龄鉴定"能否作为确定刑事责任年龄证据使用的批复》作了如下规定，犯罪嫌疑人不讲真实姓名、住址，年龄不明的，可以委托进行骨龄鉴定或其他科学鉴定，经审查，鉴定结论能够准确确定犯罪嫌疑人实施犯罪行为时的年龄，可以作为判断犯罪嫌疑人年龄的证据使用，如果鉴定结论不能准确确定犯罪嫌疑人实施犯罪行为时的年龄，而且鉴定结论又表明犯罪嫌疑人年龄在《刑法》规定的应负刑事责任年龄上下的，应当慎重处理。

第三，对被告人年龄确实无法查清的，应当视不同情况予以处理。最高人民法院研究室1991年公布实施的《关于如何认定被告人犯罪时年龄问题的电话答复》认为：在一般情况下，认定被告人的实际年龄应当**以户口登记为基本依据**，结合人口普查登记和其他有关资料，并经过认真调查核实后加以确定。对被告人实际年龄有异议或者疑义时，更应当多方查证核实。**如果有足够证据认定户口登记册上登记的年龄有误，就应当以查明的实际年龄来认定。**

最高人民法院2006年公布实施的《关于审理未成年人刑事案件具体应用法律若干问题的解释》第4条专门针对被告人年龄"确实无法查明的"情形应当如何处理作出规定：第一种情况是该条第1款规定的"**对于没有充分证据证明被告人实施被指控的犯罪时已经达到法定刑事责任年龄且确实无法查明的，应当推定其没有达到相应法定刑事责任年龄**"。应当从有利于被告人的原则对其年龄作出推定，一般可以按照"就低不就高"原则推定被告人年龄，以避免对不应当追究刑事责任的未成年人追究了刑事责任，或者对不应当判处死刑的人判处了死刑等情况。第二种情况是该条第2款规定的"**相关证据足以证明被告人实施被指控的犯罪时已经达到法定刑事责任年龄，但是无法准确查明被告人具体出生日期的，应当认定其达到相应法定刑事责任年龄**"。

2. 笔者观点

本案可以说是一波三折。围绕着被告人郭某的实际年龄，控辩双方展开了激烈的辩论。**笔者认为，本案法院最终采纳了族谱鉴定有些不妥。**因为族谱一般也是出生后的若干年依据家长的口述才予以录入，一般也不需要出具出生证明等证明材料，因此是否具有客观性本身就值得怀疑，另外被告人的户籍证明原先有充分的证据证实更改过，被告人的亲属既有更改年龄的动机也有更改年龄的行为，由被告人亲属提供的被告人族谱上的年龄，我们有充分的理由怀疑其真实性。根据最高人民法院研究室1991年《关于如何认定被告人犯罪时年龄问题的电话答复》的规定，笔者认为，该解释也排除了族谱能够作为年龄认定的依据。

那么被告人的实际年龄应该如何确定呢？**笔者认为，本案现有证据已经足**

以认定被告人的实际年龄。如法院认为证据不足,要作鉴定,也更应作骨龄鉴定,而不宜进行族谱鉴定。因为,族谱记载的内容是否准确,不得而知,毕竟记载族谱的人不是权威有效力部门的人员,没有法律效力,更何况族谱这种纸张的同一性鉴定的准确率究竟有多高,没有科学的标准。最高人民检察院于2000年就"骨龄鉴定"能否作为确定刑事责任年龄证据使用作了批复,确认了骨龄鉴定可以作为判断犯罪嫌疑人年龄的证据使用。在司法实践中,这样的判例也不少见。如上海的陈某盗窃案。2006年8月,在上海某技校就读的陈某发现女友家卧室抽屉里有一本存折,顿起贪念,将存折偷走,并在银行柜台取走1.5万余元。9月,陈某再次前往女友家盗窃,窃得数码相机及现金1000元。法庭上,陈某的辩护人提出陈某未满18周岁,并出示了村委会出具的说明,陈某本人当庭却称因为家里违反计划生育,其系超生人员,为减少罚款而虚报岁数。由于被告人陈述和村委会证明的说法不一,上海市浦东新区人民法院最后通过骨龄鉴定确定陈某作案时已超过18周岁,以盗窃罪判处陈某有期徒刑2年,缓刑2年,并处罚金2000元。

Part 2

刑事诉讼程序疑难问题

1 审查起诉阶段检察官角色如何定位

疑难问题

新一轮机构改革之后,捕诉一体,刑事检察官的主要职责集审查批准逮捕和审查起诉以及立案监督、侦查监督和审判监督于一身。**在审查起诉阶段,检察官扮演什么角色,如何定位?**角色的变化是比较难掌握的,掌握不好就容易摆不正自己的位置。比如,在法庭上,公诉人从辩护人的角度看问题,显然不合适;如果以法官的角色发表意见又越俎代庖,越位了;如果以侦查人员的角度发表意见,又违背了检察官的客观公正立场。所以,在法庭上,公诉人就只能是指控犯罪的控方的角色,出庭只有一个目的就是支持公诉,不是还在犹豫和怀疑指控是否正确,而应当明确追求的是指控效果的最大化。怀疑和犹豫可以在审查起诉阶段,在作出起诉决定之前。一旦决定起诉,就要义无反顾地去支持公诉。

破解思路

一、检察官应恪守客观公正义务

在我国,公诉人不是单纯的当事人,近几年我们常常听到一种提法:检察官的客观公正义务。检察官的客观公正义务是指检察官不仅应当履行追究犯罪的控诉职能,而且应当超越这一职能,代表国家维护法律的尊严与公正,成为国家法律的护卫者。检察官客观公正义务符合刑事诉讼现代化的要求,更符合我国检察机关的专门法律监督机关和司法机关的定位。检察机关不是单纯的控方,不仅具有指控犯罪的职能,还有查清事实真相,防止冤假错案的发生和保障人权的职能。

这一点可以找到法律依据。我国《刑事诉讼法》第 2 条提到的刑事诉讼法的任务，是保障准确、及时地查明犯罪事实，正确应用法律，惩罚犯罪分子，保障无罪的人不受刑事追究。这里就涉及追诉犯罪和保障人权的职能。《刑事诉讼法》第 52 条规定检察人员必须依照法定程序，全面收集证据，要收集能够证实犯罪嫌疑人、被告人有罪或者无罪、犯罪情节轻重的各种证据。显然，这些规定也是检察官应当履行客观公正义务的法律依据。

实践中还有一个问题值得注意。检察机关内部有不捕率、不诉率的考评指标。一个地方的不捕率、不诉率高低，能作为工作做得好或不好的评价标准吗？一直以来大家对这个问题看法不一。笔者认为，要充分发挥检察机关在刑事诉讼中的主导作用，充分履行检察官的客观公正义务，就要正视这个问题。一个地方的不捕率和不诉率高低，唯一的评判标准是是否合法。只有坚持依法办案、实事求是的精神，该不捕的案件不捕，该不诉的案件不诉，才能真正发挥刑事检察职能。

那么，怎么评判一个地方检察机关的不捕和不诉工作呢？评价好坏的依据是什么呢？笔者认为，可以通过比对同级法院当年判处缓刑和免刑的案件情况，反推评价检察机关的不捕和不诉工作。当然要排除被告人逮捕后或起诉后，认罪态度、赔偿情况等情势变迁等个别因素。除此之外，法院的此类案件判决情况可以作为评价不捕和不诉工作的参考指标。如果法院对已逮捕案件判处缓刑的偏多，基本上可以认为案件羁押偏多，说明不捕率偏低了，因为法院判处缓刑的案件，说明之前的羁押必要性不强；如果法院对已起诉案件判处免刑的偏多，反映检察机关不诉案件的空间还很大，基本可以说明不诉率偏低，因为法院可以判处免刑的案件，检察机关一般可以作不诉。

二、关于刑事检察官在审查起诉阶段要承担的不同角色

笔者认为，**刑事检察官在审查起诉的不同诉讼阶段要分别扮演不同的角色**，总的来说，要承担**辩护人、侦查员、法官、公诉人**四个角色。

在**审查起诉前期阶段**，应当侧重站在**辩护人**的角度去审查侦查或调查机关移送的案件，找出其中的问题。

在**审查起诉中期**，将需要补查的证据梳理出来退回侦查机关或调查机关补充侦查或调查，或者自行补充侦查，补缺补漏，这时候检察官是**侦查人员或调查人员**的角色。

审查起诉后期，对案件是否有罪、罪轻、罪重提出起诉或不起诉、量刑建议、认罪认罚建议等，对案件有一定的裁量权，这时候承担的是**法官**的角色。

而在**案件提起公诉后**,法院审理阶段,检察官出席法庭的目的只有一个就是支持公诉,这时候的检察官才是**公诉人的角色、控方的角色**。

这是笔者自己的体会。检察官只有明确自己的角色定位,才会明白什么阶段要做什么事。这一点在办案当中很重要,同时还可以避免机械办案,以及偏左偏右的问题,真正履行好检察官的客观性义务。

2 检察官出庭有何需要注意的常见问题

 疑难问题

检察官出席法庭支持公诉是刑事公诉工作的重头戏，涉及讯问、举证、质证、辩论等环节。这些环节，直接影响到指控案件的质量和出庭支持公诉的效果。随着 2018 年刑诉法第三次修改，特别是以审判为中心的刑事诉讼制度改革、认罪认罚从宽制度的确立，检察官出庭支持公诉工作面临着新的更高要求。检察官在庭前预测和准备、把握庭审主动权、有效应对庭审变化等方面面临新挑战。**公诉人如何掌握和把控庭审主动权，有理有节地指控犯罪，加强出庭能力的提升**，对于检察机关深化诉讼制度改革，全面贯彻证据裁判规则，有效应对庭审实质化具有重要意义。

 破解思路

我们曾经组织了百案评庭工作，发现在各个环节都存在一些问题：

一、宣读起诉书

宣读不够庄重。有的该起立而未起立，有的从头到尾埋头宣读，始终没有抬头观察被告人的反应或与旁听群众互动。

宣读不完整。如出庭检察员的姓名没有宣读，案件事实部分括号内的赃物价值没有宣读。

宣读不准确。如将"日"读成"号"，有的甚至宣读的出庭检察员姓名与实际出庭检察员不相符。

二、法庭讯问

（一）对影响定罪的犯罪构成要件事实没有问透

如唐某非法采矿案，"多次责令停止开采，仍擅自开采"是本罪成立的客观要件，当被告人对公诉人提出的"政府有关部门有无通知你停止开采"这一问题，回答"有一次"甚至后来辩称"不知道"时，公诉人没有进一步讯问，也没有结合被告人以往供述或其他证据进行反驳。

（二）对影响量刑的重要犯罪情节没有问清

如共同诈骗案件中对共犯间的犯罪预谋、具体分工、分赃情况没有问到，寻衅滋事案中对于滋事的起因没有问到，非法采矿案中非法开采的数量没有问到。

（三）讯问没有注意完整性与简洁性的有机结合

有的讯问过于烦琐，如多人情节相似的共同犯罪中，公诉人对多个被告人事无巨细地重复讯问，致使整个讯问阶段过于枯燥、冗长。有的对于与定罪量刑关系不大的事实反复讯问、纠缠不清，如郑某交通肇事案，公诉人不是把重点放在被告人逃逸这一庭审要点上，却花费相当多的精力去纠缠交通事故的起因。

（四）语言运用规范性不够，诱导性讯问仍一定程度存在

如有的公诉人在讯问伊始对被告人说"现在由公诉人依法提问，你必须配合法庭调查"，很不规范；有的把"有罪供述"说成了"有罪陈述"。如周某抢劫案中，被告人尚未承认因抢劫被审查时，公诉人直接问"你为什么抢劫被害人""你是否把被害人反锁在卫生间内"，等等，颇有诱供的嫌疑，效果不佳。有些公诉人还习惯于在被告人供述后对其供述进行推论性的总结，此为讯问之大忌，应坚决杜绝。此外，还有相当一部分公诉人讯问带有比较多的"那""这个""嗯"等口头习惯用语，影响公诉形象。

（五）应变性不强

如王某抢劫、故意杀人案，被告人在讯问中突然翻供，公诉人没有针对这一情况采取有效的应对措施，依然你翻你的，我问我的，庭审效果不佳；有的案件被告人在庭审中突然供称系投案自首，公诉人没有作进一步的讯问调查；有的案件在审判长主持下已经正式启动简化审，公诉人仍然拖沓冗长地反复讯问。

其他问题还包括：讯问条理性不够，在起诉书指控多起事实的情况下，不知道以什么顺序进行讯问；讯问气势不足，流畅性不够；讯问技巧亟待提高，对于被告人答非所问或无理狡辩毫无办法，庭审效果不佳。

三、举证

根据高检院 2018 年通过的《人民检察院公诉人出庭举证质证工作指引》，举证是指在出庭支持公诉过程中，公诉人向法庭出示、宣读、播放有关证据材料并予以说明，对出庭作证人员进行询问，以证明公诉主张成立的诉讼活动。笔者总结的一点体会：**应当根据案情，决定每组证据的组成**。比如多罪名的案件，可以采取罪名划分的形式进行举证。单一罪名的案件，可以采取证据种类进行举证。有的案件可以按照客观性证据和言词证据分开两组进行举证。应当明确，采取何种举证方式是检察官的权力，庭审中，我们发现有的辩护人质疑检察官举证方式，要求检察官按照他们的意见进行举证，这时候，公诉人应当明确予以回应：如何举证是检察官的权力。辩护人如果对公诉人举证方式有异议，也可以出示相关证据进行举证。

实践中，公诉人在举证工作中存在的问题有：

（一）案件证据本身存在的问题

主要表现为：对证明公诉主张成立的必要证据材料有所欠缺或证据材料在形式合法性、证明效力方面存在一定问题的，公诉人在审查起诉阶段未能认真审查并及时补充完善。如高某受贿案，对收受的洋酒、中华烟及液晶电视机等大额财物没有进行价值鉴定；证明被告人职务身份的证据，本应以县政府或县人大的任命材料为有效证据，却由县交通局出具任职证明，证明效力略显薄弱，不符合证据规格要求。

（二）不符合举证的一般要求

举证的一般要求是：出示证据前，先对证据的种类、名称、收集主体和时间以及所要证明的内容概括说明；根据案件具体情况，或出示证据全部内容或摘要出示；举证完毕后，对出示的证据进行归纳总结，明确证明目的。实践中发现，有些公诉人在举证前没有对证据的收集主体和时间进行说明，举证完毕后也没有对证据进行归纳总结。

（三）证据分组不合理

对证据进行分组，要遵循证据之间的内在逻辑关系，将证明方向一致或证明内容相近的证据归为一组，也可以根据情况按照证据种类的不同进行分组，并注意各组证据在证明内容中的层次和递进关系。评庭中发现，有些关联性较强且证明同一情节的证据没有一并出示，有些关联性不强且证明不同情节的证据却归为一组，有的一组证据的量过大，不利于被告人及辩护人质证。

（四）举证方法不当

公诉人可以根据被告人是否认罪，采取不同的举证模式。举证一般应遵循一事一证的原则，并以一罪名一举证为补充，先出示定罪证据、直接证据、主要证据，再出示量刑证据、间接证据、次要证据，做到条理清楚、层次分明。评庭中发现，很多公诉人没有遵循这个原则，致使举证条理性差，让人感觉很凌乱。在唐某非法采矿中，公诉人甚至不是按照一定的标准进行举证，一开始以实体证据和程序证据为区分标准先出示程序方面的证据，在程序性证据尚未出示完毕的情况下，却又转而以证据种类为区分标准来出示证据，致使整个举证过程杂乱无章。

（五）举证详略不当

有的举证过于烦琐，面面俱到，重点不突出，如在被告人认罪的情况下仍全文宣读被告人在侦查阶段的多份供述，在被害人到庭已将有关问题陈述清楚时仍详细宣读被害人陈述，现场勘查笔录也是原原本本宣读，未能稍作归纳，有针对性地举证。比较典型的如魏某故意伤害、抢劫案，公诉人在被告人、辩护人没有提出异议的情况下仍不厌其烦地出示权利告知书、采取强制措施法律文书等诉讼程序方面的证据，导致整个庭审拖沓拖拉。与此相反，李某盗窃案中，公诉人却在被告人翻供的情况下，仅出示被告人一份供述，未能对被告人在侦查阶段所作过的多次稳定的供述进行必要概括；出示被告人辨认作案地点的相片及笔录时，未能着重宣读辨认笔录，凸显该份证据制作的程序合法性，强调是在被告人带领下对犯罪现场进行辨认的。唐某非法采矿案中，公诉人举证浮于表面，仅出示证据种类，没有出示证据的具体内容。此外，还有的案件在举证过程中遗漏户籍证明、鉴定结论等赖以定罪量刑的重要证据。

（六）庭审配合存在一定问题

有的公诉人在举证开始时说"下面请法庭准许，向法庭提供以下证据"，但审判长还未表态，公诉人就开始全面举证；有的举证不够紧凑，如周某抢劫案，公诉人在辨认笔录、现场勘验笔录和现场照片宣读出示完毕后，没有紧接着将有关作案工具、照片提请法庭传递给被告人、辩护人辨认，而是在审判长提醒下才提请，导致庭审出现冷场；有的案件举证质证甚至不是在审判长的主持下进行的，如叶某盗窃案，公诉人充当起审判长的角色，自行组织举证质证，出示照片也未经审判长同意就直接交由被告人辨认。

（七）法言法语不够规范

有的公诉人在举证中使用规范的过渡性语言偏少，导致庭审连贯性有所不足；有的口语化过于严重，如"他的陈述大概这样子""我讲完了"等；有的连证据种类都说错，如将"证人证言"表述为"证人陈述"。

四、质证

质证是指在审判人员的主持下，由控辩双方对所出示证据材料及出庭作证人员的言词证据的证明能力和证明力相互进行质疑和辩驳，以确认是否作为定案依据的诉讼活动。**公诉人质证应当针对证据本身的三性，即真实性、关联性、合法性进行，围绕着证据能力有无以及证明力大小进行**。具体针对确证程序是否合法，可以从取证程序方面进行质证，也可以从证据要证实的内容进行质疑。庭审中，我们发现，有的公诉人在举证阶段与辩护人进行了多次辩论，使得法庭调查拖沓，效率不高。笔者认为要从有效推进举证的目的出发，不纠缠辩护人的质证意见，可以简单做个回应："公诉人对辩护人的质证意见，在法庭辩论阶段会结合其他证据综合发表意见，一并予以回应。公诉人继续举证，请法庭允许。"

实践中，公诉人在质证方面存在的问题有：

（一）质证不积极

有的公诉人思想上对质证重视不够，错误地认为质证与否根本不会影响审判机关对公诉人出示证据的采信。如郑某交通肇事案，当被告人提出不服伤情鉴定时，公诉人没有积极主动地就鉴定主体的资质、鉴定程序的合法性作出说明，而是在法官提示后才被动解释；当被告人的当庭供述与庭前供述存在不一致，公诉人也没有从被告人庭前供述的时间、地点、次数等入手阐述其原有供述的客观性、稳定性与合理性，而是任由被告人和辩护人质疑庭前供述的客观性，影响庭审效果。

（二）质证不力

如唐某非法采矿案，当被告人、辩护人对鉴定价值数额提出疑义时，公诉人只是强调该鉴定结论是由专门机关专门人员作出的，没能适时视情地从鉴定主体的适格性、鉴定程序的合法性、鉴定依据的全面性、鉴定材料的客观性及鉴定理由的充足性等方面进行综合分析论证。

（三）质证过于武断主观

如李某盗窃案，当被告人提出侦查阶段的供述不属实时，公诉人只是简单答辩："笔录是在看守所制作的，应该是其真实意识的反映，没有诱供。"

（四）质证过于冗长

有的质证没能重点围绕证据的有效性和证明力进行，而是将本来应在法庭辩论阶段进行的有关证据之间关联性和证据综合证明作用的问题提前进行分析论证，导致质证重点不突出，整个过程过于拖沓。

五、法庭辩论

（一）应变性不够

一些公诉人在发表公诉意见时，对于庭审出现的变化，没能予以归纳及时回应，而是仍旧照本宣科宣读事先准备好的公诉意见书，一定程度上影响庭审效果，庭审对抗性不强。最为典型的是当庭审中出现被告人翻供的情况，有的公诉人没能根据庭审查明的证据深入分析论证，而仅仅简单发表"案件事实清楚，证据确实、充分"的意见。如李某盗窃案，在被告人已翻供的情况下，对于公诉意见书中明显与庭审情况不相符的内容，如"被告人李某亦供认不讳"之类的语句，公诉人依旧照本宣科予以宣读；并且，第二轮答辩时，公诉人未能对举证阶段所出示的有罪证据进行梳理归纳，牢牢抓住辩护人提到的"之前会见时被告人没有提出曾被诱供"的意见，深入分析被告人翻供的不合理性。

有的对于被告人、辩护人没有疑义的事实或没有异议的意见，却仍旧花费相当大的精力去宣读公诉意见书进行分析论证。如陈某等三人非法经营案，被告人和辩护人均未提出案件应构成赌博罪，公诉人不是从正面论证案件为何构成非法经营罪，却仍花费浓重的笔墨去论证案件为何不构成赌博罪。

（二）对抗性不强

有的公诉人没有抓住案件的本质展开阐述，对于辩护人提出的辩护意见仅仅泛泛而谈，未能进行即时有力的回应，庭审控辩对抗性不强，精彩性不足。如周某抢劫案，辩护人提出被告人伤害被害人时主观上是间接故意而非直接故意、案件社会危害性不大两点辩护意见，公诉人既未结合被告人在侦查阶段供述、被害人陈述及法医鉴定等证据论证被告人实施抢劫犯罪的直接故意，也未牢牢抓住"入户""持刀"抢劫等重点揭露案件的社会危害性和被告人的人身危险性，而仅仅只是以"公诉意见书已有论及，不再重复"草草应付了事。又如王某抢劫、故意杀人案，当被告人辩解作案动机不是抢劫时，公诉人没有运用现有证据予以反驳，如被告人银行卡上仅剩1.5元的细节是很好能体现其作案动机的证据；当辩护人辩称本案只构成一罪时，公诉人亦未重点论证被告人抢劫后杀人灭口的犯罪本质。

（三）说理教育不到位

很多法制宣传教育就事论事，不能透过现象看本质，不能真正找出被告人犯罪的原因以及应当汲取的教训;有的则平铺直叙,未对犯罪行为的社会危害性进行深入的阐述,空乏无力,难以引起共鸣。

其他问题有如,公诉人在法庭上的站位不够公正甚至强词夺理,对于辩护人或被告人提出的确有足够证据支持的事实、情节,未能公正、客观予以认定;公诉人在法庭上与法官的互动尚有一定欠缺,且未能在语速、语调等方面附以必要的表现力,以进一步提升庭审效果。

 举案释疑

案例 邱某辉故意杀人、以危险方法危害公共安全案

基本案情

被告人邱某辉,男,1970年出生,高中文化,无业。因涉嫌故意杀人犯罪于2018年12月26日被龙岩市公安局新罗分局刑事拘留,因涉嫌故意杀人、以危险方法危害公共安全犯罪于2018年12月29日被执行逮捕。

被害人邱某等8人因本案于2018年12月25日死亡。被害人许某等16人受伤达轻微伤以上(其中4人重伤,7人轻伤,5人轻微伤)。

经审理查明,被告人邱某辉因个人不合理诉求得不到满足,进而仇视社会,产生杀害多人报复社会的疯狂恶念,并先后购买多把刀具伺机作案。2018年12月24日下午被告人邱某辉产生将到其家中为父亲拍摄烈属优抚工作所需照片的被害人邱某杀死的念头,并找借口让邱某第二天下午再来拍照。次日下午14时40分许,邱某应约到被告人邱某辉家中,被告人邱某辉乘邱某拍照的不备之机,从身上拔出事先准备好的尖刀朝邱某身上猛刺,并割喉咙致邱某当场死亡。因在杀邱某的过程中刀尖起卷,被告人邱某辉将所用尖刀弃于二楼其卧室的床铺底下,换下沾有血迹的衣服,携带四把尖刀直奔某社区居委会办公楼欲杀社区干部林某。在社区居委会办公楼四楼劳动保障工作站办公室,被告人邱某辉见被害人马某与该社区居委会书记、护林员等人坐着谈工作,认为马某系南城街道干部,便走到马某背后,趁其不备找刀猛割其喉咙两刀,致其受伤后在前往医院途中不治身亡。被告人邱某辉在四楼继续寻找林某,在便民服务代办点办公室门口用脚踢木门,用刀破木门玻璃,并叫嚣"把门开出来,把你们杀掉",里面的工作人员用沙发把门堵住并对邱某辉进行劝说,对峙数分钟后被告人邱某辉方才下楼。

尔后，被告人邱某辉步行至南城某小区大门口，雇摩托车准备寻找公交车，因身上有血，邱某辉向载客司机谎称去医院，在南城某坪发现 31 路、35 路公交车等红绿灯。15 时 17 分许，被告人邱某辉下车后立即登上 35 路公交车。被告人邱某辉走到车厢中部，即找刀捅刺被害人陈某，司机见状停车打开车门让乘客逃离，乘客池某冲上前夺刀，被被告人邱某辉刺伤后下车，被告人邱某辉继续持刀捅刺另一名被害人林某某，见司机从前门上车，为阻止司机拔钥匙便持刀冲向车头，司机被迫下车，转而从公交车后门将林某某救下车。被告人邱某辉随即快速驾驶公交车沿小溪路过小溪桥，拐往登高东路，至溪畔路路口掉头，经登高中路、佳宝路段往人民医院方向行驶，沿路不顾红灯和左右车道肆意冲撞、碾压路人和车辆，直至登高西路三和大厦路段，因公交车受损无法继行驶方被迫弃车，前后历时近 4 分钟，行驶距离近 1900 米，致被害人林某甲、徐某、连某、王某、谌某死亡，被害人周某等 23 人受伤，并造成 9 辆汽车和 18 辆摩托车、助力车受损。

处理结果

公安机关于案发当天将邱某辉抓获归案。2019 年 1 月 8 日，将本案移送检察机关。某市院审查终结后，于同年 1 月 11 日指控被告人邱某辉犯故意杀人罪、以危险方法危害公共安全罪，向某市中院提起公诉。某市中院经审理于同年 1 月 28 日作出一审判决：被告人邱某辉犯故意杀人罪，判处死刑，剥夺政治权利终身；犯以危险方法危害公共安全罪，判处死刑，剥夺政治权利终身；决定执行死刑，剥夺政治权利终身。一审宣判后，被告人不服，于法定期限内提出上诉。2019 年 4 月 10 日，福建省高级人民法院公开开庭审理该案，并进行当庭宣判，依法驳回邱某辉的上诉，维持一审死刑判决，并依法报请最高人民法院核准。

实务评析

该案涉及的证据繁多，认定上述事实的主要证据类型：（1）物证、书证，包括作案凶器尖刀 5 把、公交车硬盘 1 个等；被告人驾驶公交车撞击行人、车辆地点轨迹图和视频截图；提取笔录、人身检查笔录等。（2）勘验、检查、搜查笔录，现场方位图、平面图及现场照片，总共有 6 份。（3）鉴定意见，总共 45 份，包含死亡、伤情鉴定意见，价格鉴定意见，血迹鉴定意见等。（4）被害人陈述，共涉及 22 人。（5）证人证言，涉及 63 人。（6）试听资料，主要是公交车上的监控。（7）被告人多次供述。

该案被告人邱某辉犯罪致 8 人死亡，16 人受伤，影响恶劣，媒体关注，同时涉及的证据体系完整，数量繁多，如何提高庭审效率，加快庭审进程，对举证提出了更高的要求。

笔者作为省检察院指导人员，在开庭前夕到开庭地与市检察院承办人共同研究，制定了举证方案，改变了原有按照故意杀人以及公交车撞人的6个地点分别举证，连综合证据共8组证据进行举证的方案。如果这样举证，每一组提交法庭质证，加上被告人认罪态度不好，进行狡辩以及辩护人的质证，8个轮回下来，庭审可能一天都开不完。我们**重新调整了举证方案，确立了以三组证据举证的方式。第一组证据涉及故意杀人部分**，按照被告人供述、证人证言、鉴定意见、勘验检查笔录、现场照片、示意图等顺序。**第二组证据涉及危险方法危害公共安全部分**，按照所有还可以作证的被害人陈述、所有的证人证言、监控录像、鉴定意见、勘验检查笔录、现场照片及示意图等顺序进行举证，特别是播放公交车监控录像时，由公诉人进行讲解，解说所处撞人的地点以及被撞人员姓名及受伤害后果。**第三组证据出示其他相关综合证据**。这样举证，条理清晰，简洁明了。庭后证明，这样的举证大大提高了庭审效率，得到了旁听领导和同行的好评。

3 检察官如何处理好与各类出庭人员的关系

疑难问题

世界上最难处理的关系，应该就是人与人之间的关系，同样，检察官也面临着如何处理好与各类相关人员之间的关系问题。检察官办案，不应该只是就案办案。除了正常履行审查逮捕、出庭公诉、法律监督工作之外，还必须处理好和各类人员的关系。

破解思路

2019年高检院领导干部业务讲座第一讲，张军检察长在授课中指出，2018年7月中央政法委召开全面深化司法体制改革推进会，强调要构建起诉讼以审判为中心、审判以庭审为中心、庭审以证据为中心的刑事诉讼新格局。检察机关在刑事诉讼中要切实发挥好主导责任，要有政治智慧、法律智慧、检察智慧，把检察官在诉前、诉中和诉后的主导责任充分发挥好。笔者认为，检察官在出庭支持公诉的职责，完成举证、质证、辩论等法庭活动当中要起到主导作用，就必须要处理好与各类出庭人员的关系，积极应对出现的问题。

一、如何应对被告人

被告人是刑事诉讼当事人，依法享有广泛的权利。因此，公诉人应当在尊重和保障被告人合法权益的前提下开展工作。

对于庭审中经常出现的以下情况，笔者是这样处理的：

1. 遇到被告人认罪态度好，对自己的犯罪事实供认不讳的这类案件，目前可以适用普通程序简易审，但是**办理被告人认罪的案件，更应该注意证据的**

审查,特别是要排除被告人冒名顶替的动机和行为。因为被告人认罪了,就容易使承办人忽略证据的审查,认为只要被告人认罪了,就万事大吉了。如果我们不注重审查证据,将很可能导致办错案。

前几年就发生过一起这样的案件,一名故意杀人犯林某在审查起诉阶段翻供喊冤,而与此同时,远在另一个地区的看守所里王某举报林某所犯案件是其同牢房的人员陈某作的案。经提审,陈某对犯罪事实供认不讳。该案最终经省政法委牵头的省公检法三家联合调查组调查,查清了真相,牵扯了许多公检法人员。原来,只要陈某认了这起案件就可以得到林某家人的补偿,而其本来就有命案在身,"多一起少一起对他没有影响"。而王某由于举报陈某可以认定为立功,林某的家人出资,期待林某无罪开释。王某、陈某、林某三方怀着各自的目的,通过公检法内部的人员运作,配合被告人的亲属,导演了一出闹剧。还好最终被发现,否则后果严重。我们在审查类似案件的时候,对于被告人认罪的案件,不能放松警惕。

2. **遇到被告人当庭翻供的情况时,公诉人应该将重点放在阐述被告人原先有罪供述与现有证据能够相互吻合、相互印证的方面,结合被告人庭审前的供述,对不一致的内容有针对性地进行讯问**,也可以在示证阶段宣读或出示被告人在庭审前的供述。在发表公诉意见时,结合被告人原先的供述与其他证据进行综合论证。判断被告人供述真伪的标准是以供述的内容有无得到其他证据印证,不能选择其中某一次供述、证言或陈述作为定案的依据。比如,被告人在侦查、审查起诉阶段多次作过一致的供述,且得到其他证据的印证,庭审时被告人翻供,如被告人不能合理说明翻供的理由或者其辩解与全案证据不符,其原有罪供述应当得到认定。如被告人在侦查、审查起诉阶段供述反复,但在庭审中供认,如庭审中的供述与其他证据相互印证,则应当采信被告人的当庭供述。如被告人在侦查、审查起诉阶段的供述多次反复,庭审中翻供,应当采信原供述中有与其他证据相互印证的部分。

实际办案当中,被告人有时以在侦查阶段被刑讯逼供为由翻供,有些案件现场没有目击证人,只有被害人,对这类一对一的案件,被告人原始的有罪供述是否真实,往往决定了案件的命运。如何从被告人的原始笔录中寻找驳斥刑讯逼供的证据?笔者认为,一个有效的办法就是**从被告人的原始有罪供述笔录当中,找出其隐瞒、避重就轻的一些细节和事实,用现有的证据印证其原先笔录内容是其自然供述**,这样做的目的是证明该有罪供述笔录不可能是侦查人员捏造的,而是被告人的自然供述,以此反衬出原始笔录当中有罪供述的真实性,自然推翻了被告人被刑讯逼供的辩解。

3. 遇到被告人当庭沉默不语,拒不回答公诉人的讯问时,公诉人应当告知被告人《刑事诉讼法》第 55 条的内容，"对一切案件的判处都要重证据，重调查研究，不轻信口供。只有被告人供述，没有其他证据的，不能认定被告人有罪和处以刑罚；没有被告人供述，证据确实、充分的，可以认定被告人有罪和处以刑罚"。并告诉被告人这样做，实际上等于放弃了自我辩护的诉讼权利，如被告人仍不回答公诉人的讯问，公诉人应当庭表明被告人认罪态度不好的意见，提请书记员将这一情节记录在案，并建议合议庭在量刑的时候予以考虑。

4. 实践当中，有些被告人纠缠一些其自认为非常重要的情节，比如被害人过错、事情的起因等问题，并表示不先问此问题，其他问题均不回答。对于此类的被告人，**可以根据其在侦查阶段或检察官提审时的笔录，将其原有供述当中对该问题的阐述予以简要的概括，而后将概括的内容直接作为发问的问题讯问被告人**，由于这个问题也是被告人之前交代过的供述内容，检察官发问这种问题往往不会受到被告人的抵触，一般会得到被告人的认可，这样可以避免被告人无休止的纠缠，使得庭审讯问过程简洁明了，而后有利于我们突出讯问重点案情。

5. **对被告人可能引起误解的反问不要回避，要适时回应**。比如郑民生案件，检察员对郑民生讯问时，郑民生突然反问检察员："检察员提审时还叫我跑，我往哪里跑？"这个问题如果我们回避，不正面回应，虽然符合法律规定，因为在法庭上，被告人没有权利向检察员发问，但是效果肯定不好，当天旁听的媒体很多，会造成无限的遐想。笔者是这样回应的："郑民生，检察员提审你的时候，你反映被人陷害，公安人员要抓你，检察员表示你可以跑到上级公安机关去反映情况，寻求法律帮助，检察员只是不希望你采取这种极端的方式残害这么多无辜的孩子，你理解检察员的心情吗？"郑民生当庭没有回答。这次对郑民生反问的正面回应，消除了可能造成的误解，庭审效果很好。

二、如何应对辩护人

公诉人代表国家，站在指控犯罪的立场上。辩护人作为诉讼参与人，是站在维护被告人合法权益的立场上，针对公诉人的指控，提出证明被告人无罪、罪轻或减轻、免除其刑事责任的材料和意见。从某种层面上说，两者又有统一的一面，即在事实和法律基础上的统一。公诉人和律师的对抗，只是诉讼结构上的一种安排，本质上双方都是为了发现事实真相，正确适用法律，实现司法公正。公诉人在法庭上和辩护人的法律地位是相同的，这两者之间的较量会导致相对的公平。公诉人代表国家，手上掌握公权力，相比辩护律师而言具有优势，因此，公诉人应当克服特权思想。笔者比较赞同这么一个观点，**一个国家**

尊重辩护人的程度往往反映社会的法治文明程度。因为我们每个人都有可能成为被告人，比如交通肇事、故意伤害等，国家工作人员和司法人员还可能成为职务犯罪的被告人。保护辩护律师的合法权利，实际上就是保护人权的一种表现。因此，公诉人在各个阶段都应当重视保护律师行使会见、阅卷、取证等合法权利，对于其他单位或个人侵犯律师合法权益的行为，还应当依法主动出手纠正，这也是检察官的客观义务决定的。但是，尊重和保障辩护权不是等于没有对抗，法庭上控辩双方的对抗历来是庭审的主旋律。

1. 应对辩护人的发问。

辩护人或者诉讼代理人采取威胁、诱导等不正当方式进行提问的，或提问的内容与案件无关的，发言可能泄露与案件无关的国家机密的，公诉人应根据法庭情况自己或提请审判长制止，或者建议休庭。比如辩护人诱导性发问时，公诉人提请审判长制止的方式可以是："反对，审判长，刚才辩护人向被告人的提问是诱导性的。"

遇到辩护人否定起诉书指控的犯罪事实和证据的，公诉人唯有通过对证据的分析论证来支持指控，而不能对辩护人进行人身攻击。遇到辩护人对公诉人进行人身攻击的，公诉人不宜正面应对，可以提醒合议庭，要求合议庭制止辩护人的行为。

对辩护人提出的确实有证据证实的一些合理的主张，公诉人不宜直接否定，但也不宜直接肯定，可以对证据或主张予以实事求是的评价，而后提出该证据或主张不影响案件定性的观点，如确实影响到定罪，则应建议休庭，待查清事实后，再建议恢复法庭审理。

总之，作为公诉人，说话一定要客观，不要强词夺理。

2. 如果被告人或辩护人当庭提出新的证据，公诉人这时要冷静应对，可以从以下几个方面进行答辩：

（1）**从程序上分析**，如取证的程序是否合法，辩护人提交新证据的时间，是否在开庭 5 日前提交，辩护人提供的证据是否符合公、检、法机关的证据规格的要求，提交的书证是否有提供人签名，提交的复印件是否有原件所有人的签名确认，物证、书证的收集程序、方式是否符合法律及有关规定。

（2）**从实体上分析**，即该证据是否客观、真实，与本案已经提取到案的**证据有无矛盾**。审查证据形成的时间、地点、条件等因素，证据是在什么时间、地点以及在怎样的条件下形成的，这对证据的客观性也影响甚大。比如对一些物证、书证的收集是否及时，是否可能经过了伪造或编造，收集的时候是否运用了科学的提取方法，提取后是否对其采取了有效的固定。

（3）**从来源上分析**，即证据是在什么情况下被提取，对证据的来源是否

合法进行审查。任何证据都有一定的来源，其来源的不同往往对其客观性有很大影响。如果证据是通过司法机关正常的勘验、检查、搜查、扣押或讯问、询问所收集的，那么其客观性就较大；如果证据是来历不明的痕迹、物品、道听途说的言词或毫无根据的议论，则其客观性就较差。对物证、书证的来源及收集过程有疑问，辩护人不能作出合理解释的，该物证、书证不能作为定案的根据。

（4）**分析证人证言**，证人是在什么情况下作证，是辩护人通知来作证的还是证人自己找到辩护人要求作证的。如果是证人自己找上门的，显然证据的可信度就值得质疑。

证言的内容是证人直接了解的情况，还是听别人说的，证人的猜测性、评论性、推断性的证言，不能作为证据使用。

另外，还可以从证人与被告人是什么关系、与案件处理结果有无利害关系，证人作证时的年龄、文化程度、表达能力、生理上、精神上的状态是否影响作证等方面提出质疑。证人系聋哑人、外国人时，是否提供了通晓聋、哑手势的人员或者翻译人员。证人系未成年时，是否通知了其法定代理人到场，其代理人是否在场。

如无法当庭辨别证据真伪无法发表质证意见，而新证据又足以影响到案件的认定，可以建议法庭休庭延期审理。

三、如何正确处理与被害人及其诉讼代理人的关系

被害人在刑事诉讼中是当事人，庭审中享有诸多权利。被害人的诉讼代理人是诉讼参与人，依法享有部分诉讼权利。因此，努力协调好与被害人及其诉讼代理人的关系是十分重要的。协调得好，可以大大增强指控的力度；协调不好，会影响到公诉人的指控效果。

我们知道，在庭审中，被害人及其诉讼代理人虽然承担一定的控诉职能，但由于被害人系本案的利害关系人，是犯罪行为的直接受害人，因此有可能存在一些过激的言行和扩大犯罪事实的心理。

实践中，我们是这样处理与被害人及其诉讼代理人的关系的：**庭审前，我们要接触被害人并对被害人提出的问题予以审查，尽量说服被害人过高的要求，使被害人理解公诉人的意图，配合公诉人的庭审活动；若说服不了，在庭审过程中，被害人及其诉讼代理人发表了与公诉人不一致的意见时，我们不要作正面回答，但也不能没有态度。我们可以当庭表示"公诉人就本案的定性和量刑已发表了公诉意见，请合议庭审定"**。这样既可以避免公诉人与被害人及其诉讼代理人的正面冲突，又明确地表明了我们的态度。

四、如何正确处理与证人、鉴定人的关系

证人、鉴定人在刑事诉讼中处于诉讼参与人的地位，证人提供的证言和鉴定人提供的鉴定结论是案件定罪的关键，是最重要的证据来源之一。公诉人应当在庭审前，认真审查证人证言、鉴定结论的合法性、真实性，证人证言相互之间有无矛盾，被害人的伤情照片或实际伤情部位等情况与鉴定结论描述是否一致。同时对关键证人或对定罪具有决定作用的关键鉴定结论的鉴定人，在起诉前尽可能地接触进行询问。

1. 当法庭上辩护人提出不同证人对同一件事情作了不是很一致的证言，以此得出控方提供的证人证言不客观的结论，假如出现这种情况，我们可以进行这样答辩：**言词证据具有不确定性，取决于证人的观察能力、记忆力以及表达能力、文化程度、社会阅历等，因此，不同证人对于同一事件在一些细节上的回忆不一致，只要不是矛盾的，不应当影响到证言的客观性。**

2. 如遇到**证人当庭翻证的，我们可以对其进行询问，了解为什么与原先作过证言不一致，对其翻证的理由提出质疑。**如果行为人当庭能够对其翻证作出合理解释的，并有相关证据证明的，可以采信其当庭的证言、陈述；如果不能作出合理的解释或者拒绝说明翻证的理由，且缺乏相关证据印证，而庭审前证言、陈述确实系侦查人员依法定程序获取，证人、被害人对此未提出合理的异议，或者没有指控侦查人员刑讯逼供、违法取证的，那么证人庭前的证言、陈述的证明力应当高于当庭证言或陈述。**如果虽提出合理的理由，并提供证据线索，但暂时无法核实的，这个时候不能轻易下结论，最好休庭申请延期审理，补充核实相关证据，再作出决定。**

审查证人证言时，首先**审查单个证据的内容是否符合情理，前后是否有矛盾。**如一个证人前后证言或一份证言前后矛盾，只要其对主要事实能陈述清楚，还是可以使用的；另外**考查证据是否真实，还要放到整个案件的证据体系中去鉴别，以是否能够形成证据锁链为标准，**即证人所讲的情况与其他证据反映出来的客观事实之间是否吻合。比如证人作了多次的不太一致的证言，采信哪一份证言的标准就是，哪份证言与其他证据（现场勘查笔录、法医鉴定等）反映出来的案情能够相互吻合。

3. 证人翻证的原因及对策。司法实践中，经常会出现辩护人要求传的出庭证人翻证问题。如何解决这个问题，确实比较棘手。通过多年的办案实践，我们发现证人作伪证或翻证的原因是多方面的：

第一，证人与犯罪嫌疑人、被告人是亲友关系。这种情况常表现为证人系被告人的亲友，碍于情谊，意欲帮助犯罪嫌疑人、被告人免受处罚，宁愿铤而

走险改变证言或作虚假证言。这种案件往往出现在故意伤害、抢劫等刑事案件中,通常是出面证实发案时正与被告人在一起,被告人没有作案时间或者被告人没有实施犯罪行为等。

第二,证人因对被告人感恩而予以庇护。有的证人曾经受过被告人的恩惠,为了报恩而作了伪证或翻证。这类证人怕被人指责而思想压力比较大。这类情形往往出现在行受贿案件中。

第三,证人明哲保身或贪图私利。这种情况往往发生在被告人一方系当地有权势的人,这些人在一定范围内能通过各种渠道对证人软硬兼施,以至于有的证人怕被报复或接受馈赠而作了伪证或翻证。

针对证人作伪证、翻证的特点,我们认为应从以下几个方面进行防范:

第一,庭前询问,掌握动态。

公诉人应当加强对证言与供述存在一对一,而印证证据又不多的案件的庭前预测。如受贿案,行贿人行贿时往往具有隐蔽性,其证言与被告人的供述一对一,且缺乏其他证据佐证,倘若行贿人当庭作伪证则整个案件将陷入困境。因此,对此类案件,公诉人庭前应再次询问证人,掌握其思想动态。如杨某受贿案,被告人利用职权便利收受包工头工程贿赂款,我们在庭审前就询问了行贿人李某,打消了李某意欲翻证的侥幸心理,有效地防止了李某翻证,增加了行贿人抗拒被告人及其亲属对他施加压力的能力。庭审时,行贿人李某出庭作证,有力地证实了犯罪,驳斥了辩护人的质疑。由于行贿人李某合情合理的当庭证言与被告人原先作过的有罪供述相互吻合,合议庭采纳了行贿人李某的证言,判定被告人杨某有罪。

第二,发现情况,快速反应。

法庭情况瞬息万变,需要公诉人具有快速应变的能力,特别是遇到证人出庭作伪证的情况,是对公诉人临场应变能力的一种考验。对一些证据确实且印证证据充分的案件,证人当庭翻证的,我们一是通过发问揭露其证言的破绽,二是要求其对翻证阐述理由,揭露其翻证理由的不客观性,最后通过论证全案证据证实人翻证没有理由。但对于一些案件,证人出庭作伪证或翻证就会加大庭审难度,使案件审理陷入僵局。遇到此类情况,我们就要果断建议法庭延期审理,组织力量补充侦查,针对证人作伪证的动因,找出症结所在,采取对策,强化证据体系,取得主动权。如王某故意伤害罪一案,辩护人在举证阶段传证人林某出庭,林某证实被害人有持木棍到被告人王某家挑衅,辩护人据此提出王某系正当防卫的意见。我们当即对证人林某发问,而后引用了在场其他证人的证言,证实了被害人系空手去王某家讨债被王某打伤的事实和被告人行凶后唆使家人、亲属作伪证的事实,证人林某无言以对。公诉人接着指出证人林某在侦查阶段也曾作过伪证,且已经被排除,而今天又出庭作伪证,建议合议庭不予采纳。

第三,多方协商、灵活举证。

所办案件中,我们还不断遇到一些证人出于种种原因,愿意"背靠背"不愿"面对面"作证的情况。于是我们针对不同情况,采取不同策略。对一些与被告人有特殊关系,出庭压力大的证人,我们可以提供证人与被告人关系特殊,出庭困难的证据给法院,建议采取在庭前进行录音录像当庭播放的方式举证。

4. 鉴定人不出庭如何应对?《刑事诉讼法》第146条规定,为了查明案情,需要解决案件中某些专门性问题的时候,应当指派、聘请有专门知识的人进行鉴定。《监察法》第27条规定,监察机关在调查过程中,对于案件中的专门性问题,可以指派、聘请有专门知识的人进行鉴定。**刑诉法对鉴定人不出庭的法律后果规定不采纳该鉴定意见,但对鉴定人却没有作出惩罚的规定。**司法实践中,**最常见的鉴定人不出庭的情况是价格鉴定意见的鉴定人。**价格鉴定部门认为价格认证是一种行政确权,不是鉴定,不适用鉴定人出庭的规定。目前为止检察机关和价格主管单位还没有形成共识,如某地有一个职务犯罪案件,因为涉及被告人被立案前是法官,价格鉴定人始终不出庭,法院也没有要求我们提请重新鉴定,就判处无罪。笔者在2017年唐山举行的全国公诉研讨会上,就如何规制价格鉴定人不出庭问题,作了一个发言,**建议高检院相关部门,出台相应的文件来规制价格鉴定人不出庭的问题。**

五、如何应对合议庭

1. **尊重审判长,服从指挥**。现有庭审方式当中,公诉人在法庭上主要是履行控诉职能,使起诉书指控的犯罪事实和适用法律的意见得到法庭的确认。刑事诉讼法赋予公诉人广泛的职权,公诉人可以讯问被告人,经审判长许可可以向证人、鉴定人发问,有举证、质证和辩论权,有建议延期审理权、变更起诉权、撤回起诉权等。在法庭上,法官居中起指挥作用,因此,公诉人应当尊重审判人员,在法律框架内服从审判长的指挥,听从审判长的安排,接受审判长的裁决,维护审判长的权威。

2. **坚持原则,据理力争**。公诉人对原则性问题要据理力争。如公诉人第一次讯问被告人可以不需要征得审判长同意,需要再次发问时,就必须经审判长同意发问,如要求被拒绝,公诉人应当简要说明发问的内容和必要,如仍遭拒绝,公诉人应当提请书记员记录在案。这样做,可以避免与审判人员发生直接冲突,但又显得公诉人有理有节的气度和风度。

公诉人出席法庭支持公诉，在履行控诉职能的同时，也履行法律监督职能。《刑事诉讼法》第 209 条规定，"人民检察院发现人民法院审理案件违反法律规定的诉讼程序，有权向人民法院提出纠正意见"，这是公诉人对庭审活动是否合法有权进行监督的法律依据，体现了检法两家在刑事诉讼中既互相配合又互相制约的关系。对于合议庭一般性违反诉讼程序的而不影响案件处理的，就在庭后向合议庭提出纠正意见；对于严重违反程序可能影响到对案件的处理的，比如审判长违反回避制度和公开审理制度，限制或者剥夺被告人辩护权和最后陈述的权利，没有保证证人充分作证的权利等，假如公诉人对此熟视无睹，不闻不问，法庭效果也不好。但是根据六部委《关于实施刑事诉讼法若干问题的规定》第 32 条规定，"人民检察院对违反法定程序的庭审活动提出纠正意见，应当由人民检察院在庭审后提出"，显然公诉人没有当庭纠正法官的权力。

3. 注意方法，纠正错误。假如我们遇到合议庭严重违法行为，如不当庭指出可能严重影响公正审判或者可能造成难以弥补损失的，**可以向合议庭指出存在的问题，并采取建议的方式提醒合议庭改正，这种做法可以起到既指出了问题，又符合六部委规定的效果。如合议庭不采纳公诉人的建议，公诉人应当庭表示根据《刑事诉讼法》第 209 条的规定，庭后会向检察长汇报后再决定是否提出书面纠正意见**。这种做法，既纠正了问题，又不违反规定，即使不被采纳，我们也提出了保留事后书面纠正的权力，庭审效果比较好。

总之，**对于法官应当作出决定而没有作出，导致影响整个庭审进度和效果的，公诉人可以通过建议的方式进行补位**。比如笔者就曾观摩一个案件，公诉人举证后，辩护人没有对证据的合法性和证明的内容提出质疑，反而自己摘录一部分自认为重要的内容进行宣读。本来，法官已经提醒多次，但辩护人依然我行我素，而公诉人也没有指出辩护人的问题，对辩护人提出的质疑还进行了回应，导致举证阶段提前进入辩论阶段，整个庭审节奏拖沓。在评议这个案件时，笔者的意见是，**在法官对庭审活动失去控力的时候，公诉人应当补位，建议法庭回到正确的轨道**。比如公诉人可以建议法庭明确质证的正确方式，同时也是间接提醒辩护人，公诉人出示的证据内容，辩护人也可以直接发表结论性意见，没有必要再次宣读。如果辩护人仍然坚持其做法，公诉人可以不要对其意见进行回应，只要指出，辩护人的质证意见，我们将在发表出庭意见时一并予以回应就可以了。

4 询问证人的地点如何选择与适用

疑难问题

《刑事诉讼法》第124条规定,侦查人员询问证人,可以在现场进行,也可以到证人所在单位、住处或者证人提出的地点进行,在必要的时候,可以通知证人到人民检察院或者公安机关提供证言。如此规定,显然是为了保证证人能够安全、如实地提供证言。实践中,一些证人基于种种原因,不愿办案人员到其单位、住处进行询问,也不提供其他地点,也不愿到检察院或公安机关接受询问,或者侦查机关到外地办案,不熟悉地形,到证人所在的单位、住处或通知证人到当地侦查机关提供证言,极不方便。遇到这类情况,办案人员往往会在尊重证人意愿的前提下,提供诸如宾馆等场所作为询问地点。那么问题来了,**在刑诉法规定的地点之外取证的,是否违法?所取的证据是否应当排除?**

破解思路

司法实践中,曾经一些专案都遇到类似的问题。如厦门远华"4·20"案,某县委原书记林某受贿案,安徽省副省长王某受贿、巨额财产来源不明案,办案单位都长期租用宾馆作为办案地点,询问证人大部分时间都在宾馆进行。这种做法在办理专案的过程中普遍存在。但是,控辩双方在"侦查机关在《刑事诉讼法》规定的地点之外的其他地点取证是否合法"的问题上,存在较大分歧。如王某的辩护人认为"侦查人员询问证人违反了法律的强制性规定,由于取证地点不合法,不能排除证人提供证言时说了假话"。针对该辩护意见,法院一审判决书认为"本案侦查机关是最高人民检察院,而本案的大部分证人居住或者工作在安徽,侦查机关通知证人到侦查人员在外地办案居住的宾馆或招待所进行，是工作需要，没有证据证明有关证人因为取证地点的原因而作了虚假陈述"，二审及最高人民法院对该判决内容也无异议，可见最高人民法院对侦查机关在宾馆询问证人的合法性已经确认。

关于询问证人的地点，在笔录当中必须有所体现，但又往往容易被办案人员忽略。笔者曾经办理了一起重大案件，侦查人员在上海所住宾馆内对涉及内幕交易的数十个证人进行了取证，但都没有交代该询问地点是证人提供的，体现的是办案机关提供，证人没有反对。显然，这不符合刑诉法的规定。如果将来在法庭上，辩护人一旦提出侦查机关取证不合法，就可能动摇全案的证据体系。考虑到案情重大，不能有任何闪失。笔者对这些证人进行了梳理和分类，建议侦查机关对于主要的和关键的证人，要求公安机关重新制作笔录，对于一些辅助和次要的证人，不再要求重新制作。

可以解决的办法，是进行技术性处理。**可以征求证人意见，询问他们需要不需要，有没有条件提供询问的地点，如果证人提出能否借用办案人员的宾馆房间作为询问地点，当然可以同意，但是必须在笔录当中有所体现，这种情况也应当可以认为是证人提供的地点。**

询问证人笔录开头部分应交待询问证人地点的情况。在笔录的体现上，我认为应当这样记录：

"问：根据刑诉法的规定，询问证人，可以在现场进行，也可以到证人所在单位、住处或者证人提出的地点进行，在必要的时候，可以通知证人到办案机关提供证言。你选择在哪里对你进行询问？

答：我选择在这里（注明询问的地点）接受你们询问。"

这样才符合法律规定。当然，如果证人提供自己入住的宾馆或其他地点，则另当别论，因为这是法律赋予其的权利，本身合法。

5 精神病鉴定如何提起和决定

 疑难问题

公诉人对移送审查起诉的案卷进行实体审查，主要涵盖了对移送审查起诉的案卷当中反映定罪量刑的所有证据的审查，而犯罪嫌疑人是否具有刑事责任能力和刑事责任年龄显然是我们首先要考察的方面。精神病人属于无刑事责任能力人，我国《刑法》第18条规定："精神病人在不能辨认或者不能控制自己行为的时候造成危害结果，经法定程序鉴定确认的，不负刑事责任，但是应当责令他的家属或者监护人严加看管和治疗；在必要的时候，由政府强制治疗。间歇性的精神病人在精神正常的时候犯罪的，应当负刑事责任。尚未完全丧失辨认或者控制自己行为能力的精神病人犯罪的，应当负刑事责任，但是可以从轻或者减轻处罚。"

2006年10月31日，全国人大常委会通过了《关于修改〈中华人民共和国人民法院组织法〉的决定》，决定从2007年1月1日起由最高人民法院统一刑事死刑案件核准权。随后，2007年3月9日，"两高"和公安部、司法部出台了《关于进一步严格依法办案确保办理死刑案件质量的意见》，其中特别提到对可能属于精神病人的犯罪嫌疑人，应当及时委托鉴定或者调查核实。

司法实践中，如果犯罪嫌疑人、被告人或者被害人主动要求进行精神病鉴定或者不服公安、司法机关鉴定结论的，是否可以提起精神病鉴定？向哪些机关提起？刑法意义上的精神病，必须符合《刑法》第18条的规定。要正确判断精神病与精神抑郁、心境恶劣、心情烦躁等精神有缺陷，精神不太正常等情形的区别。

破解思路

对于精神病鉴定的程序,《刑事诉讼法》第 146 条规定,为了查明案情,需要解决案件中某些专门性问题的时候,应当指派、聘请有专门知识的人进行鉴定。该法第 147 条规定,鉴定人进行鉴定后,应当写出鉴定意见,并且签名。对人身伤害的医学鉴定有争议需要重新鉴定或者对精神病的医学鉴定,由省级人民政府指定的医院进行。鉴定人进行鉴定后,应当写出鉴定结论,并且由鉴定人签名,医院加盖公章。鉴定人故意作虚假鉴定的,应当承担法律责任。该法第 148 条规定,侦查机关应当将用作证据的鉴定意见告知犯罪嫌疑人、被害人。如果犯罪嫌疑人、被害人提出申请,可以补充鉴定或者重新鉴定。这些规定说明,**对于犯罪嫌疑人和被告人精神病的鉴定,由公安、司法机关主动进行。如果犯罪嫌疑人、被告人或者被害人主动要求进行精神病鉴定或者不服公安、司法机关鉴定结论的,笔者认为可以而且必须向公安、司法机关提出申请,但是否进行鉴定或者重新鉴定,由公安、司法机关决定。**

比如 2010 年 3 月 23 日,在福建南平发生了震惊全国的郑民生杀死 8 名、重伤 5 名小学生的恶性案件。该案发生后,对郑民生是否有精神病也有过不同的声音。笔者作为该案二审案件的承办检察官,亲历了该案整个的诉讼程序。经过审查全案的证据,检察官认为郑民生作案动机明确;对犯罪对象,选择了自我防卫能力弱的小学生;对实施犯罪的时间,选择的是早上 7 点多钟,小学生上课等候开门的时间;选择行凶工具是尖刀;选择行凶的部位均系被害人的心脏、肺等要害部位,并承认选择要害部位与其原先是外科医生的职业是有关系的,其供认捅刺要害部位被害人会死得快。从以上分析来看,检察官认为郑民生系正常人,且在实施犯罪时能够辨认、能够控制自己的行为,不具有精神病的可能,同时其家属以及辩护人也没有提出精神病鉴定的申请,因此,没有必要作精神病鉴定。

福建省高院审理后认为,上诉人郑民生故意非法剥夺他人生命,致 8 人死亡、5 人重伤,其行为已构成故意杀人罪。在犯罪过程中,上诉人郑民生为泄愤报复,事先携带凶器,侵害对象明确,预定杀人数目,观察作案现场,确定作案时机,犯罪步骤清晰,杀人犯意坚决,并利用其所具有的专业知识,选择人体要害部位行凶,积极追求死亡结果的发生,实属有预谋、有计划的故意杀人犯罪,且归案后毫无悔罪表现。上诉人郑民生犯罪手段特别凶残,犯罪情节特别恶劣,罪行极其严重,社会危害性巨大,不具有任何的法定、酌定从轻处罚情节,其请求改判死刑,缓期 2 年执行,应予以驳回。原判认定犯罪事实清楚，证据确实、充分，定罪准确，量刑适当，审判程序合法。

最高人民法院认为，被告人郑民生因恋爱多次受挫，图谋报复泄愤，竟迁怒无辜，选择在学校门口行凶，持刀连续捅刺，致8名小学生死亡、5名小学生重伤，其行为已构成故意杀人罪。犯罪后果特别严重，情节特别恶劣，社会危害性极大，所犯罪行极其严重。第一审判决、第二审裁定认定的事实清楚，证据确凿、充分，定罪准确，量刑适当，审判程序合法，依法裁定核准被告人郑民生死刑，剥夺政治权利终身。2010年4月28日，郑民生被执行死刑。

 举案释疑

案例1　吴某故意杀人案

基本案情

犯罪嫌疑人吴某系单身，与其哥哥一家一起居住。2004年6月3日上午，吴某认为其哥哥多收了他的电费，两人就发生争执。之后，其哥哥去农田干活，吴某随后也跟去。在农田，吴某继续与其哥哥争吵，而后持锄头殴打其哥哥的头部，致其哥哥当场死亡。

某县公安机关将该案移送同级人民检察院审查起诉，检察机关审查后认为吴某可能要被判处无期徒刑以上刑罚，就将该案上报某市检察机关。笔者承办了该起案件，在审查这个案件的过程中，发现了一些疑点，如犯罪嫌疑人杀人动机不明，因为仅仅几块钱的事情，就要杀人，而且是亲兄弟，显然不合情理。在对吴某进行讯问时，吴某答非所问。且看守所所长反映吴某精神有问题，经常在牢房大喊大叫，所长和当班民警去制止时，吴某还冲过来要打他们，这显然也不符合常理。综合上述因素，笔者认为吴某有精神病嫌疑，有必要对吴某进行精神病鉴定。经请示领导后，就将该案退回某县公安机关，明确要求对吴某作精神病鉴定。

处理结果

公安机关按照检察机关的意见，带吴某去精神病院作鉴定，经过3个月的鉴定周期，得出的鉴定结论是吴某系精神病人，作案时无刑事责任能力，不负刑事责任。最后公安机关决定撤案，没有将本案再次移送检察机关审查起诉，该案司法程序终结。

争议焦点

针对这个案件，我们不禁要思考几个问题：精神病鉴定由谁提起？应该在什么阶段提起？最终由谁决定？检察官是否有权提起？实践中为什么被提起的不多？有什么思想根源？如何规范精神病鉴定的提起和决定？

实务评析

"对于犯罪嫌疑人、被告人是否患有精神病的举证责任问题，在我国，检察机关负有'客观公正'的义务，因此，公诉方对被告人有罪负举证责任，同时也有义务查明被告人无罪的证据。同时，由于司法机关掌握了是否对犯罪嫌疑人、被告人进行精神病鉴定的权力，因此，司法机关认为犯罪嫌疑人、被告人没有患精神病并不需要负有举证责任，只是根据犯罪嫌疑人、被告人或其家属的申请决定是否启动司法鉴定程序，不过，对于不进行精神病鉴定的，通常会说明理由；但公安机关、检察院、法院任一机关认为犯罪嫌疑人、被告人患有精神病因而要从轻、减轻或者免除处罚时，该机关必须出具司法鉴定，负举证责任。"[①]

1. 关于精神病鉴定的提起和决定

笔者认为，根据现有法律规定，在刑事诉讼阶段，按照时间顺序，**可以决定提起精神病鉴定的分别为侦查机关、检察机关、审判机关。可以提起精神病鉴定申请的人员，包括犯罪嫌疑人、被告人的亲属、辩护人。**在刑事诉讼的任何阶段，这些申请人应该都享有申请进行精神病鉴定的权利。当然，是否对犯罪嫌疑人、被告人进行精神病鉴定，其决定权在于实时所处阶段的办案机关。

比如公诉案件的审查处理结果，分为不起诉和起诉。检察机关对于不符合起诉条件的案件可以作出不起诉决定，或者要求侦查机关撤案的决定，或者要求公安机关补充侦查。其中就包括要求公安机关对疑似精神病的犯罪嫌疑人进行精神病鉴定。这个阶段的精神病鉴定的提起，可以是犯罪嫌疑人、被告人的亲属、辩护人，也可以是检察机关的承办检察官，当然决定权应该在检察官。只有起诉到法院的案件，才由法官决定是否启动精神病鉴定程序。

2. 实践中提起精神病鉴定的情形不多的原因

笔者认为主要有以下几个方面：

第一，侦查、检察、审判机关的办案人员保护人权的意识不强，办案思想老化，有罪推定的思想还根深蒂固，认为犯罪嫌疑人、被告人亲属或者辩护人提出精神病鉴定的申请就是为了逃脱罪责。

---

① 杨涛：《正当程序视角下精神病鉴定体制的构建》，载《法治论坛》2007年第2期。

第二，办案人员工作态度不够认真，责任心不够，对案卷当中出现的疑点没有发觉，对被告人的辩解没有认真对待，对犯罪嫌疑人、被告人亲属及其辩护人的申请没有足够重视。

第三，有无必要作鉴定往往取决于办案人员的主观因素，但由于办案人员的业务水平和办案能力不同，可能有些办案人员认为犯罪嫌疑人、被告人作案时思路清晰，被告人没有精神病迹象，没有必要做鉴定。

第四，犯罪嫌疑人、被告人亲属或者辩护人没有提供可以怀疑被告人有精神病的证据，办案人员基于对案情的分析，认为确实没有鉴定的必要。

第五，一些在社会上有影响的、恶劣的、有被害人的案件，犯罪嫌疑人、被告人亲属或者辩护人提出对被告人进行精神病鉴定的申请，或者办案人员也认为确有必要对犯罪嫌疑人、被告人作一下鉴定，以避免在庭审阶段控辩双方在此问题上纠缠不清，但是基于避免触怒情绪激动的被害人一方，担心一旦对犯罪嫌疑人、被告人作精神病鉴定，会造成不利的影响，在这种情况下，一般不会对犯罪嫌疑人、被告人作精神病鉴定。

第六，由于精神障碍人的意识不强，本身无法自己提出自己是精神病人，而亲属或者辩护人也没有在侦查、审查起诉阶段提出，导致没有引起办案人员的注意。

3. 实践中应当注意的几个问题

第一，**应当严格区分精神病人与心理有疾病的人**，这是两个不同的概念。心理有疾病的人未必都是精神病人，其犯罪应当负刑事责任，心理有疾病不是从轻、减轻处罚的法定情节。

第二，**许多人错误地认为精神病人作案均不负刑事责任**。这也是一些办案机关消极对待精神病鉴定的原因。《刑法》第18条第1款规定："精神病人在不能辨认或者不能控制自己行为的时候造成危害结果，经法定程序鉴定确认的，不负刑事责任。"第2款规定："间歇性的精神病人在精神正常的时候犯罪，应当负刑事责任。"第3款规定："尚未完全丧失辨认或者控制自己行为能力的精神病人犯罪，应当负刑事责任，但是可以从轻或者减轻处罚。"由此可见，《刑法》对此有非常严格的限定，强调的是在作案的当时不能辨认或不能控制，同时还要经过鉴定才能认定是否承担刑事责任。法律是评定责任能力的准绳，鉴定结论是确定被鉴定人有无精神病、在作案时有哪些精神症状影响其辨认能力的依据。在司法实践中，检察官应当特别注意根据证据审查行为人在犯罪时是否有辨认或者控制自己行为的能力，以此作为司法机关是否应该提出鉴定的依据。

4. 现有法律规定及其缺陷

我国刑诉法规定了鉴定的启动，程序、鉴定结论的告知及异议和期限。公安、检察、法院三机关也分别制定或者一起制定了相关的司法解释和规定。但是，这些规定还是不够具体，如对于哪些情形，应当对犯罪嫌疑人、被告人进行鉴定；哪些情形，对于犯罪嫌疑人、被告人亲属或者辩护人提出的申请应当准许等，没有一个规定予以界定，导致司法机关对精神病鉴定的申请及决定，随意性还是比较大的。

我们首先应当明确司法人员并不是专业的精神病鉴定专家；其次应该明确，我国精神病鉴定不存在技术性问题，完全有能力进行鉴定；最后根据1989年颁布的"两高三部"《精神疾病司法鉴定暂行规定》第7条规定，对可能患有精神病的人员应当进行鉴定，也就是说，只要怀疑当事人可能是精神病人，司法机关就应当对当事人进行精神病鉴定。明确了上述三点，那么，不难解决精神病鉴定给我们带来的困扰。

解决的途径就是，**由"两高"制定一个法定启动精神病鉴定的司法解释，规定在一些情形下，对当事人亲属或者辩护人的申请，司法机关应当同意**。比如出现了当事人亲属提出了有关家族精神病史，行为人作案动机不明，当事人日常行为反常，案发时辨认或控制自己的行为能力减弱等，司法机关应当认定当事人属疑似精神病人，同意对当事人进行精神病鉴定。司法机关不能要求当事人亲属或者律师提出的证据足以证实当事人是精神病人，因为我们规定的是启动精神病鉴定的程序，而不是精神病鉴定程序。

这样刚性地规定之后，可以规范精神病鉴定，不仅规范当事人，也可以规范司法机关真正做到启动和决定精神病鉴定有法可依，更有利于司法操作，避免《刑事诉讼法》的规定流于形式。当然，为了避免司法诉讼资源的浪费，是否允许的决定权还是应当由司法机关掌握，对于当事人亲属或者辩护人提出申请，司法机关应当甄别提供的证据是否真实后再作出决定，只要证据属实，司法机关就应当同意申请。

案例2 王某以危险方法危害公共安全案

基本案情

被告人王某，男，1978年出生，司机。因涉嫌犯交通肇事罪，于2017年9月3日被刑事拘留，同月20日被逮捕，押于某县看守所。

经审理查明，1999年9月以来，被告人王某以帮他人驾驶货车、客车谋生。因自感缺失家庭温暖，无法融入社会，王某多次生出轻生念头。2017年8

月 31 日，王某受雇于被害人王某甲，为其驾驶客运汽车，负责接送在某镇中心小学就读的几个村的部分学生。同年 9 月 1 日 17 时许，被告人王某驾驶客车接送在前述学校就读的学生放学，途经某镇大桥南侧桥头，萌生驾车撞桥自杀的想法，遂将车辆向右侧行驶并往左方向急转，加速冲撞桥身护栏，造成客车坠毁桥底，致被害人王某甲、严某甲、严某乙等 5 人死亡、被害人郑某等 2 人重伤、11 人轻伤。同时造成桥面、护栏、车辆财物毁损。被告人王某迅速逃离现场。经鉴定证实被告人王某作案时具有完全刑事责任能力。同年 9 月 2 日，被告人王某在某大桥底下附近草丛被抓获。王某归案后，对自己想自杀，进而把车撞向桥的护栏，造成了本起事故供认不讳。

处理结果

公安机关侦查终结后，于 2017 年 9 月 29 日以犯罪嫌疑人王某涉嫌以危险方法危害公共安全罪向检察机关移送审查起诉。某县检察院于 2017 年 12 月 4 日指控被告人王某犯以危险方法危害公共安全罪起诉至法院。

法院经审理于 2018 年 11 月 2 日作出一审判决：被告人王某犯以危险方法危害公共安全罪，判处死刑，剥夺政治权利终身。一审宣判后，王某不服，于法定期限内提出上诉。

焦点问题

王某是否属于精神病？是否需要承担刑事责任？

实务评析

王某的上诉理由称：其存在因治疗精神分裂症疾病而长期服用药物的事实，一审法院未予以核实，且忽略该药物对上诉人行为的影响力，导致对其行为的认定不清。同时一审法院采信的《司法鉴定意见书》不客观、不规范，精神病司法鉴定中，遗漏上诉人长期服用治疗精神分裂症的"奥氮平片"等药物的事实，鉴定依据的事实不客观。精神医学诊断分析中，对 2012 年仙游县某医院对上诉人诊断为精神分裂症予以否认，是不规范的。诊断是否错误应由医学会组织专家认定，鉴定机构无权认定诊断错误。最后一审法院没有考虑精神病和有关药物的作用，认定上诉人存在危害公共安全的故意，不符合客观事实。

本案关于被告人王某是否有精神病的问题，侦查机关启动了调查核实工作。由侦查机关委托某医院司法鉴定所进行鉴定，证实上诉人作案时具有完全刑事责任能力。

在案的证据显示，某医院司法鉴定所出具的司法鉴定意见书，证实被鉴定人王某患有恶劣心境，作案时具有完全刑事责任能力。还有某医院住院病历资料，证实被告人王某于 2012 年 4 月 7 日就诊该医院，同月 16 日出院诊断为精神分裂症，出院时病情好转，意识清晰，精神状态稳定。

二审阶段，检察官审查后认为，某司法鉴定所出具的鉴定意见中"书证材料摘要"已摘录了上诉人妻子陈某反映的上诉人在案发前有服用治疗精神疾病的药物，说明鉴定机构在评判上诉人作案时行为的辨认和控制能力已充分注意了此事实。同时认为上诉人在某医院被诊断为"精神分裂症"不能成立。综合分析证实上诉人的表现符合《国际疾病分类——精神与行为障碍分类（ICD—10）》中恶劣心境的诊断标准。被告人王某作案时虽患有恶劣心境，但其对危害行为的辨认及控制能力完整，作案时具有完全刑事责任能力。制作该鉴定意见的机构及鉴定人均具备法定资质，鉴定意见形式要件完备，鉴定程序符合法律规定，鉴定过程和方法符合相关专业的规范要求，鉴定意见明确，可以作为定案依据，该上诉理由不能成立。

首先，上诉人在未与他人发生交通事故的情况下，驾车不顾全车人的生命安全冲撞至桥下，且对桥面离河床的距离有五六层楼高是明确认知的，对可能造成的后果也是明确的；其次，案发地点是在公共场所，且存在其他车辆、行人通行的情况，上诉人所驾驶的车辆亦搭载 18 人之多，对公共安全已造成了事实上侵害；最后，从案发现场的监控视频及上诉人的供述看，其是为自杀而不顾公共交通安全，采取了先向右侧转向，然后再往左打方向盘，使车辆朝桥护栏正面撞击冲入桥下，反映了其行为当时有辨认和控制能力，体现其主观上存在危害公共安全的故意。建议驳回上诉，维持原判。笔者认为，本起案例，对于如何正确分析精神病和精神有缺陷等问题，很有指导意义。

6 同步录音录像对案件定罪量刑有何功能

 疑难问题

《刑事诉讼法》第 123 条规定:"侦查人员在讯问犯罪嫌疑人的时候,可以对讯问过程进行录音或者录像;对于可能判处无期徒刑、死刑的案件或者其他重大犯罪案件,应当对讯问过程进行录音或者录像。录音或者录像应当全程进行,保持完整性。"

司法实践中,全程同步录音录像是否属于证据?如果属于证据,是属于犯罪嫌疑人、被告人供述或辩解还是视听资料?律师在侦查以及审查起诉阶段是否有权查阅或复制同步录音录像?对于这些《刑事诉讼法》修改后出现的新问题,争议颇多。

 破解思路

一、同步录音录像制度的立法进程

检察机关讯问职务犯罪嫌疑人实行同步录音录像制度的规定最早于 2005 年 11 月 1 日,最高人民检察院第十届检察委员会第四十三次会议通过了《人民检察院讯问职务犯罪嫌疑人实行全程同步录音录像的规定(试行)》。2006 年 3 月 11 日,时任最高人民检察院检察长的贾春旺在第十届全国人民代表大会第四次会议上的《最高人民检察院工作报告》中向全国人民承诺:"为加强对检察机关自身执法办案的监督,规范侦查讯问活动,保障严格执法、文明办案,最高人民检察院决定,逐步推行在讯问职务犯罪嫌疑人时全程同步录音录像。"2006 年 12 月 4 日,高检院印发了《人民检察院讯问职务犯罪嫌疑人实行全程同步录音录像技术工作流程（试行）》和《人民检察院讯问职务犯罪嫌疑人实行全程同步录音录像系统建设规范（试行）》，以保障此项工作规范运行。各地检察机关实行同步录音录像制度，应该是在2007年1月1日之后。

实践证明，同步录音录像制度在防止刑讯逼供、固定犯罪证据、增强证据可信性、促进办案公开公正等方面发挥了重要作用，受到了法学理论界与实务界的广泛肯定。经过多年实践之后，高检院在2012年的刑诉法第二次修改过程中，提出了建立同步录音录像制度的立法建议并最终被立法机关采纳，这也是检察机关创新工作获得的肯定。2014年3月，高检院在修改后的刑诉法和刑事诉讼规则的基础上，制定了《人民检察院讯问职务犯罪嫌疑人实行全程同步录音录像的规定》，对这项制度作了进一步的完善。同步录音录像执行这么多年来，依然存在不少问题。2018年通过的《监察法》也提出，调查人员进行讯问，应当对全过程进行录音录像，留存备查。但是目前遇到的困难，存在的问题都还不少。

二、同步录音录像的要求

全程、全面、全部，不得选择性录制，不得剪接、删改；录制与笔录记载的起止时间应一致；录音录像内容与讯问笔录记载的主要内容一致；依法制作，不得采取刑讯逼供、诱供等非法行为。

三、同步录音录像的功能

首先是观念的改变。这项制度从长远来看是有好处的。

1. 可以有效地保护调查人员，避免被诬陷刑讯逼供。《监察法》也规定，对被调查人员逼供、诱供、或者侮辱、打骂、虐待、体罚或者变相体罚的；违反规定发生办案安全事故，或者发生安全事故后隐瞒不报、报告失实、处置不当的，对负有责任的领导人员和直接责任人员依法给予处理，构成犯罪的，还要依法追究刑事责任。如果受到举报或者发生了办案事故，事先又没有按照规定对讯问全过程进行同步录音录像，那就比较麻烦了。

2. 规范讯问活动，保障人权，提高办案机关的执法公信力。同步录音录像资料对排除非法证据最有说服力，直接关系到获取犯罪嫌疑人供述的合法性，对犯罪事实认定和案件处理具有重要影响。对讯问过程全程同步录音录像，说服力明显增强。这时的同步录音录像资料不作为定罪证据使用，而只是作为证明取证程序合法性的证据。

3. 能有效遏制以被刑讯逼供为由的翻供。在镜头下的讯问一方面约束了调查人员的讯问，使得调查人员必须文明规范讯问；另一方面，对于被调查人也是一个震慑,在镜头下被讯问,所做的供述都会被同步录下,他也会心虚、害怕,如果没有如实供述,也会被如实录下,成为态度不好的证据,如果如实供述,那么将来翻供,他也要权衡利弊不敢轻易翻供,原有动不动以被刑讯逼供为由翻供的现象必然减少。这时的同步录音录像资料是作为定罪的辅助以及备选证据使用的。

四、同步录音录像的属性定位

笔者认为全程同步录音录像不属于原案的证据,辩护律师在侦查和审查起诉阶段不能查阅或刻录同步录音录像资料。

1. 同步录音录像不属于证实原案的证据,而只是属于证明取证程序合法性的材料。

我们知道,《刑事诉讼法》规定只对可能判处无期徒刑、死刑或者其他重大犯罪案件的侦查活动应当进行全程同步录音录像,并没有要求对所有的案件的讯问都要进行同步录音录像,而且只要求讯问犯罪嫌疑人时录音录像,没有要求对询问证人录音录像,这些都说明立法机关的用意是为了保证重大案件取证程序更为严格,证据规格要求更高。试想,如果同步录音录像属于证据,那么《刑事诉讼法》第123条的规定就很难解释。因为,如果同步录音录像属于证据,那么应该适用于所有的案件,而不是仅适用于部分案件。

同步录音录像也不属于视听资料。视听资料包括侦查机关和有关单位录制的作案经过的原始视听资料,比如监控录像录下的犯罪过程以及对重要现场勘查的录像资料。现在城市几乎都布置了许多探头,这些探头录下的录像资料属于视听资料。显然同步录音录像不属于视听资料。

2. 律师在侦查、审查起诉阶段无权查阅、复制讯问同步录音录像。

(1) 根据《人民检察院刑事诉讼规则》第75条的规定,对于检察机关自行侦查的案件,侦查部门应当将讯问录音、录像连同案卷材料一并移送侦监、公诉部门审查。这里的提法,也说明了同步录音录像不属于案卷材料。案件提起公诉时,并没有要求将同步录音录像直接移送审判机关。同时,我们注意到,对于公安机关侦查的案件,诉讼规则并没有要求公安机关必须将讯问录音录像移送刑事检察部门审查,只是在检察机关认为讯问活动可能存在刑讯逼供等非法取证行为的,犯罪嫌疑人、被告人或者辩护人提出供述系非法取得,对讯问活动合法性提出异议或者翻供,并提供相关线索或者材料的,案情重大、疑难、复杂的,在这些情况下,才会调取公安机关讯问录音录像。这也更进一步说明了,讯问录音录像并不是不可或缺的证明案件的证据,而是在特定情况下,为了说明取证合法性才提供的辅助材料。

(2) 根据《人民检察院刑事诉讼规则》第76条的规定，只有对于提起公诉的案件，被告人及其辩护人提出审前供述系非法取得，并提供相关线索或者材料的，检察院可以将讯问录音、录像连同案卷材料一并移送法院，这也进一步说明了同步录音录像不属于案卷材料；同时也表明即使到法院审理阶段，辩护人还必须提供相关线索或材料，由法院决定要求检察机关移送同步录音录像的，检察机关才移送。不是说只要辩护人一提出非法取证问题，检察机关就必须移送讯问录音录像，辩护人就可以进行查阅。

(3) 律师在侦查阶段的权利是会见、通信，为犯罪嫌疑人提供法律帮助，了解犯罪嫌疑人涉嫌的罪名和案件有关情况，提出意见，代理申诉、控告。显然，在侦查阶段律师不能查阅，也不能复制讯问同步录音录像。

在审查起诉阶段，律师可以查阅、摘抄、复制本案的案卷材料，但查阅的只是本案的证据，并没有包括只为证明取证程序是否合法的同步录音录像。

综合上述分析，笔者认为，**讯问录音录像不属于原案的证据，辩护人在侦查、审查起诉阶段，均不能进行查阅、复制，只有在审判阶段，经过法院的决定以及一定的程序，才能进行查阅。**

 举案释疑

案例　徐某受贿案

基本案情

被告人徐某，男，曾任某中级人民法院副院长。因涉嫌犯受贿罪于2009年8月1日被刑事拘留，同月13日被执行逮捕。

经审理查明：被告人徐某在担任某区人民法院院长、某市中级人民法院副院长期间，利用职务便利和利用其地位形成的便利条件，通过其他国家工作人员职务上的行为，先后多次收受他人给予的现金及实物折合人民币325.92万元，为他人谋取利益。具体事实如下：

1. 1995年—2007年，时任某区人民法院院长、某市中级人民法院副院长的被告人徐某接受某市房地产开发公司董事长柯某的请托，多次对柯某及其公司在案件诉讼上给予"关照"，先后十次在办公室或者住宅楼下等地方，收受柯某给予的现金、购物卡折合人民币7.6万元及一块欧米茄男表（经鉴定为人民币1.62万元），共计人民币9.22万元。

2.1992 年被告人徐某与吴某相识后，吴某以 10% 的股份邀请被告人徐某投资入股其经营的多个项目，并依此比例分配利润。2001 年 5 月，吴某以某房地产公司的名义中标了某拖拉机厂地块，打算用于开发 A 楼盘项目，吴某依惯例邀请被告人徐某投资入股该项目 10% 股份（按启动项目资金人民币 3000 万元计算，10% 股份需出资 300 万元），被告人徐某表示同意。后因吴某未能依约缴纳土地出让金，该中标项目依照规定被废止。同年 11 月，某市国土资源局再次将该地块出让给该房地产公司。此时吴某再次邀请被告人徐某投资入股该项目 10% 股份，被告人徐某在明知需出资人民币 300 万元的情况下，对此予以接受，同意将其投该公司其他项目所预分红利润人民币 70 万元及股本金人民币 30 万元，共计人民币 100 万元转作其此次投资 A 项目的部分出资款，并向吴某表示会将剩余出资款人民币 200 万元补足。此后，尽管因开发 A 项目资金紧张，吴某多次暗示被告人徐某依约继续付清出资款，但被告人徐某出于投资风险顾虑，始终未将剩余应出资的人民币 200 万元缴清。在该项目的建设与销售过程中，被告人徐某未参与管理。2006 年起，被告人徐某陆续从吴某夫妇处取得 A 项目分红款共计人民币 300 万元。吴某考虑到多年来被告人徐某在担任某区法院院长、市中级法院副院长等职务期间，利用职权或者地位形成的便利条件，通过其他国家工作人员职务上的行为，对他及其公司在房地产项目开发、涉及刑事案件调查等事宜上给予的帮忙，遂于 2007 年 6 月再汇人民币 200 万元至被告人徐某指定的账户上，至此被告人徐某以分红方式从 A 项目分得人民币 500 万元。根据 A 项目可分配利润为人民币 5500 万元，每股人民币 300 万元投资可分得人民币 550 万元，被告人徐某实际出资人民币 100 万元，可分红数额为人民币 183.3 万元，被告人徐某由此以多分红方式收受了吴某给予的人民币 316.7 万元。

处理结果

被告人徐某受贿一案，检察机关于 2010 年 7 月 17 日向某市中院提起公诉。一审法院判决徐某犯受贿罪，判处有期徒刑 12 年，并处没收个人财产人民币 65 万元。徐某的违法所得人民币 325.92 万元予以没收上缴国库。被告人徐某不服提出上诉。

焦点问题

被告人徐某上诉理由称：其有实际参与 A 项目的投资、经营管理，其与吴某系平等的投资主体，股东间的投资分红方式，不能以刑法来干预，其只是预分红 500 万元，不属于受贿。其辩解虽然在侦查阶段做了有罪供述，供认了没有足额出资，也没有实际参与经营管理，明知收受多出来的分红款系受贿款，但这些供述是被刑讯逼供的结果。

如果按照徐某在侦查阶段的供述，可以认定受贿罪；如果按照徐某在二审期间的说法，则很难认定其受贿。那么本案的关键问题是**被告人在侦查阶段是否有被刑讯逼供？被告人在侦查阶段的有罪供述是否属实，能否采用？**

实务评析

该案经过二审审理之后，还请示了最高人民法院。主要原因是该案属于新型受贿类型，案情复杂，且被告人系中院副院长。该案历经四年才审理终结。笔者作为该案二审案件的承办人出席了法庭依法履行职务。主要围绕以下几个问题进行论辩：

1. 被告人翻供的理由是侦查阶段被刑讯逼供做了虚假供述。辩护人以及被告人均提出被告人被刑讯逼供的问题。检察员在回应辩护人提出的被告人被刑讯逼供的质疑时，指出本案侦查机关在立案后对被告人的所有讯问都进行了全程同步录音录像，经审查没有发现侦查机关非法取证，被告人在录像当中也是表情自然，供述自然，不存在被逼供、诱供。录像刻录光盘已移交给法庭，如果辩护人有异议，可以向法庭调看录像。**在辩护人没有查看录像的情况下，只是根据被告人的当庭供述，就提出被告人被刑讯逼供，显然没有根据，理由也不充分。**

2. 检察员提出 A 项目每股需要投资 300 万而徐某只出资 100 万元，尚余 200 万元没有出资的事实，有上诉人徐某的供述（徐某三次的供述：称其占 A 项目股份 10%，应出资 300 万元）、证人吴某夫妇及股东陈某的证言证实，A 项目的出资在项目启动时就已经出资完毕，有相关的注册资本证明，也得到了司法会计鉴定结论的证实。A 项目的利润人民币 5500 万，而徐某已经分了 500 万元的事实，有相关司法会计鉴定书、价格鉴定结论书、证人吴某的证言与上诉人徐某的供述相印证。上诉人徐某没有实际参与经营管理，以投资方式从吴某处获取超出其投资收益的利益且上诉人徐某还为吴某在诉讼和房地产项目的贷款、拍卖等事情上谋取了利益，这也得到了徐某打过招呼的相关职能部门人员证言和具体书证的印证。因此，**认定徐某构成受贿罪，犯罪事实清楚，证据确实、充分。**

3. **本案定罪关键是公诉机关提供了侦查阶段完整的、合法的全程讯问同步录音录像。** 法庭最后完全采纳被告人在侦查阶段的供述，在被告人翻供的情况下，仍然认定被告人有罪，其中关键是侦查阶段的讯问做到了全程同步录音录像，使得侦查活动的公信力大大加强，法官的内心确信也得以增强。因此，对于同步录音录像问题，要看到其有利的一面。**依法对讯问过程进行全程同步录音录像，会大大提升讯问笔录的真实性，对于被告人以在侦查阶段被刑讯逼供为由所作的翻供，足以应对和驳斥，效果明显。**

7 技术侦查与秘密侦查措施如何适用

 疑难问题

技术侦查与侦查技术是否是同一侦查手段？技术侦查与秘密侦查措施边界如何厘清？监听录音怎样转化使用？根据《刑事诉讼法》第154条规定，采取技术侦查措施收集的材料在刑事诉讼中可以作为证据使用，如果使用该证据可能危及有关人员的人身安全，或者可能产生其他严重后果的，应当采取不暴露有关人员身份、技术方法等保护措施，必要的时候，可以由审判人员在庭外对证据进行核实。毒品犯罪案件中，采取监听措施侦查的越来越多。监听录音具有原始客观性，相对口供证言来说具有更强的证明力，特别是对于被告人翻供、串供的毒品犯罪案件的事实审查认定，具有至关重要的作用。但**实践中侦查机关将监听录音转化作为证据使用的很少，司法机关进行庭外核实亦不顺畅，缺乏相关工作机制保障**。

 破解思路

依据《刑事诉讼法》第150条的规定："公安机关在立案后，对于危害国家安全犯罪、恐怖活动犯罪、黑社会性质的组织犯罪、重大毒品犯罪或者其他严重危害社会的犯罪案件，根据侦查犯罪的需要，经过严格的批准手续，可以采取技术侦查措施。人民检察院在立案后，对于利用职权实施的严重侵犯公民人身权利的重大犯罪案件，根据侦查犯罪的需要，经过严格的批准手续，可以采取技术侦查措施，按照规定交有关机关执行。追捕被通缉或者批准、决定逮捕的在逃的犯罪嫌疑人、被告人，经过批准，可以采取追捕所必需的技术侦查措施。"

显然,《刑事诉讼法》赋予了检察机关可以决定使用技术侦查措施的权力,但是不能自行使用,而是应当交由有关机关执行,现阶段的有关机关主要指公安机关或国家安全机关。

一、技术侦查规定的历程

在 2012 年刑诉法修正案出台之前,我国现行刑诉法对于技术侦查并没有明确规定。1995 年实施的警察法规定,公安机关因侦查犯罪的需要,根据国家有关规定,经过严格的批准手续,可以采取技术侦查措施。但何为技术侦查措施、如何实施等并未展开。随着技术手段的愈发成熟,技术侦查措施在当今的侦查工作中逐渐发挥出重要、不可替代的作用。检察机关作为职务犯罪的侦查机关,一直没有被明确赋予这一权力。只有在 1989 年最高人民检察院、公安部出台的《关于公安机关协助人民检察院对重大经济案件使用技侦手段有关问题的答复》中规定:对经济案件,一般不要使用技术侦查手段,对于极少数重大经济犯罪案件主要是贪污贿赂案件和重大的经济犯罪嫌疑分子必须使用技术侦查手段的,要十分慎重地经过严格审批手续后,由公安机关协助使用。

2012 年高检院在递交给全国人大法工委的立法建议中认为,检察机关技术侦查措施应当由检察机关决定,并由检察机关执行,必要时可以通知有关单位协助使用。但是最终立法机关没有采纳这个建议。2012 年修订的刑诉法规定了公安机关和检察机关都是决定主体,检察机关可以决定实施技术侦查措施,但实施主体还是由有关机关实施,目前我国公安、安全部门可以实施。

二、关于技术侦查的手段

技术侦查的手段包括监控、录音录像、监听、截取计算机信息等。原先讨论稿中有罗列技术侦查的这些手段,正式法条中去除了,法工委领导的解读认为主要是基于两个方面:一是犯罪分子很狡猾,如果写上了哪些手段,就等于暴露了,不利于打击犯罪。笔者觉得这一点有点理由不充分,现在是网络信息时代,犯罪分子通过其他途径同样会了解技术侦查的手段,不会只是通过法律的规定这一条途径了解。还有一个因素是技术侦查手段不断变化,随着科学技术的发展不断更新,如果现在在法条上固定下来,将来如果出现新的技术侦查手段,反而会把自己的手脚束缚了。

三、技术侦查和侦查技术的区别

笔者认为,**两者主要的区别是是否实时**。技术侦查是实时监控,正在进行时，比如监听、监控、录音录像等；而侦查技术涉及到的是事后的分析，对犯罪线索的提取、梳理、分析、判断，比如话单分析、账户情况、财产状况、资金流转情况等。

但是实践中，就技术侦查和侦查技术肯定会有一些争议，比如侦查车的问题。如果没有进行监听，只是根据手机信号定位，目的是抓捕嫌疑人，这和跟踪一样，只是借用了设备进行，笔者认为不是技术侦查。

四、关于秘密侦查的有关问题

《刑事诉讼法》第153条规定："为了查明案情，在必要的时候，经公安机关负责人决定，可以由有关人员隐匿其身份实施侦查。但是，不得诱使他人犯罪，不得采用可能危害公共安全或者发生重大人身危险的方法。对涉及给付毒品等违禁品或者财物的犯罪活动，公安机关根据侦查犯罪的需要，可以依照规定实施控制下交付。"这是秘密侦查的条款。本条规定明确禁止诱惑侦查，不得诱使他人犯罪。但是如果诱使他人犯罪，被诱使人是否构成犯罪呢？不明确。司法实践中大量使用线人、耳目，也就是特情进行侦查。运用特情进行侦查，是当代世界各国侦查机关大量使用的一种特殊侦查措施，是打击犯罪的有效手段。

这里有必要明确**秘密侦查包括特情侦查与诱惑侦查、卧底侦查**。但三者又有不同，主要区别是：

特情侦查主要是侦查机关利用特情获得犯罪情报，以此作为手段和渠道侦查，特情即线人、耳目，**诱惑侦查**则是由侦查人员或者借助特情实施；**卧底侦查**则只能是由侦查人员实施，《刑事诉讼法》第153条规定的隐匿身份实施侦查就是卧底侦查。

至于如何区分技术侦查和秘密侦查：**技术侦查是指以仪器、设备为载体所实施的有技术性、秘密性的技术手段进行侦查；秘密侦查是指以人为载体所实施的秘密手段进行侦查。**

（一）检察机关能否实施秘密侦查

陈卫东教授曾明确提出，**实施秘密侦查的主体只有公安机关，检察机关自侦案件是不能搞秘密侦查的**。这从秘密侦查批准的主体是公安机关负责人可以得出结论，检察机关搞秘密侦查不可能需要公安机关负责人批准。

朱孝清同志在《检察日报》上发表的《刑诉法关于侦查措施规定中的两个问题》一文认为：**检察机关自侦部门也有权实施秘密侦查手段，且于法有据**。理由是：刑诉法规定检察院对自侦案件的侦查适用侦查的规定，当然包括技术侦查和秘密侦查在内的各种侦查措施。且《联合国反腐败公约》中也规定了可以使用控制下交付和其认为适当时使用诸如电子或者其他监视形式和特工行动等特殊侦查手段，特工行动就包括控制下交付和隐匿身份侦查。

笔者同意后者的观点。在司法实践中，检察机关在办理一些商品购销、药品购销、农机补贴、油补等领域内的案件时，也已经在使用这种侦查手段，比如，侦查人员通过隐匿身份，深入商品购销、工程发包、油料补贴、药品回扣等活动中，了解"潜规则""行情"，通过在有关领域物色线人、信息员等提供职务犯罪线索，通过线人靠近行贿人，查获行贿事实，或者在看守所物色特定人员对侦查对象搞狱侦（这实际上属于使用特情的一种形式）等。

控制下交付的情形在实践中也存在。比如，通过被索贿人了解某公职人员对其索贿的信息后，就让被索贿人去交付财物，办案机关在他们约定的地点等候，在他们交付财物时获取犯罪证据或者人赃俱获。总体上检察机关还没有建立自己的特情队伍，公安机关在这方面比较成熟，就特情的建立、使用、管理、报酬等问题建立了一套制度。在司法实践当中，检察机关利用特情的方式往往是采用踩住污点证人的"尾巴"，作为交易，要求其提供信息和线索。检察机关反贪、反渎部门转隶后，对于针对诉讼活动中的司法工作人员14个罪名的侦查权，仍然可以进行这方面的探索和实践。

（二）被引诱犯罪是否应被追究刑事责任

刑诉法禁止的行为，比如，不得强迫自证其罪，如果强迫了，那么所作的供述可以排除，不得作为证据使用。但是同样，法条明文规定不得诱使他人犯罪。但是如果被引诱犯罪，是否应当追究被引诱人的刑事责任，也就是说侦查机关能否使用诱惑侦查，这个问题存在争议。司法实践中，**被引诱犯罪的人通常情况下还是被追究，比如，毒品犯罪就涉及犯罪引诱的内容，认为特请引诱分为犯意引诱、数量引诱和双套引诱，存在引诱的案件可以从轻处罚，但被引诱人仍构成犯罪**。

五、监听录音怎样转化使用

（一）关于监听录音的转化和核实

笔者一直坚持的观点：如果由于公安机关的配合、提供监听资料的转换工作不到位，因此导致案件证据不足的，检察机关应严格依法把好起诉关。证据不足的，应当坚决退回补充侦查或做存疑不诉处理，不能"带病起诉"。如被告人张某案，公安机关提供了张某与他人通话录音转化件，因原始载体未出示，该证据未被法庭采纳，导致案件被法院判决无罪。检察机关应尽量避免此类情况发生。

(二) 解决问题的对策

1. 侦查机关应当依法将采取技术侦查措施收集的材料及时转化为相应的证据,连同技术侦查的审批手续、文书等材料随案移送,需要保密的,可将技侦证据单独成卷,标明密级,另卷移送。

2. 对于未转化为证据使用,司法人员需要对证据进行核实的,侦查机关应当提供工作便利,并建立配套工作机制,保障及时顺利核实。

3. 考虑到律师参与诉讼问题,可由法官根据具体情况决定是否同意律师参与庭外核实,根据案件具体情况及侦查措施情况,控制律师的参与程度,并签署保密协议书。

8 如何理解"不得强迫自证其罪"

 疑难问题

《刑事诉讼法》第 52 条确立了"不得强迫自证其罪"原则，同时第 120 条又要求犯罪嫌疑人对侦查人员的提问，应当如实回答。这两项规定是否有矛盾？确实从字面上，很难理解这两个规定的一致性。司法实践中，也有各种不同的观点。

 破解思路

《刑事诉讼法》第 52 条规定："审判人员、检察人员、侦查人员必须依照法定程序，收集能够证实犯罪嫌疑人、被告人有罪或者无罪、犯罪情节轻重的各种证据。严禁刑讯逼供和以威胁、引诱、欺骗以及其他非法方法收集证据，不得强迫任何人证实自己有罪。必须保证一切与案件有关或者了解案情的公民，有客观地充分地提供证据的条件，除特殊情况外，可以吸收他们协助调查。"该条规定确立了"不得强迫自证其罪"原则，体现了对人格尊严与人性的尊重。

一、"不得强迫自证其罪"有多重含义

首先，讯问不得采用强制手段；其次，主张有罪，证明责任在控方；再次，这是一项权利，被告人可以享用，也可以放弃而选择坦白交代；最后，如果坦白交代了，就要从宽处理。

二、不得强迫自证其罪不等同于沉默权

有人认为确定这个原则就是确定了沉默权，"不得强迫自证其罪"就包括

可以不说话、保持沉默。实际上刑诉法并没有规定沉默权,"不得强迫自证其罪"不等于就有了沉默权。沉默权是指犯罪嫌疑人、被告人在接受警察讯问或出庭受审时,有保持沉默而拒不回答的权利。在西方各国的刑事诉讼中,大都赋予犯罪嫌疑人、被告人享有沉默权,并且被认为是受刑事追诉者用以自卫的最重要的一项诉讼权利。但是我国刑诉法的证据种类中规定犯罪嫌疑人、被告人的口供,是法定证据之一。反对采用强制手段获得口供,但不是不要口供。"不得强迫任何人证实自己有罪"这个原则实质上告诉办案人员,要改变侦查模式和侦查办法,要把精力和功夫下在实物证据、口供以外的证据上。

笔者认为,"不得强迫自证其罪"与沉默权的主要区别是:实行沉默权国家的犯罪嫌疑人、被告人不如实回答不作为认罪态度不好的情节,如实回答也不作为态度好予以评价;"不得强迫自证其罪",是否如实回答成为一个影响量刑的情节。

三、不得强迫自证其罪与《刑事诉讼法》第 120 条内容有无矛盾

《刑事诉讼法》第 120 条规定:"侦查人员在讯问犯罪嫌疑人的时候,应当首先讯问犯罪嫌疑人是否有犯罪行为,让他陈述有罪的情节或者无罪的辩解,然后向他提出问题。犯罪嫌疑人对侦查人员的提问,应当如实回答。但是对与本案无关的问题,有拒绝回答的权利。侦查人员在讯问犯罪嫌疑人的时候,应当告知犯罪嫌疑人如实供述自己罪行可以从宽处理和认罪认罚的法律规定。"2012 年刑诉法修改讨论稿中,曾把第 120 条这个内容取消了,后来又写上了,主要是公安机关反应强烈,认为如果取消"应当如实回答"的规定,不利于打击犯罪。

现有比较主流的说法是,**犯罪嫌疑人对于侦查人员提问可以回答或不回答,但是如果回答就应当如实,且可以得到从宽处理,如果不回答也是可以的**。这和《刑法修正案(八)》规定相吻合,即在侦查阶段犯罪嫌疑人如实供述的,可以得到从宽处理,这是法定的从轻处罚情节。还有学者是这样解读的:任何人有保持沉默的权利,又有忍受讯问的义务。笔者赞同这些学者的解读,这些学者的观点可以自圆其说,对我们了解《刑事诉讼法》第 52 条和第 120 条这两条法律含义有帮助。

9 办理民刑交叉案件应注意哪些问题

 疑难问题

我国《刑事诉讼法》第101条规定:"被害人由于被告人的犯罪行为而遭受物质损失的,在刑事诉讼过程中,有权提起附带民事诉讼。"

司法实践中存在这一些现象,困扰着一些公民,也拷问着司法机关如何顺应司法体制改革理念,真正做到司法为民。如由于被害人欠被告人债务不还,被告人为了追回债务而故意伤害或者非法拘禁了被害人,导致被告人被追究刑事责任,而等到被告人刑满释放,再就民事借款进行诉讼时,要么已过诉讼时效,要么被害人已经赢得了时间,将财产转移或转卖。被告人不仅要承担应负的刑事责任,而且往往以放弃债权或者先行补偿被害人物质损失作为获得被害人谅解从而得到从轻处罚的条件,而被告人自己的合法财产权利却往往得不到保障,导致被害人之前本应承担的民事责任得以规避或逃避。这合理吗?现实中,这种案例不少。

实践中有些案件,司法机关也会一并处理被害人欠被告人的合法债务,但是,这前提是被害人同意且自愿偿还债务,否则,由于被告人没有司法救济的途径,为了获得被害人谅解或者得到从轻处罚,往往会放弃自己应有的利益,导致不公平。而且被害人自愿还款的可能性不大,因为如果愿意还款,也不至于被告人会对其采取故意伤害或非法拘禁等过激、违法行为。

笔者不禁思考:被告人由于自己过激的维权行为得到了惩罚,但他的合法权益,司法机关有无义务来保障呢?国家立法机关,能否从司法为民的角度出发,真正实现让老百姓在每一个案件中,都能感受到公平正义,要求司法机关将所有涉及刑事以及刑事案件发生之前的民事法律问题或者刑事案件发生之后衍生的民事法律问题,在一次审判中一并解决呢?

破解思路

假设被告人因索要欠款而故意伤害了被害人构成故意伤害罪，被害人依据现有法律规定可以提起附带民事诉讼要求赔偿物质损失，被告人也可以提起要求被害人归还欠款的附带民事诉讼。当法院判决被告人赔偿被害人多少损失时，也判决被害人应当返还所欠被告人先前的债务。丁是丁，卯是卯，两者数额可以对冲，剩余部分由不足的对方付给相对方。这样的规定，技术上应该没有问题，无非就是对法官的业务要求高一些，对审判的时间要求长一些。

对于诉讼时间可能延长的问题，可以根据《刑事诉讼法》第104条的规定来处理。该条规定，附带民事诉讼应当同刑事案件一并审判，只有为了防止刑事案件审判的过分迟延，才可以在刑事案件审判后，由同一审判组织继续审理附带民事诉讼。

基于以上设想，笔者认为，**要从根本上上化解矛盾、解决纠纷，需要在处理刑事案件的过程中，既考虑刑事法律关系中被害人的诉求和利益保障，又要从整体思维的角度出发，合法保护刑事被告人合法的债权实现**。只有从根本上解决了当事人的合法诉求，在法律的框架内有效保障当事人的各种权利，才能真正体现法律的价值和司法的权威。可以从诉讼制度上进行适当改进，从大局和整体出发，高效解决当事人的合法诉求，以求问题的真正解决。笔者提出以下刑民交叉案件相关诉讼制度改革建议：

一、扩大刑事附带民事诉讼的范围

我国《刑事诉讼法》第101条规定："被害人由于被告人的犯罪行为而遭受物质损失的，在刑事诉讼过程中，有权提起附带民事诉讼。"那么被告人先前的合法权利应如何维护，《刑事诉讼法》对此并没有做出明确规定。笔者认为，**刑事附带民事诉讼可以既包括刑事以及刑事侵权引起的民事诉讼，又包括民事以及民事引起的刑事诉讼**。《刑事诉讼法》在今后可以作以下修改：所有因财产民事关系引起的刑事案件，都可以提起刑事附带民事诉讼。在刑事诉讼过程中，被害人由于被告人的犯罪行为而遭受物质损失的，有权提起附带民事诉讼。而由于民事诉讼引起的刑事案件，双方当事人都可以提出附带民事诉讼。之所以提出双方当事人都可以提出，主要是因为考虑到双方可能存在其他民事争议的情形。

扩大刑事附带民事诉讼的处理范围，目的是高效、及时地解决当事双方的合理诉求，在法律的框架内尽量快速解决问题，一揽子解决引发刑事案件的民事纠纷，从根本上化解矛盾，修复被破坏的社会关系。刑事附带民事诉讼范围的扩大，在技术层面也具有可操作性，更没有违背诉讼规律。因此，此种诉讼安排，既因为避免了另案处理而节约了司法成本，也在事实上起到了便民、为民的作用，真正做到案结事了，司法的权威随着问题的实质解决也会有所提升。笔者认为，这种扩张，无论是在理论上，还是在事实上，都具有可操作性，可行性较高。基于民事权利的实现在社会生活中逐渐攀升的重要地位和价值，对当事双方的民事权利的保障显得尤为重要。

二、平等保护当事双方的民事权利

在民刑交叉案件中，刑事法律关系和民事法律关系是两个紧密联系、难以分割的关系。在刑事案件的处理过程中，被告人处于国家公诉对象的地位，是国家刑罚权的实施对象，因此常常处于被动的位置。但是，从民事关系的角度看，其又是民事法律关系的债权人，应当处于主动的地位。在处理刑事案件中一并解决民事纠纷，不局限于刑事犯罪行为带来的被害人损害的赔偿。笔者认为，在处理此类案件的过程中，需要一并解决问题，从根本上化解矛盾。

要一并解决民事纠纷，就得平等保护当事双方的民事权利。因此，**不管是被告人合法的债权，还是被害人基于刑事被害而产生的损害赔偿权利，都应当得到法律的合理、平等保护**。在处理刑事法律关系的过程中，不管是刑事和解还是认罪认罚从宽制度的运用，都应当秉持公平公正的观点，合理保障当事双方的合法民事诉求。只有通过合适的法律手段，公平合理地处理好当事双方的诉求，才能从根本上化解矛盾修复被破坏的社会关系，以此彰显司法权威。在刑民交叉案件的处理中，用平等的态度对待双方的民事诉求，不因为刑事被告人的被告人身份而阻碍其民事权利的实现，这是诉讼制度和司法理念上应当注意的问题。

三、刑罚轻缓与权利保障并重

要求司法机关将所有涉及刑事以及刑事案件发生之前或者刑事案件发生之后衍生的民事法律问题，在一次审判中一并解决，要求法官刑事与民事等业务均娴熟，这与司法体制改革的大趋势和要求也是协调的。多年来，司法机关的分工越来越细，职能部门越来越多。十八届三中、四中全会提出的司法体制改革，目的就是整合司法资源，提高司法效率，通俗地说就是要求法官、检察官一人多岗，一人多能。

在此，笔者提出的在一起案件中，尽可能地将相关联的法律问题一并审理，做到不偏不倚，公平正义，真正做到案结事了。这样的改革，不仅法律技术层面没有问题，而且对于社会，对于老百姓，不能不说是大大的福利。被告人由于过激的维权行为得到了惩罚，但其合法民事诉求，司法机关也有义务来保障。要从根本上解决民众的矛盾和纠纷，就应当把目标对准问题的实质。**在刑民交叉案件中，核心的矛盾在民事权利的实现和落实**。因债权无法实现而引发刑事案件，这是债权人无奈之举，也是被告人悲剧的恶化。如果在制度设计上，将被告人的债权和被害人的赔偿，在刑事案件处理的过程中一并解决，本着公平公正的原则，将矛盾一揽子化解。笔者认为，非常符合现代社会的价值追求，也是急民众之真正所急，从本质上解决了核心问题。

随着社会的进一步发展，刑法理念发生了诸多变化，因此包括刑事附带民事诉讼制度在内的诉讼制度，也需要作诸多调整和变革。伴随着日益增多的刑民交叉案件，在根深蒂固的"重刑轻民"的思想影响下，被告人的合法诉求有时因为和解与量刑交易而被忽视。现有的制度设计是被告人的民事诉求必须另案处理，在事实上给合法权利的实现带来了不小障碍。而作为刑事案件发生之缘起——被告人合法民事权利得不到落实和保障，合法的债权并没有因为刑事司法的介入而得到根本解决，甚至有被回避和放纵的嫌疑。被告人从债权人沦落为刑事案件的被告人和赔偿人，再加上合法的民事诉求一直得不到落实和法律的保障，变成真正的"受害者"。此种现象在事实上，激化了社会矛盾，无益于纠纷的解决和矛盾的化解。因此，从诉讼制度设计和程序处理上进行调整和有效解决，对真正解决民刑交叉案件，有着非常重大的意义。笔者提出的扩大刑事附带民事诉讼的适用和提出范围，是从整体思维的角度出发，希望刑民交叉案件能在司法过程中一揽子解决刑事和民事纠纷，以绝后患。

10 如何寻找证人

 疑难问题

由于我国对证人方面的保护还不够完善，公民的法律意识有待继续提高，同时受中国传统人情世故的影响，导致证人不愿意作证，特别是不愿为熟悉的案件当事人的案件作证。基于种种原因，**执法机关有时很难找到证人**。当然，**也存在一些人是否属于证人，需要执法机关确认并查找核证的情况**。如何查找证人，需要一些经验和途经。

 破解思路

笔者曾经在反贪局工作，根据办案经验，整理了一些寻找证人的方法和途径。

一、寻找证人的途径

（1）通过当地执法机关帮忙查找，特别是当地社区民警或乡村包片民警；（2）通过挂靠企业查找承包人，一般挂靠人和企业主之间会有联系；（3）如果是人大代表、政协委员的通过人大、政协机关领导帮忙通知；（4）通过提取到的犯罪嫌疑人手机内的联系人或通话记录，进行话单分析，找出可能潜在的利害关系人的电话及通话记录；（5）通过手机信息、银行账号反查当事人身份信息，进而确定家庭地址，直接上门查找；（6）从行贿人犯罪档案中查找，有的行贿人会向不止一个人行贿，可能也出现在其他受贿案件中，通过这种方式，如果能查找到以往犯罪记录，自然也能确定行贿人的相关信息；（7）从全国工商登记系统查找董事长、董事、股东人员名单；（8）直接发短信表明身份，这一招主要是考虑到陌生人的电话一般不会被接听；（9）通过侦查车等侦查技术手段查找。

二、证人作证制度的保障

（1）笔者设想可以参考法院的"失信被执行人"，人民银行征信系统的"失信人员"名单，建立全国统一系统的"不履行作证义务档案"。主要设想是，对于经过执法机关认定为不履行作证、逃避作证的单位和个人，不为其出具"无犯罪记录证明"，在全国范围内，通过统一软件系统执行。如需解除黑名单，涉事当事人必须到当地申请，或作证、或说明、或保证下次一定会尽作证义务。当然，要确定黑名单，需严格程序，比如针对多次通知仍不来，由两名承办人签名确认，履行一定的审批手续等，不能滥用。这个举措，有助于从根本上解决涉事单位、人员不作证或逃避作证的问题。

这项设想是有法律依据的。任何单位和个人有作证的义务，不作证也是失信的行为表现。相当于将不履行法律义务的人员列入失信人员名单。这一点是从加大证人不作证的法律代价考虑。

（2）对于涉嫌犯罪的人员，故意逃避不作证的，可以**通过风险立案，采取强制措施追逃**，如到案后，不构成犯罪的，撤销案件不影响考评，这项举措有利于加大追逃力度，以及行贿人不作证的法律风险。

（3）**加强侦查技术的应用**，利用侦查车、话单分析软件等侦查技术，直接查找。

三、实务分析

笔者曾经就经历过这样一起案件。在提前介入一起贪污犯罪案件时，发现贪污的证据链缺失，很难认定犯罪嫌疑人刘某贪污罪，因为犯罪嫌疑人刘某实施了一系列的行为之后，最后的钱指向是交给了出纳林某，但是林某早在刘某被立案抓获之后，就从单位不辞而别，下落不明。如果没有找到林某，那么，只能退而求其次，认定犯罪嫌疑人刘某滥用职权或者玩忽职守，致使国有巨额资产下落不明，无法认定刘某将公款据为己有。

我们认为，出纳林某是一名年轻人，是单位领导刘某将其招录进来，之前一系列的行为又是刘某直接参与指挥，如果不是刘某直接的授意，这些公款不可能会放心交给一个刚刚工作不久的年轻人，而且林某失踪的时间点是刘某被抓之后，从这些迹象，可以初步认定林某只是一个马仔，刘某才是幕后主谋。但是经过多方努力，比如找到林某家人做工作，林某仍然不出面作证。

笔者建议侦查部门，以贪污罪共犯立案，上网追逃，最终林某在上海被公安机关抓获。林某一到案,就交代了受刘某指示,将巨额公款套取后,将公款交给了刘某,其本人没有分钱,不知道刘某将该笔公款用于何处,也不知道刘某贪污了该笔公款。刘某被抓后,林某因为害怕,并受人指使,才离开到外地去躲避。

至此,刘某构成贪污罪的证据链闭合。很难想象,如果一直没有找到林某,刘某的贪污罪还怎么认定。后来,对林某做了撤案处理。回头来看,这个风险立案的做法挽救了一起重大贪污案,是值得的。

11 如何界定被害人提供的证人

疑难问题

我国《刑事诉讼法》第 43 条规定，辩护律师经证人或者其他有关单位和个人同意，可以向他们收集与本案有关的材料；辩护律师经人民检察院或人民法院许可，并且经被害人或者其近亲属、被害人提供的证人同意，可以向他们收集与本案有关的材料。显然，辩护律师在向被害人提供的证人与一般证人进行取证时遵循的规则并不一样，即**辩护律师向被害人提供的证人取证时，必须经人民检察院或人民法院许可**，否则就属于非法取证，该证据应当排除，不能使用；而**辩护律师向一般证人取证则无须人民检察院或人民法院许可，只要经证人或其他单位和个人同意即可**。因此，哪些证人属于被害人提供的证人就显得尤为重要。怎样界定证人属于被害人提供的证人呢？

破解思路

目前有一种说法认为，《刑事诉讼法》第 43 条规定辩护律师向被害人提供的证人取证时必须受限制的理由之一是"为了防止被害人一方的证人，迫于威胁或者受到引诱而作假的陈述和证词"。据此可以认为被害人提供的证人在某种意义上指被害人一方的证人。

笔者认为，这种说法有一定道理，但在实际办案中，我们经常遇到几种比较典型的情况，很难界定某些证人是否属于被害人提供的证人。

一是被害人陈述中提到且其证言有利于被害人一方的证人。

二是被害人陈述中提到，但其证言不利于被害人一方却有利于被告人一方的证人。

三是被害人陈述、犯罪嫌疑人、被告人供述或辩解中同时都提到的证人。

四是被害人陈述中提到的在场人，但不知该在场人的身份及证言有利于何方。

五是被害人陈述中虽然未提供相关证人，但公安机关找到相关证人，其证言有利于被害人一方。

笔者认为，**被害人提供的证人是指被害人向司法机关提供的证人，不管其证言是否有利于被害人，也不管犯罪嫌疑人、被告人供述或辩解中是否也同时提到，均属于被害人提供的证人。**因此以上五种情况，我认为前四种证人应该属于被害人提供的证人。

由于目前司法机关没有对此问题作出权威的司法解释，而这个问题又常常在实际办案过程中出现，并导致控辩双方争论不休。法庭辩论时，控辩双方从各自的角度对此问题作有利于己方观点的解释，法官也无法准确判定辩护人向那些证人取证是否合法。实践中就出现了辩护人向被害人提供的证人取证而公诉机关无法有效予以监督的问题，直接侵害了被害方的合法权益，使一些有利于被害人一方的证人，迫于威胁或受引诱而作虚假证词，从而影响对犯罪的打击和案件的公正审判。因此，在司法机关还未作出司法解释的情况下，针对此问题的答辩，我们可以把握两点，即**证人是否系被害人提供，证人是否同意**。对一些其他复杂情况，可以明确表达控方观点，供合议庭参考。

12 如何正确对待被告人以被刑讯逼供为由而翻供

 疑难问题

被告人供述辩解，不能完全信也不能都不信，实践中搞的"零口供"试点，已经被推翻。因为，如果被告人认罪，那么其所作的供述笔录就是很重要的定罪证据，而如果是"零口供"规则，就会把这一重要的证据排除在外，显然不符合刑诉法关于八种证据种类中口供也是证据之一的规定。如果被告人在侦查阶段作了有罪供述，而后翻供，翻供的理由是其被刑讯逼供，而现场没有目击证人，只有被害人。对这类一对一的案件，被告人原始的有罪供述是否真实，往往决定了案件的命运。**检察官在具体审查案件过程中，如何应对此类被告人的翻供？**

 破解思路

在司法实践中，遇到此类被告人翻供的情形，具体的做法是，**围绕审查案件中查找出来的细节，进行取证，做好证据的复核和补强工作。**

笔者认为应对被告人翻供，基础是靠全面系统的取证工作而形成的完整证据链，再结合被告人原始有罪供述笔录，来寻找驳斥刑讯逼供的证据。只有这样，才能从容应对被告人的翻供。

一方面，**要严格依法对讯问过程全程同步录音录像**，记录取证过程，这也是取证公信力的保障，将来一旦被告人翻供，可以用同步录音录像来证明没有刑讯逼供、非法取证；另一方面，**要对被告人供述当中的细节予以佐证**，比如被告人所述赃款的去向问题，作案工具的来源和下落，购买作案工具的记录，杀害被害人尸体埋藏地点，带领侦查人员到案发第二或第三现场，找到关联性证据，提供在场证人，侦查人员找到了该证人印证了被告人作案的过程或事实，等等。通过被告人先供后证，被告人的供述得到了大量的人证或客观性证据的印证，即使将来被告人翻供，也不会影响到对其先前供述的采信。

在案件先天不足，被告人又翻供的情况下，也可以做一些补救工作，比如，受贿案件，在被告人翻供否认受贿的情况下，可以补充行贿人与受贿人的手机通话清单，被告人家里或单位在场人的证言等证据，通过已查证属实的证据力求证实被告人原有供述的真实性，在被告人翻供的情况下，得出其翻供不属实的结论。所有补强和核实证据的目的就是证实被告人曾经做过的有罪供述的真实性，在被告人翻供的情况下，推翻其翻供的理由。只有这样，才能在被告人翻供的情况下，依然能够利用其原先作过的有罪供述，并结合行贿人证言等证据将其定罪科刑。

 举案释疑

案例　陈某抢劫案

基本案情

被告人陈某，男，犯罪时19周岁，文化程度初中，无业。曾因犯非法持有枪支罪、故意伤害罪被人民法院判处有期徒刑1年4个月。

2005年5月22日晚11时许，被告人陈某伙同"阿同""老二"（另案处理）三人密谋抢劫事宜后，在某大酒店门口拦下被害人何某驾驶的出租车，以雇乘该车到洋中镇为名将被害人何某骗至某村附近，由被告人陈某以下车方便为由叫停车后，同案人"阿同"持匕首顶住被害人何某右腰部，同案人"老二"向前击打被害人何某右脸部一拳，被害人何某挣脱后，犯罪嫌疑人陈某等上前追赶未果。被告人陈某等三人共抢走被害人何某的中兴816手机一部，价值488元，现金70元。

处理结果

检察机关以抢劫罪向法院提起公诉，一审法院以抢劫罪判处陈某有期徒刑4年6个月。陈某不服提出上诉，二审驳回上诉，维持原判。

争议焦点

被告人以被刑讯逼供为由提出无罪的辩解，被告人原有的供述笔录是否有效？

实务评析

由于本案没有目击证人，只能主要依据言词证据来定案，因此本案的关键证据是**被告人的口供与被害人的陈述笔录**，而被告人在审查起诉阶段就翻供，而且翻供的理由是被刑讯逼供，如果被告人的辩解成立，则根据现有证据排除规则，被告人的有罪供述笔录就不能采用，显然只有被害人陈述笔录是不能定罪的。

尽管被告人陈某极力辩解并推翻原有供述，但其辩解的理由得不到证据印证。**被告人原有的有罪供述得到了被害人陈述及相关证据的印证：**

1. 被告人原有有罪供述的内容得到被害人的陈述的印证，被害人辨认确认并明确描述被告人的行为，符合作案时的位置。如被害人陈述被告人下车后又回到车上抓住其右手臂打其右肋部，而被告人供述"阿同"在前排副座，自己坐在后排，"老二"在驾驶员后面，显然陈某在被害人的后右侧，符合被害人描述的殴打位置。

2. 被害人案发后见过被告人，被告人还打电话雇乘出租车到过宾馆、干洗店等地，自己还跟踪过。而被告人陈某承认自己有打电话雇乘出租车的情况，也到过这几个地方。印证了被害人陈述的真实性。

3. 被告人陈某承认自己与被害人素不相识。若被害人不是亲身经历，不可能就此能在众多人中指认了一个与自己不相识、无瓜葛的被告人，发案地点是去洋中镇的路上，而指认的被告人恰恰是洋中镇人。这些都是被告人自己无法做出解释的。

而**被告人关于被刑讯逼供而供述的辩解却得不到证据的印证：**

1. 被告人陈某辩解笔录是被刑讯逼供制作的。而笔录体现除了被告人陈某自己提供的假姓名外，对其辩解没有殴打被害人一节，公安人员也予以记录；其供述路上有返回拿刀、与一个开摩托车叫"孝"的人聊天、借打司机的手机为由迫使被害人交出手机等细节是被害人笔录中所没有的，公安人员也均一一记录在案。

2. 被告人连确凿的户籍证明都予以辩解，而其辩解的自己年龄问题，也被其亲姐姐否认，可见被告人有极力逃避法律追究的心理。

3. 笔录均经被告人陈某看过并签字，笔录的制作有被告人的辩解和不真实的一面均予以体现，恰恰反映了办案人员记录的全面与客观性。

被告人陈某终究没有逃脱法律的制裁。本案的成功之处就在于：从被告人的原始有罪供述笔录当中，找出被告人隐瞒、避重就轻的一些细节和事实，用在案的其他证据印证被告人原先有罪供述内容的真实性，可以认定原先笔录是被告人的自然供述，以此反衬出原始笔录当中有罪供述的真实性，推翻了犯罪嫌疑人被刑讯逼供的辩解。

13 检察官如何进行庭前准备

 疑难问题

台上一分钟,台下十年功。公诉人要想在法庭上有出色的表现,庭前准备工作是必不可少的。**如何进行庭前准备工作?如何保障法庭上不陷入被动?** 这些都需要我们对庭前准备工作进行一个梳理。

 破解思路

检察官出席法庭前的准备工作主要包括以下几个方面:

1. **查看现场,核实主要证据,针对辩护人提出的辩护意见或被告人提出的辩解,进行核实和必要的准备工作。** 笔者有一个习惯,对于关键证据比如目击证人等,都要重新询问,进行核实;对于案发现场,一般都要亲自去看一下。只有看了现场,并接触了主要证人,才会心里踏实,开庭时才会胸有成竹。

2. **确定是否通知被害人、证人、鉴定人及侦查人员出庭。** 需要通知被害人、证人、鉴定人及侦查人员出庭的,应在庭前5日将名单提交法庭。被害人、证人、鉴定人及侦查人员确定出庭的,承办人应在庭前先行询问被害人、证人,走访鉴定人、侦查人员。了解被害人的陈述、证人证言、鉴定结论及相关证据材料是否发生变化。

3. **参加庭前会议,**了解辩护人是否申请非法证据排除、回避、举证方式,是否向法庭提供新的证据以及是否申请证人、鉴定人出庭等情况。

4. **制作庭审预案,**也就是通常所说的三纲一书。内容应包括:

(1) 讯问被告人提纲。要求突出讯问的重点和讯问的策略和技巧。

（2）向证人、鉴定人发问提纲。要求安排好发问的顺序，把握发问的要点，讲究发问的方法。

（3）举证、质证提纲。要求编排好出示证据的先后次序，以及充分发挥证据作用的运用方法。

（4）预测庭审活动可能遇到的问题，尤其是质证时可能出现的问题。要求抓住案件的关键问题，把握辩论焦点和质证要点，并在预测的基础上，准备好答辩内容。

（5）庭审中必要的过渡性语言，主要是为了增强并规范语言的表达效果。

（6）重大、有影响的案件可以采用多媒体示证方式。出庭预案应当在庭审前，由处长或处长委托的办案组组长审核把关。

（7）制作《公诉意见书》，二审时制作《出庭检察员意见书》。

5. **《公诉意见书》《出庭检察员意见书》应当观点明确，针对性强，客观全面，说理透彻，结构严谨，用词准确**。并应根据案件的不同情况在内容上有所侧重。主要包括以下内容：

（1）公诉人、检察员（二审出庭时检察官称为检察员，不叫公诉人）出庭的法律依据、检察员出庭的身份和职责。

（2）对起诉书或对原判决认定犯罪事实是否清楚、证据是否确实充分、适用法律是否正确、量刑是否适当、诉讼程序是否合法、是否影响公正判决的情况等提出分析评判和法律监督意见。

（3）对抗诉案件，应充分阐述抗诉的理由。对上诉案件，应评析上诉理由是否成立。

（4）针对被告人在法庭调查中提出的辩解、辩护人的辩护意见作出反驳意见。

6. **出庭公诉人或检察员在人民法院决定开庭审理后，应当做好如下准备工作：**

（1）进一步熟悉案情，掌握证据情况。

（2）深入研究与本案有关的法律政策问题。

（3）充实庭审中可能涉及的专业知识。

（4）进一步熟悉、研究庭审预案。

（5）在必要情况下，落实出庭派警工作。

7. **对于有可能被炒作，发生舆情的案件，要制定预案**。笔者个人认为，涉检网络舆情应分成两种：案件类和非案件类。有关涉及案件的舆情要审慎处理。因为进入程序的反映刑讯逼供、非法取证问题，容易出现一边倒的反映情况，如果我们过于敏感，排除调查者，反而正入当事人下怀，客观上影响和干扰了司法。这类舆情,还是应当围绕案件本身,积极应对庭审,在法庭上依据证据来揭露犯罪,回应质疑。

笔者认为,对于涉及案件的舆情,国家层面应当通过立法来规范,总的一句话是,**舆论不能干扰案件正常审理,舆论不能代替审判**。如果案件已经进入侦查、审查起诉、审判阶段,应该由司法机关依法处理,通过审判程序来判定是否存在刑讯逼供、非法取证等问题,这是真正有权界定是否非法证据、是否非法取证、是否刑讯逼供的程序。

对于反映司法人员纪律、作风等非涉案问题的舆情,应及时调查公布真相。不应一概将所有的舆情,在没有任何核实的情况下,就打印并分发给领导,这样的做法,无形中会对一线的办案人员造成压力和困扰。因为办理案件,可能会引起当事人亲属的对抗和不满,也很可能会引起舆情,如果动不动就有反映刑讯逼供、非法取证的舆情,有时会留下对该地方或办案人员不好的印象。常说人都会先入为主,有时反馈没到位或不及时,更会造成不好印象。所以,最好是先初步核实,可以由监察部门或各部门初步核实,如案件正在办理,就将了解的情况附在后面。这样可以避免让舆情干扰办案人员、混淆视听。

 举案释疑

案例 黄某故意伤害案

基本案情

被告人黄某因琐事与被害人曾某发生争吵后,殴打曾某的头部致其呼吸、循环中枢衰竭死亡。被告人黄某归案后,拒不认罪,从而激起了民愤,发案地村民 500 多人联名上书呼吁政法机关严惩被告人。

处理结果

公诉机关指控黄某犯故意伤害罪,向法院提起公诉,一审法院以故意伤害罪判处被告人黄某有期徒刑 11 年,剥夺政治权利 2 年。被告人黄某不服提出上诉,二审法院驳回上诉,维持原判。

争议焦点

1. 被告人是否殴打被害人。
2. 被害人是否二次受伤。

实务评析

笔者承担了该案的审查起诉工作,该案非常复杂,经过多次反复开庭,历时3年。回顾该案的办理过程,我们最终能够将被告人绳之以法,关键是做好了庭前准备工作,才使我们在庭审中处于主动的有利的地位,主要体会如下:

1. **关键证据,公诉人应该亲自调查核实**。我们在审查一起案件时,首先必须找出本案的关键证据,尽可能地对关键证据亲自核实,只有这样才能把握案件的生命线,做到成竹在胸。

在本案的审理过程中,我们审查后认为本案的关键证据有二:**一是目击证人张某的证言;二是死者的法医学检验报告**。这两份关键证据表明死者的伤为被告人的行为所致,而且与被害人死亡有刑法上的因果关系。这是本案成立与否的关键所在。

我们到发案地找到了张某,并对其进行了详细的询问,补充了解到了一些在侦查阶段被侦查人员忽略掉的细节问题。如张某所住房子与被害人房子的距离,张某在案发时所站的位置以及该位置是否能够看到被告人行凶。同时,通过张某的证言,我们还找到了其他6份间接证据,如针对辩护人提供的证人证实张某案发当天有饮酒的情况,我们找到了张某的邻居,证实张某尽管有饮酒的习惯,但其酒量好,并不影响其正常判断等证据,加强了张某证言的可信度,也使我们确信被告人黄某实施了殴打行为。我们还做通了张某的思想工作,使其放下包袱,同意出庭作证。随后,我们请教了法医,对法医学检验报告出现的一些医学术语,如身体部位名称、病变原理、死亡原因等逐点进行询问,使我们对死者的死亡原因有了进一步的理解。这些工作让我们在庭审中尝到了甜头。

庭审时,辩护人向张某发问,尽管发问很有艺术,但证人张某斩钉截铁的指认,客观详细的描述,大大增强了法庭指控的效果,也给合议庭吃了一颗定心丸。辩护人在质证时多次对法医学检验报告提出质疑,认为死者死因不明,我们根据庭前向法医了解到的情况,并结合张某证言,详尽分析了死者死亡的原因是死者生前左脑受外力撞击致颅腔内大面积出血导致呼吸、循环中枢衰竭死亡,此外力系被告人所为。证人张某所述被告人击打被害人的部位与法医学检验报告相一致,已形成了牢固的证据锁链。庭审后,我们了解到,合议庭能够排除辩方出庭证人证言,采纳我方观点,对被告人定罪科刑,在很大程度上取决于这两份关键证据。

2. **对疑难案件,公诉人应该亲临案发现场**。有些案件的情节,看材料印象不深,听介绍感性形象不足,亲自到现场一看,一目了然,印象深刻,心里踏实,对法庭辩论十分有利。本案就充分说明了这一点。

我们在侦查人员的陪同下,在案件审查起诉阶段,前往现场查看。我们发现死者被殴打后昏倒的地方即死者房屋门前有二根柱子,其中一根柱子正好在目击证人张某所站位置的前方,这根柱子是否会挡住张某的视线,我们估计辩护人很可能会提出这个问题。于是我们找到目击证人张某,让其作现场示范,事实证明这根柱子不会遮挡张某的视线。我们要求侦查人员重新绘制了现场示意图并对现场以及证人所站位置进行了拍照,特别标出张某及柱子的位置、被告人殴打被害人的位置以及被害人昏倒在地的位置。

庭审中,辩护人果然提出张某证言不实,声称其到过现场查看,死者房屋门前有一根圆柱,这根圆柱挡住了张某的视线,其不可能看得清被告人殴打被害人的情形。我们当即指出了辩护人的两个错误:一是房屋门前有一根柱子,但并不是圆的而是方的;二是证人张某所站的位置可以看到死者被殴打时的情景,死者房屋门前的那根方柱根本不会挡住张某的视线,同时我们出示了现场勘查示意图。辩护人自觉理亏,在此后的辩论中再也不提这个问题。庭审结果表明:我们在现场细致的观察,对工作负责的态度直接赢得了合议庭的信任,合议庭完全采纳了我们的观点,采信了目击证人张某的证言。

3. 重视被告人辩解及被告人亲属的申诉。审查证据之后,在提审被告人时,我们必须耐心听其辩解,并对辩解理由进行核查,这样既有利于防止冤假错案的发生,也有利于我们找出案件的薄弱环节并及时加以排除,一举两得。公诉人不要害怕被告人拒供、翻供,不要拒绝倾听被告人亲属及辩护人的意见。

本案在审理过程,我们依法讯问了被告人,接待了被告人亲属的来访,他们反映被害人在被抬往医院途中从担架上掉了下来,存在二次受伤的问题。因此,我们到发案地,通过多方查找,找到了抬担架的几个证人,详细了解了被害人是否从担架上掉下来,同时我们还找到了送被害人去医院的驾驶员林某,获得了有力的旁证。由于林某与被告人、被害人双方均不认识,也正因为不认识,在侦查阶段侦查人员始终没能取得林某的证据,因此这份证言可信度强。正因为我们从被告人及其亲属处及时了解到"被告人存在二次受伤"的问题,才赢得充足的时间巩固了证据。

庭审中,辩护人提供两个证人当庭作证亲眼看到被害人从担架上摔了下来。由于我们在庭审前已就这个问题作了深入的调查,取得了有力的证据。因此我们当庭对两证人分别进行质询,两证人果然露出马脚。一个称看到被害人从担架上掉下来,头先着地;一个称看到被害人从担架上滑下来,脚先着地。我们当庭指出辩方证人证言自相矛盾,难以自圆其说,提出了辩护人提供的证人在作伪证的意见。同时我们向法庭出示了抬担架的4个证人的证言及驾驶员林某的证言,明确指出被害人受伤没有其他的原因,唯一的原因就是被告人的殴打,从而使我们在法庭上占据了主动。

4. 庭前要加强与法院承办人的沟通,获取有关信息,及时应对。 我们认为,在开庭前与法院承办人的沟通,往往可以获得不少有利的信息,及时补缺补漏,加强对庭审中可能出现的突出问题的心理抗辩能力。

本案在开庭前,我们从法院的承办人处了解到被告人的哥哥黄某某可能会出庭作证,作证的内容是他亲眼看到被告人没有殴打被害人。了解到这一情况后,我们及时与侦查人员配合,在开庭前取到黄某某案发时不在现场的证据。庭审中黄某某果然出庭作证称案发当时,其看见被告人只和被害人争吵,并没有殴打被害人,并看见被告人回家。我们指出,黄某某证言不真实,不能采信。首先,在历时3个多月的侦查、起诉阶段,被告人十多份笔录中,只字未提其哥哥在场,而今天当庭提出这个问题,显然不实;其次,黄某某系被告人亲属,不能排除包庇的可能;再次,在侦查至审查起诉阶段,证人黄某某也一直未向公安、检察机关提出要求作证的要求和证言;最后,有证据显示证人黄某某案发时并不在现场。合议庭当庭裁定黄某某的证言不予采信。由于我们庭前及时了解到情况,提前准备,才为我们赢得了时间,掌握了庭审的主动。

笔者认为,"一分耕耘一分收获",公诉人在庭上的潇洒同样也来自于庭外的无数汗水。公诉人在庭外的艰辛付出,往往是出庭公诉取得成功的重要保证。

14 律师刑事辩护权利与权益如何保障和规范

 疑难问题

辩护律师在刑事诉讼中的作用不可或缺，律师的出现，对于制约公权力，保障人权都起到重要的作用。**如何保障律师履职，如何规范律师依法执业，是我们面临的一个重要问题。** 司法机关一方面要支持律师履职，维护律师合法权益，另一方面，又要对律师执业进行规范，防止部分不良律师破坏正常的司法活动。这项工作需要司法机关和律师团体共同努力，争取互信互助互赢。

具体到检察官与律师的关系，来往过密，容易滋生腐败和不公，也不符合有关规定；隔离回避，又不符合法律共同体的理念。**检察官如何正确与律师相处，确实是一个不能回避且很难把握分寸的问题。**

 破解思路

笔者从事刑事检察工作二十多年，与律师打了二十多年的交道，不仅从律师身上学习不少，也交了不少律师界的朋友。笔者认为，**好的律师也是培养优秀公诉人的一个很重要的条件**。如果对庭的律师水平不高，久而久之，公诉人的水平也好不到哪里去。没有对手，对公诉人来说不是好事。只有不断地遇到好的对手，才能不断地有危机感，才能不断地提升自己。所以有的时候，笔者对那些优秀的律师朋友说："谢谢你，因为你们的犀利和智慧，某种程度上也成就了我们优秀公诉人。"

当检察官作为公诉人代表国家履行职责时，是站在指控犯罪的立场上的。而辩护人作为诉讼参与人，是站在维护被告人合法权益的立场上，针对公诉人的指控，提出证明被告人无罪、罪轻或减轻、免除其刑事责任的材料和意见。

但从某种层面上说，两者又有统一的一面，即在事实和法律基础上的统一。公诉人和律师的"对抗"，只是诉讼结构上的一种安排，在法庭上，检察官和律师的本质都是为了发现事实真相，正确适用法律，实现司法公正。检察官和律师有着共同的价值追求，职能定位一致，价值目标一致，履职要求一致，职业特点一致，检察官与律师不是简单的诉辩关系，更不是所谓的对抗关系。检察官代表国家，手上掌握公权力，相比辩护律师而言具有优势，因此，检察官应当克服特权思想，要尊重和信任律师，支持律师开展工作，要全面保障律师依法执业，完善律师会见、阅卷、调查取证等执业权利保障机制，完善听取律师意见机制，完善阳光司法机制，完善对侵犯律师执业权利的救济机制。同时对于其他单位或个人侵犯律师合法权益的行为，还应当依法主动出手纠正，这也是检察官的客观义务决定的。

一、明确律师在侦查以及审查起诉阶段的权利

1. 律师在侦查阶段有没有调查取证权？笔者认为，**律师在侦查阶段没有调查权，不能接触证据，只能会见、通信，为犯罪嫌疑人提供法律帮助，了解犯罪嫌疑人涉嫌的罪名和案件有关情况，提出意见，代理申诉、控告。而在审查起诉阶段可以行使调查取证和提出辩护意见的权利。**理由如下：

《刑事诉讼法》第43条规定律师可以调查取证，而第38条又明确规定了律师在侦查阶段的具体权利，包括为犯罪嫌疑人提供法律帮助，代理申诉、控告，申请变更强制措施，向侦查机关了解犯罪嫌疑人涉嫌的罪名和案件有关情况，提出意见。从法律依据上看确实是矛盾的。从情理上看，案件正在侦查，辩护律师就同步调查取证，也会干扰证人作证，可能导致泄密。笔者认为，既然刑诉法明确规定了侦查阶段辩护律师的权利，就不应该做扩大的理解。第43条的规定，主要是针对辩护律师在审查起诉以及审判阶段的权利。律师可以了解的案件有关情况是指哪些情况？根据六部委规定，律师可以了解的案情限于了解当时已经查明的该罪的主要犯罪事实。

2. 律师在侦查以及审查起诉阶段是否有权利查阅或刻录同步录音录像？这是刑诉法修改后出现的新问题，笔者认为，**辩护律师在侦查和审查起诉阶段不能查阅或刻录同步录音录像资料**，理由如下：（1）同步录音录像不属于证实原案的证据，而只是属于证明取证程序合法性的材料；（2）律师在审查起诉阶段能够查阅的只是与案件有关的证据；（3）根据高检院《人民检察院刑事诉讼规则》第76条的规定，只有对于提起公诉的案件，被告人及其辩护人提出审前供述系非法取得，并提供相关线索或者材料的，检察院可以将讯问录音、录像连同案卷材料一并移送法院，这也说明了同步录音录像不属于案卷材

料；同时也表明即使到法院审理阶段，辩护人还必须提供相关线索或材料，不是辩护人一提出非法取证问题，就可以查阅同步录音录像的。

3. 律师能否会见被指定居所监视居住的犯罪嫌疑人？被指定居所监视居住的犯罪嫌疑人会见是否被批准，要区分两种情形。一种是因《刑事诉讼法》第39条第3款规定的"危害国家安全犯罪、恐怖活动犯罪"这两类案件被指定监居的人员，属于需要批准才能会见的人员。对于无固定住处而指定监居的，律师会见不需要经过批准，但要经侦查机关妥善安排。

4. 律师执业有待规范的问题。实践中还发现了一些现象值得重视，由于法律没有对辩护律师在侦查、审查起诉阶段会见的次数进行限制，有些案件的辩护律师在侦查阶段频繁会见犯罪嫌疑人；有的案件中犯罪嫌疑人聘请关联单位的法律顾问作为辩护律师，而这一点目前法律没有禁止性规定；有的犯罪嫌疑人甚至同时聘请了多个律师，超出了最多2个的规定，而看守所没有审核把关，均安排会见。

二、辩护律师如何核实证据

《刑事诉讼法》第40条规定辩护律师在审查起诉阶段就可以查阅、摘抄、复制所有的卷宗证据材料，第39条第4款规定审查起诉阶段，辩护律师可以向犯罪嫌疑人、被告人核实有关证据。那么**律师是否可以将复制的辨认照片、现场勘查笔录以及证人证言交给犯罪嫌疑人指认、确认呢？**法律规定不明确，也没有司法解释，这个问题实际上在司法实践中很突出，亟待立法解释或司法解释。笔者和一些律师探讨时发现他们也有顾虑。但是实践当中，部分律师会将同案人供述内容也告知被告人，比如李某某案件，共有5个被告人，据法官介绍，这5个被告人的辩护人都将其他同案人的供述告知了自己的被告人。高检院研究室的有关人员就这个问题的解读是，**律师可以将犯罪嫌疑人自己在侦查阶段的供述以及物证、书证等客观性证据与犯罪嫌疑人对质，核实，但一般不宜将证人证言、同案人供述交予犯罪嫌疑人核实。**

笔者认为审判阶段公诉人举证时，可以将证据交给被告人质证，那么审查起诉阶段，案件已经侦查终结，在目前法律规定不明的情况下，从有利于被告人原则，笔者个人倾向于认为，**辩护人除了同案人供述，其他的证据包括证人证言可以向被告人核实。**为什么不能将同案人供述内容向被告人核实呢？笔者认为：在法庭审理阶段，对于共同犯罪的被告人讯问都是分开讯问，目的是避免同案人之间互相干扰，避免串供，保证如实客观的供述。基于这样的规定，在审查起诉阶段，也应该将同案人的供述隔离。

三、如何理解律师会见不被监听

《刑事诉讼法》第 39 条第 4 款规定，辩护律师会见犯罪嫌疑人、被告人时不被监听。如何理解"不被监听"？笔者认为，**"不被监听"，除了不被录音录像外，还包括侦查机关不派人在场。**包括二类律师会见需要批准的案件。此规定吸收了《律师法》第 33 条的规定，改变了 1996 年刑诉法关于律师会见在押的犯罪嫌疑人时，侦查机关根据案件情况和需要可以派员在场的规定，这意味着律师享有了独立会见权。司法实践中，一般掌握在看守人员能看得见但听不见的范围内进行。

关于这条规定，实践中争议较大，主要是体现在不对等，检察机关的侦查人员每一次讯问都要全程同步录音录像，而律师会见，不但没有同步录音录像，而且还不能使用看守所监控手段，不利于约束辩护律师，也不利于看守所安全。于是，有一种建议是，**可以使用所内监控，但不录音。**这样做，既不违反刑诉法的不被监听的规定，又无形中对律师有所约束。笔者个人认为这种做法可行。司法实践中，不少地方已经出台了相关规定，如杭州市检察院、公安局、司法局联合出台了《关于律师会见看守所在押及被监视居住犯罪嫌疑人、被告人的暂行规定》，上海市也出台了类似的规定。在这些规定中，看守所可以通过实地外围巡查或视频检查等方式，进行安全监控，但以不能获悉会见谈话内容为限；律师会见在押犯罪嫌疑人、被告人，不被监听，但可以被监视；为了避免律师传递材料，还规定会见结束后，律师应当在看守所对犯罪嫌疑人、被告人的人身安全检查结束后离开。

四、侦查阶段当事人能否聘请具有律师资格的亲友作为辩护人

《刑事诉讼法》第 34 条第 1 款规定，在刑事案件侦查阶段，犯罪嫌疑人只能委托律师作为辩护人，不能聘请亲友作为辩护人。**如果当事人聘请了具有律师资格的亲友作为辩护人，是否合法？**

实践中发现有的犯罪嫌疑人聘请自己的有律师身份的儿子作为辩护律师，在侦查阶段就会见了三十多次。显然作为利害关系人的当事人的儿子，虽然按照《刑事诉讼法》第 33 条规定，辩护人包括律师、人民团体或者犯罪嫌疑人、被告人所在单位推荐的人或者监护人、亲友，可见，亲友可以被委托为辩护人。但是，根据《刑事诉讼法》第 34 条的规定，在侦查期间，只能聘请律师作为辩护人，不能聘请亲友，笔者认为**法律应该是排除了亲友作为辩护人的情况，即使该亲友有律师资格也不能在侦查阶段作为辩护人，目的就是排除感**

情因素对侦查活动的影响。因此，需要明确的是在侦查阶段只能委托律师，在审查起诉阶段和审判阶段，才可以委托包括律师在内的所有类别的辩护人。在侦查阶段有权介入的只有受委托的律师，且非亲友。

五、侦查阶段律师履职可能存在的问题

一是**部分律师接受委托后没有及时告知侦查机关**。《刑事诉讼法》第34条规定，"辩护人接受犯罪嫌疑人、被告人委托后，应及时告知办理案件的机关"；最高人民法院、最高人民检察院、公安部、国家安全部、司法部、全国人大常委会法制工作委员会《关于实施刑事诉讼若干问题的规定》第4条规定，"一名辩护人不得为两名以上的同案犯罪嫌疑人、被告人辩护，不得为两名以上的未同案处理但实施的犯罪存在关联的犯罪嫌疑人、被告人辩护"。在侦查阶段，对于一名辩护人是否为两名以上的同案犯罪嫌疑人进行辩护等情况，看守所并不了解，只有办案单位才知道。因此律师接受委托后应当及时告知办案的检察机关，检察机关才能及时进行审查，防止律师在不知情的情况下违反法律禁止性规定。

二是**有的犯罪嫌疑人委托律师总人数超过法律规定的上限**。《刑事诉讼法》第33条规定"犯罪嫌疑人、被告人除自己行使辩护权外，还可以委托一至二人作为辩护人"。但有的犯罪嫌疑人同时聘请了三名以上辩护律师，在未向办案单位、看守所提供是否已与个别律师解除委托关系的情况下，这些辩护律师先后到看守所会见犯罪嫌疑人，看守所也没有认真审核把关，均安排了会见。

三是**个别律师利用会见不被监听的条件，帮助犯罪嫌疑人进行串供**。律师会见犯罪嫌疑人，可以了解案件有关情况，提供法律咨询等，但不需侦查人员陪同，且不被监听，会见中律师是否遵守相关法律规定，是否帮助犯罪嫌疑人进行串供等活动，完全依赖于律师个人素质和职业操守。现有条件下，无论是检察机关、看守所、公安机关，还是律师协会、司法行政机关，都难以对其不当甚至违法的执业行为形成有效约束。

在办案中，我们发现了个别律师帮助串供的情况，如某县检察院立案查处的傅某某涉嫌行贿、受贿案，犯罪嫌疑人傅某某在取保候审期间，与其聘请的辩护律师会见，律师交待其与行贿人串通，达成一致口径，将其所收受行贿人的贿赂款辩解成是其为行贿人提供劳务所得的报酬，以便将其受贿的金额减到1万元以下，从而减轻法律的处罚。后傅某某在检察机关讯问中承认了有与其家属委托的辩护律师串通并翻供的事实。

15 如何把握缺席审判制度

 疑难问题

缺席审判制度是 2018 年第三次修订刑诉法规定的，目的是加大追逃追赃力度，但是，基于种种原因和顾虑，**所制定的缺席审判制度内容，在实践当中很难把握**。其中掣肘缺席审判制度的主要问题就是**起诉书副本和开庭传票的送达问题**。

 破解思路

《刑事诉讼法》第 292 条规定，人民法院应当通过有关国际条约规定的或者外交途径提出的司法协助方式，或者被告人所在地法律允许的其他方式，将传票和人民检察院的起诉书副本送达被告人。传票和起诉书副本送达后，被告人未按要求到案的，人民法院应当开庭审理，依法作出判决，并对违法所得及其他涉案财产作出处理。

一、如何把握刑事缺席审判适用的案件范围

1. 贪污贿赂犯罪、严重危害国家安全犯罪、恐怖活动犯罪案件，除了贪污贿赂犯罪案件不需要核准外，其他两类案件如需及时进行缺席审判的，需要高检院核准。

2. 犯罪嫌疑人、被告人在境外的。为什么不能规定只要在逃，都可以适用缺席审判呢？笔者认为，立法机关主要是基于担心如果不限定在境外，那么对于在逃人员的抓捕力度会降低，因为人到不到案如果不影响案件的审理判决，那么抓捕到案的必要性和紧迫性可能就大打折扣了。

3. 因被告人患有严重疾病无法出庭，中止审理超过 6 个月，被告人仍无法出庭，被告人及其法定代理人、近亲属申请或者同意恢复审理的。

4. 被告人死亡，有证据证明被告人无罪，人民法院经缺席审理确认无罪的。

二、具体程序如何规定

1. 在管辖上，**明确由犯罪地、被告人离境前居住地或者最高人民法院指定的中级人民法院组成合议庭进行审理**。这里指定管辖的决定权提升到最高法院，审理法院明确中级法院审理。

2. 送达问题。《刑事诉讼法》第 292 条规定，**人民法院通过国际条约规定的或者外交途径提出的司法协助方式，或者被告人所在地法律允许的其他方式，将传票和检察机关的起诉书副本送达被告人。**

这样规定的目的是**保证被告人的知情权**。联合国《公民权利和政治权利国际公约》第 14 条第 3 款将被告人"出席受审并亲自或经由他所选择的法律援助进行辩护"规定为"在判定对他提出的任何刑事指控时，人人完全平等地有资格享有的"最低限度的保证。在被告人查无下落的情况下提起公诉，启动缺席审判程序，客观上构成对上述人员知情权、辩护权、诉讼参与权等个人权利的漠视，有悖正当程序原则。对一个不知下落的人进行缺席审判近似于对死亡者的审判，不仅无助于营造刑事司法一般预防和特殊预防的效果，而且可能产生弱化正义感的心理效应。

根据《刑事诉讼法》第 292 条规定，对诉讼文书送达的方式有三种：一是**通过国家条约规定的刑事司法协助送达**；二是**通过外交途径即外交或领事机构提出的司法协助方式送达**；三是**被告人所在地法律允许的其他方式**。

但向逃匿境外的被告人送达文书还是存在一定障碍。一般情况下，刑事司法协助中的文书送达通常是以证人、鉴定人为对象，尤其在送达出庭通知问题上，往往会将被告人排除在刑事司法协助范围之外，否则有规避引渡程序之嫌。我国与外国缔结的一些刑事司法协助条约明确规定：对于要求某人作为被告人出庭的文书，被请求方不负有执行送达的义务。可见，送达问题是决定缺席审判能否顺利进行的一个关键环节。因为是在逃人员，涉及首先应知道在哪个国家，藏匿于什么地点。即使知道了藏匿地点，被告人仍然可以拒绝签收有关文书，有意躲避对其实行的文书送达或者故意销毁、隐匿向其送达的诉讼文书。这些情形算不算收到？算不算送达？另外，还涉及启动外交手段方面的困难。仅协调送达，就可能需要耗费大量精力，而且还存在可能没有结果的状态。笔者建议，**可以尝试采取比如在被告人所在国华人社区的公告送达，向国内指定的辩护人送达,以及受送达人接受的其他方式,比如视频送达、公证送达等。

3. 规定送达传票和起诉书副本后,被告人未按要求到案的,人民法院应当开庭审理,依法作出判决,并对违法所得及其他涉案财产作出处理。送达是启动审判的前提条件,如果送达不到位,将浪费大量的前期诉讼资源,效果不好。刑诉法将送达安排在法院受理案件之后,这个阶段案件已经起诉,如果法院难以在有限时间内完成送达程序,则可能导致一些已提起公诉的缺席审判案件积压在法院,甚至造成缺席审判程序夭折或者不了了之。所以,可能还是应当做好前期的摸底预案工作。

4. **缺席审判程序与违法所得没收程序的区别**。笔者归纳了以下几个不同点:

(1) **启动条件不同**。缺席审判程序启动的条件比违法所得没收程序来得严格。缺席审判程序前提是犯罪事实已经查清,证据确实、充分,依法应当追究刑事责任的,也就是必须构成犯罪,而且符合法律规定的案件范围;违法所得没收程序,不需要构成犯罪,只要犯罪嫌疑人、被告人逃匿、通缉1年后不能到案或死亡的,就可以启动。

(2) **开庭条件不同**。缺席审判程序开庭的条件是起诉书副本和传票必须送达,如果送达不到位,不能开庭;而违法所得没收程序,只要由法院在受理没收违法所得申请后,发出公告,6个月之后就可以开庭审理。

(3) **案件类型不同**。缺席审判只有三类案件,即贪污贿赂犯罪案件、严重危害国家安全犯罪、恐怖活动犯罪案件;违法所得没收程序涉及的案件更广,即贪污贿赂犯罪、恐怖活动犯罪等重大犯罪案件。

高检院要求选取典型案件积极探索,为细化和规范缺席审判制度提供实践依据。但是从目前来看,全国范围内缺席审判的案件少之又少。

16 如何防止冤假错案

 疑难问题

古今中外，冤假错案都难完全根除。一个冤假错案就会毁掉一个家庭，毁掉一个人的一生，这是任何赔偿、补偿都无法弥补的。冤假错案的发生原因很多，有故意陷害的；有办案人员急功近利，好大喜功，草率办案的；有虽然没有冤枉他人的故意，但办案水平、技术条件不足的，其形成涉及各个执法部门、办案阶段。**如何避免冤假错案的发生，需要我们全方位地研究。**

 破解思路

一、相关法规规定

中央政法委2013年就出台了《关于切实防止冤假错案的规定》，针对执法司法中存在的突出问题，根据现行有关法律规定，对审判环节疑罪从无原则、证据裁判原则、严格证明标准、保障辩护律师辩护权利等作了重申性规定，并就法官、检察官、人民警察对办案质量终身负责提出明确要求。其中有许多可操作性高的方法，确保从机制上建立起防范冤假错案的防护栏。

如要求犯罪嫌疑人被送交看守所羁押后，讯问应当在看守所讯问室进行并全程同步录音录像。侦查机关移交案件时，应当移交证明犯罪嫌疑人、被告人有罪或者无罪、犯罪情节轻重的全部证据。在侦查、审查起诉、审判时发现有应当排除的证据的，应当依法予以排除，不得作为提请批准逮捕、批准或决定逮捕、移送审查起诉、作出起诉决定和判决的依据。

规定要求，坚持证据裁判原则，证据未经当庭出示、辨认、质证等法庭调查程序查证属实的，不得作为定案根据。对于定罪证据不足的案件，应当坚持疑罪从无原则，依法宣告被告人无罪，不能降格作出"留有余地"的判决。对于定罪确实、充分，但影响量刑的证据存在疑点的案件，应当在量刑时作出有利于被告人的处理。不能因舆论炒作、当事人及其亲属闹访和"限时破案"等压力，作出违反法律规定的裁判和决定。同时，要求执法机关切实保障律师会见、阅卷、调查取证和庭审中发问、质证、辩论等辩护权利。对于被告人及其辩护人提出的辩解及辩护意见和提交的证据材料，应当认真审查，并在裁判文书中说明采纳与否的理由。对罪犯提出的申诉、控告、检举材料，监狱或其他刑罚执行机关不得扣压，应当及时转送或者提请有关机关处理，有关机关应当认真审查、及时处理，并将处理结果通知监狱或其他刑罚执行机关。

二、如何最大限度地发现冤假错案并予以纠正或避免

根据中央政法委的规定，笔者结合自身在反贪、公诉二十多年的办案经验，谈谈自己的体会：

1. **严格执行《刑事诉讼法》和《监察法》关于同步录音录像的规定。**这些规定，对于保障被告人的合法权益意义重大。实践中，必须保障讯问场所合法以及录音录像是全程的、全面的、全部的，也就是必须全程同步，不得剪辑。同时，还必须与监管场所24小时不间断的监控结合，保障监控不留死角，只有这样，才能最大限度地杜绝刑讯逼供，而刑讯逼供是制造冤假错案的罪魁祸首。

2. **充分借用科技的力量防范冤假错案。**我们知道不少冤假错案得以平反，是由于科技的进步，一些客观性证据得以证实案件事实。但有一些冤假错案也是由于办案机关迷信鉴定结论造成的，这些案例不只中国有，在国外也有。比如，在美国1989年"中央公园慢跑者"案件中，一位女银行家在慢跑通过曼哈顿中央公园时被殴打和强奸，警方将嫌疑人锁定为5名14至16岁的少年，在漫长讯问后嫌疑人陆续认罪且进行了录像，尽管他们后来坚称是遭到刑讯后被迫录下的，但由于这些"强有力"的证据法院认定罪名成立，分别判处他们5至15年监禁。2002年案件真凶出现和新出现的DNA鉴定结论均表明当时的有罪认定是错误的。我们不能迷信鉴定，包括指纹鉴定、血型鉴定、骨龄鉴定、笔迹鉴定等。**这些鉴定还必须同其他证据一并综合考虑、分析，只有形成证据链，并且排除刑讯逼供等可能的，才能放心使用。**

3. **严格执行非法证据排除规则。**为从制度上进一步遏制刑讯逼供和其他非法收集证据的行为，维护司法公正和刑事诉讼参与人的合法权利，刑诉法确定了非法证据排除规则，这不只是为了排除冤假错案，还是为了体现刑诉法对

程序公正的追求，对程序正义的追求。中共中央《关于全面深化改革若干重大问题的决定》也提出"健全错案防止、纠正、责任追究机制，严禁刑讯逼供、体罚虐待，严格实行非法证据排除规则"。可见，排除非法证据是一个趋势。

《刑事诉讼法》第56条第2款规定，在侦查、审查起诉、审判时发现有应当排除的证据的，应当依法予以排除，不得作为起诉意见、起诉决定和判决的依据。也就是说，非法证据排除程序在侦查、审查起诉、审判三个阶段均可以进行，笔者个人认为，立法机关这样规定是出于两个方面的考虑：一方面是为了约束、遏制刑讯逼供；另一方面是为了减轻法院压力，如果到法院阶段再对非法证据予以排除，有些案件社会舆论已经形成定式了，会导致法院背负太大压力。

4. **执行法定证明标准，坚持证据裁判原则**。认定案件事实，必须以证据为根据，应当依照法定程序审查、认定证据。认定被告人有罪，应当适用证据确实、充分的证明标准。切实改变"口供至上"的观念和做法，注重实物证据的审查和运用。只有被告人供述，没有其他证据的，不能认定被告人有罪。现场遗留的可能与犯罪有关的指纹、血迹、精斑、毛发等证据，未通过指纹鉴定、DNA鉴定等方式与被告人、被害人的相应样本作同一认定的，不得作为定案的根据。涉案物品、作案工具等未通过辨认、鉴定等方式确定来源的，不得作为定案的根据。对于命案，应当审查是否通过被害人近亲属辨认、指纹鉴定、DNA鉴定等方式确定被害人身份。

5. **坚持疑罪从无、有利于被告人原则**。持尊重和保障人权原则，尊重被告人的诉讼主体地位，维护被告人的辩护权等诉讼权利，保障无罪的人不受刑事追究。

6. **不受舆论及维稳压力干扰**。坚持依法独立行使审判权原则，必须以事实为根据，以法律为准绳，不能因为舆论炒作、当事方上访闹访和地方维稳等压力，作出违反法律的裁判。

7. **保障律师依法辩护的合法权利**。修改后刑诉法进一步完善和保障了律师在刑事诉讼中的法律地位和作用，有积极的意义。

8. **保障被告人及其辩护人在庭审中的发问、质证、辩论等诉讼权利**。对于被告人及其辩护人提出的辩解理由、辩护意见和提交的证据材料，应当当庭或者在裁判文书中说明采纳与否及理由。充分发挥辩护律师在防范冤假错案上的重要作用。根据《刑事诉讼法》的规定，辩护律师的基本职责就是根据事实和法律，提出犯罪嫌疑人、被告人无罪、罪轻或者减轻、免除其刑事责任的材料和意见，维护犯罪嫌疑人、被告人的诉讼权利和其他合法权益。这一制度设计，就在于与控诉方形成一种诉讼对抗关系，防止对犯罪的指控成为一种潜在的犯罪认定。我国法律对公诉机关虽然也作出了要重视无罪、罪轻证据的规定，但公诉机关的追诉性质，在本能上肯定是更为关注有罪、罪重的事实和证据，这也是可以理解的。因此，现代的诉讼构造，为防止一边倒，通过立法安排了刑事辩护这样一种对抗力量，从而形成了诉辩对抗、法官居中裁判的诉讼格局。从防范冤假错案角度而言，推而广之，从确保所有刑事案件审判的公正性、合理性、裁判可接受性而言，辩护律师都是法庭最可信赖和应当依靠的力量。

9. 正确对待罪犯提出的申诉、控告、检举材料，及时复查确有冤错可能的控告和申诉。 原判决、裁定确有错误的，依法及时纠正。

10. 正确看待无罪案件。 我们的观念中常有"不冤枉一个好人，不放过一个坏人"的认识，但要有效防范冤假错案，做到"不冤枉一个好人"，让无辜者获得保护，那就有可能会"放过"一些坏人，这种制度风险是客观存在的，在这个问题上社会各方面都要有心理准备，这也是维护刑事司法公正、防范冤假错案必须要付出的代价。

17 如何提高侦查人员出庭作证的能力

 疑难问题

《刑事诉讼法》第59条是关于侦查人员出庭的规定，**随着刑诉法的实施，侦查人员出庭的机会增多，这对侦查活动提出了更高的要求。**由于之前没有经验，侦查人员出庭面临的问题也很严峻。侦查人员基于这些顾虑，在侦查期间的言行就会缩手缩脚放不开。在某种程度上，对审讯的力度和态度以及言行都会有所影响，可能会降低审讯的效果。因此，**侦查机关有必要对侦查人员进行训练，可以与公诉人员多沟通、配合。**比如在出庭前，双方可以就庭上要解决的问题以及辩护人或被告人可能发问的问题进行沟通，出庭的侦查人员要写出出庭预案，将可能问到的问题罗列出来，并写出应对措施，如侦查人员对于辩护人或者被告人提出的问题，应当如何说明和解释；对于庭审中出现的被告人的无理指责、发难或者辩护人质疑或者受到旁听的被告人家属谩骂甚至人身攻击的突发情况，应当如何应对，等等。

 破解思路

一、侦查人员出庭的身份问题

（一）根据《刑事诉讼法》第59条规定侦查人员出庭的身份问题

《刑事诉讼法》第59条关于侦查人员出庭的身份问题，各方存在较大争议。笔者认为，**出庭的侦查人员并不是证人身份，其应当还是侦查人员的身份。**侦查人员出庭既是权利，也是义务，是侦查职责（职权和责任）的延伸。侦查人员出庭只是对侦查过程中收集证据的合法性说明情况，比如侦查过程中是否采取刑讯逼供、诱供、暴力取证等违法收集证据行为，采取强制措施、查封、扣押手段是否符合法律规定等。而证人是指能够知道案件情况的人，也就是了解与本案定罪量刑相关事实的人，其出庭仅就其经历过的、看到、听到的事实向法庭做出说明。可见，侦查人员没有目击犯罪过程也不了解犯罪事实，其对案情的了解只是通过事后侦查并查明的犯罪事实获得，因此，他出庭的身份不是证人，充其量只是事后知情者而已。

（二）根据《刑事诉讼法》第192条规定侦查人员出庭的身份问题

1. 警察作为证人出庭情形。《刑事诉讼法》第192条的规定，**警察就其执行职务时目击的犯罪情况作为证人出庭作证的，属于证人。**检察机关侦查人员同样适用这个条款，可以作为证人身份出庭的情形也有，比如在秘密侦查情况下，控制下交付或隐匿身份侦查时，目击到职务犯罪行为的情形，在这种情况下，侦查人员作为犯罪的目击证人，属于证人身份。前提是，**该侦查人员不能再成为该案的侦查人员了。**而且，对于这类的侦查人员，其出庭也不是根据《刑事诉讼法》第59条的规定出庭，不适用这个依据，不属于侦查人员出庭，而是适用证人出庭的条款。

2. 警察就其执行职务时目击的犯罪情况作为证人，法院通知出庭，拒不出庭的，是否适用强制出庭的规定？笔者的理解是，**警察作为证人出庭适用证人出庭规定，而法院可以强制证人出庭，因此，也可以理解为法院可以强制警察出庭。**如果确实发生了目击犯罪情况的侦查人员拒不出庭，而单位又无法让他出庭的情况，那么法院可以强制其出庭，尽管可能执行起来有难度。

二、如何提高侦查人员在法庭上接受各方质询的能力

虽然刑诉法对侦查人员出庭做了制度性的安排，但还没有形成常态。侦查人员出庭的案件，一般局限于观摩庭、评议庭以及社会关注度高的案件，大部分案件没有安排侦查人员出庭，因此侦查人员在出庭方面的经验往往比较欠缺，一旦需要侦查人员出庭时，往往庭审效果不好，庭审局面会很难控制。笔者认为，可以通过以下方式提高其出庭履职能力。

（一）加强与检察机关的合作，了解庭审程序

出庭经验需要实践，而在此之前也需要和检察机关进行合作，明确出庭作证的内容，对哪些问题可以拒绝回答，提高出庭应变能力。

比如，侦查人员对于辩护人或者被告人提出的问题，应当详细说明和解释；对于庭审中出现的被告人的无理指责、发难或者辩护人发难、质疑以及旁听的被告人家属谩骂甚至人身攻击的突发情况，应当沉着老练，按照有理有力

有节的要求进行应对，维护良好形象。千万不能冲动发怒，落下话柄。最糟糕的一种情形就是旁听人员通过侦查人员庭上的表现，得出这个侦查人员脾气暴躁，容易动怒，被告人说被他刑讯逼供、体罚，有这种可能。侦查人员在法庭上不是代表某一个人，而是代表侦查机关。

（二）经常性组织侦查人员旁听庭审

当然，这些说起来容易，做起来难。侦查人员在这方面的经验比较少，还需要训练。在实践过程中，我们可以借鉴公诉部门这几年开展的评庭活动，选择一些侦查人员出庭的庭，组织侦查人员到庭旁听评议，一方面通过旁听，可以减少侦查人员对法庭的陌生感，另一方面，通过旁听，让侦查人员设身处地地思考，如果自己出庭，如何应对公诉人、被告人、律师的提问，如何让法官相信侦查活动的合法性。不断的训练，对于提高侦查人员心理素质、答辩能力、甚至侦查能力都是有益的。

（三）在侦查期间，就要为将来可能的出庭做好准备

要把功课做在前头。为了在法庭上的从容，就要未雨绸缪，把侦查工作做扎实。比如辩护人或被告人经常会提出被刑讯逼供的意见，侦查人员就必须为应对这个问题做好准备。对于辩护人提出的侦查人员刑讯逼供的质疑，侦查人员可以这样回应：检察机关对本案的讯问是严格依法进行的，并对讯问过程进行了全程同步录音录像，该录像资料已经按照规定移交给公诉部门，如果辩护人有异议，可以查看。这样答辩针对性强，可信度强，不会显得苍白。

（四）制定侦查人员出庭作证行为规范，规范出庭行为

公诉人出庭有出庭行为规范，侦查机关应当也制定一个侦查人员出庭行为规范，将一些法庭上常见的辩护人的质证意见整理、归类，并提出答辩的角度和应对要点。对于出庭侦查人员的仪容仪表、发言的法言法语、答辩的技巧也都予以规定，以此规范侦查人员在法庭上的行为。

18 对人大代表、政协委员如何采取强制措施

 疑难问题

人大代表、政协委员属于特殊群体，根据代表法和刑诉法规定，受到特殊保护。如因办案需要对其采取强制措施的，必须经过法定的程序。

 破解思路

对于乡镇一级人大代表，采取限制人身自由的强制措施只要县级院报告乡镇人大即可。

拘传、取保候审、监视居住、拘留、逮捕人大代表，除现行犯只要报告外，都要经过同级人大主席团或常委会许可。

拘传、取保候审、监视居住、拘留、逮捕担任两级以上人大代表的，应分别委托同级检察院报告或许可。

拘传、取保候审、监视居住、拘留、逮捕政协委员，不需许可，但需事前报告，或事中、事后报告。

报告或申请许可手续由侦查机关执行。

如监察委查办的案件，一般情况下，要求对人大代表身份的被调查人罢免身份。如果监察机关将被调查人移送监察机关时，仍然具有人大代表或政协委员身份，那么就要按照上述要求，做好报告和许可手续。

19 如何更好应对庭审实质化的要求

 疑难问题

检察机关刑事检察部门积极适应以审判为中心的诉讼制度改革新形势,如何应对庭审实质化的要求?推进庭审实质化进程,做好证人出庭作证工作、多媒体示证工作很重要。

 破解思路

一、关于庭审实质化改革的内涵与外延

庭审实质化是指:**庭审成为定罪量刑的主要和决定性阶段**。其核心在于:**避免庭审形式化,防止庭审"走过场"**。

庭审实质化对检察机关带来重大影响与挑战体现在三个方面:

一是**证据审查方式转变**。庭前的证据审查活动被淡化,当庭举证质证的证据才是法官采信的重点。

二是**指控犯罪难度加大**。出庭证人在被告人及其辩护人的询问和质证压力下翻证可能性提高,控诉双方的质证、辩论更加激烈。

三是**败诉风险有所提高**。

二、证人出庭作证工作——以福建省为例

证人出庭作证中的证人通常是指四类人员,即普通证人、侦查人员、鉴定人和有专门知识的人。

(一)工作情况

2014—2016 年,福建省检察机关四类证人出庭作证的案件达到 1667 件,

占起诉案件的 1.21%。主要特点是：

地区差异方面，基于诉讼理念转变、重视程度不一、沟通协调效果等方面的原因，**各地证人出庭案件数量相差较大**。其中泉州的最多，厦门的最少。

适用罪名方面，**证人出庭作证主要集中在六类刑事案件**，占总案件数的 58.24%。其中故意伤害案件约占出庭案件总数的 1/4。

启动主体方面，**检察机关申请证人出庭作证占主要比例**。2014—2016 年，检察机关申请的出庭证人占总数的 77.78%；辩护人及诉讼代理人申请的证人占总数的 9.16%；法院自行决定的出庭证人占总数的 13.06%。

证人类型方面，**普通证人居多**。2014—2016 年，普通证人出庭占总数的 44.85%；侦查人员出庭占总数的 35.42%；鉴定人出庭占总数的 15.42%；有专门知识的人出庭占总数的 4.31%。

（二）主要做法和成效

细化操作规程，建立健全工作机制。省院于 2013 年就与省法院、公安厅等单位联合制定了证人、鉴定人、有专门知识的人出庭程序与保障机制的意见。在此基础上，目前，全省共有 12 个检察机关，单独制定或联合法院、公安、司法等单位联合出台规范性文件。

严格把握条件，合理界定出庭范围。所有证人一律出庭既无必要、也不现实，关键在于合理界定证人出庭的案件范围和人员范围。各地主要把握以下三个方面：一是**确有必要**。比如重大刑事案件的目击证人等。二是**全面考虑**。分析出庭作证的可能性和证据效力。三是**效果优先**。根据对出庭风险的预测评估，检法两家就需要证人出庭作证的具体情形达成共识。

抓住实务重点，着力强化出庭保障。一是**强化证人保护**。有的地方采取"当日保护""风险保护"和"隐身作证"等不同模式的保护工作。二是**实施物质补助**。现有补助资金的来源主要有两个渠道，一个渠道是通过向县政府申请专项经费统一支付；另一个渠道是由检法两家各自负担申请或决定的出庭证人的补助费。三是**加强刚性执法**。对普通证人无正当理由拒绝出庭的，由法院视情况采取强制手段；对侦查人员无正当理由拒绝到庭的，由所在机关依法依纪进行调查处理；职务犯罪案件中认定自首、立功等情节存在争议的，统一要求侦查人员出庭作证。

主要成效：证人出庭率方面，一审普通程序案件中，近年来福建省的普通证人出庭率，鉴定人出庭率均高出全国平均数。出庭证人证言的采信率也相当高，达到 96.37%。实践证明，效果明显。2015 年 9 月，在惠安举办了现场会，参会的高检院公诉厅领导、北大等高校知名专家学者，对福建省相关经验给予高度评价，认为福建省的证人出庭作证工作走在全国检察机关前列，会议经验材料也被全国转发。

（三）存在问题

主要是三个方面的问题：

立法层面，相关法规过于原则模糊，操作性不强。表现在：一是**应当出庭作证的范围界定不清**。启动证人出庭的条件带有很强的主观性。二是**证人保护的责任主体不明**。修改后刑诉法没有规定保护时限、职责分工、具体操作。三是**证人补偿的经费来源、标准没有统一**。

司法层面，检法两家存在畏难情绪。一是证人出庭属于"繁案精办"，从程序到实体、从证人保护、证人补偿到强制出庭、庭后追责等等，都**需要增加大量工作**。二是对检察机关和法院的办案人员来说，要求都提高了。言词证据存在易受干扰、主观性和易变性等特点，认定难度较大，**需要较高的综合分析判断能力**。

证人层面，各类证人均有不同顾虑，作证意愿低。对普通证人而言，存在"多一事不如少一事"的想法，普遍存在不愿出庭、不敢出庭的情况。对鉴定人而言，因刑诉法对鉴定人不能采取强制到庭的措施，一旦鉴定人拒绝出庭作证的，司法机关往往办法不多。比如，某市检察院于2015年办理的王某（某区法院审判员）滥用职权案，认定当事人经济损失的依据是价格认证中心出具的《价格鉴定结论书》。二审开庭时，法院通知鉴定人出庭作证，但鉴定人以"价格认证行为是行政确权而不属于司法鉴定管理范围"为由拒绝出庭。检察机关多次与省物价局沟通，要求协调鉴定人出庭，未果。最终，二审法院依据法律规定认定该鉴定意见不得作为定案依据，对该案判处无罪。对侦查人员而言，其出庭作证需要接受控、辩、审各方的询问，明显感到不适应，且作证压力大，加上对庭审程序、规则及环境的不熟悉，对出庭作证难免心存抵触。

（四）关于庭审实质化的工作思路

强化省级政法机关的沟通协调。省院公诉部门拟在省级层面加强各司法机关之间的沟通协调，建立长效配合机制，厘清职责分工，加强工作引导。一是**严格界定证人应当出庭作证的案件范围**。二是**落实证人拒绝到庭的强制措施或制约手段**。比如，在2017年3月份的省公检法"小三长"联席会议上，省院公诉部门提出规范鉴定人出庭作证工作的议题。建议各政法机关形成合力，通过与社会鉴定机构或相关单位建立通报机制，督促鉴定人切实履行出庭义务。下一步，拟就制约其他类型证人到庭的具体措施继续进行协商。三是**拟就证人保护、证人补偿、法庭建设等保障机制，尽力与各政法机关达成共识**。比如协调法院逐步推动法庭改造,要求有条件的各级法院应当逐步改造配备有隐蔽作证室、专用通道等设施的法庭。

加强对下分类指导。一是**结合要点全面推开**。结合年初工作要点的统筹部署、百案评庭等工作,要求各级公诉部门与同级法院、公安争取会签规范性文件以形成合力,推动工作规范开展。二是**选择重点加强研究**。如专门推动鉴定人出庭作证,深入研究实践情况和存在问题,提出意见建议与对策措施等等。三是**纳入考评加强引导**。将证人出庭作证工作纳入评议庭考评内容,充分发挥考核工作引导功能、提高干警工作积极性。

推进公诉人素能建设。通过业务指导、实战训练、听庭评议、集中实训、模拟质询等有效手段,努力提升公诉人证据审查能力、整体稳控能力、庭前预测能力、交叉询问能力、临场应变能力这五种能力。

三、多媒体示证工作

多媒体示证是指,在庭审活动中,运用多媒体技术出示证据,把实物证据、书面证据、言词证据、音像证据转化成数字化的文本、声音、图像(包括图形、动画、视频)等形式,并借助投影仪、实物展示台、显示屏、高清电视、现场音响等设备进行展示的活动。

这有助于推动庭审实质化,加强公诉现代化能力建设和落实"智慧公诉""阳光公诉"的深度融合。通过多媒体示证,增强指控犯罪效果,提升公诉出庭水平,提高检察机关自身形象和司法公信力。

(一)多媒体示证的主要功能

1. **客观展示证明犯罪的重要证据**。比如对一些现场监控录像也可以结合播放,效果很好。

2. **清晰梳理复杂案件的基本脉络**。比如一些疑难案件,涉及复杂的人物层级关系、资金流转去向、单位演变过程等具体事实,通过多媒体示证能够将脉络、资金流向更直观地展示出来。

3. **真实还原犯罪行为的实施过程**。能够突破语言的局限性,把不容易用语言描述的犯罪过程转化为动态的三维动画或可视材料。

4. **切实提高庭审的效率和质量**。所有诉讼参与人能同时从屏幕上获取证据的信息,节省了逐个传递书证和物证的环节。

(二)福建省多媒体应用现实状况及工作思路

目前,福建省各级公诉部门仅在中管和省管干部职务犯罪案件、观摩评议庭、社会关注的重大案件等少量案件中适用多媒体示证。为了推动该项工作深入开展，省院公诉部门将该项工作确定为 2017 年公诉工作要点，并研究下发了《全省检察机关公诉部门关于深入开展多媒体示证工作的实施方案》，对省、市、县三级公诉部门规定适用多媒体示证的案件数量提出指导意见，明确必须适用多媒体示证的案件类型，按照案件类型开发不同模板。

现有的多媒体示证模板比较单一，如果不同案件的多媒体示证千篇一律，就难以凸显案件特色，效率也不高。我们**根据不同的案件类型，开发不同的多媒体示证模块**。规定了具体的操作规程，对多媒体示证保障方面也进行了规定，比如硬件方面也列出清单。对示证人员配置方面，要求**出庭公诉人必须熟悉示证方法和流程**。建立完善与电子卷宗系统的衔接，争取公诉人可以根据授权，直接从统一业务应用系统中实时调取电子卷宗中的相关证据，并按照举证、质证的需要加以运用，减少重复劳动，提高效率。**加强与法院的沟通协调**，避免系统无法兼容、画面难以看清、示证效果差等情况。

20 检察机关侦查权如何设置和运作

 疑难问题

监察体制改革后,检察机关自侦部门整体转隶,检察机关内部的侦查人员以及办案骨干几乎全部转隶。2018年全国人大常委会通过了刑诉法修改草案,重新赋予检察机关部分侦查权。2018年修订的《刑事诉讼法》第2编第2章第11节,从第164条到168条,对"人民检察院对直接受理的案件的侦查"做了规定。虽然,由于种种原因,有一部分侦查人员没有转隶,但数量不多。现实状况是侦查人员短缺,具有较强侦查能力和经验的优秀侦查人员更为短缺。如何在有机构缺人才的情况下,履行好法律赋予我们的侦查职责,问题不少。毕竟,侦查工作是一项技术活,优秀侦查员的工作不是谁都可以胜任的。那么,在缺乏侦查人才的情况下,**如何培养新人,如何组织办案团队,如何在办案中锻炼队伍,如何在尽可能短的时间履行好侦查工作,不辜负人民的重托**,这些问题都摆在检察机关面前亟待解决而且无法回避。

 破解思路

一、关于检察机关可以立案侦查的 14 个罪名

《刑事诉讼法》第 19 条规定,人民检察院对诉讼活动实行法律监督中发现的司法工作人员利用职权实施的非法拘禁、刑讯逼供、非法搜查等侵犯公民权利、损害司法公正的犯罪,可以由人民检察院立案侦查。对于公安机关管辖的国家机关工作人员利用职权实施的重大犯罪案件,需要由人民检察院直接受理的时候,经省级以上人民检察院决定,可以由人民检察院立案侦查。最高人

民检察院于 2018 年 11 月 24 日印发了《关于人民检察院立案侦查司法工作人员相关职务犯罪案件若干问题的规定》的通知，确定了 14 类罪名可以由检察机关立案侦查。笔者独创了 14 种罪名犯罪主体记忆法，即"2＋4＋4＋4"。

（一）针对所有司法工作人员的有 2 个

1. 滥用职权罪（刑法第 397 条）（非司法工作人员滥用职权侵犯公民权利、损害司法公正的情形除外）；

2. 玩忽职守罪（刑法第 397 条）（非司法工作人员玩忽职守侵犯公民权利、损害司法公正的情形除外）。

（二）主要针对拥有侦查权的公安、检察人员的有 4 个

1. 非法拘禁罪（刑法第 238 条）（非司法工作人员除外）；

2. 非法搜查罪（刑法第 245 条）（非司法工作人员除外）；

3. 刑讯逼供罪（刑法第 247 条）；

4. 暴力取证罪（刑法第 247 条）。

（三）主要针对审判人员的有 4 个

1. 徇私枉法罪（刑法第 399 条第 1 款）；

2. 民事、行政枉法裁判罪（刑法第 399 条第 2 款）；

3. 执行判决、裁定失职罪（刑法第 399 条第 3 款）；

4. 执行判决、裁定滥用职权罪（刑法第 399 条第 3 款）。

（四）主要针对监狱管理人员的有 4 个

1. 虐待被监管人员罪（刑法第 248 条）；

2. 私放在押人员罪（刑法第 400 条第 1 款）；

3. 失职致使在押人员脱逃罪（刑法第 400 条第 2 款）；

4. 徇私舞弊减刑、假释、暂予监外执行罪（刑法第 401 条）。

注意"主要针对"的理解。比如徇私枉法对公安、检察、法院都适格；暴力取证，法官也有可能适格等。

二、关于检察机关内部设立侦查机构的设想

2018 年新一轮的机构改革，高检院将检察机关办理 14 个罪名的侦查权放在第五检察厅，负责对法律规定由检察机关办理的司法工作人员利用职权实施的非法拘禁、刑讯逼供、非法搜查等侵犯公民权利、损害司法公正犯罪，以及按照《刑事诉讼法》规定需要由人民检察院直接受理的其他重大犯罪案件的侦查。

在这个方案出台之前，笔者由于反贪局的工作经历，以及反贪局转隶之后

又负责职务犯罪检察工作的经历，一直比较关注侦查权的问题，也有思考过检察机关侦查权如何设置和运作问题。

总的考虑是**在职务犯罪检察部门加挂职务犯罪侦查协调办公室**。经综合考量管辖分工、职能定位等问题，笔者认为，在单列机构负责办理监委移送起诉的职务犯罪案件外，还可以考虑由该机构承担检察机关侦查权的统筹指挥、居中协调职能，采取"一套人马、两块牌子"的人员配置方式，比如以职务犯罪检察部（职务犯罪侦查协调办公室）命名。

考虑如此安排主要理由有以下三点：

一是**避免由专门机构负责侦查权可能导致的误解**。孙谦副检察长曾指出，侦查职能原则上由负责诉讼监督职责的刑事检察部门行使。在不考虑专门诉讼监督机构的情况下，理论上各刑事检察部门均负有诉讼监督职责，均可以行使，但在检察机关原职务犯罪侦查职权、部门、人员集体转隶的背景下，如果由专门机构负责行使侦查权既缺乏侦查专业技能的支撑，又可能产生不必要的误解。因此，宜以特定机构居中协调而不专行侦查职能，灵活运用专门办案组模式，由在具体诉讼活动中发现职务犯罪线索的具体内设机构开展侦查，切实做到"在办案中监督，监督中办案"。

二是**业务对接更加到位**。职务犯罪具有内在一致性，职务犯罪的侦查活动更有相近的诉讼规律。职务犯罪检察部门长期从事职务犯罪案件的审查起诉工作，对此类案件的证据标准、事实认定、法律适用等把握上具有特定优势，尤其是在提前介入调查取证等办案过程中，对侦查活动的技能与规律更加熟悉，有利于侦查权的充分行使。

三是**对外衔接更为顺畅**。根据高检院孙谦副检察长的讲话精神，保留的部分侦查权并非必然由检察机关侦查，检察机关在立案侦查司法工作人员相关职务犯罪过程中，发现犯罪嫌疑人还涉嫌监察委员会管辖的职务犯罪线索的，应当及时与监察委沟通，认为全案由监察委员会管辖更为适宜的，人民检察院应当撤销案件，将案件和职务犯罪线索一并移送监察委员会。检察机关行使侦查职能涉及与监察委员会的管辖分工问题，而职务犯罪检察部门通过配合，已经与监察委员会增进了互信、促进了共识，更有利于沟通协调。

对机构职能的设想如下：

一是**对内统筹指挥，居中协调**。职务犯罪侦查协调办公室主要履行线索收集、分类管理、规则制定等职能，将各职能部门发现的职务犯罪线索进行汇总和分流。对确实需要立案侦查的案件，采取"一案一授权"的方式，由院领导决定根据被侦查对象的身份和业务分类，分别抽调刑事、民事、行政、公益诉讼等相关部门的办案人员，组成专门办案组，职务犯罪侦查协调办公室可充分发挥职务犯罪案件办理的专业优势,负责组织、指挥、协调,必要时直接参与。

二是**对外加强协调,积极沟通**。在当前背景下,检察机关对发现案件线索、认为宜由检察机关管辖的,行使部分侦查权时还是应当加强与同级监察委的沟通协调。可由职务犯罪侦查协调办公室与监委相关部门具体衔接,解决管辖分工问题。

三是**负责条线请示汇报,业务指导**。职务犯罪侦查协调办公室可以负责职务犯罪侦查权行使的总结经验、分析不足、科学谋划等整体工作,切实做好对上请示汇报与对下业务指导,理顺条线业务关系,不断强化专业化、规范化建设。

四是**培养优秀侦查员,履行好法律监督刚性保障职能**。检察机关的法律监督地位,法律监督的刚性,很大程度上是依托在侦查权的职能上。"有为才有位",全国人大重新赋予检察机关侦查权,是希望检察机关能够在刑事诉讼活动中,加强监督,保障法律的正确统一实施。如果不能很好地开展侦查活动,无法胜任侦查工作,将不能很好地履行法律监督的保障职能。要想做好侦查工作,人才是必不可少的。因此,笔者建议该专门机构的另一个重要职能还在于培养优秀侦查员,要建立全国、省、市三级侦查人员人才库,将遗留在检察机关散落于各部门的侦查人员以及有侦查潜力的年轻干警纳入人才库,以老带新,培养年轻侦查骨干。着眼于长远,未雨绸缪,在实战中培养优秀侦查人才,以优秀侦查人才促进侦查工作,形成良性的螺旋式上升的工作格局。侦查职能履行到位,将会大大促进检察机关法律监督的刚性。

21 监察机关管辖的罪名有哪些

疑难问题

根据《监察法》以及中央纪委国家监委关于《国家监察委员会管辖规定（试行）》，监察机关负责调查公职人员涉嫌贪污贿赂、滥用职权、玩忽职守、权利寻租、利益输送、徇私舞弊以及浪费国家资财等职务犯罪案件，合计88个罪名。加上检察机关也可以管辖，监察机关也可以管辖的14个罪名，其中滥用职权、玩忽职守重合，合计100个罪名。

破解思路

监察机关管辖的100个罪名有：

贪污贿赂犯罪案件17个罪名，包括贪污罪，挪用公款罪，受贿罪，单位受贿罪，利用影响力受贿罪，行贿罪，为利用影响力行贿罪，对单位行贿罪，单位行贿罪，介绍贿赂罪，巨额财产来源不明罪，隐瞒境外存款罪，私分国有资产罪，私分罚没财物罪，非国家工作人员受贿罪，对非国家工作人员行贿罪，对外国公职人员、国际公共组织官员行贿罪。

滥用职权犯罪案件15个罪名，包括滥用职权罪，国有公司、企业、事业单位人员滥用职权罪，滥用管理公司、证券职权罪，食品监管渎职罪，故意泄露国家秘密罪，报复陷害罪，阻碍解救被拐卖、绑架妇女、儿童罪，帮助犯罪分子逃避处罚罪，违法发放林木采伐许可证罪，办理偷越国（边）境人员出入境证件罪，放行偷越国（边）境人员罪，挪用特定款物罪，非法剥夺公民宗教信仰自由罪，侵犯少数民族风俗习惯罪，打击报复会计、统计人员罪。

玩忽职守犯罪案件11个罪名，包括玩忽职守罪，国有公司、企业、事业单位人员失职罪，签订、履行合同失职被骗罪，国家机关工作人员签订、履行合同失职被骗罪，环境监管失职罪，传染病防治失职罪，商检失职罪，动植物检疫失职罪，不解救被拐卖、绑架妇女、儿童罪，失职造成珍贵文物损毁、流失罪，过失泄露国家秘密罪。

徇私舞弊犯罪案件15个罪名，包括徇私舞弊低价折股、出售国有资产罪，非法批准征收、征用、占用土地罪，非法低价出让国有土地使用权罪，非法经营同类营业罪，为亲友非法牟利罪，枉法仲裁罪，徇私舞弊发售发票、抵扣税款出口退税罪，商检徇私舞弊罪，动植物检疫徇私舞弊罪，放纵走私罪，放纵制售伪劣商品犯罪行为罪，招收公务员、学生徇私舞弊罪，徇私舞弊不移交刑事案件罪，违法提供出口退税凭证罪，徇私舞弊不征、少征税款罪。

公职人员在行使公权力过程中发生的重大责任事故犯罪案件11个罪名，包括重大责任事故罪，教育设施重大安全事故罪，消防责任事故罪，重大劳动安全事故罪，强令违章冒险作业罪，不报、谎报安全事故罪，铁路运营安全事故罪，重大飞行事故罪，大型群众性活动重大安全事故罪，危险物品肇事罪，工程重大安全事故罪。

公职人员在行使公权力过程中发生的其他犯罪案件19个罪名，包括破坏选举罪，背信损害上市公司利益罪，金融工作人员购买假币、以假币换取货币罪，利用未公开信息交易罪，诱骗投资者买卖证券、期货合约罪，背信运用受托财产罪，违法运用资金罪，违法发放贷款罪，吸收客户资金不入账罪，违规出具金融票证罪，对违法票据承兑、付款、保证罪，非法转让、倒卖土地使用权罪，私自开拆、隐匿、毁弃邮件、电报罪，职务侵占罪，挪用资金罪，故意延误投递邮件罪，泄露不应公开的案件信息罪，披露、报道不应公开的案件信息罪，接送不合格兵员罪。

检察机关管辖14个罪名中，滥用职权与玩忽职守罪与监委管辖罪名相重合，另外，检察机关管辖，监委也可以管辖的其中12个罪名，包括非法拘禁罪（非司法工作人员除外），非法搜查罪（非司法工作人员除外），刑讯逼供罪，暴力取证罪，徇私枉法罪，民事、行政枉法裁判罪，执行判决、裁定失职罪，执行判决、裁定滥用职权罪，虐待被监管人员罪，私放在押人员罪，失职致使在押人员脱逃罪，徇私舞弊减刑、假释、暂予监外执行罪。

这里要注意的是，检察机关管辖的滥用职权、玩忽职守仅限定于司法工作人员，而监察机关管辖的滥用职权、玩忽职守则包括所有公职人员。

22 检察机关如何进行"提前介入"

 疑难问题

"提前介入"并非严谨的法律概念,而是检察机关的工作机制,准确表述是"提前介入引导侦查(调查)",广泛适用于检察机关原自侦案件以及疑难复杂的普通刑事犯罪案件。监察体制改革认可该机制对于提高办案质效的积极意义,《国家监察委员会与最高人民检察院办理职务犯罪案件工作衔接办法》(2018年4月16日印发,以下简称《职务犯罪衔接办法》),《人民检察院提前介入监察委员会办理职务犯罪案件工作规定》(2019年2月9日印发,以下简称《提前介入规定》)均作出相应规定。但实务工作中还存在一些问题,如提前介入案件的范围不具体,提前介入的时间过短或过长,等等。

 破解思路

一、提前介入引导调查的目的意义

提前介入是适应以审判为中心的刑事诉讼制度改革需要,坚持庭审实质化与贯彻证据裁判规则而倒逼检察机关提高对调查取证合法性和有效性的要求。监察体制改革后,对于贪污贿赂犯罪改由监委负责调查,从以往的侦查程序改为调查程序。但根据现有的相关规定,仍然赋予检察机关提前介入职责。以贪贿犯罪为主的职务犯罪案件,更加依赖言词证据。检察机关通过提前介入,以庭审的视角和标准对调查工作加以引导,对收集、固定和完善证据提出指导性意见,最大程度避免因言词证据的不稳定性而可能导致证据标准不足的问题。

二、提前介入引导调查的合理定位

长期以来，提前介入机制因涉及检警（侦）关系、诉讼监督等权力调整问题，在合法性层面备受争议。近年来，高检院对"提前介入"的定位更加明确合理，"2015年提出的提前介入主要定位在公诉领域，目的在于加强公诉能力而不再是以往的诉讼监督"①。在提前介入的形式上，高检院规定提前介入要坚持适当、适时、适度等原则，最终目的是"引导侦查机关（部门）完善证据链条和证明体系"②，坚决避免干涉调查权。因此，提前介入引导调查应当定位于提高审判中心主义下的职务犯罪案件审查起诉质量，紧紧抓住"引导"与"证据"两个着力点，把握案件定性和取证方向。

三、提前介入引导调查的程序运行

一是案件范围。**检察机关提前介入的范围一般限定在重大、疑难、复杂案件，《职务犯罪衔接办法》也作如是规定。**③ 但实践中，**如果各级监察委员会认为确有必要，特别是对于存在证据分歧、法律适用争议的案件，经书面商请检察机关，检察机关一般都会同意介入。**

二是介入时机。定位决定时机。一方面，**提前介入着眼于引导，不能干涉乃至替代调查，因此介入时间应当在监察程序的案件审理阶段之后为宜。**笔者认为，必须防止提前介入代替调查的问题，避免侦捕诉一条龙的做法。对于提前介入的检察官，不得以监察委名义或者借调办案等方式参与调查活动。否则，对个别介入时间过长的案件，既可能产生干涉调查的误解，也有悖调查线索高度保密的原则要求。另一方面，**为切实以庭审实质化的标准对收集、固定和完善证据加以引导，确保提前介入取得实效，介入时间也不宜太短，《提前介入规定》规定的至少15日比较合适。**考虑到职务犯罪案件卷宗多、案情复杂等特点，介入仓促可能导致适用强制措施的准确性以及案件质量存在隐患。

---

① 崔凯、彭魏伟加、魏建文：《检察机关"介入侦查引导取证"的理论重塑——兼论制度的可行性》，载《湘潭大学学报》2017年第2期。

② 最高人民检察院《关于加强出庭公诉工作的意见》第3条："积极介入侦查引导取证。对重大、疑难、复杂案件，坚持介入范围适当、介入时机适时、介入程度适度原则，通过出席现场勘查和案件讨论等方式，按照提起公诉的标准，对收集证据、适用法律提出意见，监督侦查活动是否合法，引导侦查机关（部门）完善证据链条和证明体系。"

③ 参见《国家监察委员会与最高人民检察院办理职务犯罪案件工作衔接办法》第12条："国家监察委员会办理的重大、疑难、复杂案件在进入案件审理阶段后，可以书面商请最高人民检察院派员介入。"

三是启动与审批程序。职务犯罪案件线索的高度保密性和特殊性决定了检察机关不可能知悉案件具体情况，就不存在主动介入的前提，因此**职务犯罪案件仅有监察委员会商请人民检察院介入的单向启动方式**，而区别于普通刑事案件可以由检察机关主动介入的双向启动；审批程序上，有些司法实践中，检察机关提前介入应当经分管副检察长审批同意。但**无论是商请的启动程序还是同意的审批程序，都应当通过正式公函的形式**。

四是具体职责与工作方式。相较于《职务犯罪衔接办法》，《提前介入规定》关于检察机关提前介入的规定更为具体，包括7点主要职责与4种工作方式。应当注意的是：第一，**提前介入的检察官并非调查主体，在介入期间仅有建议权，不可以直接参与到讯问（询问）、勘验检查等调查工作与取证活动中，避免程序或证据违法**；第二，检察官可以就补充、固定、完善证据以及案件事实认定、法律适用问题等提出具体建议，但不能代替调查人员决定是否移送起诉；第三，**案件移送审查起诉后，检察官不得以提前介入意见代替审查起诉意见**；第四，从引导调查取证的定位出发，特别是在司法责任制改革"谁办案谁负责、谁决定谁负责"的语境下，**检察官对反馈的介入意见如补充侦查意见等，系依职权独立做出，仅具有建议性而不代表检察机关的正式意见**。《提前介入规定》明确检察院应当在提前介入后，以本级检察院案件承办部门名义，书面反馈商请提前介入的监察委员会案件审理部门。必要时，对于重大复杂敏感案件，提前介入反馈意见须报经检察长同意后反馈。

23 在案件管辖方面，如何进行监检衔接

 疑难问题

刑事诉讼中的管辖是指不同办案机关之间职权范围的界定以及不同性质、地域和层级的办案机关之间的职能分工，包括职能管辖、地域管辖、级别管辖等。监检两家对上述管辖程序存在衔接问题。

《刑事诉讼法》实行犯罪地管辖为主、居住地管辖为辅的原则，最高人民检察院《人民检察院直接受理立案侦查职务犯罪案件管辖规定》考虑到检察机关原自侦案件基于职务犯罪行为人主体身份与犯罪行为的紧密联系，补充增加"犯罪嫌疑人工作单位所在地"作为管辖地。① 但《监察法》对此未予明确，可能导致司法实践的不协调。

与前述地域管辖相似，《刑事诉讼法》规定的管辖实际上指的是"审判管辖"，只是因为同级移送的原则，要求侦查机关移送起诉以及检察机关提起公诉应符合级别管辖之规定。而《监察法》规定上级监察机关可以办理或指定下级的监察事项，但未明确各级监察机关的管辖范围，可能导致与司法程序无法对应的情形。

---

① 参见最高人民检察院《人民检察院直接受理立案侦查职务犯罪案件管辖规定》第4条："国家工作人员的职务犯罪案件，由犯罪嫌疑人工作单位所在地的人民检察院管辖；由其他人民检察院管辖更为适宜的，可以由其他人民检察院管辖。"

破解思路

一、职能管辖衔接

《监察法》第 11 条规定，监察机关"对涉嫌贪污贿赂、滥用职权、玩忽职守、权力寻租、利益输送、徇私舞弊以及浪费国家资财等职务违法和职务犯罪进行调查"。在《刑事诉讼法》修改赋予检察机关部分侦查权（或者说"机动侦查权"）之前，监察委员会与人民检察院之间理论上不存在职能管辖的冲突，但监察委员会与其他办案机关在职能管辖的分工，同样可能影响审查起诉环节。

（一）检察机关与监察机关的管辖分工

《国家监察委员会管辖规定（试行）》第 21 条："在诉讼监督活动中发现的司法工作人员利用职权实施的侵犯公民权利、损害司法公正的犯罪，由人民检察院管辖更为适宜的可以由人民检察院管辖。"这说明，监委也是可以管辖此类犯罪的。

《刑事诉讼法》第 19 条第 2 款规定："人民检察院在对诉讼活动实行法律监督中发现的司法工作人员利用职权实施的非法拘禁、刑讯逼供、非法搜查等侵犯公民权利，损害司法公正的犯罪，可以由人民检察院立案侦查。对于公安机关管辖的国家机关工作人员利用职权实施的重大犯罪案件，需要由人民检察院直接受理的时候，经省级以上人民检察院决定，可以由人民检察院立案侦查。"

检察机关管辖的罪名有 14 个：针对所有司法工作人员的有滥用职权罪、玩忽职守罪；主要针对拥有侦查权的公安和检察人员的有非法拘禁罪、非法搜查罪、刑讯逼供罪、暴力取证罪；主要针对法院工作人员的有徇私枉法罪，民事、行政枉法裁判罪，执行判决、裁定失职罪，执行判决、裁定滥用职权罪；主要针对监狱、看守所等监管人员的有虐待被监管人罪，私放在押人员罪，失职致使在押人员脱逃罪，徇私舞弊减刑、假释、暂予监外执行罪。

修改后的刑诉法中的"可以"由检察院立案侦查，暗含着条文的政策导向性，即此类案件一般由检察机关侦查，同时意味着并非必然一定由检察机关侦查，监察机关也有管辖权。

这里要注意一个现象：这 14 个罪名，遇到不同的机关审查，执行的是不同的程序，有的是监委的调查程序，不能聘请律师，有的是侦查程序，可以聘请律师。

(二) 交叉管辖监委为主调查原则

在刑事诉讼法原有框架下,对于同时涉嫌普通刑事犯罪与职务犯罪的关联案件,采用"**主罪为主**"的管辖原则;① 而《监察法》规定,被调查人既涉嫌严重职务违法或者职务犯罪,又涉嫌其他违法犯罪的,一般应当由监察机关为主调查,其他机关予以协助,体现的是"**监察为主**"的管辖原则。但**考虑到侦查技能、侦查方式等方面的巨大区别,司法实务中将普通刑事犯罪案件也交由监察机关为主调查的实际操作空间不大**。比如,行为人同时涉嫌职务犯罪和黑恶势力犯罪的,可能涉及大量罪名和侦查工作,要求监察机关主导侦查就存在极大困难,可能很难实现预期的侦查目的,因此实践中多由监察委员会与其他办案机关分别侦查。问题由此产生:

第一,因调查程序与刑事诉讼程序之别,且不同办案机关的办案节点不同步,均分案侦查(调查)而无法并案;案件先后移送审查起诉后,因办案节点不同步仍然导致难以并案审查起诉;即便检察机关并案审查起诉了,则还存在退回补充侦查(调查)如何顺畅运转的问题。直接后果是,对存在密切关联的案件却分案起诉,可能影响办案质量与诉讼效率。

第二,当不同主体基于同一犯罪事实构成共同职务犯罪时,比如公职人员与一般群众共同涉嫌职务侵占罪,前者由监察委员会开展调查无异议,但后者因不属于公职人员而可能被移送给公安机关侦查,导致同一犯罪事实因衔接不明确而分割侦查(调查),可能导致诉讼资源的浪费,福建省司法实践中就发生过此类案件。

因此,应当继续探索完善监察委员会与司法机关调查公职人员犯罪的分工配合的工作机制,针对第一种情形,通过加强沟通协调来增强移送起诉的协同性,尽量并案起诉,或者可以参照刑诉法相关解释出台主罪为主的类似细则;针对第二种情形,建议通过内部规范或衔接办法的形式,确定由监察机关一并办理。

---

① "两高三部一委"《关于实施刑事诉讼法若干问题的规定》第 1 条规定:"公安机关侦查刑事案件涉及人民检察院管辖的贪污贿赂案件时,应当将贪污贿赂案件移送人民检察院;人民检察院侦查贪污贿赂案件涉及公安机关管辖的刑事案件,应当将属于公安机关管辖的刑事案件移送公安机关。在上述情况中,如果涉嫌主罪属于公安机关管辖,由公安机关为主侦查,人民检察院予以配合;如果涉嫌主罪属于人民检察院管辖,由人民检察院为主侦查,公安机关予以配合。"

二、地域管辖衔接

以福建省司法实践为例，考虑到职务犯罪案件的特殊性，福建省监察委员会、省人民法院、省检察院会签出台的《关于职务犯罪案件管辖问题的若干规定（试行）》（以下简称《管辖规定》）吸纳了"工作单位所在地视为犯罪地"的规定，但仍然存在的问题是：

第一，监察委员会调查职能是否存在管辖权的考量。因《监察法》未予明确规定，非管辖地监委同样可以办理其他地区的职务犯罪案件，但从诉讼经济以及便于衔接沟通考虑，**由管辖地的监察机关开展调查职能更为妥当**。

第二，如果行为人历经多个工作单位、工作岗位均存在涉嫌职务犯罪的事实，则相关单位、岗位所在地均有管辖权，因此建议**以主要犯罪事实地作为实际管辖地**。

三、级别管辖衔接

《管辖规定》明确，对副处级以上的职务犯罪案件，原则上由中级人民法院管辖，"确有必要移送基层人民法院审判的，应事先由省监察委员会与省高级人民法院、省人民检察院协商决定"。但实务中存在为使案件能在本地范围内"消化"，而人为地将本应由中级人民法院管辖的案件指定由基层管辖的情形。上级监检法各家应当对此予以重视并确有必要对此履行监督指导职责，避免因人为"降级"而可能导致的案件质量问题。

检察院立案侦查原则上由市级检察院进行，由负责诉讼监督职责的刑事检察部门行使。

24 在刑事强制措施方面，如何进行监检衔接

 疑难问题

根据刑诉法规定，刑事侦查立案及相关强制措施的适用是区分刑事诉讼活动的界点。考虑到职务犯罪案件进入司法程序是否还需要刑事立案尚不明确，则强制措施的标志性作用更加凸显，甚至有观点认为，监察程序和司法程序衔接转换的标志应是检察院"决定逮捕"，而不是监察委"移送司法机关"。①因此强制措施的决定和执行具有重要意义。

2018年10月26日，《刑事诉讼法》第三次修改，第170条第2款规定："对于监察机关移送起诉的已采取留置措施的案件，人民检察院应当对犯罪嫌疑人先行拘留，留置措施自动解除。人民检察院应当在拘留后的十日以内作出是否逮捕、取保候审或者监视居住的决定。特殊情况下，决定的时间可以延长一日至四日。人民检察院决定采取强制措施的期间不计入审查起诉期限。"但对于检察机关未采取留置措施的被调查人，检察机关能否拘留？此时采取强制措施的期间是否计入审查起诉期限？在检察机关先行拘留期间，辩护律师能否会见被调查人？此外，刑事拘留的实务操作还涉及监察机关、检察机关、公安机关、羁押场所的多方合作，在办案安全、责任分担等问题上需要协调。

---

① 参见秦前红、石泽华：《论监察权的独立行使及其外部衔接》，载《法治现代化研究》2017年第6期。

破解思路

一、检察机关如何决定强制措施的种类

从监委调查到检察机关审查起诉，为避免被调查人脱逃，调查活动与刑事强制措施应当无缝对接。国家监察委员会与最高人民检察院《办理职务犯罪案件工作衔接办法》（以下简称《职务犯罪衔接办法》）规定，"最高人民检察院公诉部门经审查认为有犯罪事实需要追究刑事责任的，应当立即决定采取强制措施"。《刑事诉讼法》明确"对于监察机关采取留置措施的案件，人民检察院应当对犯罪嫌疑人先行拘留"。

实践中存在三种情形：一是被调查人被留置；二是被调查人未被留置，但检察机关有提前介入；三是被调查人未被留置且检察机关没有提前介入。笔者认为：

对于被调查人被留置的案件，即使没有提前介入，检察机关都必须先行拘留，然后在最迟14日内审查逮捕作出决定。

对于被调查人没有被留置的案件，人民检察院可以根据衔接办法，在提前介入期间"对是否需要采取强制措施进行审查"，即提前介入阶段就是审查适用强制措施的时间。

对于被调查人没有被留置，检察机关又没有提前介入的案件，检察机关应当依法对被调查人是否采取强制措施以及采取何种强制措施作出决定，可以参照《职务犯罪衔接办法》听取监察机关对被调查人采取强措施的建议。笔者认为，这个情况下采取两种措施比较合适，一是经审查有逮捕必要的直接决定逮捕，二是符合取保候审条件的直接决定取保候审。**不宜再先行拘留**。因为，先行拘留之后的审查逮捕时间，均属于审查起诉期限，没有最迟14天的审查逮捕时间。

二、监察机关强制措施的手段

根据刑事诉讼法及法学基础理论，人民检察院应当结合具体案情、犯罪嫌疑人人身危险性等案件情况，自行决定是否对犯罪嫌疑人采取以及采取何种强制措施。鉴于职务犯罪案件的特殊性，刑诉法规定留置的案件检察机关应当对犯罪嫌疑人先行拘留，实质上对检察机关审查适用强制措施产生一定影响和约束。从法治化运行的角度，前述规定未必合宜，还是应当进行进一步的探索。

第一，从立法层面丰富调查措施体系。《监察法》规定的现有调查措施中，留置是唯一可以长时间剥夺被调查人人身自由的。但是与逮捕、监视居

住、取保候审等刑事强制措施相对比，调查手段除留置外没有可替代的措施，手段单一、缺乏层次性。**被调查人一旦被留置，进入司法程序后可对应的刑事强制措施就没有太大余地和缓冲，这是导致强制措施存在衔接问题的主要原因。**因此，"后续的改革与办案细则有必要进一步明确调查措施种类，建立强度层次分明的调查措施体系，增加留置适用的灵活性"①。笔者理解，可以给与监察机关监视居住或取保候审的手段。

第二，对于被留置被调查人的强制措施。留置作为"两规"的法治化，是《监察法》赋予监察机关有权在特定情形下对被调查人采取限制人身自由的措施，达到近似于逮捕的法律效果。《监察法》对留置的适用条件、审批程序和使用期限等方面，都做了严格限制，实际上已经根据案件事实与被调查人情况做出是否需要限制人身自由的实质性判断，能够客观反映对被调查人限制人身自由的必要性。基于对等原则，**人民检察院经审查，对采取留置措施的被调查人依法先行拘留亦无不当。**

第三，对监察委员会"对被调查人采取强制措施的建议"的理解。首先，**在案件移送审查起诉时，由更熟悉案情的监察委员会提出的建议具有事实依据与合理性。**其次，监察委员会的建议应有时间限制，在案件移送起诉后不宜多次或反复就强制措施提出建议。而人民检察院适用强制措施则可能根据案件情况、犯罪嫌疑人认罪以及表现情况发生变化。且不论怎么"建议"，"**建议"应当以正式公函为载体**，以符合规范性要求。最后，**强制措施最终由人民检察院审查案件后根据实际情况作出决定，应当充分尊重检察权的依法履行。**

三、强制措施过渡衔接的具体环节

刑事诉讼法规定强制措施均由公安机关执行，但职务犯罪案件的强制措施过渡到刑事诉讼程序的过程中，涉及监察委员会、人民检察院、公安机关、监管场所等多个单位与环节，福建省实践中已有相关的衔接办法予以规范，但仍然存在具体的衔接问题。

第一，**强制措施始终的起算时间点不同导致衔接问题**。以被调查人被采取留置措施为例，人民检察院决定拘留后，由公安机关将犯罪嫌疑人送看守所羁押。当犯罪嫌疑人离开留置点，则留置措施已经解除，视为进入司法程序的强制措施阶段。假设犯罪嫌疑人因身体原因无法被看守所收押，应由哪个办案机关来承担责任与继续执行？

---

① 叶青：《监察机关调查犯罪程序的流转与衔接》，载《华东政法大学学报》2018年第3期。

第二，**异地押解或异地羁押导致的衔接问题**。当案件被指定异地管辖或异地羁押，前述问题被进一步放大，在长达数小时甚至更长的路途时间里，人员安全风险甚至极端情况下的非法证据排除风险，责任如何分担？

第三，**职能管辖冲突下的强制措施衔接问题**。公安机关对立案侦查的犯罪嫌疑人先行采取强制措施后，发现其同时还涉嫌职务犯罪线索，遂将案件移送由监察委员会为主调查或分别侦查（调查），进而产生刑事强制措施与留置措施是否冲突、能否并用的问题：犯罪嫌疑人是否需要移送给监察委员会？监察委员会是否需要结束刑事强制措施后才能留置？涉嫌两罪的犯罪嫌疑人（被调查人）在监察委员会调查期间是否享有刑诉法规定的各项诉讼权利？等等。

对此，**一方面，有必要就强制措施的衔接问题进一步做机制性的设计与完善**，确保诉讼阶段的无缝衔接及办案安全，比如，建议由调查人员与公安干警共同将被调查人押解至监管场所，以入所时间作为正式衔接的时间点；又如，对异地管辖或异地羁押的，可以采取留置地先行体检、管辖地延后入所等措施，解决空档期的衔接问题。**另一方面，对确实存在法律障碍或于法无据的情形，呼吁加快顶层设计，以适应司法实践需求。**

25 审查起诉阶段，怎样实现监检衔接

 疑难问题

《监察法（草案）》原本仅规定"监察机关调查终结的案件移送人民检察院起诉"，《监察法》修改为"监察委员会将调查结果移送人民检察院依法审查、提起公诉"。对此应当理解，审查起诉是检察机关的基本职能之一，增加"依法审查"既符合我国刑事诉讼的基本原理，也体现《监察法》规定的"监察机关办理职务违法和职务犯罪案件，应当与审判机关、检察机关、执法部门互相配合，互相制约"。但是在证据形式与证据标准、退回补充调查与自行补充侦查、追诉漏罪漏犯、不起诉决定程序等方面如何衔接以及退回补充调查如何对待，监察机关与检察机关还有待进一步沟通融合达成共识。

 破解思路

一、证据形式与证据标准的衔接

证据形式上，《监察法》明确调查证据可以直接作为司法证据①，不存在需要转化证据的问题。但是，不同于刑事诉讼法以专门章节和详细条款对侦查措施作出具体规定，《监察法》规定各调查手段的权限与履行方式相对原则。比如《监察法》第 20 条规定，对被调查人可以进行讯问，要求其如实供述，但并未确定讯问主体（是否需要监察官身份）、地点、方法等。简言之，**调查**

---

① 参见《监察法》第 33 条第 1 款："监察机关依照本法规定收集的物证、书证、证人证言、被调查人供述和辩解、视听资料、电子数据等证据材料，在刑事诉讼中可以作为证据使用。"

权缺乏具体的法律法规来明确证据形式，特别是其中异于侦查措施的部分手段，如"谈话"，又难以直接援引刑事诉讼法相关规范，在案件进入司法程序后就可能存在调查结论不符合刑事诉讼法相关要求的问题，亟待通过出台《监察法》细则或者修改刑事诉讼法来调整与规范。

证据标准上，《监察法》明确"监察机关在收集、固定、审查、运用证据时，应当与刑事审判关于证据的要求和标准相一致"，同时规定"以非法方法收集的证据应当依法予以排除，不得作为案件处置的依据"，可以防止将不应追究刑事责任的人移送司法程序，也体现了调查职务犯罪案件时同样贯穿证据裁判规则的理念，因此证据标准在理论上不存在衔接问题。从监察机关与检察机关在诉讼中职能定位的不同、监察程序与刑事诉讼程序之别来考量，前后证据标准存在一定差异符合司法规律。

二、退回补充调查与自行补充侦查的衔接

与退回补充侦查相同，《监察法》也规定了人民检察院"认为需要补充核实的，应当退回监察机关补充调查"，并同样以两次为限。但是，基于职务犯罪案件的特殊性，从提高惩治腐败的效率出发，一方面应要求各地在办案中更加注意方式方法，对确有必要补充核实的证据，应当即时发现、即时协商、即时补查，将证据标准问题尽量前置解决，不得滥用退回补充调查或者技术性退补，切实加快办案进度，同时也强调在《监察法》和刑诉法框架内履职，对确未达到证据确实充分标准的案件当退则退，坚守案件质量底线；另一方面，要求退回补充调查应当围绕证明内容和存在问题进行说理分析，采取书面提纲和口头解释相结合的方式加强与调查人员的沟通联系，明确补充调查的方向、标准和要求。

自行补充侦查与退回补充调查存在先后顺序，"考虑到监察机关移送的案件政治性强、比较敏感，检察机关公诉部门审查后认为需要补充证据的，一般应当先退回监察机关进行补充调查；必要时，才由检察机关自行补充侦查"①。同时，在职务犯罪侦查力量转隶、缺少侦查技术支持的情况下，由检察机关承担过于复杂的补充侦查任务也存在困难，因此有必要限定自行补充侦查的范围。福建省检察机关在实践中明确，自行补充侦查须符合以下情形：一是案件定罪量刑的基本犯罪事实已经查清，二是在案言词证据个别情节不一致且不影响定罪量刑，或者书证物证等证据材料需要补充鉴定的，三是经分管检察长同意。

---

① 参见《〈中华人民共和国监察法〉释义》，中国方正出版社2018年版，第214页。

三、追诉漏罪漏犯的衔接

追诉犯罪，是指人民检察院在审查起诉案件时，发现应当追究刑事责任而侦查机关（部门）移送审查起诉时遗漏的犯罪嫌疑人或其他犯罪事实，建议侦查机关（部门）补充侦查或者自行补充侦查。① 追诉犯罪是检察机关履行法律监督职能的重要内容。

（一）实务做法

检察机关对于监察机关移送的案件，发现漏罪漏犯，能否进行追诉？能否像对待公安机关一样，提出追诉意见，作出追诉决定？笔者认为目前法律依据不足。调查程序与审查起诉程序不属于一个程序，监察机关未必一律运用违法立案审查的第四种形态，检察机关向监察机关提出追诉法律依据不充分。不同于原自侦案件与普通刑事犯罪案件，监察权的权力范围包括执纪调查、执法调查以及职务犯罪调查，设定了不同的调查方式、调查程序，并产生不同的调查结果：对违纪对象给予党纪轻处理，对违法对象给予党纪重处分，对违法犯罪移送司法程序。而检察机关追诉漏罪漏犯仅能对应其中一种调查程序，即使在审查起诉中发现可能遗漏犯罪嫌疑人、遗漏犯罪事实的，也未必一律进入司法程序。即单一司法属性的追诉权与"全覆盖"、复合属性的监察权产生衔接问题。但作为检察官，一旦审查案件发现漏罪漏犯，则必须提出意见，否则渎职。福建省检察院对漏罪漏犯没有简单采取追诉措施，而是规定："对于检察机关在审查起诉中发现可能遗漏罪行、遗漏同案犯的，可以在退回补充调查时一并提出该意见，如案件不需要退查的，则以函件的形式将漏罪漏犯情况告知监察机关。"但需要对应的是，建议监察委按照衔接办法关于线索移送的相关规定，及时向检察机关通报处置情况。

（二）法律依据

关于这一点，在2018年4月16日国监委与高检院《办理职务犯罪案件工作衔接办法》第26条第7项的规定当中也可以找到依据：规定检察院审查移送起诉的案件，应当查明"有无遗漏罪行和其他应当追究刑事责任的人"。同时，中央纪委监委网站在2018年1月发布的中央纪委研究室回复"对检察机关退回补充调查案件，监察机关应如何处理"的意见当中提到："在补充调查过程中，发现新的同案犯或新的罪行，需要追究刑事责任的，应当重新制作移送审查起诉书，移送检察机关审查。"这些规定，为检察机关提出漏罪漏犯找

---

① 参见《人民检察院刑事诉讼规则》第342条、345条。

到了依据。

（三）关于检察监督的合法性与必要性

宪法修正案并没有改变检察机关的国家法律监督机关地位，同时，《宪法》《监察法》均明确规定检察机关与监察机关"相互配合、相互制约"，其目的在于保障法律的准确适用，提高查办职务犯罪案件的质量与效率。因此检察机关对漏罪漏犯的监督体现制约性，既是职责所在，又符合《监察法》《刑事诉讼法》的基本原则与精神。

四、不起诉的衔接

不起诉裁量权是检察权的重要内容。**对于监察机关移送起诉的职务犯罪案件，人民检察院认为符合不起诉情形的，应当经"上一级人民检察院批准"，才能依法作出不起诉决定。**该规定与检察机关原自侦案件不起诉决定的审批程序相同，而异于普通刑事案件。

因反腐败案件具有特殊性，一般是经过党委批准立案，所以不起诉决定应当更为慎重，程序更加严格，检察机关在办案实践中也应注意加强与监察机关的沟通协调。《监察法》最终删除了草案一审稿中的检察机关对监察机关调查结束移送的案件不起诉须征求监察机关意见的规定，全国人大法律委员会对此解释为"征求监察机关意见"属内部工作沟通，《监察法》草案可以不作规定。但是，《监察法》释义对此仍予明确，"**检察机关作出不起诉决定前，应当积极主动地与监察机关开展工作层面的沟通，征求移送案件的监察机关或者其上一级监察机关的意见**"。

但是，问题在于：第一，在《监察法》与《刑事诉讼法》未规定、高检院未出台规范性文件的情况下，要求检察机关应当征求意见缺乏法律法规的依据，且征求意见的效力如何，也需要考量。第二，推进司法责任制改革，要紧紧牵住司法责任制这个"牛鼻子"，在司法责任制改革的大背景下，司法办案应当凸显"谁办案谁负责、谁决定谁负责"的改革要求，"如果检察官作出不起诉的决定必须征求监察机关的意见，那么将会对检察官依法独立行使检察权造成不利影响"①。

五、关于退回补充调查问题

实践中发现有的地区监委的同志很担心退查问题，不愿意检察机关退查。

---

① 陈卫东：《职务犯罪监察调查程序若干问题研究》，载《政治与法律》2018年第1期。

根据《监察法》的规定，检察机关对于监委移送审查起诉的案件，可以退回补充调查，并且以两次为限。退查是正常的活动，不是洪水猛兽。福建省检察院内部制定了规范办法要求各地检察机关：对移送审查起诉的案件，认为犯罪事实不清、证据不足、需要补充提供证据的，检察官应当及时与调查人员沟通，做到及时发现、及时协商补充事宜。不得滥用退查，更不得为争取审查起诉期限而采取技术性退补。对于确有必要退查的案件，需要经过部门负责人报请分管检察长审批决定。同时要求检察官应当讲究方式方法，围绕证明内容和存在问题进行说理分析，采取书面提纲和口头解释相结合的方式主动加强与调查人员的沟通联系，阐明补充调查的必要性和可行性，明确补充调查的方向、标准和要求，提高调查人员的认同感和取证积极性。必要时可以配合补充调查工作，引导调查取证。对于达不到起诉条件的案件，该退还得退。

2018年1月中央纪委监委网站就发布了中央纪委研究室对"对检察机关退回补充调查案件，监察机关应如何处理"的意见："对检察机关退回补充调查案件，调查组应根据检察机关提出的补充调查提纲和收集证据的清单，区分不同情况，经本级监察委员会主要负责人批准后，作如下处理：

（一）原调查认定的基本犯罪事实清楚、证据不够充分的，应当补充证据，制作补充调查报告书，移送检察机关审查；对于无法补充的证据，应当写明理由。

（二）在补充调查过程中，发现新的同案犯或新的罪行，需要追究刑事责任的，应当重新制作移送审查起诉书，移送检察机关审查。

（三）发现原认定的犯罪事实有重大变化，不应当追究刑事责任的，应当重新提出处理意见，并将处理结果通知退查的检察机关。

（四）发现原认定的犯罪事实有重大变化，应当改变罪名或增减犯罪事实的，应当重新提出处理意见，重新移送检察机关审查。

（五）原认定犯罪事实清楚，证据确实、充分，检察机关补充调查决定不当的，应当说明理由，移送检察机关审查。"

2019年中央纪委办公厅印发《关于加强和改进案件审理工作的意见》明确提出，坚决防止设定"零延期""零退查""零不诉""零无罪""零上诉"等脱离实际的工作目标，推动各级纪委监委与检察机关、审判机关共同对案件质量负责。同年最高人民检察院也提出：检察机关应当加强与监察委员会的沟通协调，把好事实关、证据关，加强自行补查和退回补充调查工作，起诉案件必须达到"犯罪事实清楚，证据确实、充分"。可见，效率必须服从质量。

应该说，监察机关与检察机关的最高机关对案件是否可以退查等问题已经达成共识，需要的只是下级机关的落实。

Part 3

刑事证据适用疑难问题

1 诉讼之灵魂——证据

 疑难问题

如何理解"以审判为中心的刑事诉讼制度改革"？以审判为中心不是以法官为中心，其实质是以庭审为中心；而以庭审为中心的实质还是以证据为中心，围绕着证据来开展刑事诉讼活动。在2019年的控辩审三人谈中，高检院张军检察长再次重申了"以庭审为中心的实质是以证据为中心"这个观点。证据是刑事诉讼当中最核心的问题，是认定案件事实的根据。所以虽然证据问题也是程序法律方面的适用问题，但鉴于其重要性，笔者在此将其单独作为一个专题来介绍。

 破解思路

一、关于证据"材料说"的确立

《刑事诉讼法》第50条规定，可以用于证明案件事实的材料，都是证据，证据必须经过查证属实，才能作为定案的根据。证据是刑事诉讼当中最核心的问题，是认定案件事实的根据。"证据包括：（一）物证；（二）书证；（三）证人证言；（四）被害人陈述；（五）犯罪嫌疑人、被告人供述和辩解；（六）鉴定意见；（七）勘验、检查、辨认、侦查实验等笔录；（八）视听资料、电子数据。"

2012年刑诉法修改了证据的含义，确立了"材料说"，放弃了"事实说"。1996年刑诉法规定"证明案件真实情况的一切事实，都是证据"与"以上证据必须经过查证属实，才能作为定案的根据"相互矛盾。因为，既然证据只包括证明案件真实情况的证据，不包括证明不真实情况的证据，那么怎么还要查证属实呢？显然矛盾。将证据的定义界定为材料，包括了有罪材料，也包括了能够证明无罪的材料，材料只有经过查证属实了，才能作为定案的根据。2018年3月20日通过的《监察法》第33条规定，监察机关收集的物证等证据材料，在刑事诉讼中可以作为证据使用。这些规定也顺应了证据的"材料说"。

二、"被调查人供述和辩解"是否属于证据种类

刑诉法规定证据种类是八类。笔者注意到2018年刑诉法修改时，没有增加"被调查人供述和辩解"这一类证据。《监察法》第33条规定，监察机关收集的物证、书证、证人证言、被调查人供述和辩解、视听资料、电子数据等证据材料，在刑事诉讼中可以作为证据使用。监察机关收集的物证等证据都属于证据的种类，但是"被调查人供述和辩解"却没有规定在2018年《刑事诉讼法》第50条证据的种类当中，"犯罪嫌疑人、被告人供述和辩解"的前面，没有增加"被调查人"。笔者认为立法机关有可能考虑到调查阶段不属于刑事诉讼阶段，不受刑诉法的约束。但为什么监察机关收集的物证等其他证据都可以作为种类，唯独"被调查人供述和辩解"不能作为证据的种类呢？笔者认为，这里立法机关需要予以说明和解释。

三、将"鉴定结论"改成"鉴定意见"的意义

1996年刑诉法对于对人身伤害的医学鉴定有异议的情况设置了一个方案，就是可以委托指定的机构重新鉴定，这就导致了司法实践中存在以鉴定机构的行政级别来决定采用鉴定结论的不当做法，重新鉴定时往往采纳级别高的鉴定机构所作的鉴定结论。鉴定是个科学问题，科学问题不能靠行政级别来解决，要通过庭审质证来解决。2012年刑诉法设置了请鉴定人出庭和请专业人员出庭，就鉴定人作出的鉴定提出意见的规定。通过这些规定，应当可以解决鉴定是否客观科学的问题，因为内行人一问就清楚鉴定人凭什么作出的决定。笔者认为，刑诉法将"鉴定结论"修改成"鉴定意见"是个进步。

四、证据的分类

证据的分类不同于法定的证据种类。证据的分类是一种理论研究中的分类，不具有法律效力，其分类标准是多元的，依据不同的标准，可以分为不同的证据类型。

1. 一般来说，以证据来源的不同为标准，可以把证据分为原始证据和传

来证据,比如目击证人证言属于原始证据,而该证人告诉第三人之后,第三人的证人证言就属于传来证据。

2. 以证据事实的表现形式为标准,可以分为言词证据和实物证据。言词证据是指:凡是能够证明案件情况的事实是通过人的陈述形式表现出来的证据(以人为载体)。比如证人证言、被害人陈述、犯罪嫌疑人、被告人供述和辩解属于言词证据。实物证据是指:凡是能够证明案件情况的事实是通过物品的外部形态特征或者记载的内容思想表现出来的证据(以物为载体)。比如物证、书证。

3. 以证据的证明方向为标准,可以分为有罪证据和无罪证据。

4. 以证据的证明作用、方式为标准,可以分为直接证据和间接证据。直接可以指认犯罪的证据,如行贿人证言、受贿人的供述等。间接证据是指只能起辅助作用的证据,如现场勘查笔录、通话记录、赃款等,还需要其他证据的佐证才能指认犯罪。

2 客观性证据如何收集与审查

 疑难问题

办案，顾名思义，办理案件。在刑事诉讼中，公检法三机关如何办案？公安人员从事立案、拘留、执行逮捕、收集证据、勘验检查、提请鉴定等侦查工作；检察官负责批准逮捕、起诉或不起诉、追诉、提起抗诉以及立案、侦查、审判监督工作；法官根据检察机关的起诉作出判决。这些都好理解。但怎么依法收集证据？对证据客观性如何进行审查？什么情况下证据达到起诉条件？判决是否确有错误？检察官办案过程需要的这些决断，不是随意建立在个人喜好之上的，而是建立在法律思维、素养、审查证据的能力之上的。可这些方法，法学书本上没有，大学课堂上也没有，散落在各个办案能手及老前辈那里，缺乏权威、全面、有效的办案手册。很多时候，收集和审查证据的方法是靠师父带徒弟的方式予以传承。所以，需要有经验的检察官们及时总结点滴的体会，不断地与后辈们分享，期待将来能够形成完整的办案手册，来规范我们的办案工作。笔者结合多年的办案经验，针对客观性证据的收集和审查，总结了一些做法和大家分享。

 破解思路

一、何谓客观性证据

客观性证据是按照证据事实的表现形式为标准划分的。我们注意到，言词证据和实物证据的分类无法包涵所有的证据种类。因此，在司法实践中，还有一种提法，即"客观性证据"。也就是**将言词证据之外的其他证据，包括实物**

证据（物证、书证）和鉴定意见、勘验、检查、辨认、侦查实验笔录、视听资料、电子数据等其他形式的证据，统称为客观性证据。

二、客观性证据收集的总要求

尽管案件千差万别，各类案件具体证据又有所不同，但证明犯罪及其相关情况的证据标准是一致的。因此，收集的证据应当符合刑事诉讼的证据规格，也就是符合刑事案件通常应具备的证据标准和要求。总体要求：**收集的证据来源应当合法；提取的程序应当合法；收集的证据应当完整。**

对于各种证据的收集程序，《刑事诉讼法》和《人民检察院刑事诉讼规则》都进行了详细的规定。比如提取物证、书证时，办案人员不得少于2人，当场制作的提取笔录应当载明这些证据的来源等。《监察法》也有一些程序上的规定，比如第25条规定："监察机关在调查过程中，可以调取、查封、扣押用以证明被调查人涉嫌违法犯罪的财物、文件和电子数据等信息。采取调取、查封、扣押措施，应当收集原物原件，会同持有人或者保管人、见证人，当面逐一拍照、登记、编号，开列清单，由在场人员当场核对、签名，并将清单副本交财物、文件的持有人或者保管人。"

三、物证的收集

物证包括实施犯罪行为留下的痕迹、实施犯罪的工具、犯罪分子遗留在现场的物品、犯罪行为侵害的物质对象以及其他证明案件真实情况的实物，比如遗留在现场的毛发、指纹、足迹、血迹、撬痕等，职务犯罪案件当中的赃款赃物，如购物卡、物品、现金、涉案的存折等。这里涉及的侦查手段有搜查、调取、查封、扣押、物证的鉴定、勘验、检查等。

取证要求：（1）现场提取物证时，在勘验、检查笔录中应有相应的记载；（2）缴获、提取作案工具、赃款赃物应制作笔录并由被提取人、见证人签名；（3）物证应编号封存随案移送；（4）物证必须经相关当事人辨认确认，应制作辨认笔录。

辨认物证，包括犯罪嫌疑人和证人对物证的辨认，主要目的是使物证和当事人的证言或供述能够建立联系。否则，不能证明提取的物证和查处的案件之间是否有关系。

这里要注意见证人的问题。根据最高法《关于适用〈中华人民共和国刑事诉讼法〉的解释》第67条规定："下列人员不得担任刑事诉讼活动的见证人：（1）生理上、精神上有缺陷或者年幼，不具有相应辨别能力或者不能正确表达的人；（2）与案件有利害关系，可能影响案件公正处理的人；（3）行使勘验、检查、搜查、扣押等刑事诉讼职权的公安、司法机关的工作人员或者其聘用的人员。由于客观原因无法由符合条件的人员担任见证人的，应当在笔录材料中注明情况，并对相关活动进行录像。"

四、书证的收集

书证包括与案件有关的车船票、机票、住宿证明，证明实施作案的合同、单据、信件及伪造的票证、证件，单位出具的与案件有关的证明材料以及其他记载犯罪相关情况的书面材料等，如我们经常接触到的银行对账单、存款、汇款凭证、通话记录单或者在受贿案件中，为他人谋取利益方面的书证，如合同、提拔干部的研究记录、会议纪要等。

取证要求：（1）书证应当提取原件，并注明提取时间、提取人和提取处，但提取原件确有困难的，可以提取副本或者复印件，由提供单位的人员签名，以此确认复印件核对无误并由该单位盖章，最后由提取复印件的2名以上办案人员签名，注明复印件复印地点和复印时间。这些书证主要是指单位保管的档案类的原始书证。（2）向单位收集、调取的书证，必须由提供人署名，并加盖单位印章；向个人收集、调取的，必须由本人确认无误后签名或者盖章。这些书证主要是指由这些单位出具的能够证明当事人身份或者单位工作情况的书证。比如，向组织部门了解被调查人的简历和提拔干部的情况，除了盖单位印章外，还必须由提供人签名。

五、视听资料的收集

视听资料包括侦查机关和有关单位录制的作案经过的原始视听资料，比如监控录像录下的犯罪过程以及对重要现场的录像资料。现在很多城市都布置了许多探头，这些探头录下的录像资料就属于视听资料。

取证要求：应当附有证明内容的文字记载，应注明录制的时间、地点及长度，录像应有不间断的时间显示，并由制作者加封、署名、随案移送。这就要求收集的是全部全程的完整录像，以此说明该视听资料是没有经过篡改，能够客观反映案件事实的。但是有一种情况，如果遇到虽然有间断，但能够说明原因的，比如能证实某个时段停电或机器故障，还是可以作为证据使用的。

六、何谓证据客观性

证据客观性是指，**刑事证据必须是不以人的意志为转移的客观存在的事实，而非人的主观臆断或无端猜测**。刑事证据的客观性是刑事证据的本质属性，一切不是客观事实而是主观推理或虚幻的东西，猜想、推测、怀疑、迷信、道听途说等，都不能作为刑事诉讼中的证据。

客观性表现在两个方面：其一，**诉讼证据有自己存在的客观形式，并且这种形式能为人的认识所感知**；其二，**诉讼证据所反映的内容必须是客观的，是不以当事人和司法人员的意志为转移的**。同任何事物一样，案件事实作为客观存在的事物，并不是孤立存在的，它必然要与周围世界发生千丝万缕的联系。任何犯罪行为都是在一定的时间、空间条件下实施的，犯罪行为的发生，必然会破坏事物原有的结构状态，引起客观环境的变化，比如犯罪行为会在一定的场所留下一定的物品和痕迹，或者带走一定的物品等；同时犯罪分子在犯罪活动中或者在犯罪前后必定会同一定的人发生联系，从而与犯罪有关的情况会在有关人员的头脑中留下某些印象。这些与案件事实有关的各种物品、痕迹以及反映影像都以其客观存在证明案件发生的真实情况。司法人员只能通过对这些痕迹、物品的收集、固定和保全来查明案情，还原真相。

七、对证据客观性的审查

我国《刑事诉讼法》第 50 条第 3 款明确规定，证据必须经过查证属实，才能作为定案的根据。因此，司法机关在收集证据的过程中应当对收集到的每一证据材料的客观性进行审查。对证据客观性的审查应主要从以下几个方面着手进行：

审查证据的来源。任何证据都有一定的来源，其来源的不同往往对其客观性有很大的影响。如果证据是通过司法机关正常的勘验、检查、搜查、扣押或讯问、询问所收集的，那么其客观性就较大；如果证据是来历不明的痕迹、物品、道听途说的言词或毫无根据的议论，则其客观性就较差。

审查证据形成的时间、地点、条件等因素。证据是在什么时间、地点以及在怎样的条件下形成的，这对证据的客观性也影响甚大。比如对一些物证、书证的收集是否及时，是否可能经过了伪造或编造，收集的时候是否运用了科学的提取方法，提取后是否对其采取了有效的固定、保全措施；询问证人是否及时，证人是否可能已经受到犯罪嫌疑人及其家属的威胁，以及询问时证人在生理和精神上是否健全，司法人员是否给了证人充分回忆的空间，发现证据时的客观环境等。

审查证据是否为原件、原物，复印件、复制品与原件、原物是否相符，也就是证据是否是真实的。比如提取的刀具是否是被告人作案使用的，提取的书证复印件与原件是否相符。

审查证据反映的内容是否真实。比如提取的书证是真实的，但书证所反映的内容与要证实的内容必须明确。笔者曾经办理一起骗取出口退税案，我们对提取的海关报关单进行了核实，经当地海关确认是原件，也是真实的。辩护人据此提出，本案真实的海关报关单可以证实是有货交易，不构成骗取出口退税。但我们发现，真实的海关报关单并不能证明就一定有货物出口，因为，海关的查验率只有5%左右，同时，被告人所提供的4家工厂地址都是虚假的，根本不可能生产所谓的出口产品。最后，在被告人不认罪的情况下，被告人依法被判处有罪，上诉被驳回，维持原判。笔者认为在审查证据时，不能被证据的表象所蒙蔽，要了解该证据能够证明的内容，这一点很重要。

审查证人或者提供证据的人与当事人双方有无利害关系。重点关注证人作证动机，通过审查证人是在什么情况下作证，是侦查机关根据现场情况找到的，还是证人自己主动到侦查机关要求作证的，证人与犯罪嫌疑人所居住的区域、单位、户籍地等有什么关系，还可以通过询问证人、被害人，讯问犯罪嫌疑人，发现证人与本案有无利害关系，与犯罪嫌疑人或被害人有无利害关系。

审查证据收集过程是否合法。证据的内容要符合案发当时的真实情况，要详细分析证据内容前后是否一致，是否存在矛盾。要客观对待瑕疵证据，因为证据当中总会有这样那样的矛盾，不能简单地认为证据之间有矛盾就是存疑。考查证据是否真实，就是要将该证据放到整个案件的证据体系中去鉴别，以是否能够形成证据锁链为标准。比如证人作了多次的不太一致的证言，采信哪一份证言的标准不是以最后一次的证言作为定案的依据，而应该是，哪份证言与其他证据（现场勘查笔录，法医鉴定等）反映出来的案情能够相互吻合，哪份才能作为定案的依据。

3 电子数据如何取证

 疑难问题

电子数据的取证还是一个比较新的课题,需要实践研究。2016年10月1日施行的"两高一部"《关于办理刑事案件收集提取和审查判断电子数据若干问题的规定》,对此作了详细的规定。由于电子数据是新类型的证据,对于如何正确提取,如何正确判断和使用,司法实践中,可以参考的做法和依据不是太丰富。如何规范电子数据的收集及取证,将这些规定演变为操作性强的办案规程,需要司法实务人员的研究和提炼。

 破解思路

一、电子数据的范围

电子数据是指**案件发生过程中形成的,以数字化形式存储、处理、传输的,能够证明案件事实的数据**。电子数据可以说存在于一切电子设备和存储介质中,我们生活、工作离不开计算机、手机、网络等工具,因此各类电子设备也时刻记录着我们的各种行为所产生的电子数据,包括通话记录、手机短信、通讯录、电子文档、上网痕迹、聊天记录等。

电子数据包括但不限于下列信息、电子文件:

1. 网页、博客、朋友圈、贴吧、网盘等网络平台发布的信息;
2. 手机短信、电子邮件、即时通信、通讯群组等网络应用服务的通信信息;
3. 用户注册信息、身份认证信息、电子交易记录、通信记录、登录日志等信息;

4. 文档、图片、音视频、数字证书、计算机程序等电子文件。

二、电子数据的取证要求

《关于办理刑事案件收集提取和审查判断电子数据若干问题的规定》，对此作了详细的规定：

1. **应当制作相关说明**，载明案由、证明对象、证明内容、该电子数据的规格、类别、文件格式；

2. **应遵循证据现场的保护原则**；

3. **应当制作笔录**，记录案由、对象、内容、收集、提取电子数据的时间、地点、方法、过程，并附电子数据清单，注明类别、文件格式、完整性校验值等，由侦查人员、电子数据持有人（提供人）签名或者盖章，电子数据持有人（提供人）无法签名或者拒绝签名的，应当在笔录中注明，由见证人签名或者盖章，有条件的，应当对相关活动进行录像。

三、电子数据的取证方法

取证人员进入现场后，应迅速保护好计算机日志，对数据进行备份，切断远程控制；封存现场的信息系统、各种可能涉及的磁介质；提取涉案计算机硬盘、移动磁介质（如手机、U盘、上网本等）、光盘、复印机、传真机中的记忆芯片等。特别应注意对当事人随身携带的电子介质的提取，比如手机、便携式计算机、U盘等。目前检察机关经常使用的手机和电脑恢复技术，在办案实践中发挥了积极的作用。总的来说，涉及介质的提取，必须符合扣押程序；涉及电子数据的提取、鉴定，必须符合提取的规范和鉴定的程序。

四、电子数据对办案的重要作用

电子数据对案件的定罪是至关重要的。比如毒品犯罪，从被告人的手机中，提取到搜索制作毒品的信息及化学操作程序；从购物App中，发现其购买化学原料和试剂的信息等。

在章某贩卖、制造毒品案中，一审法院论证证据时就引用了电子数据。三同案人短信记录、微信聊天记录，发送的内容涉及制造毒品的相关内容，比如"在烤""越干越好""辅料什么时候回"等，有力印证了三个被告人有罪供述涉及的内容。在侦查阶段被告人对这些记录内容及含义，与制造毒品犯罪的关联都做了解释。尽管二审期间被告人陆续翻供，但这些客观性证据的证明效力对其之前的有罪供述还是形成了有利的支撑。

4 如何装订案卷

 疑难问题

多年前,特别是1997年刑诉法修改之前,侦查机关或部门对于案卷的装订往往不够规范,经过多年的磨合和实践,特别是1997年刑诉法修改后,律师在审查起诉阶段不能复制案件证据册,只能查阅诉讼文书和技术性鉴定材料,侦查机关为了应对法律规定,将卷宗分为诉讼文书卷、技术性鉴定材料卷和证据正卷。但装订案卷仍然不够规范,顶层设计方面也欠缺,没有对案卷装订予以更多的关注。

2018年监察体制改革之后,监察机关加大了培训力度,笔者受邀为福建省监察机关培训班授课十多次,讲授的内容是《职务犯罪案件法律适用及调查取证》。在近一年的授课期间,笔者了解到基层检察院反映监委移送的案卷装订不够规范的问题。于是笔者总结了自己办案的心得,梳理了装订案卷的要点,在授课时增加了如何装订案卷的内容。在此之后一个月左右的时间,国家监委下发了一份和高检院的联合文件,其中就如何装订案卷做了非常详细的规定。笔者感到欣慰的是,本人总结内容,大部分和该文件规定相吻合。而且本人关注的问题,当时感觉没有把握,担心受众会觉得问题太小不宜在培训班上讲,没想到国家监委和高检院还以联合文件的形式予以发布。说明,案卷装订不是小问题。

 破解思路

案卷装订的质量,直接影响到办案人员的阅卷效率和案件的审理,也影响到开庭时举证工作,看似很简单,实际上很重要。科学合理规范装订的卷宗,有助于办案人员对证据的梳理，有助于检察官出庭举证、质证，也有利于法官定罪量刑。

司法实践中，对于只有单人单笔犯罪事实的案卷，可以按照证据的种类进行装订。比如法律文件、诉讼文书类单独成册；言词证据单独装订成册，包括讯问笔录和证人证言的询问笔录；客观性证据单独装订一册或多册，包括书证及电子数据、鉴定意见、勘验检查笔录、扣押物品清单等。**对于涉及国家秘密、商业秘密或者个人隐私的证据，以及其他不适合公开的材料应单独成卷，并做好相应的保密工作。**

对于单人多起犯罪事实的案卷，以每一起待证事实作为一个单元装订，同一事实的证据按照证据种类装订。比如按照讯问笔录、询问证人笔录、书证、鉴定意见等，依次顺序装订。当然不是说每一起事实只装订一册，可以多册。

多人多起事实的，按照先人后事的方式装订，即以犯罪嫌疑人作为主线条，再以犯罪事实作为分线条进行整理；构成共同犯罪的，按照先共同犯罪，再单独犯罪的方式装订。**每本卷宗中涉及多起情形的，应按照事实分类，在每起事实证据之间用隔页纸加以区分。**

对一些案件，**也可以按照犯罪构成要件归类来装订。**比如职务犯罪案件，可以分别按照讯问犯罪嫌疑人笔录卷，行贿人及相关印证行贿证人的询问笔录卷，为他人谋取利益的相关证人证言及书证等其他客观性证据卷分别装订。如果材料太多，可以将为他人谋取利益的相关证人证言和书证等其他客观性证据分开装订。这些要具体问题具体分析，不宜机械。

多份讯问、询问笔录的，一般按照时间顺序依次整理装订。犯罪事实比较多的，可以按照先完整的综合笔录，再依时间顺序整理装订。

装订卷宗时，应标明卷宗序号、卷宗目录，卷宗页码应明确清晰。建议一个案件里面的卷宗装订尽可能一个装订标准，不宜有的按照时间顺序，有的按照事实分类，有的按照人来分类。

5 证据的关联性如何审查

 疑难问题

检察官审查证据之后,需要对证据进行梳理,同时对全案的证据进行分析。在通过证据的分析判断之后,得出犯罪嫌疑人是否构成犯罪以及构成何种犯罪。**在分析证据的过程中,证据之间是否有关联,往往是最重要和核心的问题。**有的时候,只要梳理出证据之间的关联性,办案人员对该案能否认定基本上可以做到心里有数。

 破解思路

证据的关联性,是指**作为证据的事实与案件的论证事实之间存在某种客观的联系**。因而一个证据对案件事实是否具有证明力,不仅取决于此证据是否是客观真实的,而且取决于此证据是否与此案有关联,是否能对证明此案有实质性的作用。一个客观存在但与案件毫无联系的证据事实是不能作为定案根据的。我国刑诉法虽然未明确采用"关联性"的提法,但其第50条规定,证据应当可以证明案件事实,其实就是要求证据具有关联性。最高人民法院《关于执行〈中华人民共和国刑事诉讼法〉若干问题的解释》对此进一步予以规定:"控、辩双方要求证人出庭作证,向法庭出示物证、书证、视听资料等证据,应当向审判长说明拟证明的事实,审判长同意的,即传唤证人或者准许出示证据;审判长认为与案件无关或明显重复、不必要的证据,可以不予准许。""与案件无关"即不具有关联性。

笔者理解的证据的关联性,通俗地讲就是"你中有我,我中有你"。笔者在审查案件中,对这类"你中有我,我中有你"的证据最为关注,如果能够发现这类关联证据，就像吃了定心丸。比如在凶杀现场，发现了一把刀，刀上面提取到的血迹检出是被害人所留，而刀柄上提取到的指纹或掌纹检出是被告人的，那么这个案件一般没有问题。再比如，被告人穿的衣服提取到被害人的血迹，被害人的指甲遗留血迹经鉴定是被告人的血迹，在制造毒品现场发现被告人的指纹、字迹、DNA等痕迹。

在我们认识和审查证据的关联性时，应注意：

第一，**证据的关联性是客观的**。证据之间具有关联性，不是人为制造的，而是证据之间客观存在的关联，是自然形成的关联。比如从被告人身上提取到的血迹是被害人的，那么提取笔录、DNA鉴定和本案的关联性就非常明确了。要审查与作案过程有关的证据，如有关作案时间、人员、作案地点、作案动机、手段、过程（要有细节）、犯罪结果的证据，也就是要重点审查何时、何人、何地、何因、何为、何果六个方面的证据。

第二，**证据关联性的表现形式多样**。证据事实与案件事实之间存在的联系，或者说证据关联性的表现形式是多种多样的。如因果联系、时间上的联系、空间上的联系或偶然的联系、必然的联系等。证据事实与案件事实联系的程度不同，决定了证据对案件事实证明力的大小。司法人员在刑事诉讼中当然要收集证明力强的证据，对与案件有关联的证据进行审查，判断证据证明力的大小，也就是证据对于案情反映的程度，对案卷证据进行定级，有利于梳理出关键证据，加强关键证据，把握住案件的生命线。但同时也不能忽视证明力弱的证据，所谓证据证明力强弱是相对的。

第三，**证据关联性有可认识性**。事物之间的联系是千丝万缕的，即使与案件事实间的联系是无以穷尽的，但没有被我们所认识的证据事实，不可能纳入诉讼的轨道，更谈不上证明作用。不过随着科学技术的发展，将会有更多的手段用以帮助人们发现和认识证据与案件事实间的相关性。

第四，**要客观全面收集证据**。注意收集辩解材料，我们办案要全面、客观，人两只眼、两只耳，就是为了看两方面事、听两方面意见；收集犯罪嫌疑人反侦查的材料，如串供信，如果查出犯罪嫌疑人有串供行为，我们就可以认为犯罪嫌疑人被冤枉的可能性就小，其犯罪的可能性就大，有利于司法机关的办案人员的内心确信，有利于准确判断案情。

第五，**要客观对待瑕疵证据**。因为证据当中总会有这样那样的矛盾，不能简单地认为证据之间有矛盾就是存疑，要去伪存真，分析判断。比如一个证人前后证言或同一份证言在有些情节上有矛盾，只要其对主要过程和情节能陈述清楚，该证言还是可以使用的。另外，该证言最终是否采用，关键还要考察该证言所述的那些情节与现场勘查、物证、其他证人证言、法医鉴定意见是否吻合。

举案释疑

案例1 陈某故意杀人案

基本案情

被告人陈某，男，1972年出生。因涉嫌犯绑架罪，于2015年9月9日被刑事拘留；同年10月14日经某区人民检察院以涉嫌故意杀人罪批准，次日被执行逮捕。

经审理查明：2014年间，被告人陈某两次向被害人吴某借款并出具两张借条。2015年间，吴某多次向陈某催讨欠款及利息，被告人陈某因无法及时还款，后产生杀害吴某以逃避债务的恶念。2015年8月23日，被告人陈某与吴某约定，次日上午由吴某携带借条与其一同向他人讨要贷款。

2015年8月24日上午9时许，被告人陈某驾驶白色长城牌汽车在某区南门小学附近与吴某会合，驾车带吴某前往某县体育用品有限公司讨要贷款未果。15时许，陈某再次带吴某到某县体育用品有限公司讨要贷款仍未果。17时许，陈某开车载吴某途经某公交站时，乘吴某下车小便之机，陈某将吴某的头部往该汽车上撞，致吴某倒地，后陈某用手扣住吴某的脖子将其拖进车后座，并用双手猛掐被害人吴某的脖子致其不能动弹，后驾车逃匿。途中，陈某将吴某所携带的两张借条撕毁、手机丢弃，并用一张鞋料布盖住吴某身体。23时许，被告人陈某驾车至王某家楼下，通过电话告知王某自己杀人一事，并请求王某携带铁锹和毛巾出门。后王某带上家中的铁锹和毛巾与被告人陈某驾车前往某区垃圾场掩埋尸体。王某提前下车在路边等待，由陈某将车开进垃圾场，在垃圾堆找了一根绳子套住吴某的脖子将其拖进垃圾场内掩埋。随后，被告人陈某驾车载王某到王某租房，王某先后提供三条毛巾给陈某用于擦除该作案汽车痕迹。次日8时许，两人驾车到某区汽车城长城4S店，要求更换车后座垫。陈某还自行拆卸了车的后座垫，剪下并带走沾有血迹的部分后座垫皮，后驾车离开。经法医鉴定，被害人吴某存在颈部受到外力作用导致的机械性窒息死亡的可能。

2015年8月25日某区派出所接吴某某报案称，其父吴某2015年8月24日早上离家后失踪。公安人员经过视频研判发现陈某与吴某失踪案有关联，通知陈某到所协助了解情况，陈某隐瞒事实未提供真实情况。2015年9月2日派出所在调查无果的情况下将吴某失踪案移交某公安分局刑侦大队重案中队。重案中队在介入调查后，综合视频、通话清单、轨迹的研判，分析被告人陈某

有重大嫌疑并于 2015 年 9 月 7 日立案侦查。2015 年 9 月 8 日 8 时许侦查人员通知陈某到公安分局协助了解情况将其抓获。同日，王某经公安民警劝说，供认相关犯罪事实。随后，被告人陈某才逐渐交待杀害吴某的犯罪事实。在其指认下，侦查员于垃圾场挖出被害人吴某的尸体。至此，本案告破。

处理结果

2016 年 3 月 31 日某市人民检察院以被告人陈某犯故意杀人罪向某市中级人民法院提起公诉，某市中级人民法院经审理于 2016 年 12 月 26 日作出一审判决：被告人陈某犯故意杀人罪，判处死刑，剥夺政治权利终身。一审宣判后，被告人陈某不服判决，在法定期限内提出上诉。

焦点问题

故意杀人案件证据的关联性如何审查及分析。

实务评析

一审判决认定被告人陈某故意杀人的事实清楚，证据确实充分。

1. **被害人吴某的尸体系被告人陈某指认埋尸地点后才被找到**。埋尸现场地处偏僻的垃圾场，除了陈某本人，并没有人知道埋藏尸体的具体位置。在被告人陈某指认埋尸的具体地点的过程中，侦查人员进行了全程录音录像，在他带领下准确地找到了被害人的尸体，本案才能告破。这一过程证实被告人陈某是本案具体行为人。通过陈某先供后证，找到被害人尸体，由此将被告人与被害人关联起来。**先供后证能够很好地证明证据的关联性。**

2. 被告人陈某归案后的有罪供述与在案其他证据能相互印证，证实其杀人过程。

（1）**被告人陈某的有罪供述与尸体检验鉴定书及被害人尸体上受伤情况之间的关联性分析**。被告人陈某有罪供述中供认其将吴某的头部往该汽车上撞，致吴某倒地，后双手抓着吴某腋下先头部后身体把他塞进车后座，因吴某很重，其用手扣住吴某的脖子将其拖进车后座，并用双手猛掐吴某的脖子致其不能动弹。尸检报告证实死者舌骨及甲状软骨骨折，双侧肋骨骨折，符合颈部及胸部受到外力作用形成，左侧三处肋骨不全骨折及右侧一处肋骨完全骨折，死者舌骨及甲状软骨检见骨折，分析存在颈部受到外力作用导致的机械性窒息死亡的可能。其供述拖动被害人、掐被害人脖子的杀人过程与被害人身上伤情、死亡原因的鉴定意见相吻合。

（2）**关于案件的起因，证人证言之间的关联性分析**。被告人陈某供称因为无力偿还债务，在回来的途中受到被害人言语上的威胁从而产生杀害被害人的念头，并在杀人后进行毁灭证据的行为有证人证言相印证。证人吴某某等人证实陈某经济状况不佳,无力偿还债务,债权人吴某于案发当天持借条出门讨债的事实。证人李某等人证言与被告人陈某的供述相互印证,证明陈某于2015年8月24日两次到某县体育用品有限公司讨要贷款未果的事实。证人吴某某提供的显示陈某欠款情况的笔记本复印件,也印证了两人有债权债务关系。以上证据将被告人与被害人之间的债权债务关系关联起来,可以认定案件的起因。

(3) **监控录像与被告人陈某及王某供述的关联性分析**。侦查机关提取的被害人吴某离开家中的时间、当日车辆行走轨迹出现的时间以及案发后车辆经过某三叉路口往镇政府地段并于一个多小时后从该路口返回以及案发次日陈某驾驶车辆与王某一起到汽车城的视频,这四段视频与被告人陈某供述与被害人一同去讨债未果,之后杀害被害人并埋尸、毁灭证据的供述相吻合。

(4) **勘验检查、提取笔录与在案其他证据的关联性分析**。经过被告人陈某带领指认下发现了被害人尸体与被告人供述埋尸地点相吻合;提取的汽车坐垫与被告人供述的更换汽车坐垫以毁灭证据的供述相吻合。

(5) 同案犯王某的供述以及更换带血的汽车坐垫的证据,与被告人陈某的供述能够相互印证。

(6) 提取的被告人驾驶的汽车剪下的坐垫血迹 DNA 经鉴定与被害人的 DNA 一致,说明被害人曾经在被告人车上受伤流血的事实。

(7) 提取的电子资料证实被告人陈某与被害人吴某之间在案发前有过联系,也证明了被告人陈某与被害人吴某失踪案的关联。公安机关提供的手机通话清单光盘证实陈某、吴某的通话详单,其中2015年8月24日8:51:59,陈某手机主叫吴某手机。被告人陈某、被害人吴某手机通话记录与陈某约被害人一同去讨债的时间点供述相吻合。

以上各证据,均由侦查机关依法定程序调取,来源合法,且均经庭审举证、质证,内容客观真实,与本案具有关联性,各证据之间关联性密切,足以形成证据锁链,且能够相互印证,足以作为本案的定案依据。

案例2 张某、施某、林某等人贩卖、运输毒品案

基本案情

被告人张某,男,1975年出生。曾因犯非法持有毒品罪,于2005年12月15日被法院判处有期徒刑2年,2007年9月1日刑满释放;又因涉嫌犯贩卖毒品罪,于2016年8月29日被刑事拘留;同年9月15日执行逮捕。

被告人施某,男,1988年出生。因涉嫌犯贩卖毒品罪,于2016年8月11

日被刑事拘留；同年 9 月 15 日执行逮捕。

被告人林某，男，1980 年出生。曾因犯危险驾驶罪，于 2015 年 12 月 10 日，被某区人民法院判处拘役 1 个月，缓刑 2 个月；又因涉嫌犯贩卖毒品罪，于 2016 年 8 月 11 日被刑事拘留；同年 9 月 15 日执行逮捕。

经审查认定的事实及证据：

2016 年 5 月 25 日，被告人施某伙同他人到广东东莞某高速路口，向被告人张某购买若干毒品，后携带上述毒品返回莆田。被告人林某按照被告人施某指示到福建某高速路口，并开车载被告人施某到某区，被告人施某将毒品存放于其经营的水产品批发店内。因同年 6 月 2 日其他同案人被抓获，被告人施某指使林某通过 QQ 寻找功能找到张某的联系方式，与被告人张某联系后，2016 年 8 月 5 日左右，被告人施某带林某雇车到某市，欲向张某购买冰毒，但因张某无法联系到货源而返回莆田。

2016 年 8 月 7 日，被告人施某得知被告人张某联系到货源后，约定向张某购买甲基苯丙胺 4000 克。后被告人施某雇车伙同被告人林某到广东省，先后多次汇款共计人民币 7.7 万元到张某的银行账户内，另还从 ATM 机上取现金 3.5 万元，向张某购买了甲基苯丙胺 3751.4 克。被告人施某将上述毒品带回福建自家店内，并将部分甲基苯丙胺交给被告人林某用于贩卖。

2016 年 8 月 10 日，被告人施某在福建自家店内被抓获，当场查获甲基苯丙胺 3702.9 克。同日，被告人林某被抓获，当场查获甲基苯丙胺 46.5 克和氯胺酮 83.2 克。同月 19 日，被告人张某在重庆市的住处被抓获。

处理结果

2017 年 5 月 27 日，某市人民检察院指控张某犯贩卖毒品罪，施某、林某犯贩卖、运输毒品向某市中级人民法院提起公诉。2018 年 7 月 13 日，某市中级人民法院作出判决：一、被告人张某犯贩卖毒品罪，判处死刑，剥夺政治权利终身，并处没收个人全部财产；二、被告人施某犯贩卖、运输毒品罪，判处死刑，缓期 2 年执行，剥夺政治权利终身，并处没收个人全部财产；三、被告人林某犯贩卖、运输毒品罪，判处有期徒刑 15 年，并处没收个人财产人民币 5 万元。各被告人分别以事实不清，证据不足，量刑过重，未认定重大立功为由在法定期限内提起上诉。

争议焦点

张某归案后拒不供认犯罪事实，能否定罪。

实务评析

毒品案件关联性证据的取证和论证非常重要。毒品犯罪案件，由于其风险极高，犯罪分子为了自保，往往会采取一些隐蔽的方式来逃避侦查。对于没有当场起获毒品，而被告人零口供的案件，要认定起来就有一定的难度。

对于毒品所有人、制造人的认定，从证据的关联性出发，重点要注意：

第一，**指纹的提取鉴定**。对毒品包装袋或者制毒场所的物件上应当注意进行指纹提取，比如吴某制造毒品案，被告人翻供后否认制造毒品，说从来没有到过制毒现场。但非常有利的一份证据是：送检的毒品现场三楼烧杯外表留下的指纹，与送检的被告人吴某的左手中指指纹相吻合。

第二，**DNA 的提取鉴定**。如果毒品犯罪现场痕迹检出的基因分型，包含了被告人的基因分型，就基本能够证明被告人参与毒品犯罪。还有对运毒车辆的方向盘，装毒品的行李箱，藏匿毒品房屋内的痕迹，制造毒品设备等都应该进行 DNA 提取。这样在被告人翻供的情况下，可以通过这种客观性证据来锁定被告人以及印证其之前的有罪供述。

第三，**书证提取及文字鉴定**。如蒋某制造毒品案，一审法院认定其制造某毒品固体 200 千克，液体 1450 千克，判处死刑。被告人蒋某翻供辩解没有到过现场，本案定罪最重要的证据是公安机关从制毒现场提取到的制作流程笔记本上有关制毒化学公式、实验记录的文字，经委托鉴定系蒋某所写。仅此证据，案件的关联性明确，再结合同案人的供述，蒋某构成犯罪无疑。

具体到本案的关联性分析：

第一，施某稳定供述向张某购买大量毒品，并得到林某等人的供述印证，三人辨认并指认了张某。

第二，施某、张某两人的银行交易明细证实二人在此期间有大额的经济往来。施某农行卡于 2016 年 5 月 5 日、8 月 8 日分别向张某转账 24000 元、10000 元。施某建行卡于 2016 年 5 月 25 日分三次分别向张某转账 31000 元、50000 元、30000 元，8 月 4 日、5 日分别向张某转账 5000 元、40000 元。8 月 6 日、7 日张某向施某分别转账 40000 元、33500 元，8 月 8 日施某分三次分别向张某转账 10000 元、20000 元、5000 元，8 月 9 日向张某转账 32000 元。

第三，从施某、林某车上、住处搜查到的毒品种类与供述相符，数量大致相同；施某、张某两人的通话记录均证实二人在此期间联系频繁。特别是提取到的施某与张某之间的微信记录，证实施某归案后协助侦查机关联系张某，并了解到张某在重庆的去向，还邀请张某到福建等事实。

综合上述分析，张某虽为零口供，但本案不仅有多名同案人的指认和供述，同时还有汇款凭证、微信记录以及下家被起获的毒品等客观性证据的印证，足以认定被告人张某构成犯罪，一审法院判处其死刑，犯罪事实清楚，证据确实充分。

6 非法证据如何界定及排除

疑难问题

近几年,公布了一系列具有重大社会影响的冤假错案。比如"亡者归来"的河南赵作海案件、"真凶再现"的浙江张氏叔侄强奸致死案、内蒙古呼格案、河南聂树斌案等。司法实践中,**何为非法证据?如何理解"刑讯逼供等非法方法"和"暴力、威胁等非法方法"的含义?**这些疑难问题,时常困扰司法实务者,对于整个政法机关的办案也是一个严峻的挑战。

破解思路

为从制度上进一步遏制刑讯逼供和其他非法收集证据的行为,维护司法公正和刑事诉讼参与人的合法权利,2012 年刑诉法修改确定了非法证据排除规则,这不只是为了防止冤假错案,也是为了体现刑诉法对程序公正的追求。

一、排除非法证据的法律依据

《刑事诉讼法》第 56 条规定:"采用刑讯逼供等非法方法收集的犯罪嫌疑人、被告人供述和采用暴力、威胁等非法方法收集的证人证言、被害人陈述,应当予以排除。收集物证、书证不符合法定程序,可能严重影响司法公正的,应当予以补正或者作出合理解释;不能补正或者作出合理解释的,对该证据应当予以排除。在侦查、审查起诉、审判时发现有应当排除的证据的,应当依法予以排除,不得作为起诉意见、起诉决定和判决的依据。"

《中共中央关于全面深化改革若干重大问题的决定》也提出"健全错案防止、纠正、责任追究机制,严禁刑讯逼供、体罚虐待,严格实行非法证据排除规则"。

《监察法》第 33 条也规定，以非法方法收集的证据应当依法予以排除，不得作为案件处置的依据。

二、非法证据的种类

《刑事诉讼法》第 50 条中规定的证据种类是八类，非法证据排除只涉及五类，对于其他三类证据，即鉴定意见、勘验、检查、辨认、侦查实验等笔录以及视听资料、电子数据，是否存在可能被当成是非法证据而予以排除的情形呢？《刑事诉讼法》第 56 条没有涉及。

于是笔者提出这样一个问题：如果这三类证据出现收集不符合法定程序，可能严重影响司法公正的，能否适用非法证据排除规则予以排除？笔者个人认为，**非法证据排除不包括这三大类证据**。如果这些证据有瑕疵，可以进行补正，或者最后不予采纳，只是不适用非法证据排除规则予以排除。

三、如何理解"刑讯逼供等非法方法"和"暴力、威胁等非法方法"的含义

"刑讯逼供等非法方法"和"暴力、威胁等非法方法"如何界定？根据 2012 年《人民检察院刑事诉讼规则（试行）》第 65 条规定，"刑讯逼供"是指使用肉刑或者变相使用肉刑，使当事人在肉体或者精神上遭受剧烈疼痛或者痛苦以逼取供述的行为。"其他非法方法"是指违法程度和对犯罪嫌疑人的强迫程度与刑讯逼供或者暴力、威胁相当而迫使其违背意愿供述的方法。

最高人民检察院《关于渎职侵权犯罪案件立案标准的规定》其中关于刑讯逼供的定义与上述界定基本一致。该规定罗列了一些情形，比如殴打、捆绑、违法使用械具、较长时间的冻、饿、晒、烤等手段。

2013 年 10 月 9 日，最高人民法院出台《关于建立健全防范刑事冤假错案工作机制的意见》，提出隐性刑讯逼供概念，认为除了刑讯逼供外，冻、饿、晒、烤、疲劳审讯等隐性刑讯逼供的方法获得的口供也应被排除。综合上述规定，笔者认为，**刑讯逼供等非法方法包括刑讯逼供、隐性的刑讯逼供以及与上述两种行为相当的情形**。

四、非法证据的排除规则

《刑事诉讼法》第 56 条是关于非法证据排除规则的规定，非法证据包括非法言词证据和非法实物证据，是指使用刑讯逼供、暴力、威胁等非法方法收集的言词证据以及收集物证、书证不符合法定程序且不能补正或作出合理解释的证据，应当予以排除。可见，刑诉法规定的可以排除的非法证据包括犯罪嫌

疑人、被告人供述、证人证言、被害人陈述、物证、书证。对于非法言词证据，以排除为常态；对于非法实物证据，以不排除为常态。

五、刑事检察部门如何履行排除非法证据的职责

作为刑事检察官，如何排除非法证据，首先依据的原则还是刑诉法的规定，由办案的刑事检察官在批捕和审查起诉两个阶段，负责审查证据合法性，把握证据体系，发现非法证据及时排除，瑕疵证据及时补正，对于被认定为非法证据的，该证据将不移送法院，切实防止因非法证据排除而影响对案件的定罪量刑。

笔者认为，刑事检察部门要做好两个方面的工作：一是**在批捕和审查起诉阶段直接根据审查排除非法证据**；二是**为将来在审判阶段可能出现的排除非法证据程序做好应对，在批捕及审查起诉阶段就要注意收集将来可以应对的证据或材料**，比如可以收集如下证据，以此证明取证活动的合法性：被告人入所检查情况，包括法医证言、接收民警证言、入所体检记录、看守所监控录像等；同监房犯人证言，可以印证入所时是否已受伤等情况；询问相关办案人员记录，全程同步录音录像等。

《刑事诉讼法》第58条规定："法庭审理过程中，审判人员认为可能存在本法第五十六条规定的以非法方法收集证据情形的，应当对证据收集的合法性进行法庭调查。当事人及其辩护人、诉讼代理人有权申请人民法院对以非法方法收集的证据依法予以排除。申请排除以非法方法收集的证据的，应当提供相关线索或者材料。"

笔者认为，**律师如果向检察机关提出被刑讯逼供的问题，并提供了线索，检察机关应当予以核实**。可以要求辩护律师提供什么人打的，在哪里打，有无旁证，有无伤疤，有无告诉别人等信息。另外，还涉及如何理解"线索"，例如显然不能认为提交的被告人口供就是线索。

笔者曾经遇到这么一个案例，辩护人在法庭上直接向被告人发问有关侦查取证问题，向法庭要求启动非法证据排除程序。笔者作为公诉人的答辩是："辩护人如果认为被告人被刑讯逼供，应当提供线索或材料，辩护人应当根据被告人的口供，经调查核实，提供具体的、明确的、可查的线索或者证据，而辩护人仅凭被告人被刑讯逼供的口供，就简单地认为被告人供述就是线索，请问，这种简单的、仅凭被告人一方之词的辩解，能是线索吗？如果是，则未免过于草率，刑诉法规定的提起非法证据排除程序的条件岂不形同虚设？"笔者认为，该答辩有法律依据，且答辩有力，能够很好解释"线索"的含义。

举案释疑

案例　郑某受贿案

基本案情

被告人郑某，系某海关原副关长兼调查局局长。某市人民检察院以被告人郑某犯贪污罪、受贿罪和滥用职权罪，向市中级人民法院提起公诉。其中，对受贿罪部分的犯罪事实指控认定：郑某在处理走私食用油过程中为李某提供帮助并收受贿赂款40万元。

一审期间，被告人郑某及其辩护人均否认起诉书指控的受贿犯罪事实，提出在侦查阶段，侦查人员以抓捕其家属相威胁，进行疲劳审讯，并以取保候审相诱惑，其在侦查阶段对收受贿款的供述系侦查人员非法取得，应当依法排除。

处理结果

某市中级人民法院经公开审理查明后认为，李某交代的行贿细节与被告人郑某的供述存在不吻合之处，且郑某当庭否认受贿，提出侦查办案人员以取保候审相利诱和以抓捕其子女相威胁获取其有罪供述，公诉机关未能提出有罪供述系合法取得的相关证据，故相关有罪供述依法应当排除。综合全案，在无其他证据佐证的情况下，公诉机关指控郑某犯受贿罪的证据不足，故有关郑某犯受贿罪的指控不能成立。一审法院将该份口供作为非法证据排除，不予认定该节受贿罪。检察机关抗诉被二审法院驳回。

实务评析

本案例涉及如何排除非法证据的问题。

法院认为指控被告人郑某受贿40万元的证据主要是行贿人李某的指认和郑某在侦查阶段的认罪供述。郑某在侦查阶段的16次审讯中，后期7次供述承认收受李某贿赂款。其中，2011年8月19日讯问中首次承认收受李某贿赂款20万元，在之后有6次供述，供认收受李某贿赂款40万元。法庭经审理查明，被告人郑某辩称侦查人员威胁他不承认受贿就查处其女婿公司，抓捕其女儿、女婿，威胁内容、时间、地点和实施人员均具体、明确，并得到相关书证、证人证言的证实，具体体现在：

1. 郑某的女儿郑某某、女婿陈某于2011年8月19日下午15时被传唤到侦办机关并被留置至8月20日晚上19时；2. 首次承认受贿的讯问笔录没有记载讯问的起止时间,看守所的记录反映当天的讯问持续达8个多小时,但讯问录音录像却只有半小时的认罪供述;3. 结合本案的实际情况,郑某被讯问时已退休近10年,年近70岁,因个人的原因导致女儿、女婿被"抓起来",这对其心理必然起到强烈的胁迫作用,迫使他为保住一家老小的平安,选择作出牺牲,违背意愿作出有罪供述。

  这种以针对被告人本人及其亲属的重大不利相威胁,产生的精神强制效力,达到了严重程度,极大可能导致被告人精神痛苦并违背意志进行供述。此外,郑某辩解其之所以供认受贿的事实,除受到"女儿、女婿被抓起来"威胁的因素外,还因为侦查人员承诺其供认受贿的事实后即对其取保候审,即侦查人员同时以取保候审对郑某进行引诱。

  法院认定,郑某为子女免受牵连及获得取保而违背意志作出假供的可能性很大,其辩解具有合理性,对其本次供述依法应当予以排除。笔者认为,这种引诱与威胁相配合的方法在一定程度上加强了胁迫的作用,给被告人精神上造成极大痛苦,被告人供述属于非法证据应当予以排除,法院的判决是正确和合理的。受贿犯罪是对合犯罪,严重依赖口供,一般情况下,主要依赖受贿人的供述和行贿人的证词相互印证来定罪。受贿人翻供的,要审查翻供是否有理由。本案被告郑某辩解其为子女免受牵连及获得取保而违背意志作了违心的供述,该辩解得到了其女婿及女儿被传唤的事实的印证,而且其之前都没有供认,到其女儿、女婿被传唤后才供认,说明被胁迫的的可能性很大,其辩解具有合理性。

7 讯问笔录有何注意点

 疑难问题

任何案件，从立案、侦查、起诉、判决都伴随着案卷的形成、移交、封存过程。无论哪个环节，围绕案件所发生的活动都以形成案卷材料并且也必须以形成案件材料为基本目的。因此，**案件的全部侦查活动都应该在案卷中得到反映**。任何不能够形成案卷材料的体力和脑力支出都是无效支出。

笔录是案卷材料最基本的组成部分，是用语言形式对涉案人员有关动机、行为及其结果的表述和记录，是办案人员进行侦查活动的记录，是全部物化证据的精神呈现方式。没有笔录，全部物化证据、鉴定就是零碎的和无意义的死物。因此，**笔录是办案人员智慧最集中的体现方式，是整个侦查活动案卷材料化的最集中体现方式。**

 破解思路

讯问笔录对揭露证实犯罪，追究犯罪都起到了至关重要的作用。一份看似简单的笔录，既要成为确定案件事实的重要证据，又要全面反映讯问活动的全过程，可以说，其制作是每个办案人员必须具备的基本功。

具体而言，讯问笔录需要具备哪些程序要素，请自行严格对照刑诉法等有关规定，这里只重点强调几点容易被忽视的问题。

一、笔录包含的内容

查明犯罪嫌疑人的基本情况，包括姓名、别名、性别、出生年月日、户籍所在地、住所、籍贯、身份证号码、民族、文化程度、政治面貌、家庭情况、社会经历、工作单位及职务,以及是否属于人大代表、政协委员、党代表等,是否受过刑事处罚、党政纪处分或者行政处理等,还有个人电话号码、银行开户情况等;并应当告知被讯问人相关权利义务和有关规定。

比如工作单位及职务,主要查明**是否是国家工作人员**,这类信息对于职务犯罪的主体认定至关重要;**家庭情况包括其家庭成员的情况**,可以为我们下一步查询相关家庭成员账户情况提供依据;**电话号码**是我们提取通话记录的根据,可以据此掌握密切关系人,相关人员联系情况,通过通话记录配合基站信息、话单分析软件等,还能勾勒出当事人的行动轨迹,有时还能判断行贿人与受贿人是否在同一地点接触等信息。

这里特别要和大家介绍一下,现有证据增加了**电子数据**这一种类。手机中的信息量非常大,通过手机取证系统,可以将手机中已保存的电子数据和已删除的电子数据提取出来。根据提取到的短信、微信、微博、账户变动短信通知、QQ聊天等,可以查明资金流向、朋友圈、利害关系人、密切关系人以及自己和通话人员的活动轨迹。比如,如果在同一时间段,两个号码的基站位置相同或者在同一区域出现,且号码机主之间相互认识,则该时间段内,两人很可能碰面,碰面地点就在该基站位置附近。在实际办案中,以此功能能够有效破除被查对象自称在家没有与行贿人员碰面的辩解,从而有效突破案件。

讯问当事人的 QQ 号码、微信号码、微博账户等信息。这些信息结合收集到的电子数据,将这些证据出示给当事人进行辨认、确认,将电子数据的收集与讯问结合在一起,就很可能搜寻到一些对侦查有用的证据,使得笔录的内容更为丰富,对于证实犯罪更为有利。因此,我们在制作笔录的时候,很有必要对这类信息进行发问和记录。

是否为人大代表、政协委员要确认。监察机关移送检察机关审查起诉前,如果对象是人大代表的,要预先责令被调查人辞去人大代表或者提请人大罢免其人大代表职务。根据相关法律规定,逮捕人大代表,除现行犯只要报告外,都要经过同级人大主席团或常委会许可;拘传、取保候审、监视居住、拘留、逮捕政协委员,不需许可,但需事前报告,或事中、事后报告。

二、讯问后收尾工作应注意哪些问题

1.《刑事诉讼法》第122条规定:"讯问笔录应当交犯罪嫌疑人核对,对于没有阅读能力的,应当向他宣读。如果记载有遗漏或者差错,犯罪嫌疑人可以提出补充或者改正。犯罪嫌疑人承认笔录没有错误后,应当签名或者盖章。侦查人员也应当在笔录上签名。犯罪嫌疑人请求自行书写供述的,应当准许。必要的时候,侦查人员也可以要犯罪嫌疑人亲笔书写供词。"关于这条规定,要注意以下问题：

（1）**首选自行阅读，备选宣读**。讯问笔录应当忠实于原话，字迹清楚，详细具体，并交犯罪嫌疑人核对。如果当事人有阅读能力的，应当将笔录交给其阅读，如果没有阅读能力的，才可以念给他听。只有程序公正，才能保证取得的证据具有公信力。这样做的好处是可以避免给被告人一个合理的翻供理由，不要忽视这个细节，因为如果被告人有阅读能力，而笔录当中体现的是以上笔录念给你听有没有错，那么，当被告人称该份笔录他没有看过的时候，我们没有理由完全否定他的辩解，显然这份笔录没有经过被告人核对的法定程序，从程序上讲是不合法的，不能作为定罪的依据。

如果当事人拒绝签名、盖章、捺指印的，办案人员应当在笔录上注明。讯问的办案人员也应当在笔录上签名。请注意，应当由两名办案人员亲自签名，不能代签。

（2）**应当允许补充、修改笔录**。当事人有权补充或者改正笔录，对于当事人承认没有错误的笔录，应当签名或者盖章；对于更正的部分，应当由当事人捺印。此项规定是为了避免办案人员私自篡改笔录。

（3）**应当允许自书材料**。当事人自书可以本人提出，也可以由侦查人员要求。当事人请求自行书写供述的，办案人员应当准许。必要的时候，办案人员也可以要求当事人亲笔书写供述。请注意，当事人应当逐页在自书上签名、捺指印，并注明书写日期。办案人员收到后，应当在首页右上方写明"于某年某月某日收到"，并签名。

2. 在笔录制作的最后一个程序，当事人认为讯问笔录没有错误的，由当事人在笔录上逐页签名、盖章或者捺指印，并在末页写明"以上笔录我看过（向我宣读过），和我说的相符"，同时签名、捺指印并注明日期。**需要注意的是**，"以上笔录我看过（向我宣读过），和我说的相符"这句话是《人民检察院刑事诉讼规则》明文规定的，严格意义上讲是不可替代的。但实践中，有的地方制作的笔录上出现"以上笔录我已看过，不错""以上笔录我已看过，同意"等不规范的表述方式，这些都应该予以纠正。还有一点需要提醒记录员的，**要对犯罪嫌疑人、证人笔录改动的地方、末页书写的内容、签名进行仔细核对，小心"中枪"**。笔者就曾遇到一个犯罪嫌疑人在笔录末页写的是"以上笔录我看过，与我说的不相符"，还碰到一个证人在笔录上签名签的是绰号。

8 如何进行"阳光下的讯问"

 疑难问题

《刑事诉讼法》和《监察法》都规定，对犯罪嫌疑人或被调查人讯问，必须进行全程同步录音录像。要有效发挥同步录音录像的功能和作用，就必须保证讯问的依法规范，否则，一旦播放违法或有瑕疵的同步录音录像，不但发挥不了排除非法证据的作用，反而成为非法证据排除的依据。那么**如何对同步录音录像下的讯问，也就是"阳光下的讯问"进行规范呢？"阳光下的讯问"有哪些技巧？**

 破解思路

同步录音录像可能给我们的讯问工作带来挑战，我们要积极应对，尽快适应法律的要求，学会在阳光下办案，提高在实时监控和同步录音录像下也就是镜头下审讯的能力。

一、讯问技巧

笔者曾经在反贪局工作多年，结合自己的办案体会和优秀侦查员同事的办案经验，总结了一些常用的技巧：

（一）请君入瓮，调动想象，对号入座

讯问使用的语言含义尽可能包容广一些，可以使用一些双关语，留给犯罪嫌疑人足够的想象空间。有个算命先生的故事是这样的：有三个人进京赶考，路遇一算命先生，三人问进京赶考的结果，算命先生不语，但是伸出一根手指。这一根手指就让他立于不败之地，无论结果如何，都出不了这一根手指：

三人如果都中榜,一根手指代表一个不剩,都能中;如果中榜一人,那根手指就代表中榜一人;如果中榜两人,就代表只有一个不中;如果全部落榜,就是一个都不中。算命先生说的很多话都是模棱两可的,让人自己对号入座,人总是想着和自己情况相同的那层含义,那他就算准了。讯问的语言很多时候也可以借鉴这种做法,讯问人员可以语带双关,大而化之,点而不破,留给犯罪嫌疑人充分的想象空间,让其对号入座,慢慢地他就会越想越怕,最终被他自己所想到的事实和证据击败。

(二)使用道具,虚虚实实,制造错觉

讯问的时候审讯人员尽量不要空着手,可以拿些案卷材料作为道具。有的时候,案件刚刚开始初查,收集的证据材料并不多,这时候可以准备些其他材料,用档案袋或者卷宗皮装着,档案袋、卷宗皮上面可以写上犯罪嫌疑人的名字、案由,有的卷宗上面写上"书证""证言"等,在讯问的时候还可以不时地翻看卷宗,给他造成错觉,认为审讯人员已经获取了其违法犯罪的大量证据,从而对其造成巨大的心理压力。

(三)态度坚决,语言自信,表明决心

在与当事人相持阶段,可以适当地给当事人介绍已经办理过的一些案例,展示办案的成果,表明办案的决心。比如笔者曾经讯问一个行贿人,相持了十多个小时,其间,给他介绍了当地有影响的案件,表明我们办的案件,没有一件不会成功,而且对于拒不配合的当事人,一定会依法追究其刑事责任,不可能因为你的不配合,导致我们案件办不下去,到头来,不仅要追究受贿人的责任,你也跑不了,等等。同时又宣传政策,对于行贿人在被立案前如实交代的,可以减轻或免于处罚。如果我们对你立案,那么之后你再交代,我们都没有办法对你从宽处理。我们还把刑法条文给他看,不断地给他讲解法条的规定。最后,其如实供述共同行贿15万元的犯罪事实。

(四)掌握细节,旁敲侧击,适时展示

案件侦查,往往分内部审理和外部取证两个部分。讯问犯罪嫌疑人或者询问证人时,要根据掌握的已开口一方当事人所述情节以及对关联事件的描述,通过举例与犯罪嫌疑人犯罪情节相似的案例启发他,比如故意不经意地谈谈他受贿的地点:"那家茶馆环境不错啊""那个包厢布置很好啊"等。犯罪嫌疑人听到这些细节就会联想到其在茶馆包厢内受贿的情形,就会意识到受贿的地点、细节都被侦查人员掌握了,事情已经败露,隐瞒不下去了。

(五)法言法语,含蓄委婉,留有余地

要注意区分侦查讯问谋略与威胁、引诱、欺骗的区别。可以充分研究挖掘司法实践中的侦查经验、审讯技巧。有技巧的讯问既可以规避法律禁止的规定，又能有效突破口供。我们不能将这种含蓄、委婉地表达的一些虚虚实实的情况，理解成就是欺骗，不能把法律政策体现的坦白从宽、抗拒从严，理解成引诱和威胁。

如有的办案人员遇到犯罪嫌疑人不招供就会以从重处罚相威胁，完全可以演化成利用法律政策攻心，晓之以理，动之以情。比如有的侦查人员对犯罪嫌疑人说："你在纪委阶段都做了交代，到我们检察机关就不交代了，你这样的态度，我们再把你移交给纪委。"这种问话显然会被抓住把柄，也不规范，存在威胁的成分。完全可以换一种方式："你原来在纪委阶段的态度很好，现在到了检察机关应该进行保持，这样将来量刑的时候可以得到从轻处理，根据刑法的规定，在侦查阶段认罪态度好的，属于法定的从轻情节，如果你还是这样不认罪、不配合的态度，我们还要到纪委去了解一下当时你供述的情况或者退回纪委再核实清楚。"这样做到反话正说，不会被抓住话柄。这些技巧需要我们办案人员在实践中去总结、去体会。

（六）声东击西，突出重点，釜底抽薪

有的犯罪嫌疑人比较固执，如果不达目的，就不配合办案人员。比如有的犯罪嫌疑人认为其犯罪的动机是正义的，必须讯问其犯罪动机，才愿意回答办案人员其他问题。有的犯罪嫌疑人比较啰嗦，讲了很多与案情无关的案外的事情，如果办案人员打断，其就不配合办案人员讯问其他问题。在这种情况下，办案人员可以适当满足犯罪嫌疑人的想法，而后将自己需要讯问的内容混在其中。

司法实践中，侦查人员还总结了很多方法，主要目的还是取得对方信任，建立沟通渠道，谈话的最高境界就是办案人员与当事人拉近距离，取得信任，产生依赖。但问题是案件办好之后，如何隔断依赖。有的办案同志就遇到过这样的问题。前提是我们没有乱许诺，没有欺骗他，只有这样才不会内疚。更多的经验，还需要我们在实践中进一步的摸索、总结。

二、可以制定侦查、调查人员讯问（询问）行为规范

笔者认为，可以借鉴高检院公诉厅曾经出台的公诉人出庭行为规范，探索出一套可行的侦查、调查人员讯问（询问）行为规范，规定一些禁止性行为，明确哪些类型的问话不能问、哪些动作不能做等。同时还可以通过定期对各地先前的同步录像资料进行抽查、点评，总结，选择截取原有办案当中原始录制的存在一些问题的场景，通过培训的方式，交给学员点评。这种实训模式，无疑对大家是个触动。

三、适度的威胁、引诱、欺骗，是否合法可行

侦查实务中，有些侦查人员提出，给予嫌疑人适当的压力是突破的必要手段，一个人在没有压力的情况下，很难交代问题，那么适度的威胁、引诱、欺骗，是否可以使用？我认为可以从以下几个方面理解这个问题：

（一）法律明文界定的非法行为

《刑事诉讼法》第 52 条和第 56 条规定的刑讯逼供等非法方法，比如暴力、威胁、引诱、欺骗，以及立案标准中罗列的较长时间的冻、饿、晒、烤等行为，属于明确禁止的，不存在适度的问题。"适度的"暴力还是暴力，"适度的"威胁、引诱、欺骗还是威胁、引诱、欺骗，是法律禁止的行为。

（二）注意区分侦查讯问谋略与威胁、引诱、欺骗

可以充分研究挖掘司法实践中的侦查经验、审讯技巧。好的审讯可以规避法律禁止的规定。我们不能将这种含蓄、委婉地表达一些虚虚实实的情况，理解成就是欺骗，不能把法律政策体现的坦白从宽、抗拒从严，理解成引诱和威胁。

讯问中，要准确、恰当、艺术地运用侦查谋略，避免直接使用不文明、不规范的诸如乱许诺、侵权性、恐吓性等审讯用语，增强审讯语言的科学性和有效性，力争在法律规定的时限内突破犯罪嫌疑人心理防线。要把审讯谋略内化为中性、模糊与合理的审讯语言，对一些问题引而不发，点而不露。加强对犯罪嫌疑人的心理分析和把控，掌握好审讯用语的场合、时机、语气、语速，多用逻辑、类比、暗示、影射、开放性语言，避免留下把柄和瑕疵。

 举案释疑

案例　南平 3·23 郑某某案件

基本案情

2010 年 3 月 23 日早上 7 时 25 分左右，在福建南平实验小学门口发生一起蓄意行凶的特大恶性杀人案，犯罪嫌疑人郑某某在不到 1 分钟的时间里，手持尖刀连续捅刺 13 名小学生，造成 8 名学生死亡、5 名学生重伤的严重后果。郑某某在一审法庭审理时，拒不按照公诉人的讯问回答问题，提出了不让其说案件的起因，就不回答公诉人的问题，而后在讯问环节，其拒不回答任何问

题,对公诉人当庭出示的证据也不予以质证,尽管不影响法庭对证据的确认,但没有让郑某某将作案的过程在开庭的时候,在公众面前说出来,不能说不遗憾。

实务评析

笔者作为本案的二审检察官,在 2010 年 4 月出席南平郑某某故意杀人案件二审法庭,本着让郑某某顺利将自己的作案过程在庭审时做如实的供述,更好地揭露郑某某凶残犯罪的目的,笔者认真准备了讯问提纲和预案。

采取了声东击西、突出重点、釜底抽薪的讯问方法,首先讯问郑某某对其原先在侦查阶段的供述内容以及一审法院认定的事实是否属实,郑某某回答部分属实,关于事情起因的供述和一审法院的认定不属实。检察员安抚他说关于事情的起因等下会问到,并问其关于故意杀人,致小学生 8 名死亡、5 名重伤的事实是否属实,其回答属实。

而后,检察员归纳了其在二审讯问期间所提的杀人的起因,并问是否属实,郑某某说属实。由于检察员适当满足了郑某某要求解释作案起因的要求,之后,检察员就郑某某选择的犯罪对象、犯罪时间、地点、使用的凶器、行凶捅刺的部位等问题,进行了讯问,郑某某对检察员提出的问题均予以了回答。

直到检察员问到"为什么知道选择捅刺被害人的要害部位,该行为是否与外科医生的职业有关系"的问题时,郑某某表示检察员这样问对他不公平。检察员接着将其在二审期间回答检察员该问题的笔录内容简要归纳,作为问题再次质问被告人。这时候被告人郑某某已经不配合检察员的讯问,但之前的供述已经完成了,讯问完美收官。

这是郑某某第一次在法庭、媒体、公众面前,完整地阐述了其犯罪的过程。可见,**适当地满足被告人的心理,而后声东击西,釜底抽薪,庭审效果会比较好**。

9 笔录制作有何经验

 疑难问题

没有一成不变的笔录，即使对同一个犯罪事实，对同一个犯罪嫌疑人，不同的办案人员所制作的笔录也不可能完全一样。笔录制作的过程就是讯问、询问的过程，反映办案人员的思维以及办案的习惯和能力。但是关于笔录的制作还是有一些共性的要求，有一些基本的要素，而这些要求和要素，需要自己的摸索和同仁的总结。

 破解思路

以审判为中心的诉讼制度改革必将对规范司法提出更高的要求，庭审的对抗也必将由过去的单纯的实体对抗转为实体与程序对抗并重。我们常常说有一些律师喜欢拿程序说事。其实，笔者倒是觉得这样的律师的确高明，如果能够把一些证据作为非法证据排除掉，那就根本无需多费口舌争论实体问题了。在这样的大背景、大趋势下，我们就不得不牢固树立规范的意识，尽可能使每一份证据在程序上都完美无瑕。因此，对笔录的制作，更要重视合法性、规范性的程序问题。

笔者通过二十多年的办案经验，总结了以下十二条笔录制作经验：

一、注意笔录中的时间

注意讯问笔录的起止时间与传唤证、提讯证上填写的时间以及同步录音录像显示的起止时间，避免发生矛盾。常见的问题，如提讯证上填写的提讯时间是9：00，而讯问笔录的开始时间是8：50，也就是人还没提解出来就开始讯问了。

二、注意是否存在交叉讯问、询问的问题

讯问、询问应当分别进行，这一点大家都知道。但有的时候一些办案组负责人为了实时掌握多个犯罪嫌疑人、证人的供证情况，往往会挂帅兼顾两个以上讯问、询问小组的讯问、询问工作；还有的时候犯罪嫌疑人、证人拒不供述、拒绝作证或者出现翻供翻证的情况，负责人往往也会出面做一些工作。在这些情况下，记录人为了体现负责人深入办案一线的辛劳，会在笔录上写上负责人的名字，导致同一时间段，办案组负责人签名同时出现在不同被讯问或询问人的笔录上，深入办案一线的负责人莫名地就成为了非法证据的制造者。

三、问话人要归纳总结

对记录人而言，问话人要注意语速，不能着急，重要的内容一定要慢，给记录人时间。一个好做法是**当事人讲后，由问话人进行归纳重复，而后记录人记录该内容**，不是当事人怎么说，所有的内容都记录下来。重复不是指供，而是技巧。

对被讯问人而言，讯问多人也需要归纳总结。实践当中，遇到犯罪嫌疑人纠缠其自认为重要的情节，比如被害人过错、事情的起因等问题，并表示不先问此问题，其他问题均不回答。遇到这个情况，**讯问人可以耐心倾听，而后予以归纳总结，再将归纳总结的内容告知犯罪嫌疑人，得到确认之后再予以记录**。笔录制作不是简单的记录，而是为了揭露犯罪，证实犯罪，要围绕这个目的来制作笔录。

四、问话人也要看笔录

询问结束以后，**问话人先看笔录，再交给当事人核对笔录**，可以避免记录人没有将重要的话记录下来，就直接将笔录给当事人看。实践中，我们发现有的侦查人员在同步录音录像当中已经问过的重要内容，笔录当中却没有记录下来。

五、询问证人要注意笔录制作地点的问题

询问证人笔录开头部分应交待询问证人地点的情况。原先刑诉法规定询问证人只有三个地点，包含办案单位、证人单位或住宅。2012年第二次修改后的刑诉法增加了询问证人的地点，即证人提供的地点以及案发现场。司法实践中，我们发现一些案件，办案人员通知证人到自己入住的宾馆询问，笔录当中没有体现是证人选择或提供的地点，造成询问笔录瑕疵。必须注意，在办案人

员提供的地点进行询问时，必须经过证人同意，而在笔录的体现上，要转换成该地点系证人提供的。笔者建议可以这样记录："问：根据法律规定，询问证人，可以在现场进行，也可以到证人所在单位、住处或者证人提出的地点进行，在必要的时候，可以通知证人到办案机关提供证言。你选择在哪里对你进行询问？答：我选择在这里（注明询问的地点）接受你们询问。"这样才符合法律规定。

六、重视无罪辩解，当事人不承认或辩解的内容也要记录

询问当事人时，问话人应当首先要求当事人就其所知道的与案情有关的情况进行完整的陈述，对其讲述要认真听取，注意发现不实之处和矛盾点，作为我们的切入点，而后针对当事人讲述中的遗漏、矛盾、模糊不清和有争议的内容，后发制人，使当事人辩无可辩，无法自圆其说。当然，对于与案情无关的事实和情节不必记录在案。让当事人自然陈述，可以避免当事人的讲述限制在问话的范围，可能会讲到我们没有掌握的问题。该策略的要点是**当事人讲述的时候，尽量不要打断他，待其充分叙述之后，再进行有效的讯问**。

对讯问过程中出现翻供的，应当**详细讯问翻供的原因和理由，并重点讯问作案动机、目的、手段、工具以及犯罪有关的时间、地点、人员等细节**。对于当事人辩解的内容更要记得详细些，不要认为他说的是假话，没有用，不记或简单记录，这都是不妥的。应该让他说，如果是在编故事，假的毕竟是假的，不可能每次讲的都会完全一致，而我们不厌其烦，将他的话每次都记录下来，就可以留下证据，将其前后供述进行对照，找出他说的不一致的地方，以证实他的辩解不真实。从另一方面看，这样做也有助于保护当事人的合法权利，同时帮助我们全面分析、判断证据，也能一定程度上避免冤假错案的发生。

七、保留当事人的语言习惯

一般不用法言法语概括，应尽量记原话，记不下原话时，也要使记录的内容不失原意，避免引起歧义。记录的文字要与当事人的文化程度相符。如行贿人是文盲，在记录其送钱的过程时，不能记录成"我行贿某人多少钱""以上笔录和我说的相符"，这样记录的直接后果就是会给人不真实的感觉，最好记录为"我送了某人多少钱""以上笔录和我说的一样"，这样记录，比较符合当事人的表达方式。

另外还有一种情况，如果是当事人说方言土语，那么笔录当中应当如实记录，但是可以用括号的方式进行注释说明，这样的笔录语言形式既直观又真实地再现了讯问过程。

八、避免事先制作笔录

现实当中,在我们检察机关内部,存在这么一个现象:办案人员为了节省时间,往往先根据行贿人或者当事人原先的供述笔录,事前制作了笔录,而后再对当事人进行询问或者连问都不问直接就将笔录交给当事人确认。我们认为,这种做法不可取。笔者在公诉部门期间,常常会听到被告人这样的辩解:"办案人员自己做了笔录,也没有问我,直接就逼我签字,我连笔录都没有看"。

还有对多次讯问或者对同案人的讯问笔录进行粘贴的问题,如有的案件有多个行贿人,往往会将之前制作的行贿人笔录粘贴到其他行贿人笔录当中,或者把行贿人的笔录粘贴到受贿人的笔录中,这样就造成了笔录内容大体雷同,有些笔录甚至连错别字都一样。有时还会造成同步录音录像时间与笔录制作时间不相符的问题,如实践中就出现过同步录音录像仅半个小时,而笔录制作了30多页,在开庭时,遭到了律师的质疑,最终这份笔录被作为非法证据排除。

当然,为了节省时间和提高效率,办案人员预先制作讯问笔录提纲,这一点是可以的,实践中也是比较实用的。

九、不能留下辩解的空间

侦查阶段的讯问,纪检阶段的"谈话"要尽可能地穷尽所有可能。比如对于既有投资又有为他人谋取利益的这类情形,那么收受的钱,是属于投资收益还是贿赂款?这要在笔录当中问清楚,堵住后路,防止当事人辩解收受的贿赂是投资的收益。具体可以这样问:"你是否与他人合伙经商办企业?你和家属是否有在他人公司企业中兼职或者领取报酬?是否有借款给他人?是否有委托他人理财、投资证券、期货?"这对于防止当事人翻供起着预防堵漏的作用。

十、要处理好"粗"和"细"的关系

制作笔录总的要求是全面细致,所以笔录的内容**原则上宜细不宜粗,要能够反映讯问或询问活动的全貌,反映犯罪事实或待证事实的全貌,要程序与实体要素齐全**。但是,宜细不宜粗并不是要求把所有的细枝末节都记录在笔录中。相反,有的时候笔录内容过细反而会出现疏漏,不仅会增加工作量,还可能留下辩解、辩护的空间,甚至会给笔录的证明力带来致命伤害。

比如,笔者曾经主办过一个案件,其中有这么一节犯罪事实,行贿人交代送钱给犯罪嫌疑人的时间以及地点是在外地,当时犯罪嫌疑人在外地学习。我们追问了一句"你为什么会到那个地方去送钱",言外之意就是为什么不等犯罪嫌疑人回来再送钱。行贿人交代说他当时正好也在那个地方读研究生。我们如实做了记录。后来我们在审核证据的时候，害怕会出现反证，就要求行贿人提供了入学通知书、毕业证书等证据，结果发现行贿人所说的送钱的时间，行贿人已经毕业了。出现了反证，笔者赶紧又找行贿人重新调整了笔录，重新核实了送钱的时间。当然，这个行贿人确实是记忆有误，并非有意为之。而实践中有些犯罪嫌疑人、证人很有城府，会刻意地把一些根本不存在、不真实的细节讲得很清楚、很真实，埋下"炸弹"，为以后翻供翻证留好后路，这样的例子也不少见。所以，笔录并不是越细越好，有的地方往往是宜粗不宜细的。这个度的把握需要经验。

十一、要客观反映讯问、询问的对抗性

我们应该清楚一点，笔录中客观的反映讯问、询问活动的对抗性不仅不会影响证据的证明力，反而会让笔录更加客观、真实，有效地增强证明力。因此，制作笔录时，应当客观地记录侦查人员释法说理以及做思想工作的过程，甚至反映犯罪嫌疑人、证人心理的活动的外在表现都应该在笔录中有所体现，比如沉默、哭泣等。

十二、依法执行讯问程序要求

讯问应当由两名以上办案人员进行；讯问前应制作讯问提纲，明确讯问目的，拟定重点解决的问题；核对当事人的基本情况，告知诉讼权利和义务；听取当事人的辩解和供述，核查是否有新证据、是否有自首和立功等情节；规范制作讯问笔录，笔录首部内容应当填写完整，讯问人员应当在讯问笔录上签名。

把握了以上十二点基本要求，制作一份高质量的笔录应该不成问题。当然，实践中制作笔录还可能会遇到其他形形色色的问题，这里没有办法一网打尽，只能在实战中慢慢总结了。

10 检察官如何提高甄别、收集证据能力

 **疑难问题**

刑事诉讼过程，从根本上来说，就是一个证明过程。而**证据的审查判断则是证明过程中最为关键的一个阶段**，在刑事诉讼中居于核心地位。证明过程主要包括两个既相对独立，又相互交融的阶段，即证据的收集和证据的审查判断。检察官在审查批捕、起诉阶段，可以自行补充侦查，不仅可以问问被害人，也可以询问证人，复验、复查等，几乎涵盖了所有的侦查行为。监察体制改革后，检察官仍然保留了 14 个罪名的侦查权。我国《刑事诉讼法》第 175 条规定，人民检察院审查案件，可以要求公安机关提供法庭审判所必需的证据材料；人民检察院审查案件，对于需要补充侦查的，可以退回公安机关补充侦查，也可以自行侦查。

检察官对于证据的审查判断是指检察官对侦查机关、调查机关依法收集的各种证据材料，根据各种证据种类的特点，结合案件的具体情况，进行分析研究，以确定该证据材料是否确实、充分，与案件事实有无内在联系，能否证明案件真实情况，进而就案件的事实真相作出结论的活动。**检察官对于证据的审查判断，既包括了对案内各个证据的个别审查，又包括了对全案的有效证据的综合审查。这项工作，难就难在甄别和收集证据**。这项能力需要在长期的办案过程中提升，而这需要个人的悟性和经验的积累，也需要吸纳同仁的经验。高检院提出要充分发挥检察机关在刑事诉讼中的主导责任。对此，笔者的理解就是，要充分发挥检察官的主导作用。主导作用发挥得如何，很大程度上依赖于检察官的办案能力。

破解思路

作为一名合格的刑事检察官需要具备的能力很多，如语言表达能力、法律理论功底、知识面、心理素质、协调能力等。此外，**刑事检察官尤其还要具备对证据的甄别及收集能力**。刑事检察官通过证据审查判断，对全案证据材料进行甄别、取舍、分析、归纳后得出审查结论，从而实现客观事实与法律事实尽可能的相一致。特别是在办理一些疑难案件的过程中，证据扑朔迷离，被告人又翻供，如何对已有证据进行梳理、分析，如何找出被告人翻供供词的破绽，如何与侦查机关、调查机关配合收集证据，常常是摆在刑事检察官面前的难题。**刑事检察官甄别、收集证据能力的高低，往往会影响到对案件的准确判断**。检察官不能依赖侦查机关将所有的证据都收集到案、将所有的证据都梳理清楚。检察官办案中可能都碰到过这样一种情况：当研究一个分歧较大、比较复杂的疑难案件时，有的人认为不能定，有的人认为可以定，经研究决定起诉或抗诉之后，法院采纳了检方的起诉或抗诉的观点，证明主张定罪一方的观点是正确的。那为什么，面对同样的证据材料，有的同志会认为无罪呢？是过于保守、不敢担当，还是对证据把握不准？笔者觉得，主要还是证据的审查甄别能力不足，导致不敢做决断。关于这一点，笔者有深刻的体会。这种体会来自于笔者曾经办理过的几个疑难案件。这几个案件有一个共同点就是被告人均不认罪，最终能够将其定罪，靠的就是我们通过甄别证据，找到了确凿的、足以定罪的证据。

 举案释疑

案例1 张某故意杀人案

基本案情

被告人张某，男，1961年出生，农民。

2002年12月5日下午5时许，被告人张某喝完酒后，回到家，其妻沈某见此情形，就责骂被告人张某喝酒太多，双方引起争吵继而相互扭打。在扭打过程中，被告人张某将沈某推倒，沈某头部撞及木板壁后，头朝下摔倒在地上，被告人张某也滑倒并压在沈某身上，沈某挣扎着要爬起来，被告人张某将其按住，并捡起旁边一条围裙带使劲勒住沈某的脖子致其当场死亡。经法医鉴定：沈某系生前颈部受勒致机械性窒息而死。

处理结果

检察机关认为，被告人张某因喝酒遭其妻沈某责骂，双方扭打争吵，被告人张某用裙带勒死其妻，其行为已触犯《刑法》第232条之规定，应以故意杀人罪追究其刑事责任。该案起诉后，一审法院判处被告人张某犯故意杀人罪，处死刑缓期2年执行，剥夺政治权利终身。被告人不服提出上诉，被驳回。

争议焦点

被告人张某在审查起诉阶段翻供，其辩解沈某系上吊自杀死亡。而现场勘查笔录及2个证人均证实案发当时确实发现木房梁上有一处擦痕，好像印证了被告人的辩解。如果排除不了被告人的辩解，则本案就无法定罪，被告人也将很可能被无罪释放。因此能否找到证据以排除被告人的辩解是本案的关键。

实务评析

在审查起诉环节，笔者经过审查后，首先要求法医出具补充鉴定书，就是否能够排除上吊可能性予以明确。法医补充出具了可以排除上吊死亡的可能性的鉴定。另外通过考察其他证据，笔者认为被告人张某在侦查阶段曾供认过勒死其妻沈某的事实，可以通过找出被告人翻供后供述的破绽以及用证据印证被告人有罪供述的真实性，使被告人原先的有罪供述的可信度增强，那么再结合法医鉴定，定罪应该没有问题。基于这样的考虑，在补充了部分证据后，笔者认为被告人张某的翻供没有理由，其辩解不能成立，被害人沈某上吊自杀可能性可以排除。理由是：

1. 本案有一个很关键的细节，就是被告人张某原先供述当中提到其勒死沈某后告诉邻居其妻是喝农药死的，并没有讲到是上吊死的。我们要求公安机关补充了询问相关证人，证实张某确实曾告诉一些证人其妻是喝农药死的。

2. 本案还有一个细节，即被告人张某说其妻是吊在竹梁上，这与证人证言所说的及现场勘查显示的木梁上有擦痕是不一致的。可见，木梁上的擦痕不能佐证被告人的辩解。

3. 笔者要求公安机关用现场提取的被害人的围裙带子作侦查实验，侦查实验显示由于该裙带较短，如用该裙带完成自杀，只能头靠在木梁上，不可能吊在木梁下面，而被告人称被害人是吊在木梁下面，显然是讲假话。

4. 被告人张某有罪供述称其妻被推倒在地后，是头朝下撞到木板壁，与沈某尸体检验报告证实的沈某头部受过伤的情况相吻合。

5. 被告人张某的无罪供述还有多处虚假成分，如关于其本人眼角伤痕的形成，被告人翻供后的供述说是案发当天上午洗衣服时摔伤的，而其儿子和一些证人证实案发当天中午，未见其脸上有伤，一些证人在张某准备去医院时看见张某眼角有伤。因此可以认定张某眼角的伤是在家中与其妻扭打时造成的，这与张某原先的有罪供述能够吻合。

该案的成功经验，就是较好地甄别和收集了证据。正是我们注意到了案件的细节，**从细节入手，通过细节证据证实被告人有罪供述真实，通过有针对性收集到的证据去证实被告人翻供的理由不成立**。在此基础上，结合法医鉴定和侦查实验，终于得出张某杀妻的唯一结论。

案例 2　陈某诈骗案

基本案情

被告人陈某，男，1975 年出生，中专文化，无业。2003 年 4 月 20 日到 12 月 22 日期间，被告人陈某利用伪造的"路牌"项目招标公告及说明书，私刻"某省政府采购中心"的公章，对被害人陆某谎称可以投标中标"路牌"项目工程，同时伪造"全国标准地名标志产品生产资质证书""某省行政事业单位收款票据"提供给陆某。被告人陈某先后从陆某处以各种借口骗取款项共计 189.6 万元，均被用于个人投资和生活挥霍。该案起诉后，一审法院判处其无期徒刑，被告人不服提出上诉，二审维持原判。

争议焦点

被告人陈某在起诉阶段翻供，称其也是受害者，他是被一个叫阿辉的人骗了，阿辉告诉他可以帮助拿到项目，他也认为阿辉有能力拿到项目，并称那些虚假的标书、印章、资质证书都是阿辉给他的，而后由他转交给被害人，他也承认确实有收到被害人汇来的钱，但大部分都交给阿辉了。由于找不到阿辉，被告人的辩解一时无法排除，案件一度陷入僵局。

实务评析

本案经过两次的补充侦查，在此期间，笔者亲自询问被害人陆某及相关重要的证人，通过询问，直觉上确信被害人所说的是真实的。除了人证，本案还有虚假招投标书、被害人银行汇款单等书证和从被告人处提取的虚假的政府采购中心公章。但是，仅有这些，还不足以排除被告人的辩解，因为被告人称这些虚假的东西都是阿辉给他的。

在不断地翻阅案卷的过程中，笔者发现资质证书上面文字的笔迹与被告人的笔迹极其相像。于是笔者要求公安机关对此作笔迹鉴定，结果鉴定结论显示被告人提供给被害人的资质证书上的文字确实是被告人本人所写的。

同时，笔者再次要求公安机关对虚假的招标书上的"某省政府采购中心"的印章与从被告人陈某处提取到的"某省政府采购中心"印章进行鉴定，结果证实从被告人处提取到的"某省政府采购中心"的印章是伪造的，且被告人提供给被害人的虚假招标书上所盖的"某省政府采购中心"公章正是从被告人处提取到的印章所盖。

显然陈某的辩解最终被证实是不能成立的。因为，如果被告人不知情，又怎么会在虚假的资质证书上留下字迹，并且在虚假的招标书上盖上从其住处提取到的伪造的印章呢？正是这两份鉴定，才理清了这个案件。

办理本案，笔者深感鉴定结论的重要性。本案之所以在被告人翻供的情况下能够成功将其定罪，主要就是**我们取到了两份鉴定，不管被告人怎么辩解，都无法解释这两份鉴定的结论。**同时**我们直接与被害人及重要证人接触也很重要，因为通过直接接触，可以更直观地确认被害人及证人所说的是否客观、真实，可以增加内心确认度，**这样对案件有了一个基本的判断，对收集证据有了一个基本的方向，有助于增加信心。试想，如果承办人都不能内心确信被告人是否犯罪，又怎么会有信心拿下案件呢？

案例3 舒某骗取出口退税案

基本案情

被告人舒某，系某县外贸公司总经理助理。1998年年初，被告人舒某向外贸公司承包经营该公司的进出口三部，并和黄某签订了合作协议。公司应其要求在中行设立了账户，并配给其一套公司和法定代表人的印章。1999年1月至8月间，被告人舒某从某区联系了4家服装厂，打算从事经营服装出口业务。做第一单业务时，被告人舒某带黄某到某区看了厂家情况后，黄某先行返回，舒某留在汕头具体操作代理出口业务。做第二单业务时，被告人舒某独自一人到某市办理代理出口事宜。1999年1—2月，黄某汇款2次计9万多元到该公司在某市中行的户头，被告人舒某收到该款后，并没有将款汇给4家厂家，而是汇往他处。1999年2月、5月间，被告人舒某分2次带回代理出口业务的外汇结汇水单、海关报关单、出口货物发票、增值税专用发票、出口货物专用缴款书等凭证，交给公司会计，由会计带以上手续到国税局申请退税，共退税266万多元。外贸公司2次汇往该公司在广东的户头共计137万多元，被告人舒某收到该款后并没有将该款汇给4家厂家。经某区国税局认定：某某服装厂等4家工厂开给外贸公司的增值税专用发票属虚开增值税专用发票，系无货交易。外贸公司分4次汇到潮阳中行户头上的229万多元下落不明。

争议焦点

本案既有能够证明被告人犯罪的证据,也有不少能够影响定罪的证据。造成这种情况的主要原因是由于异地办案,部门配合不到位,且由于"8·7"专案抓了不少当年的办事人员,因此,造成部分用于骗取出口退税的相关凭证无法排除虚假,如增值税专用发票是虚开,但开票的税务人员已离职,下落不明,因此无法查清当时谁去办理以及增值税专用发票是如何虚开的过程。而且海关报关单是真的,还不能完全排除没有货物出关这一可能。同时由于被告人舒某对自己的犯罪事实自始至终没有供认,也无法查清舒某是如何与广东方人员合作共同勾结骗税事宜。

实务评析

本案在基层检察院审查后认为定罪困难,拟作存疑不诉,上报市院。基于本案系"8·7"专案,市院决定将本案由市院直接承办,并由笔者主办。笔者审查案卷材料后认为,要认定舒某构成骗取出口退税罪,必须要有突破口。虽然报关单是真实的,但海关对报关单的实际查验率不足5%,因此有报关单并不意味着一定有货物出口。另外,如果确实有交易,必须要有外汇进来,必须付款给加工企业。但舒某收到县外贸公司的4次汇款,都没有汇给4家所谓的加工厂家,而是被舒某汇往他处。遗憾的是由于4家企业为虚假企业,已人去楼空,因此无法得到这4家厂家的印证,也就无法排除被告人辩解。那么是否真有外汇进来呢?骗取出口退税需要许多环节,只要查清其中一个环节是虚假的,那么就可以认定出口事实不存在。于是我们和侦查部门前往汕头相关银行,在当地检察机关的帮助下,终于查实舒某提供的外汇结汇水单是虚假的,根本没有外汇进来的事实,显然属于无货交易。

检察机关以被告人舒某犯骗取出口退税罪将该案提起公诉,一审法院认定舒某犯骗取出口退税罪成立,判处有期徒刑7年。被告人不服提出上诉,二审法院予以驳回。

本案能够"起死回生",关键是**我们把握住了骗取出口退税案件的特点,从源头入手,查清了没有外汇进来的事实,得出是无货交易的结论**。既然是无货交易,又申请国家退税,显然就构成骗取出口退税罪。因此,尽管被告人始终不认罪,但仍受到了法律应有的惩罚。

案例4 章某等人拐卖妇女、强奸案

基本案情

被告人章某,男,1968年出生,小学文化,农民。被告人张某,男,

1972年出生，小学文化，农民。曾因犯拐卖妇女罪，于1999年5月31日被人民法院判处有期徒刑6年，2003年7月30日刑满释放。

两人主要犯罪事实如下：

1. 2003年5月间的一天，被告人张某在贵州以帮助做生意为名将贵州省黔西县女青年杨某、黄某骗至柘荣，与被告人章某联系后，带到某某乡某某村外的一座废旧房屋内。当晚，女青年杨某、黄某被章某、张某轮奸后出卖。

2. 2003年10月、11月间，被告人张某和另一名贵州籍人贩骗1名贵州妇女到柘荣，与被告人章某联系后将这名女性带到某某乡某某村外，由章某联系他人将该名妇女出卖。

3. 2004年2月、3月份，被告人张某从贵州骗1名妇女到柘荣，与被告人章某联系后，将该妇女带到某某乡某某村外，由章某联系他人将该名妇女出卖。

4. 2004年3月24日，被告人高某（在逃）拐骗李某等2名贵州籍妇女到柘荣和被告人章某、张某联系后被带到某某乡某某村外溪边的破房子里。第二天，通过他人介绍，将该2名妇女出卖。

5. 2004年3月27日，被告人张某拐骗周某等2名贵州籍少女到柘荣和章某联系后，将她们带到某某乡某某村外溪边的破房子里。当晚，通过他人介绍，将周某等出卖。

6. 2004年3月27日，被告人张某及其堂姐带许某、岳某等4名妇女到柘荣和被告人章某联系，之后4名妇女被带到某某乡某某村外溪边的破房子里，次日，被告人张某、章某将该4名妇女出卖。

7. 2004年4月5日，被告人张某从贵州带1名妇女王某到柘荣，与被告人章某联系后，通过他人介绍，在柘荣将王某出卖。

8. 2004年5月24日，被告人张某在贵州以帮助包装花生、茶叶为名，将被拐妇女陈某、王某某骗至柘荣转至福鼎市某某镇某某山上，通过被告人章某的介绍转卖，两被害人在被人收买之前被张某、章某轮奸。

9. 2004年7月初，被告人张某、高某在贵阳以帮助包装糖果需到福建进货为由将妇女张某某拐骗至柘荣，与被告人章某联系后，通过章某的介绍将该妇女出卖。

10. 2004年7月26日，被告人张某在贵阳以帮助做服装需到福建进货为由，将少女汪某、李某某骗到柘荣，与被告人章某联系后，由章某联系陈某的出租车到某某乡某某村，途中被汪某识破骗局后跑出报警。接警后公安机关立即组织人员进行围捕，先后抓获被告人章某、张某，解救出被拐少女汪某。

处理结果

被告人章某等人以出卖为目的,拐骗、贩卖、接送、中转妇女,并违背妇女意志与被拐卖妇女强行发生性关系。其中被告人章某参与拐卖妇女15人,并轮奸被拐卖妇女4人。该案起诉后,法院对本节强奸犯罪事实予以确认,以拐卖妇女、强奸罪判处被告人章某、张某死刑。被告人不服提出上诉,被二审法院驳回。

争议焦点

本案拐卖妇女的事实清楚、证据确实充分。但是强奸一节的认定存在困难。被告人章某在侦查阶段有供认过强奸一事,但在审查起诉阶段否认有强奸被拐卖妇女,同案人也否认有参与强奸;且被拐卖的妇女杨某已被公安机关解救回原籍后出外打工,无法联系。因此,要认定被告人强奸的事实有些困难。

实务评析

在案件审查起诉阶段,基于第一起的强奸部分的证据客观存在的问题,检察官唯一能做的,就是从被告人的原先有罪供述和被害人的陈述中看能否发现什么。经过认真审阅卷宗,检察官发现被告人章某曾供述是在柘荣某某村外的一座废弃房子里,和同案人轮奸杨某。被害人杨某虽然是外地人,对地名不熟,但说到其是在被告人朋友陈某家所在的村庄外一座废弃房子里被章某等人轮奸。如果能证明被告人原先供述提到的强奸地点与被害人所说的地点是一致的,那么认定被告人构成强奸罪的证据就够了。因此,检察官要求公安机关补充书证,结果证实被告人所说的地点正是被害人所说的被告人朋友陈某家所在的村,且确实有一座废弃的房子。

办理该案的体会是:**一份关键证据往往决定一个案件**。本案被告人章某被判处死刑,主要原因是轮奸4人的犯罪事实成立,主要依据是**我们补充了关于地点的证明,该证据印证了被害人曾作过的陈述和被告人原先的有罪供述**。在被害人无法找到难以进行再次询问核实、被告人又翻供的情况下,我们只能立足现有证据,通过甄别证据、收集其他证据以印证有罪证据。本案的成功,就是我们找到了关键的印证证据,使得法官采信了被告人原先供述笔录和被害人原有的陈述。

11 检察官如何对证据进行分析论证

 疑难问题

检察官审查案件之后,必须写出审查报告,其中根据高检院《公诉案件审查报告(样本)》的要求,审查报告必须对证据进行分析论证。这部分内容是要求承办人对案件所有证据的证明力、客观性、合法性以及证据间的关联性等进行综合分析论证,从而得出所建立的证据体系是否完善、证据是否确实充分的结论。**检察官对证据的分析能力,直接影响到案件的定罪量刑**。检察官证据分析能力素养,需要法律理论基础以及逻辑分析推理能力,办案的积累以及悟性,也需要检察官同仁经验的分享。本文拟抛砖引玉,分享自己的感悟。

 破解思路

笔者认为,对证据的综合分析论证主要包括三个方面的内容:一是对证据确实性的分析论证;二是对证据充分性的分析论证;三是通过对证据体系的组合,论证据以定罪的证据体系是否足以得出唯一的排他性结论。

可以说,**证据分析是审查报告的灵魂**,也是该文书的重点和难点,证据分析必须体现说理性、逻辑性和客观性。审查报告写得是否成功,关键看**证据分析是否准确、透彻、到位,是否能得出让人信服的结论**。通过审查检察官对证据的分析论证,就可以知道其有没有吃透案情,业务水平如何。而且,检察官证据分析论证得好不好,也会影响最终对案件的处理意见,决定提出无罪还是有罪的意见。有的案件,同样的证据,有的承办人提出了证据不足,无罪的意见,而有的承办人却认为证据可以形成锁链,提出犯罪成立的意见。笔者认为,证据分析不应该有固定的格式,而是应当因案件类型不同而采取不同的分析方式，但不管采取什么方式，最终的目的只有一个，就是通过证据分析论证，达到把问题说明白的目的。

笔者举几个自己办理过的疑难案例，通过罗列证据，而后进行证据分析论证，希望读者从具体案件中能够有所启发。其中徐某、郑某、刘某故意杀人案件，曾经轰动一时，《南方周末》对此进行了跟踪报道。

 举案释疑

案例1　薛某等人抢劫案

基本案情

被告人薛某，男，1973年出生，汉族，文化程度初中，无业。被告人张某，男，1974年出生，汉族，文化程度初中，无业。被告人王某，女，1987年出生，汉族，文化程度初中，无业。被告人郭某，男，1971年出生，汉族，文化程度初中，无业。

被告人薛某、张某、王某、郭某与陈某（另行处理）共同策划，商定由被告人王某与陈某以卖淫为名寻到作案目标后带到事先租好的房子里，被告人郭某负责电话通知薛某、张某，再由被告人薛某、张某偷窃嫖客的钱财，如被发现就强行劫取。2006年6月15日，被告人薛某、张某租用某市一民房实施上述行为。2006年6月30日晚上8时许，被告人王某与陈某在某市公园寻找目标。当被告人王某引诱上被害人夏某并一同乘坐出租摩托车前往租住处时，守候在一旁的被告人郭某就电话通知被告人薛某和张某。被告人薛某、张某即携带刀具守候在该民房外伺机作案。被告人薛某从事先挖好的门洞往房内观察，见被害人夏某已将衣裤脱下，王某正在按摩，便悄悄潜入房内。在企图窃取被害人夏某衣裤中的钱财时，被被害人夏某发现，引起争执，被害人夏某急忙套上外裤，来不及穿上衬衫及内裤即遭被告人薛某殴打，在屋外的被告人张某听见打斗声，冲进屋内，与被告人薛某分别持刀朝夏某的腿部、肩部、手臂等处捅刺数刀。之后，二被告人见被害人夏某浑身鲜血直流，不敢拿走被害人夏某从钱包中取出的一张百元面额的人民币，急忙将被害人夏某拖出屋外后逃离现场。经法医鉴定：被害人夏某系全身多处砍刺创致急性失血性休克死亡。

根据现场勘验调查，租住该房的是张某、薛某。此案定性为色诱抢劫杀人案件。通过技术侦查和预伏守候，公安机关在高速公路某服务区，在福州往广东的一部大巴车上,抓获了薛某、张某、王某、郭某,经预审,四被告人交代了以按摩为名将被害人诱骗至出租屋内抢劫并杀害的犯罪事实。

处理结果

检察机关起诉书指控被告人薛某、张某、王某、郭某犯抢劫罪。经开庭审理,某市中级人民法院于 2007 年 7 月 17 日作出一审判决,判决被告人薛某犯抢劫罪,判处死刑,剥夺政治权利终身,并处没收个人全部财产。被告人张某犯抢劫罪,判处死刑,缓期 2 年执行,剥夺政治权利终身,并处没收个人全部财产。被告人王某犯抢劫罪,判处有期徒刑 12 年,剥夺政治权利 2 年,并处罚金人民币 10000 元。被告人郭某犯抢劫罪,判处有期徒刑 11 年,剥夺政治权利 1 年,并处罚金人民币 8000 元。

四被告人不服提出上诉,被告人薛某的上诉理由:本案定抢劫罪不成立,死者的致命伤不是本人造成的,是张某造成的。被告人张某的上诉理由:是薛某先进入房间与被害人发生争执,本人是薛某叫去帮忙的,系一时冲动犯罪,愿意赔偿被害人亲属的赔偿金。被告人王某的上诉理由:其没有抢劫的主观故意,只是参与盗窃,客观上也没有实施抢劫行为,在作案过程中起次要作用,系从犯,且无前科,归案后认罪态度好,有悔罪表现,希望能改判盗窃罪,从轻处罚。被告人郭某的上诉理由:本人不是抢劫杀人的同案犯,也非从犯。而后,省高级人民法院将本案发回重审。2008 年 12 月 10 日,经二审开庭审理,省高级人民法院作出二审裁定,全案驳回上诉,维持原判,并报请最高人民法院核准。

争议焦点

如果薛某、张某构成故意伤害罪,那么王某、郭某就是无罪,因此,本案的焦点就是薛某、张某是否构成抢劫罪。

实务评析

根据本案现有证据,可以认定的本案具体案情是:本案属于以色为诱饵进行犯罪的案件,被告人薛某、张某、王某、郭某之前就有预谋分工,由被告人王某和陈某(另案处理)到广场以按摩为由将被害人骗至出租屋内,而后由薛某或者张某伺机偷窃,偷不成就抢。在本案发生之前,被告人已经成功地实施了几起盗窃的行为。本案被告人薛某在偷窃被害人财物时被被害人发现,被告人薛某殴打被害人,而后薛某和张某使用随身携带的刀具持刀将被害人刺死。该事实得到了四被告人的供述、证人证言和法医鉴定、现场勘查笔录等证据的印证,能够形成证据锁链。

但是**关于在现场当薛某偷窃被发现后,有无抢劫被害人的行为的事实**,证据较为薄弱。而这是本案的关键，直接影响到本案的定性。被告人薛某始终没有供认有抢被害人的钱，只是说被害人在他们捅刀后拿出了100元，但说要拿去治伤，于是他们没拿钱。被告人张某也只有一份笔录中供认他们持刀刺了被害人后，薛某有叫被害人拿出钱包，有看到100元面值的钱，但他没拿就跑了，至于薛某是否有拿不知。而王某在张某进屋时就跑离了现场。因此，在现场的只有三人，现被害人已死亡，只能参考在场的两个被告人的说法。法院一审判决书引用归纳的王某的供述也证实之前预谋时商量如偷窃被发现，先赶走，赶不走就抢，薛某供述称案发当时其偷窃被被害人发现后，有赶被害人走的举动，被害人被捅后有将100元面值的人民币拿出来，但他们没有拿。该案发回重审后补充的证据显示，现场确实还找到了被害人的100元面值的人民币，该物证印证了被告人没有拿走被害人100元钱的供述。因此，认定薛某等人有抢劫被害人的证据显得较为单薄。

如果不能认定薛某、张某有抢劫被害人，那么对于王某和郭某两人的定罪就会产生影响。因为如果薛某和张某在盗窃不成的情况下，先是试图赶走被害人，接着遭遇被害人反抗，两人持刀将被害人捅死，又没拿被害人的钱，定性上显然只能认定为故意伤害（致死）或者故意杀人。而这显然超出了王某和郭某两人的犯意，因为四人商量的内容是盗窃，盗窃不成就抢，而没有说盗窃不成就杀死被害人。

结合上述分析，笔者认为：

第一，**本案认定薛某和张某持刀杀死被害人的证据是充分的**，两被告人均有持刀且捅刺被害人行为，被害人身上被捅刺的伤口有6处，分别是左大腿两处刀伤，右大腿一处刀伤，左小腿、右前臂、左肩部各一处刀伤。显然是薛、张两人共同造成的。但是具体谁为主，两人各说不一。在侦查阶段两人也均供认捅刺被害人大腿，对于谁先拔刀以及各人捅刺的部位，侦查阶段薛某说是张某先捅了被害人的大腿，其也持刀朝被害人捅了两刀，右腿一刀，手上一刀，张某又捅了被害人大腿两刀，背部一刀；张某说是薛某拔刀捅被害人的大腿，他也拔刀捅那个男的大腿，男的求饶，他们不理，又捅了几刀。他只捅了两刀，分别是捅大腿一刀，捅背部一刀，薛某捅两三刀，他使用的是折叠刀，已带公安人员提取。一审庭审阶段，薛某辩解是张某先捅的被害人腿部，自己只刺了被害人右手一刀；张某辩解是薛某先捅的刀，自己只捅了被害人左腿一刀。发回重审阶段，薛某说张某先捅，其只捅被害人右手，张某捅了被害人左腿两刀，右腿一刀，肩部一刀；张某说是薛某先捅的，自己只捅了一刀。

因此，要判定哪个被告人各捅几刀以及谁捅的多和致命伤由谁造成，目前难以定论。但可以肯定的是被害人的死亡是由被告人薛某和张某共同造成的。

第二，认定四被告人事前预谋盗窃的证据是充分的，但是否预谋盗窃不成就抢的证据存在一些问题，如王某、郭某在一审阶段均翻供不知道薛某和张某有拿刀，没有商量说偷不成就抢，只能定盗窃罪不能定抢劫罪，原先在公安阶段的供述是被逼供的。张某在一审庭审阶段供述证实王某对于是否买刀、带刀，是否偷不到就抢等情况是不清楚的。如果王某、郭某的辩解成立，显然他们与薛某、张某两人就没有抢劫故意，只有盗窃的故意，薛、张两人杀人就超出了王、郭两人的主观犯意，那么要对王某和郭某定罪都很困难。现有证据有同案人陈某和证人王某的证言可以佐证四被告人在公安阶段供述过的偷不成就抢的供述。发回重审时，张某庭审证实王某知道他们带刀的事，结合张某供述薛某有叫被害人拿出钱的事实，可以认定四被告人犯罪前预谋盗窃不成就抢。

第三，现有证据要认定本案薛某和张某对被害人夏某在盗窃不成的情况下，实施了抢劫的证据是单薄的。承办人认为一审法院以抢劫罪定性有些牵强，对薛某和张某认定为故意伤害（致死）更准确。那么对王某和郭某应认定何罪呢？如果要认定抢劫罪，因薛某和张某本身认定抢劫罪的证据不足，显然薛某和张某的犯罪超出了王某和郭某两人的犯意；如果要认定盗窃罪，被害人身上的钱只有100多元，盗窃数额较大的标准是1500元以上。本案是有造成被害人死亡的严重情节，但根据当时最高人民法院《关于审理盗窃案件具体应用法律若干问题的解释》认定"其他严重情节"的前提条件是盗窃数额要达到数额较大的起点，本案显然不够，因此要认定王某和郭某构成盗窃罪也很困难。

第四，携带凶器抢夺，可以认定为抢劫罪，而携带凶器盗窃，除了为抗拒抓捕、窝藏赃物或者毁灭罪证而使用暴力的可以认定为转化型抢劫犯罪外，其他情形也不能认定为抢劫罪。而本案显然没有包含上述转化型抢劫的三种情形。本案被告人薛某、张某携带凶器进行盗窃，被发现后先是踢赶被害人出门，在被害人反抗后持刀故意伤害致其死亡，现场遗留的被害人的100元钱也说明被告人的犯意已从盗窃罪转移到故意伤害罪了，不宜定为抢劫罪。

综上所述，笔者认为，一审法院定性抢劫罪定性比较牵强，对薛某和张某应当认定为故意伤害（致死）罪。但是本案发回重审后，公诉机关补充了现场物证100元面值的人民币，可以佐证张某说的薛某叫被害人拿出钱和薛某自己说的被害人被他们刺伤后拿出100元钱的事实，且结合四被告人犯罪前预谋偷不成就抢的事实，证据基本能够相互印证。要认定王某、郭某构成抢劫犯罪共犯，还是得到了一定的证据支持。

案例2 徐某、郑某、刘某故意杀人、抢劫案

基本案情

被告人徐某，男，1962年出生，汉族，文化程度初中，原系某机动车置换有限公司法人代表。

被告人郑某，男，1966年出生，汉族，文化程度大专，原系某市公安分局刑侦中队中队长。

被告人刘某，男，1967年出生，汉族，文化程度大专，原系某市公安局禁毒支队副支队长，案发时任刑侦大队长。

2000年10月8日，被告人徐某和陈某签订联营协议，双方合作投资某旧机动车交易市场并进行旧车交易业务。后因经营产生纠纷，2001年2月12日，双方口头同意解除联营合同，改由陈某以每年12万元人民币租金向被告人徐某租借场地，后被告人徐某与陈某所经营的车辆在场内各自停放。之后，被告人徐某通过徐某光转告陈某、陈某华兄弟，不许陈某华再在车场内从事车辆过户业务。

2001年2月17日下午，被害人卞某到车场找陈某华代办汽车过户手续，陈某华请卞某帮忙处理与被告人徐某间的经营纠纷，并许诺给卞某三成股份，卞某表示同意，并约定对外以表兄弟相称。当天下午，卞某就介入了徐某与陈某的经济纠纷，之后，徐某感到人身受到卞某的威胁，通过各种关系劝说卞某退出纠纷未果，遂想借用公安机关的合法名义将其击毙。

2月19日，被告人徐某经与被告人郑某预谋策划，郑某提议由徐某去借枪，并准备几万元现金，供伪造抢劫现场使用，以卞某到车场敲诈、抢劫的名义通过公安机关办案的方式将卞某击毙。徐某遂指使徐某光向叶某（均已判刑）借了一把仿六四式手枪交给了郑某。被告人郑某还提出要被告人徐某向某市公安分局刑警大队报案。

2月20日下午，被告人徐某到某市公安分局刑警大队找时任大队长的被告人刘某报案，徐某要求刘某把卞某击毙，之后，徐某又多次打电话给刘某讲到卞某身上肯定有枪，如果没有带枪，他也会准备，让刘某放心将卞某击毙。而且，徐某还让时任某市公安局副局长的王某给刘某打电话，让刘某设法击毙卞某。此外，徐某还与郑某、刘某约定将卞某骗至车场办公室后，徐某离开办公室时用手拂一下头发表示公安机关可以行动的暗号。2月20日晚，当刘某、郑某带领刑警大队民警进入旧车交易市场预伏守候后，徐某将卞某诱骗至车场办公室内，并按事先约定给刘某、郑某做出可以行动的暗号，刘某即向在场守

候的民警发出行动的指令，郑某及参与行动的民警即持枪冲至办公室玻璃窗前四五米处，刘某明知卞某没有持枪拒捕，不符合人民警察使用武器规定，仍下令向坐在办公室内椅子上的卞某开枪射击，郑某首先开了第一枪，其他民警亦随后开枪。之后，郑某、刘某进入中心现场，刘某指挥其余民警到场外协助抓捕与卞某一同到车场的同伙。为防止在伪造现场时有人进入而被发现，郑某让另一民警在中心现场门口负责警戒，刘某、郑某将坐在椅子上的卞某推倒在地，郑某见卞某的手还会颤动，又朝卞某的身上补开两枪，在确认卞某没有带枪支后，郑某就将徐某事先给的仿六四式手枪上膛后丢在卞某的右手边，刘某亦将现场上徐某事先准备好的几万元现金撒落在卞某的尸体旁，伪造卞某持枪抢劫而被当场击毙的现场。经法医鉴定，卞某系因全身多处枪弹创而当场毙命。

案发后，被告人刘某多次要求参战民警统一认识，在上级公安机关调查该案时，要讲"徐某被卞某持枪敲诈，民警在警告无效的情况下将持枪拒捕的卞某当场击毙"。

后经调查，徐某还涉嫌抢劫罪、妨害作证罪、偷税罪。

处理结果

本案由某市公安局侦查终结，某市人民检察院以被告人徐某犯故意杀人罪、抢劫罪、偷税罪、妨害作证罪，被告人郑某、刘某犯故意杀人罪，于2005年7月14日向某市中级人民法院提起公诉。

2006年5月16日，某市中级人民法院作出一审判决，被告人徐某犯故意杀人罪，判处死刑，犯抢劫罪，判处死刑，犯偷税罪，判处有期徒刑4年，犯妨害作证罪，判处有期徒刑4年，合并决定执行死刑，剥夺政治权利终身，并处没收个人全部财产。被告人郑某犯故意杀人罪，判处死刑，剥夺政治权利终身。被告人刘某犯故意杀人罪，判处死缓，剥夺政治权利终身。被告单位某机动车置换有限公司，犯偷税罪，判处罚金30万元人民币。

2007年3月13日，本案二审依法公开审理。2007年7月10日，二审法院判决认定被告人徐某犯故意杀人罪，判处死刑，剥夺政治权利终身，犯抢劫罪，判处无期徒刑，剥夺政治权利终身，并处没收个人全部财产，犯偷税罪，判处有期徒刑4年，犯诬告陷害罪，判处有期徒刑4年，合并决定执行死刑，剥夺政治权利终身，并处没收个人全部财产。驳回上诉单位和被告人郑某、刘某的上诉，维持原判。2009年经最高人民法院核准，被告人徐某、郑某已被复核执行死刑。

争议焦点

1. 被害人卞某是否持枪。

2. 郑某、刘某开枪行为系合法执行职务还是故意杀人。

实务评析

本案主要是**故意杀人一节的证据认定、法律适用方面存在疑难问题**。如何在错综复杂的证据面前，分析得当，得出符合客观事实的结论，是摆在检察官面前的难题。承办检察官从以下七个方面进行分析：

1. 被害人卞某是否持枪

本案关键的情节是卞某被击毙后，留在卞某尸体边上的枪支不是卞某的，而是徐某在案发前通过他人借来的，涉及借枪的有关人员均已被抓获并已判刑，这一点徐某、郑某也不否认。被告人徐某、郑某、刘某在侦查阶段对该枪支为什么会留在现场作了一致且相互吻合的供述，称是徐某借来枪后交给郑某，郑某在击毙卞某后，将该枪放在现场。后三人均翻供，但就枪支为什么会留在击毙现场，三人说法不一。郑某、刘某均表示无法解释，徐某在卞某被击毙后作证说是卞某随身携带的枪支，归案后说是其叫人借来枪后给郑某，由郑某放在击毙现场，后翻供先是说枪是滑落到地上，又说是卞某发现其带枪后夺枪，几次翻供理由不一，其辩解的可信度低。

结合全案证据分析，当时在现场的人员只有郑某、刘某两人，徐某没有进入击毙卞某的中心现场即办公室，事后采访的记者等也没有进入办公室内，只被允许站在窗户外拍照，也就是说现场还是受到严格控制的。那么，徐某弄来的枪支为什么会出现在卞某的尸体身边？显然徐某的几种说法不客观，因为，他已明知公安人员在外面设伏，并已约好可以行动的暗号，之前还与卞某寒暄、客套、泡茶以迷惑卞某，而且又是其主动、三番五次打电话催促卞某来车场，徐某根本没有必要自己再准备枪支自卫，更何况准备枪支自卫也是构成犯罪。因此，徐某的辩解不能成立。那么只有一种可能，是进入中心现场的人员将手枪放到尸体边上的。证人沈某的证言与郑某、刘某、徐某作过的有罪供述能够相互印证，证实是郑某将手枪放到卞某尸体边上。另外其他参战民警均证实卞某没有持枪，事后刘某、郑某还多次要求参战民警统一口径，说卞某抢劫且持枪拒捕，但郑某、刘某直到现在也没有说看到卞某有持枪，只是说卞某被击毙后，尸体边上有一把枪。徐某也没有说到有看到卞某持枪。可见，现场所有的人员包括3个被告人，均没有一人有看到卞某持枪。

结论是：**卞某没有持枪，枪支是徐某弄来给郑某，由郑某带入中心现场，放到卞某尸体边上的。**

2. 卞某是否抢劫

判决书认定刘某还将徐某准备的钱撒在卞某被击毙现场，这些事实得到了被告人徐某、郑某及刘某本人在侦查阶段的供述的印证，目击证人沈某也证实了这一点。同时刘某多次要求参战民警统一认识，说卞某是抢劫且持枪拒捕。从本案一连贯的事实来看，即之前预谋、准备枪支和钱、命令杀人、伪造现场、事后攻守同盟等举动，刘某撒钱只是其中的一个伪造现场的环节。

从案卷材料中可以反映，当徐某与陈某兄弟发生纠纷时，卞某介入后，徐某是很害怕的，曾经许诺给予卞某10万元，要求其退出纠纷，被卞某拒绝。那么，现场发现9万多元的人民币，卞某又怎么会去抢呢？何况，卞某将随身携带的枪支交给其手下马仔，没有带枪进入中心现场。**显然，抢劫之说不能成立。**

3. 卞某被击毙时的状态

判决书认定卞某被击毙前后都是坐在椅子上的，笔者认为**卞某被击毙前是坐在椅子上，被击毙后应该是斜靠在椅子上的**。尽管郑某在侦查阶段仍称卞某是站着的，但大部分证据如被告人刘某及证人沈某等人均证实卞某被击毙前是坐在椅子上，被击毙后是斜靠在椅子上的，而且现场照片显示椅子上的座位上有大量的血迹，椅子也没有倒地。因此，可以确认椅子没有倒地，卞某是斜靠在椅子上的，才导致椅子的座位上留有血迹。至于现场照片当中卞某为什么会躺在地上，原因是刘某将卞某推倒在地，这一点得到了当时进入现场的沈某证言的印证。被告人郑某也说卞某被击毙后，后背流有大量的血，这与现场录像中提取到的照片的情形也能够吻合。

4. 谁下命令开枪

判决书认定是刘某下令开枪，该事实得到了多名参战民警的证言的印证，而刘某否认有下命令开枪，只是下令行动。笔者认为，**根据现有证据可以认定是刘某下令开枪**，因为，刘某是当晚最高指挥官，在卞某没有持枪的情况下，对一个手无寸铁的人开枪，不是一般民警在歹徒持枪的情况下的正常反应，只有在首长命令下开枪才是符合客观实际的。而作为主谋之一的郑某开了第一枪，在这种情况下，参战民警才跟着开枪。至于有部分参战民警没有听到开枪的命令，也有可能是其他原因如听力水平、距离远近、紧张等因素造成的，没有矛盾。

5. 谁开了第一枪

判决书认定是郑某开了第一枪，该事实得到了郑某本人在侦查阶段的供述、证人证言的印证。综合全案证据分析，郑某受徐某之托，要将卞某当场击毙，之前有预谋，且还准备了伪造现场的枪支，其置被害人于死地的决心是很大的，这从其进入击毙现场后还对卞某补开两枪的举动就可以证实，因此，**郑某在卞某没有持枪的情况下开了第一枪，符合常理。**

6. 谁补枪，补枪的性质

判决书认定是郑某进入击毙中心现场后朝卞某身上补了两枪，这得到了证人沈某、魏某证言的印证，**被告人郑某对补枪一节无异议**，但对开了几枪有两种说法，侦查阶段称开了两枪，后辩称只开了一枪。根据《中华人民共和国人民警察使用警械和武器条例》规定，在犯罪分子失去继续实施犯罪能力的情况下，是禁止再次使用武器的，而**郑某对身中数弹的卞某还予以补枪，可见其杀人灭口的主观故意**。

7. 被告人徐某、刘某、郑某杀人的动机

徐某杀人动机是： 由于与陈某兄弟经济纠纷，陈氏兄弟请卞某出面协调，徐某请公安人员出面并许诺出资10万元叫卞某退出纠纷，遭卞某拒绝，故起杀机，找王某等人要求公安解决。

刘某、郑某杀人的动机是： 与徐某关系很好，经常向其借车；徐某与时任市局副局长的王某关系密切；徐某请王某与郑某吃饭，王某多次电话交代刘某要击毙卞某。在上述因素的综合作用下，导致刘某、郑某下决心击毙卞某，最后设局将卞某引诱至徐某的车场办公室将其击毙。

综合上述分析，即使我们撇开被告人的口供，根据现有证据，如现场发现的枪支不是卞某的，而是徐某借来的，现场没有一个人看到或听到徐某呼救和卞某持枪袭击徐某。同时结合案发当晚刘某、郑某也没有通知技术部门进行现场勘查及拍照，事后补充制作虚假的现场勘查笔录，也没有对遗留在卞某尸体旁的枪支进行指纹鉴定，没有对现场弹孔进行勘查等反常的现象，以及在卞某被乱枪击中的情况下，郑某还补枪杀人灭口等情形，也足以认定郑某、刘某、徐某的犯罪事实。笔者认为，**郑某、刘某、徐某杀人的事实是清楚的，证据是确实充分的，足以认定。**

案例3 吴某故意杀人案

基本案情

被告人吴某，男，1973年出生，小学文化，农民。

1998年10月19日晚上8时许，被告人吴某之兄吴某平因分田地等事与附带民事诉讼原告人范某发生争吵，后双方互殴，被告人吴某致范某轻伤二级；范某致吴某平轻伤（程度偏轻），由于范某有自首情节，法院以故意伤害罪判处吴某有期徒刑10个月，判处范某拘役4个月。吴某不服，为此双方结下积怨。

2003年7月6日8时许，被告人吴某在家中因琐事与其兄吴某平发生争吵。当吴某平提起吴某因伤害范某被判刑之事时，吴某就说"我被关10个月是冤枉的，我要打死他"。被告人吴某即持刀到同村邻居范某家门口处，见范某的儿子即被害人范某斌（6岁）坐在门口玩耍，遂持刀砍击范某斌头、颈等处，又砍了范某哥哥范某安家的大门，后逃离现场，回到家中，对其兄吴某平说："小的被我做掉，大的没有看到。"接着，被告人吴某拿了其兄吴某平给的人民币200余元潜逃。经公安局法医尸体检验鉴定：被害人范某斌系因被人用刀类砍击头部，导致颅骨开放性骨折致颅脑损伤而死亡。案发后，经公安机关侦查，抓获了吴某平，并发现另一犯罪嫌疑人吴某已经潜逃。经审讯，吴某平供认了窝藏的事实。之后，吴某平被判处有期徒刑6年。2007年2月20日，当吴某父亲去三明看望吴某时，被被害人范某斌的父亲范某发现，并报告公安机关，吴某父子被抓获归案。

处理结果

检察院指控被告人吴某犯故意杀人罪、吴某父亲犯窝藏罪，于2007年8月31日向三明市中级人民法院提起公诉。一审法院认定被告人吴某犯故意杀人罪，判处死刑，剥夺政治权利终身。

一审判决后，被告人吴某不服提出上诉。被告人吴某提出：2003年7月6日其不在家，在此之前就外出打工了，不知道范某斌被杀这件事，没有杀过人。并声称原有作过一次的有罪供述是被刑讯逼供的。

二审开庭，检察机关认为，被告人吴某与被害人的父亲范某有积怨，而致被害人死亡，其行为已构成故意杀人罪。被告人吴某曾因犯罪被判刑，刑满释放后5年内又犯罪，是累犯，应当从重处罚。被告人吴某与被害人的父亲有积怨，但在事隔多年后，持刀砍击年仅6岁的被害人头部等要害部位，共计8刀，残忍地将无辜儿童杀害，情节恶劣，后果严重，主观恶性大，且归案后认罪态度不好，没有赔偿。被告人吴某没有法定、酌定的从轻、减轻处罚情节，应予严惩。原审判决认定事实清楚、证据确实充分，建议二审法院驳回上诉，维持原判。二审法院作出终审判决：驳回上诉，维持原判。现最高人民法院已经核准死刑，并已对吴某执行死刑。

实务评析

由于被告人吴某始终没有承认故意杀人的犯罪事实，也没有证人直接目击吴某杀人的过程，因此，**本案要认定吴某构成故意杀人罪，必须根据间接证据来定罪**。笔者认为，在运用间接证据证明案件主要事实的时候往往需要多个证据，每一个证据都必须查证属实并与案件事实存在客观联系，对证明案件事实具有实质性意义，且间接证据之间能够互相衔接并形成一个完整的证据锁链，

全部间接证据能得出唯一的结论，而且这结论具有排他性。因此，我们在进行证据分析的时候要围绕上述原则进行。

现有可以指控吴某实施了杀人犯罪的证据主要有以下几组：

1. 现场目击证人

本案证人陈某证实 2003 年 7 月 6 日 8 时许，其看到吴某平和一个较瘦的年轻人拿着刀往某某村某某号房子跑，后又看到吴某平拿钱给瘦的那人，与证人吴某平证实案发后有拿钱给吴某能相互印证。证人范某添证实案发当天 8 时许，看见范某斌坐在自己门前的凳子上，前后不到十分钟就看到吴某拿一把劈刀在劈范某安家的大门，而后看到范某斌躺在地上，马上告诉刚好过来的证人吴某某，证人吴某某马上报警。证人吴某某证实了这一点。证人范某添、吴某某、范某妹还证实，被害人范某斌被害时间为 2003 年 7 月 6 日 8 时许，且案发时曾经碰到吴某平。这印证了吴某平供述的其去追吴某时碰到吴某某等人的事实。同时公安机关还对目击证人在现场的位置等进行了现场定位，确认了陈某所处的位置可以看到被告人家的情况，确认了吴某平在案发当时碰到吴某某等人的事实。上述证人还排除了案发当天在案发现场其他人员作案的可能性，可以认定除了吴某和吴某平持刀在现场出现过以外，其他人员就是现场证人，人员能够确定。

2. 现场勘查笔录和 DNA 鉴定书

本案最为关键的证据——现场勘查笔录和 DNA 鉴定书能够证实：范某安家大门上有一劈痕，在劈砍痕处有滴状血迹，而可疑血迹是范某斌所留。也就是说劈门的刀也曾砍过被害人范某斌，尽管没有人目击到吴某砍了被害人范某斌，但范某添证实了吴某砍门的事实。这是本案唯一能将被告人吴某与杀害被害人范某斌直接联系在一起的证据。

3. 尸体检验鉴定书及伤情照片

被害人的伤情与被告人的有罪供述当中提到的情况相吻合。证实范某斌系被人用刀类砍击头部，导致颅骨开放性骨折致颅脑损伤而死亡。

4. 关于本案的凶器

本案的凶器下落不明。吴某杀人后带着凶器逃跑，直到四年后才被抓获，已时过境迁，据吴某曾经的供述凶器已被其丢弃，不知地点，因此无法查找。

吴某的唯一一次的有罪供述提到凶器是菜刀，而吴某平虽然没有证实吴某有拿刀，但证实了家里有劈刀的事实；证人陈某香证实吴某有拿劈刀，证人范某添证实吴某有持劈刀，吴某的父亲吴某引证实有看到吴某持劈刀，同时证实家里有两把劈刀。综合上述证据，可以认定吴某持的是劈刀。

综上所述，根据承办人的审查，承办人认为本案现有证据能够得出被告人吴某杀人的结论。理由是：

首先，**被告人吴某有杀人的动机**，吴某与被害人的父亲范某曾经互殴被判刑，心理一直不服气。二审提审时其仍然表达了对范某不满的心情。

其次，**除了吴某、吴某平和在场的证人外，案发当天没有发现其他陌生人在案发现场出现过**，也没有发现第三人持刀或砍范某安家的大门。

最后，**被告人吴某的辩解不能成立**。吴某提出的辩解理由是：2003年7月6日其不在家，在此之前就外出打工了，不知道范某斌被杀这件事，没有杀过人。吴某的哥哥吴某平、母亲陈某、父亲吴某引均证实，案发当天上午8点前吴某还在家，案发后吴某才离开家的。证人吴某平、被告人吴某父亲还证实，案发当天上午8点前被告人吴某与吴某平争吵时提及吴某被判刑10个月的事，吴某讲"我被关了10个月是冤枉的，我去打死他"。随后就离开家，一会儿返回，并对吴某平说"小的被我做掉，大的没有看到"，在吴某平给吴某钱后，吴某即潜逃。该节事实与被告人吴某的有罪供述能够相互印证。

另外，吴某关于刑讯逼供的辩解也不能成立。因为，其唯一的一份有罪供述进行了全程录像，显示公安机关取证合法。而且在公安机关已经掌握吴某砍门的前提下，被告人这份有罪供述仍然否认砍门，显然不符合刑讯逼供的特点，因为如果逼供，一般都会逼供到侦查机关已经掌握的程度，不可能任由被告人说。显然，被告人的这份有罪供述内容也可以得出公安机关没有刑讯逼供的结论。因此，吴某的辩解不能成立。

12 如何理解"证据确实、充分"

 疑难问题

我国《刑事诉讼法》第162条、第176条、第200条，分别对侦查机关、公诉机关、审判机关，依法侦查终结移送审查起诉的案件、提起公诉的案件、作出有罪判决的案件的证据标准作出了明确的规定，那就是"**犯罪事实清楚，证据确实、充分**"。由此可见，我国法律对侦查机关、公诉机关、审判机关办理刑事案件证明标准的规定是一致的。

"**犯罪事实清楚，证据确实、充分**"**是刑事侦查终结、提起公诉、裁判有罪的法律标准**，对于办理刑事案件具有非常重要的指导作用。但是，尽管这一术语在我国刑事诉讼法学和刑事司法实践中频频使用，关于这一术语所包含的事实与证据之间的关系却一直缺少深入的分析。

从刑事诉讼法学教材的现有论述来看，一般将这一法律标准分解为"犯罪事实清楚"与"证据确实、充分"两个部分进行解释。其中，"犯罪事实清楚"是指与定罪量刑有关的事实情节都必须查清。在"证据确实、充分"中，证据的确实与充分是相互联系、密不可分的。所谓"证据确实"是指证据要真实可靠，如实地反映案件的事实真相，这是对证据质的要求；所谓"证据充分"是指对证据在量上的要求，就具体案件而言，是指必须足以形成一个完整的证据锁链并得出排他的、唯一的结论。那么，**在"犯罪事实清楚，证据确实、充分"这一法律标准中，事实与证据之间究竟是一种什么关系？**

 破解思路

从刑事诉讼活动的自身规律来看，在任何具体案件中，公安司法人员关于犯罪事实认知都只能是一种事后的回溯性认识。犯罪事实是过去发生的事实。基于时间的一维性，犯罪事实一旦发生，将一去不复返。就此而言，公安司法人员关于犯罪事实的认识，不可能通过亲身参与事实的发生过程加以认识，而只能通过犯罪事实遗留的证据来还原事实、认识事实。因此，从诉讼自身的规律来看，我们必须区分作为历史的案件事实与作为现实的证据事实。前者是公安司法人员的认知对象，必须通过证据、通过证据的回溯性推理才能弄清楚。因此，公安司法人员关于犯罪事实的认识，只能从证据中来，只能以证据为依托。

对于"证据确实、充分"的理解，之前没有一种明确的有效力的解释。2010年6月13日，"两高三部"颁布了《关于办理死刑案件审查判断证据若干问题的规定》，第一次对证据确实、充分进行了完整的阐述。该规定认为证据确实、充分是指**定罪量刑的事实都有证据证明；每一个定案的证据均已经法定程序查证属实；证据与证据之间、证据与案件事实之间不存在矛盾或者矛盾得以合理排除；共同犯罪案件中，被告人的地位、作用均已查清；根据证据认定案件事实的过程符合逻辑和经验规则，由证据得出的结论为唯一结论。**

办理死刑案件，对于以下事实的证明必须达到证据确实、充分：（1）被指控的犯罪事实的发生；（2）被告人实施了犯罪行为与被告人实施犯罪行为的时间、地点、手段、后果以及其他情节；（3）影响被告人定罪的身份情况；（4）被告人有刑事责任能力；（5）被告人的罪过；（6）是否共同犯罪及被告人在共同犯罪中的地位、作用；（7）对被告人从重处罚的事实。该规定对于今后司法实践当中提高办案质量产生的积极作用不可忽视。

根据笔者对证据确实、充分的理解和上述规定，笔者认为，证据确实是指据以定案的证据应达到如下要求：**据以定案的全部证据经过查证属实；犯罪构成要件的事实已查清，法定从重、从轻、减轻和免除处罚的事实、情节均已查清；据以定案的证据和案件事实之间，经查明确有客观联系；各个证据之间、证据和案件事实之间的矛盾，都得到了合理的排除；案件的全部事实和情节都有足够的、确实的证据证明，根据证据判断案件事实的过程符合逻辑规则，得出的结论是准确无疑，是肯定的、唯一的，对案件事实的证明结论排除了其他一切可能性。**而证据充分是指**证据的证明力或价值足以证明案件中的待证事实，其包括一个证据或一组证据已具有足够的证明力来证明该事实或情节的存在或不存在，还包括案件中的全部证据已经具有足够的证明力来证明案件的真实情况。**由此可见，审查证据是否充分，就是要对证据的证明价值进行分析和判断，使得需要认定的基本事实、量刑情节均能得到相关证据的印证，所有据以定案的证据均能得到其他证据的印证或补强。笔者举以下这个案例来具体说明证据确实、充分这个问题。

 **举案释疑**

案例 许某盗窃案

基本案情

被告人许某,男,1972 年出生,小学文化,无业。曾因犯盗窃罪,于 1999 年 12 月被人民法院判处有期徒刑 2 年 6 个月,2001 年 9 月 5 日刑满释放。

公安机关认定:2002 年 9 月 15 日,被害人朱某到某市公安分局报案,称其居住某学校 17 号楼 201 室被盗,被盗现金人民币 4000 余元、玉手镯一副、白金项链一条、金戒指、金手链等物,总价值达 10000 余元。公安机关经现场勘查,在卧室高低橱门上提取到一枚指纹。经与指纹库中的前科人员的指纹进行比对,该枚指纹与许某右手拇指纹线在纹线、流向、大小、细节特征上均一致,反映了两者本质上的同一。经公安机关网上追逃,犯罪嫌疑人许某于 2005 年 3 月 17 日在上海某检查站被抓获。

处理结果

该案经检察机关起诉,一审法院判决被告人许某有期徒刑 1 年 6 个月,被告人许某没有上诉。

争议焦点

在没有被告人供述等证据的情况下,仅凭指纹鉴定能否定罪?

实务评析

1. 关于本案的证据分析

犯罪嫌疑人许某归案后,始终没有供认到过朱家,也没有供认盗窃的犯罪事实,其辩解释放后到朱家被盗时间没有离开过其外地的老家,也没有到过案发地所在的城市。

关于本案失主朱某失窃的情况已得到相关证据的印证,失窃事实可以认定。但本案证据仍存在缺陷,尽管现有证据证实犯罪嫌疑人有盗窃前科,在盗窃现场遗留有指纹,犯罪嫌疑人否认有到过现场所在地区的辩解得到其妻子证言的排除,但是本案证据是否达到了确实、充分,值得商榷。笔者认为,**现有证据至多只能证实犯罪嫌疑人到过现场,而无法证实这些财物就是犯罪嫌疑人许某盗窃的。**一方面由于无法保证刑事科学技术检验报告书的准确性,因为指纹鉴定可能存在由于提取的指纹清晰度等原因导致鉴定的误差；另一方面即使指纹鉴定准确无误，那么也只能证实许某到过现场，但现有证据无法排除还有另一个人戴着手套先到过现场并实施了盗窃的可能性，即无法排除第二人到过现场并实施盗窃行为，也就得不出许某实施盗窃的唯一性。犯罪嫌疑人在审查起诉阶段否认到过现场，若一旦在法庭上说是到过现场，但没有实施盗窃，因为该现场已被人偷过，其空手而归，那么显然本案就无法认定，因此，将定罪与否建立在犯罪嫌疑人的口供上存在巨大风险。笔者认为，本案犯罪事实不清、证据不足，而检察机关将该案移送起诉，法院也认定了该起犯罪事实，显然有失妥当。

2. 指纹鉴定的历史渊源

指纹鉴定是犯罪侦查学的重要课题之一，是识别罪犯最普遍的方法。"指纹鉴定"，这个术语首次出现于1887年的印度。当时，英国官员威廉·赫谢尔在向印度士兵发放薪水时要求他们在付款收据上留下指印。后来，他开始在其辖区的一个监狱中使用同样的方法——命令每一个犯人在花名册上自己名字旁边按下指印。20年的工作经验使他得出一个结论：一个人的指纹永远也不会与另一个人的相同，而且纹样终生不变，即使手指受伤（比如被开水烫伤），指纹也能完全恢复。赫谢尔为自己的发现兴奋不已，立即致函监狱总监，建议使用这一方法。然而后者将此视为疯人呓语。差不多在同一时期，一位叫亨利·福尔兹的苏格兰医生也得出了同样的结论。但最终确定指纹能绝对准确地鉴别一个人这一事实的，是英国学者弗朗西斯·高尔顿。

1888年伦敦发生了系列谋杀案，令市民恐慌不安。但苏格兰场（伦敦警察厅所在地）掌握的只是一些对嫌疑犯外表的简单描述、少得可怜的特征和传统的演绎推理法。正好在这时，高尔顿先生连续采集了数千人的指纹并加以分析研究。尽管那个杀人犯终未抓到，但对数千人指纹的研究使他确信：人的指纹共有四个基本类型，其余的均由此衍生，由此也奠定了指纹分类法的基础。高尔顿得出的十个手指指纹重样的可能性的比例是1：640亿，因此实际上不可能存在两个人有一样的指纹这种情况。当时，这一发现引起轰动。苏格兰场据此破获了数百件悬案。于是从1900年开始指纹鉴定术成为伦敦警察破案的正式方法。1911年，采用指纹鉴定方法抓获了达·芬奇一幅名画的偷窃者。随后，其他国家的警察系统也开始使用这一方法，直至今天。

作为一种侦查手段，指纹鉴定对于锁定犯罪嫌疑人，并抓获犯罪嫌疑人起到非常关键的作用。但是，在抓到了犯罪嫌疑人的情况下，如果没有收集到其他物证或证言，被告人也没有供认，在这种情况下，起诉犯罪嫌疑人应当慎重。

3. 如何审查指纹证据

关于指纹证据的审查，笔者认为要考查以下几个因素：

第一，**指纹提取是否及时，提取的指纹是否清晰**，比如被害人发现财物被盗马上就报案，那么犯罪嫌疑人犯罪的可能性就比较大；如果没有及时报案，而是事后提取，由于时过境迁，那么指纹鉴定只能说明犯罪嫌疑人曾经到过被害人家，但不能说明被害人被盗的财物必然是犯罪嫌疑人窃取的。

第二，**犯罪嫌疑人与被害人是否熟悉，有无到过被害人家**，如果犯罪嫌疑人与被害人是朋友或者亲属或者维修人员，曾经到过被害人家，那么留下指纹也很正常，也不能得出财物就是犯罪嫌疑人盗取的结论。

第三，**指纹留下的位置**，比如留在了存放被盗物品的家具上，那么犯罪嫌疑人犯罪的可能性就比较大，如果指纹留在了其他地点，而存放被盗物品附近却没有提取到指纹，那么，定罪的难度也比较大。

第四，**必须排除其他人作案的可能性**，否则，只有指纹鉴定也不能说明问题，还必须根据被告人的供述、赃物的去向等相关证据才能定罪。

第五，**如果只有被告人供述和指纹，没有其他证据予以印证的，仍然达不到证据确实、充分**，也就是证据不够充分。因为一旦被告人翻供，且无法确认翻供理由不能成立，那么就只有剩下指纹这一项孤证。

笔者认为"证据充分"的试金石，可以假设**被告人有罪供述去除之后的证据，仍然可以形成定罪的证据锁链**。这种方法，对于受贿犯罪案件也仍然适用，尽管认定起来比较困难。受贿犯罪案件严重依赖犯罪嫌疑人的口供。因此，这就要求我们必须在获取其他证据上做文章，而不能过分依赖口供。侦查机关或调查机关可以通过审查赃款的来源和去向，证实赃款来源的人证或资金往来凭证，为他人谋取利益是否符合常规，谋取的是正当利益或不正当利益等等证据，来认定犯罪嫌疑人是否受贿。笔者认为，**真正办成铁案的证据标准，不应该建立在犯罪嫌疑人口供的基础上，而是应当要达到即使没有口供或翻供也能定罪的标准**。

13 如何审查卷宗材料并找出案件中存在的问题

 疑难问题

在刑事诉讼中公检法三机关如何办案？公安人员从事立案、拘留、执行逮捕、收集证据、勘验检查、提请鉴定等侦查工作；检察官负责批准逮捕、立案监督、审查起诉或不起诉、追诉、提起抗诉等审查监督工作；法官根据检察机关的起诉作出判决。这些都好理解。但具体到怎么依法收集证据？什么情况下可以起诉？判决是否确有错误？什么情况下应当判处有罪或无罪？这种决断，不是建立在个人喜好上，而是建立在法律思维、素养、能力上。

 破解思路

检察官在审查卷宗材料时，应分别从程序、实体两方面来审查卷宗材料，找出其中存在的问题，查缺补漏。对于不同类型的案件应当根据案件的特殊性进行审查。笔者曾经负责对一些地区的案件质量进行调研、分析，结果发现，在整个刑事诉讼阶段，侦查机关、检察机关和审判机关在各自阶段，都存在着一些问题。笔者罗列的这些问题是办案过程中经常遇到的，公诉人在审查卷宗材料的时候可以侧重地予以审查。

一、刑事诉讼中侦查机关可能存在的问题

1. 侦查思路不明确，侦查理念陈旧，导致某一类案件多次出现同样的问题。比如毒品犯罪案件，由于部分侦查人员只注重抓获现场，认为现场查获了毒品和贩毒工具就可以认定被告人贩卖或运输毒品，而忽视买卖毒品环节的证据，导致此类案件常常被法院判为非法持有。如黄某非法持有毒品案，某市人

民检察院以被告人黄某犯运输毒品罪、非法持有毒品罪向法院提起公诉。某市中级人民法院认定被告人黄某犯非法持有毒品罪，判处有期徒刑13年，剥夺政治权利2年，并处罚金人民币10万元。一审判决后，被告人没有上诉，检察机关提起抗诉。二审法院经审理认为：被告人出于贩卖目的持有、运输毒品的口供没有突破，对于在他家中提取到的加工毒品工具，被告人始终没有供认这些工具是为了加工贩卖毒品；而购买毒品的人员公安机关没有找到，通话记录和监听材料体现，被告人黄某与多名买毒人员进行过联系，但公安机关没有进行排查，导致被告人是否贩卖毒品的证据不充分。二审法院最终驳回抗诉，维持原判。

2. 抓捕现场布置不够严密，导致没有起获赃物，影响认定。 如赵某、方某、袁某等人贩卖毒品案，被告人方某在龙海市高速公路出入口附近将毒品交给袁某，袁某将购买毒品款交给被告人方某后驾车逃离现场，被告人方某被公安机关抓获，当场缴获袁某交给被告人方某的购买毒品款人民币22500元。侦查机关在本起毒品交易前早已得知交易的存在，并在现场布控，结果却让买毒品人袁某携带交易的毒品驾车逃离现场，只缴获了毒资，未缴获毒品海洛因，影响了对本起贩毒事实的认定。

3. 鉴定方面存在问题：

（1）**毒品鉴定**。如洪某走私毒品案，某市公安局刑事科学技术鉴定书证实：白色块状及粉末13包，共净重1480克，随机抽取10包，各取样品1毫克备检。样品中检出海洛因成分，样品海洛因成分的平均含量为63.3%。该鉴定没有对海洛因逐包检验，只是随机抽取10包，且检验的是平均含量，鉴定的客观性值得质疑。

（2）**财物鉴定**。如林某等三人抢劫、盗窃案。卷宗证据显示三名被告人供述的盗窃手段和被害人陈述的被盗现场情况能够基本印证，说明本案三名原审被告人是采用破坏性的手段实施了5起盗窃行为，因此其行为可能同时涉及故意毁坏财物罪和盗窃罪二罪，应择一重罪处罚，但因侦查机关在侦查时没有对被害人的实际损失予以统计和进行价值鉴定，因此无法准确认定故意毁坏财物的数额，只能认定盗窃罪。

（3）**伤情鉴定**。如陈某、郑某抢劫案的被害人尸体检验鉴定结论，检察机关的技术部门审查法医鉴定时认为，原法医报告认定死者"傅某被人用锐器刺入右胸部，导致肺脏破裂及大失血，最终因创伤性失血性休克死亡"有客观依据，但死者头部损伤严重，而原尸检未做开颅检查，因此无法说明颅脑损伤的程度及其在死亡中的作用。本案被害人的头部有十余处伤痕，但尸检时却未开颅，存在欠缺，作出该鉴定的法医解释说尸检时打开死者的胸腔已可明确死因,故未开颅。现尸体已经火化,要求重新鉴定已不可能。又如陈某、方某抢劫、盗窃案,一审认定"被害人曾某头部受钝器打击致重度颅脑损伤死亡"的结果完全依据医院的医疗"诊断",法医未对被害人曾某进行尸检。医院的"死亡诊断"仅是一种普通的医疗判断,不能替代法医尸检,该尸检报告不符合法医鉴定程序要求,严格意义上该鉴定不客观,不能作为证据使用。

(4) **痕迹鉴定**。如陈某、郑某抢劫案的物证鉴定书证实:涉案的桑塔纳轿车方向盘上斑迹为混合斑,其中不排除被害人傅某和其他未知人员所留。我们审查时发现该份鉴定的送检样品中无被告人陈某和郑某的血样或指纹,如果能够取样鉴定得出该混合斑的其他未知人员系被告人陈某或者郑某,对于指控两被告人的犯罪事实应该是有力的证据。可惜的是,侦查机关没有提取两被告人的血样或指纹。又如周某故意杀人案,DNA鉴定体现送检检材有被害人胡某和被告人周某的血样,但这些检材如何提取并未体现。

(5) **对相关书证没有进行鉴定**。比如张某、赖某贩卖毒品案,本案认定贩卖毒品数量的依据是根据被告人的供述,以及从邮政储蓄所提取到的汇款凭证,经辨认确认的数额除以每克340元价格得出购买毒品的数量。而侦查机关未对所有相关凭证进行笔迹鉴定,经检察机关审查后认为,现有提取的凭证中还存在与被告人笔迹相似的汇款凭证未进行确认,该案退回补充侦查后,公安机关根据检察机关的要求补充了相关凭证的笔迹鉴定,最终检察机关补充认定赖某贩卖414.8克毒品,补充认定被告人张某贩卖212.2克毒品。该指控的事实得到了法院的认可。

4. **证据来源没有交代清楚**。如宋某抢劫案,某市公安局刑事科学技术检验鉴定书体现:经采集死者十指指纹上网比对,确认死者为徐某。但死者十指指纹如何采集,如何上网比对,从公安机关移送的卷宗材料中无法得知。也是这个案件,刑事科学技术检验鉴定书体现:送检的现场提取的九处可疑斑迹均检见人血,经与送检的徐某血样比对,为徐某所留的可能性为99.9999%。但徐某血样如何提取未体现。该案第一起抢劫中现场勘查笔录及照片体现现场遗留有金属仿真手枪、白色塑料绑带,罪证、赃款赃物移交处理清单体现移送上述物品,但上述作案工具如何提取未体现。

5. **辨认笔录不符合程序规定**。如林某故意杀人案,公安机关安排被告人林某对作案工具的照片进行辨认,但没有依照刑事诉讼规则进行,卷宗只有辨认笔录而没有附相关的辨认照片。

6. **现场勘查笔录没有见证人签名**。如宋某抢劫案,两份现场勘查笔录均没有见证人签名。

7. **重要物证未提取或者有提取但程序不合法或没有制作提取辨认笔录**。

如陈某等人抢劫、盗窃案，根据被告人陈某的供述、被害人方某的陈述及现场勘验笔录证实，抢劫作案现场留有本案重要物证锄头、镰刀各一把，侦查机关未提取实物。该案被盗农药仅有现场远景照片和提取清单，该清单没有提取人、被提取人签名，没有提取笔录。又如陈某等三人抢劫案，在审查时发现，公安机关从出租车上扣押了作案工具——刀具、麻绳，从陈某家扣押了三人作案时所穿衣服，但是没有组织犯罪嫌疑人陈某等人对作案工具及所穿衣服进行辨认。

8. **出具情况说明的部分不符合规定**。如陈某等人走私普通货物案，部分书证以海关缉私局下面的处开具，不符合证据的来源要求。又如陈某故意杀人案，侦查机关出具的有关《情况说明》，均是由刑侦大队而不是由公安局出具，不符合刑事诉讼证据要求。

9. **户籍证明收集程序不合法**。如陈某、郑某抢劫案，被告人陈某系外省人，根据规定，只有陈某户籍地的公安机关出具的户籍证明才具有法律效力，但是侦查人员为图省事，直接从公安网上下载，显然该下载的户籍材料不符合证据规格，不能作为证据使用。

10. 讯问被告人存在的问题：

（1）**在被告人已供述的情况下，没有及时带被告人辨认现场，而后被告人翻供，导致无法收集到被告人辨认现场的证据**。如吴某故意杀人案，被告人吴某作了有罪供述后，公安机关没有立即让其辨认作案现场，而是送到看守所羁押，等第二天再提审准备现场辨认时，被告人翻供，致使辨认现场活动无法进行下去，给认定犯罪增加了一定的困难。

（2）**对有些被告人的供述没有及时形成笔录，而后以公安机关出具的情况说明替代，证据效力减弱**。如陈某、郑某抢劫案，关于郑某的自首问题，侦查机关出具的侦破经过证实侦查机关是在接到报案后，发现被害人的尸体，并确认系他杀而立案进行排查，在排查过程中掌握了被告人郑某于6月30日晚租了一辆皮卡车，于7月1日凌晨6时许经过某收费站时，所租车辆被碰坏，以及郑某家离案发现场较近等与犯罪线索相关联的证据后，将郑某从汽车修理厂叫到上京派出所进行口头询问，郑某陈述当晚是在上网，侦查机关马上派人到网吧排查，发现无郑某的上网记录；郑某又陈述当晚是去永安接朋友，该说法与侦查机关掌握的郑某所租的车6点进入某收费站的情况不符，郑某在编造的种种谎言被揭穿后，迫于无奈才供认了抢劫杀人的犯罪事实，其供述缺乏主动性，一审法院认定不能成立自首。但侦查机关对被告人供述的过程没有形成笔录，所有情况均是侦查机关的说明，证据上较薄弱。

（3）**讯问被告人地点不合法**。如姜某故意杀人案，被告人姜某于2007年

6月6日被刑事拘留，但至6月19日即逮捕前的讯问笔录均在某县公安局刑侦大队完成。

11. 出具"破案经过"不够详细，无法了解案件全貌。侦查部门对于一些经过技术侦查手段破案的案件，在出具破案经过时，往往采取一些含蓄的写法，或者一笔带过，如"**本案经技术侦查手段抓获了犯罪嫌疑人**"。但是，对于犯罪嫌疑人是如何被抓获的经过，有时往往关系到犯罪嫌疑人是否构成自动投案，有时关系到犯罪嫌疑人是否系被同案人举报，同案人是否构成立功等问题。因此，侦查机关还是应当实事求是地、客观全面地出具破案经过。**确实需要保护技术侦查的手段不为外界知道，避免给今后的侦查工作带来负面影响的，可以采取补充破案经过的形式，出具的材料只提供给检法两家，不作为证据，但作为案件材料。**

12. 对于毒品犯罪的特情问题：

（1）**特情必须建档，特情的确定必须严肃**，不能由某个侦查人员说某人是特情，某人就是特情了。侦查机关内部必须规范特情工作，对于其是否属于特情，需要建章立制进行管理，不能随意。毕竟，这关系到是否放纵犯罪的问题。比如笔者作为二审检察官曾经办理翁某贩卖毒品案，侦查机关认为一同贩卖的共同犯罪人陈某系本案的线人，没有移送审查起诉，但案卷中只有侦查机关的情况说明提及，没有其他材料证实陈某就是本案的线人。本着负责的态度，笔者认为仅凭情况说明不能说明陈某就是线人，经向侦查机关核实情况，侦查机关提供了陈某作为特情的档案以及领取奖金的凭证等材料。基于上述材料，笔者认为陈某确实是特情。

（2）**要做好特情的训练工作，特情介入并不等于特情引诱**。应尽量避免特情引诱，特情引诱的案件，对案件的影响较大，往往直接导致一些罪犯无法判处死刑或者从轻处理。更要杜绝特情陷害，比如特情为了赚取举报金，对行为人既安排上线又安排下线，进行双套引诱，这种特情陷害的方式应当杜绝。

二、刑事诉讼中检察机关可能存在的问题

1. **相互关联的案件没有统筹考虑**。如黄某贩卖毒品抗诉案件，二审期间，被告人黄某通过律师举报伊某贩卖毒品的事实，公安机关立案并将伊某抓获，当场查获海洛因毒品107.6克，该案由检察机关提起公诉。我们发现，在检察机关审查起诉时，办案人员没有注意到伊某案与黄某案的关系，没有考虑到伊某刚到当地打工没几天，其只是受人指使送货和存在黄某妻子出面引诱等因素。从证据显示，本案显然存在犯罪引诱问题，甚至可能存在犯罪陷害问题。检察机关对伊某提起公诉时没有分析这些问题，对这些问题应该影响量刑的情

况没有发表意见，显然不妥。

2. **重要证人没有进行复核**。如吴某故意杀人案中的关键证据范某的证言，我们在审查中发现，范某作过两次笔录，但第一次笔录没有提到被告人吴某砍门，第二次笔录才提到吴某持刀砍门的情况。由于这一情节对本案的定罪非常关键，经过公安机关和检察机关的配合，我们找到了该证人，并对存在问题予以排解，同时取得了范某的证言，巩固了吴某持刀砍门的事实。但是该案在一审阶段，检察机关没有对此证据进行排解，没有对目击证人的证言进行巩固。假如二审阶段，我们没有找到证人范某，本案能否定罪就很难把握，更不要说二审会维持死刑判决。该案已由最高人民法院终审复核并对吴某执行了死刑。

3. **检察机关侦查部门取证程序问题**。如石某受贿案，侦查部门在向陈某取证时，取证地点在香港，制作笔录人员为本院反贪局人员，没有材料体现有通过香港司法部门的配合。最高人民检察院《关于严禁擅自前往香港、澳门特别行政区办案的通知》规定"各级检察机关需就个案赴港澳调查取证的，由省级人民检察院写出专门报告，报最高人民检察院批准，并根据最高人民检察院的批复办理赴港澳手续，然后在最高人民检察院个案协查办公室工作人员的陪同下，持有效的因公往来港澳证件前往港澳地区，在港澳相关司法部门的配合下开展调查取证工作"。根据这一规定，我们认为，陈某证言的取得在程序上存在一定的瑕疵。

4. **受贿罪证据审查的几点体会**。受贿罪的证明标准之高，认定案件之难是司法实务界所共识的，由于受贿案件往往存在一对一的现象，在收受贿赂这一环节，通常只是行贿人和受贿人的证言，一旦受贿人翻供，往往会陷入认定困难的境地。笔者根据办案中遇到的案例，针对实践中常见问题的证据审查谈谈自己的认识。

比如如何应对受贿案件犯罪嫌疑人的翻供。在受贿案件中，犯罪嫌疑人翻供的现象比较普遍，一般会在侦查阶段做过有罪的供述，往往在审查起诉阶段或者审判阶段翻供。如何应对犯罪嫌疑人的翻供，这是摆在检察官面前的难题。检察官应当在审查起诉阶段做好犯罪嫌疑人翻供的准备，积极应对，做好补足补强证据的工作。这方面的证明工作，可以从以下几个方面进行：

第一，**根据移送审查起诉的事实，认真比对犯罪嫌疑人的有罪供述与行贿人的证言，从中找出比较完整和全面的笔录**，这些笔录无论从程序上、客观上都符合法定的条件，可以在庭审中使用，且没有矛盾和破绽。

第二，**仔细审查犯罪嫌疑人的供述和行贿人的证言，找出其中的关键情节**，比如受贿人收受贿赂的时候双方是否有联系过，是固定电话联系还是移动电话联系，是否是其他人接听的电话，受贿的地点是否还有第三人，在家里是否有其他家庭成员在场,在单位是否有秘书或同事在隔壁间等,这些第三人未必能证实有看到受贿人收受贿赂的事实,但起码可以证实行贿人在案发当时到过受贿人单位或家里,且两人确实在一起等事实。

第三,**围绕以上查找出来的细节,进行取证,做好证据的复核和补强工作**。比如,根据上述分析,可以补充行贿人与受贿人的手机通话清单,犯罪嫌疑人家里或单位在场人的证言,这些证据如果在侦查阶段还没有收集到案的,就应当注意收集到案。

第四,**通过已查证属实的证据力求证实犯罪嫌疑人原有供述的真实性,或在犯罪嫌疑人翻供的情况下,得出其翻供不属实的结论**。所有补强和核实证据的目的,就是为了证实犯罪嫌疑人有罪供述的真实性,在犯罪嫌疑人翻供的情况下,推翻其翻供的理由,只有这样,在犯罪嫌疑人翻供的情况下,才依然能够利用其原先做过的有罪供述,并结合行贿人证言等证据将其定罪科刑。

第五,根据犯罪嫌疑人之前的有罪供述,对其供述的账款的去向,核实有无证据及相关的证据的关联性。

三、刑事诉讼中审判机关可能存在的问题

1. **上下级法院滥用请示,影响了检察机关的抗诉权和被告人的上诉权**。如吴某生产、销售伪劣产品案,审查发现,本案某市中级人民法院曾请示省高级人民法院,省高级人民法院对主从犯的认定以及量刑等作了明确的答复,我们认为省高级人民法院的做法有欠妥当,因为《宪法》第132条第2款规定:"上级人民法院监督下级人民法院的审判工作。"据此规定,上级法院和下级法院之间是监督与被监督的关系,不是领导与被领导的关系,而此案省高级人民法院给市中级人民法院明确量刑意见甚至具体到罚金,其做法违背了此条立法精神,将可能影响检察机关抗诉的效果,也不利于被告人上诉权利的保障。

2. **移送的二审材料不齐全**。如唐某抢劫、故意杀人案,在案卷宗体现某市公安分局随案移送物品、文件清单中有现场录像光盘1张、审讯录像光盘2张、银行监控录像光盘1张,但省高院在移送材料时,没有将这些证据移送二审检察机关审查。

3. **认定事实错误**。如刘某等人抢劫、盗窃案,关于被害人朱某的伤情问题,首先,第一起抢劫犯罪中,三名被告人的供述和被害人朱某陈述均称当晚并未对被害人朱某使用暴力,目前也没有任何其他证据证明被害人朱某有受伤。检察机关起诉书中亦未认定朱某伤情为轻微伤,而某中级法院的一审判决中却出现了被害人朱某的伤情为轻微伤的事实认定。

4. **忽视量刑情节**。如陈某等三人抢劫案,陈某于2006年1月和10月两次

盗窃公私财物，而陈某的出生时间是 1988 年 11 月，即陈某两次盗窃时尚不满 18 周岁。根据法律规定，对于未满 18 周岁的人犯罪，应当从轻或者减轻处罚。一审判决对此法定从轻、减轻情节却没有进行评价。

5. 超期羁押的问题。 少则几个月，多则一两年，造成的原因主要有以下几个方面：

（1）被告人举报立功材料，等待侦查机关核实，这类情况比较多，而且不止一次举报，往往多次举报；

（2）二审法院办案力量无法应对大量的上诉案件；

（3）死刑复核收归最高人民法院，这其中处理也需要一段较长的时间。

举案释疑

案例　庄某故意杀人案

基本案情

被告人庄某，男，1970 年出生，无业。1999 年 2 月 28 日晚 8 时许，被告人庄某在某租房与其女朋友陈某等人一起喝酒。席间，陈某叫被害人杨某一起喝酒，杨某来后与陈某行为亲近，被告人庄某很是气愤，当场与杨某发生争执。杨某被劝开后，被告人庄某尚未解气，从桌上持一把剪刀追出去，在互打中刺中被害人杨某的左胸部、右枕等部位，致被害人抢救无效死亡。经法医鉴定：被害人杨某系因心脏贯穿致心包填塞，心源性休克死亡。

实务评析

被告人庄某于 2008 年 12 月 7 日被抓获归案，归案后作了多次有罪供述，对自己的犯罪事实始终供认不讳。二审期间，检察员提审时其也如实供述了犯罪事实。同时，案发当天在现场的证人比较多，对于现场庄某行凶的情况，得到了多名目击证人的证实。同时，目击证人梁某、黄某、陈某等人均看到庄某有持剪刀，行凶后看见剪刀一边断了一截的事实，该证言与被害人尸体解剖时在其体内发现的剪刀断端的事实相印证。另外，对于事件的起因，也得到了在场证人的一致证实。因此，本案事实清楚，证据确实、充分，足以认定。但是，就这样一个看似简单的案件，在审查时，我们发现了一审公安、法院存在多处问题：

1. 从法医解剖尸体照片可以看到，剪刀的断端还遗留在尸体上，法医有取出了该剪刀断端,但卷宗证据没有提取笔录和物证,该物证的下落需查清。

2. 血痕检验报告证实被害人杨某血型与现场遗留血迹及杨某身上衣服血迹均为 B 型血。但是,仅此还不能确认该血迹就是杨某本人的,应当作血迹同一性的 DNA 鉴定,如检材还在,则需要补充鉴定;如已丢弃,要求公安机关予以说明。

3. 公安机关没有制作提取血迹笔录,应予以说明。

4. 本案缺少被害人亲属对被害人尸体的辨认笔录,应当要求公安机关补充被害人亲属笔录,以证实被害人亲属曾经有见到被害人尸体,以此确认被害人的身份。

5. 被告人庄某是否就是化名的原某,要求补充原目击证人或者庄某亲属对其进行辨认,并制作辨认笔录。

6. 侦破经过写得过于简单,如何布控抓获被告人的过程要详细,公安机关是如何得知被告人藏在广西,如何确认广西的原某就是庄某,应要求公安机关详细写明侦破经过。

7. 一审法院承办人在制作笔录时将时间写成 2009 年 12 月 3 日,而本案的二审受案时间是 2009 年 4 月 23 日,显然一审承办人记录时间有误。二审开庭时检察官应当提出纠正意见。

Part 4

普通犯罪检察疑难问题

1 多次强奸是否构成"情节恶劣"

 疑难问题

强奸罪,是指违背妇女意志,使用暴力、胁迫或者其他手段,强行与妇女发生性交的行为。我国《刑法》第236条第3款规定:强奸妇女、奸淫幼女情节恶劣的,强奸妇女、奸淫幼女多人的,在公共场所当众强奸妇女的,二人以上轮奸的,致使被害人重伤、死亡或者造成其他严重后果的,处10年以上有期徒刑、无期徒刑或者死刑。但是对于被告人对同一个被害人多次强奸,或者对不足3人多次强奸能否认定为情节恶劣,司法实践中存在争议。

 破解思路

一、法律依据

1. 我国《刑法》第236条规定:

"以暴力、胁迫或者其他手段强奸妇女的,处三年以上十年以下有期徒刑。奸淫不满十四周岁的幼女的,以强奸论,从重处罚。强奸妇女、奸淫幼女,有下列情形之一的,处十年以上有期徒刑、无期徒刑或者死刑:

(一)强奸妇女、奸淫幼女情节恶劣的;

(二)强奸妇女、奸淫幼女多人的;

(三)在公共场所当众强奸妇女的;

(四)二人以上轮奸的;

(五)致使被害人重伤、死亡或者造成其他严重后果的。"

2. 最高人民法院、最高人民检察院、公安部《关于当前办理强奸案件中具体应用法律的若干问题的解答》（1984年4月26日）认为，从司法实践中看，强奸罪中"情节特别严重"的，一般有下面几种：

"1. 强奸妇女、奸淫幼女手段残酷的；2. 强奸妇女、奸淫幼女多人或者多次的；3. 轮奸妇女尤其是轮奸幼女的首要分子；4. 因强奸妇女或者奸淫幼女引起被害人自杀、精神失常以及其他严重后果的；5. 在公共场所劫持并强奸妇女的；6. 多次利用淫秽物品、跳黑灯舞等手段引诱女青年，进行强奸，在社会上造成很坏影响，极大危害的。"

该解答虽然已经于2013年废止，但仍有借鉴意义。

3. 最高人民法院、最高人民检察院、公安部、司法部《关于依法惩治性侵未成年人犯罪的意见》（2013年10月23日）第25条规定：

"针对未成年人实施强奸、猥亵犯罪的，应当从重处罚，具有下列情形之一的，更要依法从严惩处：

（1）对未成年人负有特殊职责的人员、与未成年人有共同家庭生活关系的人员、国家工作人员或者冒充国家工作人员，实施强奸、猥亵犯罪的；

（2）进入未成年人住所、学生集体宿舍实施强奸、猥亵犯罪的；

（3）采取暴力、胁迫、麻醉等强制手段实施奸淫幼女、猥亵儿童犯罪的；

（4）对不满十二周岁的儿童、农村留守儿童、严重残疾或者精神智力发育迟滞的未成年人，实施强奸、猥亵犯罪的；

（5）猥亵多名未成年人，或者多次实施强奸、猥亵犯罪的；

（6）造成未成年被害人轻伤、怀孕、感染性病等后果的；

（7）有强奸、猥亵犯罪前科劣迹的。"

二、实务分析

笔者认为，"情节恶劣"的理解，可以分为两个部分，即"情节"和"恶劣"，情节也就是包括犯罪侵害的对象、犯罪手段等，恶劣是指后果严重，造成了严重的社会影响。

强奸多人构成加重情节，那么强奸单人多次，是否属于情节恶劣，构成加重情节呢？ 1984年最高人民法院、最高人民检察院、公安部《关于办理强奸案件适用法律若干问题的解答》，对1979年《刑法》第139条第3款强奸妇女情节特别严重的情形作了规定，其中规定**多次强奸妇女和幼女的属情节特别严重**，应处10年以上有期徒刑、无期徒刑或者死刑。虽然这一解释目前已经废止，但没有相反的解释或者新的解释出台，笔者认为**在司法实践中仍可以参考**。

新旧刑法在强奸罪的规定方面并无实质性改变，构成要件是一样的，现行《刑法》第 236 条第 3 款规定的五种应处 10 年以上有期徒刑、无期徒刑或者死刑的强奸加重情形均吸收自该解答。实践当中，不乏有多次强奸同一被害人认定为强奸罪情节恶劣的判例。比如高检院 2018 年 12 月发布的检例第 42 号指导性案例齐某强奸、猥亵儿童案，一审以及二审法院均不认定为强奸罪情节恶劣，判处强奸罪有期徒刑 6 年，与猥亵儿童罪数罪并罚决定执行有期徒刑 10 年，剥夺政治权利 1 年。最高人民检察院依照审判监督程序向最高人民法院提出抗诉，经不公开审理，最高人民法院于 2018 年 7 月 27 日作出终审判决，认定被告人齐某犯强奸罪，判处无期徒刑，剥夺政治权利终身；犯猥亵儿童罪，判处有期徒刑 10 年，决定执行无期徒刑，剥夺政治权利终身。

本案的关键在于**多次强奸 2 人是否构成强奸罪"情节恶劣"**。一审、二审法院均认为《刑法》第 236 条第 3 款第 2 项规定的奸淫幼女多人，一般是指奸淫幼女 3 人以上，故不认定齐某强奸罪情节恶劣。**高检院抗诉意见认为**该案齐某利用教师身份，多次强奸 2 名幼女，犯罪时间跨度长，且案件发生在校园内，对被害人及其家人伤害非常大，对其他学生造成了恐惧。齐某的行为具备最高人民法院、最高人民检察院、公安部、司法部《关于依法惩治性侵未成年人犯罪的意见》第 25 条规定的多项"更要依法从严惩处"的情节，被告人具备教师的特殊身份，奸淫 2 名幼女，且分别奸淫多次，其危害性并不低于奸淫幼女 3 人的行为，应综合评判认定为"情节恶劣"。**最高人民法院采纳检察机关抗诉意见予以改判。**

虽然现有刑法明确"强奸多人"属于加重情节，没有明确"强奸多次"属于情节恶劣，但也没有规定"强奸多次"不属于情节恶劣。笔者认为，**刑法条文的表述当中，多人与多次的社会危害性一般情况下是相当的**。这一点在刑法规定的其他犯罪中可以借鉴，比如《刑法》第 263 条，对于抢劫罪的加重情节，其中就有规定"多次抢劫"，这里的多次，既包括不同时间内多次针对单人的抢劫，也包括同一或不同时间内针对多人的抢劫。还有《刑法》第 264 条盗窃的规定，其中"多次盗窃"构成犯罪，"两高"《关于办理盗窃刑事案件适用法律若干问题的解释》第 3 条规定，2 年内盗窃 3 次以上，应当认定为"多次盗窃"。这里的多次，不仅包括不同时间段内多次盗窃一人，也包括同一或不同时间段盗窃多人。可见，多人与多次的程度是相当的。

举案释疑

案例1　王某强奸案

基本案情

被告人王某，男，1959年出生，汉族，初中文化，农民。

被害人林某，女，1993年出生，系被告人王某的侄女，学生。

2007年8月3日，被害人林某向公安机关报案称其被被告人王某强奸。经查明：2006年7月至2007年6月，被告人王某四次在晚上用酒将其母亲黄某灌醉后，采用暴力手段将与其母亲一同居住的被害人林某强奸。

2006年10月的一天中午，被告人王某趁被害人林某单独在家之机，采用暴力手段将其强奸。

处理结果

检察机关以被告人王某涉嫌强奸罪提起公诉，2008年1月17日，某市中级人民法院对本案作出一审判决，被告人王某犯强奸罪，判处有期徒刑8年。检察机关在法定期限内以本案适用法律错误，导致量刑畸轻为由提出抗诉。该抗诉得到了上级检察机关的支持，2009年某省高级人民法院完全采纳了检察机关的抗诉意见，撤销原审对被告人王某的判决，改判有期徒刑13年，剥夺政治权利2年。

争议焦点

强奸罪情节恶劣如何认定。

意见分歧

检法两家对于被告人王某强奸被害人林某四次的犯罪事实认定一致，但在被告人是否属于强奸罪情节恶劣的认定上，意见不一致。

一审法院认为多次强奸无法律明确规定为属情节恶劣的情形，不适用《刑法》第236条第3款进行处罚，因而没有在10年有期徒刑以上量刑，仅判处有期徒刑8年。

检察机关抗诉理由：原审被告人王某四次强奸被害人林某，为多次强奸，应属《刑法》第236条第3款第1项规定的强奸妇女、奸淫幼女情节恶劣的情形，应处10年以上有期徒刑、无期徒刑或者死刑。

实务评析

笔者认为，**本案被告人王某的行为应当认定为强奸罪且情节恶劣**，检察机关的抗诉有理，理由如下：

1. 多次强奸属于情节恶劣曾经有法律规定，《刑法》第236条第3款大部分采纳了1984年最高人民法院、最高人民检察院、公安部《关于办理强奸案件适用法律若干问题的解答》的内容。虽然该解答于2013年废止，但目前为止强奸罪并没有新的司法解释。笔者认为仍然可以借鉴该解答关于多次强奸属于加重情节的规定。

2. 被告人王某强奸的是自己的亲侄女，有违基本伦理道德，造成了极其恶劣的社会影响。

3. 王某在强奸其侄女时，被其母亲、嫂子发现后仍然继续实施犯罪，犯罪气焰极其嚣张。

4. 被害人第一次被强奸时年仅13岁，系幼女，而且被害人身世悲惨，其父亲早逝，母亲出走，与八旬的奶奶相依为命，而被告人竟然还多次对其进行性侵犯，严重危害了被害人的身心健康，影响了其正常的生活，被告人的罪恶行径令人发指。

综合上述分析，**本案无论是从被告人侵害的对象，还是手段、次数、造成的社会影响看，被告人王某的行为显然情节恶劣**。一审法院无视被告人的恶劣行径，仅以多次强奸无法律明确规定为属情节恶劣的情形，显然没有综合评判本案的犯罪情节，导致作出错误的判决，检察机关的抗诉有事实和法律依据。二审法院依法纠正了一审判决，维护了法律的威信和被害人的合法权益。

案例2 廖某强奸案

基本案情

2002年9月初，被告人廖某伙同钟某（另案处理）密谋以嫖娼的名义诱骗暗娼到准备好的一艘木制机动船上，勒索暗娼的钱。9月24日，2人窜到广东省中山市某镇，被告人廖某到某镇某发廊，以300元嫖宿费作饵将被害人何某引诱至船上。廖某给予何某200元后与其发生了性关系。之后被害人何某正准备离开，钟某用尖刀威吓何某，强迫其脱光衣服，然后，钟、廖两人用锁链将何某手、脚锁上，用毛巾塞住其嘴，用被盖其头，并驾船离开中山市某镇。从9月25日起，钟某在船上通过手提电话，多次向被害人何某的朋友许某索要赎金人民币50000元，许某借故拖延。廖某、钟某两人一直将被害人何某用锁链锁在船上，随意侮辱、殴打，廖某还多次强奸被害人何某。10月4日，船驶至江门市某镇，被害人趁两人离船之机得以挣脱逃离。

处理结果

广东省江门市中级人民法院审理认为，被告人廖某无视国家法律，结伙以勒索财物为目的绑架他人，其行为已构成绑架罪；在绑架过程中其又多次强奸妇女，其行为又构成强奸罪，情节恶劣，判处被告人廖某犯绑架罪，判处有期徒刑15年，剥夺政治权利5年，并处罚金人民币10000元；犯强奸罪，判处无期徒刑，剥夺政治权利终身。数罪并罚，决定执行无期徒刑，剥夺政治权利终身，并处罚金人民币10000元。

2 非法拘禁而后勒索他人是否属于牵连犯罪

疑难问题

非法拘禁罪，是指以拘押、禁闭或者其他强制方法，非法剥夺他人人身自由的行为。非法拘禁罪侵犯的客体是他人的身体自由权，所谓身体自由权，是指以身体的动静举止不受非法干预为内容的人格权，亦即在法律范围内按照自己的意志决定自己身体行动的自由权利。公民的身体自由，是公民正常工作、生产、生活和学习的保证，失去身体自由，就失去了从事一切正常活动的可能。我国《宪法》第37条规定："中华人民共和国公民的人身自由不受侵犯。任何公民，非经人民检察院批准或者决定或者人民法院决定，并由公安机关执行，不受逮捕。禁止非法拘禁和以其他方法非法剥夺或者限制公民的人身自由，禁止非法搜查公民的身体。"**在非法拘禁案件中，往往伴随着行为人对被害人的殴打、虐待行为，有时还会进行其他犯罪，如敲诈勒索、抢劫。那么对于此类案件，如何定罪？是定非法拘禁罪、敲诈勒索罪、抢劫罪一罪，还是数罪？司法实践往往认识不一。**

破解思路

一、法律规定

我国《刑法》第238条规定，非法拘禁他人或者以其他方法非法剥夺他人人身自由的，处3年以下有期徒刑、拘役、管制或者剥夺政治权利。具有殴打、侮辱情节的，从重处罚。犯前款罪，致人重伤的，处3年以上10年以下有期徒刑；致人死亡的，处10年以上有期徒刑。使用暴力致人伤残、死亡的，依照本法第 234 条、第 232 条的规定定罪处罚。为索取债务非法扣押、拘禁他人的，依照前两款的规定处罚。国家机关工作人员利用职权犯前三款罪的，依照前三款的规定从重处罚。

《刑法》第 274 条规定，敲诈勒索公私财物，数额较大的，处 3 年以下有期徒刑、拘役或者管制；数额巨大或者有其他严重情节的，处 3 年以上 10 年以下有期徒刑。

最高人民法院《关于对为索取法律不予保护的债务非法拘禁他人行为如何定罪问题的解释》(2000 年 7 月 13 日) 规定，行为人为索取高利贷、赌债等不受法律保护的债务，非法扣押、拘禁他人的，依照《刑法》第 238 条的规定定罪处罚。

二、实务分析

笔者认为，根据我国刑法理论，牵连犯是指以实施某一犯罪为目的，而其犯罪的方法行为或者结果行为又触犯了其他罪名的情况。构成牵连犯，必须具备以下条件：

1. 牵连犯必须有两个以上的危害行为，这是构成牵连犯的前提条件。行为人只有实施了数个行为才有可能构成牵连犯。如果只实施了一个行为，无法形成行为之间的牵连关系。

2. 牵连犯的数个行为之间必须具有牵连关系。所谓牵连关系，是指行为人实施的数个行为之间具有手段与目的或者原因与结果的关系。

3. 牵连犯的数个行为必须触犯不同的罪名，这是牵连犯的法律特征，也是确定牵连犯的标志。

对于牵连犯的处理，实行从一重罪处断的原则。也就是说，对牵连犯应当采用吸收的原则，按照数个行为所触犯的罪名中最重的罪论处。

同时，对于行为人为索取债务非法扣押、拘禁他人的"债务"的理解，不仅包括合法债务，也包括高利贷、赌债等不受法律保护的债务，如果采取非法扣押、拘禁他人行为的，一律依照《刑法》第 238 条的规定定罪处罚。

 举案释疑

案例　林某敲诈勒索案

基本案情

被告人林某，男，1959 年出生，初中文化，农民。

2006年4月4日早上，被告人林某发现王某打手机约其妻陈某当晚发生性关系，便殴打陈某并以死相威胁迫使陈某同意协助其捉奸，被告人林某打算将王某当场抓住后示众。之后，被告人林某便准备了锄头柄、铁锤、绳子、照相机等作案工具。下午4时许，陈某约王某在某田园一大石头处发生性关系后，被告人林某趁王某尚未穿上裤子之机，持锄头柄冲出殴打王某，后被王某抓住锄头柄，陈某见状上前夺走锄头柄，被告人林某与王某便互相拉扯，两人滚在田里。被告人林某用手扯王某的阴囊，致王某阴囊左侧皮肤不规则挫裂伤，创口长5cm，全身多处软组织挫伤。后被告人林某威逼陈某帮忙抓住王某的手臂，让其用绳子绑住王某。被告人林某用携带的照相机拍摄王某与陈某赤裸的下身，而后将王某押往被告人的家，并告诉陈某、王某次日白天在村里示众。王某便提出不要示众而用钱来解决，且提出赔偿被告人林某10万元。刚开始，被告人林某不同意，坚持要予以示众，但在陈某和王某的一再要求下，且被告人林某怕其妻被示众后会自杀，便同意王某的要求，但提出赔偿其200万元，后经双方讨价还价，最后达成由王某给被告人100万元了结王某与陈某通奸之事。此后，被告人林某才让陈某解开王某身上的绳子并让王某穿上裤子。王某打电话叫来其弟，因王某家里没有100万元的现金，双方约定先支付30万元，余款出具欠条并由王某担保。晚上9时许，王某弟弟提来30万元交给被告人林某，并由王某出具"欠林某70万元2天付清"的欠条，被告人林某这才让王某离开。经法医鉴定，王某的伤情属轻伤。

处理结果

一审法院认定被告人林某以非法占有为目的，以威胁方法，强行索取他人人民币100万元，数额巨大，其中既遂30万元，未遂70万元，被告人林某的行为已构成敲诈勒索罪，公诉机关指控罪名成立。被告人归案后能自愿认罪，有悔罪表现。被害人的行为违背了社会的公序良俗，对本案的发生有一定的过错，可对被告人林某酌情从轻处罚，判处有期徒刑3年，缓刑4年。

争议焦点

非法拘禁而后勒索他人是否属于牵连犯罪？

意见分歧

检、法两家对被告人林某殴打被害人王某、非法拘禁、勒索100万元的事实认定是一致的。分歧在于定性上：

检察机关先是以故意伤害、敲诈勒索罪起诉被告人，之后变更起诉为非法拘禁、敲诈勒索罪。

法院认为，被告人林某在抓奸时实施的暴力行为及拘禁行为，系被告人在抓奸实施敲诈勒索犯罪时的手段牵连，应从一重罪处断，即以敲诈勒索一罪认定。

实务评析

笔者认为，本案被告人林某先是出于泄愤的目的对被害人实施了非法拘禁的行为，其间殴打被害人也是出于这样的目的。在控制了被害人后进行拍照，被害人提出用钱解决，经双方合意，最后确定100万元，此时被告人的犯意已转变为敲诈钱财。因此，被告人出于两个犯意，实施了两种行为，被告人实施的敲诈勒索犯罪并不是非法拘禁犯罪的必然程序，被告人实施的非法拘禁也不是出于敲诈勒索的目的，因此**非法拘禁和敲诈勒索之间不存在牵连关系，应当认定为非法拘禁和敲诈勒索两罪**。

至于故意伤害致轻伤的犯罪，由于是被告人在实施非法拘禁过程中为制伏被害人而造成的，属于牵连犯，根据刑法规定，非法拘禁具有殴打、侮辱情节的，从重处罚，如致人重伤、死亡的，属于结果加重犯，使用暴力致人伤残、死亡的，以故意伤害罪、故意杀人罪定罪。可见，**本案被告人在非法拘禁过程中，致被害人轻伤，只能定非法拘禁罪从重处罚**。

3 行政裁决不合法是否必然导致国家工作人员失去执行公务的合法性

 疑难问题

妨害公务罪，是指以暴力、威胁方法阻碍国家机关工作人员、人大代表依法执行职务，或者在自然灾害中和突发事件中，使用暴力、威胁方法阻碍红十字会工作人员依法履行职责，或者故意阻碍国家安全机关、公安机关依法执行国家安全工作任务，虽未使用暴力，但造成严重后果的行为。本罪犯罪对象是国家机关工作人员依法执行职务。这里的"依法执行职务"，是指国家机关工作人员在法律规定的范围内，运用他的合法职务正在从事公务。无论对人施加暴力，还是对物进行破坏，只要足以达到阻碍国家机关工作人员依法执行公务的，都构成本罪。但是，在司法实践中，如果国家工作人员依照错误的行政决定而执行了行政行为，行为人阻碍了执行，是否构成妨害公务罪呢？也就是说，行政裁决不合法是否必然导致国家工作人员失去执行公务的合法性？

 破解思路

《刑法》第277条规定："以暴力、威胁方法阻碍国家机关工作人员依法执行职务的，处三年以下有期徒刑、拘役、管制或者罚金。以暴力、威胁方法阻碍全国人民代表大会和地方各级人民代表大会代表依法执行代表职务的，依照前款的规定处罚。在自然灾害和突发事件中，以暴力、威胁方法阻碍红十字会工作人员依法履行职责的，依照第一款的规定处罚。故意阻碍国家安全机关、公安机关依法执行国家安全工作任务，未使用暴力、威胁方法，造成严重后果的，依照第一款的规定处罚。暴力袭击正在依法执行职务的人民警察的，依照第一款的规定从重处罚。"

· 281 ·

关于**妨害公务罪中职务的执行是否必须是合法的**，存在不同见解。有观点认为，不必以合法性作为要件，只要是执行职务的行为就行，这是从强调和重视国家威信或利益的思想角度出发，认为凡是可称得上是执行公务的，不管其合法与否，只要是对之实施反抗、妨害或其他行为的，均应作为处罚的对象。但是，作为通常的观点，则认为合法性是必要的。因为，为了尊重公民个人的基本人权，不让其受到非法侵害，而要求对国家权力加以必要限制的时候，不应该在刑法上保护违法执行职务的行为。

笔者认为，**不应当以合法性作为要件**，因为，正在执行该行政决定的国家工作人员很难作出行政决定是否合法的判断，他们只有执行，另外，该行政行为是否合法，也往往通过事后行政诉讼才能予以确认。如果放任公民以自己的行为对抗国家工作人员执法，显然不利于保护国家工作人员的人身权利，可能起到错误的导向，导致暴力抗法事件的增多。笔者主张，**公民认为行政行为不合法时，还是应当通过法律寻求救济和帮助，还是应当鼓励依法维权而不能擅自维权、暴力维权**。

举案释疑

案例　徐某等妨害公务案

基本案情

三名被告人系徐家父子三人。某市政府拟对一处城区进行改造，徐某等人因为不满意政府补偿金而拒不搬迁。2003年12月30日，该市政府责成建设局、城乡规划局、区政府会同该市公安局对徐某居住的房子实施强制拆迁。2004年2月20日上午，在该市建设局、公安局等执法人员实施拆迁的过程中，徐家父子三人不让国家机关工作人员依法执行职务，并以砖头、玻璃、碗、瓦片、日光灯管等物砸，尿、热水泼等暴力方式阻碍国家机关工作人员依法执行职务，造成拆迁工作无法正常进行，2名工作人员受伤（轻微伤Ⅰ级），在社会上造成了恶劣的影响。2005年9月6日，该市中级人民法院行政判决书认定该市建设局作出的城市房屋拆迁裁决认定徐某使用的房屋产权不明确的事实不清，证据不足，同时在未组织当事人质证、未进行调解的情况下作出裁决，属于程序违法，且市建设局超过法定期限作出裁决，存在瑕疵，判决撤销该裁决。

处理结果

一审法院认为被告人徐家父子三人无罪，检察机关抗诉，二审法院裁定驳回抗诉，维持原判。

争议焦点

行政裁决不合法是否必然导致国家工作人员失去执行公务的合法性。

意见分歧

辩护人认为：既然事后政府的裁决已经法院确认是不合法的，那么，国家工作人员此时执行职务就不是依法执行职务，就不存在国家工作人员执行职务的合法性，被告人为了维护自己的合法权益，对抗违法的行政行为，不构成妨害公务罪。

检察机关认为：虽然政府的决定被撤销，但国家工作人员只要不是滥用职权、超越职权，都是依法履行职务。对正在执行公务的国家工作人员实施暴力，构成妨害公务罪。

一审法院认为：政府的行政裁决不合法，政府的强制拆迁不符合法律要求，徐家父子三人的行为事出有因，且情节显著轻微危害不大，不构成犯罪。

二审法院认为：三被告人的行为属于违法，但由于政府的行政裁决不合法，政府的强制拆迁不符合法律要求，三被告人的行为事出有因，且情节显著轻微危害不大，不构成犯罪。虽然政府的工作人员实施强制拆迁行为属于依法履行职务，但由于强制拆迁所依据的裁决不合法，工作人员依法履行职务的行为实质上侵犯了被告人的合法权益，故应认定三被告人的行为事出有因，且造成的后果轻微，社会危害性没有达到犯罪的程度，不应被追究刑事责任，裁定驳回抗诉，维持原判。

该案控、辩、一审、二审法院四方的观点均不尽相同。二审法院在"政府的工作人员实施强制拆迁行为是否属于依法履行职务"这一点上与检察机关认定是一致的，分歧在于"**本案是否属于情节显著轻微危害不大**"，而一审法院没有认定国家工作人员是依法履行职务；控辩双方分歧在于"**事后证明行政裁决不合法，原先执行该行政裁决的国家工作人员执行公务是否具有合法性**"。

实务评析

结合本案案情，笔者认为，**本案构成妨害公务罪，但在量刑时应充分考虑政府行政行为被撤销的因素，给予被告人从轻处罚**。理由是：

1. 二审法院已经采纳了检察机关的抗诉意见，认为尽管政府的行政裁决不合法，但政府的工作人员实施强制拆迁行为还是属于依法履行职务。可见，被告人暴力抗拒国家工作人员依法履行职务，显然已经符合妨害公务罪的构成要件，构成犯罪。但二审法院又认为"由于政府的行政裁决不合法，政府的强制拆迁不符合法律要求，被告人的行为事出有因，且情节显著轻微危害不大，不构成犯罪"。显然，法院**将量刑情节与定罪要件相混淆**。

2. 妨害公务罪侵害的对象是依法正在执行职务的国家工作人员，而不是行政行为。因此，**政府的决定被撤销，只能作为一个量刑情节，而不能作为罪与非罪的要件**。国家工作人员对政府的决定必须执行，只要不是滥用职权、超越职权，都是依法履行职务。对国家工作人员实施暴力抗法，就是犯罪。《行政诉讼法》第56条已明确规定"诉讼期间，不停止行政行为的执行"，国务院《城市房屋管理拆迁条例》第16条也对"诉讼期间不停止拆迁的执行"作了明确规定。本案的被告人后对政府提起了行政诉讼，在诉讼期间，被告人也没有提出停止该行政行为执行的要求，法院也没有作出中止行政行为的执行的裁定。**虽然事后法院撤销了政府决定，被告人可以获得赔偿，但法律没有赋予公民自行对抗政府行为的权利。**

3. 二审裁定书所阐述的理由主要有"由于政府的行政裁决不合法，政府的强制拆迁不符合法律要求，工作人员依法履行职务的行为实质上侵犯了被告人的合法权益，被告人的行为事出有因，且情节显著轻微危害不大，造成的后果轻微，社会危害性没有达到犯罪的程度，不应被追究刑事责任"。上述理由除了"情节显著轻微危害不大，且造成的后果轻微，社会危害性没有达到犯罪的程度，不应被追究刑事责任"以外，**其他理由都是量刑时可以考虑的酌情从轻情节，不是影响定罪的情节**。

4. 被告人徐某父子三人的行为是否情节显著轻微危害不大，不应被追究刑事责任呢？综观本案，被告人明知是国家机关工作人员正在依法执行职务，而采用砸砖头、泼尿等方法予以对抗公务阻碍执法人员依法实施职务行为，造成2名工作人员受伤，在社会上造成了恶劣的影响。可以说**本案被告人的行为性质是恶劣的，尽管造成直接的伤害后果不严重，但造成的社会影响的后果是严重的**。二审法院维持无罪判决，不是鼓励公民通过法律渠道解决与政府的分歧，而是向全社会发出了一个危险的信号，任何人只要认为自己的要求合法合理，就可以对抗政府乃至司法机关的决定，任何人只要认为自己无罪，都可以脱逃，显然会极大地损害国家机关的威信，不利于今后国家机关的执法。

因此，以事后的政府决定被撤销的事实，作为不构成妨害公务罪的前提，显然歪曲了妨害公务犯罪的定罪标准。

4 针对不特定人的伤害行为如何定性

 疑难问题

寻衅滋事罪，是指在公共场所无事生非、起哄闹事、殴打伤害无辜、肆意挑衅、横行霸道、毁坏财物、破坏公共秩序，情节严重的行为。本罪侵犯的并不是特定的人身、人格或公私财产，而主要是指向公共秩序，向整个社会挑战，蔑视社会主义道德和法制。其中，随意殴打他人，是指出于耍威风、取乐等不健康动机，无故、无理殴打相识或者素不相识的人。**行为人针对不特定的人实施了伤害的行为，如何定性？**司法实践中有不同的观点。

 破解思路

故意伤害罪是指故意非法损害他人身体健康的行为。寻衅滋事罪是指在公共场所无事生非、起哄闹事、殴打伤害无辜、肆意挑衅、横行霸道、毁坏财物、破坏公共秩序，情节严重的行为。对殴打他人并造成他人身体损害结果的应认定为此罪还是彼罪，可通过行为人的犯罪主观方面、犯罪客观方面、犯罪客体进行区别，具体如下：

1.犯罪主观方面。故意伤害罪主要是指明知自己的行为会伤害他人的身体健康，并且希望或放任这种结果发生的行为；而寻衅滋事罪中的殴打是一种随意性的行为，其在主观方面是直接故意，即明知自己的行为会发生破坏社会秩序的危害结果，并且希望这种结果发生，其动机就是为了满足耍威风、取乐等不正常的精神刺激或其他不健康的心理需要。即在主观方面，**寻衅滋事罪的行为人具有流氓的动机，并在此动机的支配下实施了寻衅滋事的行为，以达到满足精神空虚的犯罪目的，故意伤害罪则无此动机和目的**。寻衅滋事罪的动机和目的是本罪与故意伤害罪区分的关键。

2. 犯罪客观方面。故意伤害所侵害的对象往往比较特定,一般是认识的或有过节的人,且在伤害行为实施之前往往有一个准备过程;而寻衅滋事往往是见一个打一个,侵害的对象比较随意,只为了追求精神刺激而不计后果,在行为发生时大多是临时起意的,对认识或素不相识的人无缘无故进行殴打,是一种想打就打的流氓作风。在起因方面,寻衅滋事罪的行为人随意殴打他人往往是因为小事或者根本没有任何原因,行为人是为了寻求精神刺激而无事生非,即行为人是在"寻衅"——以某种不成立的理由为借口殴打他人。在手段方面,寻衅滋事的行为人在殴打他人的过程中,从所采用的手段、器物、击打的部位来看,无明显的伤害他人健康、造成他人伤害或者非法剥夺他人生命的迹象;而故意伤害罪则较为明显地反映出其具有故意伤害的故意。也就是说,**寻衅滋事罪的"随意殴打他人"在起因上、对象上、殴打的手段上都具有一定的随意性,而故意伤害罪则无此随意性。**

3. 犯罪客体。故意伤害罪所侵害的是**他人的身体健康权利**,是单一客体。而随意殴打构成寻衅滋事罪所侵害的**不仅是他人的身体健康权还扰乱了社会公共秩序**,且扰乱社会公共秩序是该罪的主要特征。

举案释疑

案例　陈某故意伤害案

基本案情

被告人陈某,男,1988年出生,初中文化,无业。

2005年10月10日晚10时许,被告人陈某酒后从某村后山下山时,见被害人郑某与几个朋友在山坡旁的小路边搭锅炖鸭肉,便以所搭的锅拦住去路为由将锅踢翻,锅里的汤将被害人郑某烫伤,被害人郑某的伤情经法医鉴定为轻伤。

处理结果

法院认为,被告人陈某故意损害他人身体,致1人轻伤,其行为已构成故意伤害罪,公诉机关指控罪名成立,被告人陈某犯罪时未满18周岁,且自首、认罪态度较好,积极赔偿,决定从轻处罚,且适用缓刑,判处拘役3个月,缓刑6个月。

意见分歧

本案的事实很清楚，但是如何定性存在分歧，一种意见是本案应当认定为故意伤害罪，另一种意见是本案应当认定为寻衅滋事罪。

实务评析

就本案而言，被告人与被害人不相识，被告人陈某仅仅因为看被害人搭的锅在路边不顺眼就一脚踢翻，体现出寻衅滋事罪针对不特定的对象，无事生非、无礼的霸气等随意性特征，似乎符合寻衅滋事罪的特征。但是，根据《刑法》第293条关于寻衅滋事罪的条款仅明确列明四种情形，这四种情形是：（1）随意殴打他人，情节恶劣的；（2）追逐、拦截、辱骂、恐吓他人，情节恶劣的；（3）强拿硬要或者任意损毁、占用公私财物，情节严重的；（4）在公共场所起哄闹事，造成公共场所秩序严重混乱的。

笔者认为，**本案被告人没有实施殴打等行为，不符合寻衅滋事罪所列情形**。根据被告人辩解，其抬脚踢时没有看到坡下面有人，只看到锅的左右两边有人，但承认当时看到大家都围着蹲在火堆旁烤火并判断锅里东西已炖好在焖，因此，可以看出**被告人踢翻锅时明知其行为有可能伤及他人，却采取一种放任的态度，认定被告人故意伤害罪较为合适**。

5 窝藏、包庇罪"情节严重"的情形怎样认定

疑难问题

我国《刑法》第310条规定:"明知是犯罪的人而为其提供隐藏处所、财物,帮助其逃匿或者作假证明包庇的,处三年以下有期徒刑、拘役或者管制;情节严重的,处三年以上十年以下有期徒刑。"但**哪些情形属于窝藏、包庇罪"情节严重的"**,目前法律、立法解释、司法解释尚未作出相应的规定,实践中各地认识不一,导致各地法院判决不一,出现量刑的偏差。

破解思路

一、法律依据

我国《刑法》第68条规定,犯罪分子有揭发他人犯罪行为,查证属实的,或者提供重要线索,从而得以侦破其他案件等立功表现的,可以从轻或者减轻处罚;有重大立功表现的,可以减轻或者免除处罚。犯罪后自首又有重大立功表现的,应当减轻或者免除处罚。

《刑法》第310条规定,明知是犯罪的人而为其提供隐藏处所、财物,帮助其逃匿或者作假证明包庇的,处3年以下有期徒刑、拘役或者管制;情节严重,处3年以上10年以下有期徒刑。犯前款罪,事前通谋的,以共同犯罪论处。

最高人民法院《关于处理自首和立功具体应用法律若干问题的解释》(1998年5月9日)第7条规定,犯罪分子有检举、揭发他人重大犯罪行为,提供侦破其他重大案件的重要线索,经查证属实;阻止他人重大犯罪活动;协

助司法机关抓捕其他重大犯罪犯罪嫌疑人（包括同案犯）；对国家和社会有其他重大贡献等表现的，应当认定为有重大立功表现。重大犯罪、重大案件、重大犯罪犯罪嫌疑人的标准，一般是指犯罪嫌疑人、被告人可能被判处无期徒刑以上刑罚或者案件在本省、自治区、直辖市或者全国范围内有较大影响等情形。

二、实务分析

一般认为，所谓窝藏、包庇罪情节严重，是指窝藏、包庇重大危害国家安全的犯罪分子，或者罪恶重大的犯罪分子，窝藏包庇犯罪分子多人或多次实施窝藏、包庇行为的；毁灭重要的或者大量的罪证的；因窝藏、包庇行为而使被窝藏、包庇的犯罪分子逍遥法外、继续作恶，实施了重大犯罪行为的；窝藏、包庇的动机、手段特别恶劣的；等等。

具体到办案实务，笔者认为可以从以下几个方面予以把握：

1. **对于窝藏多人或多次窝藏他人的，可以认为情节严重**。这一点在刑法条文中能找到依据。如抢劫罪、强奸罪、盗窃罪，都有多人或多次的作为结果加重犯的评价。那么，窝藏多人或多次的，一般情况下可以认定为情节严重。

2. **窝藏罪行极其严重的犯罪分子的，应当认定为情节严重**。当然，前提是行为人明知自己窝藏的对象是犯罪的人。在这种情况下，不必要求行为人再对自己窝藏的对象是否是罪行极其严重的重刑犯作出判断。

根据最高人民法院《关于处理自首和立功具体应用法律若干问题的解释》第7条的规定：检举、揭发的犯罪人如果属于可能被判处无期徒刑以上刑罚的，就属于重大立功表现。根据《刑法》第68条的规定，"有重大立功表现的，应当减轻或者免除处罚"。根据这项规定，只要行为人检举、揭发的对象是可能被判处无期徒刑以上刑罚的犯罪人，不管行为人是否明知检举揭发的犯罪属于可能判处无期徒刑以上刑罚的犯罪人，都可以得到减轻或者免除处罚的好处。这项规定的用意是**鼓励犯罪分子提供线索、检举、揭发，以达到节约侦查资源的效果**，总体来说对打击犯罪有利。

同理，对于妨害司法罪当中的窝藏、包庇犯罪，其起到的作用恰好相反。**由于行为人窝藏、包庇行为，人为设置了障碍，阻碍了侦查机关正常的侦查活动，浪费了大量的侦查资源。因此，行为人必须为自己的行为承担责任。而窝藏了可能判处无期徒刑以上刑罚的重刑犯，其社会危害性则相应更大些，行为人为此承担相应较重的刑罚，这样才显得比较公平**。对照立功和窝藏、包庇犯罪的规定，笔者认为有一点是相同的，就是不应要求行为人主观上是否明知自己检举、揭发或者窝藏、包庇的犯罪人，是属于一般刑事罪犯还是可能判处无期徒刑以上刑罚的重刑犯。因为在实践中,行为人也很难对犯罪人的罪行作出明确的判断。

3. 从妨害司法的后果看,符合下述三种情形之一的,应认定为"情节严重":(1)因窝藏、包庇行为造成犯罪分子长期不能归案的;(2)帮助犯罪分子逃往境外的;(3)因窝藏、包庇行为致犯罪分子未能及时归案,犯罪分子又犯新罪的。

 举案释疑

案例 金某窝藏案

基本案情

被告人黄某,男,1980年出生,初中文化,无业。

被告人金某,男,1981年出生,初中文化,无业。

被告人黄某获悉女友林某应男青年邓某之约去吃宵夜,便纠集姚某等人持刀捅了被害人邓某十余刀,并对被害人拳打脚踢,之后逃离现场。次日,被告人金某明知被告人黄某等人捅了他人,仍提供住处让黄某等人藏匿。被害人邓某被殴打后送医院抢救无效死亡,经法医鉴定,被害人邓某系严重颅脑损伤死亡。

处理结果

一审法院认为被告人黄某故意伤害致人死亡,判处死刑;金某构成窝藏罪且情节严重,判处其有期徒刑5年。被告人黄某、金某不服提出上诉,二审法院裁定驳回上诉,维持原判。

争议焦点

窝藏、包庇罪"情节严重"的情形应如何认定。

意见分析

被告人黄某、金某不服提出上诉。该案上诉阶段,在上级检察机关研究时,对金某的窝藏行为是否构成情节严重的问题形成两种意见:

一种意见认为:被告人金某主观上并不知道自己窝藏的被告人黄某属于罪行极其严重的犯罪分子,同时窝藏时间较短,没有达到《刑法》第310条规定的情节严重。

另一种意见认为：不管被告人金某主观上是否知道窝藏的对象属于罪行极其严重的重刑犯，只要窝藏的对象确实属于重刑犯的，应认定为情节严重。

笔者同意第二种意见。按照对等原则，如检举揭发无期徒刑以上的重犯，可以构成重大立功予以从轻或减轻处罚，那么窝藏重犯的，认定情节严重，符合公平公正对等原则。

6 窝藏包庇的对象最终认定不构成犯罪，而行为人自认为其已经构成犯罪而予以窝藏包庇的，是否构成犯罪

 疑难问题

我国《刑法》第310条规定，明知是犯罪的人而为其提供隐藏处所、财物，帮助其逃匿或者作假证明包庇的，认定为窝藏罪。对于条文当中"犯罪的人"如何理解？窝藏包庇的对象最终认定不构成犯罪，而行为人自认为其已经构成犯罪而予以窝藏包庇的，是否构成犯罪？司法实践中存在争议。

 破解思路

笔者认为，认定窝藏罪能否成立，关键是窝藏的对象是否是犯罪的人。所谓"犯罪的人"，是指已经实施了犯罪的人，既包括未决犯，也包括已决犯。窝藏、包庇犯罪侵犯的客体是司法机关揭露和惩罚犯罪分子的正常活动；主观上自认为他人已经构成犯罪，仍故意阻挠司法机关的侦查、起诉、审判活动，目的是帮助他人逃避法律制裁；客观上实施了提供隐藏处所、财物，帮助其逃匿或者作假证明包庇的行为。可见，即使其认为是犯罪的人，由于种种原因，比如年龄未满14周岁、精神病人等，没有受到刑事处罚，也不影响行为人对抗司法机关，阻挠司法机关正常活动应该承担的责任。因此，应当追究行为人的刑事责任。但在处理上，行为人窝藏、包庇的人员如果实施了危害社会的行为，触犯刑法，但因为年龄、精神病等原因，而不受处罚，应当有别于其他犯罪的人，可以从轻处罚。

举案释疑

案例　林某窝藏案

基本案情

被告人郭某，男。

被告人林某，男，系被告人郭某的姑父。

被告人郭某与被害人郑某因争女友而产生矛盾，同案人陈某（已判刑）也因曾被郑某殴打而对郑某怀恨在心，被告人郭某遂与同案人陈某密谋殴打郑某。

1993年8月27日晚8时许，被告人郭某与同案人陈某经商量后，由被告人郭某在预定地点等候，同案人陈某将被害人郑某诱骗至预定地点，在被告人郭某的积极配合下，同案人陈某用自制的钢刀连续猛刺郑某的胸部和背部数刀，致郑某开放性出血、气胸和肺裂伤，引起大出血休克死亡。案发后，被告人郭某的亲属林某等人认为当时郭某的年龄已经满14周岁，为了帮助郭某逃避法律制裁，一方面带郭某投案，另一方面又带着礼物找到户籍民警潘某（已被判刑）要求更改年龄，潘某答应没问题。被告人郭某的叔叔还到村委会更改了郭某的户籍底册，并到郭某羁押地与郭某就年龄问题统一口径。被告人郭某的父亲和叔叔还向公安机关提供了郭某虚假的年龄证明。不久，被告人郭某因此由于犯罪时年龄不满14周岁被取保候审。1994年12月17日，检察机关批准逮捕郭某，被告人郭某一直逃避追捕。在逃跑期间，一直接受其亲友的资助。被告人林某等人明知郭某重案在身，仍为其提供资金、食宿帮助其躲避追捕，正是由于以上被告人林某的帮助，致使发生被告人郭某长期逃匿，在杀人逃匿8年后，又杀死1人并碎尸毁迹的恶性事件。

处理结果

一审法院认定被告人郭某犯故意杀人罪，判处死刑，剥夺政治权利终身，认定林某等人的行为构成窝藏罪，且情节严重，判处有期徒刑3年、缓刑4年。被告人郭某、林某不服提出上诉，二审法院裁定驳回上诉，维持原判。

争议焦点

"犯罪的人"如何理解？窝藏包庇的对象最终认定不构成犯罪，而行为人自认为其已经构成犯罪而予以窝藏包庇的，是否构成犯罪？

意见分歧

本案中，郭某的年龄问题一直是核实的重点，因为，这涉及郭某第一起是否构成犯罪的问题，也就涉及林某是否窝藏了犯罪人的问题。本案的控辩双方形成两种意见：

辩方意见认为，法院根据被告人一方提供的族谱上记载的年份认定郭某犯罪时未满14周岁，那么郭某第一起事实不构成犯罪。而被告人林某等人窝藏了本来就不构成犯罪的郭某，也就是说林某窝藏了一个无罪的人，因此不能认定林某的行为构成犯罪。

控方意见认为，林某主观上明知郭某杀人的犯罪事实，客观上实施了为郭某提供隐藏的处所、财物，帮助其逃匿的行为，林某的行为构成窝藏罪。

检察机关认定被告人郭某在1993年的犯罪已满14周岁，而法院根据被告人一方提供的族谱上记载的年份认定郭某犯罪时未满14周岁。一审法院认定被告人林某等人的行为构成窝藏罪，且情节严重。二审法院维持原判。

实务评析

笔者认为：**认定林某构成窝藏罪是正确的**。窝藏罪能否成立，关键是窝藏的对象是否是犯罪的人。所谓犯罪的人，是指已经实施了犯罪的人，既包括未决犯，也包括已决犯。本案被告人林某主观上自认为他人已经构成犯罪，仍故意阻挠司法机关的侦查、起诉、审判活动，目的是帮助他人逃避法律制裁，同时客观上实施了提供隐藏处所、财物，帮助其逃匿或者作假证明包庇的行为。**虽然由于种种原因，最终法院认定郭某第一起犯罪时不满14周岁，也并不影响林某帮助他人逃避处罚的主观故意和实施了帮助郭某逃避处罚的行为，被告人林某对抗司法机关，阻挠司法机关正常活动，应当追究刑事责任。**一审法院认定林某等人窝藏杀人重犯的行为构成窝藏罪，且情节严重，是正确的，同时对判处有期徒刑3年、缓刑4年的量刑也是适当的，主要考虑的因素是毕竟一审法院认定郭某第一起犯罪时未满14周岁，有别于窝藏构成犯罪的人，可以从轻处罚。

7 如何理解和认定组织、运送他人偷越国（边）境罪的"组织行为"

 疑难问题

组织、运送他人偷越国（边）境犯罪，是指违反出入国（边）境管理法规，非法组织他人偷越国（边）境的行为。该犯罪严重破坏了我国的国（边）境正常的管理秩序，破坏社会稳定和经济建设，还严重损坏了我国的国际声誉和形象。由于此类犯罪手段越来越复杂，在审查过程中遇到了一些问题，而司法实践中对这些问题存在不同的理解和看法。

 破解思路

一、法律依据

我国《刑法》第 318 条规定："组织他人偷越国（边）境的，处二年以上七年以下有期徒刑，并处罚金；有下列情形之一的，处七年以上有期徒刑或者无期徒刑，并处罚金或者没收财产：

（一）组织他人偷越国（边）境集团的首要分子；

（二）多次组织他人偷越国（边）境或者组织他人偷越国（边）境人数众多的；

（三）造成被组织人重伤、死亡的；

（四）剥夺或者限制被组织人人身自由的；

（五）以暴力、威胁方法抗拒检查的；

（六）违法所得数额巨大的；

（七）有其他特别严重情节的。

犯前款罪，对被组织人有杀害、伤害、强奸、拐卖等犯罪行为，或者对检查人员有杀害、伤害等犯罪行为的，依照数罪并罚的规定处罚。"

《刑法》第321条规定："运送他人偷越国（边）境的，处五年以下有期徒刑、拘役或者管制，并处罚金；有下列情形之一的，处五年以上十年以下有期徒刑，并处罚金：

（一）多次实施运送行为或者运送人数众多的；

（二）所使用的船只、车辆等交通工具不具备必要的安全条件，足以造成严重后果的；

（三）违法所得数额巨大的；

（四）有其他特别严重情节的。

在运送他人偷越国（边）境中造成被运送人重伤、死亡，或者以暴力、威胁方法抗拒检查的，处七年以上有期徒刑，并处罚金。

犯前两款罪，对被运送人有杀害、伤害、强奸、拐卖等犯罪行为，或者对检查人员有杀害、伤害等犯罪行为的，依照数罪并罚的规定处罚。"

二、实务分析

（一）如何理解和认定"组织行为"

最高人民法院于2002年1月公布的《关于审理组织、运送他人偷越国（边）境等刑事案件适用法律若干问题的解释》（以下简称《解释》），对组织行为界定为"**领导、策划、指挥他人偷越国（边）境或者在首要分子指挥下，实施拉拢、引诱、介绍他人偷越国（边）境等行为**"。那么一般的协助行为，如帮助接送、看管偷渡人员，如何认定？按照《解释》，显然除了领导、策划、指挥、拉拢、引诱、介绍的行为外，其他不能认定。但是按照刑法共同犯罪的主从犯的理论，帮助行为属于从犯，也就是上述行为应当认定为组织他人偷越国（边）境从犯，这不就产生矛盾了吗？笔者认为，**帮助组织者从事一般协助行为的人员认定为构成组织他人偷越国（边）境罪，并认定从犯，比较妥当。**

（二）怎样认定既遂还是未遂

《解释》没有对组织、运送他人偷越国（边）境的既遂、未遂问题作出规定。在司法实践中，对组织他人偷越国（边）境罪，已经达成共识，认为**组织他人偷越国（边）境犯罪属于行为犯，一经实施了领导、策划、指挥、拉拢、引诱、介绍的行为，就应认定为既遂。**

但对运送他人偷越国（边）境犯罪是行为犯还是结果犯存在争议：

一种观点认为，该罪的犯罪构成除了要求行为人实施运送他人偷越国（边）境的行为外，在客观方面还要求具备将偷渡人员运送出境的危害结果的发生，只有发生了将偷渡人员非法运送出境的结果，才能构成该罪的既遂。

另一种观点认为，只要行为人实施了运送他人偷越国（边）境的行为，即具备了该罪的客观方面的构成要件，构成犯罪既遂。即使因行为人意志以外的原因，尚未出现运送他人偷越国（边）境的结果，也不影响对该罪犯罪既遂的认定。

由于司法实践中对运送他人偷越国（边）境罪构成既遂的不同理解，对行为人的处罚存在较大的差异。

（三）"运送"行为如何理解

司法实践中，对于运送他人偷越国（边）境犯罪当中"运送"有不同的理解。有人认为，运送是指利用可以到达国（边）境的运输工具运送。对于利用其他交通工具，如出租车驾驶员明知是偷渡人员而运送到港口，就不能认定为运送他人偷越国边境。笔者认为，**只要当事人明知偷渡事宜而运送偷渡人员的，不论其处于运送的哪一个阶段，不论是否是利用能直接偷渡到境外的交通工具，还是利用运送到某一偷渡中转地点的交通工具运送的，都应以运送他人偷越国（边）境罪认定。**

举案释疑

案例　林某等组织他人偷越边境、陈某运送他人偷越边境案

基本案情

被告人林某，男，1962年出生，小学文化，农民。

被告人陈某，男，1952年出生，小学文化，个体船舶运输户。

被告人张某，男，1973年出生，小学文化，农民。

2003年11月，被告人林某与"阿强"商议组织大陆女青年偷渡去台湾事宜，双方约定：由"阿强"从福州将女青年运送到福建沿海某县，被告人林某安排接送以及雇用偷渡的船只，每成功运送一名女子，被告人林某得1000元人民币的报酬。而后被告人林某找到船主陈某，商定由被告人陈某用船把偷渡女青年运送出海交给前来接应的台轮，每运送一名女青年给600元的报酬。2004年1月14日下午2时开始，24名欲偷渡台湾的女青年被送到某县。被告

人林某雇用被告人陈某将偷渡女子送到宾馆集中并交代张某看管，准备带到在松山码头等候的船上，再运送出海交给接应台轮。当晚10时许，被告人林某、张某在宾馆被公安人员当场抓获，次日凌晨1时许，正在松山码头等候的被告人陈某也被公安人员抓获。

处理结果

一审法院认定被告人林某构成组织他人偷越边境罪，判处有期徒刑14年，罚金3万元；陈某构成运送他人偷越边境罪（未遂），判处有期徒刑5年，罚金1万元；张某犯组织他人偷越边境罪，系从犯，判处有期徒刑5年，罚金5千元。二审法院改判林某有期徒刑8年，罚金3万元；改判张某有期徒刑3年，罚金5千元；维持对陈某的定性和量刑。

争议焦点

1. 如何理解和认定"组织行为"。
2. 应认定为既遂还是未遂。

实务评析

公诉机关指控被告人林某、张某构成组织他人偷越边境罪，被告人陈某构成运送他人偷越国（边）境罪（未遂）起诉法院，法院对起诉指控的犯罪事实以及定性均予以采纳。

1. 如何理解和认定"组织行为"

本案被告人张某系林某雇用来协助他们偷渡的人员，其是否构成组织他人偷越边境罪存在一些争议，最后检察机关认定其构成组织他人偷越边境罪的从犯，法院也以该罪判决，并认定从犯，予以减轻处罚，判处有期徒刑3年。笔者认为，**帮助组织者从事一般协助行为的人员，可以认定为组织他人偷越国（边）境罪，基于其属于帮助行为，应当认定从犯。**

2. 应认定为既遂还是未遂

本案公诉机关认定被告人陈某已经为运送偷渡人员做好了出海准备，也与组织者约定了报酬和等候地点，由于组织者被抓获而使运送行为流产，因此应认定为运送他人偷越边境罪（未遂），法院对此意见予以采纳。如果偷渡人员已经上船出海后被抓获，笔者倾向于认定既遂。

8 如何正确认识"套路贷"

疑难问题

中央开展的扫黑除恶专项斗争,取得的最大成效之一就是严厉打击了"套路贷",将"套路贷"的犯罪行为披露出来,使得"套路贷"成为人人喊打的犯罪。所谓"套路贷"并不是一个新的法律上的罪名,而是一类、一系列犯罪行为的统称。其本质上是一系列以借贷为名,骗人钱财的违法犯罪活动。

"套路贷"这类犯罪行为最初起源于民间高利贷,其后经过不断演变,成为这种不以获得被害人支付的高额利息为目的,而是以获得被害人财产为目的的犯罪行为。由于之前司法实践中,没有意识到这是犯罪行为、诈骗行为,一般情况下认为是普通的民间债务纠纷,最多认为是放高利贷。被害人明知上当受骗,苦于无法得到法律救济,不少案件,犯罪分子还通过合法的民事官司途径获得不法所得。特别是"校园贷",危害极大。"校园贷"属于"套路贷"的一种犯罪形式,往往与高利贷等民间借贷混淆,以合法的外衣、华丽的词藻、精心的布局、层层的圈套,使得涉世不深的学生深受其害。近几年发生了多起大学生因还不起校园贷而跳楼自杀的案件。但是,在司法实践中,由于**此类案件套路深、取证难、认定难,真正成案的被刑事追究的案件并不多。而且"套路贷"数额的认定,既、未遂问题等也是司法实践中经常出现争议的问题。**

破解思路

据 2019 年 3 月初,公安部召开新闻发布会通报的情况,截至 2019 年 3 月,全国公安机关共打掉"套路贷"团伙 1664 个,共破获诈骗、敲诈勒索、虚假诉讼等案件 21624 起，抓获犯罪嫌疑人 16349 名，查获涉案资产 35.3 亿余元。

一、"套路贷"的含义

根据 2019 年 4 月 9 日实施的"两高两部"《关于办理"套路贷"刑事案件若干问题的意见》，"套路贷"是指以非法占有为目的，假借民间借贷之名，诱使或迫使被害人签订"借贷"或变相"借贷""抵押""担保"等相关协议，通过虚增借贷金额、恶意制造违约、肆意认定违约、毁匿还款证据等方式形成虚假债权债务，并借助诉讼、仲裁、公证或者采用暴力、威胁以及其他手段非法占有被害人财物的相关违法犯罪活动的概括性称谓。

二、"套路贷"主要犯罪手段

"套路贷"是新型黑恶犯罪的一种，具有很强的欺骗性，常见的犯罪手段有以下形式：

1. 制造民间借贷假象，一般以民间借贷为幌子，常常以小额贷款公司、担保公司、网络借贷平台等名义对外宣传，以低息、无抵押、手续简便、随借随还等为诱饵吸引被害人借款，而后再以需要保证金等名义，骗取受害人签订虚假合同虚增债务。

2. 伪造资金流水等虚假证据，犯罪嫌疑人按照虚高的借贷协议金额将资金装入被害人账户，制造给付流水，然后再将虚高的部分资金收回。

3. 故意制造违约或者单方面认定违约，常常到了还款日，犯罪嫌疑人就关闭手机、故意失踪等方式制造被害人没有在约定日期还款。

4. 恶意垒高借款金额。当被害人无力偿还欠款时，犯罪嫌疑人就会以审核费、管理费、服务费等名义收取高额费用，迫使受害人继续借贷平账，签订更高金额的借贷协议，不断垒高债务。

5. 最后通过各种方式索债。通过滋扰、纠缠、非法拘禁、敲诈勒索等暴力或"软暴力"手段催讨债务，达到非法侵占受害人财物的目的。

三、"套路贷"的危害性

"套路贷"违法犯罪活动欺骗性强、获利快、收益高且易于复制传播，不仅严重侵害当事人的合法权益，也扰乱金融市场秩序，影响社会和谐稳定，危害极大。

一是侵害广大群众的合法权益，影响社会稳定。一些"套路贷"借助网络平台，从线下向线上蔓延，由传统的接触式犯罪转变为新型非接触式犯罪，侵害的群体人数更多、范围更广，社会危害大。许多受害人一开始贷款金额很小，但在犯罪嫌疑人的"套路"和威逼利诱之下，很快就背负上巨额债务，有的受害人为此倾家荡产，只能卖房还债，甚至被逼自杀。

二是扰乱正常金融秩序。"套路贷"团伙以民间借贷为幌子从事非法放贷活动，表面上按照国家有关规定，与借款人签订的是年利率24%的借条合同，而实际还款中往往是按照超过数十倍收取利息，远远超过法律规定标准。

三是伴随多种刑事犯罪。犯罪嫌疑人为催收债务，一般采取辱骂、恐吓、威胁等软暴力手段，有时还伴有暴力型犯罪行为，涉嫌非法拘禁、敲诈勒索、寻衅滋事等多种违法犯罪。

四、"套路贷"与"高利贷"如何界定

"套路贷"犯罪人是瞄准被害人的财产，"高利贷"瞄准的是利息。

"套路贷"是以"借款"为名，行非法占有被害人财物之实，是诈骗行为，在本质上属于违法犯罪行为，借款本金和利息不受法律保护。"套路贷"中的犯罪人员为了达到占有虚增款项的目的，往往采取拒接电话、"失踪"等方式，让被害人在约定期限内无法还款，而不得不"违约"。根据"两高两部"的司法解释，有证据证明是犯罪嫌疑人为实施"套路贷"而交付给被害人的本金，用于偿还被害人损失，如有多余，应当予以没收。利息作为犯罪数额，应当予以追缴或者责令退赔。

民间高利借贷的出借人是为了到期按照协议约定的内容收回本金并获得高额利息，不具有非法占有他人财物的目的，也不会在签订、履行借贷协议过程中实施虚假借贷金额、制造虚假银行流水或其他给付痕迹、恶意制造违约、肆意认定违约、毁匿还款证据等行为。**高利贷出借人希望借款人按约定支付高额利息并返还本金，目的是获取高额利息，属民事法律调整范畴，不属于犯罪。**高利贷体现了双方意思自治，借款行为本身及一定幅度内的利息是受法律保护的。根据最高人民法院《关于审理民间借贷案件适用法律若干问题的规定》，借贷双方约定的利率超过年利率36%，超过部分的利息约定无效。即**高利贷本金及法定利息受法律保护，超过法定的高额利息部分不受法律保护。**高利贷的出借方希望借款人尽早还本付息，而不会故意制造违约。

五、司法实践中发现的"套路贷"模式

（一）以房子为目标的模式

套路贷团伙诱使被害人写下远高于借款的虚高借条，并要求被害人将房产抵押，目的在于获取借条上的数额或者相当于该数额的被害人房产。人为制造

被害人违约后，以介绍其他团伙给被害人借款的假象，再签订更高借款的借条，不断以后续的借款还之前高额利息的方式垒高借款数额，最后通过暴力索债等方式，实现占有被害人房产的目的。

（二）汽车抵押贷模式

以被害人汽车为抵押，使其写下虚高借条，而后将车开走，以卖车为名勒索被害人。该团伙通过以违约金、各种费用等名义提高合同借款金额，并欺骗被害人不违约就不需要承担借款和利息之外的钱款，而后出资团伙即以被害人违约为由私自开走抵押汽车，勒索被害人高额钱款赎车，否则即将抵押车辆处理掉。

如一案例中，犯罪嫌疑人包括中介团伙和资方团伙，中介团伙将被害人介绍给资方团伙，资方团伙要求被害人以车辆作为抵押保证，签订远大于实际借款额的高额借条（借条含高额保证金，犯罪嫌疑人声称不用还），而后短期内通过故意制造违约的方式甚至没有违约的情况下，将被害人车辆开走，而后打电话勒索被害人高额赎金（高于借条），并要挟将车辆卖掉，恐吓不准报警，在此情况下，被害人迫于威胁，基本选择了支付高额赎金。本案中几十名被害人，被敲诈勒索金额少则几万元，多则十几万元，都在恐吓胁迫之下付钱赎车，犯罪嫌疑人利用这种模式，实施了多次敲诈勒索，金额特别巨大。

（三）无抵押模式

先由套路贷团伙中的一部分人网上发布无抵押贷款信息，吸引被害人，确定好目标后在不给付或仅小额给付贷款本金的情况下，即以公司需要审核资信、贷款行业通行做法、无抵押需加倍担保等为由，欺骗被害人在借条及协议上数倍填写借款数额，而后犯罪嫌疑人便以借条数额进行敲诈勒索。

（四）公司经营模式

该模式中，犯罪嫌疑人成立公司，企图以合法的外衣掩盖其非法目的，通过该公司经营高利贷业务，但其目的并不是高利贷的高额利息，而是通过虚高借条、银行走流水等方式，使被害人写下高额借条，而后又通过暴力手段、非法拘禁等索取债务，往往还有律师参与其中，篡改借条，提起虚假诉讼，妄图通过诉讼的方式实现自己的诈骗目的。

六、"套路贷"典型罪名介绍

"套路贷"并不是一个罪名，作为一系列的犯罪行为，会涉及不同的罪名，笔者下文对几种常见的套路贷罪名进行分析介绍。

（一）诈骗罪

诈骗罪，是指以非法占有为目的，使用欺骗方法，骗取数额较大的公私财物的行为。《刑法》第266条对诈骗罪进行了规定。一般而言，理论上认为，诈骗罪的客观方面表现为行为人使用欺诈手段，使他人在产生（或维持）错误认识的情况下处分财产从而遭受损失。

具体而言，诈骗罪的客观构成要件要素主要包括：欺诈行为、错误认识、财产处分和财产损失。主观构成要件要素除了一般针对客观构成要件要素的故意之外，还需要有非法占有的目的。诈骗罪中的非法占有目的，实际上是非法牟利目的。此外，还需要注意的是，诈骗结构中不仅存在着行为人与受骗人，还可能存在其他人，即有可能受骗人并不是财产损失人。

（二）敲诈勒索罪

敲诈勒索罪是指基于非法获利的目的，以恐吓行为为手段使他人交付财产（包括财物与财产性利益）的行为。《刑法》第274条对敲诈勒索罪进行了规定。敲诈勒索罪的构成要件内容表现为，使用恐吓手段，使他人产生恐惧心理，进而取得财产。

（三）非法拘禁罪

非法拘禁罪，是指故意非法拘禁他人或者以其他强制方法非法剥夺他人人身自由的行为。《刑法》第238条对非法拘禁罪作了规定。

非法拘禁罪，具体而言，主观方面是故意，即行为人明知会剥夺他人人身自由而故意为之。犯罪动机比较多样。犯罪主体是一般主体，没有限定。本罪的客体是他人的人身自由，客观方面表现为以非法拘留、禁闭或者其他强制方法，非法剥夺他人人身自由的行为。非法拘禁罪的成立，行为的非法性是重要的条件。同时，本罪容易与其他犯罪存在牵连关系，需要区分一罪还是数罪。此外，索债型非法拘禁是当前比较多发的一种类型。

（四）寻衅滋事罪

寻衅滋事罪，是指出于发泄情绪、逞强耍横的动机，在公共场所无事生非，起哄闹事，随意殴打、追逐、拦截、辱骂、恐吓他人，强夺硬要，任意毁损，占用公私财物，破坏公共秩序，情节恶劣、后果严重的行为。《刑法》第293条对其进行了规定。从构成要件来说，寻衅滋事罪的主体为一般主体，不存在争议。客体方面，侵犯的应该是社会秩序，该社会秩序是指公共秩序，包括公共场所秩序和非公共场所秩序。

七、关于"套路贷"数额认定

"套路贷"可能涉及诈骗数额,也可能涉及敲诈勒索数额。司法实践中,有的将合法利息份额予以剔除,有的将中介费、服务费、违约金等合同约定的一定范围内的部分予以剔除。笔者认为,**既然"套路贷"是犯罪行为,那么应该以被害人实际损失为"套路贷"犯罪数额,包括已经付出和约定给付的损失作为被诈骗或敲诈的数额**。具体就是以被害人已经付出和约定给付的财物之和扣除被害人从犯罪嫌疑人处实际收到的所谓借款数额,两者相扣,即为犯罪数额。

司法实践中,还有一种情形,被害人从犯罪嫌疑人处所收到的数额比所付出的数额还多,犯罪嫌疑人还没实施完毕就被抓获归案。这种情况,需要区分两种情形:一是已经既遂的部分,按照被害人需要付出与实际收入两者相减之后的数额计算;二是还未实施完毕的,以约定的数额扣除实际相对应的收入,两者之差认定未遂数额。

 举案释疑

案例 陈某龙等诈骗、非法拘禁案

基本案情

被告人陈某龙,男,1988年出生。2018年6月9日因涉嫌诈骗罪被公安机关刑事拘留;同年7月16日经检察机关批准,同日由公安机关执行逮捕。

被告人陈某,男,1991年出生。2018年6月9日因涉嫌诈骗罪被公安机关刑事拘留;同年7月16日经检察机关批准,同日由公安机关执行逮捕。

被告人黄某,男,1992年出生。2017年4月19日因犯诈骗罪被某区人民法院判处拘役4个月,缓刑6个月。2018年6月9日因涉嫌诈骗罪被公安机关刑事拘留;同年7月16日经检察机关批准,同日由公安机关执行逮捕。

被告人黄某森,男,1992年出生。2018年6月9日因涉嫌诈骗罪被公安机关刑事拘留同年7月16日经检察机关批准,同日由公安机关执行逮捕。

被告人许某,男,1990年出生。2018年8月14日因涉嫌非法拘禁罪被公安机关刑事拘留;同年9月10日经检察机关批准,同日由公安机关执行逮捕。

被告人许某源,男,1989年出生。2018年8月14日因涉嫌非法拘禁罪被公安机关刑事拘留；同年9月10日经检察机关批准，同日由公安机关执行逮捕。

经依法审查查明：2017年6月份以来，以被告人陈某龙为首的恶势力犯罪集团实施"套路贷"犯罪时，既采用虚构事实、隐瞒真相的诈骗手段，又采用暴力、威胁、虚假诉讼等手段。具体事实如下：

2017年6月7日，被告人陈某龙在某区东方财富广场某室向被害人熊某实际放贷人民币12.5万元，却以给被害人熊某授信人民币50万元为由，要求被告人黄某森与被害人熊某签订数额达人民币50万元的借款公证书并制作银行流水交易记录。其间，被告人陈某龙要求被害人熊某将上述款项中的人民币37.5万元转给被告人黄某。被告人黄某森、黄某明知上述转账制造银行交易流水的情况下，协助被告人陈某龙完成钱款划转行为。2017年6月至7月间，被告人陈某龙又放贷人民币16万元给被害人熊某，被害人熊某在此期间陆续归还被告人陈某龙人民币19.7万元。后被告人黄某森持上述借款公证书向某区人民法院申请强制执行。2017年6月9日，被告人陈某龙在某区东方财富广场某室以需被害人熊某协助走账为由，要求被害人熊某签订数额达人民币60万元的借条以及收据。其间，被告人陈某明知上述转账系制造银行交易流水的情况下，协助被告人陈某龙将人民币60万元转入被害人熊某的账户。后被告人陈某龙当即要求被害人熊某将上述钱款转入指定账户。最终，被告人陈某龙、陈某从指定的账户回收上述钱款。事后，被告人陈某持上述借条至某区人民法院起诉要求被害人熊某偿还人民币60万元借款并获得一审法院支持。由于被害人熊某报警，被告人陈某龙等人通过民事诉讼以及申请强制执行而获取财物的目的未得逞。

2017年11月24日16时许，被告人陈某、黄某、许某、许某源在被告人陈某龙的指使下将被害人林某强行押至某区新景中心A栋某室。在看押被害人林某期间，被告人陈某龙等人徒手殴打被害人林某。当日22时许，被告人陈某龙、黄某、许某、许某源将被害人押至某区莲前西路507号某室门口进行讨债。其间，被告人陈某龙等徒手殴打被害人林某。次日0时30分，上述被告人将被害人林某释放。另查明，2017年11月17日1时许，被告人陈某龙、许某源在某区东方财富广场某室殴打他人。

处理结果

一审法院认为，被告人陈某龙、陈某、黄某森、黄某以非法占有为目的，虚构事实骗取他人钱款，其中被告人陈某龙骗取他人钱款人民币101.2万元，数额特别巨大；被告人陈某骗取他人钱款人民币60万元，数额特别巨大；被告人黄某森、黄某骗取他人钱款人民币41.2万元，数额巨大；其行为均触犯了《刑法》第 266 条，犯罪事实清楚，证据确实、充分，应当以诈骗罪追究其刑事责任。被告人陈某龙、陈某、黄某、许某、许某源为索取债务，结伙非法拘禁他人，其行为均触犯了《刑法》第 238 条第 1 款、第 3 款，犯罪事实清楚，证据确实、充分，应当以非法拘禁罪追究其刑事责任。

一审法院于 2018 年 11 月 9 日判决认定陈某龙犯诈骗罪、非法拘禁罪，合并执行有期徒刑 6 年 6 个月，并处罚金 10 万元。陈某犯诈骗罪、非法拘禁罪，合并执行有期徒刑 3 年 6 个月，并处罚金 5 万元。黄某森等人犯诈骗罪、非法拘禁罪，判处有期徒刑 2 年 10 个月至有期徒刑 6 个月不等刑期。

实务评析

1. 关于"套路贷"被害人熊某行为一节的定性

根据"两高两部"《关于办理"套路贷"刑事案件若干问题的意见》第 4 条规定：**犯罪嫌疑人实施"套路贷"过程中，未采用明显的暴力或者威胁手段，其行为特征从整体上表现为以非法占有为目的，通过虚构事实、隐瞒真相骗取被害人财物的，一般以诈骗罪定罪处罚。**

从诈骗罪的客观构成要件上看，诈骗罪既包括行为人采用虚构事实、隐瞒真相，使被害人陷入错误认识，进而处分自己财产的行为，也包括行为人采用虚构事实、隐瞒真相，使有权处分被害人财物的第三人陷入错误认识进而处分被害人财产的行为。

本案陈某龙等人的行为符合三角诈骗的行为特征，即在被害人借款时，要求被害人在借条或借款公证上填写借款本金加上利息的数额作为本金，同时在在借条和借款公证上另行约定利息，或者以各种理由要求被害人熊某以银行走账的方式，制造虚假的借款凭证（虚构事实、隐瞒真相），一旦被害人未按期还款，陈某龙就指使他人向法院提起诉讼并提供该虚假借款凭证，使法院陷入错误认识作出错误判决（第三人陷入错误认识），使被害人负担相应债务，陈某龙等人再持法院判决或公证书申请强制执行（第三人处分被害人财产），进而占有被害人的财产。

2. 关于本案诈骗数额及既未遂的认定

笔者认为，应该以被害人已经付出或约定付出的财物之和，扣除被害人从犯罪嫌疑人处实际收到的所谓借款数额，作为犯罪数额。

具体到本案，分为三个阶段：一是实际放贷 12.5 万元，虚假数额达人民币 50 万元，诈骗数额应认定为 37.5 万元；二是实际放贷 16 万元给被害人熊某，归还 19.7 万元，诈骗数额应认定为 3.7 万元；三是没有实际取得，签了 60 万元借款合同，该 60 万应全部计入诈骗数额，但应认定为未遂。熊某被骗金额为 37.5 + 3.7 + 60 = 101.2 万元。其中既遂 3.7 万元，未遂 97.5 万元。一审法院认定被告人陈某龙骗取他人钱款人民币101.2万元是正确的。

3. 关于非法拘禁罪

犯罪嫌疑人许某、许某源伙同他人非法限制林某人身自由并殴打林某，已涉嫌非法拘禁罪，其供述、辩解与被害人陈述、书证、辨认笔录、视听资料等各种证据能相互印证，证据来源合法，证明力可靠，形成了完整的证据链。

4. 关于犯罪集团的认定

《关于办理"套路贷"刑事案件若干问题的意见》第10条规定："三人以上为实施'套路贷'而组成的较为固定的犯罪组织，应当认定为犯罪集团。对首要分子，应当按照集团所犯的全部罪行处罚。"以犯罪嫌疑人陈某龙为首的犯罪组织专门从事套路贷犯罪，足以认定为犯罪集团。

9 出质人将质押给他人的车盗走或骗走如何定性

 疑难问题

偷偷将质押给他人的车开走,能否定性为盗窃罪?将质押给他人的车骗走,能否认定为诈骗罪?这类案件在司法实践中时有出现,每次出现一般都会引发办案人员或机关的不同意见。

 破解思路

笔者认为,偷偷将质押给他人的车开走,应认定为盗窃罪。将质押给他人的车骗走,应认定为诈骗罪。

质押是质押权人为确保债权的实现而由债务人提供的财产担保。虽然质押物在质押期间所有权仍属于出质人,质押权人只有占有权而没有所有权,但如果质押关系已经成立,质押物已转移由质押权人实际控制、占有,质押权人的合法占有权应该得到保护,虽是债务人自己的财产,但已由债权人合法占有,亦视为"他人的财物"。

债务人将债权人占有的质押物以偷或骗的手段取回,虽然债权人仍可通过诉讼方式并以借款凭证证明债权债务关系的存在来维护自己的合法债权,但债权人在实现其债权时,应将质押物返还债务人,若质押物毁损、灭失,则债权人负有赔偿的义务,故如果出质人利用偷或骗的手段将质押物取回占有,则实际上已侵害了债权人的合法权益,使债权人无法实现质押权。若其非法行为已实施完毕,已非法占有了质押物,并且在债权人向其追还时仍不予归还,则可以认定主观上具有非法占有的目的。虽债务人未将质押物藏匿、变卖或毁损,但这属于行为实施完毕后对非法取得财物的处理问题,并不影响对其行为的定性。债权人作为质押权人是合法占有涉案车辆,被告人的行为侵犯了他人的合法占有权,应当追究刑事责任。

 **举案释疑**

案例　林某盗窃、诈骗案

基本案情

被告人林某,男,1980年生。因涉嫌诈骗罪于2012年6月25日被公安机关刑事拘留,同年7月9日经检察机关批准后由公安机关执行逮捕。

2010年11月3日,犯罪嫌疑人林某将自己所有的登记在林某名下的一辆比亚迪F0小汽车(价值人民币34264元)以转让协议的形式质押给陈某借款人民币25000元。2010年11月4日晚上,犯罪嫌疑人林某在某冷藏货运公司的停车场将该车开走,后通过银行转账归还陈某人民币2500元。

2011年6月21日,犯罪嫌疑人林某将自己所有的挂靠在某汽车运输有限公司名下的一辆福田汽车以转让协议的形式质押给王某借款人民币110000元。2011年9月12日下午,犯罪嫌疑人林某到某科技园D栋楼前的停车场,利用手上的备用钥匙将上述车辆开走。

处理结果

检察机关于2013年3月11日以林某涉嫌盗窃罪、诈骗罪向法院提起公诉,一审法院于2013年7月19日判决被告人林某构成盗窃罪、诈骗罪,判处有期徒刑5年,并处罚金人民币9万元。被告人林某提出上诉,某市中级人民法院于2013年10月22日维持一审法院对被告人林某定罪量刑部分的判决。被告人林某向该法院提出申诉,该院于2014年12月22日驳回申诉。被告人林某又向省高级人民法院提出申诉,该院于2016年6月28日指令某市中级人民法院对本案进行再审。某市中级人民法院于2016年11月10日裁定撤销原一、二审判决,发回原审法院重新审判。检察机关于2018年2月11日撤回起诉,重新审查后认为公安机关认定的犯罪事实不清、证据不足,不符合起诉条件,决定对林某不起诉。

分歧意见

一种意见认为:**林某的行为构成盗窃罪和诈骗罪**。本案被告人林某向债权人质押借款,质押物已转移由质押权人实际控制、占有,质押权人的合法占有权应该得到保护,虽是债务人自己的财物,但已由债权人合法占有,亦视为"他人的财物"。林某将他人占有的质押物采用偷或骗的手段取回,实际上已侵害了债权人的合法权益,并且在债权人向其追还时仍不予归还,可以认定主观上具有非法占有的目的。债权人作为质押权人是合法占有涉案车辆,林某的行为侵犯了他人的合法占有权,可以追究刑事责任。

另一种意见认为:**林某主观非法占有目的不明,不宜以犯罪对林某追究刑事责任**。理由是:林某以签订车辆转让协议的方式向他人借款并提供涉案车辆作为质押,后利用偷、骗手段将质押物取回,并未将质押物藏匿、变卖或毁损并向质押权人索赔,无法认定主观上具有非法占有的目的,不符合盗窃罪和诈骗罪的犯罪构成,不宜追究刑事责任。

林某对涉案车辆有所有权,其行为仅是侵害了质押这一担保物权,并没有否认主债权债务,债权人没有实际损失,可以民事手段主张债权,林某事后承认将车开走且没有藏匿、变卖或毁损质押物,债权人的民事主张可以实现。

实务评析

1. 关于林某与陈某的纠纷

(1)从被害人陈某的陈述、车辆转让协议等证据看,林某虚构要卖车的事实,隐瞒汽车按揭不能过户的真相,将车辆以人民币3万元的价格转让给陈某,后又将车骗回,且拒不归还陈某的购车款,涉嫌诈骗罪。

(2)从证人的证言、犯罪嫌疑人林某的供述等证据可以认定,林某系将车以人民币25000元的价格抵押给陈某。林某另称,经协商陈某主动将车留给其使用,并约定每月还款人民币500元。从银行对账单看,林某老婆郑某的建行账户分别于2012年3月7日、2012年4月26日、2012年6月1日、2012年6月28日四次转账给户名为"陈某"的账户,每次500元。但陈某在未收回欠款的时候将车辆还给林某,且就在借款第二日,不符合常理。另,事情发生在2010年11月,陈某报案在2011年1月,而该四次转账还款在2012年4-6月,在本案二审期间,林某也有提供其本人于2011年6月29日通过建行还款500元的证据。上述归还2500元只能认定为事后的退赃行为。

(3)鉴于林某与王某的纠纷中,也是抵押车辆却签订车辆转让协议,不排除林某所称"借高利贷用车辆抵押都会要求签车辆转让协议"的情况,可以认定林某系为借款将车辆抵押给陈某,抵押价格暂就低认定为25000元。

2. 关于林某与王某的纠纷

(1)林某是否未经同意将质押车辆开走。现有证据可以认定,林某利用车辆备用钥匙偷偷将质押给王某的车开走,案发后谎称是某汽车运输有限公司要车,其才与该公司员工一起将车开走,后与公司老板许某协商后又将车留下来自己先用,并称在开走车前有征得许某同意,该供述与许某等人的证言及公司出具的说明等证据相矛盾,应当采信被害人陈述、证人证言,认定林某系未经同意私自将车开走。

(2)林某是否事后否认将车开走。从被害人王某的陈述看,林某刚开始是否认的,后其调取监控确认是林某开走,林某一会儿说可能是法院将车开走,一会儿说车可能是被车行开走,直到十几天后他才承认说车被他开走。证人许某证实其是听王某讲才知道车被开走的事情,其于10月24日有电话联系过林某,他承认车是他偷偷开走的,还说遇到经济问题,给他一些时间,事情会处理好。从书证(短信)看,林某虽未承认车是其本人开走的,但承认是其没还钱车被车行开走,并称给一点时间会解决清楚。综上,林某对于车辆去向有一定辩解,但未否认是由于其本人原因导致质押失效,也未向被害人追偿。

3. 对案件定性和法律适用的意见

笔者认为,**林某构成盗窃罪和诈骗罪**。

林某将比亚迪小轿车抵押给陈某,虚构要卖车还款的事实,将车骗回,是以非法占有为目的,采取虚构事实、隐瞒真相的手段骗得他人的财物,应定性为诈骗罪,诈骗数额以车辆价值认定为人民币34264元。

林某利用车辆备用钥匙偷偷将质押给王某的车开走,许某等人的证言可以证实林某系未经同意私自将车开走,符合盗窃罪的利用秘密手段窃取他人财物的特点,应定性为盗窃,盗窃数额以车辆价值认定为人民币167705元。

10 银行卡申领人通过补卡方式取走已出卖给他人的银行卡内款项的行为如何定性

疑难问题

银行卡申领人通过补卡方式取走已出卖给他人的银行卡内款项的行为定性,是盗窃罪、侵占罪,还是诈骗罪?司法实践中争议很大。

破解思路

根据《刑法》第270条的规定,侵占罪是指将代为保管的他人财物非法占为己有,数额较大,拒不退还的,或者将他人的遗忘物或者埋藏物非法占为己有,数额较大,拒不交出的行为。

根据《刑法》第264条规定并结合刑法通说,盗窃罪是指以非法占有为目的,盗窃公私财物,数额较大的,或者多次盗窃、入户盗窃、携带凶器盗窃、扒窃公私财物的行为。虽然,对于盗窃罪是否必须采取秘密手段,存在不同声音,但对于必须有非法占有目的,这一点几乎是一致的。

对于侵占罪与盗窃罪的区别,笔者认为,可以从以下四个方面判断定性:

一、犯罪对象不同

盗窃罪的犯罪对象为他人控制的财物,对于自己已实际控制的他人财物一般不能成立盗窃罪。侵占罪的犯罪对象为行为人代为保管的他人财物或者他人的遗忘物、埋藏物,其特征是将自己控制的财产不法占为己有。侵占罪不仅可能侵占自己根据授权委托直接控制的他人财物,而且可能侵占法律形式上控制的他人财物。犯罪对象的不同应该是区分盗窃罪与侵占罪最关键的因素。

二、犯罪的客观方面不同

行为人非法占有财物的手段是秘密的还是公然实施的，也是区分盗窃罪与侵占罪的重要因素。根据全国人大法工委的释义，所谓秘密窃取，是指行为人采取自认为不为财物所有者、保管者或者经手者所发觉的方法，暗中将财物取走的行为。秘密窃取是在取得财物的过程中没有被发现，是在暗中进行的，是针对财物所有人、保管人、经手人而言的，即没有为财物的所有人、保管人、经手人发觉，如果只是被他人发觉，还属于秘密窃取。

盗窃罪中，非法占有他人财物之前，该财物并不在行为人的实际控制之下，行为人必须通过秘密窃取的手段才能实现非法占有。

侵占罪中，行为人非法占有他人财物时该财物已在行为人的持有和控制之下，行为人采取拒不退还或者拒不交出的行为，从而力求达到霸占他人或国家财物的目的。侵占罪的手段，既可以是秘密的，也可以是公开的或半公开的。

三、犯意内容及产生的时间不同

盗窃罪行为人一般情况下认识到自己是采取秘密的非暴力的手段非法获取他人所有的财物，盗窃是转移财物控制权的犯罪，行为人在实施盗窃行为之前，尚未实际控制他人财物，其犯罪故意只能产生于持有、控制他人财物之前。

而侵占罪行为人认识到，自己的占有的是自己保管的或者他人遗忘的财物或者是埋藏物，虽然自己已经控制了，但不属于自己的财物，作为不转移财物控制的犯罪，其占有的故意一般产生于实际控制他人财物之后。

四、是否退还产生的法律后果不同

盗窃罪，行为人窃取他人财物之后又主动退还的，仍然构成盗窃既遂，事后退赃只属于量刑情节。而侵占罪，是否退还则决定是否构成犯罪，只有拒不退还或者拒不交出他人财物或埋藏物的，才构成犯罪。

综合上述分析，笔者认为，**银行卡申领人通过补卡方式取走已出卖给他人的银行卡内款项的行为，要以是否告知被害人为区分因素，如果取钱之前有告知被害人，应当认定构成侵占罪；如果没有告知，直接通过补卡方式将卡内他人钱款占为己有，则应当认定为盗窃罪；如果在将卡卖给他人之前就已经产生将来占有卡内钱款的犯意，那么应当认定为诈骗罪**。具体理由如下：

第一，申领人属于财物的保管人，这一点没有异议，银行卡必须实名制，实名制下的银行卡所有人，对银行卡内的资金有支配及使用、冻结的权限，也承担了透支、违法行为的法律后果。也正是基于这种唯一性，银行卡所有人才有权利随时通过补卡的方式实现对卡内资金的控制，银行对此不负有审核卡内资金是否属于申领人的义务。因此，买卖银行卡转移的只是银行卡的使用权，并没有转让申领人对银行卡的控制权和法律义务。

第二，申领人告知对方，并将卡内资金强行占为己有，不符合盗窃罪秘密窃取的特征，应当认定为侵占罪。如果没有告知，则符合秘密窃取的特征，构成盗窃罪。

第三，申领人在发现卡内资金之前，并没有占有的故意，其之前的行为只是为了占有转移银行卡使用权之后获得的回报，并不是为了占有卡内资金。那么，就应以知道卡内有钱之后是否告知被害人，作为认定盗窃罪还是侵占罪的标准。

第四，如果一开始，申领人就想适时通过补卡占有卡内资金，最后实现将卡内资金占为己有的，说明行为人是以编造可以转让银行卡使用权，只为占有手续费为由，通过被害人信以为真，将钱款存入卡内，至于行为人控制下，而后被行为人占为己有，显然构成诈骗罪。

举案释疑

案例　肖某盗窃案

基本案情

犯罪嫌疑人肖某，男，1993年出生，因涉嫌盗窃罪，于2018年7月12日被公安机关刑事拘留，经检察机关批准，于2018年7月25日被执行逮捕。

2017年12月至2018年3月7日间，犯罪嫌疑人肖某向傅某（已起诉）出售自己及委托他人办理的9套银行卡（每套包含银行卡、U盾、绑定银行卡的手机号码卡）。2018年3月22日，肖某受傅某指使，对其中一张自己办理的已经卖给傅某的招商银行卡进行挂失补办后，发现该卡内有不属于其本人的人民币50000元，其告知傅某，在傅某让其不要挂失时，其仍通过柜台擅自取走卡内的人民币25000元，后经傅某讨要，于2018年3月23日通过微信转账返还傅某人民币2975.15元。2018年7月11日20时许，肖某被抓获。

处理结果

公安机关认定肖某的行为构成盗窃罪，但盗窃的是何人所有、何人占有的资金，未查清。经过二次退补，仍然无法查清肖某卡内5万元资金及其他资金的来源，肖某上家使用银行卡是否用于非法活动不清，肖某的行为亦不构成掩饰、隐瞒犯罪所得罪。

检察机关认为，根据《刑法》和《刑事诉讼法》的相关规定，侵占罪属于告诉才处理的犯罪，只能由被害人提起自诉，而被害人身份不明，决定对犯罪嫌疑人肖某作绝对不起诉。

分歧意见

关于本案定性出现了几种不同意见，有的认为应当认定盗窃罪；有的认为应当认定侵占罪；还有的认为应当认定为掩饰、隐瞒犯罪所得罪。

实务评析

本案中，虽然肖某的银行卡通过傅某卖给他人，由他人持有和掌握，但该银行卡内的资金在法律形式上处在肖某的控制之下，肖某可随时通过将该银行卡挂失的方式实际控制该银行卡内的资金。肖某到银行办理挂失、补卡及支取卡内资金的行为，正是对银行卡及卡内资金行使支配控制权的体现。因此，从挂失行为实施之日起，本案中的银行卡及卡内资金的实际控制人是肖某，而非用卡人。

肖某将银行卡挂失发现卡内有5万元的资金，随即告诉买家傅某，傅某明确表示不要动卡内的资金。在此情况下，肖某重新办理银行卡并将卡内现金取走的行为，属公然据为己有，主观上不具有秘密性，不符合盗窃罪的构成特征。肖某是在傅某主动向其购买银行卡并转账100元给其的情况下才去挂失银行卡，现有证据不能证实肖某等人从事"黑吃黑"，其是在挂失该银行卡的过程中得知该卡内有5万元资金后产生了非法占有卡内资金的犯罪故意，其犯罪故意产生于控制该银行卡内资金之后，且随后实施了到银行补卡及支取原卡内资金的行为，因此**肖某的行为不能认定为诈骗罪，也不能认定为盗窃罪，而应当认定为侵占罪。**

11 利用木马程序链接等隐蔽技术手段窃取他人财物如何定性

 疑难问题

互联网高速发展的今天,出现了一些新类型的犯罪,比如行为人伙同他人以下载软件并实施输入账号、密码、确认密码等操作的手段转移被害人支付宝账户资金的行为,是认定盗窃罪,还是诈骗罪,司法实践中认识不一。

 破解思路

最高人民法院、最高人民检察院、公安部《关于办理电信网络诈骗等刑事案件适用法律若干问题的意见》指出,**利用木马程序链接等隐蔽技术手段实施诈骗的,应当认定构成诈骗罪,酌情从重处罚。**

诈骗罪与盗窃罪的关键区别之一在于**被害人是否基于错误认识而处分财物**,诈骗罪中被害人因错误认识而自愿处分财物,盗窃罪中则被害人没有处分财物的意识,财物的转移完全违背被害人意志。**对既采取秘密窃取手段又采取欺骗手段占有财物的行为定性,应从行为人采用的主要手段以及被害人对财产的处分是否自愿等方面区分盗窃与诈骗。**行为人既构成盗窃罪又构成诈骗罪的,应数罪并罚。

 **举案释疑**

案例　高某、陈某盗窃、诈骗、侵犯公民个人信息案

基本案情

被告人高某，男，1993年出生。因涉嫌盗窃罪，于2016年12月14日被公安机关刑事拘留，2017年1月19日经检察机关批准被逮捕。

被告人陈某，女，1996年出生。因涉嫌盗窃罪，于2016年12月14日被公安机关刑事拘留，2017年1月19日经检察机关批准被逮捕。

经审理查明：2016年9月初，被告人高某、陈某（二人系夫妻）经与他人合谋后，由被告人高某事先通过互联网向他人购买7个QQ号及4个支付宝账号（均系实名注册，支付宝账户所有人分别为林某华、李某、张某姬、佘某梅），然后编造"充值20元可办理5G全国流量"的虚假信息并要求被害人通过上述7个QQ号进行联络。再由被告人陈某负责联络并通过"快手""QQ空间"等网络平台上的"红人"广泛散布上述虚假信息。在被害人通过上述QQ号联络被告人高某办理流量套餐时，被告人高某则要求被害人使用支付宝付款20元到其指定的上述4个支付宝账户并要求被害人发送付款界面截图、支付完成短信等信息内容，据此获取被害人的支付宝账号余额后，再将被害人的QQ头像及付款界面截图、支付完成短信转发给上家。被告人高某要求被害人添加上家指定的QQ号并骗称该QQ号发货人。过后，由上家发送一个链接给被害人，要求被害人登录该链接并下载、安装软件，再诱骗被害人通过已下载软件付款0.01元左右不等数额及输入支付账号、支付密码、确认码等操作，从而骗走被害人支付账户里的钱款。被告人高某、陈某按照他人骗得钱款数额的35%抽成获利。

2016年9月初至12月13日间，被告人高某、陈某以"充值20元可办理5G全国流量"的手段直接骗取被害人钱款达4406元，伙同他人以下载软件并实施输入账号、密码、确认密码等操作的手段骗取被害人钱款达60902.85元，合计65308.85元。被告人高某、陈某从中非法获利达25742元。其中，2016年10月22日，被害人周某被被告人高某、陈某等人骗走6720元；2016年10月23日，被害人连某被被告人高某、陈某等人骗走5620元。

处理结果

某区人民检察院经审查后，以被告人高某涉嫌诈骗罪、盗窃罪、侵犯公民

个人信息罪，被告人陈某涉嫌诈骗罪、盗窃罪，于 2017 年 6 月 19 日向某区人民法院提起公诉。某区人民法院经开庭审理，于 2017 年 11 月 7 日作出一审刑事判决，被告人高某犯诈骗罪判处有期徒刑 4 年 3 个月，罚金 2 万元；犯侵犯公民个人信息罪判处有期徒刑 6 个月，罚金 1 千元。决定执行有期徒刑 4 年 6 个月，罚金人民币 2.1 万元。被告人陈某犯诈骗罪判处有期徒刑 2 年 8 个月，罚金 1 万元。某区人民检察院提出抗诉，某市中级人民法院于 2018 年 6 月 8 日作出二审刑事裁定，驳回抗诉，维持原判。某市检察院于 2018 年 8 月 20 日按审判监督程序提请省检察院抗诉。

分歧意见

被告人伙同他人以下载软件并实施输入账号、密码、确认密码等操作的手段转移被害人支付宝账户资金的行为定性，公诉机关与法院的观点不一致。

检察机关认为： 被告人高某、陈某以非法占有为目的，伙同他人采用秘密手段窃取他人财物达人民币 60902.85 元，数额巨大，该行为应当以盗窃罪追究其刑事责任；另被告人高某、陈某伙同他人发布虚假广告，骗取他人财物达人民币 4426 元，数额较大，该行为应当以诈骗罪追究其刑事责任；被告人高某以购买的非法方法获取公民个人身份信息用于犯罪，情节严重，还应当以侵犯公民个人信息罪追究其刑事责任。被告人高某、陈某在判决宣告以前一人犯数罪，应当数罪并罚。被告人陈某在共同犯罪中起辅助作用，系从犯。被告人高某、陈某到案后如实供述自己的罪行，系坦白。

一审判决认为： 二被告人散布虚假充值手机流量信息后伙同他人虚构激活充值步骤，再要求被害人通过指定链接下载特定的付款软件，最后诱骗被害人在该软件上实施输入支付账号、密码、确认码等操作，进而骗走被害人绑定支付宝账号的银行卡中的钱款，其行为符合诈骗犯罪的构成要件，应以诈骗罪科处刑罚，诈骗总金额 65028.85 元（一审判决即对公诉机关认定的盗窃罪、诈骗罪，合并认定为诈骗罪）。被告人高某侵犯公民个人信息罪部分与指控的一致。

二审裁判认为： 上诉人高某、陈某等人散布虚假手机流量信息后，虚构激活充值步骤，要求被害人通过指定链接下载特定付款软件，诱骗被害人在该软件上进行输入支付宝账号、密码、确认码等操作，从而转走被害人支付宝账户上的钱款，符合最高人民法院、最高人民检察院、公安部《关于办理电信网络诈骗等刑事案件适用法律若干问题的意见》所指出"利用木马程序链接等隐蔽技术手段实施诈骗"的情形，应当认定构成诈骗罪。

实务评析

本案中，被告人高某、陈某先前通过发布虚假充值手机流量包广告诱骗被害人支付20元用于充值,该节事实被告人实施欺骗行为,诱骗被害人同意为购买商品而支付钱款,因被害人具有处分钱款的意识,被告人获取钱款系基于被害人的处分行为,应定诈骗罪。同时,被告人该行为的目的在于获取被害人支付宝账号、余额等信息,为后续同伙设置木马软件转移被害人银行账户资金创造条件。本案被告人获取被害人支付宝账户资金的关键手段在于通过事先植入的木马软件,并以支付0.01元等小额款项用于激活已充值流量为幌子诱骗被害人输入支付密码,从而秘密转移被害人账户资金,显然被害人并没有要处分其银行账户余额的意思,被告人获取该存款系在被害人未察觉的情况下秘密窃得而非被害人的自愿处分,不符合诈骗罪的特征,被告人实际上是通过隐藏的木马软件获取密码秘密窃取他人财物,应当认定为盗窃罪。

二审裁判提出该案符合最高人民法院、最高人民检察院、公安部《关于办理电信网络诈骗等刑事案件适用法律若干问题的意见》所指出"利用木马程序链接等隐蔽技术手段实施诈骗"的情形,系对该解释的误读,颠倒定罪量刑,该条规定是从重处罚情节,适用的前提条件是行为符合诈骗犯罪构成,常见的如仿冒相关购物网站让被害人信以为真主动支付财物导致被骗。而本案前提并不符合诈骗构成要件,故不能以存在木马程序链接直接推定为诈骗。因此,一二审裁判对该部分行为定性为诈骗罪有误。

全案定性上还需要进一步说明的是,**被告人诱骗被害人主动充值20元的诈骗行为,与后续通过木马程序转移被害人支付宝账户大额资金的盗窃行为,二者是否符合牵连关系,在处罚上是否按牵连犯的原则择一重罪处罚,存在不同认识。但即使从一重罪处罚,仍然是后续的盗窃行为更重,亦应按盗窃罪论处**,一二审裁判仍然定性有误。

Part 5

重大犯罪检察疑难问题

1 参加间谍组织或者接受间谍组织及其代理人的任务并进行窃取等提供国家秘密、情报的行为是定一罪还是数罪

 疑难问题

我国《刑法》第110条对间谍罪的罪状是这样描述的：参加间谍组织或者接受间谍组织及其代理人的任务的；为敌人指示轰炸目标的。因此，对于行为人履行了一定的手续，加入间谍组织或行为人没有参加间谍组织，而是接受了间谍组织及其代理人的命令、派遣、指示等指令，或者在战时主动为与我方交战的敌方指明、显示其所轰炸的目标和特征，以间谍罪认定，这是没有争议的。问题是对于参加间谍组织或者接受间谍组织及其代理人的任务并进行窃取、刺探、收买、非法提供国家秘密、情报的行为如何认定？是只定间谍罪或者为境外窃取、刺探、收买、非法提供国家秘密、情报罪一罪还是定两罪数罪并罚？间谍罪的基本法定刑是10年以上有期徒刑或者无期徒刑，而为境外收买国家秘密情报罪的基本法定刑是5年以上10年以下有期徒刑，定哪个罪名，直接影响到对被告人的量刑。正是由于量刑差别较大，因此，在司法实践中，确实存在比较大的争议。

 破解思路

行为人在实施间谍犯罪过程中，又实施了危害国家安全或者其他犯罪行为的，应当如何处理？关于这个问题，刑法界存在几种不同的观点。

第一种观点认为：参加间谍组织或者接受间谍组织及其代理人的任务，就有可能实施其他危害国家安全的行为，如进行暗杀、破坏等活动，如果这些活动是在间谍组织的指令范围内，则以间谍罪一罪论处即可；如果超出了间谍组

织的指令范围，不属间谍犯罪行为，则除了构成间谍犯罪以外，还应当根据具体行为构成的其他犯罪，实行数罪并罚。

第二种观点认为：这种情况属于一种犯罪行为既触犯间谍罪又触犯其他罪，它们之间是法条竞合关系，应当按照重法优于轻法的原则处理。

第三种观点认为：这种情况属于数罪，应当实行并罚。

第四种观点认为：这种情况属于牵连犯，应当按照处理牵连犯的原则，从一重处断。

第五种观点认为：接受间谍组织及其代理人的任务，不仅包括接受间谍组织及其代理人下达的窃取、刺探国家秘密或者情报，以及其他危害国家安全活动的任务，也包括对这些任务的具体实施，属于一个行为，构成间谍罪。

笔者认为：从间谍组织方面看，吸收行为人成为间谍，派遣行为人任务，目的是希望其完成任务；从行为人方面看，行为人接受任务目的就是完成该任务，其必然会实施一系列的行为力图完成任务。从这个角度看，**行为人参加间谍组织或接受任务与实施任务之间存在着必然的联系，并且要实施间谍组织的派遣任务的故意在行为人参加间谍组织或接受派遣任务时就一并存在**。行为人之所以参加间谍组织或接受任务，原因在于承诺完成间谍任务，而间谍组织吸收行为人加入或指派任务也往往是希望行为人去实施完成其所接受的任务。因此，行为人在参加间谍组织、接受任务时就已经具有了完成任务的故意。因此，**两者属于同一犯意、同一故意，不应作为两种行为**。

举案释疑

案例　王某间谍案

基本案情

被告人王某，男，1967年出生，中国台湾籍人。

2002年1月，被告人王某在某县投资水产养殖，回台探亲时，经其马祖同乡陈某介绍认识了间谍许某。同年9月20日，被告人王某正式加入该情报组织，间谍化名为"陈某某"，报酬是每月4万元新台币。2002年9月22日至2003年12月12日，被告人王某参加台湾间谍组织后，接受间谍组织代理人许某的派遣，先后7次流窜到大陆进行间谍活动，收集军事秘密、基础设施建设等情况。回台后，被告人王某将收集到的国家秘密报告给了许某，共向许某领取间谍活动经费64万元新台币。

2002年11月,被告人王某坐班船,经过军港时,观察到停泊在港内的7艘海军舰艇。回台后,被告人王某向许某报告了在三都看到7艘军舰的情况。之后,许某向其布置任务,要其注意收集大陆的重大工程建设及部队的情况,并约定了联系暗语,同时许某还给被告人王某看一些军舰图片,教其分辨舰艇种类。

2002年12月22日,被告人王某为了完成许某交给的任务,让其情妇张某的妹夫林某陪同专程拜访快艇驾驶员孙某,孙某带他们参观了军港附近地区,王某记下了停靠军舰的数量约11艘。2003年1月25日,王某回到台湾,将这些情况报告许某。春节期间,许某给王某新的联系电话号码,并向其布置任务,特别交代王某要到某军事地点去看看。

2003年4月初,被告人王某让张某的弟弟带其去某地兵工厂。张某的弟弟找到他在某公安分局工作的朋友黄某,由黄某开警车一起去某兵工厂,实地观察了兵工厂的位置、布局、工厂设备、周边民用造船厂等情况。同月20日被告人王某回台湾时,顺道去了军港,记下了停靠在军港的十几艘军舰数量和2艘军舰的舷号。回台湾后,被告人王某向许某报告了在兵工厂和军港看到的情况,还画出了兵工厂的位置、布局图。之后,许某向其布置任务,要求王要注意了解和观察高速公路有没有通车、某火车站地址、某军用机场建设情况、部队有无异常调动等情况。

2003年6月,被告人王某回台湾路经某地时,抄了两部军车号码。在与许某见面时,王将这些材料交给许某,许某交代王某下次到大陆要到某地看看海军观测哨是否还在、大陆有关部门如何应对缺水问题的情况。

2003年8月,被告人王某乘车到某驻军要地,实地观察了海军观测哨是否存在、海面视线、新建码头、周围停靠船舶等情况。同月27日左右,王某专程坐车到某军港,记下2艘军舰号码和停泊军舰数量14艘。2003年9月,被告人王某回台湾后向许某报告了上述看到的情况。之后,许某交代王某一定要去观察预建某火车站位置和某军用机场的建设情况。

2003年10月,被告人王某向泥水工邓某打听某火车站建设的情况,但该人也不知道。由于要应付台湾的官司,王某于同年11月15日回台湾,许某约王某见面,对其说台湾领导人搞"公投",大陆方面可能会有动作,要其注意观察某火车站、某军用机场是否动工,兵工厂有无军舰停靠,还要注意当地有无重大工程、新建桥梁、水库,最后还让被告人王某签了一份新的"合约书",告诉他"合约书"要一年一签。

2003年12月14日,被告人王某要求张某有空时带他到军用机场建设地点去看一看，但未来得及实施，王某于当日被国家安全机关抓获。

处理结果

检察机关认为，被告人王某参加间谍组织，领取间谍活动经费，接受间谍组织代理人的任务，进行刺探重要军事目标、军事动态、基础建设等国家秘密，其行为已构成间谍罪，将被告人王某起诉至法院，经一、二审法院审理，以间谍罪判处被告人王某有期徒刑11年。

争议焦点

参加间谍组织或者接受间谍组织及其代理人的任务并进行窃取、刺探、收买、非法提供国家秘密、情报的行为是定一罪还是数罪。

实务评析

本案在起诉前，检察机关内部存在分歧，有意见认为，**被告人王某构成间谍罪和为境外窃取、刺探、收买、非法提供国家秘密、情报罪，应当数罪并罚**。理由是：根据法条，只要行为人实施了参加间谍组织或者接受间谍组织及其代理人任务的行为，就具备了间谍罪的构成要件。至于行为人参加间谍组织后是否从事间谍活动或接受任务后，是否实施具体的任务，对其构成间谍罪是不影响的。因此，如果行为人参加间谍组织后或接受任务后，还实施了窃取、刺探、收买、非法提供国家秘密、情报的任务，应该分别构成间谍罪和为境外窃取、刺探、收买、非法提供国家秘密、情报罪。

笔者认为，**参加间谍组织或者接受间谍组织及其代理人的任务，不仅包括参加间谍组织或者接受任务，而且包括对这些任务的具体实施。因此，应当只定间谍罪**。

2 抢夺公共交通工具方向盘的行为如何定性

 疑难问题

近几年，屡次发生抢夺公交车方向盘的案件。以往对此类事件，如果没有造成实际危害后果的，一般没有作为违法犯罪处理。直到重庆公交车坠江事件，大家对这个问题才给予了强烈关注。2018年10月28日重庆市发生了一起公交车坠江的严重事件。一个乘客由于坐过了站，没能及时下车而与公交车司机发生互殴，致使车辆坠入长江。重庆公交车坠江案造成了严重的后果，15个生命坠入江中，无一生还。

司法实践中，对行为人抢夺正在行驶的公交车方向盘如何定性等问题，很有必要予以明确。

 破解思路

《刑法》第114条规定：放火、决水、爆炸以及投放毒害性、放射性、传染病病原体等物质或者以其他危险方法危害公共安全，尚未造成严重后果的，处3年以上10年以下有期徒刑。

《刑法》第115条规定：放火、决水、爆炸以及投放毒害性、放射性、传染病病原体等物质或者以其他危险方法致人重伤、死亡或者使公私财产遭受重大损失的，处10年以上有期徒刑、无期徒刑或者死刑。过失犯前款罪的，处3年以上7年以下有期徒刑；情节较轻的，处3年以下有期徒刑或者拘役。

2019年1月8日，最高人民法院、最高人民检察院和公安部联合印发了《关于依法惩治妨害公共交通工具安全驾驶违法犯罪行为的指导意见》（以下简称《意见》）：乘客在公共交通工具行驶过程中，抢夺方向盘、变速杆等操纵装置、殴打、拉拽驾驶人员，或者有其他妨害安全驾驶行为，危害公共安全，尚未造成严重后果的，依照《刑法》第114条的规定，以以危险方法危害公共安全罪定罪处罚；致人重伤、死亡或者使公私财产遭受重大损失的，依照《刑法》第115条第1款的规定，以以危险方法危害公共安全罪定罪处罚。实施前款规定的行为，具有以下情形之一的，从重处罚：

（1）在夜间行驶或者恶劣天气条件下行驶的公共交通工具上实施的；（2）在临水、临崖、急弯、陡坡、高速公路、高架道路、桥隧路段及其他易发生危险的路段实施的；（3）在人员、车辆密集路段实施的；（4）在实际载客10人以上或者时速60公里以上的公共交通工具上实施的；（5）经他人劝告、阻拦后仍然继续实施的；（6）持械袭击驾驶人员的；（7）其他严重妨害安全驾驶的行为。

实施上述行为，即使尚未造成严重后果，一般也不得适用缓刑。

根据《意见》规定，**对于乘客实施"抢夺方向盘、变速杆等操纵装置，殴打、拉拽驾驶人员"等具有高度危险性的妨害安全驾驶行为的，按以危险方法危害公共安全罪定罪处罚。**该罪属于行为犯，只要行为人实施了抢夺方向盘、变速杆等操纵装置，殴打、拉拽驾驶人员，或者有其他妨害安全驾驶行为、危害公共安全的行为就构成犯罪既遂。**即使行为人抢夺正在行驶的公交车方向盘，尚未造成严重后果的，也构成以危险方法危害公共安全。**如果造成严重后果的，则要判处10年以上有期徒刑、无期徒刑或者死刑。

《意见》为鼓励公共交通工具的乘务人员和乘客与妨害安全驾驶违法犯罪行为作斗争，及时制止侵害驾驶人和乘客的行为，采取紧急措施避免严重危害后果发生，还就正当防卫、紧急避险作出了原则规定，对此行为予以鼓励。此举将大大激发广大群众同违法行为作斗争的底气和勇气。

举案释疑

案例　李某以危险方法危害公共安全案

基本案情

2018年12月1日18时许，被告人李某乘坐客车前往银川，车辆在青银高速高沙窝路段时，李某将脚搭在其座位前面的饮水机上睡觉，司机杨某发现后大声制止要求其将脚放下去，似睡似醒的李某在乘客王某的提醒下，将脚从饮水机上放了下来。几分钟后，李某脱掉鞋子再次将双脚搭在了饮水机上，司机杨某再次高声要求李某将脚拿下来，但是李某没有任何反应。随后，司机杨某将车停在了应急车道，走到李某面前，抓住他的衣领进行训斥、警告，要求他不要将脚放在饮水机上，李某当即表示自己喝酒喝多了，一夜没睡觉，太累了，在向大家表示歉意的同时将脚放了下来。

车辆行驶了一段距离后，李某左思右想，越想越觉得窝火，自己是乘客，司机怎么能这样对他。一气之下，李某上前至驾驶员位置抢夺客车方向盘，企图迫使杨某停车理论，向其讨个说法。突如其来的变故让司机杨某措手不及，客车在高速公路行驶过程中左右摆动。杨某一边用手护着方向盘，一边用右手阻止李某，同时右脚踩刹车制动停车。其他几名乘客看情况不对，立马上前制止李某的行为，司机紧急制动停车后，车辆直接横向停在了离路中央护栏大约2米的位置。几名乘客共同将李某控制住后，同车的乘客向公安机关报警，司机继续驾车行驶至宁东服务区后，公安机关将李某带走。在案件办理的过程中李某表示自己是个文盲，对自己抢夺方向盘可能造成的严重后果并不知情，对之前各地发生的多起因抢夺方向盘被拘留的新闻也并不了解。

处理结果

2019年1月15日，该案移送至某市检察院审查起诉。某市检察院以李某构成以危险方法危害公共安全罪提起公诉，法院经审理当庭判处李某有期徒刑3年3个月。

实务评析

以危险方法危害公共安全犯罪是指故意以放火、决水、爆炸、投毒以外的与之相当的危险方法，足以危害公共安全的行为，并不要求必然发生伤害后果，只要行为人实施了足以危害不特定或者多数人的生命、健康或者重大公私财产安全的行为，即使尚未造成严重后果，也会被处3年以上10年以下有期徒刑。若行为人的行为致人重伤、死亡或者使公私财产遭受重大损失的，则会被处10年以上有期徒刑、无期徒刑或者死刑。

本案中从主观上来看，被告人李某系有基本判断能力的成年人，对车辆的性能和运行具有基本的常识，完全能够认识到自己在公交车上抢夺方向盘，客车在行驶的过程中很有可能会失去控制，极有可能危害车内乘客以及路上其他行驶车辆及人员的安全，但其仍然强行抢夺方向盘，主观上具有犯罪故意。

关于本案的量刑情节，尚未造成严重后果的处3至10年有期徒刑；造成严重后果的，一般指重伤或死亡结果的或者造成公私财物遭受巨大损失的，处10年以上、无期或死刑。本案中，犯罪嫌疑人李某的行为尚未造成严重后果，法院判处其有期徒刑3年3个月，量刑适当。

3 如何正确认定在道路上醉酒驾驶机动车的行为

 疑难问题

2011年5月1日施行的《刑法修正案（八）》增设了"危险驾驶罪"，规定在道路上醉酒驾驶机动车构成危险驾驶罪。2013年12月18日，最高人民法院、最高人民检察院、公安部联合印发了《关于办理醉酒驾驶机动车刑事案件适用法律若干问题的意见》，明确了"道路""机动车"适用道路交通安全法的有关规定，同时明确了"醉酒"认定标准，规定了从重处罚情形，并对特殊情形下"醉酒"的认定等问题作了规定。

"醉驾入刑"以来，执法机关依法查处了一批醉酒驾驶机动车上道路行驶的犯罪行为，取得了良好的社会效果。但在办理醉酒驾驶机动车在道路行驶的刑事案件当中，公检法之间也存在局部认识和执行不统一的问题，主要体现在：

一是追诉标准不统一。如对"道路"范围、"超标电动自行车"属性等基本要素认识不一致，造成对案件追诉标准不统一。司法实践中，对"道路"一词的内涵与外延存在不同理解。主要有以下两个问题：如何理解《道路交通安全法》规定中"虽在单位管辖范围但允许社会机动车通行的地方"？村道是否属于道路？这些不同认识，造成了有的地方打击面过广。如认为小区内的路也属于道路，将在小区内醉酒移车的行为也认定为醉驾。同时执法机关对有动力装置驱动且设计最高时速，空车质量、外形尺寸接近或等同于机动车的"超标电动自行车"，是否认定"机动车"存在争议。

二是不起诉条件差异较大。各地对不同程度醉酒驾驶机动车上道路行驶的行为，是否属于"情节显著轻微危害不大，不认定犯罪"的认定标准差异较大。

三是缓刑判决随意性大。由于缺乏判处缓刑的标准，造成有的地区醉驾案件判决的缓刑率过高，有的地区缓刑率过低，量刑偏重，这些问题极大影响了打击醉酒驾驶机动车违法行为的社会效果和法律效果，并在一定程度上影响了司法公信力。

2019年1月11日，湖南省人民检察院《关于危险驾驶（醉驾）犯罪案件不起诉参考标准（试行）》，明确办理醉驾案件相对不起诉的，除应着重审查犯罪嫌疑人的血液酒精含量、驾驶车辆时间、驾驶车辆种类、行驶道路种类、实际损害后果等重要情节外，还应审查犯罪嫌疑人是否曾因酒后驾驶或者醉酒驾驶机动车被处罚、造成交通事故，是否具有其他交通违法等情节。此前，上海、浙江、江苏、湖北、天津、四川等地也出台过具体标准，对免予处罚、不起诉、缓刑以及不作为犯罪处理等情况作出了规定。这次湖南省院出台的规定应该说对醉驾案件不起诉的力度更大，检察机关的执法选择空间也更大。

破解思路

一、法律规定

《刑法》第133条之一规定："在道路上驾驶机动车，有下列情形之一的，处拘役，并处罚金：（一）追逐竞驶，情节恶劣的；（二）醉酒驾驶机动车的；（三）从事校车业务或者旅客运输，严重超过额定乘员载客，或者严重超过规定时速行驶的；（四）违反危险化学品安全管理规定运输危险化学品，危及公共安全的。"

最高人民法院、最高人民检察院、公安部《关于办理醉酒驾驶机动车刑事案件适用法律若干问题的意见》第1条规定："在道路上驾驶机动车，血液酒精含量达到80毫克/100毫升以上的，属于醉酒驾驶机动车，依照刑法第一百三十三条之一第一款的规定，以危险驾驶罪定罪处罚。前款规定的'道路''机动车'，适用道路交通安全法的有关规定。"

二、"道路"的认定标准

犯罪嫌疑人驾驶机动车在"道路"行驶是构成危险驾驶罪的条件之一。虽然《道路交通安全法》第119条第1项对"道路"有定义，但实际执法中，对具体个案的发生地点是否属于《道路交通安全法》第119条第1项规定的"道路"存在争议，导致侦查机关与检察机关对个别醉酒驾驶机动车在路上行驶的行为能否构成危险驾驶罪存在不同看法。笔者认为，**根据《道路交通安**

全法》关于"道路"的定义，对于不具有"公众通行"特征的场所，不能认定为"道路"，比如封闭式住宅小区、田野机耕路、机关、企事业单位、学校、工厂、林区、农场等作为内部通行及运输服务，不允许社会车辆同行的专用道路。但是如果企事业单位、小区将内部停车场面向公众，实行错时收费停车，社会车辆可以在单位、小区区域内通行，那么这种情况下，单位或小区内的路就属于道路。

关于乡村道路，虽然不属于公路和城市道路，但其是修建在建制村之间以及建制村与乡镇之间承担公共交通运输功能的路段，承担了道路的基本功能，现实生活中乡村道路是新农村重要的公益性基础设施，其性质应当属于《道路交通安全法》规定的广场、公共停车场之外的其他"用于公众通行的场所"。

三、"超标电动自行车"是否可以认定为"机动车"

司法实践中，行为人醉酒驾驶有动力装置驱动但设计最高时速，空车质量、外形尺寸不符合非机动车国家标准，且未列入国家《车辆生产企业及产品公告》的二轮车辆（即"超标电动自行车"），能否认定为醉驾成为焦点与难点。导致这现象存在的原因在于各地政府和司法机关对"超标电动自行车"的管理及认定较为混乱。

首先，有的设区市政府规定不允许"超标电动自行车"上道路，有的则允许其在过渡期内上道路行驶并参照"非机动车"进行管理，有的设区市政府则未出台相应规定。

其次，在公安交通行政管理中，对"超标电动自行车"交通违法行为，有的地方公安交通管理部门按照非机动车处理，有的则按违法机动车进行处理。

再次，对涉及"超标电动自行车"的刑事案件，公检法部门观点也不一致。有的地方的公检法观点较统一，均认定为机动车；有的地方法院在交通肇事罪中将"超标电动自行车"认定为机动车，而在危险驾驶罪中又将"超标电动自行车"定性为非机动车；有的地方检察机关对公安机关移送的因醉酒驾驶"超标电动自行车"上道路行驶的危险驾驶罪案件不予接收。

笔者认为，"超标电动自行车"在性质上应当属于非机动车，政府没有对"超标电动自行车"按照机动车进行管理，"超标电动自行车"没有进行机动车登记，驾驶"超标电动自行车"也不需要考驾照。因此，对于"超标电动自行车"的管理，要重在打击源头，也就是生产厂家和销售店铺，而不能把打击的重点放在使用者身上。"超标电动自行车"，还是电动车，不能因为其超标就改变性质为机动车，应当严格按照机动车的标准来正确界定机动车的范围。对"机动车"等概念性法律术语的理解应与其所依附的行政法规保持一致，不能随意扩大解释。目前，对于"超标电动自行车"是否属于机动车，相关行政法规并未作出明确规定。为了整治国内电动自行车市场的乱象，国家工信部等四部门于2018年制定颁布了《电动自行车安全技术规范》国家标准，被称为"史上最严"电动车标准。其中，电动自行车新国标规定：电动自行车最高时速不得超过25km/h，整车质量禁超55kg，须有脚踏骑行能力，电机功率不超过400W，蓄电池标称电压不超过48伏，不能随意改装车辆外观。如果达不到以上标准，就属于超标车了。

目前为止，还没有"超标电动自行车"属于机动车的法律文件。笔者认为只有相关法律、法规或者部门规章明确后，才能明确"超标电动自行车"是否可以认定为刑法意义上的机动车。在此之前，不宜做扩大解释。司法实践中，有的地方由交通管理部门出具情况说明或者鉴定意见，称涉案的"超标电动自行车"属于机动车，以此来追究驾驶人的刑事责任。笔者认为，这种做法于法无据，对机动车做扩大解释，会造成打击面过大。

四、关于重新鉴定问题

犯罪嫌疑人血液酒精含量是否达到或者超过80mg/100ml，也是认定酒后驾驶机动车上道路行驶的行为是否构成危险驾驶罪的必要条件。在办理案件中，对犯罪嫌疑人、被害人提出重新鉴定的，应当依据公安部《公安机关办理刑事案件程序规定》第246条第1款规定的"应当重新鉴定"的情形，作为侦查机关决定是否重新鉴定的判断标准。此外，重新鉴定意见与初次鉴定意见不一致情形下，如何采纳鉴定意见也是侦查机关办理醉驾案件中面临的难点。对此，笔者认为，应当以重新鉴定意见作为认定犯罪嫌疑人血液酒精含量的依据，当然如果有相反证据证明重新鉴定过程有违反法定程序或者不符法定条件的除外。

五、关于不起诉和缓刑条件问题

（一）不起诉适用的司法实践

全国各地不起诉标准及缓刑适用条件不一致，也是醉驾案件审理面临的问题之一。这种情况，应当由当地的公检法机关，根据现有的法律法规，就哪些行为可以不起诉、哪些行为可以免刑以及判处缓刑作出规定，统一标准，只有这样才能做到公平公正执法。

比如湖南省检察院就制定了不起诉的情形，认为醉酒驾驶机动车，血液酒精含量超过150mg/100ml但低于200mg/100ml，没有从重处罚情节，具备以下情形的，可以适用相对不起诉：

1. 驾驶车辆的目的并非在道路上行驶，而是为了挪车位，且未发生严重损害后果的；

2. 因事发突然、情况紧急驾驶车辆，且未发生交通事故的；

3. 驾驶车辆行驶一段距离后主动放弃驾驶，且未发生交通事故的。

（二）缓刑、免刑适用的司法实践

危险驾驶罪的缓刑适用，应综合考虑被告人的醉酒程度、道路环境、危险程度、损害后果和被告人的主观恶性、人身危险性、认罪悔罪态度等因素。

比如湖北省高级人民法院《关于扩大量刑规范化罪名和刑种的量刑指导意见（试行）》规定：

1. 具有下列情形之一，符合缓刑适用条件的，可以适用缓刑：（1）认罪、悔罪，积极赔偿的；（2）取得被害方谅解的；（3）醉酒程度较轻的；（4）其他可以适用缓刑的情形。

2. 具有下列情形之一的，一般不适用缓刑：（1）酒精含量达到200mg/100ml以上的；（2）组织追逐竞驶的；（3）吸食、注射毒品或者服用麻醉药物的；（4）有严重超员、超载或者超速驾驶，无驾驶资格驾驶机动车，使用伪造或者变造的机动车牌证等严重违反道路交通安全法行为的；（5）曾因危险驾驶受过行政处罚或者刑事追究的；（6）造成交通事故后逃逸，尚不构成其他犯罪的；（7）逃避或者抗拒、阻碍公安机关依法检查尚未构成其他犯罪的；（8）其他不适用缓刑的情形。

3. 醉酒程度在100mg/100ml以下且系初犯，认罪、悔罪，未造成其他损失或后果的，可以考虑免予刑事处罚。

4 交通肇事后逃跑是否一律认定逃逸

 疑难问题

交通肇事,是我国刑法规定的责任事故型过失犯罪之一。根据我国《刑法》第133条规定:"违反交通运输管理法规,因而发生重大事故,致人重伤、死亡或者公私财产遭受重大损失的,处三年以下有期徒刑或者拘役;交通运输肇事后逃逸或者有其他特别恶劣情节的,处三年以上七年以下有期徒刑;因逃逸致人死亡的,处七年以上有期徒刑。"我国《刑法》没有规定交通肇事后逃逸的具体情形,这无疑给交通肇事后逃逸行为的认定带来了困难。

 破解思路

目前就法律、相关司法解释以及刑法理论界的探讨来看,存在三种观点:

第一种是最高人民法院《关于审理交通肇事刑事案件具体应用法律若干问题的解释》(以下简称《解释》)第3条的规定:"交通运输肇事后逃逸",是指行为人具有本解释第2条第1款规定和第2款第1项至第5项规定的情形之一,在发生交通事故后,为逃避法律追究而逃逸的行为。这是司法实践判断逃逸行为的主要依据,也是效力最高的界定。笔者认为,该解释可以得出这样的结论,即为逃避法律追究而逃跑的是逃逸,那么不是为逃避法律追究的逃跑显然就不能构成逃逸。笔者认为,本解释存在的一个缺陷,就是没有把为逃避救治义务作为一个主观动机。比如,被告人完全可以将被害人及时送到医院救治而不送,选择先逃离现场,尽管其打了报警电话且事后投案,笔者认为也还是应当认定为交通肇事后逃逸,不应当认定为交通肇事后自首。

· 335 ·

第二种是根据1995年6月20日公安部《交通肇事逃逸案件查缉工作规定》第2条的规定：**交通肇事逃逸案件，是指发生道路交通事故后，当事人故意驾驶车辆或弃车逃离交通事故现场的案件**。该规定显然不以主观上的动机，而是以客观归罪，只要逃离事故现场就是逃逸，笔者认为该规定不合适。另外，"逃离交通事故现场"，这样的表述也是不全面的。比如实践中就有这样的案例，行为人在交通肇事后虽然没有逃离现场，但是在将伤者送到医院后或在等待交警部门处理时畏罪逃跑，这种逃跑行为显然属于交通肇事后逃逸的行为。

第三种是陈兴良《刑法疏议》中指出的，"逃逸是指发生交通事故后，不**依法报警保护现场等待处理，而是私自逃跑，逃避法律追究的行为**"。笔者认为，该观点还是不够全面，应当排除一种情形，即害怕遭到被害人亲友及其他围观群众的殴打等危及本人安全的情势出现而逃离现场。出现这种情形的，笔者认为不应当认定为逃逸。实际上，现场有被害人的亲友或围观的群众，被害人的救治应当就不成问题，并不会因为被告人的逃离而延误被害人的救治。从这一点来说，被告人只要报警而且事后投案的，还是不能认定为逃逸。但是，如果现场没有人或交通工具可以送被害人去医院，而被告人有条件比如自己没有受伤，车辆还是可以行驶等条件，可以送被害人去医院但没有送，而是选择逃跑的，尽管报了警且事后投案，也应当认定为交通肇事后逃逸。

结合司法实践及司法解释，笔者认为，判断"交通肇事后逃逸"，应从以下两方面加以分析：

一、交通肇事后逃逸的主观方面

主观方面即行为人的主观动机，交通肇事后逃逸的动机是**逃避法律追究和逃避抢救义务**两种。刑法规定交通肇事后逃逸的量刑加重，主要目的还是威慑肇事人，让其打消逃逸的念头，使其能够积极抢救被害人，减轻交通肇事造成的后果。而**肇事人逃逸行为如果直接危害到被害人的抢救，尽管其报了警，撇下被害人自行到公安机关投了案，也还是应当认定为交通肇事后逃逸**。实践中，可以从行为人肇事后是否及时打了报警电话、其逃跑行为是否影响到被害人的救治、肇事的地点是偏僻的地区还是闹市、被告人是否有能力送被害人医治、被告人自身有无受伤等情形，来综合考量被告人逃跑的主观故意。

二、交通肇事后逃逸的客观方面

交通肇事后逃逸行为必须符合法律规定的情形。《解释》中规定了在五种情形的基础上而逃跑的行为。这就可以明确**交通肇事后逃逸是作为交通肇事罪**

量刑的加重情节来规定的，前提必须是行为人构成交通肇事罪。也就是说如果行为人的先前行为没有违反交通运输管理法规，或者虽有交通违规行为但该违规行为与结果没有因果关系，或者行为人在交通事故中仅负同等责任或者次要责任，或者交通行为所造成的结果尚未达到交通肇事罪基本犯的定罪标准的，或者在负事故全部责任或主责的情况下仅致1人重伤，但又不具备酒后驾驶、无执照驾车、无牌照驾车等《解释》规定的情形之一的，即便行为人事后有逃逸行为，也不能认定为交通肇事后逃逸。

 举案释疑

案例　章某交通肇事案

基本案情

被告人章某，男，31岁，个体拖拉机司机。

2006年2月22日10时30分许，被告人章某驾驶装载有毛竹的拖拉机，途经某村肇事路段时，由于被害人黄某无证驾驶相向行驶的无牌证三轮摩托车且遇急弯超速行驶，造成两车相撞，致使被害人黄某车上乘客林某轻伤、被害人黄某经抢救无效死亡。被告人章某肇事后因害怕被村民殴打而逃离现场。经公安局交警部门认定：被告人章某负该起事故的主要责任，被害人黄某负本起事故的次要责任。案发当晚，被告人章某主动到交警部门投案。

处理结果

一审法院认定章某构成交通肇事罪，起诉罪名成立。被告人章某肇事后向"110"报案，便逃离现场，当晚向公安机关投案，并如实供述了自己的犯罪事实，系自首；案发后，被告人章某能积极赔偿被害人亲属的经济损失，可予以从轻处罚，判处有期徒刑6个月。

争议焦点

1. 肇事后逃跑是否一律认定逃逸。
2. 如何理解交通肇事后逃逸的主观动机。

分歧意见

就被告人章某的行为，出现了两种意见：

一种意见认为，章某交通肇事后逃离现场，且造成被害人黄某死亡，应当认定为交通肇事后逃逸并致人死亡。

另一种意见认为，章某的行为构成交通肇事罪，但不构成交通肇事后逃逸，同时还应当认定自首。

实务评析

就本案而言，**章某事前报警、事后投案的行为可以说明其没有逃避法律追究**。但并不能就认定章某的行为不是逃逸，关键还是要看**章某肇事后是否履行了救治的义务**，因为如果章某肇事后见死不救，而现场也没有人，自己又有能力送而不送受伤的人去医治，最后被害人由于抢救不及时死亡的，显然还是构成交通肇事后逃逸。

本案被告人章某辩解，当其肇事后，看见对方有两人受伤，其中驾驶员头部受伤，自己就用手机拨打110，后看见对方有一个乘客到处打电话，自己因为怕被打而逃到山上，直到傍晚五六点才下山直接到交警大队投案。章某的辩解得到了林某受伤后打电话的事实的印证。另外，当时现场拖拉机已经毁坏，章某也没有能力送被害人去医院，而其第一时间报了警，警察和医护人员马上也会赶到现场，另外还有一个被害人林某受伤不重，还能打电话。这个时候被害人是否能够生还，完全取决于自身伤情的轻重、体质的强弱以及医护人员是否能及时赶到等因素，与被告人章某是否在场已经没有必然联系。因此，**章某的行为既没有逃避法律追究也没有逃避救治义务，不构成交通肇事后逃逸**。

5 冲关撞死设卡检查人员如何定性

疑难问题

摩托车闯关撞死设卡检查人员如何定性？是认定交通肇事罪还是以危险方法危害公共安全罪，或者是故意杀人罪？司法实践中存在争议。该问题难就难在**如何定性主要依据犯罪嫌疑人的主观故意**，犯罪嫌疑人供述根本没有看到设卡以及设卡人员，冲关是摩托车速度过快，那么可能会认定交通肇事罪；犯罪嫌疑人供述卡口只有一两个人，其放任撞人的故意而冲关，可以认定故意杀人罪；犯罪嫌疑人供述看到卡口且周围很多人，其不顾在场人员的生命冲关，那么就可以认定以危险方法危害公共安全罪。而人的主观故意隐藏在大脑中，如何判断，这个难度比较大。

破解思路

笔者认为，要认定犯罪嫌疑人的主观故意有两个途径，一个是**通过讯问和做工作，使得犯罪嫌疑人自己如实交代真实的犯罪故意**；另一个途径是**办案人员通过其客观行为，来分析判断其主观故意**，这不是客观归罪，因为还是要回到犯罪嫌疑人的主观故意上，只是需要证据的印证。

如何通过犯罪嫌疑人的客观行为来反推其主观故意？主要是**根据一些普通人正常的思维和判断，驳斥其所见、所想的一些反常的辩解**。比如，犯罪嫌疑人说没有见到前面有卡口，但是证据显示在醒目位置有标牌提示，边上还有人员呼喊，证据显示犯罪嫌疑人并没有夜盲症，听力也没有问题，视力还很好，其之前的摩托车速度不是很快，到了卡口，突然加速冲关，显然其行为是故意的。通过这样的证据佐证及分析，可以得出犯罪嫌疑人是故意冲关，其没有看到卡口和人员的辩解是不成立的。

此类案件定性时,要注意区分以危险方法危害公共安全罪与故意杀人罪的区别。以危险方法危害公共安全罪是指使用放火、决水、爆炸、投毒以外的其他危险方法,造成或者足以造成不特定多数人的伤亡或者公私财产重大损失,危害公共安全的行为。该罪主观上具有危害公共安全的故意,侵犯的客体是公共安全,侵害的对象是不特定多数人的生命、健康或者重大公私财产的安全。故意杀人罪侵犯的客体是他人的生命权,侵害的对象一般为特定的人员。两罪的主要区别:一个是针对不特定的多人,一个是针对特定人,可以多人也可以单人。

 举案释疑

案例　何某故意杀人案

基本案情

何某,男,1982年出生。因涉嫌以危险方法危害公共安全罪于2008年8月11日被公安机关刑事拘留,同月21日经检察机关批准被逮捕,羁押于某市第二看守所。

2008年8月10日晚上,被告人何某违章无证驾驶两轮摩托车,载其妻子任某、堂嫂谭某、堂哥何某某到某镇参加其姐姐的生日酒席。当天晚上11时许,被告人何某违章酒后驾驶两轮摩托车,载任某等3人返回某镇的暂住处,途经某大桥时,因与他人驾驶的两轮摩托车发生刮擦摔倒在地,被告人何某等人与对方发生斗殴后,被告人何某继续违章驾驶摩托车,载任某等3人行至某市角嵩路青礁村路段时,发现前方公安人员设置警示牌设卡盘查,为了逃避公安机关的检查和处罚,竟不顾正在执勤的公安人员的生命安全,强行驾驶两轮摩托车高速冲关,将正在执勤的公安人员吴某撞出十几米远摔倒在地,致吴某头部受伤,经送医院抢救无效死亡。案发后,公安人员在现场将被告人何某抓获归案。经法医鉴定,被害人吴某系头颈部受钝性外力作用致重度颅脑损伤及机械性窒息死亡。

处理结果

一审法院认定被告人何某构成故意杀人罪,判处死刑,剥夺政治权利终身。

二审期间，检察机关认为被告人何某驾驶摩托车将被害人撞死的犯罪事实清楚、证据确实充分；何某在距离200多米处时已知道警察设卡检查并清楚相关人员所在位置，为逃避检查，在明知自己行为可能造成他人伤亡后果的情况下，仍驾驶摩托车高速冲关，放任危害后果的发生，属故意犯罪，何某及其辩护人关于过失犯罪的诉辩意见不能成立。何某与案发当时现场的十余人不存在个人恩怨，其是为逃避公安机关的检查和处罚，驾车高速冲关，侵害对象不针对某一个或几个特定人员，从侵害的客体来看，何某的行为符合以危险方法危害公共安全罪的构成要件，建议二审法院改变定性。但何某犯罪手段残忍、情节恶劣、后果特别严重，依法应予以严惩，原审判处其死刑，剥夺政治权利终身适当，建议维持原判。

二审法院认为：被告人何某驾驶摩托车高速冲关，造成执勤民警吴某被撞死亡，其行为已构成故意杀人罪，犯罪情节恶劣，后果严重，罪行极其严重，应依法严惩，裁定驳回上诉，维持原判。该案已报最高人民法院核准。

争议焦点

摩托车闯关撞死设卡检查人员是认定交通肇事罪、故意杀人罪还是以危险方法危害公共安全罪？

分歧意见

本案何某酒后无证驾驶两轮摩托车，在发现公安人员设卡检查时，为逃避公安机关检查和处罚，高速冲关，将正在执勤的公安人员撞倒致死的犯罪事实清楚，证据确实、充分。但是，对何某是故意还是过失犯罪，存在不同意见。

第一种意见（主要是被告人及其辩护人的意见）认为：**被告人的行为构成交通肇事罪而非故意杀人罪**。理由是：被告人不具备故意犯罪的主观动机，不存在对可能造成的危害结果具有比较明确、深刻的认识及主观上明知自己的行为可能会导致他人伤亡的危害结果的事实，不存在明知危害结果而放任的主观态度。不仅不希望被害人死亡，而且完全反对这种结果的发生，被告人从来就没有，也不可能有对被害人死亡的结果抱着听之任之的心理态度，更不可能具有非法剥夺他人生命的故意。

第二种意见认为：**本案应当认定为故意杀人罪**。理由是：

1. 何某不构成以危险方法危害公共安全罪。本案从主观上看，何某当天因具有酒后驾车、无证驾驶、超载等一系列违章行为，怕被拦下受处罚，冲关逃避检查是其目的，故何某主观上不具有危害公共安全的故意；从侵害的对象看，何某高速冲关驾驶的是两轮摩托车，摩托车碰撞后一般自己也会倒地，危害行为随即停止，其危害的程度有别于高速行驶的汽车，汽车高速冲关可能造成一系列的伤亡后果；且何某实施的危害行为的地点不是在人口密集的公共场所，而是公安人员设置的检查卡，在该检查卡执勤的十余人亦不是聚集在一起，而是分散守卫在不同卡点，前后左右有一定距离；何某驾驶的摩托车在这样的现场下冲关，不足以对不特定多数人的生命安全形成威胁，客观上何某驾驶的摩托车冲关的行为只造成一人死亡的后果。

2. 被告人何某为逃避检查和处罚，明知驾驶摩托车高速冲关的行为，会给他人生命安全造成危害后果，仍放任这种结果的发生并致一人死亡，其行为更符合故意杀人罪的特征。

第三种意见认为：**本案应当认定为以危险方法危害公共安全罪**。

实务评析

笔者认为，首先，**本案不属于交通肇事案件**。理由如下：

1. 某市公安局交通警察大队制作的交通事故现场勘查笔录和交通事故现场照片、交通事故现场图表明：现场道路为东西走向，西往漳州，东往厦门，双向六车道，中间有隔离带隔离。往漳州方向快速车道、慢速车道（各）宽3.70米，非机动车道4.30米，道路标志标线完整，夜间有灯光照明，视线良好。该组证据显示案发现场视线良好。

2. 公安机关制作的现场平面图表明：从拐弯处到第一块警示牌距离220米，从第一块警示牌到被害人所处位置距离30余米。

3. 何某在侦查阶段供述其刚拐上角嵩路不远就看见前面靠右边的车道上摆了一块牌子（距离200米左右），知道那是警察设卡用的拦路的牌子，然后看见靠右边的牌子后面站了两名警察和三名协警，他们站的位置比较靠近中间车道，在靠左边车道的牌子前面靠缺口处站着三名协警，被撞的那名警察站在两块牌子中间，在靠左边车道靠近中间车道的位置。其供述清楚地表明其在距离被害人200多米的地方已发现警察设卡正在执行公务，同时也看清了相关人员所处的位置。

4. 证人黄某等人的证言证实案发时，一辆摩托车速度很快地开过来，很多警察都喊"停车"，该摩托车不仅没有停车，还加速冲关。何某也供认其发现警察设卡检查后，因害怕被检查和处罚而加速冲关。此外，证人证言还证实案发时被害人吴某始终处于中间车道执勤点处。

5. 何某及其辩护人辩称何某主观上是一种轻信可以避免的心理状态，属于过失犯罪。笔者认为，何某没有经过正规的驾驶培训、案发时属于酒后驾车且严重超载、发现警察设卡检查时加速冲关，这些都表明其不存在轻信可以避免危害结果发生的能力和条件。

综上所述，笔者认为，**何某在距离200多米处已知道警察设卡检查并清楚**

相关人员所处位置的情况下，因其具有酒后无证驾驶、超载等多项违规行为，怕被拦下受处罚，而不顾在岗执勤人员的生命安全，驾驶摩托车高速冲关，造成被害人吴某的死亡，其对驾驶摩托车高速冲关可能造成的危害后果具有比较明确、深刻的认识，其主观上明知自己的行为可能导致他人伤亡的危害结果，抱着听之任之的心理态度，放任这种危害结果的发生，属于故意犯罪，而非过失犯罪。

那么，本案如何定性呢？是认定故意杀人罪还是以危险方法危害公共安全罪呢？

本案案发时间是晚上 11 时 30 分许，现场人员除设卡检查的执勤人员外，只有两名等候处理的违章驾驶员（此二人均在路边）。何某高速冲关的目的是逃避执勤人员的检查和处罚，如果把所有执勤的人员视为一个整体来看的话，那何某侵害的对象又具有一定的特定性特征。从这个角度来看，因何某侵害的对象具有一定的特定性，一审判决认定其构成故意杀人罪也有一定的道理。换一个角度分析，本案案发时现场有十余人，何某与任何一人之间都不存在个人恩怨，何某为逃避公安机关检查和处罚而高速冲关，虽然其对驾驶摩托车高速冲关可能造成的危害后果具有比较明确、深刻的认识，其主观上明知自己的行为可能导致他人伤亡的危害结果，抱着听之任之的心理态度，**何某的行为并不针对某一个或几个特定的人员，而是在检查卡附近的所有在场人，包括民警和接受处罚的违章人员等所有的在场人，其侵害对象不具备特定性。因此，从侵犯的客体来看，何某的行为更符合以危险方法危害公共安全罪的构成要件。**

另外，笔者认为二审法院以冲关是摩托车有别于汽车作为一个理由也不妥，那么是否就可以理解为汽车冲关的认定以危险方法危害公共安全罪，摩托车冲关的就只能认定故意杀人罪呢？显然不能。当然，二审判决还罗列了一些其他因素，比如"在该检查卡执勤的十余人亦不是聚集在一起，而是分散守卫在不同卡点，前后左右有一定距离；何某驾驶的摩托车在这样的现场下冲关，不足以对不特定多数人的生命安全构成威胁"等，笔者认为这些理由比较牵强，如果守卫不是分散的，前后左右没有一定距离，而是比较集中，是否就可以认定何某的行为足以对不特定多数人的生命安全构成威胁呢？**把何某构成什么犯罪，依托在现场这些被害人是集中还是分散，开的是摩托车还是汽车等因素上，显然不妥。**

综上所述，笔者认为，**被告人何某的行为构成以危险方法危害公共安全罪。**

6 抢劫致人死亡案件如何定性

疑难问题

关于抢劫过程中故意杀人行为的定性问题，长期存在争论，在司法实践中处理也不一致，主要有三种意见：一是定抢劫罪；二是定故意杀人罪；三是定抢劫罪和故意杀人罪，实行数罪并罚。三种意见争执的焦点，在于**抢劫的手段是否包括故意杀人**。尽管有相关的司法解释类法律文件，但在具体理解上，还是常常发生争议。

破解思路

最高人民法院2001年5月22日通过的《关于抢劫过程中故意杀人案件如何定罪问题的批复》明确："行为人为劫取财物而预谋故意杀人，或者在劫取财物过程中，为制服被害人反抗而故意杀人的，以抢劫罪定罪处罚。行为人实施抢劫后，为灭口而故意杀人的，以抢劫罪和故意杀人罪定罪，实行数罪并罚。"

定抢劫罪一罪的情形，包含两个：一个是**抢劫前就预谋杀人**，另一个是**在抢劫过程中，为制服被害人反抗而杀人**。

定抢劫罪和故意杀人罪两罪的情形，有一种情况，也就是**先抢劫，之后临时起意，为了灭口而杀人**，在这种情况下，由于基于两个犯意，即之前抢劫的犯意，之后杀人灭口的犯意，应当构成两个罪，实行数罪并罚。还有一种情况，**被告人之前目的是故意杀人，但在杀人过程中，被害人主动给与被告人钱物或者被告人临时起意要求被害人给予钱物的**，也应当构成故意杀人罪和抢劫罪，数罪并罚。

· 344 ·

笔者认为,《刑法》第 263 条规定的抢劫罪中的暴力手段,不仅包括殴打、伤害、捆绑等,还应包括故意杀人。对于行为人抢劫而预谋故意杀人或者在抢劫过程中为制服被害人反抗而故意杀人的行为,均应认定为抢劫罪。主要理由如下:

从犯罪构成看,为抢劫而预谋故意杀人或者在抢劫过程中为制服被害人反抗而故意杀人的行为,完全符合刑法规定的抢劫罪的犯罪构成。

主观上,行为人为抢劫而达到劫取财物的目的,杀人并不是犯罪人的根本目的,其根本目的在于劫取财物。

犯罪的客观要件表现为,行为人通过杀人而劫取财物的行为。杀人只是手段行为,劫取财物才是目的行为,杀人不过是服务于劫取财物目的的行为的一种手段。

因此,主观要件和客观要件的有机统一,决定了**为抢劫而预谋故意杀人或者在抢劫过程中为制服被害人反抗而故意杀人的行为,完全符合抢劫罪的犯罪构成,应该属于抢劫犯罪**。

举案释疑

案例　姜某、柳某抢劫案

基本案情

被告人姜某,男,1993 年出生。因涉嫌犯抢劫罪、故意杀人罪,于 2016 年 3 月 16 日被公安机关刑事拘留,同年 4 月 22 日被逮捕。

柳某,男,1991 年出生。曾因犯盗窃罪、掩饰、隐瞒犯罪所得罪于 2011 年 9 月 1 日被判处有期徒刑 1 年,2012 年 3 月 31 日刑满释放。因涉嫌犯抢劫罪、故意杀人罪,于 2016 年 3 月 16 日被公安机关刑事拘留,同年 4 月 22 日被逮捕。

经审理查明:2016 年 3 月 6 日晚,被告人姜某得知被害人陈某打麻将赢钱,即找到被告人柳某商议潜入陈某住处行窃。当晚 11 时许,姜、柳二人撬门未果,姜某看见陈某已在回家路上,遂与柳某决定强行劫取陈的财物并进行了分工。随后,陈某回到家门口,姜某遂脱下上衣蒙住陈的头部,柳某抢走其手机和钱包并藏匿到自己家中。其间,陈某拼命挣扎,姜某为制止其强烈反抗及呼救,用手扼住陈某颈部直至其丧失反应,而后,见陈某尚能动弹,又持砖块砸陈某头部。柳某返回后与姜某商定将陈某抬离现场，确认陈某已死亡后，二人用助力车将陈某运往后山部队废弃的嘹望口洞内藏匿。事后姜某分得赃款2400元，柳某分得赃款2000元。次日，姜、柳二人用砂石封堵洞口以掩盖罪行。同月11日凌晨，二人又将陈某的尸体从洞内挖出，绑上石块抛入海里。经鉴定，陈某不排除因暴力作用于颈部引起机械性窒息导致死亡。

处理结果

检察机关于2017年1月22日，指控被告人姜某、柳某犯抢劫罪、故意杀人罪，向某市中院提起公诉。2017年7月12日某市中院作出一审判决：姜某犯抢劫罪，处死刑；柳某犯抢劫罪，处无期徒刑。二人均不服一审判决，在法定期限内提出上诉。

争议焦点

姜某在劫取财物过程中为制服被害人反抗而杀害被害人，是构成抢劫罪、故意杀人罪两罪，还是只构成抢劫罪一罪？

实务评析

笔者认为，**根据最高人民法院《关于抢劫过程中故意杀人案件如何定罪问题的批复》的规定，行为人在劫取财物过程中为制服被害人反抗而故意杀人的，以抢劫罪定罪论处。**

本案，被告人姜某脱下上衣蒙住被害人陈某的头部，柳某抢走其手机和钱包。在此期间，被害人陈某拼命挣扎，被告人为了制服被害人反抗及呼救，用手扼住陈某颈部直至其丧失反应后，再持砖块砸陈某头部致其当场死亡，其行为完全符合最高人民法院批复"行为人在劫取财物过程中为制服被害人反抗而故意杀人的，以抢劫罪定罪论处"的规定，应当认定为抢劫罪。检察机关指控两被告人构成抢劫罪和故意杀人罪有误，一审法院认定抢劫罪是正确的。

7 故意杀人过程中临时起意劫取财物如何认定

 疑难问题

司法实践中,对于故意杀人之后,临时起意拿走被害人钱物的行为认定为故意杀人与盗窃罪,没有异议。2005年6月8日最高人民法院《关于审理抢劫、抢夺刑事案件适用法律若干问题的意见》规定,"在被害人失去知觉或者没有发觉的情况下,以及实施故意杀人犯罪行为之后,临时起意拿走他人财物的,应以此前所实施的具体犯罪与盗窃罪实施数罪并罚"。

对于在抢劫过程中杀人的行为,也有相应的司法解释予以界定,最高人民法院2001年5月22日通过的《关于抢劫过程中故意杀人案件如何定罪问题的批复》:"行为人为劫取财物而预谋故意杀人,或者在劫取财物过程中,为制服被害人反抗而故意杀人的,以抢劫罪定罪处罚。行为人实施抢劫后,为灭口而故意杀人的,以抢劫罪和故意杀人罪定罪,实行数罪并罚。"这一个问题在上篇予以阐述不再赘述。

但是,办案中,我们发现有一种情况。**行为人在杀人过程中,被害人主动给行凶人转账,被告人完成杀人之后使用了该笔钱款,除了认定故意杀人罪之外,是否还要认定抢劫罪或盗窃罪还是不予评价?**

 破解思路

笔者认为,**被害人在被伤害的前提下,不管是主动转账还是被动转账,都应当认定为被告人当场使用暴力劫取财物**。因为该节事实不是在被害人死亡后发生的。被害人主动转账的行为,分为两种情形,一种情形是**被告人在杀人过程中临时起意**,要求被害人转账,这时候应当认定**为故意杀人罪和抢劫罪**。另

· 347 ·

一种情形是杀人过程中被害人主动给被告人转账，被告人默认也没有阻止，事后也没有使用该笔钱款，那么也应当认定为**故意杀人和抢劫罪**两罪，因为这种情况不是临时起意杀人后拿走钱物的行为。

举案释疑

案例　邱某故意杀人、盗窃案

基本案情

邱某，男，1983年出生。因涉嫌抢劫罪，于2017年8月19日被刑事拘留，同月30日被执行逮捕。

经审查认定：被告人邱某务工于某工业区某公司，经常至被害人蔡某经营的彩票店购买彩票。2017年8月16日，被告人邱某购买彩票中奖后，被害人蔡某兑付了部分奖金。2017年8月18日中午12时许，被告人邱某至蔡某彩票店欲领取尚未兑付的奖金时，又在店内继续购买彩票，但未中奖，二人结算后，被告人邱某反而欠被害人蔡某人民币5000余元。随后，被害人蔡某拒绝让被告人邱某继续购买彩票，二人发生口角争执，被告人邱某由此心生怨恨，遂于同日15时许到公司旁边的购物超市购买一把水果刀，预谋报复被害人蔡某。

同日17时许，被告人邱某携带水果刀至蔡某店内，双方再次因购买彩票一事发生口角，被告人邱某即持水果刀朝被害人蔡某身上猛插数下，被害人蔡某呼救反抗并往后门跑，被告人邱某追上被害人蔡某，并将其拉进店内后侧的小隔间内，后被害人蔡某先后通过支付宝转账14000元、微信转账5000元，共计转账人民币19000元给被告人邱某，企图阻止邱某的杀害行为，但被告人邱某仍不顾被害人蔡某的呼救和求饶，继续持水果刀多次捅、划被害人蔡某脖子、腹部等处，致被害人蔡某死亡。

在逃离现场时，被告人邱某又用力将店内收银台锁闭的抽屉拉开，窃走现金人民币3400余元。后被告人邱某将水果刀及上衣丢弃于公司车间垃圾桶处，并将现金人民币3400元寄存于沈某处。

2017年8月19日凌晨4时许，被告人邱某于家中被侦查人员抓获，后带领侦查人员到某公司提取了作案工具水果刀、作案时所穿衣物，以及寄存在沈某处的赃款3400元。经法医鉴定，死者蔡某系被他人用单刃锐器刺伤左颈部致左颈内静脉、左颈总动脉破裂，引起失血性休克而死亡。经司法鉴定科学研究院鉴定，被告人邱某作案时具有完全刑事责任能力。

处理结果

某市人民检察院于 2018 年 9 月 19 日以邱某涉嫌故意杀人、盗窃罪向某市中级人民法院提起公诉。2018 年 12 月 19 日某中院作出一审判决：被告人邱某犯故意杀人罪，判处死刑，剥夺政治权利终身；犯盗窃罪，判处有期徒刑 8 个月，并处罚金人民币 2000 元；决定执行死刑，剥夺政治权利终身，并处罚金人民币 2000 元；赔偿附带民事诉讼原告人经济损失人民币共计 46 万余元。邱某在法定期间提出上诉。

意见分歧

如何评价邱某在故意杀人过程中取得 19000 元的行为，办案过程中，存在分歧意见。

一种意见认为，**应作为一个量刑事实予以表述**。邱某在故意杀人的过程中取得 19000 元，从表面上来看，符合抢劫罪当场使用暴力和当场取得财物两个特征，但是应当注意的是，"两个当场"应具有因果关系，即当场使用暴力的主观目的应是取得财物，但是根据邱某的供述，19000 元是在其伤害蔡某的过程中蔡某主动转账的，即邱某当场使用暴力的目的不在于取得钱款。虽然根据尸检报告和现场勘验记录，公安侦查人员推测死者蔡某颈项部之所以见密集切割创极有可能系邱某在威胁、追问账户密码的过程中造成的，但鉴于邱某归案后对此未供述且无其他证据予以佐证，故**不对邱某取得 19000 元的行为单独予以评价**。

另一种意见认为，**应当认定为抢劫罪**。

实务评析

1. 关于犯罪的起因

邱某因购买彩票、兑奖事宜与被害人蔡某发生争执并心生怨恨预谋教训被害人证实了邱某的犯罪动机。邱某归案后的供述始终稳定，证实其找蔡某购买彩票，一开始其中奖赚钱，但蔡某没有完全兑付，反而让其继续购买彩票，导致其反过来欠彩票店的钱，其要继续购买时，蔡某拒绝，双方有发生争吵，其因此准备刀具，准备给蔡某点颜色看看。证人邱某某等人也证实了邱某于 8 月 16 日左右请他们吃饭并告知其中奖了，邱某还说有几千块钱奖金没有领到，佐证了邱某所述中奖的事实。调取的蔡某微信、支付宝转账记录也能够证实邱某所述中奖后又投入大量资金购买彩票的供述并非虚假供述。

2. 故意杀人一节的证据分析

邱某实施了持刀捅刺被害人蔡某并致其死亡、盗窃的行为。邱某供述2017年8月18日下午5时许,其与被害人发生口角争执后,在厨房持刀捅刺被害人胸部、手臂,被害人要逃离现场时,抓住被害人将其拖到休息室内,并在被害人呼救后,持刀继续捅刺被害人脖子、大腿、上半身,并用刀切割被害人颈部。

邱某供述的捅刺被害人的地点与现场勘验笔录体现的尸体位置及血迹分布情况能够相互吻合,其供述的捅刺被害人身体的部位与被害人尸体检验意见亦能相互印证,证实死者系被单刃锐器刺伤左颈部致左颈内静脉、左颈总动脉破裂,引起失血性休克而死亡。特别是邱某归案后,带领侦查人员提取了其所丢弃的作案时所穿的 T 恤以及作案工具水果刀等隐蔽物证,经鉴定,上述物证均检出含有死者的 DNA 信息,证明力强,足以证实邱某有罪供述的真实性。

关于作案凶器,邱某为报复而预先购买水果刀证实其为实施犯罪事先准备工具的供述得到超市老板吴某证言、微信转账记录以及调取的超市内监控录像的印证,案发后,公安机关亦在邱某的带领下提取了该水果刀,这些证据取得均属于先供后证,证明力强。

3. "3400 元"的定性问题

邱某拿走彩票店内 3400 余元这一客观事实,有邱某在侦查阶段的多份供述予以证实,邱某归案后还带侦查人员找到证人沈某取证,证实邱某将 3400 元寄存在沈某处,并由侦查人员提取了上述被拿走的钱款,故该节事实可以认定。

本案邱某在行凶后基于非法占有目的,实施了拿走票店内 3400 余元的行为,关于邱某拿走彩票店内钱款的目的及该犯意产生的时间,我们认为,从邱某归案后的供述情况来看,其供述行凶的直接原因系因与被害人在彩票店内再次发生口角的情况具有一定的可信性,因为现场勘验显示,在里面套间内厨房的案板及地板上检出大片的人血,而店外营业区抽屉及地板上虽有线条擦划血迹,但血迹分布较少,结合邱某当晚持带血水果刀离开情况,不排除营业区内血迹系邱某身上衣物及所拿刀具沾染的被害人血迹滴落所致,故套间内厨房及休息室符合中心现场的特征,与邱某所述被害人当时在厨房骂其的情况能够吻合,而且邱某也曾供述到彩票店内让被害人机选彩票,故本案证据至少无法直接证实邱某系为求财而一到现场即故意杀人,因此,应认定**其系杀人后临时起意拿走彩票店内财物**。

根据 2005 年 6 月 8 日最高人民法院《关于审理抢劫、抢夺刑事案件适用法律若干问题的意见》:"**在被害人失去知觉或者没有发觉的情况下,以及实**

施故意杀人犯罪行为之后，临时起意拿走他人财物的，应以此前所实施的具体犯罪与盗窃罪实施数罪并罚。"本案被告人邱某杀人后，拿走 3400 元的行为，应认定为盗窃罪。

4. 行凶过程中，蔡某转账 19000 元的行为如何评价

在邱某行凶过程中，蔡某为制止邱某，有通过微信、支付宝转账给邱某 19000 元。蔡某、邱某的微信、支付宝转账记录证实 2017 年 8 月 18 日 17 时 27 分许转账 5000 元、14000 元至邱某微信、支付宝账户上。邱某于 17 时 42 分在微信上收款 5000 元，16000 元用于信用卡还款。

邱某辩解系其在插刺被害人，被害人求饶，让邱某不要杀她而主动转账给邱某的，邱某还告诉蔡某说并不是要她的钱，而是因为她骂邱某。因为在场无目击证人，现蔡某已死亡，且公安机关也出具说明称蔡某手机因受到血迹污染，未提取到任何指纹，故该节事实究竟系邱某持刀威胁蔡某汇款，抑或邱某自己用蔡某手机进行操作汇款，还是如邱某辩解的那样蔡某主动汇款，难以再进一步查证。鉴于邱某供述的犯罪动机、准备刀具、持刀捅刺被害人的供述较为可信、连贯，符合事情发展过程，其在该节事实中的辩解亦有一定的可信性。

笔者认为，**邱某在故意杀人的过程中，实际上取得了被害人转账的 19000 元，一审法院不予评价是不妥当的**。本案现有证据可以认定的是被告人在被害人死亡前获取了密码，只要获取了微信及支付宝的密码就可以完成支付，也就可以认定是当场使用暴力劫取财物，至于是当场转账还是杀死被害人之后转账，财物实际上已经在被告人控制之下了。因此，被害人转账给被告人邱某 19000 元的事实应当认定为抢劫罪。综合全案，**应当认定被告人邱某构成故意杀人罪和抢劫罪、盗窃罪三罪数罪并罚**。

8 证据关联性原则在故意杀人案件中如何应用

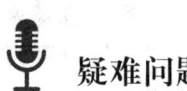

疑难问题

故意杀人案件判处死刑的比率比较高。死刑案件的证据标准要求更高,要求证据必须闭合,通过在案证据只能得出唯一的结论。由于故意杀人致人死亡的案件,被害人已经死亡,那么在案发当时发生了什么,一方面需要通过被告人的供述予以还原,另一方面需要通过证据来还原真相。有的案件被告人会狡辩没有实施杀人行为,**被害人死亡与被告人行为之间是否有关联,被害人死亡是否是被告人造成的等事实,都需要关联性证据的印证**。可以说,证据的关联性对于故意杀人案件显得极为重要。

破解思路

一、死刑案件的证据标准

"两高三部"《关于办理死刑案件审查判断证据若干问题的规定》,对于死刑案件的证据标准提出了严格的要求,该规定第 6 条第 4 项、第 5 项明确对物证、书证应当着重审查以下内容:"物证、书证与案件事实有无关联。对现场遗留与犯罪有关的具备检验鉴定条件的血迹、指纹、毛发、体液等生物物证、痕迹、物品,是否通过 DNA 鉴定、指纹鉴定等鉴定方式与被告人或者被害人的相应生物检材、生物特征、物品等作同一认定。与案件事实有关联的物证、书证是否全面收集。"

同时第 7 条还规定:"对在勘验、检查、搜查中发现与案件事实可能有关联的血迹、指纹、足迹、字迹、毛发、体液、人体组织等痕迹和物品应当提取而没有提取，应当检验而没有检验，导致案件事实存疑的，人民法院应当向人民检察院说明情况，人民检察院依法可以补充收集、调取证据，作出合理的说明或者退回侦查机关补充侦查，调取有关证据。"

二、如何判断证据的关联性

检察官审查证据之后，需要对证据进行梳理，同时对全案的证据进行分析。在通过证据的分析判断之后，得出犯罪嫌疑人是否构成犯罪以及构成何种犯罪。在分析证据的过程中，证据之间是否有关联，往往是最重要和核心的问题。**证据的关联性，是指作为证据的事实与案件的论证事实之间存在某种客观的联系**。因而使其对案件事实的证明或多或少成为可能，一个证据对案件事实是否具有证明力，不仅取决于此证据是否是客观真实的，而且取决于此证据是否与此案有关联，是否能对证明此案有实质性的作用。一个客观存在但与案件毫无联系的证据事实是不能作为定案根据的。

笔者之前分析过，证据的关联性，通俗的理解就是"你中有我，我中有你"。比如在凶杀现场，发现了一把刀，刀上面提取到的血迹检出是被害人所留，而刀柄上提取到的指纹或掌纹检出是被告人的。那么这个案件一般没有问题。再比如，被告人穿的衣服提取到被害人的血迹，被害人的指甲遗留血迹经鉴定是被告人的血迹，在制造毒品现场发现被告人的指纹、字迹、DNA等痕迹。还有一些案件，被告人和被害人、证人、同案人，其他对合犯罪被告人之间相互的辨认，都体现这种理念。这些关联性证据的取得，对于定罪是非常关键的。

 举案释疑

案例　陈某故意杀人案

基本案情

陈某，男，1988年出生。因涉嫌犯故意杀人罪，于2016年8月11日被公安机关刑事拘留，8月25日经检察机关批准逮捕。

经审查：2016年4月间，被告人陈某与被害人吴某的妻子王某发展为情人关系，同年6月间，被告人陈某认为吴某是他与王某之间关系的阻碍，遂预谋杀害吴某。2016年7月间，被告人陈某逐渐形成利用蛇毒杀害吴某的犯意，遂陆续购买了尖吻蝮蛇蛇毒干粉、注射器、针头、仿真枪、电棍、男女对戒、情书、手套、帽子、双肩背包等作案工具，还先后到某公园踩点，又假冒女性身份通过QQ、微信勾引吴某。同年8月7日19时许，被告人陈某用双肩背包携带上述犯罪工具及本子、笔、百威易拉罐啤酒、矿泉水及用于作案时穿着的衣物等物品，乘坐出租车至公园伺机作案。22时许，被告人陈某通过微信谎称在某公园山上迷路需要接送，将被害人吴某骗至公园内。次日凌晨0时许，被告人陈某持仿真枪佯装抢劫，将吴某胁迫至一塑像后的石桌旁，逼迫吴某写下个人信息及相关密码，为达到顺利给吴某注射蛇毒的目的，欺骗吴某喝酒，其间为制造吴某有外遇导致女方怀孕，因而心烦在山上喝酒的假象，还用吴某的手机在微信朋友圈上编发信息。由于吴某不愿多喝酒，陈某又以注射高效安眠药为由，将蛇毒干粉用矿泉水溶解后用注射器注入吴某右手臂内，又在针孔旁约1厘米处扎了一针，伪造毒蛇齿痕，再将事先准备的戒指、情书放在石桌上，约半个小时后陈某离开现场，途中在路边换下作案时所穿衣物，并清洗了注射器、针头、装蛇毒干粉的袋子、溶解蛇毒的小瓶，又将针头抛弃至树丛中。凌晨2时42分许，被告人陈某从该公园附近的三岔口乘车至某村，将注射器、仿真枪、电棍及装蛇毒干粉的袋子、溶解蛇毒的小瓶、作案时穿着的衣物、帽子、手套等物品分别丢弃在村内的多个垃圾桶及小巷角落，并将写有密码的本子烧毁。

同日凌晨2时41分前后，吴某亲友陆续接到吴某求救电话，于4时35分许找到吴某并将其送至医院抢救，吴某于当天6时40分因抢救无效死亡。经法医鉴定，被害人吴某系中蛇毒死亡。

处理结果

2016年8月10日12时许，侦查人员获悉现场遗留的戒指系被告人陈某购买，于同日13时许，派员到某区陈某住处找陈某未果，电话联系其回家。14时许，侦查员将陈某从家中带到某公安分局办案中心配合调查，陈某否认有购买戒指。后经侦查人员检查发现陈某的手机有购买针头、注射器等物品的记录，遂认为陈某有重大作案嫌疑，便将上述记录向陈某出示，之后，陈某方供述了相关犯罪事实。某市人民检察院于2017年5月22日将被告人陈某以涉嫌犯故意杀人罪提起公诉。市中级人民法院经开庭审理，于2017年12月25日作出一审判决：被告人陈某犯故意杀人罪，判处死刑，剥夺政治权利终身。

实务评析

本案没有目击证人，只有被告人陈某到案后的供述，以及根据被告人的供述，查找到的相关物证，以及购买作案工具的记录等间接证据，从而形成证据锁链得以认定。那么在死刑案件当中，证据的要求很高，**如何利用间接证据来认定犯罪，是检察官必须研究且需要总结提升的技能**。本案得以定罪是因为有如下关键证据：

1. 现场勘查及物证提取的客观性证据情况

（1）现场勘验笔录、照片、提取痕迹、物证登记表证实，案发现场位于某公园一塑像西侧竹林，现场提取到"红七匹狼""玉溪"香烟烟头、矿泉水瓶、"利群"香烟烟盒、易拉罐环、蓝色纽扣及四瓶易拉罐"百威"啤酒，对已打开的两瓶啤酒罐口用棉签擦拭提取。在二号石桌（内侧）桌面东南角及西侧各有一处可疑斑迹，均以棉签擦拭提取。

（2）检查笔录、扣押笔录、扣押决定书、扣押清单证实，侦查人员于2016年8月10日，查扣被告人陈某随身携带的苹果牌手机一部。

（3）搜查证、搜查笔录、提取笔录、扣押决定书、扣押清单、照片证实：

a. 2016年8月11日13时26分许，侦查人员依法对被告人陈某位于宁德市蕉城区某花园某栋某室的住所进行搜查，扣押其房间桌上一台电脑主机，该主机内有数据硬盘两个。

b. 2016年8月11日13时许，侦查人员在被告人陈某的指引下，在其住所卧室衣柜内提取到作案时使用的黑色双肩包一个、黑色裤子一条及水笔一支。

c. 2016年8月12日9时许，被告人陈某在接受讯问时供认其酒红色短袖T恤、卡其色便裤为其作案时所穿，侦查人员遂扣押上述衣物。

d. 侦查人员从证人黄某处提取到案发现场的一戒指盒，内有仿真男女钻戒一对以及情书一封，戒指上分别刻有"茜茜""辉"字样，情书信纸有卡通图案，抬头为"茜儿"。

e. 2016年8月27日10时2分至11时47分，侦查人员在被告人陈某的带领、指认下，在某村东路13号后面巷子处提取到陈某作案时所穿的黑色休闲鞋一双，在该村东路下弄6号门口旁的石堆处提取到陈某作案时所戴手套一副，在该村老人会门口对面宣传栏顶上提取到陈某作案时所穿黑色T恤一件，并指认了焚烧吴某书写密码的本子的地点。

f. 2016年8月15日，侦查人员向证人黄某提取了被害人吴某于8月8日凌晨0时许发送的朋友圈信息，内容为"老子很郁闷很纠结，先喝点压压惊！都不许烦我"。

上述扣押物品及照片均经被告人陈某当庭辨认无误。

2. 检验鉴定意见的关联性分析

（1）某市公安局物证鉴定所鉴定书、某医科大学蛇毒研究所毒物鉴定试验报告、某省公安厅物证鉴定中心检验报告、某省公安厅物证鉴定中心检验报告证实，经检验，被害人吴某右上臂下段、右前臂、右手肿胀明显，局部见水泡，水泡内见血性分泌物，部分水泡表皮剥离，露出红色真皮层，剖开右上肢及胸部皮肤层，可见皮下组织出血、坏死明显，右侧胸部肌层出血自溶，心脏可见散在点状出血。上述检验符合尖吻蝮蛇毒物的中毒病理改变。被害人吴某符合中尖吻蝮蛇毒致死。

（2）某市公安局物证鉴定所法庭科学 DNA 鉴定书证实，现场提取的石桌桌面东南角可疑斑迹、石桌桌面西侧可疑斑迹、1 号已打开易拉罐瓶口的擦拭物为吴某所留。

（3）某省公安厅物证鉴定中心检验报告证实，该中心对从被告人陈某处扣押的苹果 5S 手机、电脑硬盘及被害人吴某使用的红米 2 手机，陈某使用的苹果 6PLUS 手机中提取涉案电子数据。其中从陈某的苹果 5S 手机及被害人吴某使用的红米 2 手机中均提取到"AA 辉"（吴某微信昵称）与昵称"嘿嘿"的微信聊天记录，与被告人陈某关于假冒女性微信用户"嘿嘿"与被害人吴某聊天，并通过发送位置信息将其骗到公园的供述相印证；从硬盘中提取到搜索蛇毒、五步蛇蛇毒冻干等信息，与被告人陈某关于曾上网搜索蛇毒信息的供述相印证。

（4）电子证据检查笔录证实，经对被告人陈某的苹果 5S 手机进行检查，发现陈某为购买电棍、仿真枪、蛇毒而与卖家通过 QQ 联系的记录，以及其"滴滴打车"个人信息。同时还有被告人陈某与王某的通信记录。

3. 关于查找、救治被害人吴某的关联性证据分析

（1）证人王某证言及辨认笔录、照片证实，她和被害人吴某婚后感情很好。2015 年 5 月，吴某和她先后到宁德市某娱乐城工作并入股。2016 年 3 月前后，她与被告人陈某发展为情人关系，其间，陈某提出和她结婚，被其拒绝。同年 6 月间，她因与陈某性格不合且顾及与吴某的感情，与陈某分手，但保持普通朋友关系。2016 年 7 月间，吴某从娱乐城辞职，8 月 7 日 16 时许，吴某告知其在塑胶厂工作，当天晚上，她和朋友一同前往寻找该厂及闲逛至次日凌晨。凌晨 2 时许，她获悉吴某在南际山被人持枪抢劫，还被逼打针后，经多次询问，在朋友的陪同下到公园与程某、黄某等人会合。他们呼喊吴某，不久就听到回应，她在一个有石桌、石凳的空坪处，看见吴某躺在地上，手臂肿起，嘴巴都是血，地上有四五个易拉罐"百威"啤酒，石桌上还有一包"利群"香烟，还看见黄某手上拿着一个红色、长方体的戒指盒，但盒内不是她和吴某的结婚戒指，且有一张内容为吴某有外遇，致女方怀孕的字条。2016 年 8 月 9 日晚上，陈某曾通过微信联系她，次日凌晨，她回电话给陈某，告知吴某被蛇咬死的事情。

（2）证人黄某、程某等人证言及辨认笔录、照片证实：2016年8月8日凌晨0时30分许，他看到吴某在朋友圈发了一条内容为"老子很郁闷很纠结，先喝点压压惊！都不许烦我"的信息。凌晨2时许，他接到吴某的电话称被抢劫，并将此事告知陈某的姐姐。因吴某说不清其所在位置，他和郑某等人先到公园寻找，后又到某公园与王某及两个男子一同寻找。他们呼喊吴某的名字后即有回应，发现吴某一个人蜷缩着躺在该公园一塑像后的空坪第二个石桌旁的地上，右手臂肿大且有水泡，嘴里有血流出，旁边地上有四五瓶易拉罐"百威"啤酒，其中有两三瓶已经喝掉了，石桌上有一个装着男女对戒的红色盒子内有一封情书，大致内容是一个叫茜茜的女子怀孕了，要和吴某结婚。其间，吴某告诉他们有人拿枪逼其打针。

4. 关于被告人陈某购买作案工具的关联性证据分析

（1）证人陈某某证言证实，他在某卫生院旁经营一家水果店，出售水果、饮料、矿泉水、啤酒等。2016年8月11日中午，公安人员带着一个年轻人来他店铺指认，他记得此人在8月7日19时前后到他店里买了五瓶"百威"易拉罐啤酒和一瓶矿泉水，用现金支付了42元。该证言与被告人陈某关于前往公园前，购买了啤酒、矿泉水的供述相印证。

（2）证人王某等人证言及提取笔录、支付宝交易记录、聊天记录、快递单截图印证证实，被告人陈某在淘宝上购买蛇毒、戒指、套头帽、一个兽用连续注射器及兽用注射针头、电工手套、电棍、口罩的事实，上述作案工具均由快递寄往某区陈某的住所，由陈某或其亲属签收。

（3）证人洪某证言及接受证据材料清单、提取笔录、交易记录、聊天记录、支付宝交易电子回单印证证实，他在淘宝网上经营网店，专门卖手写文字。2016年7月30日22时23分许，被告人陈某让他代写了一封情书，并通过支付宝账号支付了20元。情书的具体内容是客户直接通过淘宝旺旺发给他的，由他在一张彩色信纸上写的，是写给一个叫"辉"的男人，说自己怀孕了之类的话。他用相同信纸、格式重新书写了相同内容的情书提交给侦查人员。

（4）工商银行活期历史交易明细、手机淘宝交易记录截图证实，被告人陈某通过名下工商银行账户支付购买作案工具及交通费用的情况，与被告人供述能够印证。

上述证据印证证实了被告人陈某关于购买作案工具情况的供述。相关交易记录、聊天记录、支付宝交易电子回单及侦查人员提取的陈某购买的同款商品均经陈某辨认无误，其中支付宝交易电子回单及支付宝账户信息证实了支付上述商品款项的支付宝账号的实名登记人是被告人陈某。

综合上述分析，陈某供述了其为与被害人吴某妻子王某（因未达结婚年龄，未登记结婚）保持婚外情，而萌生杀害吴某的念头，并准备了蛇毒、注射器等作案工具，将吴某骗至公园注射蛇毒的事实。其供述有以下证据予以证实：

证人王某证实其与陈某有婚外情关系，能够得到电子证据检查笔录印证，即两人有多次电话通话、微信、QQ 聊天记录。

陈某的淘宝记录、淘宝卖家证言、快递证言、支付宝交易记录、电脑硬盘数据、QQ 聊天记录等证据证实了陈某上网购买电棒、仿真枪、蛇毒、针筒、情书、戒指、背包、帽子等作案工具的经过。

从陈某手机提取的微信聊天记录证实了其冒充少女诱骗被害人吴某到案发现场的事实。

被害人吴某死因鉴定报告等鉴定意见证实被害人吴某为尖吻蝮蛇蛇毒致死，经审查，该鉴定意见有客观依据。

现场勘查笔录证实现场有啤酒瓶、戒指、情书等物品，能够与陈某供述的作案经过相互印证。

某村监控视频及相关提取笔录证实陈某作案后丢弃相关作案工具的经过。

证人黄某等人证言证实接到吴某求救电话称被人持枪威胁并注射不明物体及发现吴某的经过。

陈某对指控的犯罪事实、罪名均无异议。上述证据来源合法，内容客观、真实，足以证实陈某犯有故意杀人罪的事实。

9 毒品数量如何认定

 疑难问题

毒品犯罪案件中，毒品的数量是量刑的非常重要的依据，而**如何认定毒品数量的标准却不一致**。如制造毒品案件中，有的法院将所有的固体和液体的重量分别描述，有的法院将液体折成固体，和固体一并计算毒品数量。而**毒品的数量认定，直接关系到犯罪嫌疑人的量刑**，有的直接涉及是否适用死刑，可以说是人命关天的大事。

 破解思路

根据《全国法院毒品犯罪审判工作座谈会纪要》（武汉）规定，制造毒品案件中，毒品成品、半成品的数量应当全部认定为制造毒品的数量，对于无法再加工出成品、半成品的废液、废料则不应计入制造毒品的数量。对于废液、废料的认定，可以根据其毒品成分的含量、外观形态，结合被告人对制毒过程的供述等证据进行分析判断，必要时可以听取鉴定机构的意见。

那么，废液、废料还含有一定含量的毒品成分，如何计算毒品数量？有的案件还发现制造毒品的主犯，把这些废液、废料送给跟班的从犯，他们还能从中提炼一部分毒品。毒品半成品与废液、废料很难区分。我们现在的做法是：在起诉书中一并写明废液、废料的数量及含量，能够鉴定出含量的，要按照鉴定出的含量进行折算。废液、废料的数量不计入毒品数量，但作为量刑情节一并考虑。对于毒品原材料的数量计算方式，应按照原材料含有的毒品含量进行折算，折算出的数量作为认定制造的毒品数量。

举案释疑

案例　肖某非法买卖制毒物品案

基本案情

被告人肖某于 2012 年 9 月与刘某商定生产麻黄素出售后，雇请他人，在某地电厂宿舍内，用片状颗粒物提取麻黄素，于 2012 年 9 月 26 日被查获，当场缴获成品麻黄素 49.7 公斤（该部分已判决）、残余黑色液体中含有麻黄素的白色结晶物 7 公斤、原材料片状颗粒物 1056.35 公斤 [经鉴定检出（伪）麻黄素含量为 7.5%，即含麻黄素 79.23 公斤]。

处理结果

2018 年 12 月 11 日，某县人民法院作出一审判决，认定肖某犯非法买卖制毒物品罪，判处有期徒刑 5 年 6 个月，并处罚金 50 万元。

实务评析

首先，根据 2009 年"两高一部"《关于办理制毒物品犯罪案件适用法律若干问题的意见》第 1 条第 4 项，为了非法买卖制毒物品犯罪而采用生产、加工等方法非法制造易制毒化学品的，应当以非法买卖制毒物品罪的预备行为论处。在本案中，**查扣的残余黑色液体中的白色结晶物检出含有麻黄素成分，而麻黄素属于易制毒化学品，因此，该 7 公斤半成品应计入非法买卖制毒物品的数额。**

其次，**对原材料药片状颗粒物应以其中含麻黄碱类物质的数量作为制毒物品的数量。**"两高一部"《关于办理走私、非法买卖麻黄碱类复方制剂等刑事案件适用法律若干问题的意见》（以下简称《意见》）规定，实施本意见的行为，以走私制毒物品罪、非法买卖制毒物品罪定罪处罚的，应当以涉案麻黄碱类复方制剂中麻黄碱类物质的含量作为涉案制毒物品的数量。虽然现场扣押的药片是否系麻黄碱类复方制剂鉴定意见并未给出明确意见，但根据鉴定意见，现场扣押的土黄色药片状颗粒物中检出麻黄素比例为 7.5%，肖某等人正是从这些土黄色药片中提取麻黄素，这与行为人从麻黄碱类复方制剂中提取麻黄碱的性质是一样的。

最后，2013 年"两高"、公安部、农业部、食品药品监管总局《关于进一步加强麻黄草管理严厉打击非法买卖麻黄草等违法犯罪活动的通知》（以下简称《通知》）也规定，"以提取麻黄碱类制毒物品后进行走私或者非法贩卖为目的，采挖、收购麻黄草，涉案麻黄草所含的麻黄碱类制毒物品达到相应定罪数量标准的，分别以走私制毒物品罪、非法买卖制毒物品罪定罪处罚"。因此，《意见》及《通知》所规定的数额计算标准可以参照适用，故该部分数额计 1056.35 公斤 × 7.5% ≈ 79.23 公斤。

10 代购毒品如何定性

 疑难问题

在毒品犯罪案件中,有一种情形比较复杂:代购毒品。司法实践中,有的认定为运输毒品的共犯,有的认定为贩卖毒品的共犯,有的认定为非法持有毒品罪,有的认为不构成犯罪。究竟如何定性,关键要看代购人与托购人的共谋内容,还要审查代购人是否截留毒品,以及截留毒品用于自吸还是贩卖牟利等等情形。

 破解思路

《全国法院毒品犯罪审判工作座谈会纪要》(武汉)(以下简称《武汉会议纪要》)对变相加价贩卖毒品的规定为:**行为人为他人代购仅用于吸食的毒品,在交通、食宿等必要开销之外收取"介绍费""劳务费",或者以贩卖为目的收取部分毒品作为酬劳的,应视为从中牟利,属于变相加价贩卖毒品,以贩卖毒品罪定罪处罚。**

司法实践中,对于代购毒品行为罪名认定,有以下几种处理方式:

1. **运输毒品罪的共犯。**《武汉会议纪要》认定行为人为吸毒者代购毒品,在运输过程中被查获,没有证据证明托购者、代购者是为了实施贩卖毒品等其他犯罪,毒品数量达到较大以上的,对托购者、代购者以运输毒品罪的共犯论处。这样规定,是为了严厉打击运输代购毒品行为,遏制毒品的消费和流通。

2. **贩卖毒品罪。**《武汉会议纪要》认定行为人为他人代购仅用于吸食的毒品,在交通、食宿等必要开销之外收取"介绍费""劳务费",或者以贩卖为目的收取部分毒品作为酬劳的,应视为从中牟利,属于变相加价贩卖毒品,以贩卖毒品罪定罪处罚。该规定进一步明确了何谓"从中牟利"行为。

此外，只有为他人代购仅用于自己或他人吸食毒品的，才需要根据有无从中牟利来判断能否认定为贩卖毒品罪。也就是说，**如果明知托购者实施贩卖毒品犯罪而为其代购毒品的，无论是否牟利，均应以贩卖毒品罪的共犯论处；如果代购者从代购行为中牟利的，无论其为他人代购的毒品是否仅用于自己或他人吸食，均构成贩卖毒品罪**。

3. **非法持有毒品罪**。《武汉会议纪要》规定"代购蹭吸"者代购毒品数量达到较大以上的，没有证据证明购毒者是为了实施贩卖、运输毒品等其他犯罪的，购毒者与代购者构成非法持有毒品罪的共犯。

4. **为了满足自身吸食毒品的需求，不宜认定为牟利行为**。对于代购者克扣毒品蹭吸的行为，实践中主要存在三种情形：一是经托购者同意截留部分用于自己吸食；二是与托购者共同吸食；三是在托购者不知情的情况下私自截留用于自己吸食。

在《武汉会议纪要》颁发之前，对于代购毒品蹭吸的，实践中以"变相加价"等情节认定为从中牟利，并以此认定代购者构成贩卖毒品罪。但《武汉会议纪要》颁发后，是否认定牟利存在争议，笔者倾向于**代购截留毒品自吸，数量没有达到较大的，不构成牟利，不构成犯罪**。

举案释疑

案例　陈某贩卖毒品案

基本案情

陈某答应帮助田某购买甲基苯丙胺（冰毒）。当日 20 时许，田某转账 500 元给陈某，随即，陈某将该 500 元转给微信名为"废柴"的女子，向该女子购买 500 元的冰毒。陈某拿到冰毒后，私自拿出约三分之一的冰毒（价值约为 150 元），后将剩余的冰毒交给田某完成交易。

争议焦点

对于代购中私自截留是否认定为牟利。

分歧意见

一种意见认为，陈某的行为构成贩卖毒品罪。理由是：陈某代购毒品后截留部分毒品的行为，未经托购者的同意，应视为从中牟利，属于变相加价贩卖毒品，构成贩卖毒品罪。

另一种意见认为，陈某的行为不构成犯罪。理由是：《武汉会议纪要》对变相加价贩卖毒品的规定为，行为人为他人代购仅用于吸食的毒品，在交通、食宿等必要开销之外收取"介绍费""劳务费"，或者以贩卖为目的收取部分毒品作为酬劳的，应视为从中牟利，属于变相加价贩卖毒品，以贩卖毒品罪定罪处罚。陈某没有收取费用或者将截留的毒品用于贩卖从中牟利，不属于变相加价贩卖毒品，其行为不构成贩卖毒品罪。

笔者观点

笔者的观点是私自截留毒品的定性，除了考察是否加价牟利之外，还需要考察截留下毒品的用途。如果是用于贩卖，应当认定贩卖毒品罪。如果没有牟利且只用于吸食，毒品数量又不属于数量较大的，个人倾向于不构成犯罪。

11 如何应对"幽灵抗辩"

疑难问题

毒品犯罪案件当中,由于其隐蔽性较强,往往很难抓获上家或者下家,犯罪嫌疑人往往故意捏造无中生有的人来辩解自己不知情或者自己被蒙蔽,或者自己是从犯。有的情况下无法排除这些辩解,就会导致无罪或者案件降档处理。有一种说法,称这种抗辩为"幽灵抗辩"。

那么,司法实践中,如何应对这种抗辩呢?"幽灵抗辩"所产生的证据法上的问题主要集中在两个方面:

第一,在被告人提出"幽灵抗辩"的情形下,被告人是否应当同时承担举证责任?换言之,被告人对自己提出的有利于己的主张是否有义务举证予以证明?

第二,司法机关是否承担举证责任?承担何种举证责任?对于被告人提出的"幽灵抗辩",司法机关应当如何应对?

破解思路

何为"幽灵抗辩"?"幽灵抗辩"是刑事被告人在刑事诉讼中针对检察官的有罪控告,为减轻或者免除其刑事责任而提出的难以查证的辩解。司法实务中有三种常见的"幽灵抗辩":

第一种,被告人针对犯罪构成要件中的"以非法占有为目的"或"明知"等要素,抗辩自己"没有非法占有的目的"或者"不明知"。

这类抗辩多发生在走私犯罪、毒品犯罪等犯罪类型中,因为毒品犯罪是故意犯罪,根据犯罪构成要件的理论,如果从某个人身边或住处或特定部位发现毒品，该人必须"明知"是毒品才构成犯罪，如果该人不"明知"则不构成犯罪。而在司法实践中，侦查机关查获毒品犯罪时，绝大多数情况下，被告人都会辩称"我不知道"，或者提出自己虽然出现在案发地点，但未参与毒品交易，只是与同案人洽谈其他生意。

而对于司法机关来说，由于毒品交易往往秘密进行，并且双方都是自愿交易，不会出现特定的被害人，要证明被告主观上是"明知"也十分困难。因此，司法实践中对这类案件经常是将犯罪嫌疑人抓起来又无罪释放，既起诉不了，也判不下去。这类案件的频繁发生，严重影响了我国对毒品犯罪的打击力度，往往造成对贩毒分子的放纵。

第二种，抗辩自己持有的赃物从不知名的人那边所得，而对于该人的具体情况，则辩称只见过一次，在此之前没见过，在此之后也没见过。如毒品犯罪，辩解自己明知持有的物品是毒品，但辩解不是买卖而来，是一个人给他的，至于这个人的身份、联系方式等基本情况不知，或者辩解自己持有的毒品是从路上捡来的，准备自己吸食。如果无法突破被告人的口供，那么像这种情况，只能认定被告人非法持有毒品，无法认定贩卖毒品。

第三种，职务犯罪案件当中，被告人针对检察官指控其犯有贪污受贿罪，抗辩钱财已"用于公务支出"或交给其他人员用于公务活动。

被告人针对"赃款用于公务支出"提出"幽灵抗辩"，检、法机关又该如何应对？这是一个现实的难题。例如，某甲系某大学教授，贪污科研经费700余万元，在侦查阶段辩解用于公务活动约200万元，起诉时予以扣除。到法院审判阶段，其再次辩解所有经费均用于课题，为了获取某国的核心技术而支付了相关费用，辩解无罪。但是，某甲无法说明具体公关的事项，对于具体的钱款数目、时间、地点等，某甲则声称因为时间过长，又没有作账，已经记不清了。

对某甲的个人账户进行调查的结果表明，某甲消费能力和记录远远超出其合法收入，课题经费被其和妻子用于买房购车等。通过上述间接事实，我们可以合理推断出被告人所主张的"赃款用于公务支出"的抗辩事由实际上并不存在。

司法实践中，还有当事人辩解将贪污或受贿的款用于交给上级官员用于公务活动，由于其只是提供线索且涉及的上级官员由于级别管辖等原因，一般情况下很难查证。

 **举案释疑**

案例1 许某贩卖毒品案

基本案情

被告人许某以贩卖为目的,在厦门、宁德等地先后三次向被告人黄某购买甲基苯丙胺15000克。虽然同案人黄某供述在案,但被告人许某始终零口供做无罪辩解,声称其第一次与黄某会面是在宾馆偶遇并聊天聊到茶叶,其先后三次到福建都是与黄某洽谈茶叶生意,未参与毒品买卖。因公安机关未现场查获毒品实物,针对该辩解,银行交易明细、高速公路监控照片、住宿登记等书证均无法反证其贩毒的客观事实与主观故意。

实务评析

审查案件需要抓住被告人供述与间接证据的矛盾之处,检察官可以根据间接事实进行举证和讯问。比如,既然初次在宾馆偶遇黄某,为什么通讯清单显示在该天之前就有通话记录;黄某作为只是路上偶遇的生意伙伴,许某就能够在没有拿到茶叶也没有签订合同的情况下,放心地汇给黄某9万余元的定金,然后返程,明显不合常理;短信记录体现"你这样汇款有尾巴,太不保险了",正当的茶叶生意为什么担心汇款不保险的问题,到底在担心什么,等等。通过上述的逻辑分析,运用经验法则我们可以合理推断出被告人所主张的"洽谈茶叶生意,未参与毒品买卖"的抗辩事由实际上并不存在。

案例2 黄某贩卖毒品案

基本案情

犯罪嫌疑人黄某多次贩卖冰毒给郑某,有相应的微信转账记录。黄某到案后辩解自己系代购,毒品是从一不知名的人员某甲处购买,只见过一次,姓名不知,地点也忘了。某甲就是我们说的"幽灵证人"。虽然吸毒人员郑某指认向黄某多次购买,不是代购,但证据一对一,没有其他证据。同时黄某辩解自己没有牟利,这种辩解大量存在毒品犯罪中,对于犯罪嫌疑人提供的上家某甲,只有一个外号,无从查证。

实务评析

被告人黄某有多次贩卖给郑某毒品的行为,如果只见过某甲一次,毒品来源只有一次，不可能多次帮助郑某代购。吸毒人员郑某与黄某只是一般认识的关系而已，黄某为什么会帮忙代购？通过上述分析判断，我们可以合理推断出被告人不可能是只从某甲处代购一次。其毒品的上家应该不是所谓的某甲，而是另有其人或者其隐瞒了某甲真实身份信息。

案例3　林某、钟某制造毒品案

基本案情

上诉人林某，男，1969年出生。因犯诈骗罪于2000年11月14日被某县人民法院判处有期徒刑1年，缓刑1年6个月，并处罚金1千元。因犯诈骗罪于2003年1月27日被某区人民法院判处有期徒刑8个月，并处罚金1万元。因涉嫌犯制造毒品罪于2015年11月4日被公安机关刑事拘留，同年12月10日经检察机关批准被执行逮捕。

上诉人钟某，男，1987年出生。因涉嫌犯走私、贩卖、运输、制造毒品罪，于2015年11月3日被公安机关刑事拘留，于同年12月10日经检察机关批准被执行逮捕。

上诉人吴某甲，男，1973年出生。因涉嫌犯制造毒品罪于2015年11月4日被公安机关刑事拘留，同年12月10日经检察机关批准，于同日被执行逮捕。

上诉人吴某乙，男，1983年出生。因犯寻衅滋事罪，于2011年5月13日被某县人民法院判处有期徒刑1年6个月，缓刑2年。因涉嫌犯制造毒品罪于2015年11月3日被公安机关刑事拘留，同年12月10日经检察机关批准，于同日被执行逮捕。

上诉人钱某，男，1980年出生。因涉嫌犯制造毒品罪于2016年1月19日被公安机关刑事拘留，同年2月24日经检察机关批准，于同日被执行逮捕。

经审理查明：2015年七八月间，被告人林某邀集被告人吴某甲寻找制毒场地。同年9月间，经被告人吴某甲提议，被告人林某、钟某实地查看后，被告人林某以人民币4万至5万元的价格，向被告人吴某甲租用其位于某县一老房子用于制造毒品，后被告人吴某甲依被告人林某要求，将老宅地面用水泥铺好，拉设电线。在制毒的原料和工具送到被告人吴某甲的老房子后，被告人钟某在被告人林某的授意下驾车接送制毒工人，并使用被告人林某给予的手机卡用于专线联系。2015年10月下旬至11月初，被告人钱某及项某（在逃）等人在该老房子加工生产毒品。被告人吴某乙应被告人吴某甲邀集在老房子制毒时为其望风。

2015 年 11 月 3 日，公安人员在该制毒场所当场查获疑似冰毒固体 379 千克、液体 906.95 千克及相关制毒原料、设备。经警察学院司法鉴定中心鉴定，上述疑似冰毒固体、液体均检出甲基苯丙胺成分，其中晶体甲基苯丙胺的含量为 0.85%—71.7%，液体中甲基苯丙胺含量为 0.5%—27.4%。

处理结果

2015 年公安机关在工作中发现林某指挥吴某甲找场地准备制造冰毒，经侦查发现吴某甲利用自家老宅制造冰毒，同时叫堂弟望风，11 月 3 日，民警进入老宅，查扣大量结晶液体，随后在吴某甲家将其抓获，在某区抓获林某、钟某、吴某甲。

2016 年 8 月 23 日，某市人民检察院指控被告人林某、钟某等人犯制造毒品罪，向某市中级人民法院提起公诉，2017 年 12 月 27 日某市中级人民法院判决被告人林某犯制造毒品罪，判处死刑，剥夺政治权利终身，并处没收个人全部财产；被告人钟某犯制造毒品罪，判处死刑，缓期 2 年执行，剥夺政治权利终身，并处没收个人全部财产。其他被告人也做了相应的判决。一审判决后五被告人以本案事实不清，证据不足，量刑过重，不构成犯罪为由在法定期限内分别提出上诉。

实务评析

上诉人林某提出"幽灵抗辩"，辩解说是应江西"陈总"的要求寻找制造麻黄素的场地，不知是制造冰毒，同时辩解自己不是窝点的出资和所有人，"陈总"是江西瑞金人，具体名字不清楚，大概 40 岁、一米七左右、短发、体型标准，其不知道住哪里。之前坐车时留了号码给他，2015 年农历七八月份来其家之后都是通过电话联系，之后"陈总"给了其一个江西号码，两人就用这个号码联系，出事之后其和他联系的手机被其扔掉了，不知道他的电话号码。"陈总"到过其家两三次，除了其 80 多岁的妈妈，没有人见过。**如果陈总确有其人，并且能够抓获归案，可能会影响到本案判处死刑的被告人的量刑。**

我们认为**林某的辩解自相矛盾且明显不合常理**，相反，证人、吴某甲及其老婆证言证实是林某和吴某甲、钟某来吴家看场地、租金，平整老房子地面的钱是林某出的，叫人望风也是林某指使吴某甲的，同案犯钟某并供述是林某安排自己开车接送原料工具、工人，接送工人的面包车也是林某让其借别人身份证去买的，林某还给其专门的台州段号码的手机用于联系，此与林某身上扣押的台州段号码手机存在大量与台州段号码通话记录能相互印证。

再次，林某银行账户有从广东陆丰汇入或 ATM 存入三笔大额款项，林某辩解忘了是谁存的，又辩解称是与女朋友葛某去广州做服装生意的退款，经联系公安补证，葛某予以否认，其证言证实其与林某系男女朋友关系，其与女伴出资开服装店，林某并未投资，其通过现金等方式支付，每次四千至五千元，不存在退货，都是打折、搞促销卖完。

  同时，钟某等多人明确供述是林某叫其去制造冰毒，林某是组织者，林某还叫了项某等人进去干活，总共有五个人（包括钱某）干活，在钟某家集合，由钟某开车到家门口，离开时由林某开面包车来接，吴某甲亦指出林某是老板，据此可进一步认定林某是组织者，是该窝点的老板。林某的抗辩不成立。

12 如何理解"被查获的毒品数量"

疑难问题

贩卖毒品案件中往往涉及以贩养吸如何认定毒品数量的疑难问题,最高人民法院《全国部分法院审理毒品犯罪案件工作座谈会纪要》对此有专门的规定:"对于以贩养吸的被告人,被查获的毒品数量应认定为其犯罪的数量,但量刑时应考虑被告人吸食毒品的情节。"那么,如何理解"被查获的毒品数量"呢?司法实务界争议较大。

破解思路

笔者认为,《全国部分法院审理毒品犯罪案件工作座谈会纪要》当中"被查获的毒品数量"应该是指:**公安机关查证属实的、已经查清的被告人购买毒品的数量,而不是公安机关实际提取扣押的数量。该数量既包括现场人赃俱获扣押到的毒品数量,也包括已经贩卖给他人的成交的毒品数量。**

举案释疑

案例 李某、陈某贩卖毒品案

基本案情

被告人李某,男,1981年出生,初中文化,无业。

被告人陈某，男，1982年出生，初中文化，无业。

2005年8月25日，被告人李某、陈某二人预谋策划经营贩卖海洛因毒品生意，由陈某出资11900元并与福州毒贩联系，通过银行汇款的方式先后7次合计49000元，向福州毒贩购买了148克海洛因毒品（每克海洛因毒品330元）。被告人李某伙同陈某等人多次到某高速公路收费站等地接收海洛因毒品，而后，由被告人李某等人对买回的海洛因毒品进行分装后出售给吸毒人员。2005年9月12日，被告人李某再次通过银行汇款1700元向福州毒贩购买了5克海洛因毒品（每克330元共1650元，其中车费50元），被告人李某等人在租住的出租房内将买回的5克海洛因毒品进行分装。之后被公安机关当场抓获，公安机关还从其他地点提取到被告人藏匿的4克海洛因毒品。二被告人均称有吸食毒品，贩卖毒品是为了赚一点钱吸食毒品，且公安机关所作的尿液检验报告也证实二被告人尿检呈阳性，可以确认二被告人确实有吸食毒品。

处理结果

检察机关以李某、陈某等人贩卖毒品的数量是153克，构成贩卖毒品罪向法院提起公诉。某市中级人民法院一审判决，认定李某、陈某贩卖毒品的数量是153克海洛因，判处李某、陈某无期徒刑，剥夺政治权利终身。

争议焦点

如何理解被查获的毒品数量？

实务评析

本案的控辩双方的分歧主要在如何认定本案的毒品数量。辩护人认为，被查获的毒品数量应该是收买毒品的人员提供的购买数量加上被公安机关当场提取到的数量。如果按照辩护人的观点，本案能够认定的仅10多克海洛因，即当场提取到9克加上买毒品人员证实的数量合计10多克。

我们认为，辩护人对"被查获的毒品数量"理解有误。"被查获的毒品数量"应该是指：**公安机关查证属实的，已经查清的被告人购买毒品的数量，而不是公安机关实际提取扣押的数量。**

基于上述分析，我们认为本案从汇款凭证显示的总金额49000元，每克海洛因以毒品购进价330元计算，被告人陈某、李某等人共向福州毒贩购买了约148克海洛因，加上最后被抓获时的5克海洛因毒品，合计约153克。

13 特情引诱对毒品犯罪量刑的影响如何

疑难问题

运用特情侦破毒品案件，是依法打击毒品犯罪的有效手段。这一点不成问题，而且还需要加强使用特情破案的能力。对特情介入侦查的毒品案件，难在要区别不同情形，要区分特情介入与特情引诱的问题。特情介入的案件，有的存在犯罪引诱，有的不存在犯罪引诱。特情引诱的，涉及被特情引诱人主观上是否有贩毒的故意的犯意引诱问题，也涉及数量引诱问题，还涉及双套引诱问题，不同情况要不同处理。

破解思路

一、现有关于特情引诱的法律规定

对于特情引诱问题如何处理，2008年12月最高人民法院印发的《全国部分法院审理毒品犯罪案件工作座谈会纪要》已经给出了答案：

"对已持有毒品待售或者有证据证明已准备实施大宗毒品犯罪者，采取特情贴靠、接洽而破获的案件，不存在犯罪引诱，应当依法处理。

行为人本没有实施毒品犯罪的主观意图，而是在特情诱惑和促成下形成犯意，进而实施毒品犯罪的，属于'犯意引诱'。对因'犯意引诱'实施毒品犯罪的被告人，根据罪刑相适应原则，应当依法从轻处罚，无论涉案毒品数量多大，都不应判处死刑立即执行。行为人在特情既为其安排上线，又提供下线的双重引诱，即'双套引诱'下实施毒品犯罪的，处刑时可予以更大幅度的从宽处罚或者依法免予刑事处罚。

行为人本来只有实施数量较小的毒品犯罪的故意，在特情引诱下实施了数量较大甚至达到实际掌握的死刑数量标准的毒品犯罪的，属于'数量引诱'。对因'数量引诱'实施毒品犯罪的被告人，应当依法从轻处罚，即使毒品数量超过实际掌握的死刑数量标准，一般也不判处死刑立即执行。

对不能排除'犯意引诱'和'数量引诱'的案件，在考虑是否对被告人判处死刑立即执行时，要留有余地。

对被告人受特情间接引诱实施毒品犯罪的，参照上述原则依法处理。"

笔者认为，对于有特情引诱的犯罪，应当从宽处理，不适用死刑。对于该纪要认为"双套引诱"下实施毒品犯罪的，处刑时可予以更大幅度的从宽处罚或者免予刑事处罚，笔者认为，这种"双套引诱"导致他人实施了毒品犯罪行为的，被引诱人不构成犯罪。一个本是无辜的人，本身没有犯罪的故意，因为受特情的引诱，不仅提供买家而且提供卖家，无中生有制造了一起毒品犯罪，这种情况不是从宽处罚的问题，而是不构成犯罪。不仅不应当鼓励，而且还要追究特情唆使犯罪或诬告陷害的刑事责任。

二、如何判断行为人是否有毒品犯罪的故意

对于那些没有直接证据可以认定行为人具有毒品犯罪故意的，要综合具体的案情予以分析判断：

1. 侦查机关是否已经有足够的证据锁定了行为人具有毒品犯罪的嫌疑，进而动用特情贴靠经营，最终确实查清行为人有进行毒品犯罪的事实。如有足够的证据足以怀疑行为人有毒品犯罪故意的，进而行为人也积极主动实施了特情介绍的毒品犯罪，那么可以认定不构成犯意引诱；如无足够证据合理怀疑，行为人只实施了特情提供的毒品犯罪，无其他犯罪事实的，可以认定行为人被犯意引诱。

2. 要考察行为人的职业以及是否具有吸毒史，是否与毒品犯罪人员有过交往，亲属或者密切关系人是否有吸毒或贩毒史。

3. 要考察犯意的提出者是谁，行为人实施毒品犯罪犯意是出自其本人的本意产生，还是由特情人员提请后附和促成的。

4. 行为人在特情介入前是否有毒品犯罪行为或毒品犯罪前科。如果行为人没有毒品犯罪前科或行为，也没有吸毒史，身边亲友也没有毒品犯罪人员或吸毒人员，其有正当的职业，只是由于与特情交往后，实施了特情安排的毒品犯罪，一般可以认定系犯意引诱。

举案释疑

案例 翁某、陈某走私毒品案

基本案情

上诉人翁某，男，1954 年出生于台湾省新竹县，汉族，初中文化，渔民。

上诉人陈某，男，1966 年出生于福建省长乐市，汉族，小学文化，个体商户。

上述两人均因本案，于 2008 年 5 月 12 日被监视居住，同月 13 日被刑事拘留，同年 6 月 5 日被逮捕。

原审被告人卓某，男，1969 年出生于台湾省台中市，汉族，小学文化。因本案，于 2008 年 5 月 12 日被监视居住，同月 14 日被刑事拘留，同年 6 月 5 日被逮捕，羁押于某市第一看守所。

上诉人翁某与原审被告人卓某经常到一绰号"眼镜"的台湾朋友（系本案的举报人）所在的福州一家贸易有限公司泡茶，而互相认识。2008 年 4 月 26 日左右，台籍蔡某某（在逃）找卓某要其帮忙寻找船只运输"摇头丸"去台湾，卓某找翁某帮忙找船运输该毒品去台，翁某又找其以前跑船认识的陈某并告诉陈某有一台湾朋友的一批毒品"摇头丸"要运往台湾，要他帮忙联系找船。陈某即联系到答应运送该毒品到台湾的台轮船长"老陈"（系边防的线人）。几天后，卓某带翁某到福州市某咖啡厅与蔡某某、卢某某商谈，约有 100 公斤毒品运往台湾，初定总运费为 450 万元台币，后降为 400 万元台币。台轮航期确定后，陈某向翁某要求货主付定金。翁某将陈某要定金一事告诉蔡某某，蔡某某即叫翁某到广东东莞找他，翁某到广东东莞向蔡某某拿了定金 4 万元人民币，付给上诉人陈某 1 万元，付给台轮船长"老陈" 2 万元，并当场与台轮船长"老陈"谈妥支付给他的运费为台币 200 万元，上诉人翁某、陈某每人各得台币 100 万元。

2008 年 5 月 10 日晚上 11 时许，翁某到广东东莞市某茶叶店内，蔡某某将 8 箱氯胺酮装入租用的出租车上，由翁某随车运送到事先踩好点的地方交给台轮船长"老陈"。次日凌晨 5 时许，当翁某随车运送该毒品行至沈海高速公路东山岛出口处某村路段时，被公安边防民警当场查获，并扣押该 8 箱氯胺酮。2008 年 5 月 12 日卓某、陈某被抓获。经鉴定，该 8 箱氯胺酮重量为 100.003 千克，氯胺酮含量分别为 51.4% 和 50.1%。

处理结果

某中级人民法院一审认定翁某、陈某犯走私、运输毒品罪，判处死刑，剥夺政治权利终身，并处没收个人全部财产。认定卓某犯走私、运输毒品罪，判处无期徒刑，剥夺政治权利终身，并处没收个人全部财产。一审判决后，翁某、陈某不服提出上诉，卓某没有提出上诉。

检察机关认定本案不存在特情引诱问题，对上诉人翁某的判决，建议维持原判，对上诉人陈某的判决，考虑到陈某的犯罪地位及作用，建议二审法院依法判决。二审法院维持了对翁某的死刑判决，同时考虑到陈某未实际参与运送毒品的行为，地位、作用较翁某小，改判陈某死刑，缓期2年执行。二审法院对本案的定性也予以改判，认定走私毒品罪，撤销了一审走私、运输毒品罪的定性。

争议焦点

本案是否存在特情引诱以及特情引诱对定罪量刑的影响。

实务评析

从现有证据，可以知道本案存在特情介入的问题，但是否是特情引诱，还有待审查。司法实践中，对于许多案件，公安机关往往运用特情手段进行侦破案件，特别是在毒品案件的侦破过程中，运用特情侦破，是依法打击毒品犯罪的有效手段。对特情介入侦破的毒品案件，需要区分不同情形予以处理。

实践中，要注意区分特情介入与特情引诱，特情介入并不等同于特情引诱，特情引诱对定罪量刑是存在影响的。**对已持有毒品待售或者有证据证明已准备实施大宗毒品犯罪者，采取特情贴靠、接洽而破获的案件，不存在犯罪引诱，应当依法处理。而对于特情引诱的案件，量刑时会予以从轻、从宽处理。**根据现有的法律文件，特情引诱包括犯意引诱、数量引诱和双套引诱。因此，本案必须考虑是否存在特情引诱问题。

1. "眼镜"是否对被告人翁某、卓某进行引诱

"眼镜"在案发前确实通过短信和电话向该总队的情报站站长报告有人拟走私毒品，后由于该站长在宁德出差，一直没有与其联系，到总队侦查队和漳州边防支队的办案人员抓获"眼镜"时，该站长一直没有与其联系。该情况得到了该站长和"眼镜"的证言以及"眼镜"与该站长的通话清单证实。因此，不能认定"眼镜"系共同犯罪。另据"眼镜"笔录证实，翁某系其联系的，是卓某先联系到他问有无人运输毒品去台湾，其联系了翁某告诉这个情况，翁某才找了卓某以及毒品所有人。而翁某也说其犯罪与"眼镜"无关。根据现有证据，可以排除"眼镜"对翁某进行引诱。

2. 边防特情"老陈"是否对陈某进行引诱

经核实总队原始档案,"老陈"确实是总队建档特情。另根据"老陈"和被告人陈某的笔录,系陈某主动找到"老陈"联系运输毒品去台湾的,在此之前,陈某还曾经联系运送假烟去台湾的事,因此,根据现有证据不能认定"老陈"引诱陈某。本案特情引诱的因素得以排除。

14 毒品犯罪遗漏罪行如何追诉

 疑难问题

毒品犯罪案件，由于其隐蔽性，认定的犯罪事实往往局限于人赃俱获后的数量。毒品犯罪的这一特点，导致有时会出现漏罪现象。检察机关遗漏部分事实没有起诉，法院仅就起诉指控的事实作出判决，之后发现遗漏罪行，但案件已经终审，这种情况如何处理？司法实践中存在分歧。

 破解思路

对于这种情形，司法实践中可以采取以下几种方式：

第一种方式，**以抗诉方式进行纠正**。主要理由是起诉书指控错误，导致判决错误。为了纠正错误判决，根据刑诉法的规定，检察院对法院确有错误的生效判决、裁定有权按照审判监督程序提出抗诉，但并非所有确有错误的裁判都适宜抗诉。笔者认为，根据司法实践，检察机关一般是针对生效裁判在定性、量刑及认定犯罪事实上确有错误或因审判人员存在违法行为影响裁判公正性的案件提出抗诉。对于遗漏罪行的判决，法院判决本身并没有错误，检察机关一般不宜采取抗诉的方式。

第二种方式，**以再审检察建议的方式启动纠错程序**。如前所述，原判判决确有错误，在不宜以抗诉方式进行纠正的情况下，检察机关向人民法院发出检察建议，由人民法院自行启动再审程序进行重新审理，将遗漏罪行一并判决，这也不失为一种较为妥当的处理方式。但该种纠错方式最终的主动权在法院，实践中，有的法院以其原审判决与起诉指控一致，没有错误为由不积极启动再审程序。

第三种方式，**对遗漏部分补充起诉，与之前判决按数罪并罚的方式**，决定执行的刑罚。根据《刑法》第70条，在判决宣告以后，刑罚执行完毕以前，发现罪犯在判决宣告前还有其他罪没有判决，应当对新发现的罪作出判决，把前后两个判决所判处的刑罚，依照刑法数罪并罚的相关规定，决定执行的刑罚。笔者认为这种方式比较妥当。实践中存在一个问题，就是检察机关如何启动起诉，如果没有公安机关的移送，能否启动检察机关的起诉。笔者认为，检察机关可以要求公安机关将该起犯罪事实补充移送审查起诉，检察机关据此向法院重新提起公诉。

 举案释疑

案例　肖某非法买卖制毒物品案

基本案情

原审被告人肖某，男，1966年出生，无业。曾因犯非法买卖制毒物品罪，于2010年4月6日被法院判处有期徒刑1年6个月，2011年1月6日刑满释放；因涉嫌非法买卖制毒物品罪，于2014年11月4日被公安机关执行逮捕。2015年4月27日，某县人民法院作出一审判决，被告人肖某犯传授犯罪方法罪，判处有期徒刑3年，犯非法买卖制毒物品罪判处有期徒刑1年9个月，并处罚金人民币4万元，决定执行有期徒刑4年3个月，并处罚金人民币4万元。肖某后在监狱服刑。2018年1月9日，检察机关发现肖某还有遗漏非法买卖制毒物品罪的犯罪事实，经协调，公安机关将遗漏的罪行重新移送审查起诉。2018年11月9日，某县检察院以非法买卖制毒物品罪，向法院提起公诉。

2018年12月11日，某县人民法院作出一审判决，认定肖某犯非法买卖制毒物品罪，判处有期徒刑5年6个月，并处罚金50万元，前犯传授犯罪方法罪，判处有期徒刑3年，犯非法买卖制毒物品罪判处有期徒刑1年9个月，并处罚金4万元，决定执行有期徒刑9年6个月，并处罚金54万元。被告人肖某不服提出上诉被驳回。

1. 公安机关起诉意见书认定的事实

2012年2月，同案人刘某和黄某商议生产麻黄素销售，约定由黄某联系生产麻黄素的技术人员。后黄某联系了被告人肖某，由肖某负责向刘某传授从感冒药中提取麻黄素的方法，使得刘某以该方法在某地电厂宿舍内，用感冒药提炼麻黄素87.5公斤进行贩卖。2012年9月以来，被告人肖某伙同刘某等人，在某地电厂宿舍内，用麻黄草颗粒提炼麻黄素49.7公斤准备出售。现场扣押到麻黄素49.7公斤，残余黑色液体里有白色结晶物7公斤（经鉴定均含有麻黄素）、原材料片状颗粒物1056.35公斤〔经鉴定检出（伪）麻黄素，含量为7.5%〕。

2. 检察机关及一、二审法院认定的事实及意见

起诉书指控：被告人肖某于2012年2月份，在黄某与刘某（均已判决）的雇佣下，向刘某传授从感冒药中提取麻黄素的方法，使得刘某以该方法在某县电厂宿舍内，用购买的感冒药提炼麻黄素87.5公斤进行贩卖。被告人肖某还于2012年9月份，伙同刘某雇请他人，在某县电厂宿舍内，用麻黄草颗粒提炼麻黄素49.7公斤准备出售。

公诉机关认为，被告人肖某向他人传授制造易制毒化学品的方法，其行为构成传授犯罪方法罪；其违反国家规定，非法买卖麻黄素，构成非法买卖制毒物品罪，属共同犯罪。被告人肖某在判决宣告之前一人犯数罪，应当数罪并罚。被告人肖某在被判处有期徒刑刑满释放5年内再犯应当判处有期徒刑以上刑罚之罪，属累犯，应当从重处罚。被告人肖某提炼麻黄素系为出售而制造条件，是犯罪预备，对该部分犯罪可以比照既遂犯从轻或者减轻处罚。

本案检察机关起诉书认定的犯罪事实与公安机关起诉意见书认定的事实存在差异。检察机关对于现场查扣的7公斤白色结晶物以及原材料片状颗粒物1056.35斤，起诉书没有认定。一、二审判决（裁定）认定的事实、罪名、法定情节与起诉书指控的一致。

3. 发现漏罪情况

某县人民检察院根据线索，对该案进行了核查。对扣押的麻黄草颗粒进行司法鉴定，证实这些送检的土黄色药片状麻黄草颗粒检出（伪）麻黄素，含量为7.5%。根据"两高一部"《关于办理走私、非法买卖麻黄碱类复方制剂等刑事案件适用法律若干问题的意见》，"麻黄碱类复方制剂"是指含有麻黄碱类物质和其他药物成分的药品复方制剂，常见于治疗感冒和咳嗽的药品，且大多为非处方药。2018年1月份，公安机关将扣押的麻黄草颗粒再次送检，经鉴定，扣押的麻黄草颗粒，主要成分为淀粉等的混合物，其中含有少量盐酸麻黄碱成分。

4. 经审查最终认定的事实

检察机关认为，原起诉书、一、二审判决（裁定）未将2012年9月份被查扣的7公斤残余白色结晶物和原材料中含有（伪）麻黄素部分计入犯罪数

额不妥。最终补充起诉该节犯罪事实，表述如下：

被告人肖某于2012年9月份，与刘某商定生产麻黄素出售后，雇请他人，在某地电厂宿舍内，用片状颗粒物提取麻黄素，于2012年9月26日被查获，当场缴获成品麻黄素49.7公斤（该部分已判决）、残余黑色液体中含有麻黄素的白色结晶物7公斤、原材料片状颗粒物1056.35公斤〔经鉴定检出（伪）麻黄素含量为7.5%，即含麻黄素79.23公斤〕。

争议焦点

本案对于被查扣的半成品以及原材料中含有（伪）麻黄素部分未予指控，加上这两部分数额，根据2012年6月18日施行的《关于办理走私、非法买卖麻黄碱类复方制剂等刑事案件适用法律若干问题的意见》，属于非法买卖制毒物品"情节严重"，应当在3年以上7年以下有期徒刑幅度内判处刑罚。而原判仅认定非法买卖制毒物品49.7公斤，法定刑为3年以下有期徒刑。**对于已判决生效的原判认定部分遗漏罪行，如何追诉？**

实务评析

本案并非因法院自身原因导致法院裁判错误，而是因检法机关对司法解释的认识均不到位，加上原判证据存在一定不足，没有对涉案物品成分再进一步鉴定，而导致法院作出错误原判，因此，**不宜在本案中采用抗诉这种非常严肃且对抗性强的审判监督方式。**

那么以再审检察建议的方式启动纠错程序，是否合适？如前所述，原判判决确有错误，在不宜以抗诉方式进行纠正的情况下，检察机关向人民法院发出检察建议，由人民法院自行启动再审程序进行重新审理，不失为一种较为妥当的处理方式。但该种纠错方式最终的主动权在法院，若法院以其原审判决与起诉指控一致，没有错误为由不积极启动再审程序，则仍需寻求其他救济措施。

笔者认为**可以采取第三种方式，对遗漏部分补充起诉，与之前判决按数罪并罚的方式，决定执行的刑罚。**对于被查扣的半成品以及原材料中含有（伪）麻黄素部分，原检法机关均未以犯罪论处，经审查，该部分确系遗漏的犯罪事实，且系在判决宣告后刑罚执行完毕以前发现的，故对该遗漏部分宜另行起诉并与前面的判决合并执行。

15 协助抓获同案犯如何认定

 疑难问题

根据我国《刑法》第68条的规定,所谓立功,是指犯罪分子有揭发他人犯罪行为,查证属实的,或者提供重要线索,从而得以侦破其他案件等情形。可见,刑法规定属于立功的情形有如下两种:第一,揭发他人犯罪行为且查证属实;第二,提供重要线索,使司法机关得以侦破其他案件。除了刑法规定的上述两种立功情形外,犯罪分子协助司法机关缉捕其他罪犯,包括同案犯归案的,也认定为立功。因为,司法机关为缉捕在逃的犯罪分子,往往要花费大量的人力和物力。如果已归案的犯罪分子协助司法机关缉捕到在逃的犯罪分子,则可以节省司法机关的诉讼资源。对于已归案的犯罪嫌疑人的这种行为,显然应当鼓励。

司法实践中,对于如何认定协助抓获同案犯问题,经常会引起争议和分歧。特别是毒品犯罪往往涉及这类问题。而且由于毒品犯罪案件的起刑点高,判处无期徒刑以上的案件相对较多,一旦立功成立,往往属于重大立功。有时还导致第一被告人由于立功判处死缓或无期徒刑,第二被告人判处死刑的情况。虽然司法机关多次对立功问题进行了解释,但司法实践中还是常常发生争议。特别是关于如何认定"被告人协助抓获同案犯"问题,司法解释和会议纪要前后做了多次的规定,内容比较多,有些精神还不一致,给司法认定造成了一定的困难。

 **破解思路**

一、法律依据

由于现有关于此类问题的法律规定不少，有些内容还有差异和不同，笔者先对法律依据作一下梳理。这也是笔者办案习惯，**研究一个问题，必须首先梳理现有关于这个问题的所有的法律规定**，只有这样，才能真正立足于现有法律的规定，掌握立法规律和发展脉络，依法作出判断。回到正题，关于"被告人协助抓获同案犯"是否构成立功的问题，现有如下司法解释及文件对此问题做了规定：

1.《刑法》第68条规定：犯罪分子有揭发他人犯罪行为，查证属实的，或者提供重要线索，从而得以侦破其他案件等立功表现的，构成立功。这是关于立功最权威的诠释。

2.最高法《关于处理自首和立功具体应用法律若干问题的解释》（1998年4月6日）第5条对《刑法》第68条作了解释：犯罪分子到案后有检举、揭发他人犯罪行为，包括共同犯罪案件中的犯罪分子揭发同案犯共同犯罪以外的其他犯罪，经查证属实；提供侦破其他案件的重要线索，经查证属实；阻止他人犯罪活动；协助司法机关抓捕其他犯罪嫌疑人（包括同案犯）；具有其他有利于国家和社会的突出表现的，应当认定为有立功表现。

3.《南宁会议纪要》（2000年4月4日）规定：关于如何认定被告人协助公安机关抓获同案犯构成立功的问题，被告人提供了不为有关机关掌握或者按照正常工作程序无法掌握的同案犯藏匿的线索，据此抓获了同案犯，应认定为立功。

4.《大连会议纪要》（2008年12月1日）第7条毒品案件的立功问题规定：共同犯罪中同案犯的基本情况，包括同案犯姓名、住址、体貌特征、联络方式等信息，属于被告人应当供述的范围。公安机关根据被告人供述抓获同案犯的，不应认定其有立功表现。

被告人在公安机关抓获同案犯过程中确实起到协助作用的，例如，经被告人现场指认、辨认抓获了同案犯；被告人带领公安人员抓获了同案犯；被告人提供了不为有关机关掌握或者有关机关按照正常工作程序无法掌握的同案犯藏匿的线索，有关机关据此抓获了同案犯；被告人交代了与同案犯的联系方式，又按要求与对方联络，积极协助公安机关抓获了同案犯等，属于协助司法机关抓获同案犯，应认定为立功。

5."两高"《关于办理职务犯罪案件认定自首、立功等量刑情节若干问题的意见》（2009 年 3 月 12 日）规定：据以立功的线索或者协助行为对于侦破案件或者抓捕犯罪嫌疑人要有实际作用的才能认定立功。

6. 最高法《关于处理自首和立功若干具体问题的意见》（2010 年 12 月 22 日）第 5 条第 1 款明确规定属于"协助抓捕其他犯罪嫌疑人"的情形有：

（1）按照司法机关的安排，以打电话、发信息等方式将其他犯罪嫌疑人（包括同案犯）约至指定地点；

（2）按照司法机关的安排当场指认、辨认其他犯罪嫌疑人（包括同案犯）；

（3）带领侦查人员抓获其他犯罪嫌疑人（包括同案犯）；

（4）提供司法机关尚未掌握的其他案件犯罪嫌疑人的联络方式、藏匿地址的，等等。

第 2 款规定：犯罪分子提供同案犯姓名、住址、体貌特征等基本情况或者提供犯罪前、犯罪中掌握的同案犯联络方式、藏匿地址，司法机关据此抓捕同案犯的，不能认定为协助司法机关抓捕同案犯。

与 2000 年《南宁会议纪要》和 2008 年《大连会议纪要》内容不同的是提供了同案人的藏匿地址也不认定为立功。

二、司法实践分歧

司法实践中，办案人员对于如何理解"具有协助抓获同案人"，也有不同的观点。主要集中在：

1. 是否只有行为人亲自到现场直接参与抓捕其他嫌疑人（包括同案犯）的行为才能满足立功表现中"协助司法机关抓捕其他犯罪嫌疑人（包括同案犯）"的要求？

2. 只提供抓捕嫌疑人的线索，而未直接参与抓捕行动，是否属于协助？

3. 如实供述同案犯的身份情况是否属于坦白的范畴？

三、实务分析

在司法实践中，如何认定被告人在抓捕同案犯中是否确实起到了协助的作用，确实存在一定难度。如何区分如实供述与提供同案犯下落的协助行为，是司法实践中争议较大的难点。坦白和自首供述，要求犯罪嫌疑人如实供述其犯罪事实，共同犯罪中还要求对同案犯参与犯罪的事实加以供述，如最高人民法院《关于处理自首和立功具体应用法律若干问题的解释》就规定：共同犯罪案件的犯罪嫌疑人，除如实供述自己的罪行外，还应当供述所知的同案犯，主犯则应当供述所知其他同案犯的共同犯罪事实，才能认定为自首。但供述到什么程度，没有任何的法律规定。对共同犯罪事实的供述，是否要求对同案犯的其他基本情况如住址（包括暂住地）、电话、籍贯、家庭成员等也供述清楚？如果其仅提供了同案犯的户籍地或暂住地，公安人员据此抓获了同案犯，算不算立功？如果公安机关没有带犯罪嫌疑人去抓捕，但是根据犯罪嫌疑人提供的上述资料抓获同案犯的，一般不宜认定为立功。但同样是这种情况，如果有指认、辨认或者带领公安人员抓捕嫌疑人的情形，却可认定为立功。这时能不能立功就不是取决于犯罪人，而是取决于公安机关了，这对犯罪嫌疑人显然是不公平的。毕竟，犯罪嫌疑人已经被抓捕，是否带领公安人员去抓捕同案犯，对同案犯进行指认、辨认，就不是犯罪嫌疑人所能够左右的，而是公安人员根据实际情况决定的。另外，已被抓获的犯罪嫌疑人归案后，提供了同案犯的一些情况，哪些属于其如实供述的内容，哪些属于提供了能够抓获同案犯的线索，也有待考量。

笔者认为，已归案的犯罪嫌疑人如果交代了同案犯的共同的犯罪事实以及相关的基本情况，包括姓名、出生年月、住址（包括户籍地址）、工作单位、犯罪时的着装情况、实施的犯罪行为、所持凶器等，应当属于如实供述自己的犯罪事实，即使司法机关据此抓获同案犯，也不能认定是立功。而如果交代了同案犯的一些个人特征比较明显的且不为公安机关掌握的情况，比如手机号码、临时租住地、藏匿地、经常活动区域、个人爱好、QQ号、毒品案件中的接头方式、暗号等，公安机关根据其提供的情况，抓获了同案犯，应当认定协助抓获了同案犯。

比如QQ号问题，使用该软件时，其他人可以通过网络立即锁定使用者的ID地址，即正在使用的上网微机的具体位置。该软件除了作为聊天工具使用以外，还有QQ在线游戏，使用时仍是能立即显示其ID地址，公安机关能够通过网监部门锁定犯罪嫌疑人的具体位置继而将其抓获。

如岳某抢劫、强奸案，被告人岳某伙同被告人殷某，以向被害人杨某算账还钱为由，在被害人家中，于算账过程中，对被害人实施了抢劫，并由被告人殷某对被害人实施了强奸。公诉机关指控二被告人抢劫、轮奸，并指控二被告人为了灭口，合谋用布绳将被害人勒死，然后逃离现场。案发后，二被告人潜逃至温州。20多天后，被告人岳某借口广东有朋友邀其去打工，离开被告人殷某。然而，被告人岳某并没有去广东，而是潜回了山东老家，在路途中被公安机关抓获。经对其突审，被告人岳某供认了犯罪事实，并供出了被告人殷某的QQ号。警方根据其供述的QQ号，以被告人岳某的QQ号在网上与被告人殷某聊天，并锁定了被告人殷某的ID地址，在温州警方的配合下，抓获了被告人殷某。在一审庭审时，针对供述QQ号的情节，辩方提出了被告人岳某供述QQ号并导致了被告人殷某因此被捕到案的行为，属于重大立功行为，一审法院未认定属于重大立功行为,经上诉,二审法院认定了岳某的行为属于重大立功。

综合上述分析,笔者认为,**不能单纯凭纪要或司法解释时间先后作为效力高低的依据,还是要立足《刑法》第68的规定,并综合现有的司法解释,从节省诉讼资源,树立正确的导向,从是否有利于破案,是否有利于鼓励立功等因素上考量**。当然,还是希望顶层设计,由立法或司法机关对这个问题进行梳理整合和明确。

举案释疑

案例1 陈某、李某等人贩卖、运输毒品案

基本案情

上诉人陈某,男,1983年出生。因吸毒于2015年7月14日被某市公安局行政拘留15日。因涉嫌犯贩卖毒品罪于2015年9月8日被刑事拘留。

上诉人李某,男,1956年出生。因吸毒于2015年7月9日被某市公安局行政拘留15日。因涉嫌犯贩卖毒品罪于2015年9月19日被刑事拘留。

2015年8月间,被告人李某在某市服务区将毒品甲基苯丙胺4000克贩卖给被告人陈某。陈某将上述毒品运回某县后,将上述毒品贩卖他人。同年9月5日,陈某指使他人租车,前往广东购买毒品,次日,陈某在广东某高速出口向李某购得毒品甲基苯丙胺9000克,此外李某还交付给陈某毒品甲基苯丙胺2000克作为第一次毒品交易次品的补偿,陈某等人携带上述11000克毒品返回福建,在途中等地贩卖。

处理结果

公安机关于2015年9月7日凌晨0时30分许,在某经济开发区滨江花园住处抓获陈某。2015年9月18日15时许,在广东省某市抓获李某。检察机关以被告人李某犯贩卖毒品罪,被告人陈某等人犯贩卖、运输毒品罪,于2016年8月11日向某中级法院提起公诉,2017年4月11日,某市中级法院作出判决:被告人陈某犯贩卖、运输毒品罪,判处死刑;被告人李某犯贩卖毒品罪,判处死刑。

一审宣判后,某市检察院于2017年4月17日提出抗诉认为,陈某到案后提供上线李某于2015年7月曾与其一起在广东省某拘留所行政拘留的信息,

公安机关据此调取李某照片并经陈某确认，抓获李某。陈某的行为属于提供司法机关按照正常工作程序无法掌握的线索，并协助司法机关抓捕同案重大犯罪嫌疑人李某，在公安机关抓获同案犯过程中确实起到协助作用，该行为符合最高人民法院《南宁会议纪要》中规定"被告人提供了不为有关机关掌握或者按照正常工作程序无法掌握的同案犯藏匿的线索，据此抓获了同案犯，应认定为立功"，应认定被告人陈某有重大立功表现，可以减轻处罚，一审判决不予认定陈某有重大立功表现，判处被告人陈某死刑，属于适用法律错误，导致对陈某量刑畸重，量刑不当。

被告人陈某等人均提出上诉。经审查，省检察院决定撤回抗诉。经省高院审理，同意检察机关撤回抗诉意见，维持一审不认定陈某立功的判决，驳回陈某、李某的上诉，维持原判。

分歧意见

陈某、李某构成贩卖、运输毒品罪，两人贩卖、运输毒品数量大，一审法院判处陈某、李某死刑。陈某到案后提供了其上线是李某，但不知道李某的真实姓名，仅提供了一条线索：2015年7月李某曾与其一起在广东省陆丰市拘留所行政拘留。公安机关通过调取当年同时期的所有被关押人员照片给陈某辨认，经陈某辨认并确认了同案人系李某，公安人员据此锁定了李某并成功抓获了李某。

对于陈某行为是否构成立功有不同意见。

检察机关认为：陈某的行为符合《南宁会议纪要》中规定"被告人提供了不为有关机关掌握或者按照正常工作程序无法掌握的同案犯藏匿的线索，据此抓获了同案犯，应认定为立功"。陈某通过向侦查机关提供李某曾被行政拘留、辨认了李某的照片的形式，对抓获李某起了实质性作用，应认定立功。

一审法院认为：公安机关情况证明陈某到案后提供上线李某于2015年7月曾与其一起在广东省陆丰市拘留所行政拘留的信息，公安机关据此调取李某照片并经陈某确认，抓获李某。根据最高人民法院《关于处理自首和立功若干问题的意见》（以下简称《意见》）第5条的规定，犯罪分子提供同案犯姓名、住址、体貌特征等基本情况，或者提供犯罪前、犯罪中掌握、使用的同案犯联络方式、藏匿地址，司法机关据此抓捕同案犯的，不能认定为协助司法机关抓捕同案犯。陈某向侦查机关提供上线李某的相关信息，属于如实供述所知的其他同案犯，且其辨认李某的照片不属于第5条规定的"当场指认、辨认其他犯罪嫌疑人"，不具有当场性，故不予认定陈某协助抓捕其他犯罪嫌疑人，不成立立功。

上级检察机关多数人意见：案件抗诉后，经研究，多数人认为《南宁会议纪要》关于认定立功的规定较为笼统，即强调被告人在抓获同案犯中是否确实起到协助作用。而 2010 年《意见》则是对 1998 年最高人民法院《关于处理自首和立功若干问题的解释》进行更为详细的补充，明确了认定与不能认定立功的具体情形，且在发布生效时间上晚于《南宁会议纪要》，从效力而言，本案应适用《意见》。

本案陈某与李某是上下家关系，虽不属于共犯，但也不属于"其他案件"。因此，陈某的行为不符合《意见》第 5 条第 1 款规定可以认定立功的 4 种情形。**陈某的行为本质上属于向"司法机关提供同案犯姓名、住址、体貌特征等基本情况"，根据《意见》第 5 条第 2 款规定其行为不能认定立功**，一审法院的判决没有错误，检察机关的抗诉理由不能成立，本案应撤回抗诉。

部分同志同意抗诉意见，认为陈某是否构成立功，关键要评估陈某提供的曾经与李某同在一个行政拘留所的线索，是否属于向司法机关提供同案犯姓名、住址、体貌特征等基本情况。倾向于认定**陈某提供的线索不为公安机关掌握，其提供了线索以及辨认了照片，最终帮助公安机关锁定了上线李某，具有立功表现**。而且从今后的办案导向来说，为了鼓励被告人检举立功，应当放宽立功的认定。

实务评析

笔者个人的观点：**被告人是否构成立功，关键还是看是否符合《刑法》第 68 条立功的规定，即犯罪分子是否有揭发他人犯罪行为，查证属实的，或者提供重要线索，从而得以侦破其他案件等立功表现的**。虽然说本案被告人的行为与意见的规定不太符合，但被告人的行为确实起到了实际的协助作用，而且提供的曾经与李某同在一个行政拘留所的线索，显然不属于向司法机关提供同案犯姓名、住址、体貌特征等基本情况，陈某被抓获时根本就不知道李某的姓名，曾经的拘留所也不是住址，而且这线索也不是公安机关可以掌握的，从陈某的行为可以认定其主动立功的心愿。事实证明，也正是陈某提供的线索，以及积极的辨认出同案人，才帮助公安机关锁定并抓获了同案人。

如果需要和可能，陈某应该会愿意带领公安人员当场指认并协助抓获同案犯，但这不是他个人可以决定的。认不认定立功，给不给立功的条件，取决于侦查人员的决定。如果侦查人员只是提供照片辨认，要认定立功就有困难；如果按照侦查人员的安排当场指认、辨认同案犯的，就毫无争议可以认定立功。这对被告人来说是不公平的。所以，**笔者倾向于少数人意见，本着一种鼓励立功的导向，认为应当认定立功。**

案例2 方某等人走私、运输、贩卖毒品罪，非法持有毒品案

基本案情

被告人方某，男，1968年出生，台湾省人。

被告人陈某，男，1972年出生，台湾省人。

被告人蔡某，男，1964年出生，台湾省人。

被告人陈某、蔡某、方某均系台湾居民。2006年8月19日凌晨，被告人陈某从厦门驾驶一辆现代小型越野客车到达某度假酒店410房，以人民币13.5万元价格向被告人方某购买1000克冰毒，并于当天将毒品运回厦门。8月20日，被告人陈某在其住所内将其中748克冰毒分装成20小包交给被告人蔡某，并让其带回台湾省台中市，二人事先商定，被告人蔡某走私毒品到台湾的酬劳为每小包1万元台币。在被告人陈某的住处内，被告人蔡某根据被告人陈某传授的方法将20小包冰毒分别捆绑在腹部、腹股沟处后，于当日下午1时许打算乘坐航班从厦门和平码头出境至金门，通关时选择无申报通道。海关关员从其腹部查获1包可疑物（内装16小包以透明塑料袋封装的淡黄色晶体）、从其腹股沟部位查获2包可疑物（内分别装有2小包以透明塑料袋封装的淡黄色晶体）。经公安机关鉴定，上述晶体均为甲基苯丙胺（俗称"冰毒"），经某司法鉴定所鉴定，送检的冰毒中检出高纯度甲基苯丙胺含量。蔡某归案后，认罪态度较好，能如实供述同案人陈某的住址、联系电话，并辨认出陈某。

2006年8月21日，被告人陈某被抓获，海关缉私局侦查人员从其住所的卧室衣柜内搜出2小包晶体，经鉴定该2小包晶体均为甲基苯丙胺，净重共33.54克。被告人陈某归案后，提供了方某使用的手机号码，主动配合侦查机关，数次与方某联系，最终确定方某在广东省珠海市，侦查机关于2006年9月1日在广东将方某抓获。

处理结果

检察机关指控被告人陈某犯走私、运输、贩卖毒品罪，非法持有毒品罪，被告人蔡某犯走私毒品罪，被告人方某犯贩卖毒品罪一案，向某市中级人民法院提起公诉。经开庭审理，法院作出一审判决：被告人方某犯贩卖毒品罪，判处死刑，剥夺政治权利终身，并处没收个人全部财产；被告人陈某犯走私、运输毒品罪，被告人蔡某犯走私毒品罪，均判处死缓，剥夺政治权利终身，并处没收个人财产人民币10万元。判决后，三被告人均表示不服提出上诉。

实务评析

本案认定被告人方某、陈某、蔡某参与了贩卖、运输、走私毒品犯罪的证据不仅有毒品系当场被查获的有关提取扣押笔录、毒品含量的鉴定结论、被告人之间的通话记录等证据,而且本案三被告人对自己参与贩卖、运输毒品的犯罪事实均没有异议,二审期间,检察机关承办人也讯问了三被告人,三被告人均对自己的犯罪事实供认不讳。因此,认定本案的证据确实充分,且已形成锁链。但是,**就蔡某的行为是否属于协助抓获同案人,方某的举报是否构成立功的问题**,存在较大分歧。

1. 蔡某的立功问题

被告人蔡某对起诉指控其犯罪事实及定性均不持异议,但**认为自己具有重大立功表现,认罪态度好,有悔罪表现,请求减轻处罚。**

一审法院认定:蔡某归案后,认罪态度较好,能如实供述同案人陈某的住址、联系电话,并辨认出陈某。但是没有帮助实施抓捕的表现,其打电话给陈某报平安的行为没有实际协助抓获陈某的作用,不属于协助抓捕表现。侦查机关是通过技侦手段确定被告人陈某临时藏匿处并将陈某抓获。综上所述,**被告人蔡某不具有协助司法机关抓捕同案犯的表现,不应认定具有重大立功表现。量刑时予以酌情从轻处罚。**

一审阶段,检察机关认为:蔡某交代的陈某的电话、地址均是其本应该交代的犯罪事实的一部分,因此,不属于立功。

笔者认为:如果没有蔡某提供的陈某的电话号码,公安机关不可能及时抓获陈某,如果没有蔡某的指认,公安机关也不能确认抓获的人就是陈某。一审法院认为蔡某没有实际协助抓获陈某,当时蔡某已被采取了强制措施,其是否能够带领公安人员前往抓捕,也不是他本人能够决定的,因此客观地说,蔡某提供陈某电话、地址并打电话给陈某报平安,在陈某被抓获前就通过照片辨认出提供毒品的人就是陈某,而且据提审,陈某交代了当时海关人员到他住的东方巴黎某室时,其听到敲门声就从浴室的窗户逃走,而这个住处正是蔡某交代的,由于海关人员的办案疏忽,没有将陈某逮住,因此,**蔡某的这些行为已经对公安机关抓获陈某起到了协助作用,应当认定为立功,而且蔡某协助司法机关抓获的是重大犯罪的同案犯,应当认定为重大立功表现。**一审法院的认定是不妥当的。

2. 方某的立功问题

方某被海关缉私局抓获后,于2006年9月3日交代了梁某非法持有枪支、贩卖毒品的线索,2006年10月18日梁某被某区公安分局抓获时被当场搜查到两把枪,另其儿子处还有一把枪(2006年10月22日已由其儿子上交公安机关），经查三把枪均系梁某所有。**海关缉私局认为，方某虽然举报了梁某，但是梁某被抓不是缉私局提供的线索，而是公安机关在办案中自行查获的。**一审法院、检察院据此也没有认定方某立功。

　　笔者认为：本案存在这么一个情节，据向海关人员了解，方某交代了梁某非法持有枪支和贩卖毒品，并提供了电话号码、住址等情况后，他们没有将线索移交给有管辖权的相关公安机关侦查。根据《公安机关办理刑事案件程序规定》的规定，对于发现的犯罪线索，公安机关应当迅速进行审查。经过审查，认为有犯罪事实，但不属于自己管辖的案件，应当在24小时内，移送有管辖权的机关处理。因此海关缉私局应该将不属于自己管辖的线索移交相关公安机关侦查，最少应该通报一下。另外，要构成立功必须具备查证属实，而本案方某举报的梁某非法持有枪支的犯罪事实也已经查证属实，只是不是接受举报的机关查证，而是其他机关查证，能否认定立功，确有争议。笔者认为从**鼓励犯罪人举报的角度出发，作为一种导向，还是有必要认定方某的行为构成立功**。因为，方某举报的情况确实是属实的，而且办案机关本身存在过失，不能因为办案机关的过失而要求被告人承担由此产生的不利的后果，这显然不公平。因此，认定方某构成立功利大于弊。

16 毒品上诉案件，二审法院能否增加认定一审法院没有认定的事实

 疑难问题

司法实践中，一审法院经审理后认为，公诉机关指控的部分犯罪事实清楚，证据确实、充分予以认定，对部分犯罪事实不清楚或者证据不足的指控事实不予认定。此种情况下，**如果被告人提起上诉，公诉机关未提起抗诉，二审法院能否增加认定该部分犯罪事实**，值得研究。由此，引出以下疑问：如何理解《刑事诉讼法》第233条"全面审查"，是仅限于一审法院认定的事实和适用法律全面审查，还是也可以对公诉机关起诉的全案事实和适用法律进行全面审查？出席法庭履行职务的检察机关，能否对全案全面审查？二审法院明知一审法院认定事实或罪名遗漏，能否增加认定？二审直接改判并增加了犯罪事实，尽管按照上诉不加刑原则没有加重刑期，是否还是剥夺了被告人对所认定增加事实的上诉权？

这些疑难问题，在司法实践中还在继续争论。

 破解思路

一、指导案例的主要观点

在上诉案件中，对于公诉机关指控但一审没有认定的事实，二审能否审理并予以认定的问题，《刑事审判参考》第105期第1131号案例对此作了详细的分析。

1. 该问题涉及二审程序的审理原则和审查范围。我国刑诉法其实已经对此作出了适当的限制，即二审应当对"一审判决认定的事实和适用法律"进

行审查。全面审查并不意味着二审程序的审查范围毫无边界。进一步来讲，对于一审判决没有认定的部分犯罪事实（抗诉案件除外），二审法院无须（或者不应当）进行审查，更不能追加认定该部分事实。

2. 将二审程序的审理范围限定于"一审判决认定的事实和适用法律"，符合二审程序的功能定位和相应的诉讼原则。如果二审法院审查一审未予以认定的部分犯罪事实，进而追加认定该部分犯罪事实，不仅未能为被告人提供法律救济，反而作出不利于被告人的认定，这显然与二审程序的法律救济功能相悖。

3. 为确保被告人的上诉权，刑诉法确立了上诉不加刑的基本原则。据此，对于被告人一方上诉的案件，二审法院追加认定一审未予以认定的不利于被告人的犯罪事实，即使最终并未加重被告人的刑罚，这种做法也有违上诉不加刑原则的基本精神。

4. 此外，对于一审法院未予以认定的部分犯罪事实，检察机关并未提出抗诉，就表明检察机关对此并无异议。此种情况下，**对于原本不属于二审审查范围的事项，二审法院基于不告不理原则的基本精神，不应当主动审查并追加认定**。

在《刑事审判参考》第 105 期第 1131 号案例中，一审法院对起诉书指控付某运输 274.61 克甲基苯丙胺片剂，从曾某处查获的 363.59 克甲基苯丙胺片剂系上诉人曾某平委托曾某保管的事实没有认定。经审理，某省高级人民法院认为一审判决对该两节事实未予认定是错误的，应予纠正，并做了追加认定。该案曾某平被二审维持死刑判决，报请最高人民法院核准。最高人民法院经审理认为第二审判决纠正第一审判决的两节事实的认定是错误的，依法对该两节事实不予认定，并对事实作出改判。同时，对曾某平以贩卖、运输毒品罪判决核准死刑。

二、关于这个问题主要的法律依据

1. 《刑事诉讼法》第 233 条第 1 款的规定，第二审人民法院应当就第一审判决认定的事实和适用法律进行全面审查，不受上诉或者抗诉范围的限制。

2. 《刑事诉讼法》第 237 条明确规定，第二审人民法院审理被告人或者他的法定代理人、辩护人、近亲属上诉的案件，不得加重被告人的刑罚。第二审人民法院发回原审人民法院重新审判的案件，除有新的犯罪事实，人民检察院补充起诉的以外，原审人民法院也不得加重被告人的刑罚。

三、分歧意见

此类案件应如何处理，有不同意见：

第一种意见认为，对类似案件，二审法院经审查认为，现有证据足以认定一审未予认定相关的犯罪事实，可以直接改判，但不加重刑期；

第二种意见认为，二审法院不直接追加认定事实，待该案终审后，启动审判监督程序；

第三种意见认为，尽管我国法律并未明确规定一事不再理原则，但对于一审未予认定的犯罪事实，在被告人提出上诉且检察机关未提出抗诉的情况下，也不宜启动审判监督程序。

四、实务分析

笔者同意第一种意见。首先需要厘清以下五个问题：

1. 如何理解《刑事诉讼法》第 233 条"全面审查"，是仅限于一审法院认定的事实和适用法律全面审查，还是也可以对全案的事实和适用法律进行全面审查？

二审上诉案件，二审法院审理不应局限于上诉理由，这一点比较好理解。但是否能够超出一审法院认定事实，比如起诉书指控而一审法院没有认定，检察机关也没有抗诉，二审法院审理的范围是否只能是一审法院认定的事实，笔者认为，本着实事求是的观点，二审法院作出的判决必须是建立在犯罪事实和证据基础上的，而不是建立在一审法院认定的事实基础上。基于这样的考虑，**二审法院全面审查的含义，应当包括全案的证据以及检察机关起诉书指控的内容，也就是在起诉书指控的事实的基础上的全面审查，而不应拘泥于一审判决认定的事实。**

2. 出席法庭履行职务的检察机关，能否对全案全面审查？

退一步说，即使二审法院按照法条字面上的理解，只能就一审法院认定的事实和法律适用进行审查，那么刑诉法也没有要求检察机关只能就一审判决认定事实和适用法律进行全面审查。**检察机关作为法律监督机关，发现错误的判决，尽管下级检察机关没有抗诉，存在过错，也不能熟视无睹，当然应当本着实事求是的原则提出纠正意见。**

3. 二审法院明知一审法院认定事实和罪名遗漏，能否增加认定？

基于上述分析，二审法院对于**遗漏的犯罪事实以及罪名是可以增加认定的**。前提是**基于起诉书有指控，一审法院没有认定的部分。**

4. 尽管二审直接改判了事实，没有加重刑期，但是否还是剥夺了被告人对增加事实的上诉权？

这个理由，是阻却二审追加认定事实的最强有力的依据，也是激烈争论的焦点问题。确实，二审直接增加了一审法院没有认定的犯罪事实，该判决属于终审判决，被告人无法再行上诉，好像是影响了被告人的上诉权。但考虑到二审法院并没有加重被告人的刑罚，被告人也得到了实惠，并没有造成被告人实际权利的损失。即使就该节增加的事实予以上诉被采纳，也没有影响到对其他影响量刑事实的认定。

5. 还有一种情况，如果二审期间发现了足以证明犯罪事实的新证据，二审法院不宜直接增加认定并加重刑罚，也不宜启动审判监督程序，而是应当等到该案终审发生法律效力后，由检察机关就新发现的事实提起公诉。

综上分析，这里实际上是价值取向的问题。一个是实事求是，根据事实和证据依法作出客观全面的判决，一个是被告人上诉权的保障问题。这两种冲突导致争论的持续不休。解决这个问题的关键还是通过修改现有法律的规定。笔者建议将《刑事诉讼法》第233条第1款修改为："第二审人民法院应当就第一审公诉机关起诉书指控的犯罪事实和适用法律进行全面审查，不受上诉或者抗诉范围的限制。"只有这样，才不仅能够防止冤假错案的发生，也能最大限度的防止放纵犯罪。

举案释疑

案例　吴某等人贩卖毒品案

基本案情

上诉人吴某，男，1956年出生。因涉嫌贩卖毒品罪，于2014年6月24日被刑事拘留，同年7月9日被逮捕。

上诉人廖某，男，1971年出生。因涉嫌贩卖毒品罪，于2014年6月21日被刑事拘留，同年7月9日被逮捕。

上诉人龚某，男，1976年出生。因涉嫌贩卖毒品罪，于2014年6月1日被刑事拘留，同年7月9日被逮捕。

原审被告人熊某，女，1988年出生。因涉嫌贩卖毒品罪，于2014年6月21日被刑事拘留，同年7月9日被逮捕。

一审法院认定：

1. 2014年间，被告人吴某向同案人罗某购买1000克甲基苯丙胺（冰毒）后，让李某开车到某地高速路边以每克25元贩卖给被告人廖某。

2. 2014年间，被告人吴某让李某开车到某地火车站附近小路以每克25元将713克甲基苯丙胺贩卖给被告人廖某。

3. 2014年5月间，被告人吴某与被告人廖某经商量欲以每克25元的价格交易2000克甲基苯丙胺，5月23日廖某汇款人民币39500元到吴某银行账户，由吴某向同案人罗某购买毒品，后因没有货，吴某未交付毒品。

4. 2014年5月12日，被告人廖某准备300克甲基苯丙胺交给被告人熊某，让熊某到某地与被告人龚某进行交易。次日熊某与司机汪某驾驶轿车达到某酒店门口，将250克甲基苯丙胺以15000元的价格贩卖给龚某。熊某回到广东后，将所得钱款和剩余毒品交给廖某。

5. 2014年5月间，被告人龚某将向廖某、熊某购得的甲基苯丙胺250克，用抵债600元方式贩卖2克冰毒给林某。同月22日，龚某被抓获，当场查获甲基苯丙胺17.46克。

6. 2014年6月20日，侦查人员在某地一出租房内抓获被告人廖某，当场查获甲基苯丙胺630克，后又在廖某位于另一地点的租住处查获甲基苯丙胺156克。

处理结果

某市中级人民法院审理吴某、廖某、熊某、龚某犯贩卖毒品罪一案，于2016年6月17日作出一审判决。宣判后，四被告人不服提出上诉。省高级人民法院受理后，于2016年9月29日作出撤销原判、发回重审的裁定。某市中级人民法院另行组成合议庭，于2017年9月29日作出一审判决。宣判后，被告人吴某、廖某、龚某不服，提出上诉。

一审法院认为，被告人吴某、廖某、熊某、龚某明知是毒品而予以贩卖，其中：被告人吴某贩卖甲基苯丙胺3713克，未遂2000克；被告人廖某单独或伙同熊某贩卖甲基苯丙胺1713克；被告人熊某伙同被告人廖某贩卖甲基苯丙胺250克；被告人龚某贩卖甲基苯丙胺250克，四被告人的行为均已构成贩卖毒品罪。鉴于本案系发回重审案件，原刑事判决书认定廖某贩卖毒品的数量为1036克、龚某贩卖毒品的数量为22.46克，据此就低认定被告人廖某、龚某贩卖毒品的数量为1036克、22.46克。

一审法院根据四被告人的犯罪事实、情节和对社会的危害程度，依法判决：被告人吴某犯贩卖毒品罪，判处无期徒刑，剥夺政治权利终身，并处没收财产人民币8万元；被告人廖某犯贩卖毒品罪，判处无期徒刑，剥夺政治权利终身，并处没收财产人民币3万元；被告人熊某犯贩卖毒品罪，判处有期徒刑

15 年，并处没收财产人民币 1 万元；被告人龚某犯贩卖毒品罪，判处有期徒刑 15 年，并处没收财产人民币 1 万元。

二审法院对一审法院认定的事实予以确认，但就廖某、龚某贩卖毒品的数量采纳了检察机关出庭检察员的意见。

检察员认为，原判依照发回重审前的一审判决，就低认定廖某贩卖毒品的数量为 1036 克、龚某贩卖毒品数量为 22.46 克，缺乏事实和法律依据，建议二审法院基于上诉不加刑原则，依据查明的事实予以纠正。

二审法院采纳了检察机关的意见，认为起诉书指控廖某从吴某处购得的甲基苯丙胺 1713 克，龚某贩卖毒品数量 250 克的犯罪事实清楚，一审也已查明认定，按照《全国法院毒品犯罪审判工作座谈会纪要》的规定，应当按照廖某、龚某购买毒品的数量认定其贩卖毒品的数量。认定吴某贩卖甲基苯丙胺 3713 克；廖某单独或伙同熊某贩卖甲基苯丙胺 1713 克；熊某伙同廖某贩卖甲基苯丙胺 250 克；龚某贩卖甲基苯丙胺 250 克，均属数量大。原判认定事实清楚，证据确实、充分，定罪准确，量刑适当，审判程序合法，裁定驳回上诉，维持原判。

争议焦点

关于廖某、龚某贩卖毒品的数量，是发回重审后的一审判决已经查实的 1713 克、250 克，还是发回重审之前的一审判决错误认定的数量 1036 克、22.46 克；发回重审的案件，被告人再次上诉的，二审法院能否追加认定一审法院未认定的犯罪事实，存在不同意见。

实务评析

该案二审期间，在检察机关内部也存在两种意见。

一种意见认为**二审上诉案件，应当全面审理，发现一审判决错误的认定，应当依法纠正**，只有这样，才符合实事求是的要求。

另一种意见认为，**鉴于上诉不加刑原则，一审判决认定的事实，在检察机关没有抗诉的情况下，二审法院不宜增加认定**。

经过研究，大多数同志认为应当本着实事求是的精神，向二审法院提出纠正意见，要求二审法院作出实事求是的认定，但考虑上诉不加刑，在刑期上，建议驳回廖某等人上诉，维持原判。

笔者同意第一种意见，理由如下：

1. 主要还是考虑不管是一审还是二审判决，所依据的应当是已查明的犯罪事实，应查清事实，正本溯源，还原案情真相。这是前提，不能眼见错误的认定，还要予以确认。

2. 上诉不加刑，并没有规定上诉不能改变事实认定，并没有禁止对错误的事实认定进行纠正。

3. 二审判决认定的事实应当基于犯罪事实和证据基础上，而不是基于一审错误判决上。二审判决委曲求全地与错误的一审判决保持一致，这不符合实事求是的法治理念。

综上分析，二审法院依法纠正了一审法院认定的事实，并作出驳回上诉，维持原判的意见是正确的。

Part 6

经济犯罪检察疑难问题

1 恶意透支话费行为如何定性

 疑难问题

恶意透支话费行为是民事欺诈行为，还是犯罪行为？如构成犯罪，是认定诈骗，还是盗窃或是合同诈骗罪？司法实践中，争议较大，值得研究。

 破解思路

合同诈骗罪是指以非法占有为目的，在签订、履行合同过程中，采取虚构事实或者隐瞒真相等欺骗手段，骗取对方当事人的财物，数额较大的行为。根据我国《刑法》第224条之规定，本罪的诈骗行为表现为下列五种形式：

1. 以虚构的单位或者冒用他人名义签订合同的。

2. 以伪造、变造、作废的票据或者其他虚假的产权证明作担保的。这里所称的票据，主要指能作为担保凭证的金融票据，即汇票、本票和支票等。所谓其他产权证明，包括土地使用权证、房屋所有权证以及能证明动产、不动产的各种有效证明文件。

3. 没有实际履行能力，以先履行小额合同或者部分履行合同的方法，诱骗对方当事人继续签订和履行合同的。

4. 收受对方当事人给付的货物、贷款、预付款或者担保财产后逃匿的。

5. 以其他方法骗取对方当事人财物的。这里所说的其他方法，是指在签订、履行经济合同过程中使用的上述四种方法以外，以经济合同为手段，以骗取合同约定的由对方当事人交付的货物、贷款、预付款，或者定金以及其他担保财物为目的的一切手段。

行为人只要实施上述一种诈骗行为，便可构成本罪。

· 401 ·

笔者认为，在现有法律框架下，恶意透支话费以合同诈骗罪认定较为妥当，具体理由见"实务评析"部分。

举案释疑

案例　林某合同诈骗案

基本案情

被告人林某，男，1976年出生，初中文化，某电子商务有限公司总经理。

2004年年底，被告人林某得知移动公司的计费系统存在漏洞，无法将正在通话中的欠费号码停机，遂预谋从中牟利。2005年3月，被告人林某为能大规模地进行话费恶意透支而成立某电子商务有限公司，隐瞒了其欲非法占有电信资产的目的，购买了大量的手机SIM卡及手机，雇用他人以拨打声讯台、短信群发等方法进行恶意透支，利用透支的话费换取游戏货币、游戏点卡等，并在淘宝网上低价销售，从中牟利，造成中国移动有限公司被恶意透支话费652923元人民币。

处理结果

本案在审查起诉阶段形成不同的意见，经检察委员会研究，检察机关认定，林某等人构成诈骗罪移送法院，一审法院认定林某等人构成合同诈骗罪，判处林某有期徒刑5年。

争议焦点

恶意透支话费应当如何认定。

实务评析

本案在审查起诉阶段，产生四种分歧意见：

第一种意见认为应以民事欺诈定案，不以刑法调整，不构成犯罪。理由是：（1）移动公司有制定关于欠费的救济条款，规定欠费将按情况被停机、收回号码或缴纳违约金。即移动公司可以通过民事法律的途径追缴欠费和违约金，故本案应适用相关的民事法律调整。（2）本案的服务合同即某移动公司客服协议，系移动公司单方面提供并用于针对不特定用户重复使用的合同条款，系格式条款，用户只能被动接受并受约束，透支话费行为也是用户在接受格式条款之后享有的合同权利，故恶意透支话费实质上构成民事违约。（3）因本案客观方面不存在虚构事实或隐瞒真相的手段，故不符合诈骗类犯罪的构成特征；且因被告人的恶意透支行为是在移动网络的监控之下，故也不符合盗窃罪的客观构成要件。

第二种意见认为被告人构成诈骗罪。理由是：主观上非法占有目的明确，客观上虽然不是以虚假、冒用的身份证登记入网，而是以无记名方式购卡入网，但其实质仍是一种隐瞒真相的欺骗行为，表现在其购卡并非正当或正常的用户消费行为，而是隐瞒了其恶意欠费获取虚拟货币再销售牟利这一真相目的，且利用 SIM 卡系无记名取得，某移动公司难以追缴欠费，故意造成被害人巨额资费损失 65 万多元，其行为已从民事欺诈转化为刑事诈骗，故该行为较之使用虚假、冒用身份证登记入网造成资费损失的社会危害性有过之而无不及，也符合诈骗罪的主客观要件。

第三种意见认为构成盗窃罪，理由是：（1）从主观方面来看，被告人利用发现的通信漏洞恶意造成电信资费损失，变相占有电信资费，主观上具有明显的非法占有目的，而非普通的善意透支，因此符合侵犯财产类犯罪的主观要求。（2）从客观方面来看，盗窃罪和其他侵犯财产犯罪的主要区别就在其犯罪手段具有秘密性，即以不为人知或自以为不为人知（包括行为时或行为后短时间内不为人知）的手段实现财物的直接或变相占有。本案被告人利用其发现的某移动公司系统漏洞，使用大量的无记名号码卡，以自以为不为人所迅速察觉的方式恶意占有电信资费，因此基本符合刑法关于盗窃罪的定罪要求。（3）从犯罪对象方面来看，被告人的行为造成某移动公司 65 万多元的电信资费损失，根据有关盗窃及前述扰乱电信市场的相关司法解释，电信资费能够成为盗窃、诈骗犯罪的犯罪对象。如实践中常见的盗打他人电话，造成资费损失数额较大的以盗窃进行认定。

第四种意见认为应以合同诈骗罪认定。

意见分析

我们先来分析前三种意见。

第一种民事欺诈的意见不能成立，合同诈骗罪也往往同民事欺诈行为交织在一起，但是二者也有明显的区别，主要表现在以下几个方面：

1. **主观目的不同**。民事欺诈是为了用于经营，借以创造履行能力而为欺诈行为以诱使对方陷入认识错误并与其订立合同，希望通过实施欺诈行为获取对方的一定经济利益，而合同诈骗罪是以签订经济合同为名，达到非法占有公私财物的目的。

2. **欺诈的内容与手段不同**。民事欺诈有民事内容的存在，即欺诈方通过商品交换，完成工作或提供劳务等经济劳动取得一定的经济利益。而合同诈骗罪根本不准备履行合同，或根本没有履行合同的实际能力或担保。合同的民事欺诈一般无须假冒身份，而是以合同条款或内容为主，如隐瞒有瑕疵的合同标的物，或对合同标的物质量作虚假的说明和介绍等；而合同诈骗罪的行为人是为了达到利用合同骗取财物的目的，总是千方百计地冒充合法身份，如利用虚假的姓名、身份证明、授权委托书等骗取受欺诈方的信任。

3. **欺诈财物的数额不同。**

4. **欺诈侵犯的客体不同。** 民事欺诈的客体是双方当事人在合同中约定的权利义务关系，如欺诈方骗来的合同定金、预付款等，都是合同之债的表现物；而合同诈骗罪侵犯的客体是公私财物的所有权，作为犯罪对象的公私财物始终是物权的体现者。

5. **欺诈的法律后果不同。** 民事欺诈是可撤销的民事法律行为，当事人可请求撤销。若当事人之间发生争议，引起诉讼，则由民事欺诈方对其欺诈行为的后果承担返还财产、赔偿损失的民事责任，而合同诈骗罪是严重触犯刑律，应受刑罚处罚的行为，行为人对合同诈骗罪的法律后果要负担双重的法律责任，不但要负刑事责任，若给对方造成损失，还要负担民事责任。

6. **欺诈适用法律不同。** 民事欺诈虽在客观上表现为虚构事实或隐瞒真相，但其欺诈行为仍处在一定的限度内，故仍由民法规范调整；而合同诈骗罪是以非法占有他人公私财物为目的，触犯刑律，应受到刑罚处罚，故由刑法规范调整。

结合本案，**本案显然不属于民事欺诈**，理由如下：

1. 移动公司可以通过民事救济进行维权，不能必然推导出所涉案件属于民事纠纷的结论。

2. 移动公司授予客户善意透支的权利，但不等于移动公司会允许和纵容利用系统漏洞恶意占有资费的情况，因为这种非正常的欠费已严重背离了其设立善意透支规则的初衷，是客户对透支权利的滥用，当这种滥用所导致的对公私财产权的侵犯累积到一定程度时，就可能要运用刑法对其进行规制。

3. 被告人实施的是恶意透支话费，换取游戏货币、游戏点卡等，并低价销售，从中牟利的行为，显然与单纯的透支话费的行为不同，具有明显的社会危害性。

第二种诈骗罪的意见也不能成立，合同诈骗罪也是一种具体的诈骗犯罪，**其与诈骗罪是特殊与一般的关系**，它们的区别主要表现在以下几个方面：

1. **侵犯的客体不同。** 诈骗罪只侵犯财产所有权，是单一客体，而合同诈骗罪既侵犯他人的财产权利，同时又侵犯合同行为管理制度。

2. **犯罪客观方面表现不尽相同。** 诈骗罪可以表现为虚构任何事实或隐瞒真相，以骗取财物；合同诈骗罪只是在经济合同的签订、履行过程中，因而欺诈手段有特定范围的特殊性。

3. **犯罪主体不尽相同**。诈骗罪限于自然人主体；合同诈骗罪主体包括单位，且是任何单位。

4. **合同诈骗罪与诈骗罪属于法条竞合，应当遵循特别法优于一般法的原则**。

本案被告人主观上非法占有的故意虽然明确，但客观方面，其购卡入网、获取虚拟货币进行销售的行为在一定程度上均是移动公司所允许，在移动公司的客户服务协议中也得到体现，故客观方面被告人并未采用虚构事实或隐瞒真相的手段。

从最高法的解释来看，"以虚假、冒用的身份证办理入网手续并使用移动电话，造成电信资费损失数额较大的"，才以诈骗罪定罪处罚。该解释明确强调了手段上必须具备明显的欺骗性，因而本案被告人的行为不符合该解释定罪处罚的要求。

另外本案与恶意透支型信用卡诈骗罪在特征上相当接近，法律规定其若恶意透支牟取利益则可构成信用卡诈骗罪。但对恶意透支话费如何定罪，法律没有明确规定。因此，本案不能认定为诈骗罪。

第三种定盗窃罪的意见同样不能成立，理由是：盗窃犯罪的一个重要的特征是秘密性，即手段具有隐蔽性。当然，对盗窃罪是否必须采取秘密手段，刑法理论界存在争论，刑法通说等法学著作均认为，盗窃罪是指以非法占有为目的，采取秘密手段窃取他人财物，但毕竟刑法条文当中并没有这样的表述。笔者认为，盗窃罪的重要特征还是体现在秘密性，但不应作为犯罪构成必不可少的要件。本案中，**被告人的连续恶意透支行为是在移动电脑网络的监控之下，因此本案被告人的透支行为在进行时在一定程度上是为移动所知晓的，不符合盗窃罪的犯罪特征**。

笔者同意第四种定合同诈骗罪的意见。笔者认为，被告人明知移动公司对正在通信中的用户欠费不会"适时"停机，而隐瞒其并非真正合法使用手机的主观故意，利用小额履行合同的方式，骗取对方继续履行合同从而达到非法占有财产的目的，在现有法律框架下，以合同诈骗罪认定较为妥当。

本案被告人主观上非法占有目的明确，客观上，被告人购卡入网时，某移动公司客户服务协议明确了双方的权利义务，为重复使用的针对不特定多数人的格式合同，虽然并无要求被告人在该协议上签名，但购卡之后用卡之时，即视为合同的生效。而在该合同的履行过程中，被告人恶意透支欠费，故意造成电信资费重大损失，属于利用小额履行合同的方式（即在明知所剩话费不多的情况下，仍长时间通话），骗取对方继续履行合同从而达到非法占有财产的目的，符合《刑法》规定的合同诈骗罪的情形。

2 诈骗租赁汽车案件如何定性

 疑难问题

近几年,随着市场经济的繁荣和人民生活水平的提高,个人用车的需求不断增大,汽车租赁行业也逐渐兴起。由于这一行业属于新兴行业,管理不规范,且存在无序竞争、恶性竞争,一些经营者为了争夺客户,往往降低租赁门槛,这给了不法分子以可乘之机。**一些犯罪分子,使用虚假的证件,租赁汽车后予以销售,牟取暴利。**由于犯罪分子向汽车租赁公司租车时,往往会提供完备的手续,按时交付租金制造假象,使汽车租赁公司产生麻痹思想。被害人只有等到犯罪分子许久未续交租金且无法联系时,才会发觉上当。甚至有些犯罪分子还一直与汽车租赁公司保持联系,并以没钱为由拖延还车时间,给其销赃和逃跑赢得时间。**这导致了此类犯罪的隐蔽性和长期性,一定程度上贻误了侦查破案的有利时机,造成该类案件发生后,很难及时得到侦破。**

另外这类犯罪,犯罪分子往往实施了多种行为,比如犯罪嫌疑人在同汽车租赁公司签订合同的过程中,以先行给付汽车租赁公司租金、提供伪造的身份证件等方式,骗取信任后再将车骗走;犯罪嫌疑人将从汽车租赁公司骗来的车辆,通过伪造相关证件,骗取民间借贷者抵押金;犯罪嫌疑人伪造身份证件或行驶证等相关证明车辆来源的公文、证件去质押、典当、出售车辆。这其中涉及合同诈骗、诈骗罪、伪造居民身份罪和伪造买卖国家机关证件罪。司法实践中,**如何对骗取租赁汽车的案件准确定罪?是合同诈骗罪还是普通诈骗罪?对犯罪数额如何认定?**是按照所有被骗车辆经过价格鉴定后的金额总和,还是按照犯罪嫌疑人抵押、出售所有被骗车辆后所取得的金额总和,或是按照犯罪嫌疑人给汽车租赁公司、被抵押借款人造成的直接经济损失的总和?**对涉案车辆如何妥善处理?**能否适用善意取得的原则?若不能,则如何妥善处理,既保障各方当事人的合法权益,又不至于引发其他的纠纷和矛盾?这些问题,在办案过程中一直存在着较大争议。

破解思路

犯罪嫌疑人在同汽车租赁公司签订合同的过程中，以提供伪造的他人身份证与汽车租赁公司签订租车协议，并给付一定租金，骗取信任后再将车开走，而后通过伪造相关证件，通过民间借贷者抵押金或者质押、典当、出售车辆的行为变现，这种行为**应当认定合同诈骗罪**。根据《刑法》第 224 条合同诈骗罪的规定，该种情形符合以非法占有为目的，在签订、履行合同过程中，冒用他人名义签订合同，骗取对方当事人财物的行为。其主观上具有非法占有的目的，通过这种方式骗来车辆后以出售等方式变现；客观上该行为符合合同诈骗罪的罪状表述，且金额也达到了定罪起点，应当认定为合同诈骗罪。至于犯罪嫌疑人抵押车辆骗取财物的行为，是合同诈骗犯罪后处理赃物的后续行为，被合同诈骗罪吸收，属于重行为吸收轻行为。比如盗窃后销赃的行为，还是认定盗窃罪，至于如何处理财物，是自用还是销赃还是赠与他人，都不影响盗窃罪的成立。

对于为了骗取租赁的车辆，伪造身份证件或者为了将诈骗来的车辆抵押而伪造身份证件或其他国家机关公文、证件、印章的，属于**刑法理论上的牵连犯**。刑法总则没有明文规定牵连犯的概念与处罚原则，刑法理论一般认为，对于牵连犯应从一重处罚或从一重从重处罚。刑法分则对牵连犯表现出不同的态度：分则条文对大多数牵连犯的处罚没有做出明文规定，有的条文规定对牵连犯从一重处罚；有的条文对牵连犯规定了独立的较重法定刑；有的条文规定对牵连犯实行数罪并罚。目前，对于牵连犯的处罚原则，刑法理论还没有形成一致认识。司法实践中的一般做法是，**在刑法没有特别规定的情况下，对牵连犯施行从一重处罚的原则**。对于伪造身份证件或公文、印章骗取租赁车辆的，认定合同诈骗罪较为适宜。

举案释疑

案例　陈某合同诈骗案

基本案情

被告人陈某伙同他人先后向某县"阿财车行""秋荣车行"等车行和黄某等人，以每天 200—450 元的价格共租用雅阁、别克等 12 辆中高档轿车。之后，被告人陈某等人通过找人伪造车主行驶证、身份证等手段，编造各种急需用钱的借口，将其中 10 辆车以 2 万—9 万元的价格抵押给徐某等人，而后将所得赃款挥霍。

处理结果

检察机关认定被告人陈某犯诈骗罪起诉法院，一审法院认定陈某犯合同诈骗罪，判处有期徒刑 13 年。

实务评析

1. 关于本案的定性

根据刑法对于合同诈骗的规定，本案被告人陈某以冒用他人名义签订汽车租赁合同，事后伪造身份证件，编造各种需要用钱的理由，将骗来的车辆抵押套现，主观上具有非法占有的目的，客观上具有了合同诈骗的行为，且诈骗的金额巨大，陈某的行为应当认定为合同诈骗罪。

2. 认定数额问题

要分为两个方面，如鉴定数额高于抵押数额的，以鉴定数额认定，如抵押数额更高的，以抵押数额认定合同诈骗的数额。比如盗窃汽车后将汽车销赃，盗窃数额当然是被盗窃汽车的数额，至于销赃数额，如果销赃数额高于鉴定数额的，按照销赃数额认定，这是有司法解释依据的。结合本案，也可以参考上述规定。

3. 对于涉案车辆的处置

本案的侦查机关处理很好。如被害人有证据显示被骗的，可以通过协商解决，根据物权法规定，善意取得的人员可留置动产优先受偿，因此，可以两种方式，一是由租赁公司收回车辆，偿还抵押借款人借款金额；二是如协商不成，也可以拍卖后，优先受偿，剩余金额返还租赁公司，租赁公司的损失向被告人追偿。

3 非法经营罪"其他严重扰乱市场秩序的非法经营行为"如何界定

 疑难问题

《刑法》第225条非法经营罪,对未经许可经营专营、专卖物品或其他限制买卖的物品的;买卖进出口许可证、进出口原产地证明以及其他法律、行政法规规定的经营许可证或者批准文件的;未经国家有关主管部门批准,非法经营证券、期货或者保险业务的,或者非法从事资金支付结算业务的认定为非法经营罪。同时第4项规定了"其他严重扰乱市场秩序的非法经营行为"。

司法实践中,发现了随意认定非法经营罪的现象,有的地方对只要违反国家规定的、未经批准的行为都以非法经营罪定罪,非法经营罪有成为新的"口袋罪"的趋势。为了防止非法经营罪成为新的口袋罪,最高人民法院下发了《关于准确理解和适用刑法中"国家规定"的有关问题的通知》,要求各级人民法院审理非法经营犯罪案件,要依法严格把握《刑法》第225条第4项的适用范围。对被告人的行为是否属于《刑法》第225条第4项规定的"其它严重扰乱市场秩序的非法经营行为",有关司法解释未作明确规定的,应当作为法律适用问题,逐级向最高人民法院请示。

截至2019年5月,最高人民法院、最高人民检察院等部门先后颁布了多部相关的司法解释,对《刑法》第225条第4项进一步补充,对"非法经营活动"作了进一步列举,这些规定对于具体适用该罪的定罪量刑起着重要作用,但是数量繁多。在办案当中,有时很难全面地查阅。笔者经多次查阅、检索、比对,对非法经营罪做了一个比较全面、系统的梳理,以期抛砖引玉。

破解思路

一、关于非法经营罪的梳理

1. 根据《刑法》第225条的规定，非法经营罪，是指违反国家规定，有下列非法经营行为之一的犯罪："（一）未经许可经营法律、行政法规规定的专营、专卖物品或其他限制买卖的物品；（二）买卖进出口许可证、进出口原产地证明以及其他法律、行政法规规定的经营许可证或者批准文件；（三）未经国家有关主管部门批准，非法经营证券、期货或者保险业务的，或者非法从事资金结算业务；（四）从事其他非法经营活动，扰乱市场秩序，情节严重的行为。"

2. 最高人民法院、最高人民检察院也颁布相关的司法解释，对《刑法》第225条第4项进一步补充，主要包括：

（1）全国人大常委会《关于惩治骗购外汇、逃汇和非法买卖外汇犯罪的决定》和最高人民法院《关于审理骗购外汇、非法买卖外汇刑事案件具体应用法律若干问题的解释》，对在国家规定的交易场所外非法买卖外汇、扰乱市场秩序的，以非法经营罪论处。（**非法买卖外汇**）

（2）最高人民法院《关于审理非法出版物刑事案件具体应用法律若干问题的解释》，对违反国家规定，出版、印刷、复制、发行严重危害社会秩序和扰乱市场的非法出版物，情节严重的，以非法经营罪论处。（**出版、印刷、复制、发行非法出版物**）

（3）最高人民法院《关于审理扰乱电信市场管理秩序案件具体应用法律若干问题的解释》，对擅自经营国际电信业务或涉及港澳台电信业务进行牟利活动，扰乱电信市场管理秩序，以非法经营罪论处。（**擅自经营电信或涉及港澳台电信业务**）

（4）最高人民法院《关于情节严重的传销或者变相传销行为如何定性问题的批复》（失效），对从事传销或变相传销活动，扰乱市场秩序，情节严重的，以非法经营罪论处。（**传销或变相传销**）

（5）最高人民检察院《关于非法经营国际或港澳台地区电信业务行为法律适用问题的批复》，对擅自经营国际或香港特别行政区、澳门特别行政区、台湾地区电信业务或涉及港澳台电信业务进行牟利活动，扰乱电信市场管理秩序，以非法经营罪论处。（**擅自经营国际或涉及港澳台电信业务**）

（6）"两高"《关于办理非法生产、销售、使用禁止在饲料和动物饮用水中使用的药品等刑事案件具体运用法律若干问题的解释》，对非法生产、销售盐酸克仑特罗等禁止在饲料和动物饮用水中使用的药品,扰乱药品市场秩序,情节严重的,以非法经营罪论处。(**非法生产、销售禁止在饲料和动物饮用水中使用的药品**)

(7)最高人民检察院《关于办理非法经营食盐刑事案件具体应用法律若干问题的解释》,对违反国家有关盐业管理规定,非法生产、储运、销售食盐,扰乱市场秩序,情节严重的,以非法经营罪论处。① (**非法生产、储运、销售食盐**)

(8)"两高"《关于办理妨害预防、控制突发传染病疫情等灾害的刑事案件具体运用法律若干问题的解释》,违反国家在预防、控制突发传染病疫情等灾害期间有关市场经营、价格管理等规定,哄抬物价、牟取暴利,严重扰乱市场秩序,违法所得数额较大或者有其他严重情节的,以非法经营罪定罪,依法从重处罚。(**特定时期哄抬物价、牟取暴利**)

(9)最高人民法院、最高人民检家院、公安部《关于依法开展打击淫秽色情网站专项行动有关工作的通知》对于违反国家规定,擅自设立互联网上网服务营业场所,或者擅自从事互联网上网服务经营活动,情节严重,构成犯罪的,以非法经营罪追究刑事责任。(**擅自设立网吧**)

(10)"两高"《关于办理赌博刑事案件具体应用法律若干问题的解释》,未经国家批准擅自发行、销售彩票,构成犯罪的,以非法经营罪定罪处罚。(**擅自发行、销售彩票**)

(11)最高人民法院、最高人民检察院、公安部、中国证券监督管理委员会《关于整治非法证券活动有关问题的通知》,任何单位和个人经营证券业务,必须经证监会批准,未经批准涉嫌犯罪的,以非法经营罪追究刑事责任。对于中介机构非法代理买卖非上市公司股票,涉嫌犯罪的,以非法经营罪追究刑事责任。(**未经批准经营证券业务**)

(12)"两高"《关于办理妨害信用卡管理刑事案件具体应用法律若干问题的解释》,违反国家规定,使用销售点终端机具(POS机)等方法,以虚构交易、虚开价格、现金退货等方式向信用卡持卡人直接支付现金,情节严重的,以非法经营罪定罪处罚。(**信用卡套现**)

(13)"两高"《关于办理非法生产、销售烟草专卖品等刑事案件具体应用法律若干问题的解释》,违反国家烟草专卖管理法律法规,未经烟草专卖行政

---

① 最高人民检察院《关于废止〈最高人民检察院关于办理非法经营食盐刑事案件具体应用法律若干问题的解释〉的决定》已于2020年2月19日由最高人民检察院第十三届检察委员会第三十三次会议通过,自2020年4月1日起施行。

主管部门许可，无烟草专卖生产企业许可证、烟草专卖批发企业许可证、特种烟草专卖经营企业许可证、烟草专卖零售许可证等许可证明，非法经营烟草专卖品，情节严重的，以非法经营罪定罪处罚。(**非法经营烟草专卖品**)

(14) 最高人民法院《关于审理非法集资刑事案件具体应用法律若干问题的解释》，违反国家规定，未经依法核准擅自发行基金份额募集基金，情节严重的，以非法经营罪定罪处罚。(**擅自发行基金**)

(15) "两高"《关于办理危害食品安全刑事案件适用法律若干问题的解释》，以提供给他人生产、销售食品为目的，违反国家规定，生产、销售国家禁止用于食品生产、销售的非食品原料，情节严重的，以非法经营罪定罪处罚。违反国家规定，生产、销售国家禁止生产、销售、使用的农药、兽药、饲料、饲料添加剂，或者饲料原料、饲料添加剂原料，情节严重的，依照前款的规定定罪处罚。实施前两款行为，同时又构成生产、销售伪劣产品罪，生产、销售伪劣农药、兽药罪等其他犯罪的，依照处罚较重的规定定罪处罚。(**生产、销售非食品原料及农药、兽药等**)

违反国家规定，私设生猪屠宰厂（场），从事生猪屠宰、销售等经营活动，情节严重的，以非法经营罪定罪处罚。(**私自从事生猪屠宰、销售活动**)

(16) 最高人民法院、最高人民检察院、公安部、农业部、食品药品监督管理总局《关于进一步加强麻黄草管理严厉打击非法买卖麻黄草等违法犯罪活动的通知》，依法查处非法采挖、买卖麻黄草等犯罪行为，违反国家规定采挖、销售、收购麻黄草，没有证据证明以制造毒品或者走私、非法买卖制毒物品为目的，以非法经营罪定罪处罚。(**非法采挖、销售、收购麻黄草**)

(17) "两高"《关于办理利用信息网络实施诽谤等刑事案件适用法律若干问题的解释》，违反国家规定，以营利为目的，通过信息网络有偿提供删除信息服务，或者明知是虚假信息，通过信息网络有偿提供发布信息等服务，扰乱市场秩序，情节严重的，以非法经营罪定罪处罚。(**从事有偿删帖或有偿提供发布信息等服务**)

(18) 最高人民法院、最高人民检察院、公安部、国家安全部《关于依法办理非法生产销售使用"伪基站"设备案件的意见》，非法生产、销售"伪基站"设备，以非法经营罪追究刑事责任。(**非法生产、销售伪基站设备**)

(19) 最高人民法院、最高人民检家院、公安部《关于办理利用赌博机开设赌场案件适用法律若干问题的意见》，以提供给他人开设赌场为目的，违反国家规定，非法生产、销售具有退币、退分、退钢珠等赌博功能的电子游戏设施设备或者其专用软件，情节严重的，以非法经营罪定罪处罚。(**非法生产、销售具有赌博功能的电子游戏设备或专用软件**)

(20) 最高人民法院《全国法院毒品犯罪审判工作座谈会纪要》，行为人出于医疗目的，违反有关药品管理的国家规定，非法贩卖上述麻醉药品或者精神药品，扰乱市场秩序，情节严重的，以非法经营罪定罪处。（**非法贩卖麻醉药品或精神药品**）

(21) 最高人民法院、最高人民检察院、公安部、司法部《关于依法惩治妨害新型冠状病毒感染肺炎疫情防控违法犯罪的意见》，在疫情防控期间，违反国家有关市场经营、价格管理等规定，囤积居奇，哄抬疫情防控急需的口罩、护目镜、防护服、消毒液等防护用品、药品或者其他涉及民生的物品价格，牟取暴利，违法所得数额较大或者有其他严重情节，严重扰乱市场秩序的，以非法经营罪定罪处罚。（**疫情防控期间哄抬物价**）

违反国家规定，非法经营非国家重点保护野生动物及其制品（包括开办交易场所、进行网络销售、加工食品出售等），扰乱市场秩序，情节严重的，以非法经营罪定罪处罚。（**非法经营非国家重点保护野生动物及其制品**）

二、关于"其他严重扰乱市场秩序的非法经营行为"的界定

笔者认为，最高法《关于准确理解和适用刑法中"国家规定"的有关问题的通知》很有必要。根据刑法"法无明文规定不为罪，不处罚"的基本原则，"其他严重扰乱市场秩序的非法经营行为"的认定应当严格按照法律明文规定进行，依法追究刑事责任。并且对于法律、行政法规或者司法解释关于其他非法经营行为的规定，应当不具有溯及力，否则，非法经营罪的范围将会被随意扩大。也就是说，要认定非法经营罪状第4项的，必须经过司法解释的规定，不能由司法机关随意来自行定义并追究刑事责任。

 举案释疑

案例1 朱某等4人非法经营案

基本案情

2012年7月初，朱某动起了贩卖病死猪肉赚钱的歪脑筋，与金某合计后，合伙收购、加工病死猪予以销售。该二人找来了赖某，要其负责收购的病死猪的屠宰和处理，并租用胡某的一间平房用作屠宰点。随后，朱某和金某开始在龙游、衢江等地农村大肆收购病死猪，通过熟人介绍和直接与生猪养殖户联

系，每天都有收购死猪，多的时候一天十几头，少的也有三四头，收购时还谎称收购的病死猪是用来喂鱼的。其收购的基本上都是三四百斤重、病死或者难产而死的母猪，未经检验，部分病死猪在收购时内脏已经发臭，收购价也低至200元一头。事后，该二人将死猪运到出租房内由赖某负责屠宰、加工死猪肉，而后又将切割好的死猪肉运至冷库进行冷冻待售。其间，胡某明知其被租用的房屋被用作非法的屠宰点，但仍为其提供场所。

2012年7月30日下午，某县商务局工作人员对该非法屠宰点进行突击检查，遂被查处。案发后，执法人员从上述犯罪嫌疑人设立的非法屠宰点及冷库内共查扣非法屠宰的死猪肉10055公斤，猪头217公斤，价格总计逾17万元。

处理结果

2013年8月7日，某县人民法院依法对该起案件进行审理后认为，朱某、金某、赖某、胡某违反法律规定，从事非法加工、销售病死猪肉等经营活动，严重扰乱了市场秩序，其行为均已构成非法经营罪，分别判处四名被告人有期徒刑8个月至2年，并处罚金8000元至20000元。

案例2　林某等3人非法经营案

基本案情

2011年3月，张某、牛某（均另案处理）筹划在某市租用一民宅作为屠宰及销售病死猪肉窝点，并于当年11月开始无证非法经营收购及销售病死猪肉。2012年3月，被告人林某、谭某分别投资3万多元加入合股非法经营。被告人李某则以个人名义承包鱼塘，作为屠宰及销售病死猪肉的窝点。销售病死猪肉所得利润按照每人入股的点数分成。张某、牛某负责到附近的养猪场收购病死猪和销售病死猪肉，谭某负责屠宰病死猪，林某负责收购、销售病死猪肉的统计及屠宰窝点日常生活支出的管理。2012年6月18日，某市公安局搜查该窝点，当场扣押一批屠宰生猪工具和约3800市斤已经屠宰好的病死猪肉、排骨等。经鉴定，被扣押的病死猪肉价值3万余元，已销售的猪肉价值4.8万元。经过对扣押的部分销售单据的统计，另查明被告人部分违法所得为5.2万余元。

处理结果

法院认为，被告人林某、谭某、李某无视国家法律，无证非法经营屠宰及销售病死猪、残猪生意，扰乱市场秩序，情节严重，三被告人的行为均已构成非法经营罪，依法应当追究刑事责任，判处被告人林某、谭某有期徒刑2年6个月，李某被判处有期徒刑2年，并各处罚金5.5万元。

实务评析

笔者认为,上述两个案例,都是发生在 2013 年 5 月"两高"《关于办理危害食品安全刑事案件适用法律若干问题的解释》出台之前,在当时,要认定生产、销售未经检疫的病死猪肉行为是否构成犯罪,构成何种犯罪,争议很大。实际处理结果也不尽相同。尽管销售未经产地检疫的生猪及其产品,严重损害了人民群众的身体健康,具有极大的社会危害性,应当将该种行为作为犯罪行为,纳入刑法调整的范畴,但遗憾的是,在 2013 年"两高"司法解释之前,依照当时的法律规定,要追究此类犯罪还有一定的障碍。

4 销售未经检疫的生猪及其生猪产品构成何罪

疑难问题

猪肉产品是我国肉类食品消费量最大的肉产品，为了确保肉产品的消费安全，国家出台了相关法律法规，实行了"定点屠宰，集中检疫"，规范了猪肉产品的检验与处理。国家规定对生猪进行的检验检疫，包括产地检疫和屠宰检疫，说明生猪在进入市场前必须进行检疫，以此来保证老百姓能吃上放心肉。

然而，随着屠宰加工和肉类销售的多元化，一些屠宰点与个体肉品经营者视国家法律法规和消费者安全于不顾，将病、死猪予以出售，严重损害了人民群众的生命财产安全。人民群众严惩此类行为的呼声日益强烈。但是，在司法实践中，司法机关对销售未经检验检疫猪肉是否构成犯罪，对此类案件如何定性等法律适用问题争议较大，认识不一。

2013年5月2日"两高"颁布的《关于办理危害食品安全刑事案件适用法律若干问题的解释》第12条规定，违反国家规定，私设生猪屠宰厂（场），从事生猪屠宰、销售等经营活动，情节严重的，依照《刑法》第225条的规定以非法经营罪定罪处罚。那么，**销售未经检疫的生猪及其生猪产品，是构成生产销售伪劣产品罪，还是构成非法经营罪？**未经检疫的生猪未必一定是伪劣产品，在已经销售而无法鉴定的情况下，要认定构成生产销售伪劣产品罪，也存在一定的困难。

破解思路

一、非法经营罪，生产、销售不符合安全标准的食品罪，生产、销售有毒、有害食品罪刑期处罚比较

1. 构成非法经营罪的，情节严重的，处5年以下有期徒刑或拘役；情节

特别严重的,处 5 年以上有期徒刑。

2. 生产、销售不符合安全标准的食品罪,构成犯罪的,处 3 年以下有期徒刑或拘役;造成严重危害或有其他严重情节的,处 3 年以上 7 年以下有期徒刑;后果特别严重的,处 7 年以上有期徒刑或无期徒刑。

3. 生产、销售有毒、有害食品罪,构成犯罪的,处 5 年以下有期徒刑;造成严重危害或者有其他严重情节的,处 5 年以上 10 年以下有期徒刑;致人死亡或者有其他特别严重情节的,依照《刑法》第 141 条生产、销售假药罪处理。

4. 生产、销售假药罪,构成犯罪的处 3 年以下有期徒刑或者拘役;造成严重危害或有其他严重情节的,处 3 年以上 10 年以下有期徒刑;致人死亡或者其他特别严重情节的,处 10 年以上有期徒刑、无期徒刑或者死刑。

二、实务分析

根据 2013 年 5 月 "两高" 颁布实施的《关于办理危害食品安全刑事案件适用法律若干问题的解释》第 12 条规定,违反国家规定,私设生猪屠宰厂(场),从事生猪屠宰、销售等经营活动,情节严重的,依照《刑法》第 225 条的规定以非法经营罪定罪处罚。实施前款行为,同时又构成生产、销售不符合安全标准的食品罪,生产、销售有毒、有害食品罪等其他犯罪的,依照处罚较重的规定定罪处罚。笔者以是否鉴定为标准,对两种情形做如下梳理:

1. 如生产、销售病死猪肉,还未流入市场,经鉴定属于不符合安全标准或者有毒有害的,那么可以根据犯罪情节,按照非法经营与生产销售不符合安全标准的食品罪,依照处罚较重的定罪处罚。

一般情况下,非法经营罪可以判处最高刑期是 15 年有期徒刑,和生产、销售不符合安全标准的食品罪、生产、销售有毒、有害食品罪相比较,非法经营罪的定罪更重些,那么一般情况下,该种情形以非法经营罪定罪处罚。

但是如造成特别严重后果的(不包含死亡结果),按照生产、销售不符合安全标准的食品罪,最高可以判处无期徒刑,那么这种情况下,可以认定为生产、销售不符合安全标准的食品罪。

如发生食用了生产、销售的病死猪肉造成死亡结果的,则应当认定生产、销售有毒、有害食品罪,最高可以依照刑法 141 条生产、销售假药罪判处死刑。

2. 如生产、销售的病死猪肉已经流入社会,销售结束,无法鉴定是否不符合安全标准,或者有毒、有害但没有造成特别严重后果,那么这种情况下认定非法经营罪。造成严重后果的,如致人死亡或大规模中毒事件的,这个时候非法经营罪最高刑有期徒刑 15 年，已不能满足处罚需要，可以按照处罚重的生产、销售有毒、有害食品罪，再依照生产、销售假药罪处罚，判处无期徒刑或死刑。

举案释疑

案例　黄某非法经营案

基本案情

自 2003 年以来，被告人黄某将收购的未经产地检疫的母猪贩卖给没有屠工证属私自屠宰的被告人陈某等人，销售总额计人民币 189 万元。其中被告人陈某收购黄某所卖的猪肉后，转卖他人，销售总额计人民币 184.8 万元。被告人黄某还在其自家中私自屠宰母猪，并将肉产品未经卫生检疫便销售给他人，销售总额计人民币 96 万元。

公诉机关指控被告人黄某、陈某犯销售伪劣产品罪，一审法院认为被告人黄某将收购的未经产地检疫的母猪贩卖给被告人陈某等人，其行为均已构成非法经营罪，公诉机关认定的犯罪事实清楚，证据确实充分，但指控罪名不当，认定非法经营罪，判处被告人黄某有期徒刑 8 年，并处罚金人民币 60 万元，被告人陈某有期徒刑 6 年，并处罚金人民币 30 万元。

争议焦点

销售未经产地检疫的生猪或生猪产品的行为是否构成犯罪以及构成何罪。

意见分歧

关于销售未经产地检疫的生猪及其产品的行为是否构成犯罪，构成何种犯罪，存在三种意见：

一是认为构成非法经营罪，理由是：根据《动物防疫法》第 25 条第 3 项的规定，依法应当检疫而未经检疫的动物或动物产品属于禁止经营的对象，而根据《动物检疫管理办法》第 10 条的规定，生猪出售前必须实施产地检疫。因此，行为人销售未经产地检疫的生猪的行为，已经违反了国家的规定，且行为人销售总额超过 5 万元，已严重扰乱了市场经济秩序，应认定为非法经营罪。

二是认为根据《刑法》的规定，伪劣商品犯罪的犯罪对象是伪劣商品，行为人所销售的未经产地检疫的生猪，可以视为伪劣产品，构成生产、销售伪

劣产品罪，理由是：

1. 被告人销售的未经产地检疫的生猪，不符合行政法规对猪产品质量规定的要求。根据《动物检疫管理办法》的规定，动物、动物产品出售或调运离开产地前必须实施产地检疫，行为人必须凭借产地合格证明方可收购、运输和屠宰动物，据此，未经产地检疫的生猪不得在市场销售，如果销售，其行为便违反了国务院行政法规的规定。

2. 被告人无产地检疫合格证而销售的行为，符合生产、销售伪劣产品罪"以次充好"的特征。根据司法解释，"以次充好"是指以低等级、低档次产品冒充高等级、高档次产品，或者以残次、废旧零配件组合、拼装后冒充正品或者新产品的行为，由于国家对生猪销售采取强制性产地检疫的措施，只有检疫合格的生猪产品方可在市场上销售，因此，销售者对市场上流通的生猪便具有默示担保的责任，也就是说，市场销售的生猪应当是合格产品，不能是不合格产品。如果行为人违反默示担保责任，销售未经产地检疫的生猪，便是欺骗普通消费者的信任，属于以低等级冒充高等级产品的行为。

三是认为不构成犯罪，理由是：

1. 行为人销售未经产地检疫的生猪的行为，虽然违反了国家的禁止性规定，但是，并没有侵犯刑法保护的法益，根据罪刑法定原则，其行为不适合以刑法调整，而应依照相关行政法规处以行政处罚。

2. 该行为不构成非法经营罪，因为在2013年5月"两高"司法解释实施之前，非法经营罪还没有包括生产、销售病死猪肉这种情况，行为人的销售行为，虽然在一定程度上扰乱了市场经济秩序，但其程度尚未使刑法保护的法益受到侵犯。

3. 该行为不构成销售伪劣产品罪，因为未经产地检疫的生猪，并不当然是劣质的产品，而且由于往往无法查获之前销售的生猪及生猪产品，也就无法鉴定该生猪或生猪产品是否合格，既然无法认定其是否属于劣质的不合格产品，也就无法认定构成销售伪劣产品罪。

实务评析

笔者认为，**首先应当排除销售伪劣产品罪**，结合本案，被告人黄某销售的未经产地检疫的生猪均已被销售，无一查获，也无法鉴定是否不符合食品卫生标准或要求。根据1995年10月30日颁布的《食品卫生法》第9条的规定，禁止生产经营的食品当中，包括未经兽医卫生检验或检验不合格的肉类及其制品、病死、毒死或者死因不明的动物及其制品。由于无法对已销售的生猪及产品进行鉴定，故无法确认销售的未经产地检疫的生猪及其产品属于伪劣产品。

其次，**要认定非法经营罪，在法律依据上也有一定的障碍**。非法经营罪，除了《刑法》第225条规定的三种情形外，虽然有兜底条款，即规定了"其他严重扰乱市场秩序的非法经营行为"，但不应该成为口袋罪，而是由司法解释予以规定的，才能认定为非法经营罪。但是，在当年，这些案件都按照非法经营罪判决，显然不太妥当。

笔者认为，**解决这个问题要通过"两高"出台相关司法解释**，只有这样，才能做到有法可依。司法实践中，法律的规定往往滞后于司法实务，而司法实务往往能推动立法。

5 担保人能否单独构成骗取贷款罪

疑难问题

骗取贷款罪与贷款诈骗罪不仅犯罪对象相同,而且主体要件相同,客体要件相近,客观要件相同。因此,在司法实务中稍有不慎就可能将此罪混淆为彼罪,导致错案发生。另外,在办理骗取贷款案件中,还发现了**贷款人不构成骗取贷款罪,而担保人提供了虚假的担保手续,能否单独构成骗取贷款罪**的疑难问题。

破解思路

一、区分贷款诈骗罪与骗取贷款罪的关键

骗取贷款罪是指以欺骗手段取得银行或者其他金融机构贷款,给银行或者其他金融机构造成重大损失或者有其他严重情节的行为。

贷款诈骗罪是指以非法占有为目的,编造引进资金、项目等虚假理由,使用虚假的合同、虚假的证明文件、虚假的产权证明作担保,超过抵押物价值重复担保或者以其他方法诈骗银行或者其他金融机构的贷款,数额较大的行为。

骗取贷款罪与贷款诈骗罪可能相互转化,甚至在案件性质上刑事可能转化为民事,民事可能转化为刑事。如行为人最初的动意是为了非法占有贷款,但在取得贷款以后将贷款用于正常的生产经营活动或者受到其他良好因素的影响,其当初的意图发生了变化,贷款期满即归还贷款,这种情形达到追究刑事责任数额标准或情节标准的,构成骗取贷款罪,未到刑事责任数额标准的,属民事欺诈性质。反之,行为人取得贷款之前没有非法占有的意图,但在取得贷

款后，用于非法活动或挥霍消费，客观行为表现出其主观上不愿归还贷款的情形，贷款期满后不予归还，达到数额较大的，构成贷款诈骗罪。

界定两罪的关键在于**主观要件，即是否以非法占有为目的**。贷款诈骗罪的目的不仅是骗取贷款，而且是非法占有贷款。而骗取贷款罪虽然也使用欺骗手段，但其目的是在不符合贷款条件的情况下取得贷款，不以非法占有为目的。

主观意识支配客观行动，客观行为反映主观意识。因此，**我们判断行为人主观上是否以非法占有为目的，不能只看其取得贷款的手段，更重要的是要看其取得贷款后对贷款如何处理的客观表现**。

如果行为人没有按贷款用途使用贷款，而是将贷款用于非法活动或者用于高风险投资，大肆挥霍贷款，携款逃匿，隐匿贷款去向，贷款到期后拒不归还等，可以考虑认定为以非法占有为目的，只要达到数额较大就构成贷款诈骗罪。反之，行为人没有前述行为表现，仅是采取了非法手段取得贷款，如果达到法定的数额标准或者情节标准，只能认定为骗取贷款罪。

二、定罪量刑之规定

骗取贷款罪是《刑法修正案（六）》在《刑法》第175条"高利转贷罪"之后增加的一条，作为该条之一所规定的"骗取贷款罪、骗取票据承兑罪、骗取金融票证罪"三个罪名之一，属新类型案件。该罪的增设填补了民事欺诈与贷款诈骗罪之间的空缺，使得合法贷款的保护扩大到三种情形，即民事欺诈行为、骗取贷款罪、贷款诈骗罪，逐级提高制裁程度，扩大了对破坏金融秩序行为的刑事制裁范围。

根据最高人民检察院、公安部《关于公安机关管辖的刑事案件追诉标准的规定（二）》，骗取贷款罪涉及下列情形的应予立案追诉："（一）以欺骗手段取得贷款数额一百万元以上的；（二）以欺骗手段取得贷款给银行或者其他金融机构造成直接经济损失二十万元以上的；（三）虽未达到上述金额标准，但多次以欺骗手段取得贷款的；（四）其他给银行或者其他金融机构造成重大损失或者有其他严重情节的。"

根据最高人民检察院、公安部《关于公安机关管辖刑事案件的立案追诉标准的规定》，贷款诈骗2万元以上应立案追诉。

此外，两罪的法定刑也不同。骗取贷款罪为两档，第一档为3年以下有期徒刑、拘役，并处罚金或者单处罚金；第二档为3年以上7年以下有期徒刑，并处罚金。

贷款诈骗罪为三档，第一档为5年以下有期徒刑或者拘役，并处2万元以上20万元以下罚金；第二档为5年以上10年以下有期徒刑，并处5万元以上

50 万元以下罚金；第三档为 10 年以上有期徒刑或者无期徒刑，并处 5 万元以上 50 万元以下罚金或者没收财产。

三、担保人能否单独构成骗取贷款罪

司法实践中，对于担保人与贷款申请人之间有共谋骗取贷款的，可以一并以共犯追究，这一点没有争议。争议焦点是**贷款申请人不存在骗贷的情况下，担保人能否单独构成骗取贷款罪的犯罪主体**。

关于担保人能否单独构成骗取贷款罪的主体问题，形成两种意见：一种意见认为，担保人不能单独认定为骗取贷款罪，贷款人是贷款的主体，如果贷款人没有骗取贷款的故意，即使担保虚假，也不能认定贷款人有主观故意，显然在贷款人不构成犯罪的情况下，皮之不存、毛将焉附，担保人也无法构成此罪；一种意见认为担保人可以独立成为骗取贷款罪的主体，因为，骗取贷款罪的法条并没有规定犯罪主体必须是贷款人，只规定一般主体，因此担保人身份也可以作为该罪的主体。

笔者个人观点是，**一般情况下不能单独追究担保人骗取贷款罪**，因为担保人不是贷款资金的使用者，贷款申请人才是。对贷款资金的用途及还贷情况，担保人无法触及，置银行放贷资金处于风险之中的主要还是贷款申请人。

只有在极个别的情况下，担保人可以单独成为骗取贷款罪的犯罪主体。如银行发放贷款完全是基于担保人的欺骗行为，担保人的虚假抵押进行骗贷行为与致使银行资金处于高度风险或者造成重大损失之间有直接因果关系，除了担保人提供虚假担保外，再无其他资产可供执行，而且只有担保人明知虚假担保，贷款人没有骗取贷款的故意，也不明知担保人的虚假担保行为，最后导致银行资金无法收回客观后果，这种情况下才可单独追究担保人骗取贷款罪。

还有一种情况，有人认为担保人是否使用贷款也是界定是否单独构成犯罪的依据。笔者认为，**担保人是否事先与贷款人约定一起使用贷款，并不影响担保人单独构成犯罪**，即使没有约定一起使用，也可能出于友情、亲情等因素，只要担保人明知自己的虚假担保行为可以帮助贷款人申请到贷款，最后因为贷款人无法履约无法还贷，而担保人的虚假担保也无法执行，造成了银行实际损失，那么就可以单独追究担保人的骗取贷款罪的刑事责任。如果没有导致银行资金无法收回，贷款人自己履约还贷了，那么担保人也不构成骗取贷款罪。

举案释疑

案例　林某骗取贷款案

基本案情

犯罪嫌疑人林某，1958年出生，系乙公司法定代表人、控股股东，同时系甲公司股东，2017年后担任法定代表人。

2014年5月28日，江西省甲公司向某银行南昌分行申请贷款1亿元，借款期限为12个月（续贷）。犯罪嫌疑人林某作为乙公司的法定代表人、控股股东，亲自到场为甲公司提供最高额连带担保（当时林某也是甲公司股东之一），此举并未经乙公司股东会或董事会决议。其中，林某提供的乙公司担保材料内容是真实的，但加盖的是其私刻的乙公司假公章。2014年8月22日甲公司无力还本付息，被某银行南昌分行起诉至法院，后经最高人民法院裁定，乙公司对该笔贷款承担连带赔偿责任，导致乙公司账户被冻结。为此，本案由乙公司其他股东在2017年6月28日向公安机关报案。2017年7月28日立案时甲公司尚欠银行上述资金。该贷款申请一共有丁公司提供的土地使用权抵押担保，乙公司和其他3家公司提供的最高额保证，林某等7人提供的最高额个人担保。

在公安机关侦查终结前，银行于2018年5月13日将上述债权以80881798.91元打包转让转给该银行资产管理股份有限公司。经公安机关补充侦查，提供最高额保证的公司之一丙公司已将160套房产价值1亿多元备案到银行名下，用于抵扣银行的1亿元的贷款。

处理结果

犯罪嫌疑人林某于2018年4月24日晚被抓获，2017年7月28日侦查机关以伪造公司、企业印章罪立案侦查。2018年7月31日侦查机关以林某涉嫌伪造公司印章罪、骗取贷款罪、诈骗罪向某区检察院移送审查起诉。2019年2月11日，某区检察院以林某涉嫌诈骗罪数额特别巨大改变管辖移送某市检察院。同月25日，某市检察院经审查后认为林某涉嫌诈骗罪事实不清、证据不足，将该案退回某区检察院办理。同年3月21日，某区检察院就林某是否构成骗取贷款等罪请示某市检察院决定。经研究，某市检察院批复林某的行为不构成骗取贷款等罪。

意见分歧

本案就林某是否构成骗取贷款罪,形成两种意见:

一种意见认为构成骗取贷款罪。主要理由:(1)骗取贷款罪没有要求犯罪主体必须是贷款人,担保人身份也可以作为该罪的主体。(2)犯罪嫌疑人林某利用伪造的乙公司的印章,且未经公司股东会或董事会决议,以乙公司名义为甲公司提供补充担保,使该公司顺利贷到款项1亿元。因贷款到期,甲公司无力还本付息,法院裁定乙公司应对该笔贷款承担连带赔偿责任。(3)林某同时也是甲公司的股东,虽然名义上林某代表乙公司为甲公司担保,实际上也是为自己参股的公司担保,也是为了自己的利益,实际上林某也是贷款人之一。

第二种意见认为现有证据尚不能认定林某构成骗取贷款罪。根据《刑法》第175条之一的规定,骗取贷款罪认定标准有二:一是给银行造成重大损失;二是其他严重情节。经审查,林某的行为未给银行造成重大损失;林某加盖伪造公章的担保行为被江西省高院和最高法终审判决为有效担保,放贷银行至今不认为被骗,骗取贷款罪所保护的法益未受到侵犯或者说未达到入罪的情节严重,故不宜追究其刑事责任。

实务评析

1. 根据司法解释的规定,骗取贷款罪有两条入罪标准:

(1)**造成银行损失20万以上**。但本案林某的行为未给银行造成重大损失。放贷银行已经将债权打包转让,之后,提供保证责任的公司已提供了足额的房产备案到放贷银行名下,用于抵扣1亿元贷款。故本案没有造成银行损失。

(2)**以欺骗手段取得贷款数额100万以上**。对于这条标准,我们认为并非所有提供虚构材料获得贷款100万元以上的都构成本罪,应当有情节程度的要求,应理解为用欺骗手段足以让银行资金处于高度风险之中。本案林某加盖伪造公章的行为,经最高法终审判决该行为并不影响担保效力,故不能认定为情节严重。

第一,虽有虚假成分,但担保有效,故不足以认定银行资金处于高度风险之中。犯罪嫌疑人林某提供材料如公司营业执照等内容真实,本人到场签字真实,但公章系伪造。经省高院一审判决及最高法终审判决均认定该担保行为为有效担保。放贷银行至今也不认为被骗。因此,放贷银行的资金风险并非达到高度风险程度。

第二,此贷款担保并非仅林某提供的乙公司一家,不足以认定银行资金处于高度风险之中。为甲公司申请贷款的担保包括：一份土地使用权抵押担保，3家公司补充担保，7名个人补充担保。因此，银行放贷资金有足额财产予以担保，林某提供的担保在这些担保中的作用、比例，尚不足以致使银行放贷资金处于高度风险。

2. 林某不构成骗取贷款罪。结合本案，本案担保人不构成骗取贷款罪的主要理由如下：

（1）本案贷款申请人不构成骗取贷款罪。现有证据体现，申请贷款人甲公司没有提供虚假申请，主观不明知林某在担保材料上加盖伪造公章，更没有证据证实甲公司与林某有合谋，因此，不能追究甲公司骗取贷款罪。

（2）担保人可以单独构成骗取贷款罪，但本案犯罪嫌疑人林某不构成骗取贷款罪。

a. 银行放贷给甲公司的资金并未处于高度风险状态，而是有足额担保，即除林某所提供的乙公司担保外，还有土地使用权抵押担保、多个公司和个人担保。在司法实践中，一般而言，只要贷款方提供了足额担保，即便其他材料造假（如常见的贷款用途造假等），亦不能构成骗取贷款罪，否则会造成打击面过大的问题。所以，还是要以是否给银行造成实际损失或者是否足以使银行资金处于高度风险状态为入罪标准。

b. 提供担保的其他公司已经承担担保责任，事实证明银行放贷资金不存在损失问题，而且银行已经申请扣押、冻结相关其他担保人的财产。

c. 林某提供的担保虽有欺骗行为，但担保行为有效，林某提供担保与银行放贷资金风险不存在因果关系。

d. 银行始终不认为自己有被骗。因此，不论从损失、资金风险、还是情节严重程度角度，均达不到需要刑事追究入罪的程度。

e. 虽然林某同时也是甲公司的股东，其代表乙公司为甲公司提供担保也有为自己谋利的故意，但毕竟还有其他担保公司和个人提供了担保，其所造成的影响有限，同时林某毕竟不是甲公司的法定代表人，还不能代表甲公司的意志。

（3）本案实际受害人是乙公司。证据体现，在其他股东不知情的情况下，林某利用其是法定代表人、控股股东的身份，私刻公章并使用，为个人或其他公司借款使用或提供担保，从法律层面乙公司为此平白多出上亿的债务。林某的行为实为滥用职权的性质，但因是民营企业，此行为没有刑法上的罪名可以规制，故无法以国有企业人员滥用职权罪追究其刑事责任，现有的相关经济行为仍属民事法律调整范畴。

6 信用卡诈骗中，以后次诈骗财物归还前次诈骗财物的，如何计算诈骗数额

疑难问题

司法实践中，对于以后次诈骗财物归还前次诈骗财物的情形如何计算诈骗数额，由于相关司法解释精神的沿革和变化，在法律适用和裁判规则上存在明显的分歧和争议。有的认为多次诈骗的，应当将案发前已经归还的数额扣除，按实际未归还的数额认定，有的认为诈骗的数额以行为人实际骗取的数额计算，案发前已归还的数额应予扣除。这些观点都有司法解释等依据支撑。但是否这些规定都适用于金融诈骗，都适用于信用卡诈骗？有的观点认为诈骗行为已经既遂了，不能因为归还了之前的诈骗所得款物就认为不构成犯罪，比如盗窃，不能因为盗窃既遂之后归还财物，就不构成犯罪了。诈骗之后归还之前诈骗钱款，属于事后行为，是量刑情节，不是定罪情节。这些不同意见，影响到司法办案。

破解思路

一、相关法律规定

1996年最高人民法院《关于审理诈骗案件具体应用法律的若干问题的解释》（以下简称《解释》）规定，"对于多次进行诈骗，并以后次诈骗财物归还前次诈骗财物，在计算诈骗数额时，应当将案发前已经归还的数额扣除，按实际未归还的数额认定"。

根据2001年《全国法院审理金融犯罪案件工作座谈会纪要》，金融诈骗的数额，在没有新的司法解释之前，可参照1996年《解释》的规定执行，在

具体认定金融诈骗犯罪的数额时,应当以行为人实际骗取的数额计算。

2010 年最高人民法院《关于审理非法集资刑事案件具体应用法律若干问题的解释》规定,"集资诈骗的数额以行为人实际骗取的数额计算,案发前已归还的数额应予扣除"。

二、笔者观点

笔者认为,**多次实施的信用卡诈骗犯罪行为均已实现对被害人财物的非法占有,犯罪既遂后返还财物的情节不影响对犯罪数额的认定,全案数额应累计计算**。理由如下:

1. 信用卡诈骗罪,虽然属于金融诈骗的范畴,但是否必然适用 2010 年最高人民法院《关于审理非法集资刑事案件具体应用法律若干问题的解释》?两者之间还是有区别的。

2. 从规范司法解释体系的立场,"将案发前已归还的数额扣除"等类似规定实质上都隐含着一个共同点,即通过一定的客观行为合理推定排除行为人非法占有的主观目的,属于有利于被告人的特殊规则,均有严格的适用条件。1996 年《解释》曾规定对于多次行骗、以后骗还前骗,应当将案发前已归还的数额扣除、多次行骗数额作为量刑从重情节(该解释已于 2013 年废止)。

3. 2001 年《全国法院审理金融犯罪案件工作座谈会纪要》有关认定金融诈骗犯罪数额,有"但书"规定"应当将案发前已归还的数额扣除"。最高法刑二庭负责人在解读该指导性文件的效力时,明确指出:"需要注意的是,纪要是根据审判实践的经验,有关会议对目前尚无法明确司法解释的一些适用法律问题讨论形成的意见,实践一段时间以后,其中有些意见可能通过司法解释加以规定,有些则有可能通过司法解释作出调整。"

4. 而从现行关于诈骗、非法集资、妨碍信用卡管理刑事案件、电信网络诈骗等系列司法解释考察,仅对集资诈骗"案发前已归还的数额应予扣除"作出特别规定,并且更加明确诈骗既遂、未遂的处罚原则以及从严把握的条款,可见司法解释精神的变化,"扣除"规则并不必然适用于其他类型诈骗犯罪。而且集资诈骗罪的特征是人数众多,已归还部分主观故意不好认定,如果诈骗目的很明确的,事后即使归还也应认定为既遂,这才是符合主客观相一致的定罪原则。

举案释疑

案例　陈某信用卡诈骗案

基本案情

被告人陈某，女，1986年出生，汉族，大专文化，无业。因涉嫌诈骗罪于2015年5月13日被某市公安局取保候审，2016年1月26日被刑事拘留，同年2月26日被逮捕。

某市中级人民法院审理查明：被告人陈某于2008年3月在某市保险公司银行保险部任客户经理，并被派驻到某银行办理保险业务，2013年7月与保险公司自动解除代理关系。其间，被告人陈某以投资银行过桥还贷，银行承兑汇票等为由，并许诺以支付高额利息，向其亲友陈某某等十余人筹借了大量款项。后期因资金链断裂，无法支付所欠本金、利息。为偿还本息，被告人陈某采用拆东墙补西墙的方法，继续以高息向他人借款。

2015年5月1日，被告人陈某因无法履约还债，应前述被欠款亲友的要求住宿于某市万达广场的酒店921房，协商还款事宜，陈某谎称其尚有银行过桥还贷、承兑汇票资金800万元等待银行放款即可用于还债。5月3日，被告人陈某经洪某某的介绍，以其在银行需要存款业绩为由，带被害人王某甲在中国农业银行晋江支行营业部开设账户、办理银行卡及天地融二代K宝（俗称U盾），向被害人王某甲揽储。次日，被害人王某甲从其个人的建设银行账户和中国银行账户转账三笔共计人民币1500万元到其新办理的农业银行账户期间，被告人陈某利用在该银行大厅的电脑帮助王某甲下载网银证书时，趁机用作废的U盾与王某甲的U盾调换，并偷窥记下王某甲设置的网银密码和支付密码，同时为博取被害人王某甲的信任，被告人陈某还赠送王某甲金块1件（价值14550元）。同月5日、6日、7日，被告人陈某在酒店921房，在其笔记本电脑上使用窃取的U盾及密码登录网银，将被害人王某甲农业银行账户内的1500万元转账到自己的农业银行账户，后又转账至陈某某等人的银行账户，随后赃款通过上述人员再次逐层流向其他人的账户。

同月8日，被告人陈某经吴某某介绍，以到银行存款高额贴息为由，带被害人陈某甲在中国农业银行某支行营业部开设账户、办理银行卡及U盾，向被害人陈某甲揽储后被害人陈某甲向新办理的农业银行账户存入6000万元。其间，被告人陈某采用上述方法，趁被害人陈某甲不备，用作废的U盾与被害人陈某甲的 U 盾调换。在被害人陈某甲离开银行后，被告人陈某通过微信联系陈某甲，以存入 6000 万元存款可申领获赠金块 4 件（价值人民币 107600 元）为由骗取被害人陈某甲银行账户的网银密码和支付密码。当晚，被告人陈某在酒店 921 房，在其笔记本电脑上使用窃取的 U 盾及骗取的密码登录网银，将被害人陈某甲农业银行账户中的 5000 万元转到自己的农业银行账户，后将其中的 1500 万元转账还款至王某甲的农业银行账户，其余大部分赃款转账至陈某某等人的银行账户，随后赃款通过上述人员再次逐层流向杨某等其他人的账户，2015 年 5 月 11 日，被告人陈某在中国农业银行晋江支行营业部大厅被公安机关抓获归案。

处理结果

某市中级人民法院认为，被告人陈某冒用他人信用卡，骗取他人信用卡内资金人民币 5000 万元，其行为已构成信用卡诈骗罪，且属于数额特别巨大，一审以被告人陈某犯信用卡诈骗罪，判处无期徒刑，剥夺政治权利终身，并处没收个人全部财产。被害人陈某甲不服一审判决请求检察机关提出抗诉，某市检察院认为该判决认定的犯罪数额有误，且对涉案财物处理不当，在法定期限内提出抗诉。被告人陈某不服判决，在法定期限内提出上诉。某省人民检察院审查后决定支持抗诉，2018 年 6 月 21 日，某省高级人民法院终审判决采纳抗诉意见，认定陈某信用卡诈骗人民币 6500 万元，驳回陈某上诉，维持一审判决对陈某的量刑。

意见分歧

以后次诈骗财物归还前次诈骗财物如何计算诈骗数额？

第一种观点认为：**陈某在骗取王某甲人民币 1500 万元后，又骗取陈某甲人民币 5000 万元，并将其中的 1500 万元归还王某甲，计算诈骗总金额时应扣除已归还的 1500 万元，认定为 5000 万元。**1996 年最高人民法院《关于审理诈骗案件具体应用法律的若干问题的解释》规定"对于多次进行诈骗，并以后次诈骗财物归还前次诈骗财物，在计算诈骗数额时，应当将案发前已经归还的数额扣除，按实际未归还的数额认定"。根据 2001 年《全国法院审理金融犯罪案件工作座谈会纪要》，金融诈骗的数额，在没有新的司法解释之前，可参照 1996 年《解释》的规定执行，在具体认定金融诈骗犯罪的数额时，应当以行为人实际骗取的数额计算。本案以信用卡诈骗罪定性，属于金融诈骗的范畴，应适用该纪要。2010 年最高人民法院《关于审理非法集资刑事案件具体应用法律若干问题的解释》规定"集资诈骗的数额以行为人实际骗取的数额计算，案发前已归还的数额应予扣除"，也体现了以行为人实际取得财物认定诈骗犯罪数额的司法精神。

第二种观点认为：**陈某两次实施信用卡诈骗的犯罪行为均已实现对被害人财物的非法占有，犯罪既遂后返还财物的情节不影响对犯罪数额的认定，全案数额应累计计算为人民币6500万元。**

实务评析

笔者同意第二种观点。原审判决认定扣除陈某信用卡诈骗既遂后退还的1500万元，明显违反犯罪构成法理，并与现行司法解释精神相悖。

首先，陈某在经济状况严重恶化、不具备还款能力的情况下，冒用信用卡骗取王某甲1500万元，且全部予以处分，完全具有非法占有目的，已构成信用卡诈骗罪既遂。作为连续犯，该1500万元应当作为犯罪数额，予以累加计算。

其次，陈某在犯罪实施终了，将从陈某甲处骗得的部分资金1500万元转给王某甲，其性质属于既遂后的退还行为，无论出于什么样的动机，都不能排除其非法占有、犯罪既遂的事实，仅能作为退赃情节评价。

最后，从规范司法解释体系的立场，"将案发前已归还的数额扣除"等类似规定实质上都隐含着一个共同点，即通过一定的客观行为合理推定排除行为人非法占有的主观目的，属于有利于被告人的特殊规则，均有严格的适用条件。1996年《解释》已于2013年废止。据现行司法解释确立的处罚原则，诈骗1500万元应当评判量刑幅度、具体情节，而本案既遂1500万元扣减后仅作为情节评价，明显存在量刑标准上的矛盾与冲突。原审判决将既遂后的退还数额予以扣除，实质上意味着将陈某实施信用卡诈骗1500万元的事实排除在犯罪构成之外，法律评价明显不当，应予纠正。

办案体会

本案一审将1500万元予以扣减有《全国法院审理金融犯罪案件工作座谈会纪要》等作为依据，且该数额扣减对被告人陈某无期徒刑的量刑并无实质影响，在公诉部门讨论研究该案时，存在怎么理解适用司法解释、是否有必要支持抗诉或者抗诉是否有把握抗赢的顾虑。

笔者始终认为，抗诉案件本身就是检、法两家有分歧的案件，特别是对因法律理解和适用上有分歧、难以达成共识的案件，应当树立监督目的就是要通过诉审互动实现司法公正的理念，不能片面地以能否得到改判的结果作为衡量标准，除非明显不需要抗诉或者抗诉无理的，上级院尽可能不要轻易做出否决下级院提抗意见的终局决定，而是应该本着法不辩不明的理念，积极支持抗诉，把有争议的问题在二审庭审中予以辨析，同时注重精细审查、梳理和弥合分歧，完善支持抗诉的法理和依据，即使得不到二审法院的采纳，亦可探知二审的裁判意见，促使案件得到更加审慎、客观、公正的处理。高检院张军检察长强调："虽然有不起诉等权力，但作为一种防错、纠错的程序性机制和制度安排，检察机关的法律监督总体不具有实体、终局的决定权，对于诉讼过程中可能存在的法律适用错误，监督的实质是启动法定的纠错程序，提醒促进被监督者重新审视并自我纠错。"如果抗诉工作导向偏于功利，理念出了问题，就会陷入机械执法，削弱检察机关的审判监督职能和作用。就本案而言，省院坚决支持抗诉，上下级院、检法之间良性互动，省高院最终采纳检察机关抗诉意见，将后骗归还前骗的数额计入诈骗犯罪总额，颠覆了以往常规判决和司法解释的理解，对今后此类案件的办理将产生重要的借鉴和指导意义。

7 购买假冒香烟尚未销售是否认定非法经营罪未遂

 疑难问题

购买假冒香烟用于销售的构成非法经营罪,这一点有相关的司法解释和国家规定,没有异议。司法实践中,对于购买假冒香烟,尚未销售就被查获的案件如何定性,存在争议。同时对于这种情况下犯罪的形态属于既遂还是未遂,也有不同的意见。

 破解思路

笔者认为,购买假冒香烟尚未销售应认定非法经营罪,买进而未卖出的,应认定为未遂。

首先,根据《烟草专卖法》的有关规定,只有完成销售行为,才构成犯罪既遂。《烟草专卖法》第 3 条明确规定:国家对烟草专卖品的生产、销售、进出口依法实行专卖管理,并实行烟草专卖许可证制度。在该法第七章"法律责任"部分,与非法经营罪有关的只有第 35 条:倒卖烟草专卖品,构成犯罪的,依法追究刑事责任;情节轻微,不构成犯罪的,由工商行政管理部门没收倒卖的烟草专卖品和违法所得,可以并处罚款。根据法律相衔接的一般常识,《烟草专卖法》只对倒卖烟草专卖品,情节严重的行为规定为犯罪(非法经营罪),对单纯的收购、生产、运输等其他违反烟草专卖法律法规的经营行为,并不以刑法进行调整。据此,我们可以得出这样的结论,即在涉及烟草专卖品的非法经营犯罪中,以倒卖烟草专卖品行为为客观构成要件,只有完成销售行为之后,才构成犯罪既遂。

其次,现有刑事法律的有关规定,也只明确了实施了生产、批发、零售三种行为之一，才能构成既遂。2010年3月26日"两高"《关于办理非法生产、销售烟草专卖品等刑事案件具体应用法律若干问题的解释》第1条规定：违反国家烟草专卖管理法律法规，未经烟草专卖行政主管部门许可，无烟草专卖生产企业许可证、烟草专卖批发企业许可证、特种烟草专卖经营企业许可证、烟草专卖零售许可证等许可证明，非法经营烟草专卖品，情节严重的，依照《刑法》第225条的规定，以非法经营罪定罪处罚。

上述解释未明确非法经营的具体行为，但2003年印发的最高人民法院、最高人民检察院、公安部、国家烟草专卖局《关于办理假冒伪劣烟草制品等刑事案件适用法律问题座谈会纪要》第3条对非法经营烟草制品行为适用法律问题作出规定：未经烟草专卖行政主管部门许可，无生产许可证、批发许可证、零售许可证，而生产、批发、零售烟草制品，具有下列情形之一的，依照《刑法》第225条的规定定罪处罚。纪要虽然对《烟草专卖法》有关依法追究刑事责任的行为有所突破，但也只规定了生产、批发、零售烟草制品三种行为之一的，以非法经营罪定罪处罚，并未规定单独的买进、运输、储存行为之一即可构成既遂。

最后，**在法律没有明确规定的情况下，不宜擅自作扩大解释**。刑法认定的非法经营犯罪均由司法解释进行了规定，除此之外，其他类型的非法经营行为，均不能认定为非法经营犯罪。

举案释疑

案例　张某非法经营案

基本案情

2013年8月，犯罪嫌疑人张某向他人购"白沙"等品牌假冒成品香烟共计26件，存放在自家旧房子里，准备转手销售牟利。尚未销售，即于2013年10月被省联合打假队查获。经县级价格认证中心鉴定，按照该品牌卷烟、雪茄烟的查获地省级烟草专卖行政主管部门出具的零售价格计算，上述香烟价格人民币78925元。

争议焦点

只有单独的买进、运输或储存烟草制品行为，在卖出之前即被查获的，是否构成非法经营罪既遂？

实务评析

笔者认为，结合《刑法》《烟草专卖法》及相关司法解释，应认为具有生产、批发、零售烟草制品三种行为之一的，以非法经营罪定罪处罚。对买卖烟草专卖品的犯罪行为，不应仅从"非法经营"这一词语的字面文义作片面理解，对所有的非法"经营"行为，无论生产、购买或者销售，均"一刀切"，统统认定为既遂，而应全面理解相关行政法律、法规及刑法、司法解释的立法本意，根据具体犯罪事实，分析犯罪的进行程度及社会危害性结果的发生与否，综合评判其既、未遂状态。结合本案，**被告人购进烟草制品，在储存过程中被查获，尚未销售，由于法律没有明确界定，从便宜被告人原则，应依法认定非法经营犯罪未遂。**

8 生产伪劣产品"尚未销售即被查获"情形下如何适用罪名

 疑难问题

对于生产伪劣产品后尚未销售即被查获的行为,实务中如何定性存在较大争议:生产伪劣产品(既遂)还是生产、销售伪劣产品(未遂)的不同观点均有法理或司法解释作为支撑。因此,有必要探寻立法原意,以准确适用法律。

 破解思路

笔者认为:第一,对于生产、销售伪劣产品罪适用选择性罪名的问题。**适用选择性罪名不应一概而论,"选择性罪名中的行为必须是可以单独构成犯罪既遂的实行行为,仅具有犯罪预备性质的行为不宜认定为选择性罪名的行为"**①。以生产、销售伪劣商品罪这一节的罪名为例,生产伪劣商品而未销售的情形,不可能符合"销售金额5万元以上""对人体健康造成严重危害""造成严重后果"或者"使生产遭受较大损失"等构成要件。因此,**该节规定的罪名应根据不同的犯罪成立条件,确定"生产"是否实行行为,罪状是否属于选择性罪状**。如生产、销售假药罪属于抽象危险犯,其生产而未销售假药的行为就是实行行为,可单独成立生产假药罪,则属于选择性罪名;又如生产、销售伪劣产品罪属于实害犯,其单独的生产行为尚未形成具体、紧迫、现实的危险,并非实行行为,因此不属于选择性罪名。

第二,应从条文一致性的原则出发,解析刑法条文的立法原意。《刑法》

---

① 陈洪兵:《选择性罪名若干问题探究》,载《法商研究》2015年第6期。

第140条①将"销售金额"作为对生产行为和销售行为的共同要求,生产、销售或既生产又销售的行为都以"销售金额"作为定罪量刑的依据。而根据司法解释②,"销售金额"是指生产者、销售者出售伪劣产品后所得和应得的全部违法收入。由此可以推导出的立法原意是:**既然生产、销售伪劣产品罪侵犯的客体是市场经济秩序,那么不进入市场的伪劣产品并不构成该罪,刑法应是因此才将销售金额而非货值金额作为生产伪劣产品行为的认定标准。**所以,单纯生产伪劣产品的法律适用不能脱离销售这一因素,在罪名上应当认定为生产、销售伪劣产品罪(未遂)。对此,"两高"《关于办理生产、销售伪劣商品刑事案件具体应用法律若干问题的解释》(以下简称《伪劣商品解释》)第2条第2款③已作出明确规定,也有力体现了立法原意。

第三,将生产假烟尚未销售的行为定性为生产、销售伪劣产品(未遂)符合刑法关于犯罪既遂、未遂的理论。犯罪既遂,是指行为人实施了刑法规定的全部构成要件的行为;犯罪未遂,是指行为人已经着手实施犯罪,但由于行为人意志以外的原因而没有实施完毕刑法规定的全部构成要件。生产、购买假烟尚未来得及销售,属于销售伪劣产品的未遂状态。④

笔者所在省份假烟类案件多发,但此类案件在审理时缺少统一标准,主审法官往往依照对法条的不同理解而作出不同判决,甚至对同案被告人做出前后不同的判决结果,显得极不严肃,可能有损司法权威,影响司法公正与法制统一,在司法实践中会形成错误的司法导向。**既然司法解释对该情形作出明确规定,无论生产、销售伪劣产品罪是不是选择性罪名,此类情况都应定性为生产、销售伪劣产品罪(未遂)。**

---

① 《刑法》第140条规定:"生产者、销售者在产品中掺杂、掺假,以假充真,以次充好或者以不合格产品冒充合格产品,销售金额五万元以上不满二十万元的,处……"

② 《伪劣商品解释》规定,刑法第140条、第149条规定的"销售金额"是指生产者、销售者出售伪劣产品后所得和应得的全部违法收入。

③ 《伪劣商品解释》第2条第2款规定,伪劣产品尚未销售,货值金额达到刑法第140条规定的销售金额3倍以上的,以生产、销售伪劣产品罪(未遂)定罪处罚。

④ 参见李晓:《〈关于办理非法生产、销售烟草专卖品等刑事案件具体应用法律若干问题的解释〉的理解与适用》,载《刑事审判参考》2010年第5集。

举案释疑

案例 林某坤生产伪劣产品案

基本案情

原审被告人林某坤,男,1973年生,汉族,初中文化,经商。

原审被告人林某坤应林某贵等人的请求,为其在某县租下两个养殖场作为制造假烟的窝点,林某贵等人则组织人员进行假烟生产。该制假窝点被公安机关查获时,当场查获卷烟卷接机一台套,假冒中华等卷烟3111斤。经鉴定,查扣的中华等9种品牌卷烟均为假冒注册商标且伪劣品质的假烟,价值共计人民币50万余元。公诉机关指控被告人林某坤犯生产、销售伪劣产品罪(未遂),向同级人民法院提起公诉。

处理结果

一审法院以被告人林某坤犯生产伪劣产品罪(既遂),判处有期徒刑3年,缓刑4年。检察机关提出抗诉,市检察院支持抗诉。二审法院经开庭裁定驳回抗诉,维持原判。市检察院提请省检察院抗诉,省检察院以原审判决定性错误为由通过审判监督程序提出抗诉。最终省高院采纳抗诉意见,改判原审被告人林某坤犯生产、销售伪劣产品罪(未遂),判处有期徒刑3年,缓刑4年。

争议焦点

生产、销售伪劣产品犯罪中,当行为人只实施了伪劣产品的生产行为时,应当根据司法解释的规定以生产、销售伪劣产品罪(未遂)定性,还是基于本罪是选择性罪名而以生产伪劣产品罪(既遂)定性。

分歧意见

对本案事实、证据,检法两家及原审被告人均无异议。关键在于,对原审被告人等人生产伪劣产品后尚未销售即被查获的行为如何认定并准确适用罪名。

一、二审判决(裁定)均认为,生产、销售伪劣产品罪是选择性罪名,其犯罪构成包括生产伪劣产品犯罪行为与销售伪劣产品犯罪行为,既可概括使用,又可分解使用。本案生产者制造假冒伪劣卷烟的行为已经完成,且货值金额达到50万余元,应认定为生产伪劣产品犯罪(既遂)。

检察机关抗诉意见认为，根据相关司法解释，① 对"尚未销售前即被查获"的制造假烟类犯罪，应以生产、销售伪劣产品罪（未遂）定罪处罚。二审裁定既认为本案构成生产伪劣产品罪（既遂），却又以"货值金额"作为量刑依据，与刑法条文及相关司法解释相矛盾。原审判决导致同案不同判，有悖共同犯罪理论。

实务评析

笔者认为，**本案若以生产伪劣产品罪（既遂）定罪，则量刑无法律依据。** 根据法条规定，"销售金额"是生产、销售伪劣产品罪（既遂）定罪量刑的标准，"货值金额"是《伪劣产品解释》《烟草专卖品解释》对生产、销售伪劣产品（未遂）定罪的入罪标准。一、二审判决（裁定）既认为本案构成生产伪劣产品罪（既遂），却又以"货值金额"作为量刑依据，显然与刑法条文及司法解释相矛盾。

以本案为例，原审被告人林某坤的同案被告人罗某、陈某、张某三人先于原审被告人到案，均已以生产、销售伪劣产品罪（未遂）定罪处罚。而原审被告人与该三人犯罪事实相同、作用相当，却以生产伪劣产品罪（既遂）定罪处罚，属同案不同判，有悖我国刑法共同犯罪的理论。因此，从统一判决尺度、标准的角度，检察机关有必要行使诉讼监督职能予以纠正。既然司法解释对该情形作出明确规定，无论生产、销售伪劣产品罪是不是选择性罪名，本案都应定性为生产、销售伪劣产品罪（未遂）。省高院经再审程序进行重新审判，认为**根据《伪劣商品解释》《烟草专卖品解释》，明确对已生产伪劣产品的尚未销售的情形应适用概括性罪名，应定性为生产、销售伪劣产品罪（未遂）。** 检察机关抗诉理由成立。

该案与当地具有相同情形的方某金等11人生产、销售伪劣产品案以及冉某均生产、销售伪劣产品案共三个案件，相继于2014年通过省检察院审监程序抗诉成功。经统计，2014年至今，该市对生产假烟尚未销售的犯罪行为不再判处生产伪劣产品罪（既遂），而均依照司法解释以生产、销售伪劣产品罪（未遂）定性，检察机关的审判监督有效地纠正了适用法律不当、同案不同判

---

① 《伪劣商品解释》规定，伪劣产品尚未销售，货值金额达到《刑法》第140条规定的销售金额3倍以上的，以生产、销售伪劣产品罪（未遂）定罪处罚。"两高"《关于办理非法生产、销售烟草专卖品等刑事案件具体应用法律若干问题的解释》（下简称《烟草专卖品解释》）规定，伪劣卷烟、雪茄烟等烟草专卖品尚未销售，货值金额达到《刑法》第140条规定的销售金额定罪起点数额标准的3倍以上的，或销售金额未达到5万元，但与未销售货值金额合计达15万元以上的，以生产、销售伪劣产品罪（未遂）定罪处罚。

等现象，促进了司法公正与法制统一。本案经过一审、二审、再审，历经三级检察院接力抗诉并终获改判，也体现了检察机关强化刑事审判监督的信心与决心。

Part 7

职务犯罪检察疑难问题

1 如何认定"保护伞"

 疑难问题

在扫黑除恶专项斗争中,一个重点任务是深挖彻查"保护伞"。那么,**如何准确认定黑恶势力"保护伞"**?到目前为止,还没有明确的法律文件予以界定。司法实践中,监察机关与司法机关对于如何认定"保护伞"存在理解认识不同、统计口径不一等问题。

 破解思路

"保护伞"不是严格意义上的刑法概念或法定罪名。根据"两高两部"《关于办理黑恶势力犯罪案件若干问题的指导意见》,黑恶势力"保护伞"是**国家公职人员包庇、纵容黑恶势力犯罪或者帮助黑恶势力逃避惩处的这一类犯罪行为的统称,一般涉及包庇、纵容黑社会性质组织罪、受贿罪、徇私枉法罪等罪名**。

笔者总结了几种属于"保护伞"的情形:

1. 公职人员存在为黑恶势力包庇纵容、逃避处罚、毁灭证据、通风报信等行为的;
2. 公职人员利用公权力为黑恶势力谋取利益或提供便利条件的;
3. 公职人员参与到黑恶势力犯罪的;
4. 公职人员包庇、纵容村霸和宗族恶势力,致使其坐大成患的;
5. 公职人员与黑恶势力犯罪人员共同犯罪的,如共同贪污、受贿等。

但目前对于公职人员保护的对象不是黑恶势力,只为非黑恶势力的普通的犯罪人员提供庇护,或者实施了为涉毒、涉黄、涉赌等行业提供包庇、纵容、通风报信等行为的,是否认定为保护伞,存在分歧。较为典型的如公安干警为涉毒人员通风报信、逃避处罚,虽然黑恶势力团伙与从事涉黄、涉毒、涉赌活动的违法犯罪团伙存在交叉,但涉黄赌毒团伙及人员未必都可以认定为黑社会性质组织或恶势力,还应当满足一定的条件与标准。笔者认为,"保护伞"保护的对象必须是黑恶势力犯罪,如果这些公职人员庇护的对象不是黑恶势力,那么就不能认定为"保护伞"。

 举案释疑

案例 康某徇私枉法、受贿案

基本案情

被告人康某,男,原某公安分局党委委员、副局长。

1. 徇私枉法罪

2016年10月31日,卢某某等人聚众斗殴案案发,某分局经侦大队大队长吴某甲、某公安局指挥中心主任陈某某以及某公司副总经理黄某分别找到被告人康某,请求对涉案犯罪嫌疑人吴某等人予以关照。涉案的犯罪嫌疑人吴某等人也私下找到被告人康某,请求在该案办理中给予关照,并希望对在逃的犯罪嫌疑人卢某某投案后不予羁押。被告人康某应上述人员的请求,为帮助他人逃避处罚,在明知卢某某等人系有前科且可能构成累犯,投案后也未如实供述犯罪事实的情况下,仍对卢某某等三人办理监视居住。该案办理期间,某派出所副所长及经办民警多次向被告人康某汇报吴某等人翻供及与卢某某串供的情况,并建议对三人变更强制措施,被告人康某明知该情况会导致吴某等人涉案的事实不清、证据不足,仍置之不理,导致吴某等人因事实不清、证据不足,未被追诉。对卢某某放任不管,导致卢某某在监视居住期间,实施组织、领导黑社会性质组织罪等多种犯罪。

2. 受贿罪

2003年至2018年,被告人康某在担任派出所所长等职务期间,利用负责监督辖区内企业的内部治安保卫工作、管理爆炸危险物品、管理辖区人口等职务之便,多次收受他人贿送的现金共计人民币15.8万元及价值人民币8万元的购物卡,并为其谋取利益。

处理结果

某区监察委员会以被告人康某涉嫌徇私枉法罪、受贿罪于 2018 年 11 月 16 日移送检察机关审查起诉。检察机关于 2019 年 1 月 9 日以被告人康某犯徇私枉法罪（充当黑社会性质组织"保护伞"）、受贿罪向法院提起公诉，2019 年 1 月 29 日出庭支持公诉。法院于 2019 年 3 月 18 日判决被告人康某犯徇私枉法罪，判处有期徒刑 6 年；犯受贿罪，判处有期徒刑 2 年，并处罚金人民币 15 万元。决定合并执行有期徒刑 7 年，并处罚金人民币 15 万。

争议焦点

是否认定被告人康某为黑社会性质组织"保护伞"。

实务评析

笔者认为，被告人包庇的对象属于涉黑恶案件的被告人，且已经法院判决确认。不论被告人康某主观上是否明知被徇私对象实施的行为属于涉黑涉恶犯罪，只要徇私行为客观上给黑恶势力提供了方便与保护，使黑恶势力继续实施涉黑涉恶犯罪，就应当认定为充当黑恶势力"保护伞"。

根据法院生效刑事判决书，可以认定卢某某黑社会性质组织于 2016 年以来逐渐形成，本案牵涉的聚众斗殴案即卢某某黑社会性质组织多起犯罪中的组成部分。被告人康某明知卢某某投案却未如实供述犯罪事实的情况下，坚持决定对卢某某办理监视居住，而卢某某作为黑社会性质组织的组织者、领导者，在监视居住期间组织、指使他人实施多起犯罪，使该组织坐大成势。被告人康某的徇私枉法行为，客观上给卢某某提供了方便与保护，故应认定被告人康某系卢某某黑社会性质组织的"保护伞"。

2 如何客观看待贪污罪、受贿罪数额标准的上提

 疑难问题

《刑法修正案（九）》修订过程中，对于1997年刑法确定的5000元起刑点数额维持不变还是有所上提，存在意见分歧。反对上提的意见认为，当前反腐败形势依然严峻复杂，从增强人民群众对党和政府推进反腐败工作信心的角度，5000元起刑点数额宜维持不变。

立法机关经过认真研究近年来司法实证数据并广泛听取意见，本着实事求是的原则，"两高"《关于办理贪污贿赂刑事案件适用法律若干问题的解释》（以下简称《贪污贿赂解释》）将原先的5000元上调至3万元。

数额的上提引起了司法界，特别是法律理论界的质疑和争论。有的学者认为盗窃罪没有提高立案数额，而贪污罪和盗窃罪的区别，无非是身份不同，同样是偷，一个是利用了职便，另一个是没有利用职便，贪污罪3万元起点，盗窃罪一般3000元起点，不公平。笔者也认为，贪污罪的数额标准提高，对于盗窃罪的数额标准也要适当提高，以达到均衡和公平。

 破解思路

《贪污贿赂解释》第1条至第3条分别对贪污罪、受贿罪中的"数额较大""数额巨大""数额特别巨大"的具体标准掌握作出了规定。

总的一句话来概括，就是"323"：3万元以上不满20万元，3年以下有期徒刑；20万元以上不满300万元的，3年以上10年以下；300万元以上的10年以上有期徒刑直至死刑。

一、贪污、受贿罪起刑点数额上调依据

随着经济社会的发展变化,适度提高贪污、受贿犯罪起刑点数额标准有先例可循。1988年全国人大常委会《关于惩治贪污罪贿赂罪的补充规定》对贪污罪设置的起刑点是2000元,10年后1997年刑法修订时,将该标准调整为5000元。5000元的数额标准已经适用多年,人均GDP自1997年至2015年增长了6.69倍(1997年为6420元,2015年为49351元),适度提高数额标准有其客观社会基础。

近年来司法实践中贪污、受贿数额2万元左右受到刑事追诉的案件已经较为少见。从实际受到刑事追究的贪污、受贿案件看,数额低于3万元的主要是因为其他犯罪牵连出来的,且多被判处免予刑事处罚。司法实践中,有的经济发达地区适用3万或5万的立案标准已经好多年了。

将贪污罪、受贿罪起点数额提高到3万元,并不意味着低于3万元的贪污、受贿行为就一概不作为犯罪处理。贪污、受贿虽不满3万元,但具有其他较重情节的,根据《贪污贿赂解释》规定仍可以追究刑事责任。

"零容忍"不意味着"零刑事门槛"。惩治腐败在刑罚之外还有党纪、行政处分。对数额不满3万元且无其他较重情节的贪污、受贿行为予以党纪、行政处分,可以为党纪处分、行政处罚预留出必要的空间,有利于体现党纪严于国法、"把党纪挺在前面"的反腐精神和宽严相济刑事政策,突出刑事打击重点,增进刑事处罚的确定性、公平性与严肃性。

二、贪污、受贿罪中"数额巨大""数额特别巨大"的确定依据

《贪污贿赂解释》结合调研情况和审判实际,将"数额巨大""数额特别巨大"的标准分别确定为20万元、300万元。其主要考虑有:

适当拉开不同量刑档的级差,体现《刑法修正案(九)》的立法精神。贪污、受贿案件量刑实践当中长期存在罪刑失衡、重刑集聚问题。根据原刑法关于10万元判处10年有期徒刑以上刑罚的规定,贪污、受贿10万元与贪污、受贿不满10万元的案件在量刑上存在明显差别,而贪污、受贿10万元与贪污、受贿100万元甚至数百万元的量刑却无实质分别。《刑法修正案(九)》之前贪污受贿犯罪的定罪量刑,10万元是一个坎,10万以下1万1年,10万以上的,几十万,甚至几百万、几千万1年,极其不合理。

将"数额巨大"的起点数额标准确定为20万元,还有着新旧刑法有序衔接、平稳过渡的考虑。据此标准,有从重处罚情节,数额在10万元以上的仍需在3年以上10年以下有期徒刑量刑,可以避免量刑上的大起大落。

3 如何理解贪污罪中"其他较重情节"

疑难问题

"两高"《关于办理贪污贿赂刑事案件适用法律若干问题的解释》(以下简称《贪污贿赂解释》)第1条第2款明确了贪污罪"其他较重情节"的6种具体情形。对于该法条当中涉及的条款的理解,司法实践中常常出现不同意见。

破解思路

《贪污贿赂解释》第1条第2款明确了贪污罪"其他较重情节"的6种具体情形。

1. 第1项是"贪污救灾、抢险、防汛、优抚、扶贫、移民、救济、防疫、社会捐助等特定款物的"。

(1) 对于本项规定中的"等"字,实践中要注意从两个方面来把握:一是这里的"等"为"等外等",这也是法律文件中"等"字的通常性理解,所以,特定款物不限于列明的9种款物;二是**其他特定款物的认定要从严掌握**,只有与所列举的款物具有实质相当性的款物才可以认定为特定款物,具体可以从事项重要性、用途特定性以及时间紧迫性等方面进行判断。

(2) 笔者个人认为,对于兜底条款的理解,比如"等""其他"这些兜底的表述,必须要有配套的法律文件的规定,这是一个执法理念问题,也体现了罪刑法定原则的精神。比如非法经营罪,《刑法》第225条最后一个项目兜底规定了"其他严重扰乱市场秩序的非法经营行为"。但这并不意味着司法人员可以自己判断哪些行为属于其他非法经营的行为。后来几年陆陆续续出台了将近20部司法解释,将非法买卖外汇、非法贩卖麻醉品或者精神药品、开设赌场、非法生产、销售伪基站设备、有偿删帖、非法买卖麻黄草、非法买卖非食品原料、非法屠宰、非法经营烟草、刷卡套现等行为，以非法经营罪论处。

2011年最高人民法院《关于准确理解和适用刑法中"国家规定"的有关问题的通知》（法发〔2011〕55号）规定，要依法严格把握《刑法》225条第4项的适用范围，对被告人是否属于其他行为的，有关司法解释未作明确规定，应当作为法律适用问题，逐级向最高人民法院请示。

2. 第2、3项是"曾因贪污、受贿、挪用公款受过党纪、行政处分"或者"曾因故意犯罪受过刑事追究的"。适用本规定时需要注意以下两点：

（1）严格限定党纪、行政处分的事由。《贪污贿赂解释》对处分事由作出了限定，明确为"贪污、受贿、挪用公款"三种具体职务违纪违法行为。对于其他事由，比如行贿、私分国有资产、介绍贿赂等，受过党政纪处分的不在此列。

（2）"刑事追究"的理解。鉴于实践中受过刑事追究的仍有担任公职特别是在国家出资企业任职的情况，且由于工作衔接等原因受过刑事追究的未必都进行过党纪、行政处分，故《贪污贿赂解释》对因故意犯罪受过刑事追究的情形一并作出规定。文字表述上之所以用"刑事追究"而非"刑事处罚"，主要是考虑到"刑事追究"一词更具包容性，包括刑事处罚的和没有进行刑事处罚，但仍认为构成犯罪的情形，比如相对不起诉，免于刑事处罚。这两类处分决定也属于刑事追究的范畴。

3. 第4项是"赃款赃物用于非法活动的"。适用本项规定时要注意避免绝对化理解：一方面，**不要求赃款赃物全部或者大部分用于非法活动**；另一方面，**用于非法活动的赃款赃物数额需要达到一定程度**，对于用于非法活动的赃款赃物占比较小的，不宜适用本项规定。

4. 第5项是"**拒不交待赃款赃物去向或者拒不配合追缴工作，致使无法追缴的**"。这是综合行为人认罪悔罪态度和损害后果而提出的，不同于因客观原因不能追缴，行为人拒不交待或者拒绝配合致使赃款赃物无法追缴的，不仅损失结果不能依法挽回，而且反映出行为人毫无认罪悔罪之态度，故作为加重情节予以规定是合理的。

4 如何理解受贿罪中"其他较重情节"

 疑难问题

对于受贿罪的"其他较重情节",除"两高"《关于办理贪污贿赂刑事案件适用法律若干问题的解释》(以下简称《贪污贿赂解释》)第1条第2款第2项至第6项情形外,第1条第3款还针对受贿罪的特点另外规定了3种情形,总共受贿罪的较重情节是8种。在这些规定中,对于如何认定"多次""职务提拔、调整"、共同受贿数额,在司法实践中,还存在分歧意见。对于在什么情况下,可以认定受贿犯罪具有"其他特别严重情节"提档加重处罚,检法两家也有不同意见。

 破解思路

《贪污贿赂解释》第1条第3款规定了受贿罪"其他较重情节"的3种情形。

1. 第1项是**"多次索贿"**。对于这里的"多次",**实践中要注意结合行为人的主观目的、索贿事由、对象等进行具体认定**,避免单纯形式化的理解。比如,对同一人多次索贿的,一般应基于不同的事由。如果基于一笔款项10万元的索贿目的经多次索要才陆续得逞的,不宜认定为多次索贿;同时向多个不同的对象索贿的,应当认定为多次索贿。

这里的"多次"**没有时间限定**。不论时间长短,凡是基于具体职务行为索要贿赂的,均应一并纳入犯罪处理。

2. 第2项是**"为他人谋取不正当利益,致使公共财产、国家和人民利益遭受损失"**。

受贿罪以"为他人谋取利益"为法定要件,但是否实际为他人谋取利益、所谋取的利益正当与否均不影响受贿罪的认定。

从损害结果的角度,受贿罪存在三种情形:第一种情形是**收受财物后未实施相关职务行为**;第二种情形是**收受财物后正常履职**;第三种情形是**收受财物后违法行使职权,还为他人谋取不正当利益**。第三种情形**直接以妨害公权力正当行使、损害国家或者他人利益为交换条件**,具有明显更为严重的危害性,理应从严惩处。

3. 第3项是"为他人谋取职务提拔、调整"。通过贿赂买官卖官的行为严重违反党的组织纪律,严重败坏政治生态,当前查处的区域性腐败、系统性腐败案件往往与此有关,危害性十分严重。

适用本项规定时需要注意以下几点:

(1)**不要求实际取得**。承诺、实施、实现三个阶段中任何一个阶段的行为均应认定为本项规定的情形。《贪污贿赂解释》第7条关于行贿罪定罪量刑情节规定中的"谋取职务提拔、调整"也作此理解。

(2)**职务"调整"包括职务的平级调整**。但是,离职、退休等不再具有国家工作人员公职身份的调整一般不宜认定为这里的职务调整。

(3)**要考虑数额在受贿数额当中的比重**。为他人职务提拔、岗位调整收受贿赂虽然属于从重情节,但也要考虑这类受贿数额在全案数额当中的比重。

举案释疑

案例　王某受贿案

基本案情

被告人王某受贿270万元,涉及为他人职务提拔、岗位调整收受贿赂款16万元。

争议焦点

被告人"有其他较重情节",是否需要提档在10年有期徒刑以上量刑。

意见分歧

公诉机关认为被告人受贿已超过150万元,又有为他人谋取职务提拔、调整的"其他较重情节",根据《贪污贿赂解释》规定,要提一个档次,以10年以上有期徒刑量刑。

一审法院认为司法解释并没有明确收受有较重情节的贿赂款占全案的比

例，若直接将全案上一个档次量刑有失公正，决定在 3 年以上 10 年以下有期徒刑量刑，对 16 万元的情节予以从重处罚。

实务评析

根据"两高"《贪污贿赂解释》第 3 条规定，受贿数额在 150 万元以上不满 300 万元，具有本解释第 1 条第 3 款规定的情形之一的，应当认定为《刑法》第 383 条第 1 款规定的"其他特别严重情节"，依法判处 10 年以上有期徒刑、无期徒刑或者死刑，并处罚金或者没收财产。

笔者认为犯罪具有"其他较重情节"提一档处理，是为了加重对有"其他较重情节"的犯罪的处罚，那么该情节必须与受贿犯罪相对应，也就是，涉及多次索贿、为他人谋取不正当利益、为他人谋取职务提拔调整的受贿数额必须在 1 万元或者 150 万元以上的，才能立案或者提档到 10 年有期徒刑以上量刑。本案中，被告人受贿数额虽然超过了 150 万元，但涉及较重情节的受贿数额只有 16 万元，如果按照全案提档处 10 年以上有期徒刑，显然量刑失衡。笔者认为，只有被告人受贿 150 万元以上且涉及较重情节的，才能提档量刑。

5 贪污罪、受贿罪终身监禁如何适用

 疑难问题

2015年8月29日，第十二届全国人大常委会第十六次会议通过了《刑法修正案（九）》，增加了终身监禁的规定，适用于贪污、受贿犯罪。司法实践中，对于终身监禁的适用案件不多，对于如何正确适用终身监禁，积累的经验也不多。笔者认为，有必要对这一规定进一步研究。

 破解思路

一、法律规定

《刑法》第383条第4款规定："犯第一款罪，有第三项规定情形被判处死刑缓期执行的，人民法院根据犯罪情节等情况可以同时决定在其死刑缓期执行二年期满依法减为无期徒刑后，终身监禁，不得减刑、假释。"

二、终身监禁的具体适用

判处死刑立即执行过重、判处一般死缓又偏轻的重大贪污受贿罪犯，可以决定终身监禁；凡决定终身监禁的，在一、二审作出死缓裁判的同时应当一并作出终身监禁的决定，而不能等到死缓执行期届满再视情而定；终身监禁一经作出应无条件执行，不得减刑、假释。

三、适用终身监禁时的注意点

一是**坚决**。对于符合终身监禁适用条件的要坚决判处终身监禁，以此发挥终身监禁在填补死刑立即执行和一般死缓之间的空档、严肃惩治严重腐败犯罪中的特殊作用。应在限制、慎用死刑的大背景下看待"牢底坐穿"。减少死刑立即执行并不意味着弱化惩治腐败力度，不得减刑、假释的终身监禁刑，规定相对严厉，堵住了巨贪"越狱"之路。二是**慎重**。终身监禁是介于一般死缓与死刑立即执行之间极为严厉的一种刑罚执行措施，其适用同样需要严格控制，主要适用于过去可能需要判处死刑立即执行、现在适用终身监禁同样可以做到罪当其罪的情形，要切实防止本来可以适用死缓的案件被不当升格为终身监禁。三是**特例**。不得减刑、假释，但根据人道主义原则保外就医并不在终身监禁的禁止情形之列。四是**类型**。在目前适用终身监禁的国家中有两种类型：绝对终身监禁和相对终身监禁。前者指的是不得减刑假释的终身刑，后者指的是经过很长时间的监禁才能减刑假释。《刑法修正案（九）》增加的终身监禁属于绝对终身监禁。

举案释疑

案例　终身监禁第一例——白恩培

2000年至2013年，被告人白恩培先后利用担任青海省委书记、云南省委书记、全国人大环境与资源保护委员会副主任委员等职务上的便利以及职权和地位形成的便利条件，为他人在房地产开发、获取矿权、职务晋升等事项上谋取利益，直接或者通过其妻非法收受他人财物，共计折合人民币2.46764511亿元。白恩培还有巨额财产明显超过合法收入，不能说明来源。

安阳市中级人民法院认为，被告人白恩培身为国家工作人员，利用职务上的便利，为他人谋取利益，利用职权和地位形成的便利条件，通过其他国家工作人员职务上的行为，为他人谋取不正当利益，非法收受他人财物，其行为构成受贿罪；白恩培的财产、支出明显超过合法收入，差额特别巨大，不能说明来源，构成巨额财产来源不明罪，应数罪并罚。其中，白恩培受贿数额特别巨大，犯罪情节特别严重，社会影响特别恶劣，给国家和人民利益造成特别重大损失，论罪应当判处死刑。鉴于其到案后，如实供述自己罪行，主动交代办案机关尚未掌握的大部分受贿犯罪事实；认罪悔罪，赃款赃物已全部追缴，具有法定、酌定从轻处罚情节，对其判处死刑，可不立即执行。同时，根据白恩培的犯罪事实和情节，依据刑法的有关规定，决定在其死刑缓期执行2年期满依法减为无期徒刑后，终身监禁，不得减刑、假释。白恩培由此成为《刑法修正案（九）》实施后首个适用终身监禁的正部级落马高官。

6 "挪用公款数额巨大不退还" 如何理解

疑难问题

《刑法》第384条规定,挪用公款数额巨大不退还的,处10年以上有期徒刑或者无期徒刑。司法实践中,对于**挪用公款数额巨大,是指挪用公款的实际数额,还是挪用公款后实际未归还的数额**,往往存在争议。

破解思路

一、法律规定

"两高"《关于办理贪污贿赂刑事案件适用法律若干问题的解释》(以下简称《贪污贿赂解释》)第5条规定:"挪用公款归个人使用,进行非法活动,数额在三万元以上的,应当依照刑法第三百八十四条的规定以挪用公款罪追究刑事责任;数额在三百万元以上的,应当认定为刑法第三百八十四条第一款规定的'数额巨大'。具有下列情形之一的,应当认定为刑法第三百八十四条第一款规定的'情节严重':

(一)挪用公款数额在一百万元以上的;

(二)挪用救灾、抢险、防汛、优抚、扶贫、移民、救济特定款物,数额在五十万元以上不满一百万元的;

(三)挪用公款不退还,数额在五十万元以上不满一百万元的;

(四)其他严重的情节。"

第6条规定:"挪用公款归个人使用,进行营利活动或者超过三个月未还,数额在五万元以上的,应当认定为刑法第三百八十四条第一款规定的

'数额较大'；数额在五百万元以上的，应当认定为刑法第三百八十四条第一款规定的'数额巨大'。具有下列情形之一的，应当认定为刑法第三百八十四条第一款规定的'情节严重'：

（一）挪用公款数额在二百万元以上的；

（二）挪用救灾、抢险、防汛、优抚、扶贫、移民、救济特定款物，数额在一百万元以上不满二百万元的；

（三）挪用公款不退还，数额在一百万元以上不满二百万元的；

（四）其他严重的情节。"

二、不同用途的"情节严重"的认定标准当中的"挪用公款不退还"如何理解

对于挪用公款进行非法活动的与进行营利活动或者超过3个月未还的，《贪污贿赂解释》规定了不一样的标准，挪用公款用于非法活动的100万元以上或者挪用公款不退还，数额在50万元以上不满100万元的，属于情节严重。用于营利活动或者超过3个月未还的，挪用公款数额要在200万元以上或者挪用公款不退还，数额在100万元以上不满200万元的，属于情节严重。

正如上面分析的，《贪污贿赂解释》规定的挪用公款的数额与挪用公款不退还的数额是不同的，**挪用公款用于非法活动的100万元以上，不管是否退还都属于情节严重，处5年以上有期徒刑；挪用公款用于非法活动不退还的公款数额在50万元以上不满100万元的属于情节严重，处5年以上有期徒刑**。比如挪用公款60万元用于非法活动，未退还的数额超过50万元的，构成情节严重；如退还之后，未退还数额不足50万元的，就不构成情节严重，应在5年以下有期徒刑。

用于营利活动或者超过3个月未还的，挪用公款数额200万元以上，不管是否退还，都属于情节严重，处5年以上有期徒刑；挪用公款用于营利活动或者超过3个月未还且不退还的数额在100万元以上不满200万元的，认定为情节严重，处5年以上有期徒刑。比如挪用公款180万元，退还部分之后，剩余的未退还数额不足100万元的，就不构成情节严重，只要在5年以下有期徒刑量刑。如未退还部分超过100万元，即使挪用公款数额180万元，也应当认定为情节严重，在5年以上有期徒刑量刑。

《刑法》第384条第1款规定，挪用公款数额巨大不退还的，处10年以上有期徒刑或者无期徒刑。如上分析，"挪用公款数额巨大不退还的"，包括两个部分：一是"挪用公款数额巨大"的数额标准，挪用公款用于非法活动，数额需要达到300万元以上；挪用公款用于个人使用或营利活动，数额需要达

到 500 万元以上。二是"不退还"的数额问题。不退还的数额是否也要达到"数额巨大"？司法实践中存在分歧意见。笔者认为，挪用公款之后未退还部分也需要达到数额巨大，才能判处 10 年以上有期徒刑或者无期徒刑。即挪用公款数额巨大且不退还数额数额巨大的，处 10 年以上有期徒刑或者无期徒刑。

还需要注意的是，《刑法》第 384 条第 1 款规定挪用公款情节严重的，处 5 年以上有期徒刑，没有规定上限。笔者认为，挪用公款情节严重量刑上限是 10 年有期徒刑，能够判处 10 年以上有期徒刑或者无期徒刑的情形，只有挪用公款数额巨大且不退还的这么一种。

 举案释疑

案例　肖某挪用公款案

基本案情

肖某挪用公款 1600 万元，400 万不能退还。

实务评析

检察机关认为只要挪用公款达到数额巨大标准即 500 万以上，即使不能退还部分达不到 500 万元，也应当在 10 年有期徒刑以上量刑。

一审法院认为一审宣判前因客观原因不能退还的金额达到 500 万元以上方才在 10 年以上确定基准刑。

笔者个人认为，以一审宣判前不能退还的金额确定是否属于挪用公款数额巨大不退还的数额，有利于鼓励被告人最大限度退赃，挽回国家经济损失。笔者倾向于同意法院的意见。

正如上面分析的，挪用公款的数额要求高，挪用公款不退还的数额要求低。在此情况下，笔者认为，应当依照便宜被告人原则，同时也从有利于追赃，尽可能挽回国家损失的角度，作出有利于被告人的解释，即"挪用公款数额巨大不退还的"，不退还的数额必须在 500 万元、用于非法活动必须在 300 万元以上的，才能在 10 年以上有期徒刑或者无期徒刑量刑。

结合本案，肖某挪用公款 1600 万元，但只有 400 万不能退还，可以在 5 年以上有期徒刑幅度量刑，而不应以 10 年以上有期徒刑或者无期徒刑量刑。

7 行贿犯罪免除刑罚的底线在哪

 疑难问题

针对实践中存在的"重打击受贿、轻打击行贿"这一突出问题,为进一步加大对行贿罪的处罚力度,从源头上惩治和预防腐败犯罪,《刑法修正案(九)》对行贿犯罪的定罪量刑做了调整,加大了对行贿犯罪的打击力度,随之而来的问题是,也增加了受贿犯罪查处的难度。道理很简单,如果行贿人不能免责,行贿人交代行贿的犯罪事实,不仅追究了受贿人,同时也将使自己"作茧自缚",那么,行贿人主动交代的积极性应该不会高,要突破其口供的难度也会比较大。而且交代的越多,量刑越重,行贿人的顾虑越多,也在一定程度上限制了行贿人彻底交代罪行。

 破解思路

行贿罪是指为谋取不正当利益,给予国家工作人员以财物的。因被勒索给予国家工作人员以财物,没有获得不正当利益的,不是行贿。根据"两高"司法解释,向国家工作人员行贿,数额在3万元以上的要追究刑事责任。

《刑法修正案(九)》以及"两高"《贪污贿赂解释》对行贿罪也体现了从严精神。虽然立案标准提高了,但加大了对行贿人财产的处罚力度,增加了并处罚金的规定,同时设立了更为严格的从宽处罚的适用条件。以往只要能够积极配合的,在被司法机关追究前主动交代的,一般都可以减轻或免除刑罚。现在对于此类从宽的幅度较少了,处罚的力度加大了。"两高"司法解释对可以减轻或者免除处罚的条件进行了规定,且明确了哪些属于犯罪较轻的,哪些属于对侦破重大案件起关键作用的等。

一、行贿犯罪的危害性

行贿是对权力"温和方式"的干扰，使国家公职人员从内心开始腐化，从而最终在行动上腐败。行贿与受贿系对合性违法犯罪行为，是相伴而生的一对恶瘤，对国家机体和政治生态危害尤甚。

危害性主要体现在以下几个方面：（1）行贿行为腐化国家工作人员；（2）行贿行为破坏公平竞争的秩序；（3）行贿行为是滋生其他违法犯罪的温床。行贿人不择手段地"买通"国家工作人员，得到权力的庇护，致使国家工作人员滥用权力为其攫取利益，不惜代价地损害国家和人民的根本利益，而行贿人普遍会获得数倍于投入的回报。行贿与受贿的"双赢"，致使有些党员领导干部逐步腐化，懈怠职责，甚至将权力私有化，为人民服务蜕变为"为某些人服务"，大大降低了党和政府的公信力。行受贿犯罪是对合犯罪，近几年的省部级案件，也披露了不少知名企业家行贿的信息，官员级别越大，对其行贿的商人公司、企业也越大。

二、打击行贿犯罪的法律规定

《贪污贿赂解释》第 7 条、第 8 条、第 9 条对行贿罪作了调整，集中体现在两个方面：

（一）提高了行贿罪的起刑点以及"情节严重""情节特别严重"中的数额标准

将行贿罪的起刑点由原先的 1 万元调整为 3 万元，与受贿罪保持一致，主要是出于行受贿打击并重，从源头上有效治理贿赂犯罪的政策考虑。

将"情节严重"中单纯的数额标准由原先的 20 万元以上不满 100 万元调整为 100 万元以上不满 500 万元；"情节特别严重"中单纯的数额标准由原先的 100 万元以上调整为 500 万元以上。调整主要出于行受贿平衡量刑的考虑。

（二）关于行贿罪从宽处罚适用条件的理解

《刑法修正案（九）》对行贿罪可以减免处罚情形的做了修订。这对职务犯罪案件的查处影响比较大。出发点是为了解决行贿受贿同罪问题。曾经出现过某些行贿人不断地把贪官送进监狱，而自己却一次次逍遥法外的情况。所以，有人认为没有买卖就没有杀戮，没有行贿就没有受贿，只要严厉打击行贿犯罪，就会减少职务犯罪的发生。但在司法实践中，如果行贿人交代越多，自己受到的处罚也就越严厉，那么，要让其交代问题的难度显然越大，反过来查处受贿犯罪的难度也就越大。

1. 《刑法修正案（九）》之前行贿人减轻处罚的规定

《刑法修正案（九）》之前《刑法》第 390 条规定：对犯行贿罪的，处 5 年以下有期徒刑或者拘役；因行贿谋取不正当利益，情节严重的，或者使国家利益遭受重大损失的，处 5 年以上 10 年以下有期徒刑；情节特别严重的，处 10 年以上有期徒刑或者无期徒刑，可以并处没收财产。行贿人在被追诉前主动交待行贿行为的，可以减轻处罚或者免除处罚。

根据这个规定，只要被立案前主动交代的，最高限度可以免除处罚，可以不追究。司法实践当中，基本上只要积极主动配合，一般也是"缴枪不杀"，不再追究其刑事责任。

2. 《刑法修正案（九）》的规定

《刑法修正案（九）》将行贿犯罪的条款修改为：对犯行贿罪的，处 5 年以下有期徒刑或者拘役，并处罚金；因行贿谋取不正当利益，情节严重的，或者使国家利益遭受重大损失的，处 5 年以上 10 年以下有期徒刑，并处罚金；情节特别严重的，或者使国家利益遭受特别重大损失的，处 10 年以上有期徒刑或者无期徒刑，并处罚金或者没收财产。

行贿人被追诉前主动交代行贿行为的，可以从轻或者减轻处罚。其中，犯罪较轻的，对侦破重大案件起关键作用的，或者有重大立功表现的，可以减轻或者免除处罚。

这规定要从两个方面理解：一是立案前，只要主动交代的，最大限度可以做到免除处罚。如果一旦立案追诉，要免除处罚的难度很大。二是只有对犯罪较轻的，或者重大立功的，或者对侦破重大案件起关键作用的，才具备不追究的可能。

三、行贿人可以免除处罚的三类案件

（一）将"犯罪较轻"明确为"可能被判处 3 年有期徒刑以下刑罚"

其主要考虑是：将 3 年有期徒刑以下刑罚作为犯罪较轻的认定标准，符合立法和司法的普遍认识。比如，刑法将缓刑的适用条件确定为判处 3 年有期徒刑以下刑罚。对应于行贿款的数额要 100 万以下，因为行贿 3 万以上不满 100 万元的，量刑为 5 年以下有期徒刑，才有可能符合"3 年有期徒刑以下刑罚"条件。

起草过程中有意见建议将行贿罪的第一个量刑档即 5 年刑期以下作为犯罪较轻的认定标准，以方便实践适用。经研究，判处 5 年刑期的通常即可认为是重罪，在重罪与较轻犯罪之间有必要留出一个中间地带，故未采纳。

（二）将"可能被判处 10 年有期徒刑以上刑罚"和省级影响性案件确定为"重大案件"

这主要借鉴了最高人民法院《关于处理自首和立功具体应用法律若干问题的解释》（以下简称《自首和立功解释》）关于"重大案件"的规定，即"可能判处无期徒刑以上刑罚的案件，以及在本省、自治区、直辖市或全国有较大影响的案件"。

之所以将《自首和立功解释》规定的"无期徒刑以上"调整为"10 年有期徒刑以上"，主要有两方面的考虑：

一是行贿人的配合对于受贿犯罪的查处具有难以替代的重要作用。行受贿属于对合犯罪，没有行贿人的口供，很难印证受贿犯罪，对行贿罪的从宽处罚规定，既有罪刑相适应的考虑，也有打击策略的考虑。适当调低"重大案件"的掌握标准，可以为该规定的实践适用提供必要的空间。

二是受贿罪的罪重罪轻主要取决于数额大小。将"重大案件"的标准定得过高，将导致只有极少数犯罪数额极大的行贿犯罪分子才有"资格"适用本从宽规定的不合理现象，亦即，犯罪越严重越可以得到减免处理，这对于那些罪行更轻但又不属于前述犯罪较轻的行贿犯罪分子将是不公平的。

（三）从线索提供、证据收集、追逃追赃等方面列举了"对侦破重大案件起关键作用"的四种具体情形

一是主动交待办案机关未掌握的重大案件线索的；

二是主动交待的犯罪线索不属于重大案件的线索，但该线索对重大案件侦破有重要作用的；

三是主动交待行贿事实，对于重大案件的证据收集有重要作用的；

四是主动交待行贿事实，对于重大案件的追逃、追赃有重要作用的。

四、行贿人检举揭发受贿人是否构成立功

行贿人检举揭发受贿人，构成立功吗？笔者认为**不构成立功，被控制的行贿人，如实供述自己的行贿的犯罪事实，如果为司法机关没有掌握的罪名的，可以认定为自首，但是不能认定为立功**。否则，一次行为两种评价，行贿人如实供述，又是认定自首，又是认定立功，显然不合理。

当然，如果揭发自己知情的其他受贿或行贿犯罪，查证属实，可以认定为立功。行贿人被追诉后如实供述自己罪行的，依照《刑法》第 67 条第 3 款的规定，可以从轻处罚；因其如实供述自己罪行，避免特别严重后果发生的，可以减轻处罚。行贿人揭发受贿人与其行贿无关的其他犯罪行为，查证属实的，

依照《刑法》第 68 条关于立功的规定，可以从轻、减轻或者免除处罚。

五、行贿犯罪能够免除处罚的底线

行贿人被追诉前主动交代行贿行为的，可以从轻或者减轻处罚。其中，犯罪较轻的、对侦破重大案件起关键作用的，或者有重大立功表现的，可以减轻或者免除处罚。关于行贿犯罪免除处罚的具体底线，笔者做了一些研究。

主动交代的行贿的款要达到 300 万以上 500 万元以下的，受贿人才可能判处 10 年以上有期徒刑，而行贿人可以在 5—10 年判刑，免除处罚是有可能的。而行贿数额超过 500 万的，行贿人就可能判处 10 年以上有期徒刑，这个罪行要减轻处罚在 5—10 年期间判刑是可以的，但不会免除处罚，因为要降两个档次，司法实践当中一般要报最高法院批准。也就是说，只有对于行贿 100 万以下的行贿犯罪或者行贿 300 万至 500 万的情况，属于犯罪较轻或者对侦破重大案件起关键作用的，或者有重大立功表现的情形，依法可以减轻或免除处罚。其余行贿 100 万至 300 万，以及 500 万元以上的，谋取不正当利益的犯罪，一般情况下不能免除处罚，必须追究刑事责任。

8 贿赂犯罪中的"财物"应如何理解

疑难问题

贿赂犯罪的本质在于权钱交易。这些年随着我国社会经济的发展,贿赂犯罪手段越来越隐蔽。有的行为人通过低买高卖交易的形式收受请托人的好处,有的行为人通过赌博、合作投资、委托理财等方式,变相收受请托人的财物。对于这些算不算"贿赂",司法实践中往往会产生不同意见。

破解思路

"两高"《关于办理贪污贿赂刑事案件适用法律若干问题的解释》(以下简称《贪污贿赂解释》)第12条规定,**贿赂犯罪中的"财物",包括货币、物品和财产性利益**。财产性利益包括可以折算为货币的物质利益如房屋装修、债务免除等,以及需要支付货币的其他利益如会员服务、旅游等。后者的犯罪数额,以实际支付或者应当支付的数额计算。

实践中提供或者接受需要支付货币的其他利益,主要有两种情形:

一是**行贿人支付货币购买后转送给受贿人消费**,比如超市购物卡、消费卡、酒卡、购买衣服专卖店购物卡等。

二是**行贿人将在社会上作为商品销售的自有利益免费提供给受贿人消费**,如会员服务、旅游等。

可以折算为货币的物质利益和需要支付货币才能获得的其他利益两种情形实质相同,均应纳入贿赂犯罪处理,但因表现形式不同有可能导致需要支付货币才能获得的其他利益数额认定上的意见分歧,故《贪污贿赂解释》同时明确,"后者的犯罪数额,以实际支付或者应当支付的数额计算"。比如酒卡和购物卡，一般批量购买有打折，应以实际支付款来计算。对于帮助他人支付购买物品的费用，如何计算受贿数额的问题，笔者认为，可以认定支付的货币数额，不需要再对购买的物品进行鉴定。

 举案释疑

案例1 林某受贿案

基本案情

被告人林某，系某县县委书记，利用职便为某公司董事长王某在公司项目规划、颁发土地证等方面提供帮助。2015年，林某带王某到某寿山石店铺，购买一个成交价10万元的寿山石摆件。王某为林某支付了该笔费用。经鉴定，寿山石价值人民币8万元。

分歧意见

关于该笔受贿数额是认定支付的10万元，还是鉴定价格8万元，分歧较大。一种观点认为，从受贿人角度看，其收受的贿赂只有价值8万元，因此，应当认定为受贿8万元。另一种观点认为，从行贿人的角度，不管该寿山石鉴定价格多少，哪怕是假货，不值一文，行贿人都已经行贿了10万元，因此，应当认定受贿数额为10万元。

实务评析

采取帮助支付方式行受贿的，应当以实际支付或者应当支付的数额计算。同理，**对于帮助支付购买物品的，应当也是以实际支付的数额来认定受贿数额。**

结合本案，王某为了谋取不正当利益，为林某购买寿山石支付了10万元，构成行贿罪，且行贿数额10万元。被告人林某身为国家工作人员，利用职便为他人谋取不正当利益，接受他人支付10万元购买了寿山石，构成受贿罪，受贿数额为10万元。

案例2 梁某受贿案

基本案情

被告人梁某，男，汉族，1964年出生，原任某县委常委、副县长，因本案于 2017 年 4 月 29 日被刑事拘留，同年 5 月 10 日被逮捕。

经审理查明：2002 年至 2017 年，被告人梁某利用担任中共县委常委、副县长、某县工业区党委书记、管委会常务副主任、主任职便，收受陈某等 13 人送予人民币 371.7 万元、购物卡 5 万元、台币 10 万元和房产一套（价值人民币 60.04 万元），折合人民币共计 439 余万元，并为他人谋取利益。

其中 2003 年上半年，被告人梁某与陈某商定，由陈某在厦门购买一套商品房送给被告人梁某，且产权不登记在被告人梁某名下。2003 年 6 月，陈某以 43 余万元价格购买房产一套，进行装修后，于 2005 年 9 月交付给梁某使用。2015 年下半年，梁某担心被发现，遂向陈某提出卖掉该房产，双方即商定陈某卖掉房产后给梁某一半的房款。2016 年 4 月，陈某以 410 万元出售该房产，将其中 250 万元售房款付给被告人梁某，并通过银行转账转入被告人梁某之子的银行账户，后梁某之子将该款用于认购其所供职公司的基金；其余 160 万元的售房款由陈某占有。2016 年 5 月，被告人梁某为规避组织调查，让其子与陈某之子签订一份基金代持协议，以掩盖其收受陈某贿赂的事实。2017 年 4 月 5 日，梁某之子转账给陈某之子该基金分红款 25 余万元。经价格认证中心认定：2005 年 9 月厦门房产价值为 60.04 万元。

处理结果

某市院于 2018 年 1 月 19 日指控被告人梁某犯受贿罪，向某市中级人民法院提起公诉。某市中级人民法院于 2018 年 10 月 25 日做出一审判决：被告人梁某犯受贿罪，判处有期徒刑 9 年，并处罚金人民币 40 万元。被告人梁某不服，在法定期限内提出上诉。

争议焦点

收受商品房的受贿犯罪，是以支付金额计算受贿数额，还是以商品房鉴定价格或最后出售的成交价格来认定。

实务评析

关于梁某收受陈某在厦门购买的商品房一套的犯罪数额如何认定的问题，在起诉和一审期间存有争议，涉及梁某收受陈某所送房产的既遂时间点的认定。主要有以下三种意见：

第一种意见认为，以 2003 年双方约定作为既遂，则以陈某的购买价即 43.8229 万元认定受贿数额；

第二种意见认为，以陈某实际交付房产的时间作为既遂，即以南靖县价格认证中心的认定价 60.04 万元认定受贿数额，至于 2015 年梁某将钥匙还给陈某，并提出将房子卖掉，分得房款中的 250 万元，只是受贿后的赃物的处理问题。

第三种意见认为，既遂时间是以陈某最终给付被告人梁某 250 万元的时间，应以 250 万元认定。侦查终结和检察机关起诉认为应以最终给付 250 万元认定。

笔者认为，应当以陈某支付的购买价即 43.8229 万元，同时加上装修的费用，作为认定的受贿数额，以 2003 年双方约定作为既遂的时间点。

这主要是考虑到，被告人梁某收受的是房子，而当时的房子是陈某花费了 43 万多元购买的，至于说随着时间的推移，后来鉴定价格达到 60 多万元，后来出卖价格达到 400 多万元，都属于犯罪所得孳息。假设以鉴定价格或实际出卖价格计算受贿数额，如果房价下跌，那么，是否要按照下跌的价格来认定受贿数额呢？显然不能。因此还是应当按照受贿既遂时购买房子的价格来计算。笔者认为，以行贿人出资购买房子的数额来认定，可以避免受贿数额受房价升降的影响，比较客观合理。

9 受贿犯罪中"为他人谋取利益"是否包括同时为本人谋取利益

 疑难问题

根据刑法相关规定,认定受贿犯罪必须符合国家工作人员利用职便,为他人谋取利益,权钱交易收受贿赂。在司法实践中,对于利用职便为自己与他人合作的项目谋取利益,获取超出出资比例的分红如何定性的问题,值得关注。其中的焦点问题是被告人为自己谋利的同时也为他人谋利,能否认定为"为他人谋取利益";被告人利用职便为本人参股的项目谋利,是否属于股东正常参与项目的经营管理行为。《刑事审判参考》第1250号指导案例对这个问题有做阐述,笔者本人也办理过类似的案件,就此问题也做一些探讨。

 破解思路

一、法律规定

"两高"《关于办理贪污贿赂刑事案件适用法律若干问题的解释》(以下简称《贪污贿赂解释》)第13条规定:"具有下列情形之一的,应当认定为'为他人谋取利益',构成犯罪的,应当依照刑法关于受贿犯罪的规定定罪处罚:

(一)实际或者承诺为他人谋取利益的;

(二)明知他人有具体请托事项的;

(三)履职时未被请托,但事后基于该履职事由收受他人财物的。

国家工作人员索取、收受具有上下级关系的下属或者具有行政管理关系的被管理人员的财物价值三万元以上,可能影响职权行使的,视为承诺为他人谋取利益。"

二、如何认定"为他人谋取利益"

1. 承诺为他人谋取利益即可认定为为他人谋取利益，是否着手为他人谋取利益以及为他人谋利事项是否已完成均在所不问，既不影响定罪也不影响既遂的认定。本项内容来源于《全国法院审理经济犯罪案件工作座谈会纪要》（以下称《纪要》）的规定，即"为他人谋取利益"包括"承诺、实施和实现三个阶段的行为"，只要实施其一即可认定。

2. 《纪要》规定，"明知他人有具体请托事项而收受其财物的，视为承诺为他人谋取利益"。本项规定的要点在于"具体请托事项"，只要收受财物与职务相关的具体请托事项建立起关联，即应以受贿犯罪处理。具体包括两种情况：

（1）行贿人告知受贿人具体请托事项，或者受贿人基于客观情况能够判断出行贿人有请托事项，知道行贿人为什么而来，受贿人收受对方财物的，虽然尚未实施具体谋取利益行为，也应认定为受贿人"为他人谋取利益"。

（2）受贿人知道或应当知道行贿人的具体请托事项，但并不想具体实施为对方谋取利益的行为，此种情形同样属于基于具体职务行为的权钱交易行为，公职人员的职务廉洁性同样受到侵害，故也应认定为受贿人"为他人谋取利益"。

3. 履行职责时没有受贿故意，双方亦未就请托事项进行意思沟通，但在履行职责后收取他人财物的，只要该收受财物与其先前职务行为存在关联，其收受财物的行为同样侵犯了国家工作人员的职务廉洁性。

有意见提出，该规定突破了"为他人谋取利益"的字面涵义。《贪污贿赂解释》保留该项规定，其主要考虑是：事前受贿和事后受贿没有实质不同，关键在于收受财物与具体职务行为有无关联，而不在于何者为因何者为果，也不在于时间先后。

适用本项规定时需要注意以下两点：

（1）根据此前司法解释等文件的规定，国家工作人员离职、退休后收受财物，认定受贿需以离职、退休之前即国家工作人员身份存续期间有事先约定为条件。本项规定同样受此约束，不能认为本项规定修改了此前文件的规定。也就是说，如已经离职退休的，如果基于当事人感谢之前为其谋利而收受财物，还必须具备事先有约定的条件，才能定罪。只有这样才能体现权钱交易的受贿的本质属性。而在职的国家工作人员，虽然履职时未被请托，但事后基于该履职事由收受他人财物的，可以认定"为他人谋取利益"，构成数额情节等犯罪要件的，应当以受贿罪定罪处罚，不以事先约定为条件。

（2）"事后"的时间间隔没有限制，但收受财物与履职事项之间应存在实质关联。

4. 国家工作人员索取、收受具有上下级关系的下属或者具有行政管理关系的被管理人员的财物价值3万元以上，可能影响职权行使的，视为承诺为他人谋取利益。

三、行为人为自己谋利的同时也为他人谋利，能否认定为"为他人谋取利益"

对于这个问题存在两种意见：一种意见认为，行为人为自己投资的项目协调关系是为自己谋利，缺乏"为他人谋取利益"这一受贿构成要件；另一种意见认为，行为人并非该项目的独立或主要投资受益人，其为自己谋利的同时，也为其他股东谋取了利益并因此成为其他股东让与利益的原因，权钱交易特征明显。

笔者认为，**为他人谋取利益，并没有排除同时也为自己谋取利益，只要被告人利用职便为他人谋取利益，即使该利益也包含自己的利益在内，仍然符合权钱交易的特征。**

至于是否认定有罪，要区分三种情形：

第一种情况，假如行为人足额出资参股他人公司项目，而后按照出资比例分红，尽管行为人利用职便为他人谋取利益，由于无法认定收受的贿赂数额，故无法认定有罪。

第二种情况，行为人没有足额出资，又收受了超出出资比例的分红，超出部分应当认定为受贿数额，至于其出资部分的分红不能算入受贿数额，应予以扣除。行为人出资得到的分红是经商行为，违反了党纪政纪，但不构成犯罪。多出的部分分红，是基于其行为人利用职便为他人谋取了利益，他人按照份额额外多付的分红，性质就变了，这时候的分红不是出资分红款，而是行受贿款了。

第三种情况，如果行为人是项目的独立或主要投资受益人，也有其他人员参与投资。行为人为该项目谋取利益，这种情况下，要认定其"为他人谋取利益"较为困难。

四、行为人利用职便为自己参股项目谋利，是否属于股东正常的经营行为

关于这个问题也有两种意见，第一种意见认为，行为人为自己投资的项目协调关系属于股东参与自己所投资项目的经营管理行为。第二种意见认为，行

为人为项目协调关系利用的是其职务赋予的公务便利,不属于普通的经营管理行为。

笔者认为,"为他人谋取利益"是公权私用,不管是他人,还是自己,都是属于私人。只要将公权力为私人服务,包含为他人和自己服务,就符合受贿罪以权谋私的特征。行为人侵犯了公权力的不可私用性,因此不属于普通的经营管理行为。

举案释疑

案例 徐某受贿案

基本案情

上诉人徐某,男,1957年出生,汉族,大学文化,原任某市中级人民法院副院长。因涉嫌犯受贿罪于2009年8月1日被刑事拘留,同月13日被逮捕。

一审法院认定具体事实如下:

1995年至2000年间,时任某区人民法院院长、某市中级人民法院副院长的被告人徐某接受某房地产开发公司董事长柯某的请托,多次对柯某及其公司在案件诉讼上给予关照,先后10次在办公室或住宅楼下等地方,收受柯某给予的现金、购物卡折合76000元及一块欧米茄男表(经鉴定为16200元)共计92200元。

1992年被告人徐某与吴某相识后,吴某以10%的股份邀请被告人徐某投资入股其经营的多个项目,并依此比例分配利润。2001年5月,吴某以甲公司的名义中标一地块,欲用于开发A项目,吴某依惯例邀请被告人徐某投资入股该项目10%股份(按启动项目资金3000万元计算,10%股份需出资人300万元),被告人徐某表示同意。后因吴某未能依约缴纳土地出让金,该中标依照规定被废止,同年11月,市国土资源局再次将该地块出让给甲公司,此时吴某再次请被告人徐某投资入股A项目10%股份,被告人徐某在明知需出资300万元的情况下,对此予以接受,同意将其投资该公司B项目所预分红利润70万元及股本金30万元,共计100万元转作其此次投资A项目的部分出资款,并向吴某表示会将剩余出资款200万元补足。此后,尽管因开发A项目资金紧张,吴某多次暗示被告人徐某依约继续付清出资款,但被告人徐某出于投资风险顾虑，始终未将剩余应出资的 200 万元缴清。在该房地产项目的建设与销售过程中，被告人徐某未参与管理。

2006 年起，被告人徐某陆续从吴某夫妇处取得 A 项目分红款共计 300 万元。吴某考虑到多年来被告人徐某在担任某区人民法院院长、某市中级人民法院副院长等职务期间，利用职权或者地位形成的便利条件通过其他国家工作人员职务上的行为，对他及其公司在房地产项目开发、涉及刑事案件调查等事宜上给予帮忙，遂于 2007 年 6 月再汇款 200 万元至被告人徐某指定的账户上，至此被告人徐某以分红方式从 A 项目项目分得 500 万元。根据 A 项目可分配利润为 5500 万元，每股 300 万元投资可分得 550 万元，被告人徐某实际出资人民币 100 万元，可分红数额为 183.3 万元，被告人徐某由此以多分红方式收受了吴某给予的 316.1 万元。

处理结果

一审法院认为，被告人徐某身为国家工作人员，在担任市中级人民法院副院长等职务期间，利用职务上的便利，或者利用本人地位形成的便利条件，通过其他国家工作人员职务上的行为，为他人谋取利益，多次非法收受他人给予的现金及实物折合人民币 325.92 万元，其行为已构成受贿罪。被告人徐某检举他人犯罪，经查证属实，有立功表现，依法可以从轻处罚；被告人徐某退缴违法所得，可以酌情从轻处罚。依法判决被告人徐某犯受贿罪，判处有期徒刑 12 年，并处没收个人财产人民币 65 万元。被告人徐某不服，提出上诉，认为其参股 A 项目，是公司股东，虽然在 A 项目中实施了利用职便为吴某公司项目地块分块办证、获取银行贷款等事项向有关部门人员打招呼以及一些零星事务，主要也是为自己参股的公司谋取利益，不构成为他人谋取利益。其行为属于违规经商的违纪行为，不构成受贿犯罪。

省高级人民法院于 2013 年 12 月 19 日作出终审判决，认定徐某构成受贿罪，认定 A 项目利润 6000 万元，许某出资 100 万元应得利润为 200 万元，实际却分得 500 万元，多分红的 300 万元应认定为受贿数额，认定徐某以多分红的等形式收受吴某、柯某贿赂合计 3092200 元，维持一审法院对徐某定罪量刑部分。

实务评析

A 项目每股需要投资 300 万元而徐某只出资 100 万元，尚余 200 万元没有出资的事实，有上诉人徐某的多次供述和证人吴某等人的证言证实；A 项目项目的出资在项目启动时就已经出资完毕，有相关的注册资本证明，也得到了司法会计鉴定结论的证实。A 项目的利润人民币 6000 万元而徐某已经分了 500

万元的事实，有相关司法会计鉴定书、价格鉴定结论书、证人吴某的证言与上诉人徐某的供述相印证。

上诉人徐某没有实际参与经营管理，以投资方式从吴某处获取超出其投资收益的利益且徐某还为吴某在诉讼和房地产项目的贷款、拍卖等事情上谋取了利益，这也得到了徐某"打过招呼"的相关职能部门人员证言和具体书证的印证。因此，认定徐某构成受贿罪的事实清楚、证据确实充分，足以认定。

A项目不论发起、出资、分配利润，主要股东是吴某，被告人徐某只占其中的10%，按照约定应当出资300万元，但徐某只实际出资100万元，被告人完全明知自己为A项目的顺利进行而利用职便在贷款、拍卖等事情上提供帮助，是为A项目的所有股东谋取了利益，也正是因为这一因素，吴某等股东才同意并决定在徐某没有足额出资的情况下，按照足额出资的比例给徐某分红。因此，尽管徐某自己在A项目中有出资，也有自己的利益，但并不影响认定其主观明知并客观在利用职便为自己谋利的同时更多地为他人谋取了利益。同时，徐某获取了超额分红的300万元利润，含有他人的份额，属于收受他人贿赂，权钱交易明显。

10 多次受贿数额如何计算

疑难问题

受贿案件往往涉及多笔受贿事实,受贿数额的认定特别是小额贿款、历史性收受的款物是否累计计算,实践中存在意见分歧。

破解思路

"两高"《关于办理贪污贿赂刑事案件适用法律若干问题的解释》(以下简称《贪污贿赂解释》)第15条规定:"对多次受贿未经处理的,累计计算受贿数额。国家工作人员利用职务上的便利为请托人谋取利益前后多次收受请托人财物,受请托之前收受的财物数额在一万元以上的,应当一并计入受贿数额。"

解决受贿数额的计算问题,以已经构成犯罪为前提。

《贪污贿赂解释》第15条第1款明确多次受贿未经处理的,累计计算受贿数额,主要借鉴了刑法对于多次贪污的数额计算规定。**这里的"未经处理",既包括达到定罪标准未受处理,也包括未达到定罪标准未受处理。**受贿人多次收受小额贿款,虽每次均未达到《贪污贿赂解释》规定的定罪标准,但多次累计后达到定罪标准的,也应当依法定罪处罚。**这里的"处理"包括刑事处罚和党纪、行政处分,已经受过处理的原则上不再累计。**

《贪污贿赂解释》第15条第2款,针对的是行贿人长期连续给予受贿人超出正常人情往来范围的财物,收受财物与具体请托事项不能一一对应情况下受贿数额如何计算的问题。解释明确**不要求每次都要有明确的请托事项**,这在司法实践中意义重大;明确利用职务上的便利为请托人谋取利益前后多次收受请托人财物，受请托之前收受财物数额在 1 万元以上的，应当一并计入受贿数额。适用本款规定时要注意**多次收受财物之间应具有连续性**。这是得以在法律上将收受财物与谋利事项建立联系进而将之作为整体受贿行为对待的事实基础。

起草过程中有意见指出，规定中的"1 万元以上"是否限于单笔收受在"1 万元以上"需进一步明确。经研究，能否认定受贿的关键不在于单笔金额的大小，而在于收受时是否与具体职务行为相关，**能够证明与具体请托或者谋利事项相关且数额超过 1 万元的，不管是单笔还是多笔累计，都应一并计入受贿数额**。

另有意见提出，受请托之前收受财物的数额累计不足 1 万元，但有其他受贿事实的，是否需要按照第 1 款的规定计入受贿数额？我们认为，第 2 款解决的是受贿事实的认定问题；第 1 款解决的是受贿数额的计算问题，以受贿事实业已确定为前提。**未达到第 2 款规定的 1 万元数额标准的，意味着性质上不属于受贿，故不宜计入受贿数额**。

关于收受的财物数额是否累计、如何累计，笔者个人认为，针对同一人的，小额不断，多次收受财物的，可以累计计算，但要注意以下三个问题：

第一，要明确受委托之前还是之后，如在受委托之前累计数额达到 1 万元的，就可以一并计入受贿数额，如达不到 1 万元的，则不予计入受贿数额。

第二，为他人谋取利益之后，收受的财物数额可以一并计入受贿数额，没有 1 万元以上这样的要求。

第三，这样区分还是为了区分感情投资类的礼金与贿赂款，谋利前收受的小额，年节的感情投资类的礼金，需要累计达到 1 万元的才合计入受贿款，不到 1 万的，不以犯罪论处。而谋利之后，所送的财物不管多少，均属于贿赂款，不必累计，直接合计处理。

11 感情投资类受贿案件犯罪数额如何认定

疑难问题

司法实践中，有这类现象：受贿人多次收受贿赂，行贿人以感情投资方式多次行贿的，有些有具体请托事项，有些没有。这类情况如何认定，受贿数额如何计算，司法实践中存在分歧意见。

破解思路

对于日常意义上的"感情投资"，有必要在法律上作进一步区分：与行为人的职务无关的感情投资；与行为人职务行为有着具体关联的所谓的"感情投资"。对于后者，由于双方在职务活动中日常而紧密的关系，谋利事项要么已经通过具体的职务行为得以实现，要么可以推断出给付金钱有对对方职务行为施加影响的意图，这种情况下只要能够排除正常人情往来的，同样应认定为受贿。

"两高"《关于办理贪污贿赂刑事案件适用法律若干问题的解释》第13条第2款规定："国家工作人员索取、收受具有上下级关系的下属或者具有行政管理关系的被管理人员的财物价值三万元以上，可能影响职权行使的，视为承诺为他人谋取利益。"

"价值三万元以上"是为了便于实践掌握而对非正常人情往来作出的量化规定。该款规定充分考虑了与《中国共产党纪律处分条例》关于违纪收受礼金规定的衔接，将收受财物的对象限制在具有上下级关系的下属或者行政管理关系的被管理人，并加以金额3万元以上、可能影响职权行使（这由司法机关裁量判断）的限制，较好地区分了受贿犯罪与正常人情往来以及违纪行为的政策法律界限。

具体适用本款规定时,要注意把"价值三万元以上"和"可能影响职权行使"结合起来作整体理解:一方面,"价值三万元以上"可以累计计算,而不以单笔为限;另一方面,对于确实属于正常人情往来、不影响职权行使的部分,不宜计入受贿数额。

开始没有具体请托事项,以感情投资方式多次收受贿赂,最后受贿人接受具体请托为请托人谋利的,应当将多次收受的贿赂予以累计,以受贿犯罪论处。

也就是说,从一开始,行受贿双方就清楚地知道这种财物的给予是建立在权钱交易的基础之上的,行贿人正是看重这样的投资具有可期待的利益,受贿人亦通过明示或暗示承诺日后利用职务之便为行贿人谋利作为回报,一旦行贿人提出具体请托,受贿人接受具体请托为"投资人"谋利,那么这种投资就实现了回报,行受贿双方的权钱交易就告完成。哪怕是行贿人提出具体请托事项,受贿人许诺但没办或没有办成,都算完成了权钱交易。**这种接受先期的感情投资的受贿方式是当前贿赂犯罪不断演化的一个普遍形式,具有更大的隐蔽性和危害性,完全符合受贿罪的构成要件,应当定罪,且受贿数额应以历次收受的财物予以累计计算。**

笔者认为要将行受贿双方的行为作为一个整体。尽管没有一一对应,但只要证明送钱时有表示希望保持关系、期待将来的帮助或感谢之前的帮助,只要受贿人确实为行贿人谋取了一次及以上利益的,都应当将所有收受的贿赂累计计算受贿的数额。除非始终没有具体请托事项,没有办成一件事。所以我们在与受贿人和行贿人谈话的时候,**对于这类多次送礼、感情投资色彩浓厚的案件,讯问时要注意把握被调查人每次送钱或收钱的心理活动**。比如要体现行贿人送钱是为了受贿人将来利用职便提供帮助或感谢受贿人之前提供的帮助;受贿人收钱是明知对方希望他将来给予帮忙或感谢之前的帮忙等。这些内容在讯问当中都要作为重点内容体现。

12 "谋取不正当利益"如何界定

 疑难问题

对于"不正当利益"的理解,刑法理论界历来争议颇大,提出过"非法利益说""手段不正当说""受贿人是否违背职务说""不应当得到的利益说"等不同理论。比如以"手段"作为考察利益是否正当的标准,主要有两种认识观点:

第一,**肯定说**,认为以手段是否正当来确定利益的性质,即**以不正当手段取得的利益,不管利益本身是否违法,均属于不正当利益**,包括非法利益、合法利益但获取手段不当的情况。

第二,**否定说**,认为不能以手段是否正当来确定利益的性质。所谓不正当利益,是指根据法律、法规和有关政策不应当得到的利益。**利益的正当与否取决于其性质本身,而不取决于取得利益的手段。**

 破解思路

行贿罪要以谋取不正当利益为要件,如果送钱的人谋取的不是不正当利益,那么就不构成行贿罪。而受贿人收受贿赂为他人谋取利益,不管是正当还是不正当的,都构成受贿罪。也就是说有受贿人的案件,不等于行贿人就构成行贿罪,而有行贿人的案件,必然有受贿案件。

"谋取不正当利益"是刑法规定贿赂犯罪构成要件的专业术语。《刑法》第 164 条(对非国家工作人员行贿罪)、第 389 条(行贿罪)、第 390 条之一(对有影响力的人行贿罪)、第 391 条(对单位行贿罪)、第 393 条(单位行贿罪),均规定以"为谋取不正当利益"为构成要件;《刑法》第 388 条规定的受贿罪（斡旋受贿）和第388条之一规定的利用影响力受贿罪，则均以"为请托人谋取不正当利益"为构成要件。司法实务中离不开对"不正当利益"的界定。

一、"谋取不正当利益"的司法解释

为了解决争议，实现统一执法，"两高"曾经针对行贿犯罪中的"谋取不正当利益"作过三次解释。

第一次是1999年3月4日下发的最高人民法院、最高人民检察院《关于在办理受贿犯罪大要案的同时要严肃查处严重行贿犯罪分子的通知》，指出"谋取不正当利益"是指谋取违反法律、法规、国家政策和国务院各部门规章规定的利益，以及要求国家工作人员或者有关单位提供违反法律、法规、国家政策和国务院各部门规章规定的帮助或者方便条件。

第二次是2008年11月20日发布的最高人民法院、最高人民检察院《关于办理商业贿赂刑事案件适用法律若干问题的意见》第9条。该条规定："在行贿犯罪中，'谋取不正当利益'，是指行贿人谋取违反法律、法规、规章或者政策规定的利益，或者要求对方违反法律、法规、规章、政策、行业规范的规定提供帮助或者方便条件。在招标投标、政府采购等商业活动中，违背公平原则，给予相关人员财物以谋取竞争优势的，属于'谋取不正当利益'。"

第三次是2012年12月发布的最高人民法院、最高人民检察院《关于办理行贿刑事案件具体应用法律若干问题的解释》（以下简称《行贿案件解释》）第12条。该条规定："行贿犯罪中的'谋取不正当利益'，是指行贿人谋取的利益违反法律、法规、规章、政策规定，或者要求国家工作人员违反法律、法规、规章、政策和行业规范的规定，为自己提供帮助或者方便条件。违背公平、公正原则，在经济、组织人事管理等活动中，谋取竞争优势的，应当认定为'谋取不正当利益'。"

这三次解释，每次都向前推进了一步。只是由于各种"利益"的纷繁复杂，再详尽的司法解释也难以排解个案认定的深层困难。可以看出，每次解释都在不断挤压"正当利益"的存在空间。

二、贿赂案件中是否存在"正当利益"

那么，在现有司法解释背景下，司法机关是否还有可能因行为人所谋取的利益系"正当利益"而认定其行为不构成犯罪呢？是否存在可通过贿赂手段实现的"正当利益"？比如施工方为了顺利结算工程款而向工程发包方贿送财物的，是否属于"谋取不正当利益"？笔者认为：**几乎只要是向司法机关、行**

政执法机关工作人员行贿的,都属于"谋取不正当利益";几乎所有商业活动、人事任免活动中发生的利益都可以评价为"不正当利益";只有那种依据正当程序必然获得的确定利益,才有可能成为"正当利益"。

从我国刑法的立场上看,既然立法者对"为他人谋取利益"与"谋取不正当利益"进行区别规定,适用解释中就必须给"谋取正当利益"留下空间。因此,倘若完全取消贿赂案件中"正当利益"的解释空间,实际上是混淆了手段与目的的界限,则不符合立法本意。但是,可以认定"正当利益"的情况极为罕见。查中国裁判文书网,可以看到大量的以涉案利益属于"正当利益"为出罪辩护理由的行贿、斡旋受贿和利用影响力受贿案件。可是辩护意见被法院采纳的案例寥寥无几。在办理贿赂犯罪案件时,**如果将某种利益认定为"正当利益",则必须要求该种利益既不违背各种成文或者不成文的社会行为规则,也不是处于竞争性活动中的不确定利益**。若非如此,则该种利益就是《行贿案件解释》第 12 条所指的"不正当利益"。因此,以企业经营者为了获取贷款向银行工作人员贿送财物的案件为例,检方通常在起诉书中标明"不符合贷款条件",以示涉案利益的非正当性。那么,是不是"符合贷款条件的"案件就可以认定为"谋取正当利益"呢?事实上,没有必然批准的贷款种类,符合贷款条件不等于一定会批准,因为还存在贷款额度等因素。

 **举案释疑**

案例 1 任某行贿案

基本案情

2010 年中秋节前,任某通过时任某市政府副秘书长的胡某给某县交通局打招呼,帮助李某讨要修路款,送给胡某好处费现金 6 万元。

处理结果

某县人民法院于 2017 年 2 月作出判决,未认定此节事实构成犯罪。理由是:任某通过胡某"打招呼"索要的是某交通局欠李某的修路款,利益本身是合法的,任某把李某给付的 6 万元原封不动地转交给胡某,也未获得任何利益。因此,任某的行为不符合行贿罪的构成要件。判决发生法律效力后,检察机关依照审判监督程序提起抗诉。后经某市中级法院指令法院再审。

法院经再审认为,任某通过胡某"打招呼"催要某交通局欠李某的修路款，虽然催要修路款本身是合法的，任某也未获得任何利益，但是任某找到时任市政府副秘书长的胡某给相关人员"打招呼"，在同样索要修路款的平等主体中谋取了竞争优势；任某通过胡某催要修路款，违背了公平、公正原则，符合《刑法》第 389 条第 2 款规定的"在经济往来中，违反国家规定，给予国家工作人员以财物，数额较大的……以行贿论处"以及《行贿案件解释》第 12 条规定的"要求国家工作人员违反法律、法规、规章、政策、行业规范的规定，为自己提供帮助或者方便条件"。所以，应当认定任某的行为构成行贿罪。再审判决对该案进行了改判。

实务评析

笔者认为，这个再审判决的结论是值得商榷的。

首先，要考察催要修路款是否属于不合法或者不正当，交通局是否可以不按照合同拖欠修路款。显然，答案是否定的。判决也认可催要修路款本身是合法的，任某也未获得任何利益。

其次，判决书认为任某找到时任市政府副秘书长的胡某给相关人员"打招呼"，在同样索要修路款的平等主体中谋取了竞争优势，任某通过胡某催要修路款，违背了公平、公正原则。这要看"打招呼"在前还是在后。如果在竞标修路工程之初，就预先"打招呼"，先行铺路，要求将来如果遇到工程款拖欠的问题，由领导出面摆平。这种情况属于谋取竞争优势。如果在工程已经结束的情况下，由于交通局违约，没有按照合同的时间节点拨付工程款，或者工程已经完工，没有给付工程款，甚至于还做了工程结算，交通局仍然没有按照结算金额给付所欠的工程款，那么在这种情况下，就不能说施工方谋取竞争优势了，应当认定施工方谋取的利益是合法和正当的。

最后，判决书还认定任某符合《刑法》第 389 条第 2 款规定的"在经济往来中，违反国家规定，给予国家工作人员以财物，数额较大的，或者违反国家规定，给予国家工作人员以各种名义的回扣、手续费的，以行贿论处"。笔者认为，这款规定主要是针对国家工作人员在与对方直接经济往来中收受回扣、手续费的情形，与本案的事实不符。

综合上述分析，笔者认为该再审判决值得商榷。

案例 2　何某行贿案

基本案情

何某承揽到某煤矿的矿建工程，为了矿建工程的顺利进行并能及时结算工程款，于 2013 年中秋节前及 2014 年春节前先后两次到矿长荀某的办公室，送给荀某人民币共计 30 万元。

处理结果

某县人民法院于 2015 年 4 月以行贿罪判处何某有期徒刑 4 年。何某提出上诉，某市中级法院以行贿罪改判为有期徒刑 2 年。在一、二审审理过程中，辩护人提出，何某追求的利益不违反法律规定，也没有让荀某违反法律、法规、行业管理规定为何某谋取利益，何某谋求的是减少发包方违约的正当利益，因此不属于"不正当利益"。该辩护意见未被采纳。

判决生效后，何某提出申诉。某市中级法院对该案进行了再审，但最终维持了本案的定性，并将量刑改为适用缓刑。法院经再审认为，何某向荀某行贿 30 万元是要求荀某帮助协调工程顺利进行和尽快结算、支付工程款，该目的符合《行贿案件解释》第 12 条的规定，应认定为谋取不正当利益。但该判决书未阐明何某谋取的不正当利益属于规定的哪一种不正当利益。

实务评析

笔者认为，上例中的行贿行为是一种商业贿赂。通过贿送财物的方式谋求"顺利结算工程款"的，属于《反不正当竞争法》第 7 条禁止的商业贿赂行为。从另一个角度讲，何某案所涉利益也可以在更为广泛的意义上评价为"在经济活动中谋取竞争优势"而获得的利益。这里值得注意的是，结算工程款虽然是合法行为，但不是一种确定的可得利益。

13 如何理解"利用本人职权或者地位形成的便利条件"中"地位"的含义

疑难问题

如何理解"利用本人职权或者地位"中"地位"的含义？这一问题是目前司法实践中要认定此类案件的一个难点。

破解思路

一、法律规定

《刑法》第388条规定："国家工作人员利用本人职权或者地位形成的便利条件，通过其他国家工作人员职务上的行为，为请托人谋取不正当利益，索取请托人财物或者收受请托人财物的，以受贿论处。"

第388条之一规定："国家工作人员的近亲属或者其他与该国家工作人员关系密切的人，通过该国家工作人员职务上的行为，或者利用该国家工作人员职权或者地位形成的便利条件，通过其他国家工作人员职务上的行为，为请托人谋取不正当利益，索取请托人财物或者收受请托人财物，数额较大或者有其他较重情节的，处三年以下有期徒刑或者拘役，并处罚金；数额巨大或者有其他严重情节的，处三年以上七年以下有期徒刑，并处罚金；数额特别巨大或者有其他特别严重情节的，处七年以上有期徒刑，并处罚金或者没收财产。离职的国家工作人员或者其近亲属以及其他与其关系密切的人，利用该离职的国家工作人员原职权或者地位形成的便利条件实施前款行为的，依照前款的规定定罪处罚。"

二、影响力受贿立法沿革

2009年2月28日由第十一届全国人大常务委员会第七次会议通过了《刑

法修正案（七）》。《刑法修正案（七）》第13条规定，在《刑法》第388条后增加一条作为第388条之一，确定罪名为"利用影响力受贿罪"。

但是在2009年修正案颁布前，对"利用本人职权或者地位形成的便利条件"中"地位"含义的理解与界定，如领导干部亲属利用本人领导干部家庭特殊地位形成的便利条件，通过其他国家工作人员职务上的行为，为请托人谋取不正当利益，收受请托人财物的行为，能否认定为斡旋受贿犯罪，还是有比较大的分歧。也就是说"领导干部亲属利用本人领导干部家庭特殊地位形成的便利条件"，能否认定为"利用本人地位形成的便利条件"，"领导干部家庭特殊地位"是否属于《刑法》第388条规定的"地位"范畴。这一问题是现有司法实践中要认定此类案件的难点问题。

某省委原书记的儿子舒某受贿案是司法推动立法的经典案例。这个案件推动了利用影响力受贿犯罪立法进程。《刑法》第388条专门规定了斡旋受贿犯罪："国家工作人员利用本人职权或者地位形成的便利条件，通过其他国家工作人员职务上的行为，为请托人谋取不正当利益，索取请托人财物或者收受请托人财物的，以受贿论处。"此条在刑法理论界一般称为"斡旋受贿"或者"间接受贿"。关于斡旋受贿犯罪的客观要件，刑法理论界和司法实务部门历来争论激烈，随着《刑法修正案（七）》的颁布，解决了一些实践中遇到的认定上的疑难问题。但是，争论依然继续着。

（一）理论界的观点

国内目前研究"利用本人职权或者地位形成的便利条件"的切入点主要是考察是否有制约关系。在这个层面上，有"制约论""非制约论""身份面子论或亲朋论"三种不同观点。

第一，**制约论**，认为只有在斡旋者与被斡旋者之间存在制约关系，斡旋者才属于利用本人职权和地位形成的便利条件。[1]

第二，**非制约论**，认为"利用本人职权或者地位形成的便利条件"是指利用行为人职务对第三者具有非制约关系性的影响作用，行为人与被其利用的国家工作人员之间不存在职务上的制约关系。[2]

第三，**身份面子论或亲朋论**，认为双方没有职务上的隶属或者制约关系，但行为人利用了自己的身份、面子通过第三者为请托人谋取不正当利益的，构成斡旋受贿罪。因此，如果利用与本人职务有关的便利条件，通过第三者的职

---

[1] 参见童伟华：《受贿罪的构造》，兰州大学出版社2004年版，第102页。
[2] 参见陈兴良：《刑法疏议》，中国人民公安大学出版社1997年版，第635页。

务便利为请托人谋利而受贿的，应解释为属于《刑法》第385条规定的范围；如果纯粹利用与本人职务无关的、第三者的职务上的行为，则应理解为《刑法》第388条规定的间接受贿。①

(二) 实务界的执法依据

在《刑法修正案（七）》颁布前，司法实践中"非制约论"得到了最高人民法院的支持。2003年11月13日最高人民法院印发的《全国法院审理经济犯罪案件工作座谈会纪要》进一步明确："**利用职权或地位形成的便利条件**"是指行为人与被其利用的国家工作人员之间在职务上虽然没有隶属、制约关系，但是行为人利用了本人职权或者地位产生的影响和一定的工作联系，如单位内不同部门的国家工作人员之间、上下级单位没有职务上隶属、制约关系的国家工作人员之间、有工作联系的不同单位的国家工作人员之间等。而且**这种影响应当是间接的，如果能够直接影响，则应适用《刑法》第385条的规定**。显然，最高法明确行为人与被其利用的国家工作人员之间在职务上不存在隶属、制约关系。

(三) 《刑法》第388条中"地位"含义的理解与界定

《刑法修正案（七）》颁布前，刑法理论界对"地位"的理解主要有两种观点：

一种观点认为，**这里的地位是指因职务产生的地位，而不是因声誉、名望或者职业形成的一般社会地位**。② 职权与地位二者不是并列关系，地位是人在社会中的位置，可以由很多因素形成，是由于社会对人的评价而产生的价值。刑法上的地位产生于职务，一定的职务能够形成一定的地位。从职权的角度看，是国家工作人员的权力范围。从社会位置的角度看，首先必须有职权，才会产生刑法意义上的地位。也就是说地位是职权的副产品，因而在确定国家工作人员是否利用了职权和地位时，关键是确定职权对他人的影响。③

另一种观点认为，**所谓职权或者地位产生的影响，是指因为行为人具有重要的职权或者较高的社会地位，使被利用者对其所提出的要求不得不予以认真的考虑**。④ 职权和地位一般相辅相成，但地位又有相对独立性，职务不高可能

---

① 参见赵秉志：《中国刑法实用》，河南人民出版社2001年版，第1470页。
② 参见陈晓明、廖惠敏：《最新司法案例精解丛书》，厦门大学出版社2004年版，第282页。
③ 参见河北省唐山市人民检察院：《贿赂犯罪及其惩治的理论与实务》，中国检察出版社2004年版，第79页。
④ 参见李希慧主编：《贪污贿赂罪研究》，知识产权出版社2004年版，第156页。

社会地位很高,如领导秘书。① 有学者认为,"地位"含义是指行为人所在的领导岗位,在领导身边工作或者担负的特殊工作对其他国家工作人员所形成的影响力。② 该"影响"对人的作用是间接、潜在的,不同于制约,主要表现为要求方与被要求方不处于同一职能部门,两者的职责范围不具有直接上下级关系,其他国家工作人员若不依该国家工作人员要求实行职务行为,对其以后的工作、协作等可能会带来一些不利的影响,但这种不利还只是可能的、潜在的。③ 当作为相对方的国家工作人员不接受这种影响,拒绝了行为人的这一意志约束时,可能会对自己将来产生某种不利。这种不利虽然是一种可能性,但是这种可能性的判断是有根据的,即在一般人看来,因此而得罪行为人会为以后的工作以及本人的前途等产生不利。④

举案释疑

案例　舒某受贿案

基本案情

被告人舒某,男,某省银行分行营业部原副总经理(正处级),系某省委书记的儿子。因受贿案,于 2004 年 9 月 27 日经检察机关决定被刑事拘留,同年 10 月 11 日被逮捕。

1998 年,某公路工程总公司项目经理周某找到尚某要求帮助疏通关系,让该公司在某高等级公路工程中中标,尚某以文业公司(系虚假公司)法定代表人的身份和周某签订协议,双方约定:由文业公司提供技术咨询,争取让某公路工程总公司取得高等级公路承包权,某公路工程总公司在取得工程承包权后支付工程总价款的 5% 给尚某。

之后,尚某找到被告人舒某商议此事,请他帮忙找省交通厅领导疏通关系,并许诺事成之后会分给他工程总价款 5% 的大头。被告人舒某明知尚某的

---

① 参见杨兴国:《贪污贿赂罪法律与司法解释应用问题解疑》,中国检察出版社 2002 年版,第 190 页。
② 参见周道鸾:《刑法的修改与适用》,人民法院出版社 1997 年版。
③ 参见游伟:《斡旋受贿罪司法认定的理论展开——以陆来富受贿案终审裁定为例》,载《法学》2002 年第 1 期。
④ 于飞:《斡旋受贿问题研究》,载《国家检察官学院学报》2004 年第 1 期。

文业公司没有工商登记,也没有公路建设的资质,根本无法提供技术咨询,仍答应了尚某的请求。被告人舒某通过某市公路稽征分局局长万某,找省交通厅厅长宋某帮忙,要求关照该公路工程总公司。宋某考虑到舒某的父亲是省委书记,是其直接领导的特殊身份,就交代高等级公路招评标工作委员会主任委员、交通厅副厅长蒲某对舒某交代的公司予以关照。

经过被告人舒某及万某、宋某、蒲某等人的努力,1998年9月,某公路工程总公司取得公路承包权,而后,该公司虚列工程项目并套取工程款160万元支付给尚某。尚某在收到该款后,于1998年9月至1999年5月先后分5次送给被告人舒某人民币100万元,被告人舒某一一收下。2004年1月,被告人舒某得知中纪委对他进行调查后,陆续退还给尚某人民币100万元。另外,被告人舒某还受贿11万余元。

处理结果

检察机关认定:被告人舒某在任某省银行管理信息处处长、营业部副总经理期间,利用职便,收受熊某、蔡某、丁某人民币5.45万元、港币5万元、美元1000元,受贿总额合计人民币116077.1元,并为上述3人谋取利益;同时被告人舒某还利用其本人系省委书记儿子这一特殊家庭地位形成的便利条件,通过其他国家工作人员职务上的行为,为请托人尚某谋取不正当利益,并收受人民币100万元,一审法院以受贿罪判处舒某有期徒刑12年。被告人舒某不服提出上诉,二审法院驳回其上诉,维持原判。

实务评析

本案发生在2005年,曾经经过最高人民法院、最高人民检察院和中纪委等有关部门的研究,在当时来说,这一案件是一起里程碑式的案件。本案之所以惊动高层,显然是由于被告人舒某的父亲是省部级干部且当时还在位的特殊情况。本案二审终审后,笔者撰写了《斡旋受贿犯罪构成客观要件的理解和适用》一文,先后发表于《中国检察官》和《最新刑事法律解读》,该文于2008年4月获得最高人民检察院2007年度全国检察机关检察应用理论研究优秀成果三等奖。2009年2月28日第十一届全国人民代表大会常务委员会第七次会议通过了《刑法修正案(七)》,对于斡旋受贿犯罪的主体补充进行了明确界定,可以说本案对于修正案的颁布起到了一定的作用。

司法实践能够推动立法。有法可依固然好,但在法律规定不是很明确的情况下,司法实务者理性思考,大胆尝试,以此推动立法完善,不能不说是我们广大司法实务者的责任。当时在办理该案的时候,我们所能采用的法律依据很少,且刑法理论界和实务界对《刑法》第388条规定的内容争议很大。主要涉及的疑难问题是：如何理解利用本人职权或者地位中"地位"的含义？

1. 笔者的观点

笔者认为，《刑法》第 388 条中的"地位"有两种情形：**一种是依职权形成的地位**，即达到一定程度的职位后形成的地位，一个处长来到北京不算有地位，但在县里就是很有地位，很有影响力了，因此，地位也是相对的，有一定职权的人可以有地位，但不是都有地位；**另一种是非职务因素形成的地位，如社会地位、影响力**，落点是社会影响力。地位不能脱离社会关系，包括家庭关系、政治背景都会形成地位。

《刑法》规定"利用本人职权或者地位"，就说明职权与地位是并列关系，职权会形成地位。还有其他的如政治背景等因素形成的地位，但是要求这种家庭关系、政治背景与公权力有关。在我国现实生活中，领导干部的亲属对他人形成的影响力确实存在。对于领导干部的秘书，若他利用在领导身边工作的条件进行斡旋受贿，应该可以构成斡旋受贿犯罪，在司法实践中也已经有这类的判例。那么**领导干部的亲属**，显然与领导的关系在某种性质上比在其身边的秘书更密切，对其他国家工作人员形成的影响力更大。只要该亲属本人也是国家工作人员，也应该可以构成斡旋受贿犯罪。

从社会危害性看，行为人利用本人是领导干部亲属的身份形成的地位产生的影响力是客观存在的，与一般国家工作人员进行斡旋受贿相比，其影响力更大，危害性也更大。

从刑事违法性看，行为人本人是国家工作人员，利用其是领导干部亲属的身份在当地进行斡旋受贿，本身也侵害了国家工作人员职务行为的廉洁性。而且行为人利用的是领导干部的公权力，而这权力是国家赋予的，其他国家工作人员帮助行为人也正是看到了领导干部职务体现出来的权力，显然行为人的行为也侵害了其他国家工作人员职务行为的廉洁性，具备刑事违法性。

从应受惩罚性看，行为人利用领导干部亲属的特殊身份这一地位形成的便利条件，通过其他国家工作人员职务行为，为他人谋取不正当利益，并收受巨额贿赂，其行为符合《刑法》第 388 条规定，应以受贿罪论处。

2. 《刑法修正案（七）》颁布后，认定斡旋受贿犯罪应当注意的问题

根据该修正案的规定，斡旋受贿犯罪的司法认定，应当注意以下问题：

（1）行为人（可以是国家工作人员也可以是非国家工作人员，但前提是该行为人必须是国家工作人员的近亲属或者其他与该国家工作人员关系密切的人）利用该国家工作人员职务上的行为，通过其他国家工作人员职务上的行为，为请托人谋取不正当利益，索取请托人财物或者收受请托人财物，数额较大或者有其他较重情节的，这一种情形，**如果该国家工作人员知道行为人受**

贿，则应当构成共同斡旋受贿。如果该国家工作人员不明知行为人受贿，则该国家工作人员不构成犯罪，只追究行为人的刑事责任。

（2）行为人利用该国家工作人员职权或者地位形成的便利条件，通过其他国家工作人员职务上的行为，为请托人谋取不正当利益，索取请托人财物或者收受请托人财物，数额较大或者有其他较重情节的，这一种情形要注意区分与行为人"利用本人职权或者地位形成的便利条件"的区别。行为人利用该国家工作人员职权好理解，比如舒某案，舒某利用了其父亲是省委书记的职权形成的便利条件。但是，**利用该国家工作人员地位形成的便利条件**，如何理解？笔者认为，该"地位"与职权还是并列关系，该地位可以是职权形成的地位，也可以是其担任社会职务，如商会会长、顾问、理事等形成的社会地位，也可以是该国家工作人员本身作为高干子女形成的社会地位。

（3）行为人（可以是国家工作人员也可以是非国家工作人员，但前提是该行为人必须是已离职的国家工作人员的近亲属或者其他与该国家工作人员关系密切的人）利用该已离职的国家工作人员原职权或者地位形成的便利条件，通过其他国家工作人员职务上的行为，为请托人谋取不正当利益，索取请托人财物或者收受请托人财物，数额较大或者有其他较重情节的。在这里，**要考量已离职的国家工作人员的原职权或原地位是否能够形成影响力**。同样，**该职权与地位也是并列关系**。

（4）根据国家工作人员"身边人"收钱行为能否认定国家工作人员构成受贿犯罪，应当本着主客观相一致的定罪原则，关键看其对收钱一事是否知情及知情后的态度。为此，《贪污贿赂解释》第16条第2款明确，**特定关系人索取、收受他人财物，国家工作人员知道后未退还或者上交的，应当认定国家工作人员具有受贿故意**。

适用本规定时需要注意以下三点：

第一，**此情形以国家工作人员接受特定关系人转请托为前提**，如特定关系人未将转请托事项告知国家工作人员的则不适用本规定，国家工作人员不构成受贿罪，而特定关系人可能构成"利用影响力受贿罪"，关键看是否谋取不正当利益。

也就是说影响力贿赂犯罪以国家工作人员不构成受贿罪为前提，在认定国家工作人员构成受贿罪的情况下，对特定关系人不得另以利用影响力受贿罪处理，对行贿人也不得以对有影响力的人行贿罪处理。

第二，特定关系人的认定。认定范围要依照最高人民法院、最高人民检察院《关于办理受贿刑事案件适用法律若干问题的意见》的相关规定从严掌握，即**"特定关系人"是指与国家工作人员有近亲属、情妇（夫）以及其他共同**

利益关系的人。根据《刑事诉讼法》第 108 条规定，近亲属是指夫妻、父母、子女、同胞兄弟姐妹。

第三，"知道后未退还或者上交"强调的是主观故意的判断，因赃款赃物被特定关系人挥霍等，知道时确实已经不具备退还或者上交的客观条件的，则应当有所区别慎重适用。

14 对贪污罪主体"国家工作人员"如何把握

疑难问题

任何一个犯罪，都必须符合刑法规定的犯罪构成要件。所谓犯罪构成，指的是我国刑法所规定的，决定某一具体行为的社会危害性及其程度而为该行为构成犯罪所必需的一切客观和主观要件的总和，包括犯罪主体、主观方面、犯罪客体、客观方面。贪污罪的主体是国家工作人员或者受委托管理、经营国有财产的人员。那么应如何把握"国家工作人员"的范围？

破解思路

《刑法》第93条规定："本法所称国家工作人员，是指国家机关中从事公务的人员。国有公司、企业、事业单位、人民团体中从事公务的人员和国家机关、国有公司、企业、事业单位委派到非国有公司、企业、事业单位、社会团体从事公务的人员，以及其他依照法律从事公务的人员，以国家工作人员论。"

由此可见，我国刑法中的国家工作人员又可以分为以下4种人员：

1. **国家机关工作人员**，指各级国家权力机关、行政机关、审判机关、检察机关和军事机关中从事公务的人员。各级党委、政协机关中从事公务的人员，应视为国家机关工作人员。

2. **国有公司、企业、事业单位、人民团体中从事公务的人员**。这里的**国有公司**，是指依照公司法成立，财产全部属于国家所有的公司。国有资本控股及参股的股份有限公司不属于国有公司。**国有企业**，是指财产全部属于国家所有，从事生产、经营活动的营利性的非公司化经济组织。**国有事业单位**，是指受国家机关领导，财产属于国家所有的非生产、经营性单位，包括国有医院、科研机构、体育、广播电视、新闻出版等单位。**人民团体**，是指由国家组织成立的、财产属于国家所有的各种群众性组织，包括乡级以上工会、共青团、妇联等组织。

3. **国家机关、国有公司、企业、事业单位委派到非国有公司、企业、事业单位、社会团体从事公务的人员**，这里的委派是指受有关国有单位委任而派往非国有单位从事公务。被委派的人员，在被委派以前可以是国家工作人员，也可以是非国家工作人员。不论被委派以前具有何种身份，只要被有关国有单位委派到非国有单位从事公务，就应视为国家工作人员。

4. **其他依照法律从事公务的人员**，如人大代表、政协委员、人民陪审员、村委会组成人员。

另外还要注意以下几点：

1. 经国家机关、国有公司、企业、事业单位提名、推荐、任命、批准等，在国有控股、参股公司及其分支机构中从事公务的人员，应当认定为国家工作人员。具体的任命机构和程序，不影响国家工作人员的认定。

2. 经国家出资企业中负有管理、监督国有资产职责的组织批准或者研究决定（比如国资委），代表其在国有控股、参股公司及其分支机构中从事组织、领导、监督、经营、管理工作的人员，应当认定为国家工作人员。

3. 国家出资企业中的国家工作人员，在国家出资企业中持有个人股份或者同时接受非国有股东委托的，不影响其国家工作人员身份的认定。

4. 上级主管国家机关和国有公司党委任命的，或者国资委任命的从事公务的人员属于国家工作人员。

15 如何认定私分国有资产罪

 疑难问题

贪污罪与私分国有资产罪有许多相同或相近之处，两罪同时被规定在刑法分则第八章贪污贿赂罪之中。要准确辨明私分国有资产罪与共同贪污而构成贪污罪两罪的界限，司法实践中存在一定的难度。

 破解思路

关于私分国有资产罪，《刑法》第396条第1款规定："国家机关、国有公司、企业、事业单位、人民团体，违反国家规定，以单位名义将国有资产集体私分给个人，数额较大的，对其直接负责的主管人员和其他直接责任人员，处三年以下有期徒刑或者拘役，并处或者单处罚金；数额巨大的，处三年以上七年以下有期徒刑，并处罚金。"

一、私分国有资产与共同贪污的界定问题

私分国有资产罪与共同贪污而构成贪污罪两罪区分起来有一定难度。笔者认为：

私分国有资产表现为违反国家规定，以单位名义而为单位全体成员谋利，将国有资产私分给单位所有成员，也就是人人有份，并且在私分时大家都知情。

共同贪污在客观上则表现为利用职务上的便利，以侵吞、窃取、骗取等手段，非法将公共财物占为己有。共同贪污不是为了单位全体成员的利益，而是为了个人中饱私囊。共同贪污的公共财物是归几个共同贪污人，其他人无份，

也不知情。

二、单位私分"小金库"行为的认定

私设"小金库",就是在财务部门的财会出纳之外,不受财务监控,私自收取保存和开支经费。"小金库"都是通过不正当、不合法渠道聚敛形成的,常见的来源:

1. 预算外收入不入账;
2. 擅自处理公物器材后的款项不上交;
3. 截留挪用应下拨经费;
4. 单位以经费紧张等名义向有关企业、事业单位索要的"赞助费";
5. 单位隐瞒、截留应当上交国家的利润、行政收费或其他收入;
6. 单位虚报冒领、骗取国家财政拨款或补贴,等等。

司法实践中,对于单位私分"小金库"的行为,除不符合10万元"数额较大"的情形外,应一律以私分国有资产罪论罪处罚。

三、违反财经纪律与犯罪的界限

国有公司、企业在依法上交利税以后,国家行政机关、事业单位、人民团体利用非经营性资金转经营性资金获取的收入按规定上交后,对所余留的利润有自主决策权,将其所获利润部分用于发放奖金、福利等,是正当合法的行为。但是,这种发放奖金、福利的范围和标准是有限度的,如国家对企业利润如何使用有明确的规定,对发放奖金的条件、发放奖金的额度等也有专门的规定,如果利用这一部分利润发放福利超过标准和限度的,则应认定是违反财经纪律的行为。

如果国有行政机关、事业单位和人民团体、国有公司、企业违反国家法律的规定,对管理、使用的无自由支配权的国有资产进行分配,如将国家拨付给行政事业单位、人民团体的管理经费予以截留分配,或将明文规定应当上交的利润、税费和单位应留存的生产发展基金、修购基金、职工福利基金、医疗基金及按照有关规定提取或者设置的专用基金进行分配,或将固定资产变价转让的收入等不属于可发放福利范围的财物,通过巧立名目、藏匿、侵吞、违规记账等手段留存,以奖金、福利等形式分配给单位个人,则严重背离了国有资产的经营、管理、使用权限,应认定为私分国有资产的行为,达到10万元数额较大的,即应追究刑事责任。

四、本罪的追究对象认定

私分国有资产罪,只追究"直接负责的主管人员"及"其他直接责任人员"。

所谓直接负责的主管人员,必须是在该犯罪活动中有主要决策责任的国有单位负责人或其他领导人员,具体应包括:

1. 直接作出私分决定的单位负责人;
2. 直接作出私分决定的单位分管领导;
3. 参与集体研究并同意研究决定的领导;
4. 具体指挥私分行为的领导。

所谓其他直接责任人员,是指除直接负责的主管人员外,其他对该类犯罪行为负有责任的人员,也就是单位犯罪行为的直接实施或协助实施者。包括:

1. 提出私分建议并具体策划私分行为的人员;
2. 具体组织实施私分行为的人员,比如出纳、会计。

16 如何认定收受干股及合作开办公司等新型贿赂犯罪

疑难问题

国家工作人员在投资经营活动中获取利益，有实际出资和参与管理经营的，不构成受贿犯罪；没有实际出资和参与管理、经营的，以受贿论处。但是有出资，却没有参与管理、经营的，或者没有出资，但参与管理、经营的，是否构成受贿犯罪？这些问题，在司法实践中必须予以考虑和明确。

破解思路

一、关于收受干股问题

司法实践中处理这一问题，主要依据是"两高"于 2007 年 7 月 8 日发布的《关于办理受贿刑事案件适用法律若干问题的意见》（以下简称《意见》），该意见第 2 条规定了关于收受干股问题。干股是指未出资而获得的股份。**国家工作人员利用职务上的便利为请托人谋取利益，收受请托人提供的干股的，以受贿论处**。进行了股权转让登记，或者相关证据证明股份发生了实际转让的，受贿数额按转让行为时股份价值计算，所分红利按受贿孳息处理。股份未实际转让，以股份分红名义获取利益的，实际获利数额应当认定为受贿数额。争议的焦点集中在以下三个方面：

第一，**收受干股是否应当以登记为成立要件**。经研究，在该问题上，刑事犯罪行为和民商事法律行为的认定上应当有所区分，前者强调客观事实，后者侧重法律形式的齐备。同时为避免冤及无辜，**在事实转让的认定中，《意见》强调，必须具有"相关的证据证明"**。

第二，**收受有资本依托的干股，是否应当将红利计入受贿数额**。《意见》规定，进行了股权转让登记，或者相关证据证明股份发生了实际转让的，"**受贿数额按转让行为时股份价值计算，所分红利按受贿孳息处理**"。《意见》之所以持反对立场，主要考虑是：将收受股份和收受红利割裂开来作独立理解，忽视了股份不同于其他物品的特殊性及红利对于股份的依附性，有重复评价之嫌。

第三，**收受无资本依托的干股，按照红利计算是否合理**。有意见指出，收受有资本依托的干股，按行为时股本金计算，如收受无资本依托的干股，按红利计算，有双重标准之嫌。经研究，持该观点的人没有注意到两种干股之间的实质差别。前者干股是具有价值的实质性的财物；后者则属于无价值的名义上的干股。故**收受无资本依托的干股的，应按"红利"计算受贿数额**。

二、关于开办公司等合作投资问题

该《意见》第3条又规定了以开办公司等合作投资名义收受贿赂问题。国家工作人员利用职务上的便利为请托人谋取利益，由请托人出资，合作开办公司或者进行其他合作投资的，以受贿论处。受贿数额为请托人给国家工作人员的出资额。国家工作人员利用职务上的便利为请托人谋取利益，以合作开办公司或者其他合作投资的名义获取利润，没有实际出资和参与管理、经营的，以受贿论处。

该条中主要有两种情形：一是**由请托人出资，国家工作人员"合作"开办公司或者进行其他"合作"投资**。这类似于前述收受干股问题，与直接收受贿赂财物没有本质区别，**应以受贿处理**。二是**以合作开办公司或者进行其他合作投资的名义，既没有实际出资也不参与管理、经营而获取所谓"利润"**。此种情形，行为人没有获取所谓"利润"的任何正当理由，属于打着合作开办公司或者其他合作投资的名义，行受贿之实的变相受贿行为。故《意见》规定**也以受贿论处**。

应当注意到，本条规定与《意见》第1条关于以交易形式收受贿赂问题规定在表述上的差异：第1条规定的是以交易"形式"；本条规定的是以合作开办公司或者进行其他合作投资的"名义"。这意味着，对于以交易形式收受贿赂的认定中，并不排除存在真实交易的成分，这也是第1条规定计算受贿数额时应将已支付价格扣除、按市场价格与实际支付价格的差额计算的理由所在。而根据本条规定，**国家工作人员真实投资，即使未实际参与管理、经营活动，也将被排除受贿罪的认定**。

但是，如果有出资，却约定为固定收益，由于这种情况没有约定共担风险，显然与投资的内涵不相吻合。以这种所谓的投资给予固定回报，且明显高于正常回报的行为，实际上是以投资为名行行受贿之实。如果项目未结算的，个人认为计算方法是：约定的收益扣除银行同期利息或者法律保护的4倍利息的收益，余下的可以认定为受贿数额。

投资指投资者当期投入一定数额的资金而期望在未来获得回报，未来收益是不确定的。因此，固定回报的、没有约定投资风险的不能界定为投资。

关于此类犯罪的调查取证注意方向为：

1. 行受贿双方的供述，各股东的证言，包括投资情况，给予股份情况、动机，实际和约定分红情况；
2. 书证，投资的资金往来账单，分红的账单；
3. 会计鉴定结论，确定项目的收益率；
4. 为他人谋取利益方面的证据。

举案释疑

案例　周某受贿案

基本案情

被告人周某，男，大学文化，某海事法院原党组成员、副院长（副厅级）、审判委员会委员、审判员，曾任某区人民法院院长。因涉嫌受贿罪，2018年8月9日被监察机关留置调查，同年10月19日由某市公安局执行逮捕。

检察机关经依法审查查明：

2005年至2016年，被告人周某利用担任某区人民法院院长、某海事法院副院长的职务便利，为某石子场的经营者林某向他人借款等事项谋取利益以及利用职权或地位形成的便利条件，通过其他国家工作人员职务上的行为，为林某办理采矿许可证等事项谋取不正当利益。

2005年9月，林某与他人合伙购买某石子加工场，林某占三分之二份额。在购买石子场过程中，林某为了被告人周某能对石子场生产经营提供帮助，提出将其所占石子场份额的一半送给周某，周某表示同意。2008年至2018年，被告人周某非法收受林某给予的石子场分红款共计人民币4372万元。

检察机关认为，被告人周某身为国家工作人员，利用职务上的便利为他人谋取利益，以及利用职权或地位形成的便利条件，通过其他国家工作人员职务上的行为，为他人谋取不正当利益，非法收受他人给予的人民币共计4372万元，数额特别巨大，其行为触犯了《刑法》第385条、第388条、第386条、第383条第1款第3项、第2款，犯罪事实清楚，证据确实、充分，应当以受贿罪追究其刑事责任。被告人周某在调查、审查起诉期间，能如实交代犯罪事实，根据《刑法》第67条第3款，可以从轻处罚。根据《刑事诉讼法》第176条之规定，提起公诉。

意见分歧

受贿数额如何认定？

一种观点认为：本案符合《意见》第3条第2款的规定，被告人周某是以合作投资的名义获取利润，而且也没有真正的进行了股份转让，只是口头约定，因此，应当按照周某实际获得的分红款认定受贿总额为4372万元。

另一种观点认为：本案符合《意见》第3条第1款，按周某收受石子场份额计算受贿数额，林某相应的出资额认定受贿数额为166万元，因此应当认定周某的受贿数额是166万元。

实务评析

认为应按份额资金认定受贿数额的主要理由是：

其一，本案是一起以合作投资名义掩饰受贿事实的案件，根据周某供述和林某证言，林某确系要送石子场的三分之一份额给周某，周某也表示了收受的意思，双方在林某受让石子场时，已经达成行受贿合意。

其二，林某使用其请托周某利用职便借来的300万元，以及其与合伙人自有资金约220万元转让石子场并购置设备进行企业生产时，周某受贿行为已属犯罪既遂。其后林某按月寄送企业收支报表给周某，以及在2006年度、2007年度先把企业生产利润用于扩大生产规模、偿还借款，且从2008年至2016年严格按周某所占企业份额分配利润等客观行为，进一步印证双方行受贿的对象是企业的三分之一份额。

其三，周某收受的企业份额，实质上是林某给予的出资额，根据《意见》第3条第1款，应以该出资额认定受贿数额。

其四，周某既然占有企业的份额，按照谁出资、谁受益的原则，其自2008年后历年所分得的利润，是基于该份额所衍生的孳息，如若认定属受贿数额，有重复评价之嫌。

笔者认为**应当按照实际所得计算受贿数额**。本案的关键问题是，该石子场没有进行股权登记和公司的设立，不属于股份有限公司，因此，也就不存在公司股份、股权说法。本案只是口头约定被告人周某占石子场的份额，严格意义上说并不是股份。那么就不能适用《意见》第 2 条的规定。由于被告人周某没有出资,所以不能按照收受林某帮助出资的数额来认定受贿数额,而是符合该《意见》第 3 条第 2 款的规定:**以合作开办公司或者其他合作投资的名义获取利润,没有实际出资和参与管理、经营的,以受贿论处。受贿数额应当为实际获取的利润。**

17 低价买房如何认定受贿数额

 疑难问题

司法实践中,对于受贿犯罪往往会涉及低价买房的受贿新类型,如何认定商品房市场价格,从而认定受贿数额,是这类案件的难点。

 破解思路

一、法律规定

对于以交易形式收受贿赂行为的具体处理,2007年7月8日"两高"下发的《关于办理受贿刑事案件适用法律若干问题的意见》(以下简称《意见》)主要明确了以下三点:

第一,关于以交易形式收受财物行为的定性。**以交易形式收受贿赂,如以低于市场价格购买或者以高于市场价格出售的方式买卖房屋、汽车等物品,较之于直接收受财物的传统意义上的受贿,虽然因支付了一定费用而在手法上有所不同,但性质上并无不同,都属于权钱交易,故应以受贿论处。**

第二,关于房屋受贿数额的认定。以市场价格认定更具实践合理性,也更具包容性,市场价格波动较大的,可以通过专业机构对一个特定时点物品价格进行评估,得出一个相对确定、合理的价格,故《意见》规定,"**受贿数额按照交易时当地市场价格与实际支付价格的差额计算**"。

第三,关于度的把握。鉴于此类交易行为的对象多为房屋、汽车等大宗贵重物品,稍微降低几个百分点,数额即可能达到数万元甚至数十万元,如简单规定以低于市场的价格购买或者高于市场的价格出售房屋、汽车等物品,达到受贿犯罪的定罪数额起点的,都以受贿犯罪处理,打击面可能失之过宽,故《意见》规定了"**明显**"**低于或者高于市场价格**的限制性条件。

二、如何把握交易型受贿中购房优惠的数额认定

市场价格包括商品经营者事先设定的不针对特定人的最低优惠价格。根据商品经营者事先设定的各种优惠交易条件,以优惠价购买商品的,不属于受贿。由于交易对象的不同,其市场价格也是有所不同。尤其是各类房屋等商品,存在程度不等的优惠价。

1. 确定"市场价格",实践中常见的观点主要有以下几种:

(1) **以开发商对外标明的售价为准**,但开发商往往受客户付款时间、付款方式、购买数量等因素影响,此价格只有标示意义,无法反映商家真实交易价格。

(2) **以政府指导价为准**,即政府价格管理部门根据开发商楼盘地段、质量等标准,综合考虑开发商的成本、利润等因素,给开发商核定的价格,并确定上下浮动的幅度,但商家往往受供求关系、资金回笼等因素影响,再加上商家有自主定价的权利,因此政府指导价对商家只有象征意思。

(3) **以司法机关委托鉴定部门所作的市场评估价格为准**,但《意见》中所规定的市场交易价格与市场评估价格是两个不同的概念,市场评估价格反映的是涉案房产在特定时间、特定地段的价值,并不能反映市场供求关系及市场波动情况,同时还涉及鉴定基准日的科学界定;而市场交易价格能够反映市场规律,其有可能高于评估价格,还有可能出现有价无市的情形,甚至不排除开发商为尽快回笼资金以远低于评估价格的优惠价格出售房产。单纯参照评估价格,则可能与真实市场价格存在较大偏差。

(4) **以房产开发商不针对特定人的优惠折扣后的房产实际成交价格为准**,即特定楼盘、特定时间段内房产商针对不特定消费对象的最低交易价格为准。

笔者倾向**第四种观点**。理由是,这种认定方式一方面可以充分考虑房产交易的实际操作惯例,另一方面,更直观反映行受贿双方在实施犯罪时,内心判定、接受的行受贿金额,且该观点得到相关判例的支持,如天津市高级人民法院审理的杨某受贿案件,关于"交易时当地市场的价格"即以交易时真正市场成交价格,而非开发商对外公布的计划销售价格进行认定。

2. 如何确定"明显低于市场价格",现有法律未予明确标准。司法实务中有以下几种观点:

(1) "相对比例说",即**低价购买超过一定比例的,为明显偏离市场价格**,如将低于市场价格9折或者8折以下认定为"明显"。

（2）"绝对数说"，即确立一个立案标准，超过立案标准则认定为明显低于市场价格。

（3）"数额比例结合说"，即确定相对比例及数额标准，符合这两个标准则构成"明显"。

笔者认为，是否"明显低于市场价格"，应从权钱交易本质出发，通过查证房地产开发商内部优惠销售记录，结合特定地区、时期的经济发展水平、房产市场交易规则及差额所占涉案房屋价值总额的比例等方面进行综合判断。考虑到司法实践中需要一个标准，要有一个可操作性的指引。笔者认为，**只要低于市场价格，优惠的部分如果达到受贿立案标准即 3 万元以上的，可以认定为明显低于市场价**。考虑到毕竟是房屋买卖型受贿，与一般的权钱交易有区别，是否需要一律追究应当慎重。笔者认为，**可以考虑以受贿犯罪的第二档数额标准，即 20 万元的标准来把握立案的标准**。受贿 20 万元以上，量刑在 3 年以上有期徒刑。这样的掌握，一来不会放纵犯罪，二来不会造成打击面过大。

三、办案实务经验

1. 如果没有出资预付款或履行购房所需要的其他手续，只是口头委托请托人预定，而后又口头委托出卖的，应当认定是受贿行为。受贿数额以实际收到的卖房款认定。

2. 查清是否有真实的买卖行为，是否真正获利，购房款的来源等，交易型受贿犯罪需要由真实的买卖交易作为支撑。

3. 低价购房的，要明确公司正常打折的幅度，注意是针对不特定人，而且必须符合哪些条件（一次性付款或者楼层、朝向等因素），扣除正常可以打折的，余额部分认定受贿数额。

4. 关于商品房鉴定基准日的问题。司法实践中购买涉案房产有四个重要时间点，先后为意向书签订日、定金给付日和商品房预售合同签订日、实际交房日。笔者认为，**以商品房预售合同签订日作为价格鉴定基准日比较合理**。理由如下：

一是行为人签订了预售合同，以低价购房时，已达成受贿合意。买卖人双方确认购房标的、单价，并支付部分款项时，已产生对涉案房产的实际控制，签订了商品房预售合同，还需要在房地产交易中心报备，房产已经实际交易，具备受贿的实质要件，将预售合同签订日作为价格鉴定基准日符合客观情况。

二是意向书属于可撤销合同，其生效要素是定金的给付，因此不宜以意向书签订时间认定为"房产交易时"。

三是定金往往金额很小，充其量只是一个预付款的性质，根据我国《担保法》第89条规定"当事人可以约定一方向对方给付定金作为债权的担保。债务人履行债务后，定金应当抵作价款或者收回。给付定金的一方不履行约定的债务的，无权要求返还定金；收受定金的一方不履行约定的债务的，应当双倍返还定金"，可见，定金可能引起的违约责任，要么是定金消失，要么是双倍返还，显然预交定金还不能表明商品房实际成交。

四是实际交房日往往是最后的时间，有的房子合同签了、定金付了、意向书也签了，但迟迟没有实际交房。如果以实际交房日作为鉴定日期，一般情况下房子是涨价的，这样对被告人是不利的，也是不合理的。

 举案释疑

案例1　陈某受贿案

基本案情

被告人陈某利用担任某政府副市长职便，接受黄某委托，为某公司房地产项目的土地置换等事项提供帮助。2006年至2007年，被告人陈某通过他人以明显低于市场价193万元的价格，购买了黄某公司开发的两套房产。陈某帮助的特定关系人购房之前只支付了1万元的定金，直到2007年7月，陈某再次向黄某提出要求给予更大优惠后，其特定关系人才与黄某公司签订了商品房预售合同并支付619万元。

处理结果

检察机关认为被告人陈某购买的两套房产，经某省价格认定局出具的价格认定结论书鉴定，价值800多万元，陈某实际支付购房款600多万元，差价193万元构成受贿犯罪。一审法院予以确认该受贿数额。一审判决宣判后，被告人陈某不上诉。

意见分歧

本案控辩双方对于构成受贿罪没有异议，主要分歧在于辩护人提出价格鉴定的基准日不合理。辩护人提出应当按照陈某的特定关系人缴纳1万元定金的时间作为涉案房产价格鉴定基准日。检察机关认为应当按照签订商品房预售合同的时间来确定基准日。

实务评析

笔者认为，本案商品房预售合同、记账单、证人黄某及被告人陈某的供述均可以证实，陈某的特定关系人选定涉案商品房之后，只预交了1万元的定金，并没有支付相应购房款及订立商品房预售合同。此时如果房地产公司违约，最多赔偿2万元给陈某的特定关系人，如陈某一方违约，最多也只是不能拿回1万元定金而已。双方的商品房买卖关系还没有实际成立。直至2007年7月，被告人陈某再次向黄某提出给予更大优惠后才签订了商品房预售合同，这个时候房子交易才真正完成。因此涉案商品房实际交易的时间节点应为签订预售合同日，以此作为价格鉴定基准日符合本案客观事实。

案例2　杨某受贿案

基本案情

被告人杨某，男，55岁，曾任某总队副总队长，因涉嫌受贿罪于2015年8月3日经检察机关决定，次日由公安机关执行刑事拘留，同月20日经检察机关决定被逮捕。

经依法审查查明：2003年至2015年，被告人杨某在担任某执法部门支队长、副总队长期间，利用职务便利，为他人在工程设计审批、验收、介绍承包工程、日常检查、车辆采购、人事提拔等事项上提供帮助，并利用其本人职权或者地位形成的便利条件，通过其他国家工作人员职务上的行为，为他人职务提拔提供帮助，先后非法收受某集团股份有限公司、某房地产开发有限公司等单位以及吴某等个人所送钱物折合人民币共计2000余万元。其中，涉及商品房的有两节事实：

2012年下半年，被告人杨某以他人的名义，向某集团股份有限公司以总价人民币175万元购买最低优惠总价为人民币194.31万元的商品房，收受某集团股份有限公司给予的购房优惠款人民币19.31万元。

2011年9月间，被告人杨某以他人名义以每平方米人民币7000元的价格向某房地产开发有限公司订购商品房，签订购房协议后交付定金人民币3万元，但未按约定期限支付购房余款及办理购房手续。2012年下半年，经杨某指示，某房地产开发公司将该房出售，被告人杨某收受该公司所送人民币30万元。

处理结果

一审判决以受贿罪判处被告人杨某有期徒刑13年，并处没收个人财产人民币200万元。

争议焦点

本案受贿犯罪涉及商品房问题，存在两个争议点，一是交易型受贿的中断如何认定受贿数额；二是关于低价买房如何认定受贿数额。

实务评析

1. 杨某收受某房地产公司房屋溢价款人民币 30 万元一节

侦查部门移送审查认定犯罪嫌疑人杨某收受房地产公司给予的购房优惠人民币 45.7889 万元，系依据 2007 年"两高"《意见》第 1 条关于以交易形式收受贿赂问题，"以明显低于市场的价格向请托人购买房屋，受贿数额按照交易时当地市场价格与实际支付价格的差额计算"的规定，根据犯罪嫌疑人杨某以他人名义以每平方米 7000 元（低于同时期该房产最低优惠价每平方米 9100 元）的价格签订购房协议，经房产评估计算差额所得。

笔者认为，根据购房协议书双方约定需在 2011 年 10 月 30 日前交纳总房款的 50%，2011 年 11 月 30 日前交纳余款，如违约，房地产公司有权没收定金，并另行出售房屋。根据销售不动产发票，杨某在 2011 年 9 月 30 日支付预售定金 3 万元，没有其他证据体现杨某支付了剩余房款，因此杨某与房地产公司之间并未实际交易该房产。根据买房人张某与房地产公司签订的商品房买卖合同证实张某系从房地产公司处购得房屋而非从杨某转售购得。因此杨某购房行为并未完成，故不能以上述司法解释规定计算受贿数额。

经审查，认定该节杨某收受房地产公司所送人民币 30 万元，理由如下：

第一，关于行受贿双方何时达成行受贿的犯罪故意。根据购房协议该套房屋每平方米售价为 7000 元，结合房地产公司的相关推广销售方案、证人证言体现当时购房最高优惠为 9 折即每平方米 9100 元，较之杨某的购房款每平方米低了 2100 元，明显低于市场价格，因此可以认定杨某与房地产公司订立购房协议时双方已有行受贿故意。

第二，关于如何认定双方行受贿的实现。根据现金交款单证实在订立购房协议并达成行受贿故意后，杨某向房地产公司交纳 3 万元定金预定了该套房屋，此时如双方继续履行合同约定，那么杨某一方则取得该套房产所有权，从而实现交易型受贿，但是杨某因个人原因并未履行合同，而是在订立合同 1 年后授意房地产公司何某处理该套房产。房屋是不动产，没有进行相应的产权手续所有权无法转移，因杨某没有交纳房屋余款也未进行相应产权手续办理，故交易型受贿中断。根据房地产公司出售该套房产的相关书证、何某证言体现在 2012 年 8 月集团将该套房产出售给张某每平方米为 9715.81 元，但房地产公司只入账每平方米 7000 元的购房款，多出的款项 447240 元则由张某直接汇入何某妻子的银行账户，何某将其中的 30 万元送给杨某，此时何某将上述中断的交易型受贿以直接送钱的形式实现。

第三，关于如何定性 3 万元购房定金性质。杨某在 2011 年交纳定金 3 万元是为了实现交易型受贿的犯罪成本,在交易型受贿中断后,该笔定金继续作为犯罪成本从而让杨某实现收受出售房屋差价款30万元。因此该笔定金是犯罪成本,不应予以扣除。

2. 杨某收受房产优惠一节

2012年下半年,被告人杨某以他人的名义,向某集团股份有限公司以总价人民币175万元购买最低优惠总价为人民币194.31万元的商品房,收受某集团股份有限公司给予的购房优惠款人民币19.31万元。

根据2007年"两高"《意见》规定,杨某以优惠价格向请托人购买房产,系形式上以支付一定数额的价款以掩饰收受贿赂的实质,体现权钱交易的本质特征,构成受贿罪。在案证据证实,该套房产最低优惠总价为194.31万元,杨某实际支付价格为175万元,差额为19.31万元。根据以上市场交易价格和"明显低于"的观点分析,笔者认为本节中受贿数额应以购房优惠金额19.31万元认定。

18 赃款的去向是否影响贪污罪、受贿罪的定罪

疑难问题

关于贪污、受贿所得赃款用于公务，是否应当在犯罪总额中予以扣除的问题，在原先的司法实践当中，如有相关知情人或参与接待的证人证言，能够提供未报销的发票且没有在单位报销的，一般情况是可以扣除的。当然，也有地方司法机关没有扣除的，各地执法尺度不一，这些问题既关系到法律的统一理解、适用，也关系到依法惩治腐败的实际效果。

2016年4月18日施行的"两高"《关于办理贪污贿赂刑事案件适用法律若干问题的解释》（以下简称《贪污贿赂解释》）第16条规定，**国家工作人员出于贪污、受贿的故意，非法占有公共财物、收受他人财物之后，将赃款赃物用于单位公务支出或者社会捐赠的，不影响贪污罪、受贿罪的认定，但量刑时可以酌情考虑**。显然被告人辩称贪污贿赂的赃款用于公务开支等情形，是否予以扣除的关键是行为人是否出于贪污、受贿的故意。

破解思路

一、赃款赃物去向与贪污、受贿故意的认定关系问题

《贪污贿赂解释》明确，只要行为人基于贪污、受贿的故意，也就是非法占有公款或行贿款的目的而实施了贪污、受贿的行为，不管事后赃款赃物的去向如何，均不影响贪污、受贿罪的认定。该规定的道理在于，贪污、受贿犯罪既已实施完毕，赃款赃物的事后处分不影响刑事定罪。

1. 主观故意的认定问题。赃款赃物的具体去向，在一些情形下特别是用

于公务支出的情形下与贪污、受贿故意的认定是存在关联的，这也是《贪污贿赂解释》强调只有当贪污、受贿故意得以认定时，用于公务支出或者社会捐赠才不影响定罪的原因所在。

2. 认定出于贪污、受贿故意的难度。司法实践中，要认定国家工作人员出于贪污、受贿的故意，难度还是很大的。这需要拿下被调查人的口供。否则，只要确实有公务支出，被调查人的辩解往往就很难排除。如果行为时犯罪故意不明确或者不能证明存在贪污或者个人受贿故意的，则应根据案件事实并结合赃款赃物具体去向实事求是地加以认定。

3. 如果能够定罪，对于赃款赃物用于公务支出或者社会捐赠的，量刑时应予酌情考虑。

二、赃款用于公务活动是否在犯罪总额中扣除的司法沿革

司法实践中，在办理贪污、受贿犯罪案件时，经常出现被告人辩解已将贪污款或受贿款用于"公务开销"，如请客、送礼、娱乐消费等，对此，**检察机关、法院在认定其贪污、受贿犯罪数额时，普遍的做法是将"公务开销"的数额从犯罪总额中予以扣除**。这种做法没有法律依据，学界也多有批评。

回溯这种实践做法的源头，不能不提到厉某某受贿案。厉某某，原系某某建筑总公司某某建筑安装公司经理，任职期间，郑某找厉某某要求承接工程，厉某某派人对郑某的公司考核后，于1987年经集体研究决定，将青岛某某大酒店转包给郑某承建。厉某某先后收受郑某人民币13万元，美金1000元。该案一审法院作有罪判决，经湖北省高级人民法院二审、再审，于1992年、1995年两次判决厉某某的行为不构成受贿罪，理由之一是：厉某某把收受他人的财物全部用于个人耗费的证据不足，以及厉某某把接受的财物主要用于公务开支，说明其社会危害性不大。① 当时，最高人民检察院也对二审判决提出了抗诉，即便在再审后学界仍有些讨论，然而，司法实务界自厉某某案后赃款用于公务开支部分抵扣犯罪数额的观念和做法似乎获得"判例"支持。司法机关一度普遍认同这一做法，甚至有人认为，对犯有贪污受贿数罪的，公务费用可以抵扣数罪的累计犯罪所得，如果用于公务费用大于数罪的所有总额，则可不认定为犯罪。②

再如申某贪污案，申某系中心医院医药药房部主任，在任职期间多次采用

---

① 参见尹伊君：《检法冲突与司法制度改革》，载《刑事法评论》1997年第1期。
② 参见李钢：《贪贿案件"赃款用于公务支出"情节的法理分析及认定》，载中国法院网。

虚开假发票的手段，套取公款 10 余万元，对于支出去向申某拒不交代。此案侦查终结后，检察机关以申某涉嫌贪污罪提起公诉，一审法院以申某犯贪污罪判处其有期徒刑 10 年，后申某以赃款部分用于公务开支，应从贪污款额中扣减为由上诉，中级法院将此案发回重审，一审法院判处申某有期徒刑 8 年。申某仍不服，再次提出上诉，二审法院审理后，判处申某有期徒刑 2 年、缓刑 2 年。①

刑法理论界虽然对此也有不同的意见，但**赃款用途、去向不应当影响贪污罪定罪已成为近期相关理论研究的主流观点**。如认为从犯罪形态看贪污、贿赂犯罪是一种结果犯。结果犯要求行为人不仅实施了某种危害行为，而且必须发生法定的结果。这一法定结果就是行为人追求的最终目的。贪污、贿赂犯罪者追求的最终目的就是获取不义之财，这一法定结果表现为公共财物或他人财物已脱离原所有人的控制，而转为犯罪者所有，即财产所有权已经转移。根据我国民法理论，财产所有权是一种绝对权，是所有人对财产依法享有的占有、使用、收益和处分的权能。那么，在这种情况下，行为人完全可以任意处分所得财物。他既可以自己使用挥霍（包括将钱款存银行，购买股票、债券和通信工具等），亦可以将财物转送他人，甚至可以个人名义将财物捐献给希望工程等。显然，**无论行为人怎样处分财物，都不能改变贪污、贿赂犯罪已经完成、法定结果已经形成的事实**。至于有的罪犯辩称所得赃款用于"公务开销"，即各种名目的请客、送礼、娱乐消费等活动，都是在犯罪行为已结束的情况下发生的个人行为。试想，如果行为人贪污、受贿的目的是将财物用于"公"，何必采用这种非法手段？因此，**以赃款用于"公"是一种不合逻辑的无理辩解。赃款去向不影响犯罪的成立，贪污所得款不能以"用于公"的理由从贪污数额中扣除**。②

三、实务分析

笔者认为，贪污、受贿犯罪，赃款的去向问题，有时确实会影响到判断行为人是否具有非法占有的目的，尽管刑法条文上没有要求说此类犯罪要以非法占有为目的，但司法实践中，是否具有非法占有目的，也是法官和检察官需要考虑的因素。

贪污受贿犯罪中赃款的去向不能简单地说绝对不影响对贪污受贿罪的定罪，也不能简单地说绝对就影响定罪，要分清不同情节。不可否认，某些贪污

---

① 参见周伯科：《贪污罪中赃款的去向是否影响定罪》，载找法网。
② 参见游伟：《贪污受贿赃款去向与定罪》，载《检察日报》2000 年 8 月 9 日。

受贿犯罪中当行为人采用侵吞等违法手段，实际非法占有公款后可能将一部分或全部用于公务开支。现实中经常发生的有以下四种情况：

1. 单位对业务招待一概不予报销，又没有相关的津贴，而行为人的确为公务曾经将赃款用于招待，且事后不存在可以再报销的可能，行为人也确实没有去报销的；

2. 单位对业务招待限额报销，但规定的数额不够，在用完单位的指标后，超额部分用赃款开支，同时事后不存在可以再报销的可能，行为人也确实没有去报销的；

3. 本来可以公务开支，但行为人故意搅乱财务规定，随意报销，把单位的钱和自己的钱混在一起，一旦被抓，就拿出许多的发票说赃款用于公务开支；

4. 单位困难暂时没钱，尽管行为人支付了一些公务开支，但事后还可以报销的。

对于前两种情况，笔者认为，由于无法认定行为人的侵吞公款的行为是出于非法占有的目的，因此，应当予以扣除，赃款的去向直接影响了定罪的数额。

对于后两种情况，由于本来可以从公务开支中列支，而行为人却没有按照财务规定正常开支，显然具有非法占有的目的，即使暂时没有去报销，事后也具有报销的可能，因此可以认定行为人出于贪污或受贿的故意，不应扣除，也就是这两种情况，赃款的去向不影响定罪。

 举案释疑

案例　林某贪污、职务侵占案

基本案情

被告人林某，男，1958年出生，高中文化，中共党员，系某村村民委员会原主任。

1. 贪污罪

（1）2002年9月间，被告人林某利用担任某村村委会主任的职务上的便利，协助人民政府处理某高速公路福安连接线征用该村土地，在经手发放一笔该村5号弃土场边道征地补偿款64305元过程中，实际发放给村民40000元，村委开支9700元，余款14605元被被告人林某使用3张地面附着物登记表冲账后予以侵吞。

（2）2002年11月间，被告人林某与某村委会委员林某某（已判刑）一同从某市高速公路建设工程指挥部领出某村13号弃土场地面作物补偿款186941元，被告人林某明知该款系应发放给土地被征用的村民的地面作物补偿款及因村公共用地被征用的某村委的补偿费，却取走其中的5000元供其儿上大学。同案人林某某在其名下虚列1.05亩葡萄园被征用的补偿款12600元（含上述5000元）后，被告人林某将林某某所制作的该笔虚列的赔偿款12600元的凭证发放到户表交由某村委出纳进行登账处理。2004年6月，同案人林某某被某市纪检委审查后，被告人林某才补写一张借条。

2. 职务侵占罪

因某高速公路连接线公路建设影响某村灌溉管道，某市高速公路建设工程指挥部决定修复某村灌溉管道。2002年12月10日、25日，某村委先后与该指挥部签订了《某高速公路涉及农村改路、改渠协议书》《某高速公路福安连接线外工程恢复建设项目协议书》，由某村委向该指挥部承接某村灌溉管道恢复工程。2003年五六月间，该工程款33519元拨付到某村委户头后，被告人林某利用担任某村村民主任的职务便利，两次通过虚列开支、假冒他人签名手段，冒领工程款共计31219元，扣除工人工资、材料费支出3000元，余款28219元被被告人林某占为己有。

处理结果

某市人民检察院以被告人林某犯贪污罪、职务侵占罪向某市人民法院提起公诉，一审法院判决认为：被告人林某身为某村村民委员会主任，在协助人民政府从事征地补偿款的管理工作时，利用职务上的便利，采取虚列征地补偿款的手段，骗取公款27205元，个人即分得19605元，已构成贪污罪；其又利用职务上的便利，采取虚列开支假冒他人签名手段，将某村委工程款28219元非法占为己有，又构成职务侵占罪；应予数罪并罚。据此，依照《刑法》第382条第1款，第383条第1款第3项、第2款，第271条第1款，第69条第1款，第25条第1款，第64条及全国人大常委会《关于〈中华人民共和国刑法〉第九十三条第二款的解释》的规定，判决被告人林某犯贪污罪，判处有期徒刑2年零6个月；犯职务侵占罪，判处有期徒刑1年零6个月。决定执行有期徒刑3年零6个月。

二审法院于2005年5月25日公开开庭审理了本案。二审法院对于一审法院认定的事实予以确认。鉴于上诉人林某在二审期间又退出赃款14605元，其已退清贪污部分个人分得的全部赃款，可酌情予以从轻处罚。据此，认定被告人林某犯贪污罪，判处有期徒刑1年零6个月；犯职务侵占罪，判处有期徒刑1年零6个月。决定执行有期徒刑2年零6个月。

实务评析

本案辩护人和被告人对贪污和职务侵占的主要犯罪事实没有意见，但对于赃款的去向提出了辩解，认为被告人尽管有侵吞公款和村委会管理的款项的行为，但没有非法占有，而是用于一些公益事业，以此来作为推翻公诉机关指控和一审法院判决的理由。

结合本案，被告人林某及其辩护人提出：

1. 林某没有贪污某村5号弃土场的边道征地补偿款14605元，该部分款项已用于垫付某村余粮征购款；

2. 林某所领取的灌溉管道工程款31219元中的28219元已用于修建祠堂，不构成职务侵占罪。

笔者认为，林某虚列三张地面附着物登记表冲账侵吞边道征地补偿款14605元，其贪污行为已经既遂。从现有证据看，**林某并非为了垫付余粮征购款而非法占有该笔补偿款**。即使其以该部分款项垫付余粮征购款，亦不影响对**其行为性质的认定**。另外，某村委2004年5月26日第11号记账凭证、2004年5月15日第5号记账凭证证实，林某冒领的工程款28219元已在村财务账上列支。参与修建祠堂的某村村民林某甲等人证言证实，从修建祠堂开始即明确某村委不投入资金，林某垫付的款项事后要由村民筹钱归还。因此，**林某将其侵吞的村集体资金用于不属于村级集体财务支出的项目，属于职务侵占行为既遂后的赃款去向问题，不影响对其行为性质的认定**。

19 如何理解挪用公款罪中 "挪用公款归个人使用"

 疑难问题

在司法实践中，如何理解"挪用公款归个人使用"？个人决定以单位名义将公款供其他单位使用，谋取个人利益的，认定为挪用公款归个人使用，那么如何理解"谋取个人利益"？谋取个人利益的同时也为单位谋取了利益，是否可以阻却"谋取个人利益"的认定？面对这种种问题，各办案机关或人员往往观点不一。

 破解思路

《刑法》第384条规定，挪用公款罪是指国家工作人员利用职务上的便利，挪用公款归个人使用，进行非法活动的，或者挪用公款数额较大、进行营利活动的，或者挪用公款数额较大、超过3个月未还的。本罪的客观方面表现为行为人实施了利用职务上的便利，挪用公款归个人使用，进行非法活动，或者挪用数额较大的公款进行营利活动，或者挪用数额较大的公款超过3个月未还的行为。

根据2002年4月28日全国人大常委会《关于〈中华人民共和国刑法〉第384条第1款的解释》，"挪用公款归个人使用"包含三种情形：一是将公款供本人、亲友或者其他自然人使用的；二是以个人名义将公款供其他单位使用的；三是个人决定以单位名义将公款供其他单位使用，谋取个人利益的。

笔者认为，所谓"归个人使用"，既包括由挪用者本人使用，也包括由挪用者交给、借给他人使用。"谋取个人利益"的要件并没有排除谋取个人利益的同时客观上也为单位谋取了一定的利益，**"谋取个人利益"应该包括只谋取个人利益和既谋取个人利益，也为单位谋取利益两种情形。**

· 513 ·

举案释疑

案例　刘某贪污、挪用公款案

基本案情

被告人刘某,男,1963年出生,大专文化,中共党员,系某港务局副局长(正科级)。刘某犯罪事实有两个部分:

1. 贪污罪

1993年年底,为了改善职工的福利,国有企业某港务公司出资30万元,以职工投资为名注册成立了甲技术协作公司,1996年更名为甲船货代理公司(以下简称甲公司),时任国有企业某港务公司经理的刘某自任甲公司董事长。

1998年年初,时任某市港务局局长助理(正科级)兼港务集装箱公司经理的刘某未经职工代表大会及上级主管部门同意,以某港务公司漳湾作业区职工代表的身份与马某虚构股份转让协议,指使马某以个人名义向甲公司投资,将原先某港务公司漳湾作业区投资在甲公司的股份全部转让给马某,意图改变甲公司的国有性质。

1998年6月间,被告人刘某将甲公司的末任经理马某、会计谢某、出纳许某(另案处理)召集到办公室,要求他们把各自手上保管的甲公司的公章、账册、凭证、支票等都交给他。而后,马某、谢某把整理出来的甲公司的公章、账册、凭证交给被告人刘某。数日后,被告人刘某又叫许某找马某拿走了甲公司的法人章。许某将该法人章交给了刘某,并按照刘某的要求保管现金支票。而后,被告人刘某以甲公司要还欠款为由叫许某到银行一次性取出账面上所有的100多万元现金,在银行不同意一次性取款的情况下,多次指使许某填写现金支票,每次均由被告人刘某在现金支票上加盖其保管的甲公司公章、法人章后,由许某到银行将款取出交给被告人刘某,有几次许某将填写好的支票交给刘某自己取款。1998年6月至1999年2月,被告人刘某采用上述手段,先后28次将甲公司银行户头的142.4万元公款取出占为己有。

1998年元月19日,被告人刘某在某车行以44.3193万元购买了一辆2.0尼桑风度轿车,车款由与乙港务集装箱公司有业务往来的丙公司副总经理钟某为其垫付,并借用丙下属公司之名报领了车牌。同年元月22日,被告人刘某指使甲公司的会计谢某以公司还款为由从该公司套取现金44.3193万元还给钟某。1999年4月,被告人刘某虚构港务集装箱公司所属的中国外轮理货总公司某分公司长期租用这辆尼桑风度轿车的事实,并提供伪造的租车协议和35万元租金领条给某外轮理货分公司财务人员做账,并亲自审批报销,而后亲手从财务人员处领取租车款35万元据为己有。

2. 挪用公款罪

1999年九十月间,时任某市港务有限公司总经理的刘某与时任港务集装箱公司(某市港务有限公司的全资子公司)经理的苏某(另案处理)筹备成立丁港湾发展有限公司(2000年元月改名为戊公司),由港务集装箱公司占30%股份,其余70%股份为自然人所有,注册资金200万元。公司性质是合资有限责任公司,法定代表人是港务集装箱公司副经理黄某。

1999年下半年,被告人刘某多次向己石材有限公司法定代表人黄某提出要投资参股该公司,因其他股东不同意,所以黄某一直没有答应刘某的参股要求。2000年春节前夕,己石材公司因需要大笔资金而商议同意让出部分股份给被告人刘某,但条件是向戊公司借款100万元。2000年2月,己石材公司的黄某等4位股东来到戊公司办公室与被告人刘某协商,苏某也在场,双方达成一致意见:己石材公司让出30%股份给刘某,戊公司按同期银行贷款利息借80万元给己石材公司,协议签好后,被告人刘某将事先准备好的80万元现金交给了黄某等4位股东。过了几天,被告人刘某带苏某、黄某等人到鹤塘,对己石材公司的资产进行清点、评估,同时被告人刘某以其妹刘某某(另案处理)名义与己石材公司签订了投资协议后,按30%的股份注入了90多万元现金。2000年10月,黄某等4位股东将80万元现金送到刘某家中还给刘某。

2000年元月28日,刘某与其妻林某(另案处理)通过竞标,中标了某供销车队所属的位于东侨开发区商贸街沿街的一块商住两用土地,面积近1000平方米。同年2月1日,被告人刘某以其妹夫张某(另案处理)借款为由,亲自填写40.5万元转账支票,将戊公司40.5万元转账汇给某供销车队以支付购地款,同年4月,戊公司账上体现已收回该款。

处理结果

刘某贪污、挪用公款一案,经过某省高级人民法院和某市中级人民法院多次审理,某省高级人民法院于2006年5月对本案作出终审判决,认定被告人刘某贪污罪和挪用公款罪成立,数罪并罚决定执行有期徒刑19年,并处剥夺政治权利终身。

焦点问题

检察机关认为:被告人刘某身为国家工作人员,利用职务上的便利条件,采取虚列开支、重复报销等手段侵吞公款177.4万元。同时被告人刘某身为国家工作人员，利用职务便利，挪用公款 80 万元给他人使用超过 3 个月未还，并挪用公款 40.5 万元给本人使用，用于营利活动，其行为已分别触犯《刑法》第 69 条、第 382 条、第 383 条、第 384 条第 1 款之规定，应以贪污罪、挪用公款罪数罪并罚追究其刑事责任。

影响到本案定罪量刑的主要是以下四个方面的焦点问题，同时也是控辩双方辩论的焦点问题。

1. 关于某市甲船货公司性质问题

某市甲船货公司性质问题涉及刘某侵吞的款项是否属于公款问题。某市甲公司是国有企业某港务公司为解决职工福利，于 1993 年年底提供资金 12 万元及挖砂机（价值 9 万多元）、库存水泥折价共计 30 万元，以全体职工名义注册成立的集体企业。时任国有企业某港务公司经理的刘某自任甲公司董事长。国有企业某港务公司的全体职工虽有集资 3 万—4 万元用于其后的经营，但 1996 年 6 月职工股份已连本带利退还。而在此期间，国有企业某港务公司仅收回注册本金 12 万元外，并没有得到任何收益。因此，我们认为，**甲公司至少从 1996 年 6 月后，企业的性质发生了质的改变——成为国有性质，与职工个人所集资的股份没有任何联系，公司的所有收入应属公款**。这得到了司法会计鉴定的印证。其次，从公司的人员构成上看，公司的历任经理、财务人员以及其他工作人员均由国有某港务公司（后期是集装箱公司）委派或兼任。时任港务集装箱公司经理的刘某将该甲公司的收入 142.4 万元予以截留侵吞，属侵吞公款，构成贪污犯罪。

2. 刘某侵吞 142.4 万元公款的证据分析

刘某始终否认侵吞公款的事实，我们认为尽管刘某否认，但其侵吞公款的事实是存在的，理由是：

（1）刘某是甲公司的实际控制者，甲公司所有人事、报销都要通过刘某。1998 年 6 月公司的印章、财务账被刘某收走，这一点得到了该公司经理马某、会计谢某、出纳许某的印证。

（2）被告人刘某以甲公司要还欠款为由叫许某到银行一次性取出账面上所有的 100 多万元现金，在银行不同意一次性取款的情况下，从 1998 年 6 月至 1999 年 2 月，28 次指使许某填写现金支票（经对取款凭证进行鉴定，28 张取款凭证确实是许某的笔迹），由刘某在现金支票上加盖其保管的甲公司公章、法人章后，由许某到银行将款取出交给刘某，总金额是 142.4 万元。由于不是一次性取款，而且公司印鉴都在刘某处，因此，可以排除许某自己取款后没有将款交给刘某，自己侵吞的可能性。

（3）从取款到案发时隔多年，许某仍然在刘某手下工作，且与刘某关系甚好,在刘某被捕后,还接受刘某妻子的指令出逃,躲避司法机关调查,达到帮助刘某的目的。如果许某取款后没有将款交给刘某,那么刘某是不会放过他的,也就不可能出现后面几年两人还在一起共事的局面。

(4) 许某是刘某妹夫的弟弟,两人是亲戚关系。许某是刘某招工进来的,许某诬告陷害的可能性可以排除。

基于上述证据分析,我们认为刘某侵吞了142.4万元公款的事实清楚、证据确实充分,足以认定。

3. 挪用戊公司80万元是否构成犯罪问题

(1) 戊公司是属于国有公司参股的合资有限责任公司,法定代表人是该国有公司副经理黄某,其中国有公司只有占30%股份,其余70%股份为自然人所有。**被告人刘某是该国有公司的总经理,是否符合挪用公款罪的主体要件?**

根据《刑法》第93条规定,国有公司委派到非国有公司从事公务的人员,以国家工作人员论。《全国法院审理经济犯罪案件工作座谈会纪要》规定,"委派即委任、派遣,其形式多种多样,如任命、指派、提名、批准等。如国有公司委派在国有控股或者参股的股份有限公司从事组织、领导、监督、管理等工作的人员,应当以国家工作人员论"。本案刘某虽然没有书面的委派手续,没有在戊公司任职,但刘某是国有参股公司的领导,又实际控制了其参股的公司人员任免和财务,是戊公司的实际控制人,其对戊公司行使了领导权力,这一点也得到了戊公司法定代表人黄某和借款人的印证。因此,应当以国家工作人员论,符合挪用公款罪的主体要件。

(2) **刘某个人决定,以戊公司名义将戊公司的80万元借给其他单位是否属于挪用公款罪"归个人使用"?** 根据全国人大常委会《关于〈中华人民共和国刑法〉第284条第1款的解释》,"归个人使用"有三种情形,但只有第三种情形"个人决定以单位名义将公款供其他单位使用,谋取个人利益的"符合刘某的行为。那么**刘某的行为要认定构成挪用公款罪,其必备的要件是"个人决定"和"谋取个人利益"**。根据《全国法院审理经济犯罪案件工作座谈会纪要》,"个人决定既包括行为人在职权范围内决定,也包括超越职权范围决定"。

综观本案,刘某不是戊公司的人员,但其是参股的国有公司的领导和戊公司的实际控制人,因此,**可以认定其超越职权决定,属于"个人决定"**。同时证据显示,刘某同意借款的主要目的是占有该石材公司的股份,但利息收入归戊公司,因此也不能排除刘某也有为戊公司谋取利益的目的。我们认为,**"谋取个人利益"的要件并没有排除同时也有谋取单位利益,"谋取个人利益"**应该包括只谋取个人利益和既谋取个人利益,也为单位谋取利益两种情形。因此,**刘某为了取得借款单位的股份,个人决定将戊公司的款借给其他单位使用,尽管单位也取得了一定的利益,仍然构成挪用公款的行为。**

4. 挪用公款购买商住两用土地,是否属于"用于营利活动"

该节的焦点问题是刘某挪用公款用于购买土地,挪用的时间不足3个月,那么只有挪用公款进行营利活动的,才能定罪。本案就涉及刘某挪用公款给妻子林某购买供销车队土地的用途问题。我们认为,该宗土地面积近1000平方米,单价1410元/平方米,沿某经济开发区商贸大街呈狭长条状分布,某市规划局批准商住两用。**据市城市规划管理技术规定,商住两用是指"商业和住宅混合的建筑"**,可见其房地产开发、营利的用意非常明显,可以认定为"用于营利活动"。

20 如何理解挪用资金罪中"归个人使用"以及"谋取个人利益"

 疑难问题

在司法实践中，如何理解挪用资金罪中"挪用本单位资金归个人使用"，全国人大常委会、最高人民法院、最高人民检察院、公安部都对此问题做过规定，全国人大常委会法工委刑法室甚至还对挪用资金罪做过相关的答复，认为《刑法》第272条规定的挪用资金罪中的"归个人使用"与《刑法》第384条规定的挪用公款罪中的"归个人使用"的含义基本相同。对一个问题这么多部门做了这么多次不同层面的解释，可见这个问题确实困扰司法办案，法律适用方面存在疑难问题。

 破解思路

一、现有法律规定

《刑法》第272条第1款规定，挪用资金罪是指：公司、企业或者其他单位的工作人员，利用职务上的便利，挪用本单位资金归个人使用或者借贷给他人，数额较大、超过三个月未还的，或者虽未超过三个月，但数额较大、进行营利活动的，或者进行非法活动的行为。

2000年7月20日，最高人民法院《关于如何理解刑法第二百七十二条规定的"挪用本单位资金归个人使用或者借贷给他人"问题的批复》：公司、企业或者其他单位的非国家工作人员，利用职务上的便利，挪用本单位资金归本人或者其他自然人使用，或者挪用人以个人名义将所挪用的资金借给其他自然人和单位，构成犯罪的，应当依照《刑法》第272条第1款的规定定罪处罚。

根据 2002 年 4 月 28 日全国人大常委会《关于〈中华人民共和国刑法〉第 384 条第 1 款的解释》，挪用公款"归个人使用"的含义，包含三种情形：一是将公款供本人、亲友或者其他自然人使用的；二是以个人名义将公款供其他单位使用的；三是个人决定以单位名义将公款供其他单位使用，谋取个人利益的。

2004 年 9 月 8 日，全国人大常委会法工委刑法室《关于挪用资金罪有关问题的答复》（法工委刑发〔2004〕第 28 号）：《刑法》第 272 条规定的挪用资金罪中的"归个人使用"与《刑法》第 384 条规定的挪用公款罪中的"归个人使用"的含义基本相同。

2010 年 5 月 7 日，高检院与公安部《关于公安机关管辖的刑事案件立案追诉标准的规定（二）》第 85 条第 2 款规定"个人决定以单位名义将本单位资金供其他单位使用，谋取个人利益的"，属于"归个人使用"。

二、实务分析

2000 年 7 月 20 日，最高人民法院《关于如何理解刑法第二百七十二条规定的"挪用本单位资金归个人使用或者借贷给他人"问题的批复》，没有解决"个人决定以单位名义将公款供其他单位使用，谋取个人利益的"能否认定挪用资金的问题。

2004 年 9 月 8 日，全国人大常委会法工委刑法室《关于挪用资金罪有关问题的答复》明确了挪用资金罪中的"归个人使用"与挪用公款罪中的"归个人使用"的含义基本相同，也就是说，办理挪用资金罪也可以适用全国人大常委会关于挪用公款罪的立法解释。

之后，2010 年高检院和公安部的立案标准，吸纳了全国人大常委会的立法解释，规定"个人决定以单位名义将本单位资金供其他单位使用，谋取个人利益的"，属于"归个人使用"。对此问题做了进一步的明确。

全国人大常委会的解释，挪用公款"归个人使用"的含义，包含三种情形，前两种情形都好理解。而"谋取个人利益"，在司法实践中还是存在一些疑难问题，这是认定"归个人使用的"关键问题。这个问题的关键是"谋取个人利益"是否只是谋取单纯的个人利益，如果谋取个人利益的同时也为单位谋取了利益，这种交织个人利益与单位利益的不单纯的利益，能否认定为"谋取个人利益"。此类案件的被告人或辩护人往往以此作为辩解，认为自己以单位名义出借公款的行为，单位也收了利息，甚至超过同期银行存款利息，被告人是为单位谋取利益，不是谋取个人的利益。

笔者认为，与挪用公款中的情况相同，挪用资金罪中的"谋取个人利益"的要件也并没有排除谋取个人利益的同时，客观上也为单位谋取了一定的利益。

 举案释疑

案例　谢某挪用资金案

基本案情

被告人谢某，男，1971年出生，甲公司董事长、总经理。

陈某于2015年4月7日报案称：谢某采取胁迫威胁手段，迫使其让出公司法人代表及总经理职位，同时涉嫌挪用资金60万元。公安机关于2015年6月25日立案侦查，并于2016年6月23日以谢某涉嫌挪用资金罪向检察机关移送审查起诉。

公安机关侦查后，认定如下事实：

1. 2009年7月，丙公司经理王某准备购买一批汽车进行销售时，因资金不足，遂向犯罪嫌疑人谢某（与王某系夫妻关系）提出借款60万元人民币的要求，犯罪嫌疑人谢某利用担任甲公司法人代表、董事长、总经理职权之便，未经甲公司董事会批准，于2009年7月22日擅自决定将该公司的60万元人民币借给丙公司用于购销经营活动，直至2009年8月12日，该公司才将60万元的借款归还甲公司。

2. 2015年4月14日，乙公司为归还到期的银行贷款，因资金不足，遂向甲公司联系借款1000万元人民币，并于事后补充制作委托收款合同要求甲公司将该笔借款直接汇至乙公司的账户。当日，犯罪嫌疑人谢某利用担任甲公司法人代表、董事长、总经理职权之便，未经该公司董事会批准，擅自指使该公司总经理助理张某将公司的1000万元人民币借给乙公司用于归还银行贷款，直至2015年4月22日，乙公司才将该笔借款归还甲公司。

3. 2015年6月1日，乙公司因经营资金周转需要，遂向甲公司联系借款700万元人民币，并于事后补充制作委托收款合同要求甲公司将该笔款直接汇至乙公司的账户。当日，犯罪嫌疑人谢某利用担任甲公司法人代表、董事长、总经理职权之便，未经该公司董事会批准，擅自指使该公司总经理助理张某将公司的700万元人民币借给乙公司。直至2015年6月12日、6月15日、6月23日、6月25日，乙公司分四次分别将200万元人民币、200万元人民币、100万元人民币、200万元人民币归还甲公司。

4. 2015年6月8日，丙公司因经营资金周转需要，向甲公司联系借款1500万元人民币。当日，犯罪嫌疑人谢某利用担任甲公司法人代表、董事长、

总经理职权之便未经该公司董事会批准，擅自指使该公司总经理助理张某将公司的1500万元人民币借给该公司。直至2015年6月29日，该公司将其中的1000万元人民币归还甲公司；后该公司又于2015年7月15日、7月16日分别将200万元人民币和300万元人民币归还甲公司。

5. 2015年7月8日，丙公司因经营资金周转需要，向甲公司联系借款350万元人民币。当日，犯罪嫌疑人谢某利用担任甲公司法人代表、董事长、总经理职权之便，未经该公司董事会批准，擅自指使该公司总经理助理张某将公司的350万元人民币借给该公司。直至2015年7月14日，该公司才将该笔借款归还甲公司。上述后四笔借款，丙公司于2015年7月2日支付给甲公司2888.8元人民币作为1000万元和700万元的借款利息；于2015年7月17日支付给甲公司58740.97元人民币作为1500万元和350万元的借款利息。

公安机关认定：犯罪嫌疑人谢某系甲公司的董事长、法人代表，其妻子王某系丙公司股东。犯罪嫌疑人谢某利用职务上的便利，未经股东会批准，擅自决定将甲公司巨额资金借贷给其本人任职、其配偶占有股份的其他公司进行经营活动，数额巨大，其行为已触犯《刑法》第172条规定，涉嫌挪用资金罪。

某市、区两级检察院认为，原案证据证实谢某担任甲公司的董事长、法定代表人，其本人间接持有乙公司约3%股份，同时，其妻王某持有丙公司13.1579%的股份，其姐夫张某持有乙公司26.3158%的股份。谢某利用担任甲公司法定代表人、董事长、总经理职权之便，未经该公司董事会批准，擅自决定将公司资金出借给乙公司和丙公司，共计3610万元人民币。由于公司利益、股东利益和个人利益属于不同法律主体的范畴，不能简单等同，虽然借款公司因甲公司的资金注入获得一定的利益，但该利益不能直接转化为股东利益，更不能直接等同于个人获得的利益。原案经二次退回补充侦查，认定原案被不起诉人谢某在上述5笔借款中谋取个人的利益证据不足。

诉讼经过

2016年12月15日某区人民检察院召开检委会研究该案，检察长不同意多数委员认为谢某行为涉嫌挪用资金罪的意见，请示市人民检察院。市人民检察院批复认为，认定谢某挪用资金系为谋取个人利益等事项证据存疑，同意对谢某作存疑不起诉处理。某区人民检察院于2016年12月26日根据《刑事诉讼法》第171条第4款的规定，决定对谢某不起诉。陈某不服，收到起诉书后7日内向市人民检察院提出申诉。经市人民检察院复查，维持原不起诉决定。申诉人仍不服，向省检察院提出申诉。经省院检委会研究认为，谢某的行为构成挪用单位资金罪，数额巨大，应当追究刑事责任，某区检察院适用存疑不起诉决定错误。根据《人民检察院复查刑事申诉案件规定》第40条第3项的规定,决定撤销原不起诉决定,将案件移送某区人民检察院提起公诉。

争议焦点

谢某个人决定以单位名义将资金出借给自己参股或家人参股公司,借款单位也支付了利息,能否认定为谢某谋取了个人利益。

实务评析

笔者认为,公司利益与股东利益是一个有机整体,公司利益和个人利益不能割裂看待,公司获利,股东就会获利。个人决定将公司资金以单位名义给其他利益关联单位使用,不论使用资金的单位为其本人或者特定共同利益人所有、控股还是占有股份,均属于谋取个人利益。这些常识性的问题是不需要证明的。

严格依照法条规定,谢某将甲公司的资金供乙公司使用,没有经过董事会,是其个人决定的;其次,利息归甲公司所有,可以评价为以甲单位名义将甲单位资金供乙单位使用;由于谢某是乙公司的董事长、法人代表,其妻子王某和妹夫又是乙公司的控股股东,属于谋取个人利益。

就本案而言,谢某间接持有乙公司的股份,同时又是甲公司的董事长、法定代表人,其妻王某、其姐夫张某都持有公司的股份,且控股。从现有证据看,谢某在担任甲公司董事长、法定代表人期间,未经董事会决定或其他股东同意,个人决定将公司资金出借给乙公司60万元,出借丙公司3550万元,没有证据证明是为了公司利益,没有证据证明事先有签定合同,约定利息,没有证据证明甲公司与借款公司之间有经营往来。出借大额资金给自己或其妻子及亲属间接或直接持有股份的公司进行经营活动,主观上显然属于谋取个人利益,而且实际上谢某本人与其妻也从中取得了个人利益。

客观上本案谢某将公司资金出借其他公司,事先未经董事会决定,事后未征得其他股东同意,可以认定为个人决定,且数额巨大。我国公司法明确规定,董事、高级管理人员不得违反公司章程的规定,未经股东会、股东大会或者董事会同意,将公司资金借贷给他人。

综合上述分析,谢某的行为构成挪用资金罪。

21 入了单位"小金库"的钱款是否属于公款

疑难问题

实践中,行为人利用职务便利以侵吞、窃取、骗取或以其他手段非法占有财物,该财物是否属于公款,往往决定了一个案件的定性。

破解思路

贪污罪,是指国家工作人员利用职务上的便利,侵吞、窃取、骗取或者以其他手段非法占有公共财物的行为。

根据《刑法》第91条之规定,公共财产分为两类:其一,当然的公共财产,包括国有财产、劳动群众集体所有的财产以及用于扶贫和其他公益事业的社会捐助或者专项基金的财产。其二,拟定的公共财产,即国有公司、企业、集体企业和人民团体管理、使用或运输中的私人财产。也就是说,入了单位"小金库"的钱款还是应该认定为公款,对于贪污了单位保管中的私人财产,同样构成贪污罪。

举案释疑

案例　黄某挪用公款案

基本案情

被告人黄某,男,1972年出生,大专文化,系某公安分局治安大队枪爆中队中队长。

自 2003 年年底开始，被告人黄某应某爆破工程有限公司（以下简称爆破公司）韩某要求，利用对某区民爆物品及行业管理职便，将辖区民爆"四员"人员培训及爆破工程设计指定给该爆破公司经营，该公司经理韩某为谋取商业利益，与被告人黄某约定"四员"人员培训费每人按 150 元，爆破工程设计费按 15% 收受提成款。2003 年 11 月至案发时，被告人黄某先后多次收受韩某以上两项业务收费提成款共计 201400 元。被告人黄某将其中 73490 元交给其所属的公安分局治安大队的"小金库"，剩余的 127910 元提成款用于个人日常生活开支和支付购房款。案发后，被告人黄某已退赃 74000 元。

处理结果

法院经审理认为，被告人黄某身为国家工作人员，利用职务上的便利，挪用韩某给公安局治安大队的提成款，数额较大，超过 3 个月未还，其行为已构成挪用公款罪，公诉机关指控罪名不当。认定被告人黄某犯挪用公款罪，判处有期徒刑 3 年，缓刑 4 年。检察机关认为一审法院判决认定事实错误，定性不当，量刑畸轻，依法向上一级法院提出抗诉。

争议焦点

1. 入了单位"小金库"的款是否还属于公款。
2. 治安大队能否作为单位犯罪的主体。
3. 是否应追究部门领导的责任。

意见分歧

检察机关认为，被告人黄某身为国家工作人员，利用职务上的便利，截留、侵吞公款 127910 元，以贪污罪将其提起公诉。

辩护人及被告人认为，本案只构成挪用公款罪，理由是：韩某与治安大队关于民爆"四员"培训费及爆破工程设计费的提成业务尚未结算；被告人黄某没有隐瞒韩某交给其的提成款数额，其只是将该款部分挪用，没有将该款占为己有的目的；被告人黄某没有销毁、涂改涉案的民爆"四员"申请审批、"四员"人员名单、爆破工程设计等资料，均保存完好在档。

法院最终认定被告人黄某构成挪用公款罪。理由是：被告人黄某的大队长知道有"四员"培训费和爆破设计费的提成款比例，被告人黄某只是暂时挪用部分提成款，其在主观方面不具有将该提成款占为己有的目的；客观上，其没有销毁、涂改涉案资料，没有隐瞒收到的提成款具体数额，被告人的辩解和辩护人的辩护意见符合客观事实。

在检察机关研究该案时，也有人提出被告人黄某构成受贿罪。

实务评析

1. 关于本案定性的评析

（1）**本案要认定被告人黄某受贿罪的证据不足**。理由如下：

首先，本案款的性质决定了案件的定性。如果韩某是向单位行贿，那么该款即公款；如果韩某是向被告人黄某个人行贿，那么该款就不是公款。从被告人黄某的供述笔录看，有一份笔录供述到韩某有直接说这钱是给黄某个人的除外，其他笔录都辩解是给大队的钱。

其次，经办案人员提审后，行贿人韩某明确讲，黄某本人没有向其提出其个人要分多少钱，且治安大队这笔提成款是给单位的，这一点二人在商谈时已经很明确了。

最后，大队长陈某也证实这钱是大队的钱，也没有体现韩某说给个人一部分。即行贿人说是给大队，证人大队长说是大队的钱，被告人黄某的笔录仅一份供述提到给个人，其他笔录均体现是大队的钱，因此，证据无法锁定被告人黄某有个人受贿的问题。

（2）**尽管被告人黄某辩解不是挪用公款，但笔者认为其理由不成立。**

虽然被告人黄某辩解截留的钱有打算还，并且提供了证人林某，证实在之前被告人黄某做公积金贷款时，听到过被告人黄某讲大队的钱被其用掉，要用贷款的钱还这笔钱，虽然没有具体讲是什么钱，但其知道被告人黄某所经手的大队的钱只有爆破公司的提成款。笔者认为其辩解不能成立：

a. 内勤陈某证实被告人黄某所经手大队"小金库"的钱中，除了这笔钱还有民爆物品使用会计簿及民爆物品领退单的销售款、民爆作业箱押金款、铁路隧道工程队赞助款 2 万元。也就是说，证人林某虽然证实被告人黄某有用了大队的钱并打算还，但是不是这笔钱，证人林某事实上并不知道，因此不能印证被告人黄某打算还的是什么钱。

b. 从被告人黄某整体行为判断没有还的意思。如：其辩解有打算用公积金贷款的钱还大队，但按其供述的公积金贷款 5 万元，从数额上看不够还其所花掉的公款，从行为上看其不但没有用公积金贷款还公款，反而还将公款与生活费混用，用公款来还公积金贷款的利息（均是被告人黄某自己的供述）。

（3）**笔者倾向于认定被告人黄某构成贪污罪**。理由如下：

首先，经过以上分析，**这笔钱是给大队的钱，尽管入了"小金库"，还是应该认定为公款**。该提成款本来就是大队不应该收的钱，但是大队违法收了这笔钱，即是非法所得，属于国家所有，而治安大队此时对这笔钱属于保管的性质。贪污罪所侵犯的是公共财物的所有权，而所有权包括占有、使用、收益、处分四种权利，谁用了这笔钱，谁就侵犯这笔钱的占有、使用权。那么**被告人**

黄某作为国家工作人员，对于大队长授权由其负责经手的公款私自截留且私自用掉的行为就是贪污行为。

其次，被告人黄某辩解，大队长之前有问他"公司一方有否索要发票"，当得知没有发票时，大队长就交代黄某所收的钱中，将设计费的8%上交"小金库"，剩余的放在其处，用来处理不好开支的费用。但其这一辩解得不到印证，大队长陈某否认其这一辩解，认为被告人黄某所收的钱都上交到了"小金库"。而且小金库账目和被告人黄某上交17040元到小金库时，还附了一张8%的计算清单，均体现了被告人黄某只上交了部分钱。

再次，黄某对涉案的资料保存完好，并不能说明治安大队就可以监控被告人黄某收取了多少的提成款，因为大队长记不清提成款的比例，也就无从谈起知道提成款的数额。

最后，现有证据整体体现的事实是：**行贿人韩某交给被告人黄某有关"四员"培训费和爆破工程设计费的提成款共201400元，被告人黄某仅上交"小金库"73490元，剩余的127910元在被告人黄某处。**

2. 本案中治安大队是否构成单位犯罪

单位犯罪追究的是直接负责的主管人员和其他责任人员。本案的前提是内设部门能够构成单位犯罪的主体。

单位受贿罪的犯罪主体是：国家机关、国有公司、企业、事业单位、人民团体。根据最高人民法院《全国法院审理金融犯罪案件工作座谈会纪要》的通知规定："**以单位的分支机构或者内设机构、部门的名义实施犯罪，违法所得亦归内设机构或者机构、部门所得的，应认为单位犯罪。**"**因此市公安局某分局治安大队可以成为单位受贿的主体**。单位受贿是单位的整体行为，是在单位意志支配下，以单位名义事实的非法利益归单位所有。结合本案，根据现有证据体现的就是如此情况，即由防爆中队长向治安大队长汇报决定后，收入归单位所有，治安大队人员均知晓此事。

单位受贿犯罪要求，**客观上有索取或非法收受他人财物，为他人谋取利益，情节严重的行为。**

根据省公安厅文件的规定，治安大队必须与省公安厅指定的有资质的公司合作进行"四员"培训、设计爆破工程项目，行贿人韩某所在的公司是符合省厅的规定且是指定的21家公司之一，因此，治安大队选择了与该公司合作是符合规定的，但**治安大队另外收取所谓的赞助费或提成款没有相关规定，反而还违反了公安部《机关廉洁从政若干规定》第3条的规定。**

为他人谋取利益体现在：根据《全市民爆器材安全管理实施意见》规定和某市公安局治安支队的情况说明，像韩某的公司一样有资质的公司，只需在市局治安支队备案，即可在某市辖区内开展相关业务。而**行贿人韩某通过事先与治安大队约定好提成款的手段，利用了治安大队行政主管手段，从而排除其他竞争对手，是不正当竞争行为。**

根据之前最高人民检察院《关于人民检察院直接受理立案侦查案件范围的规定》（失效）体现，单位受贿以数额 10 万元以上为标准。而**本案的单位受贿数额应该以行贿人实际通过黄某转交给大队的总额来计算**，即通过被告人黄某供述、汇款凭证、行贿人韩某的证言等证据证实，共 15 笔总计 201400 元。综合上述分析，笔者认为**治安大队构成单位犯罪**。

3. 是否应对黄某追究其作为直接责任人员的单位受贿罪的责任

单位受贿追究的是**直接负责的主管人员和其他直接责任人员**，因此如果构成单位受贿，那么**大队长陈某作为对此事的主管者、决定者和决策者应当予以追究**。

对于黄某是否要追究其作为直接责任人员的单位受贿罪的责任，笔者倾向**应追究被告人黄某的单位受贿的刑事责任，并结合其贪污罪，认定被告人黄某贪污罪和单位受贿罪数罪**。理由是：

从主体上看，被告人黄某是单位受贿直接责任人的地位，体现在被告人黄某在单位受贿犯罪中与行贿人积极而密切地联系、专门负责提成款的收取等。

从客观行为上看，被告人黄某实施了两种犯罪行为，一是在单位受贿中积极地联系、负责收取提成款的行为；二是将收取到的提成款从中截留占为己有的行为。

被告人黄某有两种犯罪目的；积极联系、负责收取款项的行为是出于为单位获取利益的目的；从中截留公款的行为是出于谋得个人利益的目的。被告人黄某具有两种主观动机，实施了两种犯罪行为，触犯了两个犯罪构成要件，应当对其数罪并罚。

22 如何认定徇私枉法罪中的"枉法"

 疑难问题

2018年全国人大常委会修改刑诉法时,重新赋予了检察机关14个罪名的侦查权,其中规定对于司法工作人员徇私枉法罪检察机关也有侦查权。在徇私枉法案件中,有的犯罪嫌疑人对于收受请托人贿赂或者接受他人吃请或说情,这些证据相对充分的情节予以供认,但拒不承认自己有枉法行为。而在司法实践中,要认定审判人员在刑事审判活动中的行为属于"故意违背事实和法律",且作出的裁判是"枉法"的,难度很大,控辩审三方往往分歧也很大。

 破解思路

我国《刑法》第399条第1款对徇私枉法罪的罪状表述是这样的:"司法工作人员徇私枉法、徇情枉法,对明知是无罪的人而使他受追诉、对明知是有罪的人而故意包庇不使他受追诉,或者在刑事审判活动中故意违背事实和法律作枉法裁判的。"

一、徇私枉法罪的构成特征

1. 本罪侵犯的客体是国家司法机关的正常活动。

2. 本罪在客观方面表现为司法工作人员徇私枉法的行为。具体包括以下三种情形:一是对明知是无罪的人而使他受追诉;二是对明知是有罪的人而故意包庇不使他受追诉;三是在刑事审判活动中故意违背事实和法律作枉法裁判,即根据事实,被告人无罪或罪轻的,而违背法律规定判其有罪或罪重,或根据事实,被告人有罪或罪重的,而违背法律规定判其无罪或罪轻。

本罪的存在范围并不仅限于刑事诉讼的某个阶段或环节，而是包括侦查、起诉、审判、执行在内的整个刑事诉讼过程。至于本罪的犯罪方法则多种多样，或自己或指使他人收集、伪造虚假的证据材料，或篡改、毁灭足以证实事实真相的证据材料，或歪曲事实，或曲解法律，或玩弄诉讼程序，等等。

3. 本罪的主体为特殊主体，即只能是司法工作人员。司法工作人员，是指具有侦讯、检察、审判、监管人犯职务的人员。同时对于虽非司法机关的正式工作人员，但受委托从事侦查、检察、审判、监管工作的人员，如合同制辅警，也可以成为本罪的主体。非司法工作人员不能单独成为本罪的主体，但可以成为本罪的共犯。

4. 本罪在主观方面只能出于故意。徇私枉法罪在主观方面是出于徇私的故意，徇私分为徇私利或者徇私情。实践中多出自直接故意，但也有出自间接故意的情况。至于行为人的动机是出于贪赃、报复，还是袒护亲友等，对构成本罪没有影响。

二、如何正确判断"枉法"

司法实践中，对于"枉法"的认定，不仅仅需要犯罪嫌疑人的口供，还需要通过综合证据来分析判断。如要认定"对明知是无罪的人而使他受追诉"，需要最后认定当事人无罪的法律文书及证据，之前当事人被追究刑事责任的法律文书，以及能够认定徇私枉法人员主观故意的证据；对于"明知是有罪的人而故意包庇不使他受追诉"，需要收集当事人最终被判有罪的法律文书，之前不予立案、不起诉或无罪判决的法律文书，以及徇私枉法犯罪嫌疑人枉法的主观故意方面的证据等。笔者以在刑事审判活动中作出的裁判如何认定"枉法"为例进行分析，认为是否"枉法"可以从以下几个方面进行考察：

1. 行为人作出的裁判是否在法定刑期内。如无法定减轻情节的，却在法定刑期幅度下判刑，那么显然属于枉法，这种情况在司法实践中情况较少，因为比较明显。

2. 行为人是否有虽然对被告人在法定幅度内量刑，但"被告人无法定从轻情节却对其从轻处罚或无法定从重、加重情节却从重或加重处罚"的情况。

3. 适用缓刑是否妥当。如《刑法》规定缓刑适用条件是"被判处拘役、三年以下有期徒刑的犯罪分子，根据犯罪分子的犯罪情节和悔罪表现，适用缓刑确实不致再危害社会的"，还有"累犯不得适用缓刑"，规定数罪并罚的罪犯一般不适用缓刑。因此，如果行为人对不认罪的被告人、累犯或者犯罪情节严重如持械伤害他人、属于带有黑社会性质组织犯罪等情形作出缓刑决定的，显然属于枉法。

4. 行为人在审理过程中，是否有违背法律以及法院内部规范的行为。如应该提请审委会决定却不提请，违反合议规定进行单独合议。

5. 行为人是否有故意违背事实，作出与案情不符的认定。如被告人没有认罪却认定已经认罪，被告人没有投案却认定已经投案。

6. 行为人是否有故意隐瞒证据或销毁证据。

7. 经终审改判，被告人的刑期与行为人原先主张并作出裁判的量刑是否不一致且相差较大（这里包括轻判和重判两种情况）。

另外，在司法实践中，**要区分由于疏忽大意或者业务水平问题，对案情把握不准的情形**。如行为人仅仅是对定性分歧而在程序上合法的，该汇报的汇报，该提交研究的提交研究，也没有隐瞒事实和证据的，一般不宜认定其枉法。

举案释疑

案例　吴某徇私枉法案

基本案情

2003 年 8 月 16 日，被告人郭某、方某因涉嫌强奸罪被公安机关抓获，该案移送审查起诉后，检察机关以被告人郭某、方某违背妇女意志使用暴力、胁迫手段，在同一时间，轮流强行与同一妇女发生性关系，构成强奸罪（轮奸），事实清楚，证据确实充分，向法院提起公诉。法院组成了以吴某为审判长的合议庭并于 2004 年 1 月 12 日开庭审理了该案。

该案被告人方某之父为使其儿子能得到轻判，多次邀请该案审判长吴某到武夷山市游玩。该案庭审后，吴某接受方某之父的邀请，于 2004 年 1 月 22 日，举家前往武夷山市游玩，并接受了方某之父的吃请、住宿和旅游门票的接待。

吴某从武夷山旅游回来后，为了减轻对方某的量刑，在主持该案评议时，违反最高人民法院《关于人民法院合议庭工作的若干规定》，故意避开人民陪审员及书记员，仅与承办法官两人对案件进行评议，并无视方某归案后拒不认罪、无悔罪表现的客观事实，作出方某归案后认罪态度较好，有悔罪表现，以强奸罪判处有期徒刑 3 年的评议意见。在该案是否构成轮奸等适用法律方面与检察机关指控有重大意见分歧的情况下，没有按规定提请院长决定提交审判委员会讨论，而擅自提出对方某适用缓刑，并作为合议庭的评议意见向主管院长汇报，主管院长不同意对方某适用缓刑。

吴某为了达到对方某适用缓刑的目的，于2004年2月19日与承办法官二人到上级法院就能否对方某适用缓刑等问题与上级法院刑一庭的有关人员进行业务性探讨，与会法官一致认为对方某不能适用缓刑，除非能找到被害人证实女方主动。吴某回来后在没有再次核实被害人的情况下，仍多次向主管院长提出对方某判缓刑的意见，并有意歪曲上级法院法官的参考意见，说上级法院刑一庭与合议庭的意见一致，对方某可以适用缓刑。在吴某坚持要对方某适用缓刑的意见下，法院提出了要求方某家人缴纳缓刑保证金8万元，才可以对方某适用缓刑的意见。

2004年3月4日，方某交款6万元后，法院以强奸罪判处方某有期徒刑3年，缓刑5年。同年3月16日，检察机关依法对该案提起抗诉后，中级法院将该案发回重审。2004年6月16日，法院以强奸罪判处方某有期徒刑6年，方某不服提出上诉，二审法院驳回上诉，维持原判。

处理结果

受理该案的法院认为吴某在本案中行使法官职责，对方某判处的刑罚是在其裁量权限内，没有枉法，拟判无罪，层层上报至最高人民法院请示。2006年1月24日，法院根据最高人民法院的答复，认定"被告人为徇私情，在方某不具备缓刑的情况下，故意违背事实和法律，提出对方某适用缓刑，其行为符合徇私枉法罪的构成要件，已构成徇私枉法罪，判处有期徒刑2年、缓刑3年。

实务评析

从案情可知，被告人方某被判缓刑主要原因是吴某徇私，接受被告人亲属接待等而违反规定未将该案提交审委会研究，私自决定向中院非正式请示，并曲解中院法官意见，作出并坚持对方某判处缓刑的合议决定。

检察机关认为吴某的枉法行为主要表现在以下几个方面：

1. 程序方面

（1）违反了最高法院合议规定，没有组织合议庭成员合议，而是分别征求意见后由书记员整理。

（2）从该案的审理过程可以认为本案属于影响重大、疑难案件，吴某没有按照规定提交审委会研究，而是未经院领导批准擅自决定提请上级法院非正式请示。

2. 实体方面

（1）强奸罪属于《刑法》规定的8类恶性犯罪中的一种，实施了强奸犯罪，就是实施了严重危害社会的犯罪，不宜判缓刑。

（2）在判决书认定方面，原审判决书避重就轻，千方百计为方某开脱，主要体现在：对方某适用缓刑的表述上，如方某对主要犯罪事实没有供认，认罪态度并不好，没有悔罪表现，不符合缓刑条件，而吴某意见是其"认罪态度好，有悔罪表现"；且判决书认定方某"主观恶性较小，客观上所实施的犯罪情节相对较轻"，显然与其所犯的强奸重罪的情节不符；方某终审被判处有期徒刑 6 年，而吴某意见是判 3 年缓刑 5 年，显然畸轻。

笔者当时作为一审案件的公诉人，参与了本案的全部审理过程。笔者认为，吴某仅仅因为接受了方某家人的接待，就千方百计减轻方某的罪责，先是向院长要求判缓刑，被拒绝后，到上级院请示，回来后向院长汇报时有意曲解上级院法官的意见，并坚持对方某适用缓刑；同时违反合议规则，没有履行审判长职责，提请院长决定将该案提交审委会，可想而知，如果这起案件上了审委会，结果可能就不会是吴某愿意看到的。在判决书中，在方某不认罪且实施的是强奸重罪的情况下，认定其犯罪情节较轻，有悔罪表现，并适用缓刑，可见吴某徇私情与故意违背事实和法律作出重罪轻判的判决，两者有必然联系，其构成徇私枉法罪的事实是清楚的、不容置疑的，证据是确实充分的。

23 受贿犯罪同时构成渎职犯罪如何处理

 疑难问题

受贿犯罪当中，受贿人往往在为请托人谋取利益时存在渎职行为。在受贿行为和渎职行为均构成犯罪的情况下，是择一重罪处罚还是实行数罪并罚，理论和实务界长期存在意见分歧。

 破解思路

2010年发布的最高人民法院、最高人民检察院《关于办理国家出资企业中职务犯罪案件具体应用法律若干问题的意见》规定，国有公司、企业工作人员实施刑法分则第三章中渎职犯罪并收受贿赂的，择一重罪处理。

2012年最高人民法院、最高人民检察院《关于办理渎职刑事案件适用法律若干问题的解释（一）》规定，国家机关工作人员实施渎职犯罪并收受贿赂，同时构成受贿罪的，除刑法另有规定外，应当实行数罪并罚。

以上两个司法解释性质相同，但意见相左，对国有公司、企业工作人员与国家机关工作人员既有渎职又有受贿情形，使用不一样的处罚标准。

2016年"两高"《关于办理贪污贿赂刑事案件适用法律若干问题的解释》（以下简称《贪污贿赂解释》）第17条明确规定，不管是国家机关工作人员还是国有公司、企业的工作人员，只要是国家工作人员同时构成受贿罪和刑法分则第三章第三节、第九章规定的渎职犯罪的，除刑法另有规定外，均应当以受贿罪和渎职犯罪实行数罪并罚。

这里的"刑法另有规定"，主要是指《刑法》第399条第4款的规定。该款针对司法工作人员收受贿赂的，又构成徇私枉法罪，民事、行政枉法裁判罪，或执行判决、裁定失职罪，执行判决、裁定滥用职权罪，不适用数罪并罚，而是依照处罚较重的规定定罪处罚。

《贪污贿赂解释》持并罚立场，主要有以下三点考虑：

一是牵连犯择一重罪处理的理论观点，不具有普遍适用性，刑法和相关司法解释中不乏数罪并罚的规定；

二是成立受贿犯罪不以实际为他人谋取利益、更不以渎职为他人谋取非法利益为条件，受贿与渎职相对独立，实行并罚不存在明显的重复评价问题；

三是数罪并罚有利于从严惩处此类犯罪。

举案释疑

案例　刘某参加黑社会性质组织、寻衅滋事、侵犯公民个人信息、滥用职权、受贿案

基本案情

被告人刘某，男，1986年出生，系某市交警支队督察指挥大队机动中队副中队长。

其余十八名被告人身份信息略。

经查明，被告人刘某有以下犯罪事实：

1. 参加黑社会性质组织罪。

2016年2月以来，被告人吴某等人先后成立某汽车租赁等公司，纠集刑满释放及社会闲散人员，借催收车辆逾期贷款为名，插手某汽车财务有限公司、上海某金融租赁有限公司等与客户的借贷纠纷，以客户逾期还款等为由，采用暴力、威胁等非法手段强行收取他人车辆，充当"地下执法队"。该组织实行公司化运作，组织严密，分工明确，人员众多，不断发展壮大，逐步形成了以被告人吴某等人为组织、领导者，以被告人张某等人为积极参加者，以被告人李某等人为一般成员的带有黑社会性质的犯罪组织。

该组织由被告人吴某等人向某公司等承揽催收贷款逾期的车辆业务，后用被告人刘某提供的警务通或由被告人刘某使用其名下公安数字证书（PKI）非法获取车辆行动轨迹等信息，由被告人吴某等人亲自纠集或指挥骨干成员、组织成员，以委托公司员工的名义，到福建省、广东省等地采用GPS跟踪、尾随撞击、拦截围堵、控制人身自由、威胁恐吓等手段强行收取车主车辆。

该组织先后由被告人吴某任公司的财务人员,专门记录组织成员的收车和费用支出情况;要求组织成员在收车过程中要以委托公司的名义出现,收车过程中要随时向上层汇报,服从现场带队人员指挥。为便于组织指挥犯罪活动,被告人吴某建立微信群,并将被告人刘某拉进该群。

2. 寻衅滋事罪

2016年3月以来,被告人吴某等人插手其他公司与客户的经济纠纷,后用被告人刘某提供的警务通或由被告人刘某使用其名下公安数字证书(PKI)非法获取车辆行动轨迹等信息,指使并纠集被告人王某等人,采用制造车辆追尾、强拉硬拽等手段强行收取他人的车辆240多部。

3. 侵犯公民个人信息罪、滥用职权罪

被告人刘某于2016年5月至2018年3月,利用担任交警机动中队副中队长的职务便利,伙同被告人吴某等人,违反相关规定,擅自提供警务通或由其使用公安数字证书(PKI),进入公安机关计算机信息网络非法获取车辆轨迹等信息,用于其犯罪组织在福建省、广东省等地非法收取被害人车辆240多辆,致多人轻微伤,至被查获时,共非法获取公民个人信息23412条,其中非法获取涉案机动车车辆卡口轨迹信息共计4378条。

4. 受贿罪

被告人刘某于2016年5月至2018年3月,利用其职务便利,违反相关规定,擅自将其公务配备的警务通交给吴某等人,造成吴某等人使用该警务通进入公安机关计算机信息网络获取他人车辆的车主信息等,并违反规定使用其名下公安数字证书(PKI)非法获取车辆轨迹等信息,用于其犯罪组织非法收车。其间,被告人刘某多次收受吴某等人的钱款共计人民币58824元。

处理结果

2018年12月27日,某县人民法院作出一审判决,被告人刘某犯参加黑社会性质组织罪,判处有期徒刑2年6个月,并处罚金人民币10万元;犯寻衅滋事罪,判处有期徒刑2年;犯侵犯公民个人信息罪,判处有期徒刑3年,并处罚金人民币10万元;犯受贿罪,判处有期徒刑8个月,并处罚金人民币10万元;犯滥用职权罪,判处有期徒刑1年6个月。数罪并罚决定执行有期徒刑8年6个月,并处罚金人民币30万元

分歧意见

被告人刘某辩解其主观上不清楚吴某等人收车系违法行为,其不认为自己的行为构成纵容或者参加黑社会性质组织罪,客观上其没有直接占有涉案公司的股份,仅仅是知道吴某等人有在从事收车,基于朋友义气而为对方提供关于

行车轨迹的公民个人信息,并从中获利。辩护人提出被告人刘某仅仅起到提供车辆卡口信息的作用,一个行为认定其构成五个罪名,构成重复性评价。

检察机关认为被告人刘某的行为已构成参加黑社会性质组织罪、寻衅滋事罪、侵犯公民个人信息罪、滥用职权罪、受贿罪,应予以数罪并罚。理由如下:

1. 刘某的行为符合参加黑社会性质组织罪的犯罪构成要件。根据现有的证据,可以证明刘某作为交警支队民警的国家工作人员,虽不存在接受该组织的领导和管理的外在形式,但刘某有加入涉案组织的意愿且能够得到证言的印证,足以综合判断其参与涉案组织。

2. 刘某的行为符合寻衅滋事罪、侵犯公民个人信息罪的犯罪构成要件。根据"两高一部"《关于依法惩处侵害公民个人信息犯罪活动的通知》第2条中的规定"对使用非法获取的个人信息,实施其他犯罪行为构成数罪的,应当依法予以并罚"。

3. 刘某的行为符合滥用职权罪的犯罪构成要件。被告人刘某违反《公安机关公民个人信息安全管理规定》等相关规定,利用职务便利或者超越职务范围,长期违规使用公安数字证书帮助他人查询其他公民车辆信息,或私自将其名下的警务通直接提供给吴某供其使用,用于查询车辆基本信息,为吴某等人非法行为提供便利,其行为属于违法行使职权,且给涉案车辆车主造成人身财产损失,并损坏公安机关的形象,造成特别恶劣的社会影响,其行为已构成滥用职权罪,且同时应当以侵犯公民个人信息罪、参加黑社会性质组织罪、寻衅滋事罪予以数罪并罚。

4. 刘某的行为符合受贿罪的犯罪构成要件。被告人刘某因国家工作人员身份加入吴某等人组织且收受钱款,因其国家工作人员身份的特殊属性,其收受钱款的该行为仍侵犯国家工作人员职务廉洁性以及不可收买性,应认定为受贿行为,其在犯罪的过程中还有滥用职权的行为,应依法以受贿罪、滥用职权罪数罪并罚。需要强调的是,刑法对参加黑社会性质组织罪的罪状中并未明确规定应当具有非法所得,故刘某利用职务便利收受该钱款的行为认定为受贿罪与参加黑社会性质组织罪并没有存在重复评价的情形。

实务评析

被告人刘某属于扫黑除恶专项斗争中典型的"保护伞"。被告人刘某不仅纵容黑社会性质组织犯罪,还实际参与了涉黑犯罪,不仅将违法获取的车辆信息提供给本案犯罪组织,还直接参与指挥涉案犯罪组织成员采用寻衅滋事等方式暴力收车,甚至将公务配备的警务通交给黑社会性质组织随意使用。根据"两高"《关于办理渎职刑事案件适用法律若干问题的解释(一)》第4条第3

款之规定"国家机关工作人员与他人共谋，既利用其职务行为帮助他人实施其他犯罪，又以非职务行为与他人共谋实施其他犯罪行为，同时构成渎职犯罪和其他犯罪的共犯的，依照数罪并罚的规定定罪处罚"。根据"两高"《关于办理渎职刑事案件适用法律若干问题的解释（一）》第3条之规定"国家机关工作人员实施渎职犯罪并收受贿赂，同时构成受贿的，除刑法另外规定外，以渎职犯罪和受贿罪数罪并罚"。检察机关认为被告人刘某的行为构成参加黑社会性质组织罪、寻衅滋事罪、侵犯公民个人信息罪、滥用职权罪、受贿罪，应予以数罪并罚，一审法院也予以确认是正确的。

附　录

1 新形势下刑事审判监督政策研究*
——检察机关刑事审判监督的聚合式改革探索

对人民法院的审判活动实行监督,是人民检察院法律监督性质和职能的重要体现,是宪法和法律赋予人民检察院的重要职责。面对司法责任制改革、国家监察体制改革、以审判为中心的刑事诉讼制度改革、内设机构改革等多重改革的新形势新任务,如何围绕高质量发展和供给侧结构性改革,强化监督主责主业,进一步加强和改善刑事审判监督职能,努力提供更实更好的检察产品,亟需深入思考、理顺关系。

一、新时代亟须重塑的刑事审判监督理念、模式与职权配置

刑事审判监督,一般认为是检察机关对法院的刑事审判活动是否合法及所作的刑事裁判是否正确所进行的专门监督。①

(一)由检察机关的宪法定位看刑事审判监督的正当性

1. 正确认识人民检察院的法律监督机关地位

我国宪法赋予检察机关作为国家法律监督机关的地位,行使法律监督权。纵观60多年来检察机关法律监督权的演进历程,具体监督职能随着法律出台修订与司法改革推进而不断调整,或扩张或限缩,时有长时有消,但并未改变法律监督机关的宪法定位。十八届四中全会《中共中央关于全面推进依法治国若干重大问题的决定》进一步重申,"完善检察机关行使监督权的法律制度,加强对刑事诉讼、民事诉讼、行政诉讼的法律监督"。2018年,宪法修正案与人民检察院组织法仍然明确了检察机关的法律监督机关定位,"维护国家

---

* 本文系最高人民检察院检察理论研究课题"刑事审判监督政策研究"的课题成果。该课题被最高人民检察院列为2017年度最高人民检察院检察理论研究重点课题。课题组负责人:董斌;课题组其他主要成员:陈燕、刘琛、游松辉。

① 孙谦、刘立宪主编:《检察理论研究综述(1989—1999)》,中国检察出版社2000年版,第222页。

法制统一、尊严和权威"。与之相应的，2017年民事诉讼法和行政诉讼法的修订，扩大且丰富了涉及检察监督的内容和范围，并确立了检察机关的公益诉讼权。由此，可以达成如下共识："在宪制层面，检察权就是人民代表大会制度下的法律监督权，检察机关的所有职权均是为实现其法律监督职权而配置的。"①"它既是中国特色社会主义法治体系中高效的法治实施体系的重要组成部分，也是严密的法治监督体系的重要组成部分，具有不可替代的作用。"②因此，无论检察权怎样增减或变化，法律监督权始终是核心职能。

2. 检察权属性争议不影响监督权的履职方式

对于检察权的性质和内容，长期以来存在"一元论""二元论"之争议。究其根源，一方面，将审查逮捕、提起公诉等公认为司法属性的职能和诉讼程序中的普通权力，视为监督活动并界定为"法律监督权"存在极大争议；另一方面，"关于人民检察院是国家法律监督机关的规定都较为抽象，而缺乏相对微观的外延界定"③。法律监督权作为宏观层面的权力形式，缺少详细而周全的职能外延。但中国特色社会主义制度下的检察制度，不必始终以西方的司法制度或检察制度来比标、约束，也不必"钻牛角尖"一般严格区分法律监督与检察监督，不管是诉讼职权还是监督职权，都是检察机关在宪制层面为实现其法律监督职能而行使权力，因而都属于广义上的法律监督权。

3. 刑事审判监督在根本上是程序监督权

虽然检察机关是我国人民代表大会制度设计下的专门监督机关，但落实在刑事诉讼法中则体现为与各司法机关"互相配合、互相制约"，而非自上而下的监督关系。对于审判活动中可能存在的程序错误和裁判错误，检察机关开展刑事审判监督的实质是启动法定的纠错程序，通过提出意见建议、发出纠正违法通知、抗诉等手段来发挥监督作用，提醒、促进审判机关重新审视并自我纠错，最后的决定权仍然通过审判活动、由审判机关行使。

（二）"审判中心主义"不影响刑事审判监督职能的行使

反对检察机关法律监督权的观点认为，在1996年刑事诉讼法确定控辩式庭审模式的情况下，检察机关如果仍然坚持审判监督权并对法院的审判活动进

---

① 魏晓娜：《依法治国语境下检察机关的性质与职权》，载《中国法学》2018年第1期。

② 朱孝清：《国家监察体制改革后检察制度的巩固与发展》，载《法学研究》2018年第4期。

③ 李奋飞：《检察再造论——以职务犯罪侦查权的转隶为基点》，载《政法论坛》2018年第1期。

行监督,"势必破坏控、辩、审三方之间正在形成的审判中立、控辩平衡的科学架构,使审判程序失去公正性"①。但正如前文所述,刑事审判监督在根本上是程序监督权,是否纠正法院裁判的最终决定权仍然由审判机关行使,否则司法实践中法院采纳检察机关抗诉意见以及检察建议的比例就应当远远高于当前。并且,刑事诉讼法关于"庭后监督"等相关规定,也决定了检察机关刑事审判监督权的事后性、救济性的特点和局限,其启动有严格限制并遵循法治原则和司法规律,并不影响到审判机关的权威或破坏刑事诉讼的整体构造,更谈不上"法院之上的监督者"。

同时,以审判为中心在本质上是以证据为核心,必须在刑事诉讼中贯彻证据裁判规则、健全非法证据排除制度、加强出庭能力建设、实现有效辩护等要求,所以检察机关仍然应当对包括审判活动在内的诉讼流程全过程进行监督。并且,为了防止极少数法官在此诉讼制度下更加宽泛地运用自由裁量权,就更加需要检察机关积极主动地发挥刑事审判监督职权,健全以证据为核心的刑事指控体系,进而监督法官谨慎用权、依法公正裁判,确保审查起诉的案件事实证据经得起法律的检验。

(三) 多层次诉讼体系下的刑事审判监督

刑事审判监督是全方位的,检察机关应当全面履行法律监督职责,加强对适用简易程序和速裁程序的监督,特别是将不符合法定适用条件、审判程序违法等情形作为重点审查内容,补强原有的监督弱项。认罪认罚从宽的普遍适用,意味着大量案件中被告人、追诉方以及审判机关在量刑上达成基本一致,检察机关客观上将面临可供监督案源减少的情况。因此,应当更加关注轻微刑事犯罪、认罪认罚从宽等案件的刑事审判结果,加强对量刑建议未被采纳、认罪认罚的被告人为留所服刑而上诉等案件的分析研判。

而对于适用认罪认罚从宽制度的案件,检察机关量刑建议的刚性以及对审判结果的影响力得到显著增强,检察官应当通过大数据精准检索类案处刑情况、提高自身业务素质、充分听取辩护人意见等手段,进一步提高量刑建议的能力和水平,提升量刑建议的精准化科学化,以此逐步树立能与审判机关自由裁量权相匹配的量刑权威。还要立足监督职责严格依法审查,既杜绝认罪人与实际行为人不一致的"假认罪""认假罪"现象,避免假案错案;又充分履行告知权利义务和法律规定,注意审查犯罪嫌疑人具结书内容的真实性、合法性

---

① 陈卫东、刘计划:《公诉人的诉讼地位探析——兼评检察机关对法院的审判监督》,载《法制与社会发展》2003年第6期。

（四）正视检察机关职能调整、内部改革后的监督工作困境

1. 准确把握监督刚性与监督手段

监督者需要法律赋予硬的约束力即监督刚性，检察机关的历史经验也充分表明纠正违法行为与侦查职务犯罪二者相辅相成。国家监察体制改革带来的权力调整，引发了检察机关在缺乏侦查权作为保障性手段下如何行使法律监督权的争议。在实然层面，第一，刑诉法修改为检察机关保留了在履行职责中的部分侦查权和机动侦查权①，人民检察院组织法明确了检察机关的调查核实权以及有关机关落实检察监督的义务②，都带来原生性的刚性支撑，赋予检察机关以坚强的司法后盾。第二，对于履行诉讼监督职能的三种法定手段，检察机关以往偏爱刚性更强的抗诉而对纠正意见、检察建议重视不足，导致弱者愈弱的"马太效应"。在职务犯罪侦查权转隶的当下，改变过去不平衡的监督模式，更加重视原本势弱的柔性监督，通过紧盯效果监督落实来提升刚性，则是应有之义。正如张军检察长指出，"把所谓没有硬性要求的检察建议做成刚性、做到刚性"。

2. 以内设机构改革为契机优化刑事审判监督权能配置

检察监督体系中，基于追诉目的的国家公诉权和确保法律统一正确实施的诉讼监督权并行共存备受质疑，特别是公诉人同时承担公诉职能与审判监督职能而陷入难以自洽的争论之中。近年来，部分省市检察机关探索公诉职能与审判监督职能分离运行的工作模式，对内设机构进行重新划分和整合。但分设机构可能造成叠床架屋的诉讼资源浪费，容易陷入体制性障碍和机构合法性难题，且实践运行中也发现，"专职监督部门离开了诉讼参与活动，发现揭露难、调查核实难、纠正处理难等问题比较突出，而且因为监督效率有所下降，质疑的声音也屡见不鲜"③。因此，在分离模式的实际效能缺乏科学评估的情况下，分设机构应当审慎。而内设机构改革背景下，以分设机构来实现监督职能与诉讼职能的分离已不具备可复制性和借鉴意义。在机构改革、扁平化管理的大前提下，应当尊重检察权的运行规律，立足改革后的机构设置，通过优化职权配置，促进提高监督效能。

---

① 参见《刑事诉讼法》。
② 参见《人民检察院组织法》第 21 条。
③ 吴海伦：《公诉职能与刑事审判监督职能适度分离探析》，载《辽宁公安司法管理干部学院学报》2018 年第 5 期。

3. 进一步思考司法责任制改革可能带来的不利影响

在"谁办案谁负责"的改革主旨下,员额法官、员额检察官的整体业务素能与逐步落实的办案主体地位可能不相匹配。对法官而言,自主判断权和自由裁量权进一步增强后,可能产生裁判标准不统一、同案不同判的现象,对检察机关提出抗诉、寻找抗点的考量造成困扰。就检察官而言,刑事审判监督案件的办理难度、诉讼意义均大于批捕起诉,但在当前考核评价机制中未能合理显现,促使检察官主动加强监督的内向驱动不足。同时,在不同于以往层级审批、整体把关的办案模式下,部分检察官抗点审查能力可能不足。因此必须从重建业绩评价体系、监督事项案件化办理、监督能力提升等方面着手,尽可能化解司法责任制改革对刑事审判监督带来的不利影响。

(五)新时代应当树立科学的法律监督理念

1. 正确认识监督与办案的关系

检察机关的刑事诉讼监督并非"一般监督",也不是自上而下的单向监督,而是宪制体系下的专门监督,必须在公诉、批捕等诉讼流转过程中才能发挥制约、监督作用。线索发现是通过公诉权行使发现,抗诉、再审也需要通过诉讼来实现,离开业务活动,诉讼监督就是空话,刑事审判监督更是空谈。因此要树立办案中监督、监督中办案的理念,抓住以司法办案为中心的履职方式,将刑事审判监督落实到刑事诉讼过程中。检察机关的司法办案与监督职能不能被人为割裂,诉讼监督本身就是审查逮捕、审查起诉等诉讼行为中的有机组成部分。

2. 正确认识监督者与被监督者的关系

检察机关与公安机关、审判机关在刑事诉讼过程中分工负责、各司其职,担负着维护社会安定稳定和司法公平正义的共同价值追求,司法执法行为目标是一致的。检察机关决不能始终强调法律监督的地位和作用或者存在监督高人一等的想法,而是要考虑法律监督的目的和价值,树立双赢多赢共赢的监督理念,主动与执法司法机关建立良性、积极的关系,努力在重大问题上形成共识,共同推进严格执法、公正司法。

3. 正确认识办案三个效果有机统一的关系

检察机关履行监督职责,应当摒弃过去单纯追求办案数量而忽视办案质量效率的粗放式的办案方式,尤其是决不能为了追求监督数量和规模而忽视监督的准确性。比如,要将刑事抗诉案件的"精而准"作为刑事审判监督的主基调,重点选择具有典型意义、在司法理念方面有纠偏、创新、进步、引领性的案件,监督一件、警示一片,促进解决一个方面、一个领域、一个时期司法理念、政策、导向的问题。归根结底,就是用有限的法律监督资源,通过优化监督实现强化监督，形成良性循环。

二、刑事审判监督的发展趋势

（一）由注重纠错向维护法律统一正确实施转变

过去，检察机关更加强调纠正法院的错误裁判，注重追求实质正义甚于维护法的统一性，表现为"认定罪名不当而量刑基本适当的"一般不宜提出抗诉，"法律规定不明确、存有争议"的一般不宜提出抗诉等情形①。全面依法治国背景下，检察机关坚持"国家法律统一实施的监督者"的定位，确立实体监督与程序监督并重、量刑处罚与法律适用并重、追求诉判一致与维护法的统一性并重等正确思路，则成为当务之急。为此，"针对错误生效裁判的抗诉职能，应逐渐向维护国家法律统一实施的方向加以集中和转变"②。检察机关应当对存在法律争议、认识分歧的案件勇于启动监督权，即便抗诉失败也能为类案处理确立证据采信和法律适用的标杆；对审判活动违反法定诉讼程序，对可能影响公正裁判的都应当运用程度相当的监督手段，等等。

（二）由单兵作战为主向合力监督模式转变

原有监督模式下，检察机关的职务犯罪侦查权实质上支撑起了检察监督的地位和实际权威，并形成了查办职务犯罪与加强诉讼监督相结合的工作机制，以检察机关"单兵作战"开展监督为主。随着自侦权的转隶，传统监督手段可能不足以支撑检察机关监督职能的行使，则有必要向合力监督的方向拓展。"维护法治统一和法律正确实施是一项系统工程，决非检察机关一家所能实现。"③在党委领导和人大监督外，还可以积极争取纪检监察机关的支持配合或者与社会监督相结合，形成监督合力。比如将检察监督的开展情况与监督对象对检察监督的落实情况，通过定期或不定期向同级人大报告加以督促落实；将检察监督中发现的违法线索移送监察委，或者将监督中查明的普遍性问题以新闻发布会等形式通报，等等，增强监督效力。

（三）由个案公正向兼顾类案公平转变

长期以来，检察机关的刑事审判监督更多体现为对个案监督与对"人"监督的结合，通过对个案明显不合理判决（裁定）的审查，结合寻找可能存

---

① 参见最高人民检察院《关于刑事抗诉工作的若干意见》。
② 陈瑞华：《论检察机关的法律职能》，载《政法论坛》2018年第1期。
③ 朱孝清：《国家监察体制改革后检察制度的巩固与发展》，载《法学研究》2018年第4期。

在的权力寻租。新形势下，采取类案监督与对"事"监督的方式则是可选择的进路：类案的执法平衡对于司法公正意义重大，应当跨越局部看整体，依托大数据与人工智能，定期分析类案判决的异同，深入剖析其中可能存在的监督事由、案由，通过检察建议、纠正意见或公开通报类案处理情况，引起及时关注与监督，实现监督成效。如福建省检察院针对行贿案同案不同判等问题加强研判论证，从全省235起案件中发现罚金刑判决明显不当的类案，向省法院发出检察建议书建议及时纠正，努力实现"办理一件、教育一片"的良好效果。

（四）由偏重抗诉向综合运用监督手段转变

新形势下强调检察机关维护法律统一实施的职责，应当将实体监督与程序监督、个案监督与类案监督相结合，除了敢抗会抗、善用抗诉之外，还要综合用好与违法情形的性质、程度及诉讼阶段相适应的其他监督手段。通过检察建议对发现的类案失衡或普遍性问题及时提出监督意见，强调督促落实与紧盯效果来提升刚性；健全完善案例指导，通过选编具有普遍指导意义的案例，为检察机关处理同类案件提供指导和参考，确保监督有据可循；创新监督方式，完善监督程序设计。如探索建立法院裁判改变起诉指控事实、罪名的案件报上一级检察院备案审查制度等，探索建立量刑建议与法院判决相差较大的抗诉审查机制，全面纠正定罪不当、量刑严重失衡、审判程序违法等问题。

（五）由行政化管理向司法责任行为转变

检察权具有复合型特点，兼具司法属性与行政属性。刑事审判监督权在检察独立与检察一体化体制下，一般以检察机关的名义出现，更侧重于行政属性，在职能履行过程中也表现为须经"检察委员会讨论决定"，以行政决议的方式作出。而在落实司法责任制突出检察官办案主体地位的当下，根据"谁办案谁负责，谁决定谁负责"的原则，监督职能也应当适应形势发展由责任制驱动，原有的责任不清或集体责任向个体责任、检察官责任转移，逐步转变指控是硬任务、监督是软任务的现状。

三、探索聚合式改革的刑事审判监督路径

（一）聚合式改革模式及其正当性

根据强化审判监督职能、诉讼经济和司法责任制改革相结合的原则，立足现有体制、法律框架和机构设置，改革思维主要是以法定职能要素聚合、功能结构性调整和相应机制创新为实现路径，保持公诉人依照现有职权履行批捕起诉、出庭公诉以及审查法院判决（裁定）的职能，在内设机构成立审判监督组或专门人员对法院判决（裁定）进行集中统一的研判、分析并提出监督意

见，改变现行审判监督流程中不合宜的权力资源配置、运行机制和制度规范，构建新型的刑事审判监督模式和格局，我们称之为聚合式改革模式。

首先，聚合式改革模式坚持按照案件类型划分的刑事检察部门同时负有审判监督职责的定位。改革叠加背景下，并不倡导监督主体即职能部门的结构调整，而是坚持诉讼经济和司法责任制为基础，在技术层面通过法定职能要素的聚合、功能结构性调整以及机制创新来实现监督职能的强化与资源配置的优化，既可以避免原来诉讼监督条块分割的弊病，也有利于将制度优势转化为监督效能；不脱离审查起诉和出庭公诉的诉讼过程来加强审判监督，不会因为亲历性缺失而导致监督力度削弱，符合诉讼规律和诉讼原则，有利于维护法律的正确实施；强调无论追诉还是监督，都是公诉核心权能的有机配置，只是履职方式不同，有利于从实体上强化检察机关公诉正义和回应身份角色质疑。

其次，聚合式改革模式坚持案件效果导向，构建综合运用多种手段的监督模式和格局。检察机关应着重以程序性制衡来扩展刑事审判监督权，回归到"法律监督"的本义，树立有错必究、敢于监督的理念，弱化刑事审判监督结果导向的考核机制，强化对法律适用、证据采信和程序合法的手段性监督机制，即使对"定性不当而量刑基本适当"等情形的案件也坚持抗诉，通过强化程序性监督权来维护法律的正确实施。通过改变现行审判监督流程中不合宜的权力资源配置、运行机制和制度规范，倡导多样化的监督手段，综合运用检察建议、案例指导、检察长列席审委会等方式落实监督效力。

最后，聚合式改革模式坚持检察工作整体性、统一性的要求。长期以来，检察机关的工作重心更多强调诉讼职能，而监督职能存在感较弱，导致审判监督职权在实践中被弱化。聚合式改革能在"分"的基础上发挥"合"的优势，打破处之间、组之间界限，便于形成合力，提升对审判监督问题的综合研判能力，强化监督职能，更有利于审判监督工作的整体推进。

(二) 聚合式改革实践路径探索：构建"一个数据管理平台、四个监督工作机制"

1. 依托一个数据管理平台即审判监督数据化管理平台，逐步实现智慧监督、精准监督

首先，将刑事检察部门在办案中产生的数据汇总到案件管理部门进行统筹，建立案件管理的"云"，通过数据的自动筛查、汇总和整理分析，改变过去随机抽查或个案评查模式，对某类案件进行巡察式审查，逐案开展有效监督，弥补可能存在漏洞，以最少的资源实现对案件的全方位管理监督。其次，随着大数据技术的发展，检察机关统一业务应用系统在数据对接、收集、加工、分析、展示方面已经无法满足现有的工作需求和期待，需要重新整合和引

入数据资源,拓展与外部的信息交换渠道。最后,审判监督数据化平台属于检察机关司法办案大数据系统的范畴,强调的是审判监督在案件化、规范化、司法化前提下的数据集合,以及从这一数据集合中进行撷取、管理、处理并整理之后,获得的反映办案态势、服务领导决策以及管理检察业务所需的资讯。平台在收集数据之后,再依据人、案件、业务三个维度来设计平台的内部结构,对平台抓取到的所有数据进行梳理和整合,并通过一定的计算方法关联起来,给出实践中所需要的各项数据,最终实现检察改革所要求的落实检察官办案责任制、保证案件办理质量、强化刑事审判监督工作的目标。

2. 突出审判监督功能的亲历性,完善监督事由发现和确认机制

办案中,检察人员接触最多的是案件当事人,最重要的判断来源于言词证据,最难的判断往往发生在价值判断层面,只有亲历者才能最完整的了解案件全貌,才能做出最符合本真的判断。因此,必须强化以案件质量为中心的刑事审判监督,这是增强法律监督能力的重要前提和基本要求。同时,审判监督的重点在于监督事由如何发现,应结合目前的司法责任制改革,在各员额检察官办案组建立有效机制对一类问题进行专门整理、研判,经分析研判认为有监督必要的及时运用适当的方式向有关部门提出监督意见,充分履行审判监督职能。

3. 突出审判监督结构的程序性,完善监督规程和审查机制

当前,检察机关刑事审判监督工作局限于事后监督和对具体案件的监督,且上下级检察院、同一检察院内部之间缺乏必要的信息沟通,缺乏整体性和宏观性,难以对更多的案件和违法情形进行监督,从而影响监督工作的效果。司法责任制的落实将会打破诉讼监督工作机制革新的瓶颈性问题。加强刑事审判监督工作的根本出路在于强化监督职能的专业化建设,对检察机关内部履行审判监督职能的不同程序、不同层级、不同主体间,相关流程、制度和机制失范问题进行梳理和重构,形成案件化办理机制。通过机制重构来整合检察机关的诉讼监督资源,在实现强化检察机关诉讼职能的同时,客观上也使监督资源得以优化组合,形成有效的监督合力。

4. 突出审判监督职能的诉讼与监督的双重性,形成类案监督机制

为了能够集中力量保障诉讼监督权能,可考虑在办案机构建立复合式办案组织如专门的判决审查组,指定经验丰富的资深检察官专职负责,集中对法院审判过程对犯罪事实的认定和法律的适用进行专项审查,既对审判监督职能要素进行相对集中与适当分离相衔接的聚合式建构,又避免一刀切地将公诉权与审判监督职能作行政式分置,造成叠床架屋的诉讼资源浪费;既保证案件审查的公正性,又在专业分工的基础上提高了诉讼效率。同时,重视对类案的分析

研究，及时发现错误适用法律和重大程序违法等具有示范意义和导向作用的案件，发掘类案中隐藏的带有普遍性和倾向性的问题，形成类案监督机制。

5. 突出审判监督价值的制约性，完善监督结果反馈和效力机制

当前的刑事审判监督模式存在手段单一、范围过窄、效果不佳等问题，应当整合检察机关现有刑事审判监督职能的方式，采取措施强化检察监督手段的制约性，提升刑事审判监督效果。对于不规范的审判行为，可以口头提出纠正意见或提出检察建议；对于情节较重的违法行为，可以发送纠正违法通知书；对于确有错误的生效裁判、裁定可以提出抗诉；对于构成犯罪的严重违法行为，可以将线索移送监察机关调查。依托各级人大的支持、检察官法官惩戒委员会的沟通协调，解决监督纠错、结果反馈和评价欠缺等问题。

2 庭前会议功能成效、存在问题与对策建议

一、庭前会议功能及福建省总体情况

庭前会议,是推进以审判为中心的刑事诉讼制度改革的配套机制,是落实庭审实质化的重要环节。

(一) 庭前会议功能

庭前会议服务于庭审,力争通过庭前会议解决影响庭审进程的一系列障碍问题,主要解决程序问题,也可介入部分实体问题,控辩审三方努力达成部分共识。司法实践中我们发现,只要控辩审三方带着诚意、为了解决问题而来,庭前会议的效果就比较好,通过展示证据、交换意见、总结争议焦点、协商是否启动排非程序等工作,能够提高庭审效率和开庭效果。相反,如果只是为了走过场或者应付了事,往往达不到预期目的。

1. 从检察机关的角度来看,主要希望通过庭前会议取得以下效果:

一是通过庭前会议解决排非问题,能够就证据收集的合法性达成一致意见;达不成一致的,努力由法院在庭审时驳回辩护人的排非申请,避免庭审时启动排非程序。排非问题是庭前会议的核心问题,也是控辩双方对抗最激烈的焦点。虽说是程序问题,基本上进行实体审查,通过出示同步录音录像、入所体检表等证据,达到驳回排非申请、不在庭审阶段启动排非程序的目的。毕竟在庭审时启动排非程序,再来播放同步录音录像效果欠佳。

二是希望解决举证顺序、方式等事项,明确法庭调查的方式和重点。

三是了解辩护人辩论的重点,掌握辩护人及法官对本案的争议或关注的焦点。

2. 辩护人期待从庭前会议中解决以下问题:

一是提出排非申请以及提供相关的线索或材料,力争启动排非程序,由法院通知检察院移送同步录音录像,期待从同步录音录像中获得有利的辩护支

撑。特别是职务犯罪案件,启动排非程序,是辩护人对庭前会议最主要的期待。

二是申请调取公安机关、检察机关已经收集但没有随案移送的证据。

三是通知有关的证人、鉴定人、侦查人员出庭作证。

后面这两个需求,控辩双方对抗性不强,主要是由法院来决定。

(二)福建省庭前会议总体情况

2016—2018年,福建省适用庭前会议总体情况如下:

一是适用数量逐年增长。全省刑事案件2016年共适用庭前会议119件、2017年130件、2018年191件,呈逐年增长趋势,且两年的增长率达到60%。

二是启动情形占比不同。庭前会议规程规定召开庭前会议的案件,分为三种情形:第一种是对于证据材料较多、案情疑难复杂、社会影响重大或者控辩双方对事实证据存在较大争议等情形的,由法院自行决定是否召开;第二种是控辩双方申请,由法院决定是否召开;第三种是应当召开的情形,即被告人及辩护人申请排除非法证据,并提供线索或材料的。司法实践中,第一种情形召开庭前会议的情况占多数。

三是适用罪名相对集中。召开庭前会议的440件案件中,妨害社会管理秩序罪114件、职务犯罪87件、危害公共安全犯罪73件、侵犯财产犯罪67件,分别占总数的25.9%、19.8%、16.6%、15.2%。

四是召集主体上,以审判人员主动召集的较多,控辩双方主动申请的较少。以福建省庭前会议适用最多的某设区市为例,2016—2018年共召开庭前会议71件,其中法院主动决定召开的共63件,约占90%。

五是处理事项分布不均。召开庭前会议的案件中,处理事项占比从高到低依次是:

1. 为明确庭审争议焦点的共342件,占总数的77.73%。通过了解控辩双方意见可以提升庭审调查质量。对于检察机关的独立价值还在于公诉人通过认真听取辩护人关于案件定罪量刑、非法证据排除等意见,可以有的放矢,重新调整指控思路,降低可能存在的证据采信风险,继续完善指控对策,有效提升庭审指控质量。

2. 为达到证据开示目的的共243件,占55.23%。通过证据开示、归纳争议焦点促进庭审高效运作。庭前会议上,通过解决证据形式要件的争议、明确有无新证据等,避免证据突袭;通过控辩双方证据的展示,共同敲定合适的举质证方式;通过有效了解控辩观点,为庭审解决主要争议问题奠定基础,等等,做到简案快审、难案精审,从而为案件繁简分流提供依据,也避免正式庭审诉讼程序的中断和诉讼资源的浪费。

比如，福建省办理的陈某某等人组织、领导、参加黑社会性质组织案，被告人21人，辩护人共17人，卷宗合计78册，涉及10项罪名、25起犯罪事实。该案经庭前会议，控辩审三方就回避、重新鉴定、排非等事项形成5条明确意见；就提交新证据、申请调取证据、证人出庭事项、举证顺序以及法庭调查重点等方面达成共识。从而通过庭前会议解决了绝大部分程序性问题和部分实体性问题，大大提高庭审质效，庭审仅用时四天。

3. 为处理非法证据排除的共200件，占45.45%。公正是司法的终极诉求。通过非法证据排除促进实体公正。庭前会议制度虽然首先定位于效率价值，但排非问题往往进行实体审查，实际上达到促进实体公正的目的。

4. 为解决程序性问题（如回避、管辖等）的共125件，占28.41%。通过集中处理程序性事项促进庭审实质化。庭审实质化的落实，在于切实发挥庭审在查明事实、认定证据、公正裁判等方面的决定性作用。庭前会议制度通过集中处理回避、管辖、是否公开审理等不影响庭审功能发挥的程序性事项，避免庭审反复中断。

（三）适用经验

1. 明确适用范围。主要集中于两类案件：一是中管、省管干部等职务犯罪大要案；二是案情重大、疑难、复杂，且被告人人数众多、证据数量大的刑事案件。

2. 做好有效准备。一是会前充分准备。梳理需要提交庭前会议解决的问题，并做好论证和预测工作。二是会中理性、平和、规范沟通。充分听取辩护人的意见，尤其是合理合法的意见，不强词夺理。三是会后查缺补漏。针对各方提出的意见，重新调整思路，完善指控对策。

3. 突出证据审查。一是优先审查排非问题。结合同步录音录像等证据，对于经调查核实确属非法证据的，主动坚决予以排除；对于经调查核实不属实的线索或材料，及时通报情况并说明不予排除的理由；对于不能达成一致意见的，则进一步收集、固定、补强证据，以备庭审应对之用。二是重点审查对指控不利的证据。及时了解审查辩护人掌握的对指控不利的证据，并在开庭前认真调查核实。

二、存在的主要问题

（一）重视程度不高

部分检察机关对庭前会议的实践价值认识不到位，缺乏积极性。庭前会议对公诉人的证据审查、庭审把握等提出了更加严格的要求，部分检察官因未理解庭前会议的实践价值而缺乏积极性，主动建议法院召开庭前会议的情况较少。

同时，法官和律师希望召开庭前会议的积极性也不高。有的是对庭前会议的适用存在抵触情绪，认为召开庭前会议耗时费力；有的是认为庭前会议效力、效果不够理想，最有召开必要的情形为排非问题，但庭前会议往往无法直接解决。

（二）排非效果不理想

有的案件庭前会议中只是听取双方意见而不做任何处理决定，需要解决的问题得不到解决，依然带到庭审；有的案件被告人或辩护人在庭前会议未提出而在正式庭审时又提出排非，而且没有说明理由，合议庭也没有驳回；有的辩护人虽然提供了线索或材料提出排非申请，但是在庭前会议阶段，如果申请被驳回，开庭时没有新的理由，很难再次申请排非，于是在庭前会议阶段，辩护人就保留了一部分线索或材料，在庭审阶段，以此作为新的理由再次提出排非申请。

（三）庭前会议的功能定位混淆

司法实务中，庭前会议存在两种不当倾向。

一是将庭前会议等同于庭审。将大量实体问题放在庭前会议解决，控辩双方开展举证、质证、辩论，甚至出现庭前会议实质化、庭审形式化的极端现象。有的辩护人就提出，庭前会议对该解决的比如排非问题，往往很少作为，解决不了问题，主要还是沟通实体问题，要求辩护人发表辩护观点，到了庭审阶段就不让辩护人充分发表意见了，有的甚至要求辩护人，对一些争议较大的问题，在开庭时不要纠缠，实际上这是将庭审辩论前移，变相剥夺辩护人庭审辩护权。

二是庭前会议走过场。参会各方对程序性事项不作决定，对排非问题不作合意，形成的庭前会议报告不被执行，庭前会议没有起到应有的解决争议、提高效率等功效。

（四）庭前会议法律效力模糊

根据规程的设计，庭前会议应当制作笔录和庭前会议报告两项文书，但未赋予实际约束力，两项文书的法律效力较模糊。以福建省的一起涉黑案件为例，虽然经过庭前会议的协商，但辩护人关于回避、管辖权争议等要求仍然反复提及并贯穿于整个庭审，逐次要求公诉人、审判人员回避，庭审共计耗时三十多天。

（五）争议焦点梳理不清

明确争议焦点的目的在于明确案件重点，促进庭审实质化，提高庭审诉讼效率。但实践中，有的案件控方或辩方在庭前会议时可能不考虑是否确属争议问题，而是将所有问题抛出。因任何疑点或瑕疵都会导致案件走向变化，法官也采取审慎态度将问题全盘接受，导致问题越梳理越多，违背了庭前会议的初衷；有的案件控辩双方对争议问题未达成一致意见，庭前会议也无法决定，只能在庭审时再次重复庭前会议的双方观点。

三、思考及建议

（一）加强顶层设计

随着监察法出台、刑诉法修改，对相关法律法规和司法解释应做适应性修改，进一步修改完善相关规定或配套制度。比如，对于《人民法院办理刑事案件庭前会议规程（试行）》予以修订。

1. 强化庭前会议效力。作为专门的程序设计，庭前会议制度应当具备一定的法律效果和法定约束力。

一是对庭前会议达成合意的程序性事项，法院作出书面处理决定并要求参会人员核对签名，相当于具结书，赋予其法律效力，除特殊情形外在庭审中不再处理上述事项。

二是对于辩方提出的非法证据排除申请，庭前会议应当组织调查，并根据调查情况作出是否排除的决定。除提供新的线索与材料，不允许随意推翻。为了避免辩护人在庭前会议上故意有所保留，不提供全部的线索或材料的问题，应当规定对于新的线索或材料，必须是在庭前会议之后收集提取的，庭前会议之前已经收集到案的线索或材料，不得作为新的理由。

2. 健全证据开示制度。

一是做好庭前会议与庭审的衔接。辩护人必须在开庭5日前提供拟当庭出示的证据，所以庭前会议应尽量安排在开庭前5日以内，保证证据开示的对等性，避免证据突袭。

二是强化证据开示的效力。证据开示中控辩双方无异议的证据，可以直接作为定案的根据，不再详细开展庭审举证质证。对证据开示中有争议的证据要在庭审中作为调查辩论的重点集中审理。

3. 对被告人是否参加庭前会议作出硬性规定。庭前会议处理的程序性问题、非法证据排除等，都直接关系到被告人的诉讼权益。建议被告人应当参加庭前会议，或者建议至少将是否参加庭前会议的决定权赋予被告人，以更好地保障其合法权益。

4. 建议明确检察机关对于庭前会议的法律监督职能。基于法律监督机关的宪法定位，应当明确检察机关在庭前会议中的角色具有参与者与监督者双重身份。

(二) 加强机制创新

庭前会议虽由法院决定召集，由合议庭或法官主持会议并决定与审判相关问题的处理结果、控辩双方的争议焦点等事项，但这并不意味着检察机关仅是简单的诉讼参与者，还是要切实发挥检察官在刑事诉讼中的主导作用，积极、有效、适当地参与庭前会议各项工作。

1. 树立清晰的排非思路。一是撤回证据应当审慎。要明确的是，法院不能要求检察机关撤回证据，但检察机关自行撤回证据的应当慎之又慎。对于需要撤回证据的，承办检察官应当及时向主管检察长汇报，必要时提交检委会研究或向上级院请示，属于职务犯罪案件的还应当与监察机关及时协商，避免因撤回证据造成庭审被动甚至影响定罪量刑。

二是不回避争议、不拖延问题，对确可能存在影响证据采信的情形，应当尽可能在庭前会议中解决。

三是严格审查辩护方的申请理由，辩护人提供的排非线索或证据依法不能成立的，检察机关应出示证据予以说明，明确表明不应启动排非程序的理由和依据。对于辩护人庭前会议前已经收集但没有提交的线索或者材料，在庭审时应建议法庭不允许提交，除非在庭前会议后、正式庭审前收集的新线索或者材料。

2. 检法先行协商。对于重大敏感案件，检察官可以在庭前会议前与合议庭先行碰头，就敏感疑难问题加强沟通，避免在庭前会议上出现意见不一导致效果不佳。福建省之前办理的案件中，通过检法两家的先行沟通，对少数敏感案件、敏感问题得以统一认识，事半功倍，成效明显。

3. 证据开示程度取决于被告人是否认罪。被告人认罪的，在庭前会议检察机关可全面展示证据，充分发表论证意见；不认罪的，对一些关键证据，应当有所选择，对于一些意见，也要有所保留，避免太早亮了底牌，导致庭审不利。对辩护人的意见不再进行反驳或辩论，避免将庭前会议异化为庭审。

4. 明确举证方式。举证是庭审指控犯罪的重要履职方式，从落实庭审实质化、促进繁简分流、提高诉讼效率出发，检察机关很有必要在庭前会议上就如何举证、举证顺序等与合议庭和辩护人达成合意，确保庭审效果。

5. 强化法律监督。法官在庭前会议的职权行为，自由裁量权较大也缺乏救济途径。对于庭前会议中法官的不当裁决，辩护人、被告人违法行使辩护权，以及庭前会议已经解决的事项在庭审时无法落实等情形，检察官应当及时予以制止并纠正，必要时以检察建议等手段实现，正确履行法律监督职能。

3 构建刑事诉讼四类证人出庭保障机制的实务思考
——对福建省刑事案件证人出庭作证数据的实证分析

证人出庭作证，其实体正义价值体现在有利于法庭正确认定案件事实，其程序公正价值集中体现在其对控辩双方尤其是辩护方的对质权的保障①，因此成为刑事诉讼制度的基本内容。十八届四中全会提出推进以审判为中心的诉讼制度改革，明确要求"完善证人、鉴定人出庭制度，保证庭审在查明事实、认定证据、保护诉权、公正裁判中发挥决定性作用"。"两高三部"《关于推进以审判为中心的刑事诉讼制度改革的意见》（以下简称《意见》）进一步强调，"公诉人、当事人或者辩护人、诉讼代理人对证人证言有异议，人民法院认为该证人证言对案件定罪量刑有重大影响的，证人应当出庭作证"。

然而，在我国司法实践中，证人不出庭作证成为常态，而证人出庭作证却成为例外，对我国诉讼制度的良性运行造成严重阻碍。② 证人出庭作证率低，对于实现诉讼公正、保障当事人合法权利、推进诉讼制度改革等方面，产生了诸多不利影响。

笔者试以2014—2016年福建省与该省Q市H县③刑事案件证人出庭作证情况为样本，探寻证人出庭作证难的实务障碍，并对构建刑事诉讼中普通证人、侦查人员、鉴定人、有专门知识的人等四类人员出庭的保障机制进行思考，力求提出解决或改善证人出庭作证难问题的实务方案。

---

① 参见秦野：《刑事诉讼中证人证言相关问题研究》，中国人民公安大学出版社2016年版。

② 参见王永杰：《从讯问到询问——关键证人出庭作证制度研究》，法律出版社2013年版。

③ H县检察院是福建省开展证人出庭作证工作办案数最高、最具代表性的基层检察院。

一、问题的外在动因：证人出庭作证率低的原因分析

司法实践中，证人出庭难直接表现为出庭作证比例低，往往经过司法机关的反复动员，才仅有少部分出庭证人勉强到庭。究其根本，既有证人自身的原因，又有司法、立法层面的原因。

（一）证人自身的原因

刑事案件中，"怕麻烦""怕损失""怕报复"的"三怕"心理成为证人缺乏出庭积极性的关键原因。[①] 四类证人对于出庭作证有不同顾虑，作证意愿低。具体而言：一是传统文化与社会环境的限制。传统儒家文化倡导"无讼"，在普通民众心中根深蒂固。且我国是高度人情化的社会，负有作证义务的证人难以摆脱熟人社会、乡土人情的约束，唯恐出庭作证得罪别人。鉴定人、有专门知识的人亦如是。对于侦查人员而言，侦查人员出庭作证将经历身份、角色的转化，加上对庭审程序、规则及庭审环境的不熟悉，对出庭作证难免心存抵触。二是担心出庭作证的经济损失。出庭作证意味着出庭期间证人自身收入的减少和交通等费用的支出，如果不能得到相应补偿，显然缺乏动力。三是害怕遭到报复。证人出庭作证可能遭受人身、名誉等方面的报复和伤害，在没有解决后顾之忧的情况下，要求证人出庭并如实作证实是勉为其难。

（二）司法层面的原因

司法机关对证人出庭普遍存在畏难情绪，积极性不高。一是出庭证言效力问题。我国刑事诉讼并不采用直接言词规则或传闻证据排除规则，庭审证言的效力并不必然高于书面证言。二是质证效果不甚理想。言词证据存在易受干扰、主观性和易变性等特点，需要较高的综合分析判断能力；对检察机关而言，翻证风险高而不利于指控犯罪，并对公诉人提出了更高的素能要求；对法院而言，庭审证言与书面证言的前后不一，增加了法官采信证据的难度，并考验对庭审的驾驭水平。三是工作量的增加引发司法机关抵触。在案多人少矛盾突出的背景下，司法机关一般愿意采取更高效的办案方式。四是不敢轻易尝试强制证人出庭。如果强制证人出庭作证，司法机关所承担的压力太大，一旦判决结果不如当事人意愿，容易造成恶劣的社会影响。

（三）立法层面的原因

修改后刑诉法实际上已经对证人出庭难的前述问题进行完善，但囿于法规

[①] 参见陈卫东：《让证人走向法庭——刑事案件证人出庭作证制度研究》，载《山东警察学院学报》2007年第2期。

的原则性和模糊性，操作性不强。一是应当出庭作证的范围界定不清。刑诉法规定的条件是"对案件定罪量刑有重大影响""法院认为证人有必要出庭作证"，但这带有很强的主观性，很难制定具体操作标准。二是拒出庭证人所承担的法律责任不明确。刑诉法没有规定具体的实施方式，训诫或拘留的措施也难以使人畏惧。三是证人保护的责任主体不明。刑诉法规定了开展人身保护的条件和方式，但没有规定保护时限和职责分工，也没有操作程序。四是证人补偿的经费来源由谁开支、补偿范围包括哪些、标准如何计算等，没有统一认识。

二、问题的实证表征：解读福建省和 H 县的证人出庭作证数据

2014 年至 2016 年，福建省检察机关共起诉各类刑事案件 137980 件 185257 人，证人（指普通证人、侦查人员、鉴定人、有专门知识的人等四类人员，下同）出庭作证的共 1667 件 2205 人，占起诉案件数的 1.21%，占普通程序案件数的 3.25%。同期，H 县检察院共起诉各类刑事案件 3080 件 4230 人，证人出庭作证共 104 件 235 人，占案件数的 3.39%，占普通程序案件的 12.87%。

（一）案件数量方面

全省范围内，各设区市之间的证人出庭数量相差悬殊。证人出庭最多的 Q 市共有 658 名证人出庭，最少的 X 市仅有 62 名证人出庭，甚至远不及 H 县。需要说明的是，Q 市的公诉案件数量、人均办案数量均为全省最高；X 市则是全省人均 GDP 最高的地区，在司法人员素质方面也是公认的"公诉强市"。

（二）适用罪名方面

全省范围内，证人出庭作证主要集中在六类刑事案件，由多到少分别是故意伤害、盗窃、交通肇事、危险驾驶、职务犯罪以及毒品犯罪案件，其中故意伤害案共 390 件约占总数的四分之一。如果以各类案件总数为基数计算的话，则全省范围内职务犯罪案件证人出庭比例 3.67%、交通肇事 1.84%、故意伤害 1.64%、盗窃 1.37%、毒品犯罪 0.56%、危险驾驶 0.31%。从 H 县检察院数据来看，证人出庭比例从多到少依次为职务犯罪 23.53%、强奸 14.75%、毒品犯罪 14.67%、故意伤害 8.64%、寻衅滋事 7.5% 以及盗窃 3.1%。

（三）证人类型方面

全省范围内，普通证人出庭共 989 人，占总数的 44.85%；侦查人员出庭 781 人，占 35.42%；鉴定人出庭 340 人，占 15.42%；有专门知识的人出庭 95 人，占 4.31%。从 H 县检察院数据来看，普通证人占总数的 62.98%，侦

查人员占 32.34%，鉴定人占 2.13%，有专门知识的人占 2.55%。

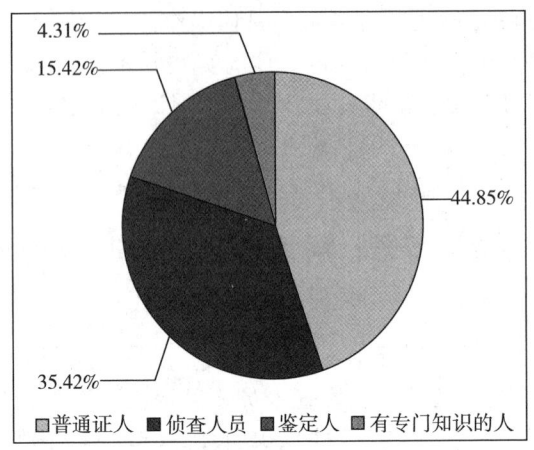

2014—2016 年福建省四类证人出庭比例

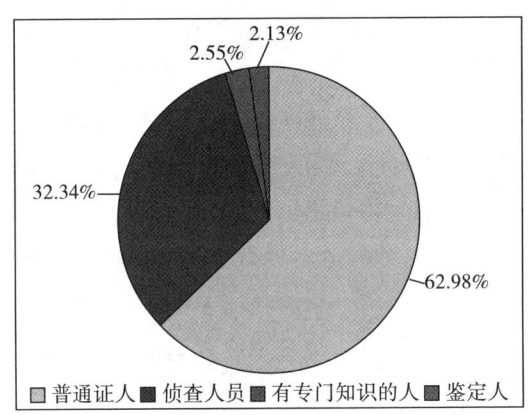

2014—2016 年 H 县四类证人出庭比例

（四）启动主体方面

全省范围内，检察机关共申请证人出庭 1715 人，占总数的 77.78%；辩护人及诉讼代理人共申请证人出庭 202 人，占 9.16%；法院自行决定证人出庭 288 人，占 13.06%。从 H 县检察院数据来看，检察机关申请证人出庭 177 人，占比 75.32%；辩护人及诉讼代理人申请证人出庭 19 人，占 8.09%；法院要求证人出庭 39 人，占 16.60%。

（五）出庭保障方面

全省范围内，检察机关为出庭证人提供保护97件110人（H县检察院除外），发放补助20件35人（H县检察院除外）。同期，H县检察院因申请证人出庭先后联合公安机关、法院开展"当日保护"① 102人次以及特殊案件证人保护16件33人，公安机关出动警力约120人次；发放经济补助9000元，奖金6000元。

（六）机制建设方面

全省范围内，仅有11个检察机关单独制定或联合相关部门制定关于规范证人出庭作证的规章制度。而H县围绕操作规程、衔接机制、证人作证区建设、经济补助等方面，先后单独或联合出台《证人出庭工作操作规程》《关于建立刑事案件证人出庭工作衔接机制的会议纪要》《关于H县人民法院证人作证区建设、使用的若干意见》《刑事案件证人出庭作证经济补助及奖励暂行办法》等7份规章制度。

结合适用罪名与司法实践，证人出庭作证的主要场景为：故意伤害案和交通肇事案中，目击证人或被害人证实案发经过，鉴定人和有专门知识的人就伤情鉴定作证；盗窃案和强奸案中作为被害人，证实失窃的财物情况或案发过程；职务犯罪案件和毒品案件中，侦查人员就没有刑讯逼供等非法证据排除作证，证人就行贿或购买毒品的事实作证，等等。

司法机关特别是检察机关在推动证人出庭作证工作中，可以承担主导作用。笔者认为，这取决于以下因素：一是司法机关作为公权机关，在鼓励、说服、奖励证人出庭，乃至采取措施强制证人出庭或采取手段保护证人出庭等方面，具有天然优势。二是诉讼角色使然。检察机关在指控犯罪中负有证明义务，对主张证人出庭作证有所需求；职权主义审理模式下的法院，同样承担查明案件事实真相的任务。辩护人及诉讼代理人虽然也负有证明或反证事实的需求，但不具备司法机关的前述优势，甚至因担心触犯辩护人妨害作证罪等罪名而有所顾忌。

诉讼资源的配置与配套机制的健全举足轻重。对比全省与H县的数据，反差最大的就是在出庭保障和机制建设方面。笔者认为，正是H县在证人出庭经济补偿、证人保护等方面的不遗余力，在建章立制、工作规范的全方位支

---

① "当日保护"是H县检察院为保障证人人身安全并按时参加诉讼，对控方申请的普通证人，联合公安机关在庭审当日提供必要的保护工作，如专人保护、专车接送、安排食宿等，确保证人人身安全。

撑，才有该县 2015 年时高达 24.22% 的证人出庭比例。

综上，证人出庭作证是一项系统工程，涉及诉讼资源的统筹、工作机制的保障、司法机关的协同配合，等等。正因为司法实务中对资源、机制等因素高度需求，各司法机关需要不断推动形成合力方能有所建树。

三、问题的实务机理：证人出庭的保障机制没有落实

抛开立法缺陷和法治意识不谈，前述数据可见司法实务可以主导证人出庭作证工作。笔者认为，诉讼资源有限、权利义务失衡、责任主体不明、应对能力不足是司法实务中导致证人出庭难的驱动因素。

（一）诉讼资源紧缺与刑事案件高发的矛盾难以调和

证人出庭作证涉及出庭补助、证人保护、庭审应对等各个环节，不仅涉及经费支出，还需要司法机关额外负担如说服证人出庭、复核证人证言等大量工作，这些都是诉讼资源。而以 2016 年为例，全国各级法院共审结一审刑事案件 109.9 万件，判处罪犯 123.2 万人。如果庭审全部安排证人出庭，所需诉讼资源显然超出了司法机关、财政的承受能力。即使只对部分有质证需求的案件要求证人出庭，如前所述，H 县公检法机关 3 年间额外承担的保护和补助费用不菲，另外还需要各司法机关的紧密协作，在司法实务中并不容易。

（二）相关机制缺位导致证人的权利义务失衡

根据法学一般理论，权利和义务具有对等性。享有多大的权利就应承担多大的义务，反之亦然。刑诉法规定了证人如实作证的义务，也明确规定了应当享有人身保护、经费补助等权利。但是，过于笼统简单的法律规定实际上被虚置，其后果就是法律赋予证人的相关权利形同虚设。不能保障权利却一味强调证人出庭义务，并不具备可期待性，证人不愿出庭作证也情有可原。从 H 县的经验来看，其证人出庭作证率较高是建立在 7 个配套工作规范的基础上，涉及公检法司各部门，围绕证人出庭作证的各环节和各细节，司法办案人员因此有章可循，证人的权利义务得以落实。

（三）责任分散效应导致责任主体不明

责任分散效应，是指对某一件事来说，如果是单个个体被要求单独完成任务，责任感就会很强，会作出积极的反应。但如果是要求一个群体共同完成任务，群体中的每个个体的责任感就会很弱，面对困难或遇到责任往往会退缩。推动证人出庭作证是各司法机关的共同责任，但落实到执行环节，立法对责任主体的规定并不明确。基于诉讼资源紧张的前提，司法层面又未建立完善的机制，难免出现相互推诿的"三个和尚没水喝"的尴尬局面。

(四) 诉讼各方主体应对证人出庭的能力不足

证人出庭作证的核心价值在于证人在庭审中接受控辩双方的质证，但质证的过程与结果对诉讼各方主体都提出了不小的挑战。对证人来说，其既不熟悉庭审规则，又要在法庭庄严肃穆的氛围中接受控辩双方的交叉询问，心理压力太大；对公诉人来说，证人出庭难免出现"翻证"情况或者因庭审压力而前后矛盾，对庭前预测、交叉询问、临场应变等出庭能力提出了更高的要求；对被告方来说，一是律师的业务素质参差不齐，二是辩护率偏低，特别是在经济欠发达地区的律师数量稀缺；对法官来说，无论是庭审中的驾驭能力，还是对质证结果的运用能力，都是不小的问题。应对能力不足，其直接结果就是诉讼各方主体中总有一方或几方对证人出庭持谨慎乃至反对态度，这也是限制证人出庭的影响因素之一。

经前述分析，在实务机理层面，证人出庭作证难主要受制于资源、机制、责任和能力四个关键因素。同时，四个因素相互影响并共同作用，资源的缺乏和能力的不足会导致责任的互相推诿，机制的不完善又可能恶化了推动证人出庭的决心，从而形成叠加效应乃至恶性循环。

四、问题的解决路径：从司法理念到配套机制的全面转变

站在破题的出发点，司法机关要从推进审判中心的诉讼制度改革，从自身乃至司法机关整体推动证人出庭作证的角度，以司法理念的转变为基础，以配套机制的合理设计为依托，来解决资源、责任、能力等方面的瓶颈问题，进而持续推动证人出庭作证工作。

(一) 现代诉讼理念之重塑

1. 转变司法人员的诉讼理念，逐步增加证人出庭数量

当司法机关和司法人员的理念转变到位、重视程度上升、协调效果增强时，案多人少矛盾、社会经济水平、公众法治意识、司法人员素质并不是证人出庭作证的决定因素。解决证人出庭难，还是要从转变司法人员的诉讼理念入手，真正认识证人出庭的诉讼价值所在，贯彻公平与效率并重的现代司法理念，积极适应新形势下证人出庭愈发常见的态势，做到不排斥、不阻碍。同时，司法人员应当将证人出庭作为常态工作进行部署，在司法实践中逐步增加证人出庭数量，以期达到"量变引起质变"之目的。

2. 转变证人出庭作证理念，逐步增强出庭主动性

解决证人出庭难，也取决于社会公众法律意识和责任认识的不断增强，并最终相信法律、敬畏法律。作为司法机关，一要继续加大普法宣传力度。通过

创新宣传载体和形式,借助新旧媒体开展广泛宣传,加深证人对出庭作证的了解,提高出庭作证的权利观和责任感。二要推动建立刑事证人宣誓制度。宣誓规则的确立有助于激发证人的良知,具有规则教化和法治启蒙之功效,不仅仅具有形式上的宣教意义。通过宣誓可以强化证人如实作证的规则意识和道德观念。①

(二)司法诉讼资源之整合

证人出庭作证的首要价值在于,保障案件审判的公正。而证人出庭进行质证,可能导致诉讼资源的大量消耗、诉讼程序的繁冗拖沓,这就涉及刑事诉讼的效率价值。在司法整体层面,既要保障公平又必须兼顾效率,即证人出庭作证应当以有必要为前提,以实现诉讼资源的合理配置。

1. 根据被告人质证要求以推进刑事案件繁简分流

为了兼顾公平和效率,诉讼制度改革的核心要求之一是通过繁简分流机制实现"繁案精办"和"简案快办"。属于"繁案精办"的证人出庭作证,必须有"简案快办"与之相配套。国外较高的证人出庭率也并非仅建立在传闻证据规则基础之上,最为重要的是得益于实行有效的案件分流制度,大大减轻了证人出庭作证的需求和负担。例如英国刑事犯罪案件90%以上由治安法院处理,美国诉辩交易处理的案件约占总案件的80%,日本每年有90%左右的案件是按略式程序处理②。正如有学者言,证人的高出庭率是建立在法院的低开庭率的基础上,否则司法将不堪重负。③ 证人出庭的程序公正价值集中体现保障辩护方的对质权。在保障公正的前提下,并不是所有案件都需要证人出庭。换言之,辩护方没有质证需求即被告人认罪的案件一般不需要证人出庭作证。在我国,提起公诉的刑事案件虽然一律开庭,但对于符合"案件事实清楚、证据充分"及"被告人承认自己所犯罪行"条件的简易程序、速裁程序案件,证人出庭作证并无必要。因此,应当加速推行简易程序、速裁程序、认罪认罚从宽制度以及轻微刑事案件快速办理机制等,通过案件的繁简分流,对被告人没有质证要求的案件予以快速办理,扩大对疑难案件或争议案件的司法资源供给,将有限的司法资源投入证人出庭的需求中,逐步提高出庭率。

---

① 参见陈少林:《宣誓的启示——信仰、道德与法制》,载《法学评论》2009年第6期。

② 参见黄伯青、伍天翼:《"需求侧"改革:刑事证人出庭作证实证分析》,载《法律适用》2017年第3期。

③ 参见杨雄:《证人出庭作证制度的立法发展与困境》,载《河南师范大学学报》2012年第9期。

2. 审视证人质证需求以合理确定出庭范围

对于实践中如何界定刑诉法规定的"对定罪量刑有重大影响",应当通过检法两家的沟通协调或者联席会议,对证人应当出庭的情形予以类型化。根据前述证人出庭的主要适用场景,笔者认为可以结合该证人证言对案件事实的认定、法律的适用等关键情况进行综合分析并予以界定,如证人证言影响罪与非罪或此罪彼罪,证人证言影响罪刑轻重的,证人证言与其他在案证据存在难以排除的矛盾,证人证言涉及非法证据排除等。

3. 通过庭前会议减少证据认识分歧以决定证人出庭必要性

通过庭前会议,法院可以组织控辩双方展示证据,听取控辩双方的意见,并梳理争议所在。对控辩双方没有争议的证据,自然无需证人出庭;对控辩双方有争议的证据,应当明确是否对案件事实认定、法律适用具有关键作用,从而视情决定证人出庭作证。同理,对被告人及辩护人申请排除非法证据的,法院可以在庭前会议中核实情况、听取意见,视情决定是否需要侦查人员出庭作证。

4. 发挥考评机制的导向作用以提高司法人员积极性

考评机制对推动司法工作起到导向作用,但现有考评机制如结案率的压力促使法官尽量避免因证人出庭所可能导致的庭审延长,如无罪率的考评导致检察官为尽量降低诉讼中的风险而偏向于采用书面证言。为此,修订有利于证人出庭作证的科学、合理的考评机制,比如将证人出庭翻证而导致被告人被判无罪的情形不列入无罪率的考评内容,又如将证人出庭作证在刑事案件中的占比作为检察官乃至检察院评先评优的依据,通过诸如此类考评指标的改变,切实改变检察官、法官对证人出庭的犹豫乃至抵触。

(三) 实务责任主体之厘清

对于证人出庭工作,司法人员的责任主要包括对证人权利的保障以及对出庭如实作证义务的落实。在立法相对模糊的情况下,就有赖于各司法机关通过建立长效配合机制,厘清职责分工,避免相互推诿。

1. 细化证人保护职责

"没有一种法律制度有正当理由能强迫证人作证,而在发现证人作证受到侵害时又拒绝予以救济。采用一切可行的手段来保护证人是法庭的职责。否则,整个法律诉讼就会一钱不值。"① 根据刑诉法规定的保护手段,结合公检法的职能定位与客观条件,笔者认为,第一,证人出庭作证发生在审判阶段,

---

① [英] 丹宁勋爵:《法律的正当程序》,李克强等译,法律出版社1999年版,第25页。

因此建议确定法院作为采取证人保护措施的决定机关。由法院根据诉讼阶段的不同,协调检察机关和公安机关具体执行,检察机关还应当履行对证人保护的监督。第二,实行证人分类、分级保护。通过建立风险评估机制,将刑诉法规定的四类罪名的特定保护以及其他存在较大人身危险的证人,确定由有国家强制力作保障的公安机关执行。对不属于前述情形、检法两家的法警也足以保护的,对控方证人的保护可由公安机关或检察机关执行,辩方证人的保护则交由法院执行。第三,证人保护的紧迫性不仅仅存在于诉讼中,探讨诉讼前、后的保护同样具有现实意义,因此应当根据案件具体情况适当延伸事前、事后保护。第四,法庭作为作证场所,法院应当落实隐匿作证相关硬件及设施的配置,如通过法庭改造,设立证人专用通道,改造具备单向可视和变声功能的证人作证室等,实现对证人身份的加密。

2. 明确证人补助的经费来源和具体标准

案件量处于中等水平的H县,证人补助及奖励的年均开支约在数千元。在当前司法体制改革的大背景下,可以考虑将证人补助经费作为专项经费列支,在省以下地方法院、检察院人财物统一管理的运行中予以落实。一方面,该笔经费放大到全省虽然耗费甚巨,但也并非遥不可及;另一方面,避免因该项经费由地方财政开支而产生阻力。在此基础上,各地对补助标准可参照当地公务员出差时的差旅、食宿标准予以细化,并结合距离远近、时间长短等因素加以确定。对于补偿费用的范围,除正常开支外,还可以考虑证人因作证而产生的误工费、损害赔偿等合理费用。

3. 落实强制证人出庭的措施

证人出庭义务的落实,主要体现在动员(说服)和强制(制约)两个方面。有观点认为,作为决定并通知证人出庭的法定机关,理应由法院履行动员和强制的责任。但是,将责任全部转嫁给法院或有失公平,对法院的工作量乃至实现能力也提出了挑战。至少在动员证人出庭方面,应当由申请的主体,或控方、或辩方、或被害方、或法院自身,来负责。而强制证人到庭的责任由法院承担,其重点在于相应的强制措施或制约手段。笔者认为,可以分几个层次来考虑并解决这个问题。

首先,根据权利义务相一致原则,如果证人保护和证人补助等权利能够得到基本保障,那么要求证人切实履行出庭义务便是应有之义。易言之,在司法机关已经切实承担起证人保护和补助的责任,强制证人出庭无疑更有底气。其次,从可操作性出发,强制措施可以细化为以下步骤:先由执行法官向证人出示《强制证人出庭令》并告知有关法律后果,证人仍拒绝的再由随行法警强制其到庭;无正当理由拒绝出庭或者出庭后拒绝作证的,视情况可予以训诫或拘留；无力查找证人的，可协调所在地公安机关采取必要的技侦手段予以配合。H县的实践证明，证人对司法机关还是有所敬畏，在当地法院签发《强制证人出庭令》的情况下，基本能够出庭作证而避免了强制措施的后续使用。再次，因法律规定只能对普通证人采取强制到庭措施，因此对于其他三类证人，应当通过各司法机关间的沟通协调，落实其拒绝到庭的制约手段。比如，福建省院利用省公检法联席会议的平台，提出规范鉴定人出庭作证工作的议题，建议各司法机关通过与社会鉴定机构或相关单位畅通沟通渠道、建立通报机制等方式，督促鉴定人切实履行出庭义务。最后，在证人确因特殊情况不能、不便出庭时，可以探索通过远程视频作证实现异地出庭。因此，法院应当加强对提高法庭科技化水平的改造，以提供必要的实现条件。

4. 提高对作伪证证人追责的坚决性与有效性

"从法理上讲，义务与制裁是任何一部完整法律规范的必备要素"[①]，对违反如实作证义务的证人追责，应与前述手段有机结合。一是扩大责任追究的措施。根据伪证情形的轻重和不同情况，将证人作伪证的法律后果分为内部通报、行政处罚和追究刑事责任三类处罚措施。检察机关、法院发现线索的应及时移送公安机关或司法局查处，公安机关和司法局应当及时反馈处理结果。检察机关应当负起法律监督职责。对于追责成功特别是追究行为人刑事责任的典型案例，还应当通过适当途径加强法治宣传，提高公民如实作证意识。二是限制伪证罪的范围，将伪证罪用于惩罚在法庭上虚假作证的证人。对于书面证言不实的情况，不予采信即可。

（四）庭审应对能力之提升

提高证人出庭作证的应对能力，也是推动这项工作的有利条件。对检察官而言，要通过业务指导、实战训练、听庭评议、集中实训、模拟质询等有效手段，不断提高公诉人应对证人出庭的证据审查能力、整体稳控能力、庭前预测能力、交叉询问能力和临场应变能力等。对法官而言，其驾驭庭审的能力主要体现在质证方式和证言采信。对被告人而言，要扩大法律援助制度，通过畅通刑事法律援助申请渠道、完善法律援助值班律师制度等方式，帮助被告人获得必要的刑事辩护，从而能够及时发现需要出庭作证的证人，并避免因文化程度的不足、法律知识和法庭审判技巧的缺乏而丧失庭审质证的意义。对证人而言，各方诉讼主体要向证人告知如实作证的义务，以及作伪证须承担相应责

---

① 陈光中：《诉讼法理论与实践（2003年刑事诉讼法学卷）（上）》，中国政法大学出版社2004年版，第545页。

任；要充分阐明庭审程序和规则，缓解证人临场压力；有能力的司法机关，还可以通过组织观看庭审录像、配备心理咨询师等方式，为出庭证人提供心理疏导，避免出庭证人因主客观因素影响质证效果。

不可否认，当前司法实践中的证人出庭作证难是基于多方面的原因。但是，在立法不可能短期内一步完善证人出庭的相关制度的局面下，司法实务若想解决证人出庭作证难问题，则不应仅仅纠结于"立法规定缺什么""证人出庭怕什么"，而要充分考虑"司法机关应当做什么"。前述观点，是关于构建证人出庭保障机制的实务思考，希望对证人出庭作证工作有所裨益。虽然或许不能彻底解决问题，但"不积跬步无以至千里"，司法机关持续迈出的每小步，终将累积成法治进展的一大步。

4 "两高"《关于办理贪污贿赂刑事案件适用法律若干问题的解释》之我见

"两高"《关于办理贪污贿赂刑事案件适用法律若干问题的解释》（以下简称《贪污贿赂解释》）于2016年4月18日出台。笔者通过学习原文以及结合一些权威人士对《贪污贿赂解释》的解读，形成了自己的理解。

一、《贪污贿赂解释》立法背景

党的十八大以来，党中央把从严惩治腐败放在突出位置，在坚持有腐必反、有贪必肃的同时，由于《刑法修正案（九）》（2015年11月1日生效）的施行，如何理解、把握和适用这些新规定，贪污贿赂犯罪案件办理当中存在不少问题亟需通过司法解释予以明确。

（一）对贪污贿赂犯罪的认定标准亟须明确细化

《刑法修正案（九）》对贪污贿赂犯罪的定罪和量刑做了五个方面的重大调整：

1. 取消了贪污、受贿定罪及量刑的具体数额标准，突出数额之外其他情节在定罪量刑中的作用，也就是"数额加情节"模式。
2. 贪污罪、受贿罪增设死缓执行减为无期徒刑后终身监禁。
3. 对贪污罪和贿赂犯罪增设罚金刑。
4. 增设对有影响力的人行贿罪。
5. 对行贿罪的从宽处罚设定更为严格的条件。

（二）贪污贿赂犯罪出现的新情况亟须明确处理

1. 过去多对纯粹的财物进行数额认定，而现在案件中已出现了给予或者收受各式各样的财产性利益的行为，能否以行受贿犯罪处理亟须明确。
2. 过去受贿罪主要表现为国家工作人员本人直接收受贿赂，现在出现收受贿赂的是国家工作人员的近亲属或者与其有着特定关系的人，对国家工作人员能否以受贿罪追究亟须明确。

这些情况对刑事打击的针对性提出了更高的要求,《贪污贿赂解释》应运而生。

二、"两高"出台的职务犯罪案件"解释"形式的变化

在 2016 年之前,处理职务犯罪的主要依据,除了刑法关于贪污贿赂一章中涉及的职务犯罪的法条之外,司法解释或者司法解释性质的法律文件主要是一个"纪要"、四个"意见",即 2003 年的《全国法院审理经济犯罪案件工作座谈会纪要》和 2007 年的《关于办理受贿刑事案件适用法律若干问题的意见》、2008 年《关于办理商业贿赂刑事案件适用法律若干问题的意见》、2009 年的《关于办理职务犯罪案件认定自首、立功等量刑情节若干问题的意见》、2010 年《关于办理国家出资企业中职务犯罪案件具体应用法律若干问题的意见》。2016 年,"两高"为《刑法修正案(九)》量身定做的《贪污贿赂解释》,成为目前办理职务犯罪案件最新的法律依据。

三、几点思考

(一)关于轻型化的问题

《贪污贿赂解释》规定,贪污受贿犯罪数额较大、巨大、特别巨大的起点分别为 3 万元、20 万元、300 万元,同时明确了"其他较重情节"。这对反腐败工作既会有办案数量规模上的影响,也有案件质量上的冲击。对于 3 万元以上不满 20 万元的案件,都可能判处缓刑甚至免刑,轻型化案件会明显增多。由于 3 万元至 20 万元的案件,存在较大的自由裁量空间,不仅可能使案件的处理出现大量的不可控因素,还可能为办案人员进行以案谋私等权钱交易留下空间,需要引起高度重视,保障案件公正处理。当然从另一方面,贪污受贿数额标准的提高,也有利于嫌疑人放松对 10 万元这一档的抵抗,而退至 300 万元以下。调查机关的空间变大了,突破案件的难度降低了一些。

(二)关于《贪污贿赂解释》规定更为严厉的问题

梳理了司法解释,在以下这些方面,规定比以前更重了:

1. 《贪污贿赂解释》第 4 条规定,根据犯罪情节等情况可以判处死刑缓期 2 年执行,同时裁判决定在其死刑缓期执行 2 年期满依法减为无期徒刑后,终身监禁,不得减刑、假释。这比之前判处死缓的规定更重。因为之前只要没有被判处死刑,都有可能减刑、假释。以往死缓减为无期徒刑的,实际执行的刑期不少于 25 年。而现在,这类人员将终身监禁,不得减刑、假释。

2. 对于入罪的条件降低了。如解释第 13 条关于认定为"为他人谋取利

益"、构成犯罪的情形,就增加了"履职时未被请托,但事后基于该履职事由收受他人财物的"以及"国家工作人员索取、收受具有上下级关系的下属或者具有行政管理关系的被管理人员的财物价值三万元以上,可能影响职权行使的,视为承诺为他人谋取利益"。这一新增加的规定使得以前可能不认为犯罪或者有疑义的行为,现在认定构成犯罪不是问题了。

解释第 16 条规定:"国家工作人员出于贪污、受贿的故意,非法占有公共财物、收受他人财物之后,将赃款赃物用于单位公务支出或者社会捐赠的,不影响贪污罪、受贿罪的认定,但量刑时可以酌情考虑。"以往对于此类行为,将赃款赃物用于公务的,往往不认为犯罪。今后,这类行为将不影响犯罪的认定。

3. 对于行贿犯罪,处罚明显加重了。以往只要能够积极配合的,在被司法机关追究前主动交代的,一般都可以减轻或免除刑罚。现在对于此类情况从宽的幅度缩小了,处罚的力度加大了,而且还增加了罚金刑。司法解释提高了行贿罪减轻或免除刑罚的门槛,压缩了调查机关运用刑事政策瓦解行贿人和受贿人的对合同盟,促使行贿人交代行贿行为的空间,使突破受贿案件面对新的挑战。

(三) 关于贪污受贿犯罪追诉期的问题

《刑法》第 87 条规定:"犯罪经过下列期限不再追诉:(一)法定最高刑为不满五年有期徒刑的,经过五年;(二)法定最高刑为五年以上不满十年有期徒刑的,经过十年;(三)法定最高刑为十年以上有期徒刑的,经过十五年;(四)法定最高刑为无期徒刑、死刑的,经过二十年。如果二十年以后认为必须追诉的,须报请最高人民检察院核准。"

贪污、受贿 3 万元以上不满 20 万元的,判处 3 年以下有期徒刑,法定最高刑为 3 年,因此根据《刑法》第 87 条规定,追诉期为 5 年。

贪污受贿 20 万元以上不满 300 万元的,追诉期为 15 年。这一点最容易混淆,许多的解读并没有提到具体追诉期的问题,很容易理解为追诉期只有 10 年。笔者是在办理具体案件过程中,发现了这个问题,经过研究论证,笔者认为追诉期是 15 年。

理由是:根据《刑法》第 383 条第 1 款第 2 项及《贪污贿赂解释》,贪污数额巨大或者有其他严重情节的,处 3 年以上 10 年以下有期徒刑,并处罚金或者没收财产。那么贪污受贿 20 万元以上不满 300 万元的,刑期在 3 年以上 10 年以下,法定最高刑包含本数 10 年,即贪污受贿 20 万元以上的,就有可能判到最高刑 10 年有期徒刑,根据《刑法》第 87 条规定,法定最高刑为 10 年以上的,包含本数,那么追诉期为 15 年。

这里特别要注意两种表述的差别：追诉期的表述为"法定最高刑为五年以上不满十年有期徒刑的，经过十年"，不包含十年有期徒刑；《刑法》第383条的表述是"处三年以上十年以下有期徒刑"，包含本数10年。

贪污受贿300万元以上的，最高刑为死刑，追诉期为20年。

5 《刑法修正案(七)》第 13 条的不足

一、"关系密切的人"如何界定

《刑法修正案(七)》将"关系密切的人"这样具有巨大解释余地和空间的术语写入刑法中,容易导致犯罪圈的弹性过大,且司法实践中很难把握,同时造成斡旋受贿犯罪主体认定的尴尬。

关于"关系密切的人"范围的理解与适用,有学者认为:"关系密切人的范围应大于特定关系人的范围。在关系的程度方面,特定关系人的近亲属、情妇(夫)属于关系密切人的范畴,而其他共同利益关系是否可以归入关系密切的范围则有待权威解释。"从实践的角度可以肯定的是,在相当多的案件中,共同利益关系也属于密切关系,或至少可以推定为属于密切关系。因此,从该意义上看,"关系密切的人"的范围实际上是大于特定关系人的,外延更广。之所以把"关系密切的人"作为独立概念提出来,是为了有利于反腐败斗争的深入开展,体现对于贿赂违纪犯罪行为打击范围的拓展,表达国家严惩腐败的价值取向。采用关系密切人的提法有利于进一步发挥党纪国法的警示功能,威慑潜在的腐败分子,使其不敢铤而走险。① 也有学者认为:"关系密切的人怎么界定?对关系密切人要限制解释。最高人民法院曾经有一个司法解释,对有特定关系的人受贿的命题作了规定,另外对特定关系人做了解释。可以参照这个解释来执行。"② 还有学者认为:"关系密切的人至少可以包括以下几类:基于血缘产生的关系,即除了'近亲属'之外的其他亲属;基于学习、工作产生的关系,如同学、师生、校友、同事关系;基于地缘产生的关系,如

---

① 参见丁英华:《关注〈刑法修正案(七)〉系列之二——"关系密切人"的范围:理解与适用》,载《中国纪检监察报》2009 年 3 月 31 日。

② 刘明祥:《"老鼠仓"犯罪、关系密切人斡旋受贿罪的刑罚探讨》,载正义网,访问时间:2008 年 11 月 6 日。

同乡；基于感情产生的关系，如朋友、恋人、情人关系；基于利益产生的关系，如客户、共同投资人、合同、债权债务关系；在任何情况下相识并产生互相信任、互相借助的其他关系。"①

笔者认为，"关系密切的人"确实很难界定。比如有证人证实行为人经常与该国家工作人员在一起，那又能说明什么问题呢？在一起的人有可能貌合神离，未必就是真正关系密切的人。笔者认为，还是以一些确定的关系界定斡旋受贿犯罪的主体比较好，比如近亲属，这法律有明文规定，如果认为范围不够，可以扩展为亲属，甚至情人关系。因此，关系密切的人至少应当包括特定关系人当中的情妇（夫）。如果认为还必须扩大范围，那么可以把战友、同学、同事关系包含进来。因为这些关系，取证比较容易，也比较好界定。也就是说，这种密切关系，首先必须是一个社会认可的可以称得上属于关系的关系，然后这种关系必须有证据显示是密切的。总之，单纯地认定关系密切人，给司法机关过多的裁量权，有可能导致打击面过宽和执法标准不一导致司法的不公正。

二、非关系密切人的认定问题

职业掮客自己不参与贿赂，但是为行贿、受贿双方牵线搭桥，从中谋取其他利益，因他可能与国家工作人员素昧平生或者说偶有一面之缘，从而无法解释为"关系密切的人"，不能适用《刑法修正案（七）》第 13 条的规定。当然，对于此类情况，完全可以适用原有的介绍贿赂罪。但问题是，如果此类不属于"关系密切的人"的职业掮客，通过该国家工作人员职务上的行为，或者利用该国家工作人员职权或者地位形成的便利条件，通过其他国家工作人员职务上的行为，为请托人谋取不正当利益，索取请托人财物或者收受请托人财物的（即职业掮客自行收受贿赂的），此时无论是介绍贿赂罪还是《刑法修正案（七）》中的"非国家工作人员斡旋受贿罪"都无法解决这个问题，而此类情况在司法实践中并不少见。

三、利用非国家工作人员职务上便利的斡旋受贿行为的认定问题

在整个受贿犯罪的罪名体系之中，已经具有受贿罪、非国家工作人员受贿罪、斡旋受贿罪和非国家工作人员斡旋受贿罪、介绍贿赂罪、单位受贿罪 6 个

---

① 刘敬新：《解析离职人员及其关系密切人斡旋受贿》，载《中国纪检监察报》2009年4月17日。

罪名，从这个体系中可以发现的一个明显漏洞是，缺少了一个利用非国家工作人员职务上便利的斡旋受贿行为，换句话说，无论是"斡旋受贿罪"还是"非国家工作人员斡旋受贿罪"，打击的是不同主体利用"国家工作人员"职务上便利的斡旋受贿行为，但是，对于利用"非国家工作人员"职务上便利的斡旋受贿行为，尚属于刑法真空，依据现有罪名体系无法解决，而在司法实践中此类现象大量存在。

四、罪名体系编排不合理

笔者认为，非国家工作人员斡旋受贿行为放在刑法分则第八章"贪污贿赂罪"中不合理。《刑法修正案（七）》规定"国家工作人员的近亲属或者其他与该国家工作人员关系密切的人"，实际上该近亲属或关系密切人有可能本身就是国家工作人员，如果其通过该国家工作人员职务上的行为，或者利用该国家工作人员职权或者地位形成的便利条件，通过其他国家工作人员职务上的行为，为请托人谋取不正当利益的，当然可以认定为斡旋受贿犯罪，规定在刑法贪污贿赂章节比较合理，而如果"国家工作人员的近亲属或者其他与该国家工作人员关系密切的人"，本身就不是国家工作人员，那么显然以非国家工作人员斡旋受贿罪定罪比较合理。也许有人会说，非国家工作人员也有依照刑法第八章处罚的，如国家工作人员家属与国家工作人员可能构成受贿罪，这种情况确实是有的，但是，这是共同犯罪的情形。依据《刑法修正案（七）》的规定，非国家工作人员可以单独构成斡旋犯罪，而不是与国家工作人员共同犯罪。因此，不应将非国家工作人员斡旋受贿罪规定在《刑法》第八章中。

笔者建议，《刑法修正案（六）》将第163条的犯罪主体由1997年《刑法》的公司、企业工作人员扩展到了所有非国有单位中的人员，可以考虑将非国家工作人员斡旋受贿罪规定为《刑法》第163条之一款，罪名相应修改为"非国家工作人员斡旋受贿罪"可能更为合适。也就是在罪名体系上将第388条的"斡旋受贿"从受贿罪中独立出去成立新的"斡旋受贿罪"，从而形成刑法全新的受贿犯罪的罪名体系：第163条的非国家工作人员受贿罪和非国家工作人员斡旋受贿罪、第385条的受贿罪、第388条的斡旋受贿罪。同时，在整个刑法罪名体系中采用同一标准，不再将单位犯罪的情况在罪名上独立于自然人犯罪的罪名之外，取消单位受贿罪的罪名，将其并入受贿罪。

6 《监察法》导读

2018年3月20日，第十三届全国人大第一次会议通过了《中华人民共和国监察法》（以下简称《监察法》），国家主席习近平签署第3号主席令予以发布，这是我国法制史上的大事。国家监察体制改革是一项政治体制改革，必须旗帜鲜明地拥护。检察机关面临着职能的转变，如何理清工作思路，做好监检衔接，以形成反腐败的合力，是我们必须面对和思考的问题。作为一名负责职务犯罪检察工作的检察官，要做好这项工作，首先必须读懂弄通《监察法》。笔者将个人学习体会与大家分享一下，抛砖引玉，希望对大家学习《监察法》有所帮助。

1. 监察机关与司法机关的关系。《监察法》第4条规定，监察机关与司法机关、执法部门存在着互相制约的关系。这项规定也是检察机关法律监督的依据之一。

2. 监察机关的称谓。国家层面明确为国家监察委员会，简称国家监委，省级为某省监察委员会，简称某省监委，以此类推。

3. 监察范围。监察对象全覆盖，包括监察委员会其本部门的人员。这里可能涉及国家工作人员利用职权实施的侵犯公民人身权利、民主权利犯罪的侦查权问题。现有明确的是监察人员利用职权实施的侵犯公民人身权利、民主权利的犯罪侦查权不在检察机关，而在监察机关。其他人员的此类犯罪可以由检察机关侦查，也可以由监察机关调查。

4. 监察权限。包含了谈话、讯问、询问、查询、冻结、搜查、调取、查封、扣押、勘验检查、鉴定、留置等12项职权。

5. 监察机关取证的效力。所取得的证据材料，在刑事诉讼中可以作为证据使用。但监察机关在收集、固定、审查、运用证据时，应当做到与刑事审判关于证据的要求和标准相一致。

6. 全程同步录音录像。监察机关在讯问、搜查、查封、扣押等重要取证工作时，应当对全过程进行录音录像。对询问是否需要同步录音录像没有硬性要求。这些规定与刑诉法的规定相一致。

7. 确立了非法证据排除规则。《监察法》第33条规定监察机关以非法方法收集的证据应当依法予以排除，不得作为案件处置的依据。这和刑诉法的规定相一致。

8. 线索移送机制。《监察法》第34条规定，检察机关等国家机关在工作中，包括在刑事诉讼过程中发现公职人员涉嫌贪污贿赂、失职渎职等职务违法或职务犯罪的问题线索，应当移送监察机关。

9. 留置的对象。不仅仅包括《监察法》第15条规定的公职人员和有关人员，还包括第22条规定的涉嫌行贿犯罪或者共同职务犯罪的涉案人员。

10. 关于监察对象适用认罪认罚从宽制度。根据《监察法》第31条，对于监察对象提出从宽处罚的意见，需要经监察机关领导人员集体研究并报上一级监察机关批准，程序极其严格复杂。是否可以在调查阶段适用认罪认罚从宽制度，值得商榷。但是，在审查起诉阶段以及审判阶段，对于职务犯罪案件是可以适用认罪认罚从宽制度的。

11. 《监察法》体现人权保障方面的规定值得点赞。比如留置后24小时以内通知家属，保障被留置人员的饮食、休息和安全，非法证据的排除，禁止刑讯逼供，发生重大安全事故处理，讯问当事人要同步录音录像，增加对监察机关决定可以申请复审、复核的救济渠道等。这几年法治进步的成果，在《监察法》当中都予以了体现。

7 监检衔接的实质是监察程序与刑事诉讼程序的衔接

中共中央办公厅于 2017 年 10 月印发《关于在全国各地推开国家监察体制改革试点方案》，明确监察委员会职能职责，赋予调查涉嫌职务违法犯罪行为的权限手段，实现对所有行使公权力的公职人员监察全覆盖，标志着我国监察体制改革在全国范围内正式推开并逐步深化。2018 年 3 月，第十三届全国人大一次会议表决通过了《中华人民共和国宪法修正案》和《中华人民共和国监察法》（以下简称《监察法》），在立法层面确立了监察委员会的宪法地位，细化了监察委员会的组织架构、人员、职责、权限等，监察体制改革完成了基本的框架构建。

如何通过建立监察委员会与司法机关的协调衔接机制，使监察执法与刑事司法、监察程序与刑事诉讼程序有序衔接，是当前理论界与实务界都关注的重点问题。国家监察体制改革以来，监察委员会的设立、监察权的行使以及《监察法》的出台，带来了一系列的理论与实务问题，涉及《监察法》与《刑事诉讼法》衔接的空白与转换不明之处。如何实现法律之间的连接互动，是监察机关与检察机关共同面临的重大难题。

一、监检衔接在根本上是监察程序与刑事诉讼程序的协调衔接

监检衔接包括实务操作和程序规范两个层面。前者是从监察机关调查到检察机关审查起诉各个诉讼流程运行中所产生的与司法对接的具体问题；后者则是调查权与公诉权如何对接的制度安排。但追根溯源，本质上均是监察程序与刑事诉讼程序的协调衔接问题。

二、《监察法》与监察机关的定位是产生衔接问题的根本原因

《监察法》是我国第一部反腐败国家立法，由全国人大审议表决并通过。

从立法法的角度,《监察法》与《刑事诉讼法》同为国家基本法律,在我国法律体系中处于同一位阶。监察委员会是行使国家监察职能的专责机关,开展廉政建设和反腐败工作;监察委员会代表党和国家行使监督权,是政治机关,不是行政机关或司法机关。基于这两点重要原因,监察委员会不同于我国香港特别行政区或者新加坡等地的廉政机构,"在这些地区和国家,专门的廉政机构只是国家执法体系的一个组成部分,必须在刑事诉讼法下履职"①。

三、监察权的复合属性也是导致衔接问题的重要原因

监察委员会依照法律规定履行监督、调查、处置职能,兼具党纪检查、行政监察、犯罪调查的功能,即监察权本身是复合权力。

即便是与司法权最为接近、作为监察权核心权能的调查权,同样具有复合属性。监察机关依据《监察法》对所有行使公权力的公职人员进行监察,实现监察对象的全覆盖,调查职务违法和职务犯罪,即调查权既包括违纪调查,可以运用于违纪案件,又包括违法调查,可以运用于职务犯罪案件。两项权能可根据被调查对象的具体情况进行程序转换,但只有违法调查才会最终进入司法程序,这就存在权力边界和衔接问题。另外,调查权的12项具体调查措施中,除谈话、留置外均由检察机关原来的职务犯罪侦查职能过渡而来,也基本上沿用了刑事诉讼法的概念,实际上履行的是犯罪侦查,但在权力属性和职能定位上却又不属于犯罪侦查,不适用刑事诉讼法与相关司法解释,也无法适用法律法规所确定的各司法机关之间的衔接机制。

综上,监检衔接的难点在于,"监察委主体和职能发挥的特殊性,不依从刑事诉讼法设定的侦查程序规范解决互涉关系问题,而检察机关和审判机关,需依照刑事诉讼法的基本原则、程序规范和证据规范进行公诉审查和审理裁判"②。因此,监检衔接在本质上是监察程序与刑事诉讼程序的协调衔接。

---

① 龙宗智:《监察与司法协调衔接的法规范分析》,载《政治与法律》2018年第1期。
② 龙宗智:《监察与司法协调衔接的法规范分析》,载《政治与法律》2018年第1期。

8 不认罪案件的证据审查

"不认罪"是一个较为开放的概念,既包括对事实的否认,又包括对法律适用的不认同;既包括对全部事实的否认,也包括对部分事实的否认等。而根据"两高三部"《关于适用认罪认罚从宽制度的指导意见》,"认罪"是指"犯罪嫌疑人、被告人自愿如实供述自己的罪行对指控的犯罪事实没有异议。承认指控的主要犯罪事实,仅对个别事实情节提出异议,或者虽然对行为性质提出辩解但表示接受司法机关认定意见的"。与之相对应,我们对"不认罪"案件的探讨,主要集中在对起诉指控的主要犯罪事实不承认,或者概括为依法不应认定为"坦白"的情形。

与认罪案件相比,不认罪案件无法适用速裁、简易程序,适用普通程序也无法简化法庭调查、辩论等程序,庭审时间长。且一般庭审对抗激烈,庭审对抗贯穿于讯问、举证质证、辩论等各个环节,对公诉人的综合能力提出更高的挑战。如果公诉人应对不当,则可能直接影响庭审效果,甚至影响到起诉指控事实能否被法院采纳。因此,做好不认罪案件的证据审查工作十分重要。在缺少犯罪嫌疑人有罪供述的情况下,对于证据的收集、固定、完善方面,应当更加重视健全检察引导侦查、补充侦查的监督机制;对于证据的采信判断与犯罪事实的认定,应当更加重视客观性证据的审查运用与间接证据的交叉印证。

一、证据的收集、固定、完善

建立健全引导侦查、调查的相关机制。坚持庭审实质化,就要求检察机关倒逼侦查机关提高侦查取证的合法性和有效性,打通案件质量的传递通道,将起诉和审判的标准向侦查前端引导。

一是强化提前介入引导侦查。特别是一些证据时效性较强的案件,如果不引起重视,取证时机可能稍纵即逝,更有必要通过提前引导,将证据标准前置。高检院专门制定了《人民检察院提前介入监察委员会办理职务犯罪案件工作规定（试行）》，规范了提前介入工作。通过提前介入，将案件质量问题前置解决，一来提高了取证的质量和效率，尽可能避免证据的灭失；二来降低了案件比，延长15天办案期限的情况也减少许多。

二是严格把握退回补充侦查。张军检察长在督导授课时，还对退回补充侦查提纲如何制作做了辅导。笔者认为，退回补充调查不能一退了之。应当围绕证明内容和存在问题进行说理分析，采取书面提纲和口头解释相结合的方式，加强与侦查、调查人员的沟通联系，需要列明退回补充侦查的理由、案件定性的考虑、继续侦查的方向、每项具体取证要求的目的和意义等。

三是努力推动自行补充侦查。针对当前司法实践中退回补充侦查效果欠佳、效率偏低等普遍性问题，应当重新审视并完善公诉案件自行补充侦查职能。刑检部门可以积极运用查看现场、询问证人、证据复核等方式，坚持以审判的证据标准自行收集和固定证据，并在此过程中增强检察官的司法亲历性，以直观感知建立内心确信，确保指控犯罪质效。这一点，对于非职务犯罪案件来说不是问题。但对于职务犯罪案件来说，自行补充侦查应当审慎。比如对于一些行贿人，如果在审查起诉阶段由检察院进行核实，一旦翻证，比较被动。所以福建省检察院在《关于规范办理监察机关移送职务犯罪案件的通知》中要求，对于职务犯罪的自行补充侦查，仅对于言词证据个别情节不一致且不影响定罪量刑的、书证物证等证据材料需要补充鉴定的，经分管检察长同意后可以自行补充侦查。对于行贿人翻证、重要证人翻证的，一般是退回监察机关补充调查。

二、证据的分析、判断、运用

（一）强化以客观性证据为核心的总体审查工作要求

一是审查案件时以客观性证据为先导。充分挖掘客观性证据所蕴含的案件事实信息，明确证据和案件待证事实之间联系的基础，在保证证据能力的基础上，提高证据的证明力。

二是对客观性证据的审查应以犯罪构成要件的要求为出发点。以挖掘并运用客观性证据证明案件事实的审查工作理念为指导，立足但不限于侦查人员收集的现有证据，通过对比口供、证人证言等主观性证据与客观性证据在细节上的差别，进一步发现和补充证据，以完善证据链条。

（二）重视间接证据的审查判断

在犯罪嫌疑人不认罪的情况下，因缺少犯罪嫌疑人供述等直接证据，在案的证人证言、书证等间接证据就成为指控犯罪、认定事实的关键。但由于间接证据只能间接地证明案件事实的片段,要依赖其他证据才能发挥证明案件全过程的作用,因此必须使证据形成完整的证据锁链,环环相扣且排除合理怀疑。在完全或主要依赖间接证据查明案件客观事实时,必须遵循一定的规则和方法,以达到排除合理怀疑的程度。

司法实践中,一般掌握以下几点:(1)每一个间接证据都必须查证属实;(2)每一个间接证据确与案件事实有关联性,能够证明案件中的某些事实、情节,如可以证明案件事实发生的时间、地点、条件、环节、原因、结果,当事人实施该行为的动机、目的和手段等;(3)间接证据必须形成一个完整的证明体系,即案件事实以及每一个环节均有相应的间接证据予以证明;(4)间接证据之间、间接证据与案件事实之间必须协调一致,它们之间的矛盾必须得到合理的排除;(5)最重要的一点,依据间接证据形成的体系足以得出肯定的结论,并且这结论是唯一性的。

(三)加强对犯罪嫌疑人辩解的审查分析

"不认罪"不代表无辩解,不能因为"不认罪"就轻视或放弃对犯罪嫌疑人辩解的审查。

讯问犯罪嫌疑人时,问话人应当首先要求就其所知道的与案情有关的情况进行完整的陈述,对其讲述要认真听取,注意发现不实之处和矛盾点,作为切入点,而后针对讲述中的遗漏、矛盾、模糊不清和有争议的内容,后发制人。当然,对于与案情无关的事实和情节不必记录在案。让其自然陈述,可以避免讲述限制在问话的范围,可能会讲到没有掌握的问题。该策略的要点是在犯罪嫌疑人讲述的时候,尽量不要打断他,待其充分叙述之后,再进行有效的反击。

对讯问过程中出现翻供的,应当详细讯问翻供的原因和理由,并重点讯问作案动机、目的、手段、工具以及犯罪有关的时间、地点、人员等细节。对于当事人辩解的内容更要记得详细些,不要认为他说的是假话,没有用,不记录或简单记录,这都是不妥的。假的毕竟是假的,不可能每次讲的都完全一致,而当不厌其烦地将他的话每次都记录下来之后,就可以留下证据,找出他说的不一致的地方,以证实辩解的不真实。从另一方面看,这样做,也有助于保护当事人的合法权利,同时帮助我们全面分析、判断证据,也能一定程度上避免冤假错案的发生。

比如,在李某强奸案中,二审开庭时,李某辩解"案发时正在接其母电话而没有参与强奸"。审判长是这样回应的:李某所提其在湖北大厦房间里玩手机、后来出去接电话的上诉理由,与其在一审法院庭审中称自己在湖北大厦房间"玩手机后来就睡着了"的供述不相吻合,与其他同案人的供述不符,且不能排除其没有作案时间和条件。所以,不能因此而否定李某参与共同犯罪的客观事实。

9 无罪案件中涉及证据的问题

一、对证据审查不细致、不严谨,未能发现、排除证据间存在的疑点、矛盾,证据未达到起诉标准

1. 如刘某甲以危险方法危害公共安全案。

起诉指控:刘某甲因与父母争吵后心生怨气,便想以引高压电电击行人的方式来发泄不满。某日凌晨1时许,刘某甲携带电线、老虎钳,并从垃圾堆捡来竹竿、手套、铁丝、绳子、鞋带等工具,来到晋江市某街道一酒吧门口的人行道。经过布置,刘某甲用工具将电线连接到路边变压器,将高压电引到横跨人行道路的铁丝上。后途经该路段的行人程某被引到路面的高压电电击致死。

该案有部分证据支持指控意见,包括被告人的多份有罪供述、作案工具检出被告人DNA等,但在发案五年后才偶然锁定并抓获真凶刘某乙,证据链存在较大缺陷。办理案件的公诉机关对证据排他性把握不严,案发现场系开放性场所,现场提取到多人DNA,甚至疑似作案工具手套中还检出另一未知人员DNA。仅凭现场提取的手套就建立起被告人与犯罪现场的联系,且手套来源未查明、绝缘性能未鉴定,故该手套存在排他性缺陷,不足以证明系被告人的作案工具;对矛盾证据的采信和运用不够客观,被告人到案后曾作多份有罪供述又多次翻供,不同供述之间就作案工具来源、特征等细节上多有出入,且案中还存在指向其他人作案的线索。承办人未及时核实证据间的矛盾,未深入分析翻供原因,未充分考虑刘某甲智力偏低的个体特殊性。虽两次退回补充侦查,但一方面受客观条件限制无法查证,另一方面对已有证据的证明力认识不够到位,未能及时、充分补强证据链,据以定案的证据无法得出唯一的、排他性的结论。承办人虽注意并提出证据较为薄弱的问题,但仍在尚未完全排除合理怀疑的情况下"带病起诉"。

2. 如蔡某、叶某贪污案。

起诉指控：寿宁县某处副主任蔡某，明知某处主任林某与单位维修人员叶某以虚增维修费的方式贪污公款，而仍予配合，在报销的虚假单据上签字确认，虽未实际分得赃款但收受叶某送的香烟、土特产等物，构成贪污共犯。

争议焦点在于，在案证据能否证明蔡某具有共同贪污的故意。蔡某关于参与林某、叶某共谋的有罪供述，与林、叶两人的供述存在明显矛盾；蔡某事中向叶某提出分赃要求的有罪供述得到叶的印证，属于支持指控共同贪污的有利证据，但供述不稳定，存在多次反复。因被告人供述与辩解前后存在变化反复，法院认为，"蔡某事前未参与犯意沟通，事后没有参与分赃，在案证据不足以证实蔡某主观上有共同贪污的故意"。承办人虽发现在案证据矛盾，但认为证据矛盾已得到部分排除，对有罪证据过于自信，对蔡某行为属于共同贪污还是放纵型渎职的分析论证不足。

3. 如薛某强制猥亵案。

起诉据以指控定罪的直接证据是被害人陈述、证人证言及被扯坏的衣物。该衣物作为证明犯罪的重要客观证据，案发后未被依法扣押，直至9个月后才重新提取到案；衣物损坏照片的落款时间不是照片拍摄时间，而是侦查机关制作卷宗材料的时间；衣物是否被告人扯坏及扯坏时间，被害人陈述及证人证言之间存在矛盾，故法院认定该物证不符合证据的合法性、关联性要求。同时，被害人陈述与证人证言关于指证犯罪的内容在行为细节上存在矛盾，且关于衣物被扯破的说法也无法从监控视频画面得到印证。考虑到在案证据存在诸多疑点，无法排除合理怀疑，法院因此判处无罪。

二、过度依赖言词证据，在未形成客观证据为主的证据体系的情况下草率提起公诉

如曹某故意杀人案。起诉指控，曹某酒后窜至被害人许某家中询问是否需要招工。因双方言语冲突，曹某采用掐颈部、捆绑双手等方式致被害人不能动弹，再到厨房取菜刀猛砍被害人颈部数下后逃离现场。经鉴定，被害人系被他人扼颈致机械性窒息而死亡。

本案判处无罪的主要原因在于证据体系不完整，证据基础较单薄。一方面，客观性证据缺失而公诉应对不足，本案系发生于1995年的旧案，公安机关在案发现场曾提取到菜刀、塑料绳、带有足迹的运动衣等物证，均因保管不善丢失，被告人到案后无法进行生物痕迹比对，直接证明犯罪事实的客观证据缺失，检察机关只能寻求有罪供述与现场勘验笔录、法医检验报告等证据的一致性。但现场勘验笔录、法医检验报告等证据同样存在勘验笔录无见证人签

名、尸检未开三腔等瑕疵，检察机关未及时要求公安机关补正，削弱了指控力度；另一方面，言词证据不稳定但未引起足够重视，被告人的有罪供述在重要情节上存在反复且与其他证据矛盾，证人证言也存疑或互相矛盾，检察机关在审查起诉和审判阶段均未予排除矛盾。因被告人到案后直至一审第三次开庭均供认犯罪事实，结合同步录音录像及庭审表现，其有罪供述的可信度较高，检察机关因此产生内心确信。

三、办案责任心不强，对关键证据未予审核

如陈某危险驾驶案。陈某酒后驾车发生事故被当场查获后进行酒精呼气测试，测试结果显示陈某血液酒精浓度为 168mg/100ml，属于醉酒驾驶。其本人在侦查、审查起诉、一审阶段也始终认罪。但鉴定意见作为据以定罪量刑的关键性证据，公安机关、鉴定机构分别在血样送检、鉴定过程中出现多次严重失误，身份证号码、被鉴定人名字和检验方法出现"张冠李戴"。因案情简单、被告认罪，承办人未认真审核，未发现证据问题就提起公诉并成功获判。而在陈某提出申诉时，备份血样已销毁，无法有效补证，最终导致无罪判决。

四、全面审查、判断、运用证据的能力存在欠缺

如罗某抢劫案。罗某与被害人郑某系同事关系，罗某找到郑某质问其为何答应借 3000 元钱而又反悔，随后殴打并持刀胁迫郑某将 3000 元转到罗某的支付宝账户，罗某收到钱后表示不会还钱并离开现场。公诉机关立足于被告人的暴力取财行为，指控其构成抢劫罪。客观评价全案事实，被告人、被害人双方系同事关系并曾有经济往来，案发当日郑某答应借钱尔后反悔导致后续纠纷；实行行为方面，罗某质问对方为何拒绝借款，争吵后持刀逼迫对方借款；事后，罗某没有潜逃而是继续上班，并向其妻子表达过还款意愿。综合分析之下，罗某的行为与一般抢劫犯罪存在较明显区别，主观上也难以认定具有非法占有他人财物的故意，法院因此判处无罪，反映出办理本案的公诉机关审查时对事实、证据的理解较为机械，未能充分考虑案件的具体情境。

为了避免与上述这几起无罪案件存在的问题类似的问题，我们应坚守检察官的客观公正立场，落实、发挥好检察官在刑事诉讼中的主导责任，建立健全新型诉审关系、诉辩关系，加强刑事检察队伍专业化建设，提升办案能力和综合素质。

10 性侵未成年人案件侦办难点及破解思路

性侵未成年人案件，笔者作为一名刑事检察官，在此从检察官视角来谈一下办理性侵案件的看法。

一、查办此类案件的难点及破解思路

《刑法》第236条规定了强奸罪，其中规定对于奸淫不满14周岁幼女的，以强奸论，从重处罚。

强奸妇女与奸淫幼女的定罪标准是不一样的。强奸妇女需要以暴力、胁迫或者其他手段，违背妇女意志强行发生性关系，构成要件的既遂标准是插入说，即犯罪嫌疑人的性器官对被害人性器官的插入构成既遂。奸淫幼女，不以违背被害人意志为要件，不考虑被害人是否自愿，只要明知是未满14周岁的幼女并与之发生性关系的，既构成强奸罪，而且一般采用接触说，既只要犯罪嫌疑人与被害人性器官接触，既构成既遂。

（一）被害人未满14周岁的证据审查要求

强奸未满14周岁被害人的案件，不要求犯罪嫌疑人性器官插入，需要提取的证据包括被害人的陈述以及报案的情况；被害人性器官是否有伤痕或者受侵害的痕迹，如犯罪嫌疑人遗留的精液；是否有证人知道性侵的事情，从被害人处得知或者从犯罪嫌疑人处得知；犯罪嫌疑人是否供认或者有记录日记的习惯，是否有监控录像或录音等其他证据的印证。

同时，根据"两高两部"《关于依法惩治性侵害未成年人犯罪的意见》（以下简称《意见》）的规定，知道或者应当知道对方是不满14周岁的幼女，而实施奸淫等性侵害行为的，应当认定行为人"明知"对方是幼女。如何认定"明知"又分为两个层面：对于不满12周岁的被害人，予以绝对保护，直接认定行为人"明知"，侦查重点要放在两人是否发生过性关系上；对于已满12周岁不满14周岁的被害人，从其身体发育状况、言谈举止、衣着特征、生活作息规律等观察被害人可能是幼女的,应当认定行为人"明知",侦查重点除了审查两人是否发生过性关系,还要审查行为人是否明知被害人可能是幼女,如果行为人辩解没有怀疑对方是幼女的,要认定"明知"较为困难。

(二) 被害人已满14周岁的证据审查要求

被害人已满14周岁,如果要认定行为人构成强奸罪,就必须查证两人是否发生过性关系,被害人是否自愿,行为人是否违背被害人意愿,是否采取暴力、胁迫或者迷奸等其他手段强行与被害人发生性关系。

首先,两人是否发生过性关系,可以从被害人的陈述以及被害人身体遗留的精液或遗留精液的物证、录音录像等视听资料、犯罪嫌疑人的供述等证据进行侦查、判断。这一点是前提,也是难点。强奸案件,一般是在比较隐蔽的空间发生,不易被第三人发现。如果只有被害人陈述,没有相关的客观性证据,犯罪嫌疑人也没有认罪,往往难以认定。

其次,在可以认定两人发生过性关系的情况下,要考察被害人是否自愿。这一点可以从被害人有无反抗或受伤、被性侵后的表现、两人是否认识、有无微信聊天记录等来综合分析判断。比如,被害人自称犯罪嫌疑人强行与其发生性关系,而第二天两人还一同去旅游或者举止亲昵,或者在被害人报案前,两人关系在外人看来很正常,或者被害人对犯罪嫌疑人没有表露不满或离开寻求他人帮助的意愿等,都会影响违背意愿的认定。不能简单用被害人事后不自愿的说法来推翻之前自愿的行为,要考察被害人发生性行为当时是否自愿。

(三) 被害人已满14周岁不满18周岁,行为人负有特殊职责的证据审查要求

根据《意见》,对已满14周岁的未成年女性负有特殊职责的人员,利用其优势地位或者被害人孤立无援的境地,迫使未成年被害人就范,而与其发生性关系的,以强奸罪定罪处罚。这里对14周岁以上不满18周岁的未成年人进行了特殊保护,淡化自愿的要求,强调胁迫的因素。与没有特殊职责关系的人员性侵相比,此类情形定罪门槛更低。

那么,如何认定"负有特殊职责的人员"?根据《意见》规定,"负有特殊职责的人员"主要指"对未成年人负有监护、教育、训练、救助、看护、医疗等特殊职责的人员"。其中这个"等"如何理解?笔者认为要作"等外等"来理解,既包括法定的,如基于收养关系、寄养关系的监护人;也包括基于刑事诉讼法规定的合适成年人;同时还包括虽然民政部门没有承认,但基于民间的委托或者被害人主动寻求帮助等,进而形成事实上抚养关系的人员。

二、关注此类案件应持有的正确态度

办理性侵未成年人犯罪案件,应当充分考虑未成年被害人身心发育尚未成熟、易受伤害等特点,贯彻特殊、优先保护原则,切实保障未成年人的合法权益。办案机关办案,媒体和社会公众的关注和评论,都应该从关心爱护未成年人的善良角度出发,拿捏好尺度。

对职能部门而言,一方面,办案机关不能透露被害人的基本信息,以免侵害被害人的隐私;另一方面,要及时严厉打击编造、传播虚假信息,渲染细节和隐私情节,对被害人造成二次伤害的不法行为,切实保障被害人的合法权益。

对媒体和社会公众而言,应理性关注。根据我国刑事诉讼法的规定,未经人民法院依法判决,任何人不得被确定有罪。在法院判决有罪之前,媒体和公众不可先入为主,用舆论定罪或者干预司法。